Tratado de Direito Internacional

Direito Internacional no Tempo de Suarez, Gentili e Zouch

Tratado de Direito Internacional

Direito Internacional no Tempo de Suarez, Gentili e Zouch

TOMO 6

2023 • 2ª Edição • Revista, Ampliada e Atualizada

Paulo Borba Casella

ALMEDINA

TRATADO DE DIREITO INTERNACIONAL
DIREITO INTERNACIONAL NO TEMPO DE SUAREZ, GENTILI E ZOUCH
TOMO 6 – 2ª EDIÇÃO REVISTA, AMPLIADA E ATUALIZADA

AUTOR: Paulo Borba Casella

DIRETOR ALMEDINA BRASIL: Rodrigo Mentz
EDITORA JURÍDICA: Manuella Santos de Castro
EDITOR DE DESENVOLVIMENTO: Aurélio Cesar Nogueira
ASSISTENTES EDITORIAIS: Larissa Nogueira e Letícia Gabriella Batista
ESTAGIÁRIA DE PRODUÇÃO: Laura Roberti

DIAGRAMAÇÃO: Almedina
DESIGN DE CAPA: Roberta Bassanetto

ISBN: 9786556279350
Outubro, 2023

Dados Internacionais de Catalogação na Publicação (CIP)
(Câmara Brasileira do Livro, SP, Brasil)

Casella, Paulo Borba
Tratado de direito internacional : direito
internacional no tempo de Suarez, Gentili e
Zouch : tomo 6 / Paulo Borba Casella. -- 2. ed.
rev. ampl e atual. -- São Paulo : Almedina, 2023.
Bibliografia.
ISBN 978-65-5627-935-0
1. Direito internacional I. Título.

23-162674 CDU-341

Índices para catálogo sistemático:
1. Direito internacional 341
Aline Graziele Benitez – Bibliotecária – CRB-1/3129

Este livro segue as regras do novo Acordo Ortográfico da Língua Portuguesa (1990).

EDITORA: Almedina Brasil
Rua José Maria Lisboa, 860, Conj.131 e 132, Jardim Paulista | 01423-001 São Paulo | Brasil
www.almedina.com.br

Entre os quatro mares, todos os homens são irmãos.

CONFUCIO (551-479 a.C.), **Diálogos**[1]

Sobre o tempo, convém saber que é uma certa fluidez, pois deste somente temos o instante: o que já foi, deixou de ser, e o futuro, todavia, ainda não existe.

BARTOLO DI SASSOFERRATO (1313-1357), **Tratado sobre as Ilhas**[2]

O direito das gentes tem força de lei.

Francisco SUAREZ (1612)[3]

O direito das gentes é aquele cuja força vinculante aceitam todos os povos ou [ao menos] grande número deles.

H. GRÓCIO (1625)[4]

[1] CONFUCIUS, **Entretiens** (trad. du chinois et présentation Anne CHENG, Paris: Seuil, 1981, XII.5). '*Entre os quatro mares*' designaria o mundo inteiro. Contrariamente a tal interpretação 'universalista', Louis LE FUR, **La théorie du droit naturel depuis le XVIIe siècle et la doctrine moderne** (RCADI, 1927, t. 18, p. 259-442, cit. p. 281) ao citar a mesma lição de CONFUCIO, aqui referida, afirmava: "fora desses quatro mares (da China, entenda-se bem) não há senão estrangeiros, bárbaros, como teria dito a Antiguidade greco-latina."

[2] BARTOLO DI SASSOFERRATO, **De Insula** (prólogo de Antonio TRUYOL Y SERRA, trad., comentário y notas por Prometeo CEREZO de Diego, Madri: Centro de Estudios Constitucionales, 1979, p. 32).

[3] Francisco SUAREZ, **Tractatus de legibus ac Deo legislatore** in decem libros distributus (Conimbricae: Didacum Gomez de Loureyro, 1612, lib. II, caput XVII, n. 1): "jus gentium quatenus ad rationem legis spectat".

[4] Hugonis GROTII, **De iure belli ac pacis libri tres, in quibus ius naturale et gentium, item iuris publici praecipua explicantur** (1625, I.I.14): "est jus gentium quod gentium omnium aut multorim voluntate vim obligandi accepi".

Uma história do direito das gentes poderia compreender a história da Humanidade inteira.

Ernest NYS (1894)[5]

A história, entendida como narrativa e compreensão, nunca é tão somente o estudo do passado. Ela é, principalmente, uma forma de pensar pessoas, suas relações e suas ações, e de dotá-las de vida; por isso, a história é uma poderosa ferramenta de conhecimento de qualquer realidade humana, tanto do passado como do presente.

João Paulo PIMENTA (2021)[6]

[5] Ernest NYS, **Les origines du droit international** (Bruxelles: Alfred Chastaigne / Paris: Thorin & Fils, 1894, *'introduction'*, p. III-V): "Une histoire du droit des gens pourrait embrasser l'histoire de l'humanité toute entière." E prosseguia, na mesma passagem: "Consolante, du reste, est l'histoire du droit des gens. Des grands génies ont opposé à la mesquine théorie pessimiste leur foi absolue en la perfectibilité. La croyance dans le progrès s'affirme et se fortifie à l'étude du droit international."

[6] João Paulo PIMENTA, **O livro do tempo** – uma história social (São Paulo: Ed. 70, 2021, Introdução – uma história social do tempo, p. 9-30, cit. p. 11).

ABREVIATURAS

a.C.	–	antes de Cristo
A.D.	–	anno Domini, para designar a cronologia a partir do nascimento (presumido) de Jesus Cristo, também designado como "d.C."
AFDI	–	*Annuaire Français de Droit International* (publicação do C.N.R.S., Paris)
AIEA	–	Agência Internacional de Energia Atômica (IAEA, em inglês) *AJIL* – *American Journal of International Law*.
ARSI	–	*Archivum Romanum Societatis Jesu – Arquivo romano da Companhia de Jesus*
Bol. SBDI ou *Boletim*	–	*Boletim da Sociedade Brasileira de Direito Internacional.*
BYBL	–	*British Yearbook of International Law*
©	–	copyright = indica a data de publicação original da obra citada
ca.	–	*circa*, por volta de
CBN	–	Comunidade Britânica de Nações (*British Commonwealth of Nations*)
CDI ou ILC	–	Comissão de Direito Internacional da Nações Unidas – International Law Commission of the United Nations
CEDIN	–	Centro de estudos de direito internacional, seguido de indicação da Universidade (Paris e outras)
cf.	–	conforme
cfr.	–	confira-se
CIJ	–	Corte Internacional de Justiça, Haia (1946-)
CPJI	–	Corte Permanente de Justiça Internacional
C.T.S.	–	Consolidated Treaty Series (1648-1918) (ed. by Clive Parry, 1969–, New York: Oceana) com indicação do volume e página
d.C.	–	depois de Cristo, para designar o calendário da era cristã (tb. AD)
DI	–	Direito internacional (público)
Difel	–	Editora Difusão Européia do Livro, São Paulo
DIPr	–	Direito internacional privado
DTV	–	Deutscher Taschenbuch Verlag, Munique
Edusp	–	Editora da Universidade de São Paulo, São Paulo
EJIL	–	European Journal of International Law

Encyclopedia of International Law – The Max Planck Encyclopedia of public international law (ed. by R. WOLFRUM, Oxford: Univ. Press, 2012, 11 vols.), com indicação do tomo e das páginas – edição anterior da Enclyclopedia coordenada por R. BERNHARDT (Dordrecht, 1981-1990, 12 vols.)

FAO – *Food and Agriculture Organization* (Organização para a Agricultura e Alimentação das Nações Unidas), Roma

FCE – *Fondo de cultura economica,* Cidade do México e outras cidades

FUNAG – Fundação Alexandre de Gusmão, Brasília

Fundamentos – P. B. CASELLA, Fundamentos do direito internacional pós-moderno (prólogo Hugo CAMINOS, São Paulo: Quartier Latin, 2008)

GYIL – *German Yearbook of International Law i.a. – inter alia* – dentre outros

ICLQ – *International and Comparative Law Quarterly*

IDI – Instituto de Direito internacional – *Institut de droit international*

IHLADI – Instituto Hispano-Luso-Americano de Direito Internacional

ISIAO – Istituto Italiano per l'Africa e l'Oriente, Roma

LCL – Loeb Classical Library (Greek and Latin series), Cambridge, Ma. / London, England: Harvard Univ. Press

Manual – H. ACCIOLY – G. E. do NASCIMENTO E SILVA – P. B. CASELLA, Manual de direito internacional público (com a colaboração de Arthur R. CAPELLA GIANNATTASIO, São Paulo: Saraiva, 26ª ed., 2023)

op. cit. – opus cit. – obra citada

orig. publ. – originalmente publicado em

PU – Presses Universitaires (com indicação da universidade / cidade)

SBDI – Sociedade brasileira para o direito internacional

SdN – Sociedade das Nações

SFDI – Sociedade francesa para o direito internacional

OESP – jornal "O Estado de São Paulo"

ONU – Organização das Nações Unidas

PUF – Presses Universitaires de France, Paris

RCADI – *Recueil des Cours de l'Académie de Droit International de La Haye – Collected courses of the Hague Academy of International Law* (Haia) – publicados desde 1923, com indicação do ano, volume e páginas

RDILC – Revue de droit international et de législation comparée

Restatement – American Law Institute, *Restatement of the law – The foreign relations law of the United States,* St. Paul, Minn., 1987, 2 v.)

RGDIP – *Révue Générale de Droit International Public,* Paris

tb. – também

Tratado / P. B. CASELLA, Tratado de direito internacional (São Paulo: Almedina, 2022-) com indicação do tomo e do capítulo ao qual se remete

Tratado ACCIOLY – Tratado de direito internacional de H. ACCIOLY (terceira edição, histórica, com pref. P. B. Casella, Brasília: FUNAG / São Paulo: Quartier Latin, 2009, 3 vols.)

UNTS – United Nations Treaty Series – com indicação do volume e página

Univ.	–	Universidade / University / Université
UP	–	ou Univ. Press – University Press (seguido da indicação do nome e/ou local da Universidade)
VRBEI	–	Vorträge, Reden und Berichte aus dem Europa-Institut – Sektion Rechtswissenschaft – Universität des Saarlandes, Saarbrücken
v.	–	vide – ver
v. tb.	–	ver também
YILC	–	*Yearbook of the International Law Commission*
ZEE	–	Zona Econômica Exclusiva

SUMÁRIO

INTRODUÇÃO

Por sua natureza o tempo não tem nenhuma força produtora e nada se faz pelo tempo, embora tudo se faça no tempo.

H. GRÓCIO (1625, ed. bras. 2004)[7]

A forma pela qual entendemos o passado afeta o futuro porque afeta o modo pelo qual entendemos as potencialidades deste, e daí o modo no qual entendemos nossa responsabilidade moral em relação ao futuro.

Philip ALLOTT (2002)[8]

É a escuridão que é luz, ou a luminosidade que é escura? Tem de ser feita uma escolha. O mesmo se pode dizer da História, as pessoas escolhem o que querem ver, e o que é luz e o que é escuridão.

Per Olov ENQUIST (1999, ed. port. 2011)[9]

[7] H. GRÓCIO (op. cit., 1625, ed. bras., 2004, II.IV.1) prosseguia na mesma passagem: "Jamais, por nenhum lapso de tempo, as controvérsias sobre os estados e seus limites poderão se estender. o que não somente é capaz de atormentar o espírito de muitos e de suscitar guerras, mas é mesmo contrário ao sentimento comum das nações".

[8] Philip ALLOTT, **The Health of Nations** – Society and Law beyond the State (Cambridge: Univ. Press, 2002, cap. 3 – *Globalisation from above – actualising the ideal through law*, p. 70-96, cit. p. 72).

[9] Per Olov ENQUIST, **A visita do médico real** (orig. publ. **Livläkarens besök**, 1999, trad. Mário SEMIÃO e Maria João F. de ANDRADE, Porto: Ahab, 2011, p. 382).

O conjunto do direito internacional no tempo se constrói como a vida individual e das instituições humanas, somando aos grandes planos de mutações civilizacionais, na percepção que se consolida, aos poucos e de modo intuitivo, por meio de aspectos incidentais, ou que poderiam parecer meros detalhes. São grandes conjuntos, mas estes se exprimem por aspectos específicos, e muitas vezes são apontados por percepções pessoais, a partir das quais pode ser apontado fenômeno característico de toda uma época, ou de determinado contexto civilizacional.

Como se põe em relação à história moderna. Aqui tratada na sua interação com a evolução do direito internacional – no período desde a paz de Augsburgo, de 1555 até a morte de ZOUCH, em 1660. Alternam-se aqui alguns grandes planos e estudo específico de contribuições individuais, de alguns dos mais destacados pensadores e juristas do período.

Uns e outros, grandes planos civilizacionais e experiências individuais, colocados em contexto mais amplo, aguçando percepções de tendências ou inovações conceituais, dão a medida na qual o trabalho de institucionalização progressiva da sociedade humana, avança ao longo dos séculos, graças ao direito internacional. Isso se deu especificamente na idade moderna. E tem prosseguido desde então, apesar de todos os percalços e das vozes contrárias, dos arautos da força e dos negadores de qualquer juridicidade da sociedade internacional.

A continuidade e o encadeamento temático e institucional entre tempos e temas são vitalmente necessários, mas é, contudo, preciso ordenar o trabalho em partes, títulos, capítulos, itens e parágrafos: para que o conjunto exista e opere, como tal, é preciso fracioná-lo e compartimentá-lo. E, a seguir, é preciso voltar a enxergar o conjunto.

Daí resultam extensas e difíceis controvérsias a respeito de qualquer tentativa de periodização da história. E isso se dá também em relação ao direito internacional.[10] Como também se tem de fazer em qualquer

[10] A mudança na maneira de conceber e dividir períodos históricos pode contribuir para nova compreensão do fenômeno jurídico internacional. A respeito, ver Oliver DIGGELMANN, *The periodization of the history of international law* (in **The Oxford Handbook of the History of International Law**, sob a coordenação de Bardo FASSBENDER e Anne PETERS, Oxford: Univ. Press, 2012, cap. 41, p. 997-1011, cit. p. 998): "The formation of 'new' formerly unknown periods is an essential part of historiographical innovation. New periodizations aim to provide new insights. They shed different light on historical facts,

ramo do conhecimento: compartimentar para poder situar e compreender; depois voltar a ver o conjunto – que prossegue com o exame da contribuição de Hugo GRÓCIO e do direito internacional além do paradigma vestfaliano.[11]

A divisão do direito internacional em fases traz a marca da divisão da história, instaurada por Christovão CELLARIUS (1634-1707).[12] Exatamente considerado, quando CELLARIUS, em sua obra (1704-1708), propôs a divisão da história em antiga, medieval e moderna, simultaneamente suscitou uma solução e vários problemas.

Até hoje se debatem critérios para a determinação de períodos na história. E traz também a indagação a respeito da escolha de quais possam ser os marcos característicos de cada fase, para justificar tais cortes, entre uma e outra 'fase' distinta da história. E da evolução do direito internacional moderno, em relação aos modelos que o precedem e que a este se seguirão.[13]

Na passagem entre os séculos XVII e XVIII a obra de CELLARIUS se põe como olhar retrospectivo, ao término do período considerado como a transição entre o tempo 'moderno' e o tempo 'clássico'. Não por acaso, se volta o olhar humano para a compreensão e o resgate dos tempos que precederam. E suscita desde então discussões a respeito da caracterização dessas fases históricas, e dos critérios para a determinação das mesmas.

A determinação de períodos do tempo passado também suscita o questionamento a respeito do que seja e como possa ser delimitado o

not only on newly discovered ones but also on supposedly well-known facts. They reorganize historiographical knowledge."

[11] Cf. se examina no **Tratado** (tomos 7 – **Direito internacional no tempo de Hugo Grócio** e 8 – **Direito internacional além do paradigma vestfaliano**); ainda O. DIGGELMANN (cap. cit., 2012, p. 999): "Periods are not facts. They are concepts helpful to organize our knowledge, based on a 'choice' of facts which are considered as relevant by an author in the light of the necessity to envelop historical time by some structure. Periods are interpretations of facts, not the facts themselves. Challenging established periods means challenging established interpretations of history".

[12] Christophorus CELLARIUS, **Historia universalis in antiquam et medii aevi ac novam divisa** (Jena, 1704-1708).

[13] Cfr. **Tratado** (tomo 3 A – **Direito internacional no tempo antigo**, tomo 3 B – **Gregos, romanos, chineses, indianos**, tomo 4 – **Direito internacional no tempo medieval**, tomo 5 – **Direito internacional no tempo de Francisco de Vitória**).

tempo presente. Como considerou Reinhart KOSELLECK (1923-2006), não se trata simplesmente de dizer que a história tenha relação com o tempo, mas a da determinação dos 'tempos da história' e dos 'tempos na história'.[14]

Na linha do ensaio sobre o "passado futuro", ou a semântica dos tempos históricos, apresenta-se o fenômeno de inserção temporal da história na Europa moderna, e se expõe a tese central:

> trata-se, nesses séculos, de inserção temporal da história, em cujo termo se acha uma peculiar espécie de aceleração, que caracteriza a nossa era moderna. Nós nos perguntamos a respeito da especificidade da assim chamada era moderna. Aí nos limitamos a único aspecto, que nos é oferecido hoje, a respeito do então futuro daquelas gerações, ou dito de modo breve, o passado futuro.[15]

Aqui se considera o direito internacional no tempo, enquanto processo civilizacional e componente que contribui para a humanização do sistema interestatal. Com altos e baixos... experimenta-se também essa 'espécie de aceleração' no direito internacional, a partir de SUÁREZ, GENTILI e ZOUCH. Bem como suscita questionamentos sobre a especificidade do direito internacional, na era moderna, e em seus desdobramentos desde então.[16]

[14] Reinhart KOSELLECK, **Vergangene Zukunft** – Zur Semantik geschichtlicher Zeiten (orig. publ. 1979, Frankfurt: Suhrkamp, 1989).

[15] R. KOSELLECK (op. cit., 1979, ed. 1989, esp. parte I – *Zum Verhältnis von Vergangenheit und Zukunft in der neueren Geschichte*, p. 17-104, cit. p. 19) expõe a sua tese de maneira sucinta: "so handelt es sich in diesen Jahrhunderten um eine Verzeitlichung der Geschichte, an deren Ende jene eigentümliche Art der Beschleunigung steht, die unsere Moderne kennzeichnet. Wir fragen also nach der Eigenart der sogennanten frühen Neuzeit. Dabei beschränken wir uns auf jenen Aspekt, der sich uns heute aus der jeweiligen Zukunft der damaligen Generationen bietet, knapper gesagt, aud die vergangene Zukunft".

[16] Como se examina no **Tratado** (tomos 8 – **Direito internacional além do paradigma vestfaliano**, 9 – **Direito internacional no tempo de Samuel Pufendorf**, 10 – **Direito internacional no tempo de C. van Bynkershoek e Christian Wolff** e 11 – **Direito internacional no tempo do Iluminismo**); v. tb. João Paulo PIMENTA, **O livro do tempo** – uma história social (São Paulo: Ed. 70, 2021, Introdução – uma história social do tempo, p. 9-30, cit. p. 11): "A história social do tempo [...] é uma história de como algumas sociedades viveram e pensaram aquilo que elas próprias entendiam por *tempo*. É uma história de suas

Indaga-se se a história tem o seu próprio tempo, que não seja o tempo do calendário, e se diferentes histórias têm tempos diferentes. E a história se cumpre em distintos tempos históricos, em diferentes contextos civilizacionais. Daí se põe a necessidade de reconhecer a existência de diferentes percepções do tempo histórico em relação a distintas experiências e conceitos distintos do tempo.

Concretamente essas perplexidades se aplicam em relação ao direito internacional no tempo. Isso aqui se põe porque, se a periodização da história – em 'antiga', 'medieval' e 'moderna' – somente faça sentido em determinada civilização – e, neste caso, europeia, cristã e ocidental, moderna – mas não faça em outras.

Facilmente se percebe que tal periodização pode não fazer sentido em outras civilizações, como a chinesa ou a indiana, na América na África, ou na Oceania, 'contemporâneas' à Europa moderna – e aí, como se pode pretender quadro geral a todos aplicável? Pode-se, por exemplo, no direito internacional querer situar fenômeno que tende a a ter abrangência universal, entre parâmetros históricos restritos tão somente a uma civilização?

Ao mesmo tempo, é inexorável a necessidade de nos inscrevermos em algum quadro, para estar e atuar no mundo; alguma definição de contexto nos é indispensável, para construir o conhecimento e para expor a nossa visão e compreensão do mundo. Ao falar em gênese e desenvolvimento da sociedade internacional, impõe-se a necessidade de enxergar além da Antiguidade greco-romana e do Ocidente cristão: antes e simultaneamente a estas, existiram e operaram sistemas internacionais. Em torno, por exemplo, da China, da Índia e do Império persa.[17]

Aí se inscreve a grande questão da relação de cada um destes tempos 'passados', não como fins em si mesmo, mas por sua necessária relação

noções, concepções, representações e conceitos, incluindo desde formas básicas e quase inconscientes de vivência do tempo até ações concretas, técnicas, artefatos, ideias, palavras e imagens bem formuladas sobre ele."

[17] Cfr. **Tratado** (tomo 3 A – **Direito internacional no tempo antigo**, tomo 3 B – **Gregos, romanos, chineses, indianos**, tomo 4 – **Direito internacional no tempo medieval**); comentava A. TRUYOL Y SERRA, **Genèse et structure de la société internationale** (RCADI, 1959, t. 96, p. 553-642, cit. p. 578-579): "Auparavant et simultanément, il y a eu d'autres sociétés internationales dont la vie fut souvent intense."

com o tempo 'contemporâneo'. Como também se pode denominar pós--moderno.

Tempo contemporâneo? Este é, por definição, volátil, fugaz e passageiro, porquanto "pode-se dizer *contemporâneo* apenas quem não se deixa cegar pelas luzes do século e consegue entrever nessas a parte da sombra, a sua íntima obscuridade":[18]

> O contemporâneo é aquele que percebe o escuro do seu tempo como algo que lhe concerne e não cessa de interpretá-lo, algo que, mais do que toda luz, dirige-se direta e singularmente a ele. Contemporâneo é aquele que recebe em pleno rosto o facho de trevas que provém do seu tempo.[19]

O direito internacional no tempo de SUÁREZ, GENTILI e ZOUCH, aqui se considera[20] a partir do marco de 1555. Este assinala várias vertentes na história europeia: a paz religiosa de Augsburgo, marca o reconhecimento do fim das tentativas de restauração da unidade religiosa da Europa ocidental, doravante fracionada entre católicos e luteranos, além de várias outras denominações 'protestantes', como também é o

[18] Giorgio AGAMBEN, **O que é o contemporâneo? e outros ensaios** (orig. publ. **Che cos'è il contemporâneo?**, 2008, trad. Vinicius N. HONESKO, Chapecó: Argos, 2009, 3ª reimpr., 2012, cit. p. 69): "a contemporaneidade se escreve no presente assinalando-o antes de tudo, como arcaico, e somente quem percebe no mais moderno e recente os índices e as assinaturas do arcaico pode dele ser contemporâneo. Arcaico significa: próximo da *arké*, isto é, da origem. Mas a origem não está situada apenas num passado cronológico: ela é contemporânea ao devir histórico e não cessa de operar neste, como o embrião continua a agir nos tecidos do organismo maduro e a criança na vida psíquica do adulto. A distância – e, ao mesmo tempo, a proximidade – que define a contemporaneidade tem o seu fundamento nessa proximidade com a origem, que em nenhum ponto pulsa com mais força do que no presente".

[19] Giorgio AGAMBEN (op. cit., 2008, ed. bras., 2012, cit. p. 63-64 e 65-66): "o compromisso que está em questão na contemporaneidade não tem lugar simplesmente no tempo cronológico: é, no tempo cronológico, algo que urge dentro deste e que o transforma. E essa urgência é a intempestividade, o anacronismo que nos permite apreender o nosso tempo na forma de um 'muito cedo' que é também um 'muito tarde', de um 'já' que é, também, um 'ainda não'. E, do mesmo modo, reconhecer nas trevas do presente a luz que, sem nunca poder nos alcançar, está perenemente em viagem até nós".

[20] Na sequência do **Tratado** (tomo 5 – **Direito internacional no tempo de Francisco de Vitória**), cerca de uma década do do falecimento deste (1480-1546), depois de lecionar duas décadas na cátedra maior de teologia da Universidade de Salamanca.

marco do fim do reinado do imperador CARLOS V, e com este da ideia do 'império no qual o sol nunca se punha'.[21]

O reinado de CARLOS V (1500-1558) basicamente se estende por quatro décadas, de 1515 até suas sucessivas abdicações: 1555 – quando abdica do ducado de Borgonha, 1556 – quando este abdica dos reinos da Espanha, ou ainda 1557 – para a última abdicação, do título de imperador.[22] Seus sucessores terão somente parte dos títulos e dos imensos territórios que este controlara. A 'herança' de CARLOS V se vê dividida, entre seu irmão mais novo FERNANDO, este como imperador do Sacro império romano germânico, enquanto seu filho – FELIPE II – será o rei da Espanha, e também senhor do imenso império ultramarino, nas Américas e na Ásia, além de herdar os problemas ligados à presença espanhola nos Países Baixos.[23]

[21] Ver Jean-Michel SALLMANN, **Charles Quint** – l'empire éphémère (© 2000, Paris: Payot, 2004, 440 p., cit. p. 372): "l'empire composite était devenu indefendable en l'état".

[22] Ver por exemplo: Wilhelm GREWE, **Epochen der Völkerrechtsgeschichte** (Baden-Baden: Nomos, 1984, esp. parte II – *Ius inter gentes: die Völkerrechtsordnung des spanischen Zeitalters 1494-1648*, p. 163-322); Denis MENJOT, *Les monarchies ibériques: la genèse de l'Espagne* (in **Histoire du monde au XVe siècle**, dir. de Patrick BOUCHERON, vol. 1 – Territoires et écritures du monde, Paris: Fayard, 2012, chap. V, p. 192-229); Ernest BELENGUER, **História de la España moderna** – desde los Reyes católicos hasta Felipe II (Madri: Gredos, 2011, esp. caps. IX – El gobierno del Imperio, p. 454-526, X – Imperio, reinos y señores: los territorios de Carlos V, p. 527-608 e XI – Las luchas por la hegemonía imperial, p. 609-681); Fernando GARCIA de Cortázar y José Manuel GONZALEZ Vesga, **Breve história de España** (orig. publ. 1994, Madri: Alianza edtrl., 4a. ed. 2009, reimpr. 2010, esp. caps. 1 a 9, p. 7-190); Julio VALDEÓN, Joseph PÉREZ, Santos JULIÁ, **História de Espanha** (orig. publ. **Historia de España**, 2009, trad. Luís Felipe SARMENTO, Lisboa: Ed. 70, 2014, Idade moderna, Joseph PÉREZ, caps. 1 – os reis católicos (1471-1516) e 2 – o império espanhol (1516-1598), p. 153-220); Vamireh CHACON, **A grande Ibéria** – convergências e divergências de uma tendência (São Paulo: Ed. Unesp / Brasília: Paralelo 15, 2005).

[23] Cfr. **Tratado** (tomo 7 – **Direito internacional no tempo de Hugo Grócio**, item 18.1 – conflitos metropolitanos e aventuras coloniais holandesas: interlúdio no Brasil); Lucien FEBVRE (1878-1956), na sua clássica obra **Philippe II et la Franche-Comté** – Étude d'histoire politique, réligieuse et sociale (originalmente publicado em 1912, préface de Fernand BRAUDEL, Paris: Flammarions-Champs, 1970, cit. p. 452) mostra como CARLOS V era considerado 'natural' do Ducado de Borgonha e do Franco Condado, mas seu filho FELIPE II sempre foi considerado 'estrangeiro', sequer falava francês ou flamengo, e ademais nunca se relacionou diretamente com as terras das quais provinha a titulação inicial da família: "Avec lui et par lui s'achève l'évolution politique que nous avons vue commencer au temps de MARGUERITE [de Parma, irmã de CARLOS V, regente dos Países Baixos] et dont nous avons décrit la courbe, sous les gouvernements successifs d'ALBE,

Essas diferenças culturais e linguísticas se tornaram mais acirradas a partir eclosão das sucessivas reformas protestantes.[24] Com mudança de atitudes e de concepção do mundo e das relações entre o cidadão e o estado, que estas provocam. E a não menos violenta reação católica da contra reforma, que se manifestou também no plano político.[25]

Notava VOLTAIRE, no início do seu livro sobre o "século de LUIS XIV", a respeito das premissas comuns que vinculavam entre si os estados da Europa:[26]

> Há muito tempo se podia ver a Europa cristã (mais ou menos, até a Rússia), como uma espécie de grande república, dividida em diversos estados, uns monárquicos, outros mistos, estes aristocráticos, aqueles populares, mas todos correspondendo-se uns com os outros; todos tinham o mesmo fundo de religião, embora divididos em várias seitas; todos tinham os mesmos princípios de direito público e de política, desconhecidos nas outras partes do mundo.[27]

de REQUESENS, du Conseil d'état, de don JUAN [de Áustria, meio irmão de FELIPE II], de FARNESE enfin. Nous sommes partis du régime de CHARLES-QUINT – régime d'équilibre entre les divers pouvoirs du pays, nous l'avons vu s'altérer, se modifier peu à peu sous l'effort des hommes et des événements, sous la double poussée des forces économiques et des faits politiques. Après toute une série de vicissitudes, nous voici revenus, en apparence du moins, à notre point de départ."

[24] L. FEBVRE (op. cit., 1912, ed. 1970, p. 336): "De ce renversement des attitudes et des situations, la Réforme protestatnte surtout en était responsable, et l'on pouvait mesurer maintenant l'importance de ses manifestations. Ne fournissaient-elles pas, à ce moment décisif, aux uns les raisons, aux autres les prétextes de leur attitude et de leur action?"

[25] A respeito, v. tb. **Tratado** (tomo 20 – **Direito internacional, história e cultura**, cap. 1 – Direito internacional no tempo e seu lugar na história, esp. 1.1 – o Leviatã e suas transformações); ainda L. FEBVRE (op. cit., 1912, ed; 1970, p. 326): "En dépit de ses promesses, PHILIPPE II ne vint pas, mais le duc d'ALBE partit, le fanatique résolu à faire aux rebelles tout le mal possible, à utiliser pour une impitoyable répression l'armée redoutable qu'il traînait à sa suite. [...] Terrible machine de destruction et de meurtre, admirée des soldats, crainte des hérétiques, maudite des paysans et du menu peuple."

[26] VOLTAIRE, **Le siècle de Louis XIV** (orig. publ. 1751, in **Oeuvres historiques**, édition présentée, établie et annotée par René POMEAU, Paris: Gallimard – Pleiade, ed. de 1957, impr. 2010).

[27] VOLTAIRE (op. cit., 1751, ed. 2010, chap. II – *Des états de l'Europe avant Louis XIV*, p. 620-635, cit. p. 620-621): "C'est par ces principes que les nations européennes ne font point esclaves leurs prisonniers, qu'elles respectent les ambassadeurs de leurs ennemis, qu'elles conviennent ensemble de la prééminence et de quelques droits de certains princes,

Foi também 1555 o marco do fim de uma era, e de concepção de mundo, que pautara a Europa durante séculos, na esteira da herança romana antiga. Aposentar-se-ia nessa altura a ideia de universalismo. E passam a predominar como agentes centrais do sistema da época, estados 'soberanos' e 'independentes', que lutam ferozmente uns com os outros, repetidamente, para tentar instaurar, pela força e pela habilidade diplomática, espaços de predomínio desta ou daquela dinastia, e deste ou daquele estado 'nacional'.[28]

A formação dos estados 'nacionais' representa não somente o fim das concepções supranacionais – como o Império, especificamente o Sacro império romano da nação alemã passa a ser visto como algo herdado de outras eras, cada vez menos pautado pela coesão e eficiência dos estados nacionais.[29] Esses estados nacionais também acarretam a compressão

comme de l'empereur, des rois et des autres moindres potentats, qu'elles s'accordent surtout dans la sage politique de tenir entre elles, autant qu'elles peuvent, une balance égale de pouvoir, employant sans cesse les négotiations, même au milieu de la guerre, et entretenant les unes chez les autres des ambassadeurs ou des espions moins honorables, qui peuvent avertir toutes les cours des desseins d'une seule, donner à la fois l'alarme à l'Europe, et garantir les plus faibles des invasions que le plus fort est toujours prêt d'entreprendre".

[28] Como examinado no **Tratado** (tomos 4 – **Direito internacional no tempo medieval** e 5 – **Direito internacional no tempo de Francisco de Vitória**). Tempo de predominância desse modelo político de organização das sociedades, chamado estado nacional. Se pode ser adequado nos distintos planos internos, os estados, sem controle externo, podem ser destrutivos no plano internacional, e a atuação destes sem restrições inviabiliza a existência e a operação de sistema institucional e normativo internacional. A respeito dos elementos característicos do fenômeno histórico do estado moderno, ver, dentre tantos outros, Emmanuel Le Roy LADURIE, **O estado monárquico** – França 1460-1610 (do original **L'état royal de Louis XI à Henri IV**, trad. Maria Lucia MACHADO, São Paulo: Companhia das Letras, 1994), e tb. Antonio TRUYOL y SERRA, **L'expansion de la société internationale aux XIXe et XXe siècles** (RCADI, 1965, t. 116, p. 89-180, cit. p. 102): "Du point de vue politique, l'Europe moderne se différencie essentiellement de la Chretienté médiévale, du fait qu'elle est une pluralité d'états souverains, jaloux de leur indépendance, les uns à l'égard des autres. Et le problème fondamental va consister dans la conciliation de cette pluralité avec les exigences de coopération qui résultent des rapports de coopération de toute sorte, et de plus en plus intenses, que le développement de la civilisation entraîne."

[29] Ver **Tratado** (tomo 8 – **Direito internacional além do paradigma vestfaliano**, título II – da construção de sistemas coesos: de Vestfália (1648) até a guerra dos sete anos (1756-1763)); ver tb. Francis RAPP, **Le saint empire romain germanique** – d'Otton le Grand à Charles Quint (Paris: Tallandier, 2000, reimpr. 2003).

de identidades locais em novos formatos estatais,[30] eliminando modelos e experiências específicas, de diferentes regiões.[31] O Santo Império, da Paz de Vestfália até sua dissolução (1648-1806), constituiu o laboratório para tentar estabelecer a unidade do 'corpo germânico',[32] antes do triunfo do estado-nação.[33]

[30] Para afirmar a configuração do estado espanhol foram neutralizadas as identidades, culturas e tradições dos antigos reinos e componentes, inclusive mediante uso de força militar e supressão das histórias 'regionais', doravante reprimidas em nome da suposta identidade de suposta *"España, una, grande y libre"* – e isso se produziu desde o final do século XV, com os reis católicos (1474-1516), passando pelo estado liberal do final do século XIX e início do XX, até o fim da longa ditadura de F. FRANCO (1939-1975). No caso da Galícia, como examina Anselmo LÓPEZ CARREIRA, **O reino medieval de Galícia** – contribución a unha história política (Vigo: Nosa terra – História de Galícia, vol. 5, 2ª ed., 2008, Conclusión, p. 427-429, cit. p. 427): "Tal vez se xulgue abusivo estender o concepto de *séculos escuros,* acuñado para a literatura galega entre os séculos XVI e XIX, à História de Galícia neste mesmo período, mais o indicador literário e a percepción da situación que nos transmite non pode ser desdeñado. Replicarán – con razón – os modernistas que a História non se detivo durante ese tempo, pois sen dúbida a sociedade seguiu a desenvolver a súa dialéctica imparable. É certo; mais tamén é innegable a extinción daquel dinamismo orixinal con que un país responde às necesidades que lle van xurdindo, en función da súa especificidade e cun enfoque autocentrado e socialmente cohesionador."

[31] Ainda L. FEBVRE (op. cit., 1912, ed. 1970, p. 74) sobre o sistema do estado da Borgonha, ainda ao tempo de CARLOS V, ou seja até meados do século XVI: "Ainsi, pour résumer l'ensemble de notre étude, c'était un petit groupement politique et historique assez vivant encore que la Comté au milieu du XVIe siècle. Elle n'était pas devenue simplement une province banale d'un grand état, dépouillé de toute initiative et recevant du dehors toutes ses impulsions. La spontanéité n'était pas morte en elle; avec une assez large autonomie, elle avait su retenir quelque chose de son individualité nationale d'autrefois".

[32] A respeito, ver **Tratado** (tomo 8 – **Direito internacional além do paradigma vestfaliano**) sobre o duplo papel da 'paz de Vestfália', observava A. TRUYOL y SERRA (op. cit., 1965, p. 105): "Les traités de Münster et d'Osnabrück convertirent la constitution de l'empire en affaire européenne" e também pelo encadeamento destes instrumentos, com toda uma série de tratados subsequentes: "ils furent le point de départ de toute une série de traités ultérieurs, qui s'y rattachent et s'enchaînent expréssement les uns aux autres, formant un véritable *corpus juris gentium* européen".

[33] Pascal PAYEN, *Johann Gustav DROYSEN et l'histoire de l'Hellénisme: l'époque hellénistique entre ALEXANDRE et la Prusse* (no volume Johann Gustav DROYSEN, **Histoire de l'Hellénisme (edition intégrale)**, trad. de l'allemand sous la direction d'Auguste BOUCHÉ-LECLERCQ, preface, note sur la traduction, bibliographie Pascal PAYEN, Grenoble: Éd. Jerôme Millon, 2005, 2 vols., vol. I, p. 5-82, cit. p. 31-32): "Le Saint Empire, de la Paix de Westphaliie à sa dissolution (1648-1806), a constitué un laboratoire pour tenter d'établir une unité du 'corps germanique' avant le triomphe de l'État-nation."

Por mais relevante que possa ter sido o fenômeno de enfrentamento entre católicos e protestantes na Europa ocidental, como elemento definidor da era 'moderna', esta vertente não é a única dentre os dados que marcam o continente nesse tempo. O que seria simplista e reducionista em relação ao conjunto complexo da construção do equilíbrio europeu. E que se reflete também no direito internacional do tempo moderno.[34]

Não nos esqueçamos, que terminada a assim chamada 'guerra dos trinta anos' (1618-1648), França e Espanha ainda continuam em guerra, por mais onze anos,[35] até ser assinado o **tratado de paz dos Pirineus,**

[34] Ver **Tratado** (tomo 8 – **Direito internacional além do paradigma vestfaliano**, título II – da construção de sistemas coesos: de Vestfália (1648) até a guerra dos sete anos (1756-1763)). Para alguns dados sobre a "guerra dos trinta anos" (1618-1648), com referências específicas de fontes históricas e de análise do conflito: Henry BOGDAN, **La guerre de trente ans 1618-16148** (Paris: Perrin-tempus, © 1997, ed. 2006, impr. 2010); Johannes BURKHARDT, **Der Dreissigjährige Krieg** (Frankfurt-Main: Suhrkamp, 1992); Heinz Dieter KITTSTEINER (1942-2008), **Die Stabilisierungsmoderne** – Deutschland und Europa 1618-1715 (Munique: Carl Hanser, 2010); Dietmar PIEPER e Johannes SALTZWEDEL (Hg.), **Der Dreissigjährige Krieg** – Europa im Kampf um Glaube und Macht 1618-1648 (Munique: Deutsche Verlags-Anstalt, 2012), Bernd ROECK (herausgegeben von), **Deutsche Geschichte in Quellen und Darstellung** Band 4: **Gegenreformation und Dreissigjähriger Krieg 1555-1648** (Stuttgart: Reclam – Univ. Bibl. Nr. 17004, (c) 1996, impr. 2002); Friedrich SCHILLER, **Geschichte des dreissigjährigen Kriegs** (orig. publ. 1792, in F. S., **Werke in drei Bänden**, unter Mitwirkung von Gerhard FRICKE, herausgegeben von Herbert G. GÖPFERT, Munique: Carl Hanser, 1966, vol. II, p. 34-320); Fred E. SCHRADER, **L'Allemagne avant l'État-nation**: le 'corps germanique' (1648-1806) (Paris: PUF, 1998).

[35] Cfr. **Tratado** (tomo 8 – **Direito internacional além do paradigma vestfaliano**); o tratado de paz dos Pirineus, em 1659, além de encerrar a guerra franco-espanhola, estipular as condições para o casamento entre LUÍS XIV e a infanta MARIA THERESA, compromete os franceses a não mais ajudarem Portugal nas lutas contra a Espanha, e ainda garantiu à França a tripla segurança: primeiro, a segurança dos tratados – de 1648 e de 1659 – fixam nova ordem internacional e novas normas na Europa; em segundo lugar, mais segurança territorial "com a posse da Alsácia e o controle da Lorena, o deslocamento com aumento na fronteira norte, bem como a linha dos Pirineus, como fronteira, em toda a sua extensão "; e ainda, segurança para o futuro, "deixando carta diplomática essencial para a casa de BOURBON: pretensões à coroa da Espanha, que a França doravante pode defender", em caso de crise sucessória na Espanha, porque o enfraquecimento da potência espanhola a deixava menos capaz de se defender das pressões francesas – aponta Lucien BÉLY, **La France au XVIIe siècle** – puissance de l'état, contrôle de la société (Paris: PUF, 2009, La paix des Pyrénées, p. 325-331, cit. p. 329-330): "La signature du traité n'a pas tout résolu et de longues négociations continuent".

em 7 de novembro de 1659. Cuja importância, um século antes, pode ser comparada ao **tratado de Cateau-Cambrésis**, em abril de 1559, entre a França e o Sacro Império.[36]

Os tratados de 1559 e de 1659, dentre tantos outros, antes e depois, mostram que a construção do sistema interestatal moderno na Europa não se fez somente com a paz de Vestfália, em 1648, como alguns ainda se iludem em considerar. Concomitantemente à nova fase histórica se vive a mudança do modelo de sistema internacional. Para nova fase deste: que se pode chamar de direito internacional clássico.[37]

Essa longa e dura guerra entre duas monarquias católicas – nos onze anos seguintes à paz de Vestfália de 1648 – não foi somente enfrentamento de caráter local: o conflito assinala o final da era de hegemonia espanhola, o que se identifica como a era 'moderna', ou a primeira fase da era moderna, enquanto o início da era de hegemonia francesa na Europa ocidental, se pautaria pelo anseio do 'clássico', e se exacerbaria como *classicismo*.[38]

Não por acaso, se põe como marco final da era medieval e ponto inicial do direito internacional 'moderno', ao lado dos grandes 'descobrimentos', a invasão da Itália pelas tropas francesas de CARLOS VIII, em

[36] L. FEBVRE (op. cit., 1912, ed. 1970, p. 102): "en avril 1559, la paix du Cateau-Cambrésis est signée. Finis, pour un long temps, les combats entre le Roi catholique et le Roi très chrétien, les campagnes en France, sur les confins de Flandres et dans l'Artois. Mais finies pareillement, PHILIPPE n'étant plus comme son père à la tête de l'empire, les prises d'armes en Allemagne, les luttes contre les électeurs réformés, jusqu'aux levées du duc d'Albe, à ses premiers combats contre les Gueux; jusqu'à Lépante d'autre part, rien ne troublera la paix".

[37] Em boa companhia. Como também Emmanuelle JOUANNET, **Le droit international libéral-providence: Une histoire du droit international** (Bruxelles: Bruylant / Ed. de l'Université de Bruxelles, 2011); desta tb. o artigo, *À quoi sert le droit international? Le droit international providence du XXIe siècle* (Revue belge de droit international, 2007/1, Bruxelles: Bruylant, p. 5-51), ver ainda E. JOUANNET, **Emer de Vattel et l'émergence doctrinale du droit international classique** (Paris : Pedone, 1998).

[38] Ver **Tratado** (tomo 8 – **Direito internacional além do paradigma vestfaliano**, título II – da construção de sistemas coesos: de Vestfália (1648) até a guerra dos sete anos (1756-1763)); ver tb. Francis RAPP, **Le saint empire romain germanique** – d'Otton le Grand à Charles Quint (Paris: Tallandier, 2000, reimpr. 2003).

1494. Enquanto indícios da crise do modelo anterior e surgimento de nova configuração.[39]

Estes marcos históricos são dados relevantes para a periodização do direito internacional. As mutações ocorridas em relação às potências dominantes das sucessivas épocas,[40] na história moderna e contemporânea.

Pode-se insistir na necessidade de permanecer aberto para as surpresas oferecidas pelas fontes históricas.[41] Estas podem nos obrigar a modificar compartimentações estanques, como a tendência frequente em ver o direito internacional somente a partir do marco de 1648: "tempos medievais e pré-modernos estiveram plenamente conscientes do significado e da importância do direito internacional, aqui definido de maneira mais ampla, considerando distintas formas de ordem social e política terem passado a existir".[42] E, assim,

> a história do direito internacional na Idade média não mais deveria ser entendida como mais ou menos obscura pré-história do progresso moderno, mas como período importante de desenvolvimento, que substancialmente ajudou a instigar o direito internacional moderno.[43] [...]

[39] Cf. se examina no **Tratado** (tomo 5 – **Direito internacional no tempo de Francisco de Vitória**).

[40] Wilhelm GREWE, **Epochen der Völkerrechtsgeschichte** (Baden-Baden: Nomos, 1984) apontava, sucessivamente: o *ius inter gentes* da era hispânica (1494-1648), o *droit public de l'Europe* da era francesa (1648-1815), para se chegar ao *international law* da era britânica (1815-1919), o direito das gentes e a união dos povos (*Völkerrecht und Völkerbund*) no período entre guerras (1919-1944) e concluía o trabalho com o exame do direito internacional na era da confrontação americano-soviética e da ascensão do terceiro mundo (1945 até a publicação do livro, em 1984).

[41] Martin KINTZINGER, *From the Late Middle Ages to the peace of Westphalia* (in B. FASSBENDER e Anne PETERS, edited by, **The Oxford Handbook of the History of International Law**,Oxford: Univ. Press, 2012, cap. 25, p. 607-627, cit. p. 617): "remain open to the surprises offered by historical sources".

[42] M. KINTZINGER (cap. cit., 2012, p. 607, e a seguir, p. 616): "An encoded symbolic culture based on the consensus within the international social and political noble elite functioned in fact as much as a norm in pre-modern Europe. It acquired practical value no later than the high Middle Ages (during the 10th and 11th centuries), and it remained important until the 17th and 18th centuries".

[43] M. KINTZINGER (cap. cit., 2012, p. 618): "the beginning of the late Middle Ages is to be regarded as marked by the establishment of an organized political system of government and their foreign relations in the high Middle Ages during the 12th and 13th centuries".

No desenvolvimento do direito internacional, a teoria seguiu a prática. Em todos os tempos, conceitos teóricos do direito internacional reagiram diretamente a desafios específicos, tais como contatos e conflitos, e nesse contexto continuaram a construir conceitos eruditos, como manuais para a prática política e diplomática.[44]

A continuidade histórica e o encadeamento de temas são fundamentais para a compreensão da evolução do direito internacional no tempo. Foi por esse motivo estudada essa continuidade: entre AGOSTINHO, no século V, ISIDORO DE SEVILHA, no século VII, passando a TOMÁS DE AQUINO, no século XIII, e deste para a assim chamada Escolástica tardia, na qual se inscrevem VITORIA e SUAREZ.[45]

Na sua evolução, o direito internacional se inscreve na continuidade direta de VITORIA e SUAREZ, como ora se passa a considerar. E essa mesma continuidade se põe destes em relação a GENTILI e a ZOUCH. Como também a GRÓCIO.[46]

No presente tomo considera-se o **Direito internacional no tempo de SUÁREZ, GENTILI e ZOUCH**. Aqui se alcança, em grandes linhas, desde o final do reinado do imperador CARLOS V, e a paz de Augsburgo, de 1555, no contexto das grandes mudanças em curso no mundo, até a morte de Richard ZOUCH, em 1660.

Especificamente no campo do direito internacional, pode ser apontado como marco a obra maior de Francisco SUAREZ, seu tratado **Das leis e Deus legislador** (1612). E se estende o exame até meados do século XVII, na altura da morte de Richard ZOUCH (1590-1660).

Nesse mesmo tempo, imensas mudanças ocorrem no mundo, e no direito internacional 'moderno' em particular: de algo esboçado no início do período, temos um sistema de direito internacional moderno

[44] M. KINTZINGER (cap. cit., 2012, p. 619): "An encoded symbolic culture based on the consensus within the international social and political noble elite functioned in fact as much as a norm in pre-modern Europe. It acquired practical value no later than the high Middle Ages (during the 10th and 11th centuries), and it remained important until the 17th and 18th centuries".

[45] No **Tratado** (tomo 4 – **Direito internacional no tempo medieval**, esp. itens 8.1 – AGOSTINHO DE HIPONA, 8.2 – ISIDORO DE SEVILHA, e item 10.1 – TOMÁS DE AQUINO; tomo 5 – **Direito internacional no tempo de Francisco de Vitória**, cap. 14 – Francisco de VITORIA, e no presente tomo, cap. 15 – Francisco SUAREZ).

[46] No **Tratado** (tomo 7 – **Direito internacional no tempo de Hugo Grócio**).

plenamente configurado, ao termo deste. Por volta de 1660, o direito internacional tinha alcançado a sua configuração como ramo do conhecimento, como subsistema de direito, e como ilustraria o pioneiro manual da disciplina **Juris et judicii fecialis sive juris inter gentes** (1650). Ainda com forte marca do antigo direito público romano.

Do 'moderno', como outros campos do saber humano, este avançou para o período dito 'clássico'. O 'clássico' se põe, por vezes de maneira complacente e mesmo abusiva, como atributo característico dos séculos XVIII e a primeira parte do século XIX, mesmo como a sua expressão exacerbada na forma de 'classicismo', ou seja, esforço para reviver e adequar-se a 'padrão clássico', mesmo quando a realidade em volta tenha mudado.

O 'classicismo' também se exprimiu nas artes, como ênfase em estruturas formais e planos rígidos, em reação aos excessos voluptuosos do barroco. E curiosamente o paralelo cabe quase com perfeição para situar o fenômeno cultural do direito internacional nesses mesmos períodos: há mudanças de forma, mais que de conteúdo.[47]

Passou o legado antigo e medieval a se configurar como o direito internacional 'moderno' – este que muitos parecem ver como o único modelo internacional possível. Mudou o direito internacional, ao lado do mundo que viveu acentuado processo de mutação de ritmo e de interação globalizada,[48] nos séculos XVI e XVII. Nesse mundo que se quis e se

[47] O período 'moderno' aqui basicamente se estende de SUÁREZ e GENTILI até ZOUCH, enquanto os tomos seguintes do **Tratado**, são dedicados (tomo 7 – **Direito internacional no tempo de Hugo Grócio**, tomo 8 – **Direito internacional além do paradigma vestfaliano**, tomo 9 – **Direito internacional no tempo de Samuel Pufendorf**, tomo 10 – **Direito internacional no tempo de C. van Bynkershoek e Christian Wolff**, tomo 11 – **Direito internacional no tempo do Iluminismo**, tomo 12 – **Direito internacional no tempo de Vattel e von Martens**) ou seja neste vasto conjunto, o 'moderno' se estenderia até a morte de ZOUCH, em 1660, enquanto o 'clássico', vai de meados do século XVII ao início do século XIX. Compreendem-se aí, respectivamente, o direito internacional da era 'moderna', bem como o subsequente direito internacional 'clássico', um e outro como espelhos das respectivas fases históricas.

[48] Termo multissêmico e abusivamente utilizado, cabe aportar algumas precisões terminológicas e de conteúdo, ao se falar em 'globalização' e 'interação globalizada'. São sugestivos alguns ensaios a respeito das mutações ocorridas no início da era moderna, tais como: Aldo FERRER, **História de la globalización** – Orígenes del orden económico mundual (Buenos Aires: FCE de Argentina, 1996) e **História de la globalización II** – La Revolución industrial y el segundo orden mundual (Buenos Aires: FCE de Argentina, 1999);

afirmou 'moderno', o legado e o diálogo com as fontes antigas e medievais prosseguiu – e muitas vezes marcou diretamente as novas formulações em curso, no contexto da institucionalização e da profissionalização do direito internacional, como disciplina autônoma e objeto de cátedras específicas em diferentes universidades. Bem como em vários dos autores aqui considerados – não somente VITÓRIA e SUÁREZ, como GENTILI e ZOUCH, GRÓCIO e PUFENDORF.

Assim se avançou, no campo jurídico internacional, do legado de VITÓRIA, em meados do século XVI, que encerrava o precedente **Direito internacional no tempo de Francisco de VITÓRIA**. O mundo medieval que, por sua vez, se construíra a partir dos elementos do **Direito internacional no tempo medieval**, sem negligenciar o legado do **Direito internacional no tempo antigo**.

A todos os precedentes se somam elementos novos e as múltiplas novas interações sobre elementos conhecidos, em ritmo que se acelera, como dado característico da modernidade, ao mesmo tempo em que interagem em escala planetária. No que foi chamado de 'primeira globalização', do século XVI, que se segue aos grandes descobrimentos, e à institucionalização de economia mundial, com interações comerciais regulares entre Europa, América, Ásia e África.

A evolução prossegue quando esse direito internacional 'moderno' se vê expandido e consolidado – tanto geograficamente, quanto temporalmente. No contexto de mundo em mudança, esse direito internacional 'moderno' se verá progressivamente transformado em 'direito interna-

Serge GRUZINSKI, **Las cuatro partes del mundo** – Historia de una mundialización (México: FCE, 2010) desenvolve a ideia de que os primeiros processos de globalização da era moderna teriam surgido no espaço da monarquia hispânica. Ver tb. Werner THOMAS e Eddy STOLS (eds.), **Un mundo sobre papel** – libros y grabados flamencos en el império hispanoportugués (siglos XVI-XVIII) (Louvain e Haia: Acco, 2009, cit. p. 7): "El arte tipográfico contribuyó significativamente a la expansión europea y a la globalización del mundo en la Edad moderna".

cional clássico', com mutação de premissas e de mecanismos de atuação.[49] Como se examina nos tomos seguintes.[50]

A ordenação do "concerto europeu" como elemento central do então vigente sistema internacional,[51] nos leva, por sua vez, por mais um

[49] Dentre outros, ver: Eric HOBSBAWM, **Nations et nationalisme depuis 1780** (Paris: Gallimard, 1992), bem como os seus três volumes sobre a evolução histórica de 1789 a 1914: **A era das revoluções 1789-1848** (do original **The age of Revolution 1789-1848**, © 1977, trad. Maria Tereza TEIXEIRA e Marcos PENCHEL, São Paulo: Paz e Terra, 25ª ed., 2ª. reimpr., 2010); **A era do capital 1848-1875** (do original **The age of capital 1848-1875**, © 1977, trad. Luciano COSTA Neto, São Paulo: Paz e Terra, 15ª ed., 2ª. reimpr., 2011) e **A era dos impérios 1875-1914** (do original **The age of empire 1875-1914**, © 1988, trad. Sieni Maria CAMPOS e Yolanda Steidel de TOLEDO, São Paulo: Paz e Terra, 13ª ed., 2ª. reimpr., 2011).

[50] 'Direito internacional no tempo clássico', corresponde ao período de meados do século XVII, até as primeiras décadas do século XIX. Como dados específicos do direito internacional, apontem-se, nesta fase, as trajetórias de Samuel RACHEL (1628-1691) e Samuel PUFENDORF (1632-1694), cf. **Tratado** (tomo 9 – **Direito internacional no tempo de Samuel Pufendorf**, tomo 10 – **Direito internacional no tempo de C. van Bynkershoek e Christian Wolff**, tomo 11 – **Direito internacional no tempo do Iluminismo**), até a de Georg Friedrich VON MARTENS (1756-1821), cf. Tratado (tomo 12 – **Direito internacional no tempo de Vattel e von Martens**). Ou seja, da fase histórica, imediatamente posterior à Paz de Vestfália, até o estabelecimento do "concerto europeu", cf. **Tratado** (tomo 13 – **Direito internacional no tempo do concerto europeu**). E os modelos institucionais então aplicados desdobrar-se-ão no curso desse 'longo século XIX' à primeira metade do século XX, como se examina no **Tratado** (tomos 14 a 17 – **Direito internacional no tempo do colonialismo**).

[51] Este foi, simultaneamente, o sistema regional *interno* do 'concerto europeu', que bem ou mal vigera durante um século – pois vinha desde o final das guerras revolucionárias francesas e do período napoleônico, do Congresso de Viena (1814-1815), até a eclosão da primeira guerra mundial (1914-1918), ou seja, 99 anos, não obstante várias rupturas ocorridas no seio deste, cf. **Tratado** (tomo 13 – **Direito internacional no tempo do concerto europeu**). Simultaneamente tinha esse "concerto europeu" também dimensão *externa*, sobre outros continentes. Este sistema, a partir dessa mesma altura, começa a apresentar mais e mais claros sinais de obsolescência. O fim do modelo do "concerto europeu" se dá tanto na dimensão interna, como na sua projeção 'colonialista' exterior, sobre outros continentes. Cfr. **Tratado** (tomos 14 a 17 – **Direito internacional no tempo do colonialismo**).

Rui *internamente* o sistema do concerto europeu, ao mesmo tempo em que passa, também, daí em diante, a ser cada vez mais questionada a projeção *externa* do sistema 'colonial' e 'imperialista' europeu, que se estendera sobre vastas extensões do planeta, e transformara grande parte da África e da Ásia em dependências, mais ou menos diretas, das soberanias dos estados europeus – colônias, protetorados, 'domínios ultramarinos'. Se este modelo político soçobrou e desapareceu, o modelo jurídico eurocentrista e o modelo cultural, profundamente imbuído, com razão ou sem ela, da superioridade intrínseca do judaico-cristão ocidental, ambos ainda levaram mais tempo para serem substituídos – e, em certa medida, esse processo, todavia, não se completou – como se verá nos tomos seguintes deste **Direito inter-**

século, até a primeira guerra mundial. Quando eclode a guerra de 1914-1918 soçobra o sistema, até então vigente.

Nessa altura, ante a derrocada do sistema do 'concerto europeu', se fará necessário, mais uma vez, refundar o sistema institucional e normativo internacional: a resposta, mais uma vez, se põe no sentido de progressiva e crescente institucionalização do sistema internacional. Como ilustram a criação da Sociedade das Nações, da Corte permanente de justiça internacional, de outras organizações internacionais, com particular menção à Organização internacional do trabalho, e as grandes transformações sobre o papel do indivíduo na ordem internacional, acentuados a partir da segunda guerra mundial.

Esse direito internacional pós-moderno reflete a situação de que se os estados não mais conseguem assegurar a lógica do sistema institucional e normativo internacional, este tem de passar a ser fundado no ser humano. Que passa a ser o centro do sistema, embora ainda isso seja incipientemente reconhecido.

No trecho referido em epígrafe, GRÓCIO ponderava que "por sua natureza o tempo não tem nenhuma força produtora e nada se faz pelo tempo, embora tudo se faça no tempo".[52] A relação entre o direito internacional e o tempo possa talvez ser assim explicitada: o tempo aqui não se põe como fim em si mesmo, mas como elemento para a compreensão das mutações do direito internacional, enquanto sistema, ao longo das eras – e sintomaticamente, para muitos, parece que todo o direito internacional se resume e se limita ao que foi praticado e conhecido durante esses séculos do tempo 'moderno' e 'clássico', esquecendo-se o que veio antes – o antigo e o medieval – como também o que se segue – no direito internacional pós-moderno.[53]

nacional no tempo. E se esse conjunto continua em construção e em evolução, de um lado isso é fascinante; de outro lado, é tanto mais complexo perceber, caracterizar e situar-se em relação a um conjunto que se encontre em mutação, no contexto pós-moderno. E refletir esse momento sobre o modelo de sistema institucional e normativo internacional, como se ensaia no **Tratado** (tomo 20 – **Direito internacional, história e cultura**).

[52] H. GRÓCIO (op. cit., 1625, ed. bras., 2004, II.IV.1).

[53] Como já examinado nos **Fundamentos do direito internacional pós-moderno** (São Paulo: Quartier Latin, 2008).E prossegue no **Tratado** (tomo 20 – **Direito internacional, história e cultura**).

A tarefa de mostrar o conjunto do desenvolvimento do direito internacional no tempo se mostrou desde o início abrangente e complexa. Esta se faz tanto mais interessante e instigante, na medida em que, ao lado dos dados técnicos do direito internacional, propriamente dito – em seus conceitos básicos, tais como, estado, soberania, jurisdição, domínio reservado, relações entre direito interno e direito internacional, e seus desdobramentos nas relações internacionais, nas organizações internacionais, dentre outros – a própria natureza da matéria também exige menção e o exame do contexto histórico e da evolução das ideias – filosóficas, políticas e históricas, notadamente da história cultural – para situar, inicialmente, o direito internacional, em si, mas também o posicionar como artefato histórica e culturalmente condicionado. O direito internacional é parte da história cultural, e como tal deve ser situado e compreendido. A matéria 'técnica' tem de se inscrever em conjunto mais amplo, para poder ser adequadamente estudada e apresentada.

O dilema do direito internacional, mais do que em outros ramos jurídicos, está em que mesmo se estes dados extrajurídicos têm de ser levados em conta, necessariamente, para situar o direito internacional, além de suas estritas premissas, 'meramente' técnico-jurídicas, estes dados não jurídicos são ao mesmo tempo necessários mas, contudo, não são o foco central do trabalho, que se situa no direito, e agrega a dimensão internacional, e isto se constrói, enquanto sistema, e aqui se faz na consideração da sua evolução no tempo.[54] É fundamental ter essa perspectiva de 'longa

[54] No sentido da perspectiva histórica para o estudo e a compreensão do direito internacional, como aponta G. F. von MARTENS (1756-1821) e se examina no **Tratado** (tomo 12 – **Direito internacional no tempo de Vattel e von Martens**, cap. 25); ver tb.: Dietrich Heinrich Ludwig von OMPTEDA, **Literatur des gesammten natürlichen und positiven Völkerrechts** ("Neudruck der Ausgabe Regensburg", 1785, republ. Aalen: Scientia Verlag, 1963); Robert WARD, **An Enquiry into the foundations and history of the law of nations in Europe** – from the time of the Greeks and the Romans to the age of Grotius (orig. publ. London: A. Straham and W. Woodfall, 1795, 2 vols., reprinted Clark: The Lawbook Exchange, 2005); Ernest NYS, **Les origines du droit international** (Bruxelles: Alfred Chastaigne / Paris: Thorin & Fils, 1894); a obra coletiva, **Les fondateurs du droit international public**: leurs oeuvres, leurs doctrines (introduction de A. PILLET, Paris: V. Giard & E. Brière, 1904); Dominique GAURIER, **Histoire du droit international** – de l'Antiquité à la creation de l'ONU (orig. publ. 2005, Rennes: Presses univ. de Rennes, 2014); Wilhelm GREWE, **Epochen der Völkerrechtsgeschichte** (Baden-Baden: Nomos, 1984) onde este apontava, sucessivamente: o *ius inter gentes* da era hispânica (1494-1648), o *droit public de l'Europe* da era francesa (1648-1815), para se chegar ao *international law* da era bri-

duração',[55] ou ser capaz de enxergar 'longo prazo', como dado indispensável para a compreensão dos fenômenos da civilização humana.

A falta dessa perspectiva histórica e indispensável contextualização produz distorções na compreensão do fenômeno jurídico internacional. Em 1904, já advertia um internacionalista de forte viés nacionalista francês,[56] como Antoine-Louis PILLET (1857-1926):

tânica (1815-1919), o direito das gentes e a união dos povos (*Völkerrecht und Völkerbund*) no período entre guerras (1919-1944) e concluía o trabalho com o exame do direito internacional na era da confrontação americano-soviética e da ascensão do terceiro mundo (1945 até a publicação do livro, em 1984); Karl-Heinz ZIEGLER, **Völkerrechtsgeschichte** (Munique: Beck, 2ª ed., 2007). Também relevantes as contribuições para o tema: Arnulf BECKER-LORCA, **Mestizo International Law** – a global intelectual history 1842-1933 (orig. publ. 2014, Cambridge: Univv. Press, 2016); Jérôme HÉLIE, **Les relations internationales dans l'Europe moderne** 1453-1789 (Paris: Armand Colin, 2008); Martti KOSKENNIEMI, **The gentle civilizer of nations**: the rise and fall of international law (1870-1960) ("Hersch Lauterpacht Memorial Lectures", Cambridge: University Press, 1st published 2001, reprinted 2005); ONUMA Yasuaki, **International law in a transcivilizational world** (Cambridge: Univ. Press, 2017); Arthur NUSSBAUM, no seu **A concise history of the law of nations** (New York: Macmillan, 1954) – do qual muitas vezes eu discordo e aponto as razões para tanto; bem como numerosos verbetes, sobre história do direito internacional, esp. Wolfgang PREISER e M. KOSKENNIEMI, na **The Max Planck Encyclopedia of Public International Law** (general ed. Rüdiger WOLFRUM, Oxford: Univ. Press, 2012, 11 vols.), b/c a obra coletiva, sob coordenação de Bardo FASSBENDER e Anne PETERS (edited by, with Simone PETER and Daniel HÖGGER, assistant editors), **The Oxford Handbook of the History of International Law** (Oxford: Univ. Press, 2012, cit. p. 2) no qual advertem: "The Eurocentric story of international law has proven wrong because it is incomplete." E tb. os vários volumes da obra de J. H. W. VERZIJL, **International law in historical perspective** (Leiden: Brill, 11 vols., 1968 a 1992). E para reflexão crítica sobre o que é e para que serve o estudo da história do direito internacional, H. STEIGER, *Was heisst und zu welchem Ende studiert man Völkerrechtsgeschichte?* (in I. APPEL, G. HERMES e C. SCHÖNBERGER (hrsg.), **Öffentliches Recht in offenem Staaten** – Festschrift für Rainer WAHL zum 70. Geburtstag, Berlin: Dunclker & Humblot, 2011, p. 211-223).

[55] Como expõe Fernand BRAUDEL, *Histoire et sciences sociales. La longue durée* (orig. publ. em 1958, republicado in **Écrits sur l'histoire**, Paris: Flammarion/Champs, 1969, nova impr. 1989, p. 15-38), e tb. em vernáculo, *História e ciências sociais: a longa duração* (orig. publ. 1958, trad. Flávia NASCIMENTO, in **Nova história em perspectiva**, org. e intr. Fernando A. NOVAIS e Rogério F. da SILVA, São Paulo: Cosac & Naify, 2011, p. 86-121).

[56] A respeito da vida e da obra de Antoine PILLET, ver J.-P. NIBOYET, *Antoine Pillet 1857-1926* (Paris: Revue de droit international, 1927, p. 23-32) e Patrick ARABEYRE, Jean-Louis HALPÉRIN et Jacques KRYNEN (direction de), **Dictionnaire historique des juristes français (XIIe – XXe siècle)** (Paris: PUF, 2007, 2ª tiragem, 2008, verbete *PILLET*, p. 625-626). Nos seus **Principes de droit international privé** (Paris: Pedone / Grenoble: Allier Frères, 1903 – on line: gallica.bnf.fr), PILLET se afirmava universalista e anunciava sua

> Acredita-se conhecer o direito das gentes quando nos mantemos a par das ideias preconcebidas em nossa época e cedemos facilmente a essa ideia que somente o nosso século trouxe a luz nessa matéria. Para conservar comodamente essa ilusão é preciso fechar os olhos com resolução, e ter como a última palavra da ciência a afirmação de algum ignorante rabiscador de papel. A verdade nos obriga a ser mais modestos. O direito das gentes, enquanto doutrina científica, não é um fruto devido ao progresso de nossa época, nem tampouco um produto da revolução francesa, ou da reforma religiosa do século XVI, o direito das gentes é muito mais antigo que tudo isso, e mesmo que seja impossível, apesar de GRÓCIO, fazê-lo remontar até os gregos e os romanos, é preciso ao menos, se formos justos, reconhecer a sua origem nos tempos mais recuados da Idade média.[57]

confiança na obra de codificação do direito internacional, conduzida a partir das conferências da Haia, mas se opunha às teses personalistas, e sustentava o direito de cada estado para definir o seu próprio direito internacional privado, no quadro da respectiva soberania. Ao cuidar de conflitos de soberania, o direito internacional privado se vincularia ao direito internacional público, na opinião de PILLET. Em 1920, em seu livro sobre o tratado de paz de Versalhes – **Le traité de paix de Versailles** ("conférences faites au Collège libre des sciences sociales", Paris: Librairie des sciences politiques et sociales – Marcel Rivière et Cie., 1920)

PILLET lamentava que a França não tivesse obtido 'satisfações' suficientes e considerava, com desprezo, a Sociedade das Nações, tratando-a de pura utopia. Seu pensamento continua a aprofundar o viés nacionalista, ainda mais acentuado em seu **Traité pratique de droit international privé** (Grenoble: J. Allier, 1923-1924, 2 vols.) e no **Manuel de droit international privé** (en collaboration avec J.-P. NIBOYET, Paris: Recueil Sirey, 1ere éd., 1924; somente o nome de J.-P. NIBOYET na 2ª ed., Paris: Sirey, 1928). Longe de terem sido insuficientes, as 'satisfações' extorquidas da Alemanha, após a primeira guerra mundial foram de tal ordem que se completaram somente um século depois e em considerável medida, causaram não somente a hiperinflação na Alemanha, no início da década de 1920, como também a ascensão do nazismo, no início da década de 1930. Cfr. P. B. CASELLA, **Tratado de Versalhes na história do direito internacional** (São Paulo: Quartier Latin, 2007); algo distinta a avaliação de Jean-Jacques BECKER, **O tratado de Versalhes** (trad. Constancia EGREJAS, São Paulo: Ed. Unesp, 2011).

[57] A. PILLET, *Introduction* (in **Les fondateurs du droit international public**: leurs oeuvres, leurs doctrines, Paris: V. Giard & E. Brière, 1904, p. V-XXXI, cit. p. VII-VIII) confessava: "Comme tant d'autres, j'ai été dupe des opinions courantes, et il a fallu qu'une circonstance fortuite m'obligeât à me plonger dans un certain nombre d'in-folios théologiques, pour voir se dissiper mon erreur. Quel ne fut pas mon étonnement lorsque je reconnus sous la plume de ces canonistes que l'on ignore à peu près complètement et que GROTIUS lui-même sacrifiait bien légèrement à la gloire d'historiens, de philosophes et de poètes étrangers à notre science, les idées les plus fines et les plus profondes sur les droits

No processo de construção do direito internacional no tempo foi e é preciso evitar dois grandes males: um deles é o *etnocentrismo* – julgar tudo a partir da perspectiva e dos parâmetros culturais de quem escreve – especialmente nessa sua corrente, porém perversa, modalidade de *eurocentrismo*, ver tudo a partir da perspectiva da Europa. É preciso, igualmente, evitar outro mal, que é o *anacronismo* – atribuir convicções e ideias de hoje, aos fatos e agentes do passado, o que os coloca fora do tempo. Como advertia BOSSUET, no seu **Discurso sobre a história universal**,[58] devem "ser evitados os anacronismos, que confundem a ordem das coisas".[59]

Anacronismo se comete, igualmente, quando se quer reduzir o inteiro fenômeno jurídico internacional tão somente ao que foi conhecido e praticado na eras moderna e clássica, com ênfase excessiva sobre o caráter interestatal de tais relações. Modelos pré-estatais e pós-estatais também precisam ser considerados. O ser humano como sujeito de direitos e obrigações na ordem internacional não pode ser ignorado.

Esses males, o *etnocentrismo* e o *anacronismo*, são constantes ameaças, e seus efeitos e devastações têm de ser constantemente vigiados em suas causas e controlados em seus efeitos: bom exercício intelectual, mas nunca se está totalmente isento deles. Como mostra a recorrência da modalidade específica desse mal, sob a forma do *eurocentrismo*,[60] que

réciproques des états, sur la guerre, sur les rapports des civilisés et des barbares. Le dtoit des gens par le progrès du temps a embrassé des questions nouvelles et suscité des difficultés qu'à l'origine on ne soupçonnait pas: au point de vue des idées je ne vois pas qu'il se soit beaucoup enrichi et que la science qui se dispense dans nos universités dispose d'un matériel sensiblement plus abondant que celle qui se cachait, il y a quatre ou cinq cents ans, sous les arceaux des cloîtres."

58 Jacques-Bénigne BOSSUET, **Discours sur l'histoire universelle** (orig. publ. 1681, textes établis et annotés par l'Abbé VELAT et Yvonne CHAMPAILLER, Paris: Gallimard – Pleiade, ed. 1961, impr. 2006, p. 657-1027, seguido de notas e variantes, p. 1471-1524).

59 BOSSUET, **Discours sur l'histoire universelle** (1681, ed. 2006, première partie, douzième époque – *Charlemagne, ou l'établissement du nouvel empire*, cit. p. 762-763): "éviter les anachronismes, qui brouillent l'ordre des affaires". Argumentava BOSSUET, nessa mesma passagem, que "a ordem dos tempos é absolutamente necessária para ligar entre si todas essas histórias".

60 Como aparece, por exemplo, no trecho citado de A. PILLET (1904), a respeito das "relações entre civilizados e bárbaros". Isso se tornou obsoleto e politicamente incorreto. Ver A. PILLET, Introduction (in **Les fondateurs du droit international public**: leurs oeuvres, leurs doctrines, Paris: V. Giard & E. Brière, 1904, p. V-XXXI, esp. p. VII-VIII). Ver Arnulf

ainda se manifesta, corrente e frequentemente, no direito internacional.[61]

Por isso, às vezes, pode ter havido mesmo certa cautela excessiva em situar dados históricos e premissas culturais, fora e além da estrita visão greco-romana e judaico-cristã ocidental, com todos os seus condicionamentos. O que, por sua vez, pode ensejar reparos em sentido oposto, como o de ser excessivamente crítico.

Em trabalho cujo foco é o direito internacional, é preciso – tautológica e simultaneamente – ser 'jurídico' e ser 'internacional'. Isso significa manter a perspectiva dentro do campo do direito, mas, ao mesmo tempo, que essa perspectiva jurídica, intrínseca e necessariamente, se ponha além e acima de visão estritamente nacional do fenômeno jurídico, no tocante ao foco do texto e ao tratamento das matérias. A isso se agregue a visão da história e do contexto cultural mais amplo, de modo a atentar para a contribuição de outras civilizações e outras culturas.

E isso se há de fazer, sem deixar de entender, que o direito, em geral, e mais ainda, o direito internacional, não são somente disciplinas técnicas, voltadas para a aplicação profissional imediata, como ganha-pão – *Brotstudium*, dizem os alemães –, mas comportam, intrinsecamente, importante bagagem cultural, e que esta acompanha todo o processo de formação e de desenvolvimento, temporal e institucional, do conjunto

BECKER LORCA, *Eurocentrism in the history of international law* (in **The Oxford Handbook of the History of International Law**, edited by Bardo FASSBENDER e Anne PETERS, Oxford: Univ. Press, 2012, chap. 43, p. 1034-1057), bem como seu **Mestizo International Law** – a global intelectual history 1842-1933(orig. publ. 2014, Cambridge: Univ. Press, 2016); e tb. C. G. F. CASTAÑON, **Les problèmes coloniaux et les classiques espagnols du droit des gens** (RCADI, 1954, t. 86, p. 557-700). Menciono, com reservas, a tese de Jack GOODY, **O roubo da história** – como os europeus se apropriaram das ideias e invenções do Oriente (orig. publ. **The theft of history**, 2006, trad. Luiz Sérgio Duarte da SILVA, São Paulo: Contexto, 2008).

[61] O que foi levado ao paroxismo no **Direito internacional no tempo do colonialismo**, como se examina no **Tratado** (tomos 14 a 17 e tb. tomo 20 – **Direito internacional, história e cultura**, cap. 3 – impacto do colonialismo sobre o direito internacional, a descolonização e o desenvolvimento do direito de autodeterminação dos povos).

do direito internacional – o que já se esboça na Antiguidade,[62] e prossegue até os nossos dias.[63]

Se desde o primeiro momento já existia enorme disponibilidade de dados e fontes a serem computados, e se poderia passar uma vida pesquisando dados relativos à Antiguidade e seus desdobramentos 'globalizantes', com os grandes impérios – persa, macedônio, romano, chinês – e as interações entre uns e outros,[64] isso somente se agrava e se torna tanto mais agudamente sentido, em relação a períodos cada vez mais recentes. Como se pode facilmente contrapor: o que existe disponível, somente sobre o direito internacional, nos marcos destes tomos mencionados.

Compreenda-se a extensão das mudanças características da idade moderna.[65] Dentre as quais o estado moderno, como fenômeno característico deste.[66] E a partir dos estados, como peças básicas do jogo 'moderno', se fixa o sistema institucional e normativo característico: o tantas vezes falado 'modelo vestfaliano'.

O amplo e complexo conjunto dessa 'era moderna' se mostra, por exemplo, da segunda metade do século XVI, em relação às mutações da primeira metade do século XVII. E depois deste, já com outros elemen-

[62] Como se examina no **Tratado** (desde o tomo 3 A – **Direito internacional no tempo antigo**, tomo 3 B – **Gregos, romanos, chineses, indianos**, tomo 4 – **Direito internacional no tempo medieval** e seguintes).

[63] Como se vê no **Tratado** (tomos 7 – **Direito internacional no tempo de Hugo Grócio** e seguintes), até o direito internacional no tempo pós-moderno e o exame da questão dos **Fundamentos** (2008).

[64] A respeito dos quais se apontaram alguns dados no **Tratado** (tomos 3 A – **Direito internacional no tempo antigo** e 3 B – **Gregos, romanos, chineses, indianos**).

[65] Ver **Tratado** (tomo 5 – **Direito internacional no tempo de Francisco de Vitória**, 7 – **Direito internacional no tempo de Hugo Grócio** e 8 – **Direito internacional além do paradigma vestfaliano**); vasto conjunto apontado por Egon FRIEDELL, em seu panorama sobre história cultural moderna, **Kulturgeschichte der Neuzeit** – Die Krise der Europäischer Seele von der Schwarzen Pest bis zum Ersten Weltkrieg (orig. publ. 1927-31, Munique: Beck, Sonderausgabe, 2007).

[66] Cf. **Tratado** (tomo 5 – **Direito internacional no tempo de Francisco de Vitória**, cap. 13 – estado como sujeito de direito internacional – a contribuição de Maquiavel e Bodin); ver tb. Modesto FLORENZANO, *Sobre as origens e o desenvolvimento do estado moderno no Ocidente* (Rev. Lua Nova, São Paulo, 2007, vol. 71, p. 11-39, republ. em **Lições de história moderna**, São Paulo: Intermeios, 2021, cap. II – Sobre a formação do estado moderno no Ocidente, p. 47-67).

tos, que tenderiam ao 'clássico', em relação ao final do século XVII, todo o conjunto do século XVIII e a primeira parte do XIX.

Não menores, por sua vez, as transformações do século XVIII para o conjunto do século XIX.[67] A progressão geométrica é assustadora no desenvolvimento do sistema institucional e normativo internacional.[68]

Este é, assim, somente um percurso possível, de leitura e de compreensão do "direito internacional no tempo". As transformações mostram a conjugação entre continuidade e inovação, entre ruptura e permanência, como tantas outras áreas do conhecimento.

Esta foi esta a trajetória escolhida, para expor a construção temporal e conceitual do sistema institucional e normativo internacional. O que não exclui a consciência da multiplicidade de caminhos e de enfoques possíveis. A responsabilidade pelas escolhas feitas é estritamente pessoal, e na vida não somente é preciso ter coragem de fazer as escolhas, mas, em seguida, de se mostrar responsável pelas escolhas feitas.

Mais do que simplesmente 'trabalho técnico', este **Direito internacional no tempo** consiste no esforço que exprime essa visão de conjunto, intrinsecamente interdisciplinar. A busca da abrangência não se põe como mero complemento, ou como dado alegada-

[67] Como se examina no **Tratado** (tomos 10 – **Direito internacional no tempo de C. van Bynkershoek e Christian Wolff**, 11 – **Direito internacional no tempo do Iluminismo**, 12 – **Direito internacional no tempo de Vattel e von Martens**, 13 – **Direito internacional no tempo do concerto europeu** e tomos 14 a 17 – **Direito internacional no tempo do colonialismo**); se o século XVIII se pauta pela expansão da visão europeia sobre o conjunto do mundo, e aí se inscreveria o fenômeno de 'desencantar a Ásia', que deixa de ser mundo exótico e desconhecido para os europeus daquele tempo – ao menos em se tratando de suas elites ilustradas – descreve Jürgen OSTERHAMMEL, **Die Entzauberung Asiens** – Europa und die asiatischen Reiche im 18. Jahrhundert (orig. publ. 1998, Munique: Beck, 2010), por sua vez, o século XIX é caracterizado como período de transformação do mundo pelo mesmo Jürgen OSTERHAMMEL, em seu **Die Verwandlung der Welt** – Eine Geschichte des 19. Jahrhunderts (orig. publ. 2009, Munique: Beck, Sonderausgabe, 2011).

[68] E isso somente se acentua, quanto mais nos aproximarmos dos nossos tempos pós-modernos: prenuncia a enormidade da tarefa a ser enfeixada no exame da fase no **Tratado** (tomos 11 – **Direito internacional no tempo do Iluminismo**, tomo 12 – **Direito internacional no tempo de Vattel e von Martens**, tomo 13 – **Direito internacional no tempo do concerto europeu** e seguintes), dada a quantidade cada vez maior de fontes e acessos, a serem necessariamente considerados, e que torna a tarefa cada vez mais complexa e mais instigante. E infindável. Logicamente é preciso fazer cortes, e escolhas.

mente supérfluo, ou passível de ser denegrido como erudição – o que é preciso ter, e saber manejar, para poder criticar nos outros. É intelectualmente desonesto imputar 'erudição', mas constitui crítica facilmente levantada. Ora, sejamos mais precisos: onde exatamente e no que tal dado pode ter sido supérfluo, ou não precisamente manejado e apresentado? Aí sim, seria critica intelectualmente válida e construtiva.

Neste conjunto do direito internacional no tempo se põe a faceta em curso do esforço maior e melhor de toda uma vida, pessoal e profissional, ao menos até aqui: reúnem-se leituras, pesquisas e publicações de mais de quatro décadas, em direito internacional e outras áreas afins do conhecimento, associado ao trabalho docente e de orientação de pesquisas em direito internacional. Este conjunto, que compõe o exame do direito internacional no tempo se encadeia com o trabalho sobre os **Fundamentos do direito internacional pós-moderno** (2008), prossegue no **Tratado** com os dois primeiros tomos sobre **Direito internacional dos espaços** (2022) e ora se põe em relação ao tempo.

O exame do direito internacional no tempo compõe estes vários trabalhos em todo integrado, e almeja à visão de conjunto do direito internacional, no contexto pós-moderno: esta se constrói enquanto se percorre o caminho; que se faz ao longo da trajetória, vitalmente condicionada, mas necessária. No tempo e no espaço.

Este direito internacional no tempo tem o propósito de situar a evolução do fenômeno jurídico internacional no tempo e no contexto histórico – não é algo externo e estranho à vida das sociedades, mas surge e se desenvolve como decorrência da necessidade, e vinculado à premissa da organização da convivência entre sociedades, no plano internacional. Muito antes e muito além dos marcos habitualmente aceitos como referenciais para o enquadramento do conjunto da história e da evolução do direito internacional.

Parece-me especialmente necessário situar a premissa conceitual e metodológica, neste passo histórico, relativo ao **Direito internacional no tempo de Suárez, Gentili e Zouch** – dado que para muita gente parece não existir direito internacional antes de VITÓRIA e SUAREZ, nem depois de GRÓCIO. Aqui se mostra a importância crucial desse período do direito internacional 'moderno' – com SUAREZ, GENTILI,

ZOUCH. E no tomo seguinte, com o exame da contribuição de GRÓCIO.[69]

Na esteira dos quais virão os expoentes da fase seguinte. Que fazem a transição para o direito internacional clássico, como Samuel RACHEL e Samuel PUFENDORF em diante. Quando e em que medida, deste 'moderno' se passa ao direito internacional 'clássico' – se pode situar com o exame das contribuições de RACHEL, PUFENDORF, BYNKERSHOEK, WOLFF, VATTEL e VON MARTENS, dentre tantos. Ao mesmo tempo, se percebem desvios de rumo, com MOSER e outros na linha deste – pretendendo 'nacionalizar' o direito internacional, e se vive o paradoxo do direito internacional que se aprimora técnica e institucionalmente, no período 'clássico', a seguir examinado, mas este perde a sua alma universal, como antes se pautara. Por isso, os tomos seguintes consideram o **Direito internacional no tempo do Iluminismo** e o **Direito internacional no tempo do concerto europeu**, quando o modelo clássico é levado ao seu apogeu, até ser, por sua vez, superado.[70]

A necessidade de separação em fases e períodos da evolução do direito internacional no tempo é compreensível, dada a enormidade da transformação em curso. E pode ser avaliado como dimensão da transição, necessária de uma fase a outra, se comparado com as passagens da Antiguidade para o contexto medieval, ou da crise do modelo medieval – que tinha uma sua visão internacional – para a instauração do modelo moderno, interestatal e ferrenhamente judaico-cristão, europeu e ocidental – e como tal se projeta sobre quase todo o mundo, durante este período.[71]

[69] Como se examina no **Tratado** (tomo 5 – **Direito internacional no tempo de Francisco de Vitória**, e prossegue no tomo 7 – **Direito internacional no tempo de Hugo Grócio** e seguintes).

[70] Características da superação do modelo 'clássico' para o direito internacional no tempo do concerto europeu e deste para o direito internacional 'pós-moderno' mostram-se quando estado e soberania não mais conseguem exprimir todas as dimensões do sistema institucional e normativo internacional de nosso tempo – mas o modelo que o sucede ainda não está plenamente configurado. Como se examina no **Tratado** (tomo 20 – **Direito internacional, história e cultura**).

[71] Cf. **Tratado** (tomos 3 A – **Direito internacional no tempo antigo**, 3 B – **Gregos, romanos, chineses, indianos**, tomo 4 – **Direito internacional no tempo medieval**, 5 – **Direito internacional no tempo de Francisco de Vitória** e seguintes); v. tb. obra de divulgação, já mencionada, de Jack GOODY, **O roubo da história** – como os europeus

Espero que este conjunto sirva para mostrar quão rico e humano é o direito internacional. E que este não começou somente em 1648. Nem tampouco termina nesse marco.

O direito internacional teve no passado e tem hoje papel crucial a desempenhar, para a preservação da vida da humanidade e do planeta, como dado central e inexorável da necessidade de convivência organizada entre sociedades. A atual interdependência no mundo nos faz mais e mais ter necessidade de ordenar a convivência.[72] E isso se faz e se há de fazer com os mecanismos do sistema institucional e normativo internacional, que pode ter limites e restrições, mas nada melhor foi até agora inventado pela humanidade.

Não somente existe essa dimensão a partir de única vertente de interação entre sociedades, nem somente a partir de único momento histórico: muitos pontos convergentes podem ser encontrados. E que esse quadro aqui esboçado possa servir para levar a outras descobertas, conexões e interações.

No processo de redução progressiva do assim chamado domínio reservado dos estados, e do aumento da incidência da responsabilidade internacional do estado por arbitrariedades cometidas no plano interno, teve e tem longo caminho já percorrido e ainda por fazer o direito internacional, criado e operado pelos estados. Mas, por mais relevante que tenha sido, esta fase histórica 'moderna' não é o único modelo possível para a operação do direito internacional, como fenômeno histórico e cultural.

se apropriaram das ideias e invenções do Oriente (orig. publ. **The theft of history**, 2006, trad. Luiz Sérgio Duarte da SILVA, São Paulo: Contexto, 2008).

[72] E nos últimos cem anos se veem indícios de modelo em transição, que se pode enfeixar sob a denominação 'pós-moderno'. Como se considera nos **Fundamentos** (2008) bem como no **Tratado** (nos referidos tomos 11 e 13, bem como tomo 20 – **Direito internacional, história e cultura**).

DO DIREITO INTERNACIONAL MODERNO AO CLÁSSICO

Nosso mundo acaba de descobrir outro não menor nem menos povoado e organizado do que o nosso (e quem nos diz que seja o último?) e, no entanto, tão jovem, que ignora o a-bê-cê e que há cinquenta anos não conhecia nem pesos nem medidas, nem a arte de vestir, nem o trigo e a vinha. [...] Receio, porém, que venhamos a apressar a decadência desse novo mundo com nosso contato e que ele deva pagar caro nossas artes e ideias.

Michel de MONTAIGNE, **Ensaios** (1580, III.VI)[73]

Via estar todo o Céu determinado
De fazer de Lisboa nova Roma;
Não no pode estorvar, que destinado
Está doutro poder que tudo doma.

L. de CAMÕES, **Os Lusíadas** (1572, c. VI.7)[74]

[73] Michel de MONTAIGNE, **Essais** (in **Oeuvres complètes**, textes établis par Albert THIBAUDET et Maurice RAT, introduction et notes par Maurice RAT, Paris: Gallimard / Pléiade, (c) 1962, impr. 1992), ou tb. na ed. brasileira, Michel de MONTAIGNE, **Ensaios** (trad. Sérgio MILLIET, Sao Paulo: Abril cultural – os Pensadores, 1972, livro III, cap. VI, p. 416-417) e, sintomaticamente, logo a seguir – profeticamente – MONTAIGNE aduzia a frase final da citação...

[74] Luís de CAMÕES, **Os Lusíadas** (1572, com ilustrações de LIMA DE FREITAS, prefácio e notas de Hernani CIDADE, Lisboa: Círculo de Leitores Lda., 1972 – edição comemorativa do IV centenário; canto VI, 7, p. 223, e a seguir, a estrofe 6, precedente): "As ondas navegavam do Oriente, / Já nos mares da Índia, e enxergavam".

Mihi quaestio factus sum.

santo AGOSTINHO, **Confissões** (10.50)[75]

A construção da modernidade representou mutação da natureza e do eixo do sistema internacional em relação ao mundo medieval. O mundo medieval teve dentre as suas realizações e características, a sua cultura internacional e esta se manifesta como seu modo de operacionalidade.[76]

Tudo isso acarreta mutações irreversíveis na percepção dos homens a respeito de si mesmos. Como já evocava santo AGOSTINHO – *mihi quaestio factus sum* – fiz de mim mesmo a pergunta, ou seja, fiz de mim, o objeto de indagação. Isso foi escrito muitos séculos antes, mas pode ser adotado como paradigma e o moto da relação do 'moderno' com o mundo: o questionamento. Esse questionamento foi o motor que faz o avanço do Ocidente, na era moderna. Como em tantos outros momentos, interagem 'antigo', 'medieval', 'moderno', 'clássico' e 'pós-moderno'. Somente diferem quanto a ter mais ou menos consciência a respeito de si mesmos!

[75] AGOSTINHO DE HIPONA, **Confissões** (do original **Confessionum libri tredecim**, trad. J. Oliveira SANTOS e A. Ambrósio de PINA, São Paulo: Abril cult. / os Pensadores, vol. VI, 1973, p. 9-316); tb. na ed., **Las Confesiones** (edicion bilingue, trad. Angel CUSTODIO Vega, in **Obras de San Agustín**, vol. II, Madri: Biblioteca de Autores Cristianos, vol. 11 da coleção, 7ª ed. (8ª. do autor), 1979): "fiz de mim a pergunta" ou "fiz de mim o objeto de indagação".

[76] Como se considerou no **Tratado** (tomos 4 – **Direito internacional no tempo medieval** e 5 – **Direito internacional no tempo de Francisco de VITÓRIA**); ver tb.: R. DUPUIS, **Aperçu des relations internationales en Europe de Charlemagne à nos jours** (RCADI, 1939, t. 68, p. 1-94); E. M. MEIJERS, **L'histoire des principes fondamentaux du droit international privé à partir du Moyen Âge spécialement dans l'Europe occidentale** (RCADI, 1934, t. 49, p. 543-686); L. QUIDDE, **Histoire de la paix publique en Allemagne au Moyen Âge** (RCADI, 1929, t. 28, p. 449-598); J. Van KAN, **Règles générales du droit de la paix** – l'idée de l'organisation internationale dans ses grandes phases (RCADI, 1938, t. 66, p. 295-602); Bruno Miranda ZÉTOLA, **Política externa e relações diplomáticas na Antiguidade tardia** (Curitiba: Ed. UFPR, 2012); M. ZIMMERMANN, **La crise de l'organisation internationale à la fin du Moyen Âge** (RCADI, 1933, t. 44, p. 315-438). Sobre as relações entre islão e direito internacional, ver: L. MILLIOT, **La conception de l'état et de l'ordre légal dans l'Islam** (RCADI, 1949, t. 75, p. 591-688); E. RECHID, **L'Islam et le droit des gens** (RCADI, 1937, t. 60, p. 371-506).

A dúvida crítica é legado precioso da humanidade – não é só da modernidade, nem é o único dado desta – mas, como modo de ver e de tratar as coisas leva a novas construções de ordem institucional e legal, nos planos interno e internacional. A dúvida crítica foi o legado que faz transcender dos regimes autoritários para a liberdade 'moderna' e 'clássica'. Sempre sujeita a desvios de rumo e interrupções forçadas.

A passagem do 'medieval' para o 'moderno' não se apresenta somente como progresso, das "trevas para a luz". Existem como em todos os tempos, luzes e sombras, mesmo nos séculos ditos das luzes, do espírito, e pautado por avanços da razão – como se considerava o 'Iluminismo'.

Existem lados negros que marcam cada fase da história – e obviamente também no caso da história 'moderna' e 'clássica' europeia; das quais tentaram, talvez, se redimir os 'modernos' imputando as trevas aos 'medievais', e sucessivamente, a cada geração, em relação à anterior: mas guardadas algumas especificidades, não foram piores as atrocidades cometidas, em uns tempos do que noutros.

Essa contraposição de luz e de sombra constitui lição a ser lembrada, pelas sequelas que pode ter em qualquer tempo histórico e contexto cultural. Essa dualidade marca a humanidade, mas ora parecem predominar os dados de uma vertente, ora de outra. E é preciso compreender e situar ambos – e essa, seria, talvez, justamente, a tônica da pós-modernidade – buscar compreender e relativizar diferentes tempos em seus respectivos contextos.

Existe questionamento de si mesmo que poderia talvez ser destacado como dado para pautar a modernidade. Se existe autor que, individualmente, simbolize esse movimento intelectual seria Michel de MONTAIGNE (1533-1592),[77] com seus **Ensaios**.[78]

Homem de seu tempo, viveu as vicissitudes, e teve de se confrontar com as guerras de religião: "vivo em uma época em que, por causa nos-

[77] Michel de MONTAIGNE, **Essais** (in **Oeuvres complètes**, textes établis par Albert THIBAUDET et Maurice RAT, introduction et notes par Maurice RAT, Paris: Gallimard / Pléiade, © 1962, impr. 1992); ed. bras., MONTAIGNE, **Ensaios** (trad. Sérgio MILLIET, São Paulo: Abril – Os Pensadores, vol. XI, 1972).

[78] MONTAIGNE, **Ensaios** (livro I, cap. V – *deve o comandante de uma praça sitiada sair para parlamentar?*, p. 21-23): "Quanto a mim, confio facilmente nos outros, mas não confiaria se viessem a supor tratar-se de um ato de fraqueza ou covardia e não por ser eu franco e acreditar na lealdade de meu adversário."

sas guerras civis, abundam os exemplos de incrível crueldade. Não vejo na história antiga nada pior do que os fatos dessa natureza, que se verificam diariamente e aos quais não me acostumo".[79]

Dentre as 'sombras' da era moderna, as guerras de religião assolaram boa parte da Europa 'ocidental', e trazem fracionamento religioso, político, cultural e econômico para esse conjunto até então mais ou menos coeso. Foram paradigmaticamente catastróficas na Alemanha; mas não foram menos selvagens e mortíferas na França. E seus efeitos se prolongaram durante muitas penosas e sangrentas décadas, de indizível crueldade e matanças, em diferentes regiões da Europa.

As levas de conflitos religiosos que varreram a França (1562-1598) são habitualmente divididas em oito levas de "distúrbios":

> o primeiro distúrbio (1562-63) começa com o massacre de protestantes em Vasy e teve fim com a paz de Amboise;
> o segundo distúrbio (1567-68) começa com o massacre de católicos em Nîmes e teve fim com a paz de Longjumeau;
> o terceiro distúrbio (1568-70) começa com as novas leis contra os protestantes e teve fim com a paz de Saint-Germain;
> o quarto distúrbio (1572-73) começa com o massacre de protestantes no dia de São Bartolomeu em Paris e outras cidades, e teve fim com a paz de La Rochelle;
> o quinto distúrbio (1574-76) começa com combates no Poitou e em Saintonge, e teve fim com a "paz de Monsieur";
> o sexto distúrbio (1576-77) começa com a adoção de leis antiprotestantes nos Estados gerais de Blois e teve fim com a paz de Poitiers;
> o sétimo distúrbio (1579-80) começa com a captura, pelos protestantes, de La Fère, na Normandia, e teve fim com a paz de Fleix; e
> o oitavo distúrbio (1585-98), de longe o mais prolongado e o pior, começa com a agitação das Ligas e teve fim com o tratado de Vervins e o Edito de Nantes.

[79] MONTAIGNE, **Ensaios** (edições citadas; livro II, cap.XI – *da crueldade*, p. 207). Na mesma linha, Sarah BAKEWELL, **Como viver** ou uma biografia de Montaigne em uma pergunta e vinte tentativas de resposta (do original **How to live** © 2010, trad. Clóvis MARQUES, Rio de Janeiro: Objetiva, 2012, p. 93-94) enfatiza a necessidade de entender até que ponto o contexto histórico que circunscreve a vida de MONTAIGNE foi condicionado pelas guerras civis e de religião.

As guerras de religião mancham mais de um século da história europeia. Os ecos de tal confrontação são ainda responsáveis por outros atrasos e consequências nefastas, em várias fases da história, como o relativo fracasso na implantação do cristianismo na China e no Japão, em razão das lutas entre facções cristãs, e mesmo entre diferentes nacionalidades (portugueses, italianos e franceses) e as diversas ordens monásticas católicas.[80]

O impacto das guerras de religião sobre a configuração do direito internacional, na era moderna europeia foi considerável.[81] Como "a reforma protestante dividiu os homens, dentro de cada estado, e dividiu os estados na sociedade internacional",[82] mais do que nunca se fize-

[80] Como foram, por exemplo, o fracasso da implantação do cristianismo no Oriente em geral, e muito especialmente na China, nos séculos XVII e XVIII, em decorrência da competição entre ordens religiosas, e a busca desenfreada da preeminência, entre portugueses e franceses, que acabam por fazer fracassar essa empreitada – como considerado no **Tratado** (tomo 3 B – **Gregos, romanos, chineses, indianos**, item 7.2 – China e subitem – a controvérsia sobre os ritos chineses) ou as não menos desastrosas atitudes que marcam o período do imperialismo colonialista europeu, ao menos até a metade do século XX, como se considerado no **Tratado** (tomos 14 a 17 – **Direito internacional no tempo do colonialismo** e tomo 20 – **Direito internacional, história e cultura**, cap. 3); ver VOLTAIRE, **Le siècle de Louis XIV** (orig. publ. 1751, in **Oeuvres historiques**, édition présentée, établie et annotée par René POMEAU, Paris: Gallimard – Pleiade, © 1957, impr. 2010, esp. cap. XXXIX – *Disputes sur les céremonies chinoises. Comment ces querelles contribuèrent à faire proscrire le christianisme à la Chine*, p. 1101-1109). O mesmo VOLTAIRE ainda observava, no ensaio *Du protestantisme et de la guerre des Cévennes* (in **Oeuvres historiques**, ed. cit., 2010, p. 1275-1280, cit. p. 1277): "Dans l'histoire de l'esprit humain, le protestantisme était un grand objet. On voit que c'est le pouvoir de l'opinion, soit vraie soit fausse, soit sainte soit réprouvée, qui a rempli la terre de carnage pendant tant de siècles. Quelques protestants ont réproché à l'auteur de l'*Essai sur les moeurs* de les avoir souvent condamnés; et quelques catholiques ont chargé l'auteur d'avoir montré trop de compassion pour les protestants. Ces plaintes prouvent qu'il a gardé ce juste milieu qui ne satisfait que les esprits modérés."

[81] Cfr. **Tratado** (tomos 7 – **Direito internacional no tempo de Hugo Grócio** e 8 – **Direito internacional além do paradigma vestfaliano**); v. tb. Sylvino Gurgel do AMARAL, **Ensaio sobre a vida e obras de Hugo de Groot (Grotius)** (Rio de Janeiro / Paris: Garnier, 1903); Paulo Emílio V. B. de MACEDO, **O nascimento do direito internacional** (São Leopoldo: Ed. Unisinos – col. Díke, 2009); Oscar PRZEWODOWSKI, **O século XVII no seu sentido jurídico internacional** – o advento do direito das gentes GROTIUS (Rio de Janeiro: Jornal do Commercio / Rodrigues & Cia., 1941).

[82] O. PRZEWODOWSKI (op. cit., 1941, cit. p. 69): "Os heresiarcas implantaram a desarmonia em todos os povos: LUTERO, na Alemanha; CALVINO e ZWINGLIO, na França e na Suíça; João KNOX, na Escóssia; HENRIQUE VIII, na Inglaterra; Gustavo VASA, na Suécia, semearam a revolta no seio do catolicismo, no século XVI. Debalde CARLOS V tentou por

ram necessárias normas para reger a convivência – interpessoal como interestatal:[83]

> A energia de RICHELIEU, no século XVII, esmagando o protestantismo na Rochela, veio impedir que existisse um estado dentro do estado – *un état dans l'état*. Na Alemanha, porém, onde os resquícios do feudalismo enfraqueceram, de muito, a unidade imperial, não foi possível evitar o choque cruento que foi a guerra dos trinta anos.[84]

um dique a esse oceano revolto. / Inutilmente os concílios se sucederam: Worms, Spira, Spira-Augsburgo. A igreja reuniu ainda o célebre e longo concílio de Trento, mas a separação, sempre crescente, ninguém mais pôde obstar. As guerras de religião ensanguentaram a França no século XVI, até que a habilidade de HENRIQUE IV promulgando o Edito de Nantes (1598) decretasse a liberdade de cultos".

[83] Fonte primária de considerável extensão e enorme relevância, **Monumenta Europae Historica** – Commission Internationale pour l'édition des sources de l'histoire européenne, **Les papiers de Richelieu** – Section politique extérieure – Correspondance et papiers d'état: tome I – Empire allemand (1616-1629) par Adolf WILD (Paris: Pedone – publ. avec le concours de la Deutsche Forschungsgemeinschaft, 1982); tome II – Empire allemand (1630-1635) par Anja Victorine HARTMANN (Paris: Pedone – publ. avec le concours de la Deutsche Forschungsgemeinschaft, 1997); tome III – Empire allemand (1636-1642) par Anja Victorine HARTMANN (Paris: Pedone – publ. avec le concours de la Deutsche Forschungsgemeinschaft, 1999); Empire allemand (1616-11642) – Index des tomes I, II et III par Aurélia BERGER (Paris: Pedone – publ. avec le concours de la Deutsche Forschungsgemeinschaft, 2003); **Les papiers de Richelieu** – Section politique intérieure – Correspondance et papiers d'état, par Pierre GRILLON: tome I (1624-1626) (préface Roland MOUSNIER, Paris: Pedone, 1975); tome II (1627) (Paris: Pedone – avec le concours du CNRS, 1977); tome III (1628) (Paris: Pedone – CNRS, 1979); Index des tomes I, II et III, corrections et additions (1624-1628) (Paris: Pedone – CNRS, 1980); tome IV (1629) (Paris: Pedone – CNRS, 1980); tome V (1630) (Paris: Pedone – CNRS, 1982); tome VI (1631) (Paris: Pedone – CNRS, 1985); Index des tomes IV, V et VI, corrections et additions par Marie-Catherine VIGNAL avec la collaboration d'Eric de LABRIOLLE (Paris: Pedone – CNRS, 1997).

[84] O. PRZEWODOWSKI (op. cit., 1941, loc. cit.) faz algumas extensas simplificações a respeito. Comparem-se alguns dados sobre a "guerra dos trinta anos" (1618-1648), bem como referências específicas de fontes históricas e de análise do conflito, como se examina no **Tratado** (tomo 8 – **Direito internacional além do paradigma vestfaliano**, título II – *da construção de sistemas coesos: de Vestfália, 1648 até a guerra dos Sete anos (1756-1763)*); Friedrich SCHILLER, **Geschichte des dreissigjährigen Kriegs** (orig. publ. 1792, in **Werke** in drei Bänden, unter Mitwirkung von Gerhard FRICKE, hrsg. von Herbert G. GÖPFERT, vol. II – Historische Schriften, ed. 1966, Munique: Carl Hanser, 1976, p. 34-320); Henry BOGDAN, **La guerre de trente ans 1618-16148** (Paris: Perrin-tempus, © 1997, ed. 2006, impr. 2010); Johannes BURKHARDT, **Der Dreissigjährige Krieg** (Frankfurt-Main: Suhrkamp,

A luta, a princípio religiosa, entre as duas facções: a Liga evangélica, chefiada por FREDERICO V, eleitor palatino, e a Liga católica, chefiada por MAXIMILIANO da Baviera, aliás sob os auspícios do próprio imperador FERNANDO II, transmudou-se em luta política entre os estados da Alemanha, e logo após em luta internacional – com seus quatro períodos: palatino, dinamarquês, sueco e francês. A aliança de RICHELIEU com os príncipes protestantes, particularmente com GUSTAVO ADOLFO, vem demonstrar que o espírito político dominava a Europa, onde os estados atingiam a plenitude de sua organização, como entidades internacionais.[85] O tratado de Vestfália, obra de MAZARINO, reconheceu a liberdade de cultos, a igualdade jurídica dos estados, independentemente de suas respectivas formas de governo, a independência da Holanda, adjudicou a Alsácia à França, deu autonomia aos príncipes germânicos contra o Império, fez do Mar Báltico o lago sueco, etc. etc. Ele foi bem o reflexo ou a objetivação do **De jure belli ac pacis.**[86]

Dois anos depois de publicado o **De jure belli ac pacis** (1625), foi esta obra, ao lado do **Apologeticus** e também das poesias de Hugo GRÓCIO incluído no **Index** de livros proibidos, pela igreja católica.[87] Os

1992); Heinz Dieter KITTSTEINER (1942-2008), **Die Stabilisierungsmoderne** – Deutschland und Europa 1618-1715 (Munique: Carl Hanser, 2010); Dietmar PIEPER e Johannes SALTZWEDEL (Hg.), **Der Dreissigjährige Krieg** – Europa im Kampf um Glaube und Macht 1618-1648 (Munique: Deutsche Verlags-Anstalt, 2012), Bernd ROECK (herausgegeben von), **Deutsche Geschichte in Quellen und Darstellung** Band 4: **Gegenreformation und Dreissigjähriger Krieg 1555-1648** (Stuttgart: Reclam – Univ. Bibl. Nr. 17004, (c) 1996, impr. 2002); Fred E. SCHRADER, **L'Allemagne avant l'État-nation**: le 'corps germanique' (1648-1806) (Paris: PUF, 1998).

85 O. PRZEWODOWSKI (op. cit., 1941, cit. p. 69-70): "A Igreja, cuja influência fora tão profunda e tão benéfica durante toda a Idade média, continuava apenas sobre as consciências a sua divina missão. / De fato, os estados, ciosos de sua soberania já não toleravam a influência de um poder estranho (di-lo com autoridade SÁ VIANNA)".

86 O. PRZEWODOWSKI (op. cit., 1941, cit. p. 71): "Assim a Paz de Vestfália (24 de outubro de 1648) extendia o direito internacional a todos os povos cristãos. / Era a obra de GROTIUS que se generalizava. O século XVII deve ser considerado o grande pórtico do direito internacional. Caberia aos séculos porvindouros estendê-lo ao mundo civilizado".

87 Assim notava Hugo GRÓCIO em passagem de carta ao seu irmão, datada de 11 de setembro de 1627: "Romae lectio librorum meorum de jure belli cum permissa aliquandiu fuisset, subito interdicta est, et simul **Apologetici** et **Poematum**, excusantibus severitatem inquisitoriam Quiritibus, qui eum Cardinale BARBERINO litteratum amante fue-

motivos para tanto podem parecer pouco claros,[88] mas nem a condenação pela corte de Roma, nem a indiferença da coroa francesa impediram o sucesso e a repercussão da obra.[89] Ao lado de outros textos básicos do direito internacional, foi também GRÓCIO estigmatizado pela hierarquia católica, como leitura proibida para os fiéis. Ao menos para aqueles que se subordinassem a tal restrição.

A ruptura da unidade religiosa da Europa ocidental, a partir da Reforma, também teve e – surpreendentemente ainda tem – impacto mesmo sobre o direito internacional. Ernest NYS, em 1894, observava:[90] "LORIMER o diz com razão: desde a Reforma, os preconceitos dos protestantes em relação aos católicos foram tão violentos que os privaram até mesmo do meio de formar opinião imparcial a respeito dos autores, que pertenciam à confissão católica".[91]

Fala-se, com excessiva facilidade e condescendência, em intolerância medieval, e desta como era das trevas, quando foi tempo de enormes transformações e reelaborações, inclusive no campo jurídico internacional, como se viu,[92] mas se parece esquecer que a Europa 'moderna' ultrapassa os medievais em selvageria e sectarismo: queima 'bruxas' e também opositores na fogueira – como fez CALVINO, com Miguel

rant, ac me viderant". A respeito, também no **Tratado** (tomo 5 – **Direito internacional no tempo de Francisco de Vitória**).

[88] Jules BASDEVANT, *Hugo Grotius* (in **Les fondateurs du droit international public**: leurs oeuvres, leurs doctrines, introduction de A. PILLET, Paris: V. Giard & E. Brière, 1904, p. 125-267, cit. p. 144): "A moins qu'on ait voulu frapper l'oeuvre à raison de la religion de l'auteur et sans considérer les opinions émises, les motifs de cette sentence ne nous apparaissent point".

[89] O rei GUSTAVO ADOLFO da Suécia teve em tão alta estima a obra de GRÓCIO que sonhava tê-lo a serviço de seu reino. Impedido de realizar o projeto, em razão do falecimento do rei, o chanceler OXENSTIERNA posteriormente veio a realizar esse propósito, ao oferecer a GRÓCIO as funções de embaixador da Suécia na França.

[90] Ernest NYS, **Les origines du droit international** (Bruxelles: Alfred Chastaigne / Paris: Thorin & Fils, 1894); James LORIMER, **The Institutes of the Law of Nations** (1883, t. I, p. 71).

[91] E. NYS (op. cit., 1894, p. 96): "LORIMER le dit avec raison: depuis la Réforme, les préjugés des protestants à l'égard des catiholiques ont été si violents que qu'ils leur ont enlevé jusqu'au moyen de se former une opinion impartiale des auteurs qui appartenaient à la confession romaine."

[92] No **Tratado** (tomo 5 – **Direito internacional no tempo de Francisco de Vitória** e tomo 20 – **Direito internacional, história e cultura**, item 1.2 – pensamento científico moderno e a caça às bruxas).

SERVET, e como fizeram os católicos, com Filipo VANINI e Giordano BRUNO, para citar alguns casos notórios, e cujas mortes fazem lamentar o que essas vítimas ainda poderiam ter escrito.

Quiçá algum progresso, na segunda metade do século XVIII, Claude-Adrien HELVÉTIUS também teve as suas ideias condenadas, mas somente as suas obras, são queimadas em público, em 1758, e novamente, em 1772. Isso somente depois da morte do autor.[93] Se isso puder ser motivo de algum alívio, somente as obras deste foram queimadas. Desta vez, não o autor!

Ademais, não foram somente os nazistas em luta contra ideias e a por eles assim chamada "arte degenerada", na década de 1940, ou os maoístas durante a revolução cultural chinesa, na década de 1960, que fizeram a destruição pública de bens culturais. O terrorismo intelectual é flagelo mais presente e recorrente do que seria de se esperar, e se possa aceitar, em sociedades que se pautam por serem estados de direito, e que o controle da sociedade se exerça sobre comportamentos, e não sobre as opiniões.

Tampouco honra a memória desse período 'moderno' a caça às bruxas, hereges e feiticeiros, perseguidos e levados para a fogueira, depois de barbaramente torturados para 'confessarem' os seus crimes, os seus pactos diabólicos, e serem forçado a dar nomes de outros 'colegas', em processos 'legais', conduzidos sob acompanhamento 'médico', para não matar a vítima, rápido demais, durante o procedimento de instrução. A morte prematura da investigada privaria o grupo social e os carrascos oficiais do espetáculo público da execução na fogueira.

Outra das sombras da era moderna, essas barbaridades, de caça às bruxas, foram sancionadas pelo direito da época, bem como pelas autoridades religiosas cristãs oficiais, tiveram lugar, na Europa "moderna", tanto em terras governadas por príncipes católicos, como também em

[93] Claude Adrien HELVÉTIUS (1715-1771), em 1772, um ano após a morte do autor, teve as suas obras condenadas e queimadas: tanto a obra maior sobre o espírito, **De l'esprit** (Paris: chez Durand, 1758) – publicada no mesmo ano que o **Droit des gens** de VATTEL – como também a obra final de HELVÉTIUS, sobre "o homem, as suas faculdades intelectuais e a sua educação", **De l'homme, de ses facultés intellectuelles et de son éducation** (Londres: chez la Société typographique, 1773, 2 vols.) – esta também queimada em praça pública. Ver a respeito, **Tratado** (tomo 8 – **Direito internacional além do paradigma vestfaliano**, título II – *da construção de sistemas coesos: de Vestfália (1648) até a guerra dos Sete anos (11756-1763)*).

terras governadas por príncipes protestantes, e se estendeu, ao longo do século XVII, e alcançam, ainda, parte do XVIII. A era do racionalismo e da ascensão da ciência moderna foi a era na qual se mandavam os excêntricos para morrer nas chamas, sob alegado medo de serem 'feiticeiras' e 'magos'.

Poucos foram os que se insurgiam contra tais barbaridades, com risco de comprometerem a sua situação e a sua reputação, como o fez Michel de MONTAIGNE. O que se pode ver claramente ao contrapor a situação de seu contemporâneo Jean BODIN, especificando instruções e procedimentos para a caça às bruxas.[94]

No exercício de funções jurídicas e administrativas, em 1580, BODIN escreve ensaio de criminalística sobre a "fixação demoníaca dos feiticeiros", **De la démonomanie des sorciers,**[95] no qual sustentava que em condições de crise, como então vivia a França, os padrões de 'comprovação' de bruxaria deveriam ser menos exigentes.[96] Com enormes riscos, decorrentes da simples veiculação corrente de preconceitos, onde comentários públicos poderiam ser considerados "quase infalíveis" – numa aldeia onde todos dissessem ser determinada mulher uma feiticeira, isso seria o bastante para justificar a tortura da vítima.

[94] A respeito de Jean BODIN, ver **Tratado** (tomo 5 – **Direito internacional no tempo de Francisco de Vitória**, esp. item 13.2 e tomo 20 – **Direito internacional, história e cultura**, item 1.2 – pensamento científico moderno e a caça às bruxas).

[95] Jean BODIN, **De la démonomanie des sorciers** (Paris: I. Du Puys, 1580, trad. R. A. SCOTT, Toronto: Centre for Reformation and Renaissance Studies, 1995).

[96] Patrick ARABEYRE, Jean-Louis HALPÉRIN et Jacques KRYNEN (direction de), **Dictionnaire historique des juristes français (XIIe – XXe siècle)** (Paris: PUF, 2007, 2a tiragem, 2008, verbete *BODIN, Jean*, p. 92-94); ver tb. S. BAKEWELL (op. cit., 2010, ed. bras., 2012, cap. 12 – Como viver? Preserve sua humanidade, p. 215-231, esp. p. 220): "O número de feiticeiras condenadas continuava crescendo à medida que os padrões de comprovação se tornavam mais frouxos, e esse aumento era mais uma prova de que a crise era real e impunha novas atualizações da legislação. Como se pode constatar reiteradamente através da história, não há nada mais eficaz para acabar com ressalvas jurídicas tradicionais do que a dupla alegação de que um crime é inusitadamente ameaçador e de que os responsáveis por ele têm excepcional poder de resistência. Tudo era aceito sem praticamente um murmúrio, exceto da parte de alguns poucos escritores como MONTAIGNE, que assinalavam que a tortura de nada servia para chegar à verdade, pois a vítima dirá qualquer coisa para evitar a dor – e que, além disso, seria 'apostar muito alto em conjecturas' mandar torrar alguém vivo com base nelas."

Consequentemente, as punições poderiam ser mais frequentes, quando a sociedade se via diante de algo tão sério e de tão difícil detecção como a feitiçaria, o que não poderia acontecer se tudo devesse ser feito segundo os métodos habituais de investigação. Em tempos de crise, a sociedade não poderia se dar ao luxo de se aferrar demasiadamente a "rigor legal e procedimentos normais".

Como notava historiador,[97] a respeito da Holanda no século XVII, "o país está semeado de casas assombradas" e "acredita-se tanto na feitiçaria que um catecismo, publicado em 1662, consagra um capítulo à demonstração que a sua prática constitui um pecado".[98] Relatava a ocorrência de processos de feitiçaria nas Províncias Unidas, "mas a opinião esclarecida já se rebela".[99] Voz como Jakob CATS toma a defesa das pretensas feiticeiras.

> Na prática, nenhuma delas foi executada depois de 1595, e após 1610, o costume dos processos de feitiçaria caiu em desuso nos Países Baixos. Esse fato não significa de modo algum que a crença na feitiçaria houvesse desaparecido; longe disso. Pelo menos os Países Baixos são a primeira nação europeia a abolir uma das piores formas do direito penal tradicional.[100]

Igualmente na França, contemporaneamente ao racionalismo de René DESCARTES (1596-1650), juízes laicos não hesitam em partir à caça de bruxos e feiticeiras. São feitas verdadeiras cruzadas, ainda no século XVII, para extirpar o 'satanismo',[101] como se deu, a cargo do conselheiro do Parlamento de Bordeaux, Pierre de LANCRE, investigando a região de Labourd, no coração do país basco, em 1609: são então queimadas muitas pessoas, dentre as quais, inclusive, alguns padres. O bispo

[97] Paul ZUMTHOR, **A Holanda no tempo de Rembrandt** (orig. publ. **La vie quotidienne en Hollande au temps de Rembrandt**, 1959, trad. Maria Lúcia MACHADO, São Paulo: Companhia das Letras, 1989).

[98] P. ZUMTHOR (op. cit., 1959, ed. bras. 1989, p. 182).

[99] P. ZUMTHOR (op. cit., 1959, ed. bras. 1989, p. 183).

[100] P. ZUMTHOR (op. cit., 1959, ed. bras. 1989, p. 183). Ver tb. **Tratado** (tomo 7 – **Direito internacional no tempo de Hugo Grócio**, item 18.2 – GRÓCIO na evolução da identidade nacional).

[101] Lucien BÉLY, **La France au XVIIe siècle** – Puissance de l'état, contrôle de la société (Paris: PUF, 2009, Sorciers et sorcellerie, p. 382-383).

de Bayonne, inquieto diante de tanto zelo por parte do magistrado, consegue que este seja destituído do cargo.

A respeito dos processos de caça às bruxas, observa-se que "tais investigações e tais condenações marcam boa parte do período de 1570 até 1630, e a feitiçaria floresce sobretudo nas margens do reino da França".[102] Somente a partir de 1640 o Parlamento de Paris decide deixar de processar esse tipo de acusação, mas ainda ocorrem retomadas, quando as práticas mágicas se associam a crimes cometidos.[103] E ainda virá o caso dos venenos (1679-1682) no qual a marquesa de MONTESPAN, a amante de LUÍS XIV e o marechal-duque de LUXEMBURGO se veem envolvidos.[104]

À era medieval se imputou a pecha de ser a "idade das trevas", e esta era pode ter conhecido e praticado grandes crueldades, mesmo em procedimentos 'judiciais', mas a prática sistemática de caça às bruxas é fenômeno tipicamente moderno. E que se produziu igualmente entre católicos, como entre protestantes.[105] Dir-se-á que a "caça às bruxas" tampouco é fenômeno tão estritamente compartimentado e superado historicamente, na medida em que ainda ocorrem práticas equivalentes de perseguição e de estigmatização de minorias ... mas, isso é outra história.

Progressivamente começam a se levantar vozes contra essas perseguições, como Agrippa von NETTESHEIM, pseudônimo de Heinrich CORNELIUS (1486-1535), com seu libelo "sobre a filosofia oculta ou a magia", **De occulta philosophia sive de magia**, no qual criticou duramente os processos contra bruxas,[106] e se voltou contra a intolerância e a

[102] L. BÉLY (op. cit., 2009, p. 382): "la sorcellerie fleurit plutôt sur les marges du royaume de France, pour reprendre une formule de Pierre CHAUNU".

[103] L. BÉLY (op. cit., 2009, p. 383): "le cas de la BRINVILLIERS, issue du meilleur monde parisien, qui a empoisonné ses proches".

[104] L. BÉLY (op. cit., 2009, loc. cit.): "l'affaire des poisons".

[105] A respeito, ver **Tratado** (tomo 5 – **Direito internacional no tempo de Francisco de Vitória**, esp. item 13.2 – Jean BODIN e tomo 20 – **Direito internacional, história e cultura**, item 1.2 – pensamento científico moderno e a caça às bruxas).

[106] Agrippa von NETTESHEIM, **De occulta philosophia sive de magia** libri tres (1530-1531) conta várias edições disponíveis, impressas e on line: **Agrippa's Occult philosophy and natural magic** (Dover Publications, 2006); ___, **Three books of occult philosophy or magic** (Wentworth Press, 2016); ___, (Aquarian Press, 1971).

tirania, especialmente daqueles revestidos de posições de poder, temporal ou eclesiástico – a tal ponto que foi ele próprio perseguido.

É o espírito 'moderno', que se exprime em suas diferentes facetas e contradições. Em outra obra, von NETTESHEIM também formulava as suas críticas contra "as incertezas e as vaidades de todas as ciências", **De incertitudine et vanitate omnium scientiarum** (1526).[107] E isso pode ser considerado igualmente 'moderno' e necessário: ao fazer ciência – e vale para qualquer ciência – é também preciso questionar as premissas, os procedimentos, e as conclusões, de todas e de cada uma das ciências.

Será preciso avançar bastante no século XVIII para ver ocorrerem as últimas execuções públicas de feiticeiras e hereges. O que deve nos fazer refletir sobre os perigos da intolerância de todas as sociedades, a qualquer tempo, em relação às minorias. Como ainda acontece em nossos tempos.

A consolidação do mundo moderno passou por profundas e violentas crises. Em vários aspectos, podem ser feitos paralelos com a transição do mundo antigo para o medieval, e por sua vez, da transição do medieval para o moderno.[108] E alguns desses sintomas de crise e de mal estar reaparecem em nossos tempos pós-modernos.

O "mais negro período da história europeia" pode ser este tempo, sobretudo se considerarmos o primeiro século aqui tratado: a partir do início da docência de VITÓRIA em Salamanca (1526-1546), até a morte de GRÓCIO (em 1646). Ou mesmo seja de 1526 – quando já se tinham desencadeado as atrocidades das guerras civis, ditas de religião – e isso vai até a metade do XVII, quando convergem o final das guerras de religião, com os tratados de Münster e de Osnabrück, selando a assim cha-

[107] Agrippa von NETTESHEIM, **De incertitudine et vanitate omnium scientiarum** (1526). Cfr. Wolfgang HILBER (Hrsg.), **Lexikon der Philosophie** (Düsseldorf: Tandem, 2009, p. 11-12). Dentre várias edições, disponíveis on line, Henr. Cornelii AGRIPPAE AB NETTESHEYM, **De incertitudine et vanitate omnium scientiarum** (Coloniae Agrippinae: apud Antonium Hierat., MDXCVIII – Henr. Cornelii Agrippa ... books.google.com.br).

[108] Como considerado no **Tratado** (tomos 3 A – **Direito internacional no tempo antigo**, 3 B – **Gregos, romanos, chineses, indianos**, 4 – **Direito internacional no tempo medieval** e 5 – **Direito internacional no tempo de Francisco de Vitória**) e tomos seguintes.

mada Paz de Vestfália, em 1648.[109] E o exame pode ser estendido até o final do século XVII, quando outros dados mostram a tendência a ruptura do sistema anteriormente vigente.[110]

Se já existe incompatibilidade estrutural e conceitual entre cristianismo e guerra,[111] e foi contradição 'esquecer' a paz do CRISTO, para adotar o discurso de 'santificação' da guerra – no que perseverava GRÓCIO, ao considerar minoritárias e individualistas as vozes em defesa do pacifismo, na igreja primitiva[112] – este quadro se faz ainda mais paradoxal ao considerar a ocorrência de mais de um século de guerra, selvagem e sem freios, e isso entre facções da mesma religião. E a violência inusitada que estas confrontações assumiram, mancham o conjunto da história dos povos autodenominados 'cristãos', e isso em plena era moderna, de modo bárbaro e sanguinário, que foi além de tudo o que até então se fizera, contra os cristãos, por outros povos pagãos ou infiéis – quer tártaros ou turcos otomanos, quer pelos hunos, godos, visigodos, ostrogodos, vândalos, ávaros, eslavos e búlgaros, ou outros povos, em todos os séculos precedentes.

[109] Ver **Tratado** (tomo 8 – **Direito internacional além do paradigma vestfaliano**, item – *ensaio de balanço do direito internacional no século XVII*), tb. para referências a algumas das obras que consideram a "paz de Vestfália", nos séculos XVII e XVIII – mostrando a consciência, já pelos contemporâneos, e as gerações seguintes, a respeito da fase que se completara, na evolução da institucionalização do sistema internacional.

[110] No **Tratado** (tomo 11 – **Direito internacional no tempo do Iluminismo**, item – *mutação de fase histórica e reformulação das bases do sistema internacional* e tomo 20 – **Direito internacional, história e cultura**, item 1.3 – do mundo fechado ao universo infinito); Paul HAZARD chamou de 'crise da consciência europeia', **La crise de la conscience européenne 1680-1715** (orig. publ. Paris: Boivin et Cie., 1935; nova ed. Paris: Fayard, © 1961, impr. 1994), ou Alexandre KOYRÉ denominou a passagem do 'mundo fechado ao universo infinito', em seu clássico ensaio, **Do mundo fechado ao universo infinito** (orig. publ. **From the closed world to the infinite universe**, 1957, trad. bras. de Donald M. GARSCHAGEN, Rio de Janeiro: Forense Univ. / São Paulo: Edusp, 1979).

[111] Como considerado no **Tratado** (tomo 5 – **Direito internacional no tempo de Francisco de Vitória**, cap.11, item 11.1 – *cristianizar a guerra ?* e 11.2 – guerra justa e guerra santa: entre *jihad* e as cruzadas).

[112] Ver **Tratado** (tomo 7 – **Direito internacional no tempo de Hugo Grócio**, cap. 18 – Hugo GRÓCIO (1583-1646)); ver tb. H. GRÓCIO, **Direito da guerra e da paz** (1625, ed. bras., 2004, I.II.IX.2, p. 143): "os autores que escreveram isso estão entre o número daqueles que gostam de seguir um caminho diferente dos outros e transmitir um ensinamento mais pomposo. Tais são ORÍGENES e TERTULIANO, que não concordam muito entre si."

Esse tempo das guerras de religião é marcado, e por assim dizer, tem a sua culminação no horror da guerra dita "dos trinta anos" (1618-1648).[113] Da qual ficaram registros em relatos da época, e de outros tempos.[114] Com destaque para notável registro contemporâneo dos horrores do conflito, relatados com irreverente atitude.[115]

A violência e a estupidez da destruição então cometidas, em sucessivas levas guerreiras, durante três décadas, causaram rastro, em escala talvez antes não experimentada pela Europa: mesmo se a destruição não ocorreu uniformemente, em toda a sua extensão, estima-se, que nesses

[113] Ver **Tratado** (tomo 8 – **Direito internacional além do paradigma vestfaliano**, título II – *da construção de sistemas coesos: de Vestfália (1648) até a guerra dos Sete anos (1756-1763)*). São extensas as fontes e dados disponíveis sobre a "guerra dos trinta anos" (1618-1648). Para algumas referências específicas de fontes históricas e de análise do conflito, vejam-se os várias vezes referidos: Friedrich SCHILLER, **geschichte des dreissigjährigen Kriegs** (1792, ed. cit., 1976) ; Henry BOGDAN, **La guerre de trente ans 1618-16148** (orig. publ. 1997, ed. 2006, impr. 2010); Johannes BURKHARDT, **Der Dreissigjährige Krieg** (Frankfurt-Main: Suhrkamp, 1992); Heinz Dieter KITTSTEINER (1942-2008), **Die Stabilisierungsmoderne** – Deutschland und Europa 1618-1715 (Munique: Carl Hanser, 2010); Dietmar PIEPER e Johannes SALTZWEDEL (Hg.), **Der Dreissigjährige Krieg** – Europa im Kampf um Glaube und Macht 1618-1648 (Munique: Deutsche Verlags-Anstalt, 2012), Bernd ROECK (herausgegeben von), **Deutsche Geschichte in Quellen und Darstellung** – Band 4: **Gegenreformation und Dreissigjähriger Krieg 1555-1648** (Stuttgart: Reclam – Univ. Bibl. Nr. 17004, (c) 1996, impr. 2002) e tb. Fred E. SCHRADER, **L'Allemagne avant l'État-nation**: le 'corps germanique' (1648-1806) (Paris: PUF, 1998).

[114] Joseph ROVAN (1918-2004), **Geschichte der Deutschen** – Von ihren Ursprungen bis heute (do original **Histoire de l'Allemagne** – des origines à nos jours, © 1994, aus dem Französischen von Enrico HEINEMANN, Reiner PFLEIDERER u. Reinhard TIFFERT, Munique: DTV, 3. Auflage, 2001, esp. cap. 11 – *Das Erlernen der konfessionellen Vielfalt und der grosse Religionskrieg*, p. 291-326, cit. p. 307 ss.): "Der Grosse Krieg in Deutschland" – situa esta como uma das mais profundas fraturas da história alemã. Edição original da mesma obra de Joseph ROVAN, **Histoire de l'Allemagne** – des origines à nos jours ('édition revue et augmentée par l'auteur', Paris: Seuil, 1999). Ver tb. : Henry BOGDAN, **Histoire de l'Allemagne** – de la Germanie à nos jours (orig. publ. 1999, Paris: Perrin-tempus, 2003, impr. 2010); Michel KERAUTRET, **Histoire de la Prusse** (Paris: Seuil, 2005).

[115] Hans Jakob Christoffel von GRIMMELSHAUSEN (1621-1676), **Der abentuerliche Simplicissimus Teutsch** (primeira edição de 1668 desaparecida, conhecida a edição de 1669, Frankfurt e Hamburgo: Alfred Kelletat, 1962); ___, **Les aventures de Simplicissimus** – roman (trad. de l'allemand Jean AMSLER, préface Pascal QUIGNARD, Paris: Fayard, 1990, livro II, cap. 8 – Simplex executa um discurso admirável, que deveria ser memorável, p. 108-110): "a partir do momento em que tive de me tornar um bufão, então somente me tornei astucioso e mais circunspecto em minhas manifestações".

trinta anos de guerra, a Alemanha tenha "perdido 40% do total de sua população".[116]

Nem todas as regiões da Alemanha sofreram o impacto da guerra na mesma escala, cujo foco se concentrou, sobretudo, em diagonal desde o Mar Báltico ao Sudoeste do Império, indo da Pomerânia e Mecklemburgo, passando pela Turíngia e parte da Saxônia, até o Palatinado e parte do Württemberg. Nestas áreas, o índice foi ainda mais alto: pereceu metade da população. Em outras áreas, as mortes somaram cerca de um terço. Estas não se contam somente pelas mortes diretamente decorrentes da guerra, como também pelos saques e depredações de cidades e propriedades rurais e castelos, e ainda pela subnutrição e as epidemias, decorrentes da guerra: a vida nesse tempo oscilava entre o dia-a-dia e a catástrofe.[117]

Se puderem ser apontados símbolos literários dessa época, estes estarão, sintomaticamente, entre o **Dom Quixote** (1605 e 1615) de CERVANTES[118] e o **Simplicissimus** (1668-69) de GRIMMELSHAUSEN.[119] No caso de ambos, isso não acontece por acaso: apesar de alternadamente considerado ou simplório ou excessivamente esperto, *Simplicissimus* está imerso e consciente até demais dos desastres da realidade, enquanto *Dom Quixote* se volta para o mundo da sua fantasia – ou desvario interior – as coisas mudaram, e ele não mais compreende o mundo,[120]

[116] Heinz Dieter KITTSTEINER (1942-2008), **Die Stabilisierungsmoderne** – Deutschland und Europa 1618-1715 (Munique: Carl Hanser, 2010); tb. Henry BOGDAN, **La guerre de trente ans** 1618-1648 (© 1997, Paris: Perrin-tempus, ed. 2006, impr. 2010).

[117] H. D. KITTSTEINER (op. cit., 2010, p. 88-89) "Das Leben bewegte sich in diesen Zeiten zwischen Alltag und Katastrophe".

[118] Miguel de CERVANTES Saavedra, **El ingenioso caballero Don quijote de la Mancha** (1615, intr. y notas de Joaquín CASALDUERO, Madri: Alianza, ed. 1984, 3ª reimpr., 1992); Miguel de CERVANTES Saavedra, **El ingenioso hidalgo Don quijote de la Mancha** (1605, intr. y notas de Joaquín CASALDUERO, Madri: Alianza, ed. 1984, 3ª reimpr., 1992).

[119] Johann Jacob Christoph GRIMMELSHAUSEN, **Der abentheurliche Simplicissimus Teutsch** – Das ist: Die Beschreibung dess Lebens eines seltzamen Vaganten / genannt Melchior Sternfels von Fuchshaim / wo und welcher gestalt Er nemlich in diese Welt komme / was er darin gesehen u. s. w. (originalmente publicado em Nuremberg, em 1668, somente se conservaram exemplares da edição de 1669; Frankfurt e Hamburgo: Alfred Kelletat, 1962; tb. trad. francesa).

[120] M. de CERVANTES (op. cit., 1605, ed. 1992, Tercera parte, cap. XX, p. 149): "– Sancho amigo, has de saber que yo nací, por querer del cielo, en esta nuestra edad de hierro, para resucitar en ella la de oro, o la dorada, como suele llamarse. Yo soy aquel para quien están

não pode ou talvez nem quer apreender a realidade – vive o avesso das grandes aventuras dos romances de cavalaria;[121] em paródia drástica do homem perdido e sem rumo,[122] deslocado no mundo moderno, e da busca do sentido da vida deste no mundo, com a impressão de que a maior parte do tempo não há sentido. Por isso, longe de me parecer divertida a leitura, pelos desvarios do personagem central, *Dom Quixote* pode confranger e causar angústia, apesar da contraposição do realismo pragmático da personagem de *Sancho Pança*,[123] preocupado com o tem para comer e beber, e qual teto sob o qual repousar.

Por sua vez, o *Simplicissimus* retrata os descalabros cometidos na guerra,[124] com humor cínico e certo distanciamento cômico, que reforça

guardados los peligros, las grandes hazañas, los valerosos hechos." E Dom Quixote repete para Sancho o mesmo discurso, algumas páginas mais adiante (op. cit., 1605, ed. 1992, Tercera parte, cap. XX, p. 157).

[121] M. de CERVANTES (op. cit., 1605, ed. 1992, Cuarta parte, cap. XXVIII, p. 237): "haber tenido tan honrosa determinación como fue el querer resucitar y volver al mundo la ya perdida y casi muerta orden de la andante caballeria"

[122] Noel MARTIN-DESLIAS, **L'homme disloqué** à la recherche de lui-même (Genebra: Nagel, 1977, chap. XV – *Ambiguité de la civilisation – la terre a besoin de l'homme spirituel*, p. 177-186, cit. p. 178): "Il n'est pas tellement facile d'avoir des idées claires et de déterminer, dans le fouillis de l'imaginaire, ce qui suit le droit fil de la raison et autorise la valeur du jugement pertinent."

[123] M. de CERVANTES (op. cit., 1605, ed. 1992, Tercera parte, cap. XXI, p. 165): "– Digo, pues, señor – respondió Sancho – que de algunos dias a esta parte he considerado cuan poco se gana y granjea de andar buscando estas aventuras que vuestra merced busca por estos desiertos y encrucijadas de caminos, donde, ya que se venzan y acaben las más peligrosas, no hay quien las vea ni sepa, y así, se han de quedar en perpetuo silencio, y en perjuicio de la intención de vuestra merced y de lo que ellas merecen. Y así, me parece que seria mejor, salvo el mejor parecer de vuestra merced, que nos fuésemos a servir a algun emperador, o a otro príncipe grande, que tenga alguna guerra, en cuyo servicio vuestra merced muestre el valor de su persona, sus grandes fuerzas y mayor entendimiento; que, visto esto del señor a quien sirviéremos, por fuerza nos ha de remunerar, a cada cual según sus méritos, y alli no faltará quien ponga en escrito las hazañas de vuestra merced, para perpetua memoria."

[124] Simon SCHAMA, **The embarrassment of riches**: an interpretation of Dutch culture in the Golden Age (Berkeley and Los Angeles: Univ. of California Press, 1988, p. 90) observa a respeito da repressão espanhola nos Países Baixos: "Nothing the Spanish did, however dreadful, was unusual by the standards of the time, especially in the grim and protracted conditions of siege warfare. CALLOT's engravings of the *Grandes misères de la guerre* and (*sic*) GELNHAUSEN's **Simplicissimus** tales from the Thirty Years' War provide confirmation that troops and peasants or town dwellers all shared the worst possible expectations of their fate". Pascal QUIGNARD no prefácio da tradução francesa de Jean

os horrores vividos. Fenômeno infelizmente mais frequente do que se teria desejado.[125]

> Não se via nada além de fumaça e poeira, que pareciam querer mascarar o horror dos feridos e dos mortos. Nessa nuvem se ouviam as queixas lamentosas dos moribundos, e os gritos jubilosos daqueles que ainda estavam cheios de energia [...] A terra que tem o costume de os recobrir, estava então nesses lugares semeada de mortos, que se assinalavam por seus aspectos diversos: havia cabeças que tinham perdido seu mestre natural, e inversamente, corpos privados de suas cabeças; alguns, coisa cruel e lamentável, perdiam suas entranhas, e outros tinham a cabeça esmagada e o cérebro derramado; via-se lá como corpos sem alma tinham sido privados de seu próprio sangue e adiante outros, por sua vez, inundados do sangue de outrem; lá estavam braços arrancados, cujos dedos ainda se mexiam, como se quisessem voltar a entrar na luta; mais adiante, iam os caras que ainda não tinham perdido uma gota de sangue; em meio, jaziam pernas destacadas, que embora aliviadas do peso do corpo, tinham se tornado, apesar de tudo, muito mais pesadas do que antes; viam-se, ainda, soldados mutilados, clamando que se precipitasse a sua morte, enquanto outros pediam abrigo e misericórdia. Em suma, não passava de um miserável e lamentável espetáculo.[126]

Diversamente de outros autores, que se comprazem na descrição dos feitos de guerra e do grande conflito, entre confissões cristãs, que se

AMSLER, do **Simplicissimus** (Paris: Fayard, © 1990, impr. 1994, p. 7-13, cit. p. 12) aponta: "l'énergie sombre de ce roman qui abrite, sur la surface de chaque page le noble et son contraire – un luth et la guerre de Trente Ans."

[125] S. SCHAMA (op. cit., 1988, p. 96): "There were too many varieties of Protestantism during the Thirty Years' War, and too many intersecting issues of power, dynasty and territory to encourage the formation of a solid Calvinist phalanx. The superficial religious affinities between the Puritan Commonwealth and the Dutch Republic did nothing to palliate the bitter maritime disputes that produced the first Anglo-Dutch war in 1651."

[126] J. J. C. GRIMMELSHAUSEN, **Der abentheurliche Simplicissimus Teutsch** (pref. V. MEID, notas H. KULICK e H. H. BORCHERDT, Stuttgart: Philipp Reclam Jun., 1985); ou na trad. francesa de J. AMSLER (Paris: Fayard, 1994) livro II, cap. XXVII. A passagem (II. XXVII) completa-se: "Os vencedores suecos caçavam nossos vencidos do campo de batalha, onde se tinha dado combate tão infeliz, e depois de ter rompido as linhas, dispersavam-nas com perseguição rápida."

entredevoravam, atribuindo todas as virtudes para um lado e todos os males para o outro, o oponente, o inimigo, GRIMMELSHAUSEN nos traz o dia-a-dia, onde se refletia o enfrentamento constante entre soldados e camponeses, como grupos antagônicos, cada um dos quais tentando defender os seus interesses: "manifesta-se nesta nossa época (que se crê seja a última) entre a arraia miúda, como uma peste da qual os pacientes estão doentes".[127] O ponto de vista de quem sofre, a cada dia, em mundo maluco e desgovernado.

> a sequência da minha história exige que eu transmita à cara posteridade o que foi cometido nessa guerra alemã, como crueldades reiteradas, sobretudo para atestar com o meu próprio exemplo, que todos esses males devem ter sido decretados pela bondade do céu, para nossa utilidade. [...] Logo aprendi como os homens chegaram a este mundo, e que eles o tem de deixar.[128]

Embora não diretamente atuantes nos conflitos, como combatentes, também em relação às Províncias Unidas, no século de ouro, cabe notar: "a guerra de libertação custara muito caro aos camponeses. Devastações temporárias, destruições táticas, vinganças".[129] Em alguns casos, como a região de Eindhoven, muda onze vezes de senhores em vinte e cinco anos. "Essas desgraças deram origem a toda uma literatura popular de 'lamentos do camponês', e tinham enraizado solidamente nos campos o horror ao soldado".[130]

Existem ou não motivos para serem CERVANTES e GRIMMELSHAUSEN marcos da modernidade? Esses sintomas e os quadros, que ambos descreviam, desde então somente se acentuaram: a sensação de fracionamento e de perda de sentido do mundo, desde então tem se agravado.

[127] J. J. C. GRIMMELSHAUSEN, **Simplicissimus** (eds. cit. 1985 e 1994, livro I, cap. I).

[128] J. J. C. GRIMMELSHAUSEN, **Simplicissimus** (eds. cit. 1985 e 1994, livro I, cap. IV).

[129] Paul ZUMTHOR, **A Holanda no tempo de Rembrandt** (do original **La vie quotidienne en Hollande au temps de Rembrandt**, © 1959, trad. Maria Lúcia MACHADO, São Paulo: Companhia das Letras, 1989).

[130] P. ZUMTHOR (op. cit., 1959, ed. bras., 1989, p. 291).

Abria-se, com a era moderna, período terrível que sucedeu ao doce Renascimento.[131] Com a violência das guerras europeias de religião.[132]

[131] Cfr. **Tratado** (tomo 5 – **Direito internacional no tempo de Francisco de Vitória**, introdução); algumas referências, para situar o conjunto do fenômeno, cuja interpretação não é unívoca, mesmo em relação aos próprios marcos temporais de ocorrência do fenômeno: Margaret ASTON (ed. by), **The Panorama of the Renaissance** (Londres: Thames & Hudson, 1996); C. F. BLACK, Mark GREENGRASS, David HOWARTH, Jeremy LAWRANCE, Richard MACKENNEY, Martin RADY e Evelyn WELCH, **Cultural Atlas of the Renaissance** (New York: Prentice-Hall, 1993); Fernand BRAUDEL, **O modelo italiano** (do original **Le modèle italien**, publicado em 1989, trad. Franklin de MATTOS, São Paulo: Companhia das Letras, 2007); F. BRAUDEL, **La méditerranée et le monde méditerranéen à l'époque de Philippe II** (Paris: Armand Colin, © 1966, impr. 1987, 2 vols.); F. BRAUDEL, **Écrits sur l'histoire** (Paris: Flammarion / Champs, © 1969, impr. 1984); F. BRAUDEL (coord.), **La méditerranée**: espace et histoire (Paris: Flammarion/ Champs, 1ª ed., 1977, impr. 1985); F. BRAUDEL e Georges DUBY (coord.), **La méditerranée**: les hommes et l'héritage (Paris: Flammarion/Champs, 1ª ed., 1977, impr. 1986); F. BRAUDEL, **Les ambitions de l'Histoire** (préf. de Maurice AYMARD, éd. établie et présentée par Roselyne de AYALA et Paule BRAUDEL, Paris: Éd. de Fallois, 1997); F. BRAUDEL, **Civilisation matérielle, économie et capitalisme XVe-XVIIIe siècle** vol. I – **Les structures du quotidien: le possible et l'impossible** (Paris: Armand Colin 1979), vol. II – **Les jeux de l'échange**, Paris: Armand Colin, 1979), vol. III – **Le temps du monde**, (Paris: Armand Colin, 1979), tb. na edição em inglês, F. BRAUDEL, **Civilization and capitalism (15th.-18th. century) I: The structures of everyday life**: the limits of the possible (© 1979, translation revised by Sián REYNOLDS, New York: Harper & Row, 1981); vol. **II: The wheels of commerce** (translation by Sián REYNOLDS, New York: Harper & Row, 1982); vol. **III: The perspective of the world** (translation by Sián REYNOLDS, New York: Harper & Row, 1984); Jacob BURCKHARDT, **The civilization of the Renaissance in Italy**: an essay (do original alemão, **Die Kultur der Renaissance in Italien**: ein Versuch, publicado em 1860, trad. C. S. G. MIDDLEMORE, de 1878, da segunda edição em alemão, "introduction" by Hajo HOLBORN, New York: The Modern Library, © 1954, reimpressão sem data); André CHASTEL, **Arte e humanismo em Florença na época de Lourenço, o magnífico** – estudos sobre o Renascimento e o humanismo platônico (orig. publ. 1959, **Art et humanisme à Florence au temps de Laurent le magnifique** – études sur la Renaissance et l'humanisme platonicien, trad. Dorothée de BRUCHARD, São Paulo: Cosac & Naify, 2012); É. CROUZET-PAVAN, **Renaissances italiennes 1380-1500** (Paris: Albin Michel, 2007); Wallace K. FERGUSON, **La Renaissance dans la pensée historique** (orig. publ. 1950, **The Renaissance in historical thought**, trad. Jacques MARTY, préf. Élisabeth CROUZET-PAVAN, Paris: Payot, 2009); Joscelyn GODWIN, justamente intitulado **The Pagan Dream of the Renaissance** (Londres: Thames & Hudson, 2002); John R. HALE, **The civilization of Europe in the Renaissance** (New York: Athenaeum, 1994); Federico ZERI, **Renaissance et pseudo-Renaissance** (orig. publ. 1983, **Rinascimento e pseudo-Rinascimento**, trad. Christian PAOLONI, Paris: Payot, 2001). O fenômeno do Renascimento também pode ser considerado sob a perspectiva da história cultural: Phili-

Ao Renascimento sucederia uma idade pautada pela intolerância e pela perseguição em matéria religiosa.[133] Inclusive com marcante impacto sobre o direito internacional.[134] Onde cabe apontar "a profunda e vinculante interação entre direito internacional e religião parece inevitável".[135]

A construção das sociedades modernas do Ocidente se fez, a duras penas, como separação entre política e religião. O que por vezes parece retroceder. Mas sempre se tem de lutar, para que seja preservado.

Centrada na consolidação de novas identidades nacionais, como a Espanha,[136] potência dominante na primeira fase da era moderna, uma

ppe POIRIER, **Les enjeux de l'histoire culturelle** (Paris: Seuil, 2004), Reinhart KOSELLECK, **Vergangenge Zukunft** – Zur Semantik geschichtlicher Zeiten (© 1979, Frankfurt: Suhrkamp, 1989, esp. *'Vergangene Zukunft der frühen Neuzeit'*, p. 17-37, e *'Historia Magistra Vitae'*, p. 38-66) e Egon FRIEDELL, **Kulturgeschichte der Neuzeit** (1927-1931, Munique: Beck, "Um ein Nachwort ergänzte Sonderausgabe", 2007, esp. livro I – Renaissance und Reformation, p. 57-408).

132 Ernest NYS, **Les origines du droit international** (Bruxelles: Alfred Chastaigne / Paris: Thorin & Fils, 1894, cap. VI – *les causes de la guerre*, p. 95-139, cit. p. 123).

133 Ulrich KÖPF (herausgegeben von), **Deutsche Geschichte in Quellen und Darstellung** Band 3: **Reformationszeit 1495-1555** (Stuttgart: Reclam – Univ. Bibl. Nr. 17003, 2001); Jean-Paul BARBIER-MUELLER, **La parole et les armes**: Chronique des guerres de religion en France 1562-1598 (Genebra: Musée international de la Réforme/Hazan, 2006).

134 Mark W. JANIS & Carolyn EVANS (ed. by), **Religion and International Law** (Leiden/Boston: M. Nijhoff, © 1999, nova ed., 2004), no qual se encontram os capítulos de James A. R. NAFZIGER, *The functions of religion in the International legal system* (in M. JANIS & C. EVANS, op. cit., 2004, p. 155-176) e Hilaire McCOURBEY, *Natural Law, Religion and the development of international law* (in M. JANIS & C. EVANS, op. cit., 2004, p. 177-189).

135 David KENNEDY, *Images of Religion in International Legal Theory* (in **Religion and International Law**, edited by Mark W. JANIS & Carolyn EVANS, 2004, cap 8, p. 145-153, cit. p. 153): "the deep and abiding interaction of international law and religion seems unavoidable."

136 E. NYS (op. cit., 1894, p. 124): "Grande était la situation de l'Espagne au XVIe siècle. Une guerre de près de huit siècles, guerre pendant laquelle trois mille sept cents batailles avaient été livrées contre l'enemi de la foi, venait de se compléter par le triomphe complet de la monarchie chrétienne. L'unité nationale s'accomplissait avec une rapidité prodigieuse; en 1478, le pays était divisé en royaumes indépendants; avant 1500, tous ces fragments allaient se consolider et former un tout. Au dehors, une expansion dont on a vu peu d'exemples dans l'histoire. Le nord et le sud de l'Italie, l'Artois, la Franche-Comté, les Pays-Bas, les îles Baléares et les Canaries; sur la côte africaine des positions importantes comme Ceuta, Oran; en Asie, les Philippines et les Moluques; dans le monde nouvellement découvert, des territoires immenses, le Mexique, l'Amérique centrale, le Vénézuela, la Nouvelle-Grenade, le Pérou, le Chili, Cuba, Saint-Domingue, la Jamaïque; tout cela est

das que teve a necessidade de se afirmar, interna e externamente, por meio de lutas acirradas. Foi construída a 'unidade nacional' por meio da expulsão dos mouros, dos judeus e da caça aos hereges, sob a égide sombria da Inquisição. E esses dados marcam todo esse contexto histórico da modernidade.[137]

Não menos assustador pensar que justamente nessa mesma fase da Europa "moderna", na qual se desenvolviam, simultaneamente todas as ciências, humanas, exatas e naturais, ainda se perseguiram, se torturaram em processos judiciais, para obrigar a confessar e depois de 'condenadas', se queimaram bruxas e feiticeiros – homens também, mas as vítimas foram sobretudo mulheres, e mais velhas.

Muitos homens foram também postos na fogueira – não somente por suposta bruxaria, como também foram queimados por ateísmo ou heterodoxia. Como ocorreu com os já referidos Miguel SERVET, nas mãos de CALVINO, ou em terras católicas, Giordano BRUNO, em 1600, e também Filipo VANINI, em 1617.

Em todo o século XVII – e ainda no século XVIII adentro –, bruxas e hereges foram queimados. Nessa fase de ascensão da razão e das luzes, nessa orgulhosa Europa, que se considerava sábia e civilizada, em relação a outros continentes, mas pautava-se internamente pela intolerân-

soumis à la domination des rois catholiques. / La nation espagnole était sans contredit, la plus bélliqueuse du monde; elle était aussi une de celles dont le développement intellectuel était le plus avancé." Ver tb. Jérôme HÉLIE, **Les relations internationales dans l'Europe moderne** 1453-1789 (Paris: Armand Colin, 2008, esp. cap. 4 – *L'Espagne de Philippe II première puissance européenne*, p. 66-78, cap. 5 – *Philippe II face aux réformés de l'Europe du Nord*, p. 79-95, e cap. 6 – *L'impossible* ***Pax hispanica*** *(1598-1618)*, p. 96-111).

[137] Apesar de maneira recorrente ser utilizado o termo 'medieval' quase como xingamento, e sinônimo de algo atrasado e obscurantista, não esqueçamos que a instauração da Inquisição, bem como a censura eclesiástica, por meio do famigerado Índice de livros proibidos, o **Index librorum prohibitorum** – foram fenômenos característicos da 'era moderna', a partir do século XVI. Como foram também dados característicos, dos mesmos séculos XVI e XVII, o fracionamento da unidade religiosa da Europa ocidental, com as guerras de religião, que se estenderam por décadas, e somente se encerram com os tratados de Münster e de Osnabrück, que põem fim à guerra dos trinta anos (1618-1648). Desabusada visão do fenômeno em Jacques HEERS, **Le Moyen Age, une imposture** (© 1992, Paris: Perrin, 2008).

cia e pela violência, por vezes as mais radicais, contra os opositores e as minorias.[138]

Esse desvario se refletiu também no 'Novo mundo'. Assinale-se, por exemplo, toda uma série de processos judiciais, visando a caça às bruxas, por exemplo em Salém, nos Estados Unidos.[139]

A caça às bruxas foi também feita de maneira 'científica' e com respaldo de pareceres legais. Havia obrigação, para os docentes da Universidade de Halle, de assessorarem juízes se manifestarem, por meio de pareceres, em relação a processos de aplicação da pena capital. Dentre estes, os processos contra supostas bruxas.[140]

Jurista e internacionalista de grande renome, na época, como Christian THOMAS, ou em latim THOMASIUS (1655-1728) – igualmente referido, como precursor do Iluminismo e expressão da escola do direito natural – teve em mais de uma ocasião de se manifestar, por meio de pareceres, a respeito de processos ... de bruxaria! Este se mostra bastante cético, a respeito da própria possibilidade e da realidade do assunto, quando escreveu sobre o tema, na "dissertação sobre o crime de magia", **Dissertatio de crimine magiae** (1701), e questionou, intrinsecamente, a mera existência ou a possibilidade da bruxaria.[141]

[138] Ver **Tratado** (tomo 20 – **Direito internacional, história e cultura**, item 1.2 – pensamento científico moderno e a caça às bruxas); por exemplo a respeito da contraposição entre Iluminismo e Ocultismo na Europa moderna estudo como o Sabine DOERING-MANTEUFFEL, **Das Okkulte** – Eine Erfolgsgeschichte im Schatten der Aufklärung – von GUTENBERG bis zum World Wide Web (Munique: Siedler, 2008); Rainer GEIST (hrsgb.), **Hexen, Teufel und Dämonen** (Zurique: Haffmanns, 1990).

[139] Marion L. STARKEY, **The Devil in Massachusetts** – a Modern Enquiry into the Salem Witch Trials (originalmente publicado em 1949, New York: Doubleday – Anchor Books, 1989).

[140] H. D. KITTSTEINER (op. cit., 2010, p. 156-157, *Die Kritik an die Prozessführung und das prinzipielle Argument* e tb. p. 168-177, *Kann es Hexen geben? Christian THOMASIUS und Balthazar BEKKER*, cit. p. 168): "Nicht anders hätte auch in Halle Professor THOMASIUS gedacht, jedenfalls bis 1694. Denn in diesem Jahre war er zum ersten Male mit einem Hexenprozess in Berührung gekommen; das war seines Amtes, denn seit einem Erlass von 1693 musste die Fakultät gutachterlich das Verfahren der Richter in Kapitalverbrechen überprüfen."

[141] Christian THOMASIUS, **Von Laster der Zauberei**: Über die Hexenprozesse (Hg. Rolf LIEBERWIRTH, Munique: Beck, 1968).

Graças a homens como THOMASIUS, que lutam contra o uso da tortura e os preconceitos, começa a mudar essa sombria realidade. Mas ainda levou algum tempo.

Por isso, comentava FREDERICO II, dito o grande (1712-1786),[142] que até o início do século XVIII, caso uma mulher tivesse o azar de alcançar idade avançada, ainda teria de contar com o risco de ser queimada como bruxa.[143] O preconceito e a intolerância se escondem atrás da afirmação da defesa dos valores da sociedade e da família – e isso parece ser recorrente.

A Europa "moderna" ainda tinha muito pela frente, para chegar efetivamente à "modernidade". O que se construiu aos poucos, na medida em que foi preciso criar mentalidade crítica, nos vários campos do conhecimento.

Filósofos e cientistas como VICO, COPÉRNICO, KEPLER e GALILEU, tiveram papel formador da identidade moderna.[144] De maneira sucinta – e também útil para o presente trabalho – podem ser situados os marcos temporais do fenômeno da modernidade:[145]

> O caminho que levou do mundo fechado dos antigos para o aberto dos modernos não foi, na verdade, muito longo: pouco mais de cem anos separam **De revolutionibus orbis terrarum**, de [Nicolau] COPÉRNICO (1543) dos **Principia philosophiae** de [René] DESCARTES (1644); pouco

[142] Ver Jacob BURCKHARDT, **Das Zeitalter Friedrichs des Grossen** ("herausgegeben von" Ernst ZIEGLER, mit einem Essay von Hans PLESCHINSKI, Munique: Beck, 2012); Johannes KUNISCH, **Friedrich der Grosse** – Der König und seine Zeit (Munique: Beck, © 2011, 2ª ed. 2012); Theodor SCHIEDER (1908-1984), **Friedrich der Grosse** – Ein Königtum der Widersprüche (1983, Berlim – Munique: Propyläen, 2002).

[143] Reportado por Wolfgang BEHRINGER, *Wissenschaft im Kampf gegen den Aberglauben: Die Debatte über Wunder, Besessenheit und Hexerei* (in **Macht des Wissens**: die Entstehung der modernen Wissensgesellschaft, Hg. Richard van DÜLMEN e Sina RAUSCHENBACH, Köln-Weimar-Wien, 2004, p. 365-389, cit. p. 379).

[144] Bernard FAIDUTTI, **Copernic, Kepler, Galilée face aux pouvoirs** – Les scientifiques et la politique (Paris: L'Harmattan, 2010).

[145] Ver **Tratado** (tomo 20 – **Direito internacional, história e cultura**, item 1.3 – do mundo fechado ao universo infinito); Alexandre KOYRÉ, **Do mundo fechado ao universo infinito** (orig. publ. **From the closed world to the infinite universe**, 1957, trad. bras. de Donald M. GARSCHAGEN, Rio de Janeiro: Forense Univ. / São Paulo: Edusp, 1979).

mais de quarenta anos vão deste **Principia** aos **Philosophia naturalis principia mathematica** (1687). Por outro lado, esse caminho foi bastante difícil, pontilhado de obstáculos e passagens perigosas.[146]

Antes de VICO, no século XVIII, somente IBN KHALDUN, no século XIV, teria alcançado magnitude comparável na percepção e na apresentação do sentido do conjunto da história humana.[147] E, nessa reflexão, também sobre as causas da guerra.[148]

Para a criação e o desenvolvimento de mentalidade crítica de exame do mundo tiveram papel não somente as guerras e a violência, mas também coube fator relevante às universidades e aos filósofos.[149] Pode-se crer que ocorre grande concentração de pensamento crítico e de reflexão sobre o conhecimento anterior, para preparar as bases, sobre as quais são construídos os avanços seguintes.

Sintomaticamente, o papel de disciplina intelectualmente central não mais coube à teologia – como ainda ilustraram VITÓRIA e SUAREZ – e em considerável extensão se dera em tempos anteriores, quando esta se apresentava como ramo predominante do conhecimento. Papel central passa a ser exercido pelos filósofos, e a expressão da modernidade poderia ter como símbolo Gottfried Wilhelm LEIBNIZ (1646-1716), pela vasta gama de interesses e matérias que cultiva, em filosofia e outras áreas do conhecimento, mas aqui interessa, sobretudo, o seu engajamento com temas da atualidade internacional do seu tempo, como por exemplo, as relações entre o Ocidente e a China, o projeto de paz perpétua, ou a contribuição conceitual, passada a seu discípulo Christian WOLFF,[150] e deste se prolonga para Emer de VATTEL,

[146] A. KOYRÉ (op. cit., 1957, ed. bras., 1979, Prefácio do autor, p. 7-9, cit. p. 8).

[147] Ibn KHALDUN, **Discours sur l'histoire universelle** (do original **Al-Muqaddima**, ed. francesa, traduction nouvelle, préf. et. notes V. MONTEIL, Paris: Sindbad, 3 vols., 1978).

[148] Ernest NYS, **Les origines du droit international** (Bruxelles: Alfred Chastaigne / Paris: Thorin & Fils, 1894, cap. VI – *les causes de la guerre*, p. 95-139, cit. p. 108).

[149] Peter WATSON, **The German Genius** – Europe's Third Renaissance, the Second Scientific Revolution and the Twentieth Century (orig. publ. 2010, Londres: Simon & Schuster, 2011, cap. 5 – *New light on the structure of the mind*, p. 135-151, cit. p. 138): "The period of German Idealism constitutes a cultural phenomenon whose stature and influence has been frequently compared to nothing less than the Golden Age of Athens."

[150] Sobre LEIBNIZ e WOLFF ver **Tratado** (tomo 10 – **Direito internacional no tempo de C. van Bynkershoek e Christian Wolff**, esp. cap. 22 – Christian WOLFF (1679-1754)

e com o qual encontra grande difusão na segunda metade do século XVIII e adiante.[151]

As compartimentações de fases da História podem ter alguma utilidade para situar grandes planos de evolução intelectual e institucional da Humanidade, ao mesmo tempo em que nos forçam a fazer cortes e aproximações que muitas vezes não quadram exatamente com a realidade. É preciso separar para poder compreender. Depois é preciso reunir novamente, para não comprometer essa compreensão.

Nesse sentido, grandes controvérsias circundam a transição entre a fase histórica dita da Renascença ou Renascimento, em relação ao precedente contexto medieval, bem como à sucessiva era moderna.[152] O próprio Renascimento se apresenta como marco da modernidade, que se pauta como resgate da antiguidade clássica, em oposição ao medieval. O moderno, assim, se constrói como resgate do antigo em oposição ao medieval.[153]

Como bem exemplifica a figura de ERASMO de Rotterdam – o mais famoso autor do Renascimento, e já a seu tempo denominado "príncipe dos humanistas", este que foi também fenômeno editorial de sua época – seus **Adágios**,[154] desde a primeira edição de Paris, em 1500, teriam

e item 22.1 – direito segundo LEIBNIZ, e tomo 11 – **Direito internacional no tempo de Vattel e von Martens**, sobre VATTEL, o cap. 24).

[151] Cfr. **Tratado** (tomo 10 – **Direito internacional no tempo de C. van Bynkershoek e Christian Wolff** e tomo 11 – **Direito internacional no tempo de Vattel e von Martens**).

[152] Como examinado no **Tratado** (tomo 4 – **Direito internacional no tempo medieval**, esp. cap. 8 – a longa transição do mundo antigo ao medieval e tomo 5 – **Direito internacional no tempo de Francisco de Vitória**, cap. 12 – *jus gentium, jus commune, jus europaeum*: entre a teoria e a prática).

[153] Embora muitas vezes seja essa era antes questão de atitude que de cronologia, como mostram, por exemplo FICINO, POLICIANO e Pico della MIRANDOLA, em Florença, no final do século XV (1469-1492), concebida na continuidade, mas também em seus diferenciais, com a Roma de JULIO II (1503-1513) e de LEÃO X (1513-1521). Ver, por exemplo, André CHASTEL, **Arte e humanismo em Florença na época de Lourenço, o magnífico** – estudos sobre o Renascimento e o humanismo platônico (originalmente publicado em 1959, **Art et humanisme à Florence au temps de Laurent le magnifique** – études sur la Renaissance et l'humanisme platonicien, trad. Dorothée de BRUCHARD, São Paulo: Cosac & Naify, 2012).

[154] ERASMO [ÉRASME] DE ROTTERDAM, **Les Adages** (sous la direction de Jean-Christophe SALADIN, Paris: Les belles lettres, 2011, edição bilingue, em cinco volumes: I. Lettres préliminaires – Avant-propos – Adages 1 à 1000 – *Entre amis tout est commun*; II. Adages

merecido cerca de trinta edições, somente durante o tempo de vida do autor.[155] Não menor, até hoje, a repercussão do **Elogio da loucura** (1511),[156] encontrado à venda mesmo em bancas de jornais e revistas.

Mas por que lembrar este exemplo? Temporal e geograficamente, ERASMO, como outros, nos faz ter de movimentar as categorizações estritas, para situar o fenômeno cultural da mutação de paradigmas e de modelos:[157] além das controvérsias religiosas, havia também diferença essencial de modelo cultural – ERASMO queria colocar o conhecimento do latim ao alcance de todos, e que este fosse cultivado como língua literária e poética, longe da indigência ou 'barbárie' do latim escolástico. Não mais se sentindo seguro em terras católicas,[158] ERASMO se refugia em Basiléia. E lá veio a falecer em 1536.[159]

1001 à 2000 – *Hâte-toi lentement*; III. Adages 2001 à 3000 – *Les travaux d'Hercule*; IV. Adages 3001 à 4151 – *La guerre paraît douce à ceux qui n'en ont pas l'expérience (Dulces bellum inexpertis)*; V. *La révolution humaniste* par J.-C. SALADIN – Index et tables).

155 A primeira edição de Paris, em 1500, contava 820 adágios, **Adagia collectanea**, publicada por Jean Philippi, e passa a 838, na edição de 1506, publicada por Josse Bade, e depois por Matthias Schürer, em Estrasburgo, em 1509. A seguir, ERASMO trabalha junto ao editor Aldo MANUZIO em Veneza, e a edição seguinte da obra passa a contar 3260 adágios. Novas edições se sucedem em Basiléia, pelo editor Froben, e dez vezes ERASMO corrige e amplia a sua obra, até esta chegar a contar 4151 adágios. Em razão da inclusão de ERASMO e suas obras no **Index**, já em 1557, é publicada em 1575, uma versão expurgada dos **Adágios**, por Paolo Manuzio, neto de Aldo. Os **Adágios** voltam a ser publicados no século XVIII, quando Jean Leclerc (ou Johannes Clericus) publica em Leyde, reedição em onze volumes das Obras completas de ERASMO (dos quais os Adágios eram o volume II; edição esta idêntica à de Jerônimo Froben, de 1540; edição facsimilar, do editor Olms, 1962). Durante trezentos anos circulam extratos dos **Adágios** forma pelos quais chegam até nós.

156 ERASMO DE ROTTERDAM, **Elogio da loucura** (orig. publ. **Encomium, id est, Stultitiae Laus**, 1511, trad. e notas Paulo M. OLIVEIRA, São Paulo: Abril – os Pensadores, vol. X, 1972, p. 7-157); comenta J.-C. SALADIN, *La révolution humaniste* (ed. cit., 2011, p. 1-49, cit. p. 1) comenta: "L'auteur le plus célèbre de la Renaissance, est sans doute l'un des moins lus de nos jours. Son nom est dans toutes les bouches et sonne comme un slogan dans les universités européennes au XXI siècle. Cependant, si chacun se plaît à célèbrer le cinq centième anniversaire de la publication de l'**Éloge de la folie** (1511), bien peu l'ont lu."

157 J.-C. SALADIN, *La révolution humaniste* (ed. cit., 2011, p. 1-49, cit. p. 5).

158 Ver Silvana SEIDEL-MENCHI, **Érasme hérétique** (Paris: Gallimard, 1996).

159 Apesar da cautela adotada por ERASMO, na confrontação entre católicos e protestantes, sua fortuna editorial em terras católicas não sobrevive à Contrarreforma. O próprio ERASMO somente escapa da excomunhão pelo respeito que lhe votavam os últimos papas humanistas, como LEÃO X, CLEMENTE VII e PAULO III. Dois inimigos pessoais de ERASMO, o grande inquisidor GHISLIERI, e o cardeal CARAFFA, posteriormente

Esse mundo humanista é contemporâneo da violência da reforma. A partir da controvérsia teológica desencadeada, em 1517, por um professor, Martinho LUTERO, da pequena Universidade de Wittenberg, teve lugar mutação em escala pan-europeia, e esta, durante décadas abalou até os fundamentos o conjunto da Europa ocidental, literalmente incendiou grandes extensões do Sacro império românico da nação alemã, e mudou irreversivelmente o caráter religioso, cultural e político da identidade nacional alemã, bem como a inserção desta no centro da Europa.[160]

E se esta pretendia eliminar excessos e corrigir desvios da igreja de Roma, por meio deste movimento da reforma "veio a ser instaurada tirania religiosa, como nunca tinha existido nos tempos do papado", apontava o historiador da cultura, injustamente esquecido.[161] Foram décadas de confrontos – de intolerância pan-europeia –, até se restabelecer a normalidade institucional no centro da Europa.[162]

PAULO IV, fazem ERASMO ter a 'honra' de figurar desde o início, no **Index librorum prohibitorum**, promulgado em 1557. O que significava tornar-se proibido ter qualquer exemplar de quaisquer das suas obras, exceto mediante licença expressa do bispo. E leva ao progressivo desaparecimento das obras de ERASMO, ao menos no mundo católico. As críticas principais, feitas a ERASMO foram a da apologia da literatura pagã, e a do retorno às fontes – sobretudo gregas – para o conhecimento dos **Evangelhos**. ERASMO publica, em 1515, em Basiléia, edição bilíngue do Novo testamento, acompanhada da sua própria tradução latina (intitulada **Novum Instrumentum**), que divergia, em várias passagens, da **Vulgata** oficial. Além de contestar a 'legitimidade' da **Vulgata**, ERASMO demonstra estar esta redigida em latim medíocre. Ao publicar as suas teses, em Wittenberg, em 31 de outubro de 1517, LUTERO invoca, explicitamente, a autoridade de ERASMO, para justificar os seus ataques contra Roma.

160 Na **Deutsche Geschichte in Quellen und Darstellung** – Band 3: **Reformationszeit 1495-1555** (hrsg. Ulrich KÖPF, Stuttgart: Reclam – Univ. Bibl. Nr. 17003, (c) 2001, impr. 2001).

161 E. FRIEDELL, **Kulturgeschichte der Neuzeit** – Die Krise der Europäischer Seele von der Schwarzen Pest bis zum Ersten Weltkrieg (orig. publ. 1927-31, Munique: Beck, Sonderausgabe, 2007, Livro I – Renascença e Reforma – da Peste Negra até a Guerra dos Trinta Anos, cap. 7 – *Die Bartholomäusnacht*, p. 342-408, cit. p. 347): "Kurz: es war nicht verwunderlich, dass einsichtige Zeitgenossen behaupteten, durch die Reformation sei eine ärgere Glaubenstyrannei in die Welt gekommen, als sie je unter dem Papstum bestanden hatte." FRIEDELL descreve o período das guerras de religião como a intolerância pan-europeia, "*Paneuropäische Intoleranz*".

162 Bernd ROECK (herausgegeben von), **Deutsche Geschichte in Quellen und Darstellung** Band 4: **Gegenreformation und Dreissigjähriger Krieg 1555-1648** (Stuttgart: Reclam – Univ. Bibl. Nr. 17004, (c) 1996, impr. 2002).

A cristandade se vê em ebulição. Com encadeamento de cabalas, denúncias, alianças, traições, panfletos e respostas que se sucedem. Cujos horrores e excessos fazem pensar nas invasões bárbaras de séculos anteriores. Mas, "enquanto estes [os 'bárbaros'] eram movidos por impulso cego de destruição e de conquista, entre os cristãos da era da Contrarreforma reinou alto grau de refinamento espiritual e rematada arte da infâmia, que se colocaram como sistema".[163]

Diante da 'ameaça' protestante,[164] vem as respostas, pela hierarquia católica, visando aumentar a coesão e ordenar a confrontação com as forças inimigas. Como exemplificam a criação da ordem dos Jesuítas, e a instauração do **Index** de livros proibidos, para controlar o que poderia ser licitamente acessado pelos fiéis.[165] Este foi movimento de duradouras consequências para a evolução futura do conjunto da Europa.

A busca do controle das mentes, da formação das novas gerações e do acesso à informação pela sociedade tiveram consequências nefastas e irreversíveis na evolução de diferentes regiões da Europa. Entre tais consequências, a de deslocar o eixo de desenvolvimento intelectual e econômico do sul para o norte.

Inicialmente, o imperador CARLOS V fez estabelecer, pela Universidade de Louvain, em 1546, o primeiro **Catálogo dos livros perigosos**. A iniciativa abriria caminho para incontáveis gerações de censores.[166]

[163] E. FRIEDELL (op. cit., ed. 2007, p. 342).

[164] Fenômeno ilustrado pelo próprio ERASMO, em alguns de seus escritos sobre as controvérsias religiosas da época. Ver ÉRASME DE ROTTERDAM, **Liberté et unité dans l'église** (*Sur l'interdiction de manger de la viande/ /Contre de soi-disant évangéliques/ /Sur la concorde l'église/*, introduction, présentation des textes et bibliographie par J. M. de BUJANDA, trad. et notes par Roland GALIBOIS en collab. avec Pierre COLLINGE, Québec, Canadá: Ed. Cosmos/Centre d'Études de la Renaissance de l'Université de Sherbrooke, 1971).

[165] Ver o abrangente estudo de Jesus MARTINEZ DE BUJANDA, **Index de Rome** 1557 – 1559 – **1564** – les premiers index romains et l'index du Concile de Trente (Sherbrooke/ Genebra: Éds. da Universidade de Sherbrooke/Droz, 1990). Por sua vez, J.-C. SALADIN, *La révolution humaniste* (ed. cit., 2011, p. 1-49, cit. p. 8) caracteriza o Index como 'arma de guerra contra a Reforma', onde os humanistas teriam sido vítimas indiretas ou danos colaterais.

[166] V. a respeito, Gil DELANNOI et Pierre-André TAGUIEFF (direction de), **Nationalismes en perspective** (Paris: Berg International Eds., 2001) e Mireille DELMAS-MARTY, **Libertés et sûreté dans un monde dangereux** (Paris : Seuil, 2010).

A seguir foi o **Index librorum prohibitorum**[167] criado pela Igreja católica – esse *Índice de livros proibidos*, teve sua primeira versão promulgada ao tempo do papa PAULO IV (1555-1559), logo continuada por PIO IV (1559-1565). Versão revista foi aprovada pelo Concílio de Trento, e republicada por vários sucessores, com novas condenações a autores e obras.[168]

Pode parecer curioso, hoje, que boa parte dos autores clássicos do direito internacional tenha sido colocada e mantida, durante tempo considerável,[169] nessa condição de curioso tratamento dispensado ao direito das gentes, nesse contexto da era moderna. De um lado, várias das principais obras modernas do direito das gentes – que são até hoje referenciais não somente históricos, mas conceituais para o direito internacional, até nossos tempos pós-modernos, de GENTILI a GRÓCIO – foram postas no **Index**. De outro lado, a hierarquia católica não somente mostra a consciência da necessidade de ver o mundo de maneira internacional – como desde o início foi 'internacional' a igreja, embora nem sempre tão 'universal', quanto conota o termo grego (católico = universal) – mas também busca ser internacional no sentido de tentar regular o mundo juridicamente de maneira internacionalizada. Exemplo vistoso pode ser apontado.

Ilustrativo desse esforço de regulação internacionalista católica foi a impressionante coletânea de 715 ensaios, de autores diversos, reunidos no "tratado dos tratados" – **Tractatus tractatuum** (1584) –[170] com-

[167] **Index librorum prohibitorum** cum regulis confectis per Patres a Tridentina Synodo delectos, auctoritate Sanctiss. D. N. PII IIII, Pont. Max. Comprobatus (Venetiis, MDLXIIII) – https://upload.wikimedia.org/v....

[168] **Index librorum prohibitorum** on line Index_librorum_prohibitorum_... A última edição foi publicada em 1948, somente abolido em 1966, pelo papa PAULO VI.

[169] Dominique GAURIER, **Histoire du droit international** (Rennes: Presses Univ. de Rennes, 2014; ed. anterior, 2005, esp. chap. IV – Les grandes figures fondatrices du droit international: les hommes et leurs oeuvres, p. 143-208) enumera todos os que se encontraram em tal situação. A questão se coloca em relação a determinar até quando a permanência nessa lista de proscrição de leituras terá sido vinculante, para os fiéis católicos?

[170] Título original: **Tractatus universi iuris, duce et auspice Gregorio XIII. Pontifice maximo in unum congesti; additis quam plurimis antea nunquam editis hac * nota designatis XVIII. materias XXV. voluminibus comprehendentes** (Venet. apud Franc Ziletum bibliopolam, 1584, tomi XVIII) – na verdade, como alguns dos volumes constavam de mais um tomo, e ainda se somavam mais três tomos de indexação e referências, o conjunto somava 28 alentados tomos "*in folio*".

pilado sob os auspícios do papa GREGÓRIO XIII: mesmo se em sua maior parte dedicados ao tratamento de questões de direito civil, direito canônico e direito penal, também continha numerosos textos relativos a questões que podem ser entendidas como integrantes do direito internacional.

Além e ao lado de tantas outras ciências e áreas do conhecimento, o direito das gentes, que precede conceitual e operacionalmente o direito internacional clássico, como este precede o direito internacional pós-moderno, tem desenvolvimentos extraordinários, no período aqui considerado: séculos XVI a XVII.

De certa forma pertinentes ao direito internacional alguns dos ensaios coligidos por Dominicus ARUMAEUS (1579-1637), professor na Universidade de Jena, que se dedicou ao direito público. Suas coletâneas de ensaios contam vários volumes, **Discursus academici de iure publico**,[171] e alguns deles dizem respeito ao direito internacional, tais como:

vol. I (1616):
12) se o legado enviado junto a determinado princípe pode ser punido por se envolver em conjura contra este? (*an legatus in principem, ad quem missus est, coniurans punire possit?*);
14) sobre direito de legação e legados (Matth. BORTUIS *de legationibus et legatis*);
23) sobre o direito da guerra (Ioh. SUEVIUS *de iure bellico*);
28) das alianças e pactos como remédio contra ameaças externas (Ioh. GRYPHIANDER *de salubris contra vim externam, foederibus remédio*);
29) dos legados (Id. *de legatis*);

vol. II (1620):
1) do direito de secessão (ARUMAEUS *de sessionis praerogativa*);
8) das represálias (Id., *de repressaliis*);
19) da promoção do bem público por meio de alianças (Reinh. KOENIG *de amplificatione rerum publicarum per foedera*)
21) dos legados e do direito de legação (Id. *de legatis et legationibus*);

[171] Dominicus ARUMAEUS ou ARUMÄUS (1579-1637), **Discursus academici de iure publico** (Jena: vol. I, 1616; vol. II, 1620; vol. III, 1621; vol. IV, 1623; vol. V, 1632).

vol. III (1621):
5) do direito da guerra (V. RIEMER *de iure bellico*);
17) da guerra (Thom. SAGITTARIUS *de bello*).

vol. IV (1623):
11) se legado enviado pode transgredir os fins da sua missão? (*an legato mandati fines transgredi liceat?*);
12) se legados podem exercer outras funções? (*an legati munera accipere possint?*);
14) se se podem aumentar as fronteiras do império por meio da guerra? (*an fines imperii bello ampliandi?*);
25, 26, 27 e 28) das represálias (*de repressaliis*).

De certa forma, também alguns dos tópicos contidos nas "observações seletas" da Universidade de Halle, ou **Observationes selectae Halenses** (1700-1705), podem ser lembrados, como pertinentes ao direito internacional:[172]

tomo II, obs. 17: discurso sobre o direito de legação (*Iust. Presbeutae discursus de iure legationis statuum imperii*);
tomo III, obs. 8: sobre o direito da guerra e da paz (*de iure belli et pacis statibus Imperii competente*);
tomo IV, obs. 8: sobre o direito da guerra e da paz (*de iure belli et pacis statibus Imperii vi superioritatis competente*);
tomo VI, obs. 31: sobre o direito da guerra e estado das alianças no Império germânico (*ius belli et foederum statuum Imperii germanici*);
tomo VII, obs. 6: sobre a historia do latrocínio entre povos (*Historia de latrocinio gentis in gentem*); obs. 7: sobre a moralidade do latrocínio entre povos (*moralitas latrocinii gentis in gentem*); obs. 15: sobre a vida, a morte e os escritos de Hugo GRÓCIO (*de vita, morte ac scriptis Hugonis Grotii*);
tomo VIII, obs. 5: da neutralidade dos príncipes germânicos, do papa e do imperador (*de neutralitate Germanorum principum, pontificibus et imperatoribus Romanis nonnunquam invisa, non tamen semper declinata*);[173]

[172] Universidade de Halle, **Observationes selectae ad rem litterariam spectantes** (Halle, tomos I a X, 1700-1705)

[173] Ver **Tratado** (tomo 8 – **Direito internacional além do paradigma vestfaliano**, o item sobre a *construção da neutralidade no direito internacional moderno e o tratado de NEWMAYR*

tomo IX, obs. 8: sobre a inviolabilidade dos legados em geral (*de legatorum inviolabilitate in genere*); obs. 9: sobre a inviolabilidade dos legados em questões específicas (*de legatorum inviolabilitate in specie*).

Se na Idade média predominou uma cultura internacional,[174] esta 'internacionalidade' medieval se exprimia de modo hierarquizado, a partir de centro – com dois núcleos, o império e o papado, por vezes alinhados, mais frequentemente antagônicos – e se desdobrava em múltiplas e sucessivas camadas de vínculos feudais e de suzerania, em relação a boa parte da Europa ocidental. Isso se põe de modo diverso na internacionalidade da era 'moderna', como se considera.[175] Acontecerão, a seguir, mudanças consideráveis no tempo 'clássico' e do concerto europeu,[176] e desde então, para os tempos mais recentes, como o contexto pós-moderno.[177]

A passagem do medieval ao moderno não se fez de uma vez, em único contexto, e tampouco de um único modo. Como tampouco a anterior passagem do mundo antigo ao medieval.[178] De modo equiva-

VON RAMSLA (1620)), bem como o conjunto dos ensaios contidos no volume coordenado por Jean-François CHANET e Christian WINDLER, **Les ressources des faibles** – Neutralités, sauvegardes et accomodements en temps de guerre (XVIe-XVIIIe siècle) (Rennes: Presses universitaires de Rennes, 2009).

174 Egon FRIEDELL, **Kulturgeschichte der Neuzeit** – Die Krisis der Europäischen Seele von der Schwarzen Pest bis zum Ersten Weltkrieg (orig. 1927-1931, ed. 2007, *Einleitung – Was heisst und zu welchem Ende studiert man Kulturgeschichte?*, p. 1-56, cit. p. 41): "beim Mittelalter, wo eine internationale Kultur geherrscht hat".

175 Neste tomo, bem como no **Tratado** (tomos 7 – **Direito internacional no tempo de Hugo Grócio**, 8 – **Direito internacional além do paradigma vestfaliano** e 9 – **Direito internacional no tempo de Samuel Pufendorf**).

176 Cf. **Tratado** (tomos 10 – **Direito internacional no tempo de C. van Bynkershoek e Christian Wolff**, 11 – **Direito internacional no tempo do Iluminismo**, 12 – **Direito internacional no tempo de Vattel e von Martens**, 13 – **Direito internacional no tempo do concerto europeu**)

177 Como se examina no **Tratado** (tomos 14 a 17 – **Direito internacional no tempo do colonialismo** ao tomo 20 – **Direito internacional, história e cultura**), bem como **Fundamentos** (2008).

178 Cfr. **Tratado** (tomo 4 – **Direito internacional no tempo medieval**, cap. 8 – a longa transição do mundo antigo ao medieval e tomo 5 – **Direito internacional no tempo de Francisco de Vitória**, cap. 12 – *jus gentium, jus commune, jus europaeum*: entre a teoria e a prática).

lente, se pode falar em várias ou mesmo sucessivas 'eras modernas' – e isso tão somente em relação ao Ocidente, ao menos neste passo.

Como fenômeno internacional,[179] durante a Idade média a igreja "pacífica para os fiéis, estava em estado de hostilidade aberta contra todos os que se afastavam da fé ou a ignoravam". Esta pretendia "ter jurisdição sobre todos aqueles que tinham recebido o batismo" e, desse modo, "mesmo cismáticos e hereges estariam abrangidos por ela". Mesmo se grandes realizações foram alcançadas, na cristianização de povos pagãos, o uso da violência e da crueldade não pode ser esquecido.

O engajamento bélico contra os muçulmanos e contra os pagãos serviu-se das ordens militares, nas quais cavalaria e vida monástica se conjugavam, e nas quais a guerra contra os inimigos da fé se tornara a suprema obra piedosa.[180] Considerável guinada, em relação aos ensinamentos do **Evangelho** e da igreja dos primeiros séculos, até AGOSTINHO.[181]

Conrad BRAUN (1491-1563), o fanático canônico de Augsburgo, em sua obra de 1548, em cinco livros, **Sobre as embaixadas**, do original **De Legationibus libri V**,[182] se mostrava inflexível: qualquer guerra, feita contra os inimigos da fé, é lícita.[183]

[179] Ver **Tratado** (tomo 4 – **Direito internacional no tempo medieval**, capítulos 9, 10 e 11); Ernest NYS, **Les origines du droit international** (Bruxelles: Alfred Chastaigne / Paris: Thorin & Fils, 1894, chap. VII – *La guerre contre les infidèles et contre les hérétiques*, p. 140-164): "Au moyen âge, l'église, pacifique pour les fidèles, est en état d'hostilité ouverte contre tous ceux qui s'écartent de la foi ou qui l'ignorent." E prosseguia: "L'église prétend avoir juridiction sur tous ceux qui ont reçu le baptême; les schismatiques et les hérétiques relèvent d'elle."

[180] Cf. **Tratado** (tomo 4 – **Direito internacional no tempo medieval**, item 11.2 – guerra justa e guerra santa: entre *jihad* e as cruzadas); E. NYS (op. cit., 1894, p. 142-143 e 156).

[181] Cf. **Tratado** (tomo 4 – **Direito internacional no tempo medieval**, item 8.1 – Agostinho de Hipona (354-430 A.D.)).

[182] Conrad BRAUN, **Les cinq livres sur les Ambassades**: à destination de ceux qui sont totalement appliqués à la chose publique, ou très utile à ceux qui remplissent une quelconque magistrature, et agréables à la lecture (do original **De Legationibus libri V**, 1548, traduction, introduction et notes de Dominique GAURIER, Limoges: Pulim – Presses Univ. de Limoges, 2008). A respeito da obra de Conrad BRAUN (1548) ver G. E. do NASCIMENTO E SILVA, P. B. CASELLA e O. de O. BITTENCOURT Neto, **Direito internacional diplomático** (São Paulo: Saraiva, 4ª ed., 2012, *conceito de diplomacia*, p. 60-69).

[183] Conrad BRAUN, **De Legationibus** (livro III, cap. VIII): "Quo sane jure justum est omne bellum quod a christiane fidei hostibus infertur, nam praeterquam quod hujusmodi bellum reipublicae christianae utile est: nimirum quod ad defensionem religionis et fidei

Em contrapartida a essa internacionalidade medieval, a era 'moderna' é marcada pelas identidades nacionais. No Ocidente europeu isso se exprime em fases de predominância sucessiva: os italianos, no Renascimento; os espanhóis, no Barroco.[184] Como vem a ocorrer, no século XVIII, com os franceses. E no século XIX, sucessivamente os alemães, os ingleses, novamente os franceses e, no final do século, os escandinavos.[185]

Tanto quanto criticadas, tais generalizações podem ser úteis, para situar grandes planos de evolução das ideias e da civilização. E esses dados também se refletem na construção do direito internacional, como sistema institucional e normativo, ao longo dos séculos.

É simplesmente impossível entender como pensaram e escreveram autores 'modernos' sem ter em conta o legado medieval – e também a transição renascentista –[186] sobre o qual operaram: se esta filiação é direta, e abertamente apontada e reconhecida em VITÓRIA ou SUAREZ, nem por isso é menos presente e relevante, mesmo se nem sempre honestamente reconhecida, em toda a construção intelectual desenvolvida por autores como GENTILI, ZOUCH, GRÓCIO e PUFENDORF.[187] As obras de cada um destes autores 'modernos' se conecta, intrínseca e diretamente, com a Escolástica medieval, o modo

et gloriam Dei suscipitur: non injuste etiam omnia imperia ac dominia ab infidelibus possessa, tanquam injustis possessoribus, a veris videlicet dominis, jure belli invaduntur et recuperantur". Sobre a mutação no tratamento da guerra pela doutrina e pela prática da igreja, ver **Tratado** (tomo 4 – **Direito internacional no tempo medieval**, cap. 11 – *tratadistas da guerra: Balthazar AYALA e Pierino BELLI*).

[184] Wilhelm GREWE dividia em fases do direito internacional, **Epochen der Völkerrechtsgeschichte** (Baden-Baden: Nomos, 1984, esp. parte II – *Ius inter gentes: die Völkerrechtsordnung des spanischen Zeitalters 1494-1648*, p. 163-322).

[185] Ver **Tratado** (tomos 11 – **Direito internacional no tempo do Iluminismo**, 12 – **Direito internacional no tempo de Vattel e von Martens** e 13 – **Direito internacional no tempo do concerto europeu**).

[186] Algumas das 'premissas' renascentistas são expostas por André CHASTEL, **Arte e humanismo em Florença na época de Lourenço, o magnífico** – estudos sobre o Renascimento e o humanismo platônico (originalmente publicado em 1959, **Art et humanisme à Florence au temps de Laurent le magnifique** – études sur la Renaissance et l'humanisme platonicien, trad. Dorothée de BRUCHARD, São Paulo: Cosac & Naify, 2012).

[187] Neste tomo e no **Tratado** (tomos 7 – **Direito internacional no tempo de Hugo Grócio** e 9 – **Direito internacional no tempo de Samuel Pufendorf**).

de argumentar, e as categorias mentais sobre as quais situavam conceitos, e expunham os seus raciocínios. E consequentemente se reportava a legado intelectual comum, que remontava aos antigos juristas romanos e aos filósofos gregos, como à história hebraica.

Esse encadeamento histórico e intelectual é relevante. E isso se vê quer ao aceitar quer ao renegar o legado medieval, para situar o conjunto do direito internacional 'moderno'. E nesse processo tiveram papel crucial VITORIA e SUAREZ, como expoentes da assim chamada 'escola de Salamanca' ou da 'Escolástica tardia'. E sobre essas bases se constrói o direito internacional moderno.

O 'moderno' inova, por exemplo, em fundamentar-se a partir do conceito de lei natural, que seria compartilhada pelo conjunto dos povos. Essa lei natural será objeto de muita controvérsia, quanto à sua origem, às suas manifestações, e a sua interação com o direito positivo, mas se constrói como continuidade em relação aos pensadores, que vão do final da Idade média,[188] ao princípio da era moderna.

Simplesmente não faz sentido ver somente os 'efeitos', mostrados em autores do direito internacional do século XVII – e, por sua vez, repercutem no século XVIII –, esquecendo quanto estes estavam embebidos de cultura e de formação que remontava aos séculos anteriores. O uso de citações de autores clássicos e de precedentes, tirados da história antiga, tanto bíblica, como clássica greco-romana, não se fazia por mera curiosidade, ou erudição, mas como modo, herdado de eras anteriores, de construção da argumentação, mediante a reunião de 'autoridades' antigas sobre tais temas. Como hoje citamos precedentes da Corte Internacional de Justiça ou de outros tribunais internacionais.

Do medieval ao moderno se passa, pela conjugação de transformações múltiplas dos dados, com os quais se tinha de operar no mundo: a multipolarização do mundo, com a mudança do anseio por sistema centralizado, em torno de eixo central de poder, quer do imperador do Ocidente ou do papado, que dá lugar aos estados-nação, e à necessidade da ordenação da convivência entre estes. Daí advem a presença e a neces-

[188] Cenário magistralmente descrito por Johan HUIZINGA, em seu clássico, **O outono da Idade média** – estudos sobre as formas de vida e de pensamento dos séculos XIV e XV na França e nos Países Baixos (do original **Herfstij der middeleeuwen**, 1919, trad. de Francis Petra JANSSEN, ensaios de Peter BURKE e Francis von der LEM, São Paulo: Cosac & Naify, 2010, 2ª reimpr., 2011).

sidade cada vez maiores de direito internacional adequado a tais necessidades e premissas operacionais, que se constrói sobre a base antiga romana, do *jus gentium*, e o conjunto da tradição medieval, mas se põe com traços novos, no contexto da era moderna.[189]

Foi violento e inexorável o alargamento da percepção do mundo: o século XV ainda parece pautar-se pela dispersão e o isolamento dos grupos humanos. E também a impressão de aceleração da história.[190]

A partir dessa grande mutação do início da era moderna, "pode-se considerar que o mundo terrestre é uma realidade para o homem" e,[191]

> Existiam civilizações que se ignoravam totalmente. As sociedades americanas, assim como a maioria das civilizações do Pacífico, eram desconhecidas do Velho mundo, onde, por sua vez, Europa, Ásia e África tinham apenas noções vagas e esparsas umas das outras. Civilizações distintas vivam à parte, mantendo entre si apenas contatos superficiais, quando os mantinham, conhecendo-se mal ou mesmo desconhecendo-se. [...]

[189] Cfr. **Tratado** (tomo 4 – **Direito internacional no tempo medieval**, cap. 8 – a longa transição do mundo antigo ao medieval e tomo 5 – **Direito internacional no tempo de Francisco de Vitória**, cap. 12 – *jus gentium, jus commune, jus europaeum*: entre a teoria e a prática).

[190] Tzvetan TODOROV, Viajantes e indígenas (in **O homem renascentista**, dir. Eugenio GARIN, orig. publ. **L'uomo del Rinascimento**, 1988, trad. Maria J. V. de FIGUEIREDO, Lisboa: Presença, 1991, cap. IX, p. 227-248, cit. p. 231): "Em finais do século XV e início do século XVI não se pode deixar de ter a impressão de que a história europeia, e mesmo mundial, se acelera de um modo extraordinário. Em 1490, um europeu pode ter uma ideia satisfatória da Europa e dos países que circundam o Mediterrâneo. Tem igualmente uma vaga noção do resto da África e da Ásia, mas são noções que não podem combinar-se num todo coerente. Do mesmo modo, afirma que a Terra é sem dúvida redonda, mas não sabe bem quais são as suas dimensões. Depois, num espaço de trinta anos, tudo muda. Em 1492, COLOMBO atravessa o Atlântico e 'descobre' as Antilhas; nos anos que se seguem, chega ao continente americano. Em 1498, Vasco da GAMA dobra o cabo da Boa Esperança e abre o caminho marítimo para a Índia. Em 1500, Pedro Álvares CABRAL aproa à costa brasileira. Em 1519, CORTEZ desembarca no México e dá início à conquista organizada do continente. Por fim, em 1522, as naus de MAGALHÃES concluem a primeira volta ao mundo, depois de uma viagem que durou três anos. Nunca trinta anos modificariam tanto a face do mundo."

[191] Roland MOUSNIER, **Os séculos XVI e XVII** – a grande mutação intelectual da humanidade (do original **Histoire générale des civilisations – Les siècles XVI et XVII**, trad. Vítor RAMOS, J. GUINSBURG e Geraldo G. de SOUZA, São Paulo: Difel, 4ª ed., 1973, tomo 9, *Introdução*, p. 9-13).

Particularmente, os europeus são os únicos a atravessar o oceano no fim do século XV e, já no início do século XVI, a criar áreas de civilização europeia fora da Europa, uma civilização oceânica, onde vem encontrar-se, chocar-se, influenciar-se, misturar-se as civilizações da Europa, da América, da África e da Ásia.[192]

Dentre os fatores de mutação, assinalem-se:

- as 'descobertas' da América, e o conjunto das grandes navegações, com os daí decorrentes fluxos de pessoas, mercadorias, livros e ideias – fenômeno desconhecido e impensável até o final do século XV, que passa a acontecer em escala planetária – acenado, na primeira metade do século XVI, e que se intensifica,[193] de lá em diante;[194]

[192] R. MOUSNIER (op. cit., **ed.** 1973, t. 9, *Introdução*, p. 10): "Até então, podia-se falar de 'mundos' construídos pelo homem, de espaços econômicos, de áreas de civilizações, que formavam 'mundos', muito longe de abarcar o mundo, como o 'mundo' mediterrâneo e o 'mundo' chinês. Daí por diante, embora existam ainda regiões isoladas, ilhas do Pacífico, regiões polares, interior africano, com o mundo espanhol abrangendo o centro do oceano Atlântico e enorme porção da América, estendido na segunda metade do século XVI para além do Pacífico, às Filipinas, às portas do Japão, da China, da Malásia, onde se avizinha ao mundo português, que envolve a África, a Índia, domina o oceano Índico, e as Ilhas de especiarias, pode-se considerar que o mundo terrestre é uma realidade para o homem, e que a história da Europa e a do resto do mundo são, em ampla medida, função uma da outra".

[193] Michel ONFRAY, em seu ensaio, **Théorie du voyage** – poétique de la géographie (Paris: LGF-Le livre de poche, 2007, p. 59 e a seguir, p. 57): "Depuis les voyages du XVIe siècle, la découverte des continents, la pénétration des peuples les uns chez les autres, l'effacement progressif des taches blanches sur les cartes, les conquêtes mutuelles, le cosmopolitisme généralisé, la planète s'est rétrécie, l'esprit des peuples a fondu dans l'identité d'une humanité bientôt réduite à une seule entité spirituelle. [...] Difficile d'économiser les préjugés de son époque sur la diversité du monde, d'autant qu'ils procédent pour la plupart d'un vieux fond culturel délétère: l'esprit des peuples, le caractère des races, le témperament des nations et autres considérations issues de l'anthropologie, du récit de voyage, de la philosophie politique, mais aussi d'une sorte de bon sens populaire rassis. Étrange comme on retrouve ces théories fautives autant chez HEGEL écrivant sur la philosophie de l'histoire et cherchant les élargisements de la raison dans le réel, que chez monsieur Homais rentrant de vacances à l'étranger armé pour tout bagage intellectuel de la piètre digestion d'un guide de voyage."

[194] Exemplificativamente: Frédéric MAURO, **Portugal, o Brasil e o Atlântico 1570-1670** (orig. publ. **Le Portugal, le Brésil et l'Atlantique au XVIIe siècle (1570-1670)**, 1988, trad. Manuela BARRETO, Lisboa: Estampa, 1997, 2 vols.) onde examina "o oceano e as

- a ruptura da unidade religiosa do Ocidente europeu cristão ocidental, depois das reformas protestantes[195] e da reação católica a estas, na assim chamada 'contra reforma';
- a formação e consolidação dos 'modernos' estados nacionais, essas monstruosas máquinas, que passam a pautar o mundo à sua imagem e semelhança –[196] e, até hoje há quem não consiga compre-

suas dificuldades", antes de considerar "os setores da atividade econômica", com capítulos dedicados ao exame do comércio de: madeira, escravos, açúcar, produtos do mar (vol. I), trigo, produtos diversos – tais como vinho, azeite, produtos da pecuária, especiarias, e outros produtos, antes de passar ao exame dos "traços gerais e movimentos de conjunto", onde considera, sucessivamente, a moeda, os quadros políticos do comércio, e a evolução geral (vol. II); John RUSSELL-WOOD, **Histórias do Atlântico português** (org. Angela DOMINGUES e Denise A. S. de MOURA, São Paulo: Ed. Unesp, 2014, esp. – O Atlântico português, 1415-1808, p. 89-123); David BIRMINGHAM, **A concise history of Portugal** (orig. publ. 1993, Cambridge: Univ. Press, 8th printing, 2011); Francisco BETHENCOURT, Diogo Ramada CURTO (dir.), **A expansão marítima portuguesa, 1400-1800** (orig. publ. **Portuguese oceanic expansion**, 2007, trad. Miguel MAIA, Lisboa: Ed. 70 – Lugar da história, 2021); Luís Filipe THOMAZ, **L'expansion portugaise dans le monde** – XIVe-XVIIIe siècles – les multiplex facetes d'un prisme (orig. publ. 2018, trad. d'Émile VITEAU e Xavier de CASTRO, Paris: Chandeigne / Libr. portugaise et brésilienne, 2e éd., revue, 2022); A. H. de OLIVEIRA MARQUES, **Breve história de Portugal** (orig. publ. 1995, Lisboa: Presença, 11ª ed., 2019, cap. IV – começos da expansão marítima, p. 124-152, cap. V – o estado do Renascimento, p. 153-199 e cap. VI – construção do império, 200-249); Ernest BELENGUER, **História de la España moderna** – desde los Reyes católicos hasta Felipe II (Madri: Gredos, 2011, esp. caps. IX – El gobierno del Imperio, p. 454-526, X – Imperio, reinos y señores: los territorios de Carlos V, p. 527-608 e XI – Las luchas por la hegemonía imperial, p. 609-681); Fernando GARCIA de Cortázar y José Manuel GONZALEZ Vesga, **Breve história de España** (orig. publ. 1994, Madri: Alianza edtrl., 4ª ed. 2009, reimpr. 2010, caps. 1 a 9, p. 7-190); Julio VALDEÓN, Joseph PÉREZ, Santos JULIÁ, **História de Espanha** (orig. publ. **Historia de España**, 2009, trad. Luís Felipe SARMENTO, Lisboa: Ed. 70, 2014, Idade moderna, Joseph PÉREZ, caps. 1 – os reis católicos (1471-1516) e 2 – o império espanhol (1516-1598), p. 153-220); Vamireh CHACON, **A grande Ibéria** – convergências e divergências de uma tendência (São Paulo: Ed. Unesp / Brasília: Paralelo 15, 2005); Roger CROWLEY, **Conquerors** – how Portugal seized the Indian Ocean and forged the first global empire (London: Faber and Faber, 2015).

[195] Ver M. BOEGNER, **L'influence de la Réforme sur le développement du droit international** (RCADI, 1925, t. 6, p. 241-324); Ulrich KÖPF (herausgegeben von), **Deutsche Geschichte** in Quellen und Darstellung, especialmente: Band 3 – **Reformationszeit 1495-1555** (Stuttgart: Reclam, 2001); Band 4 – **Gegenreformation und Dreissigjähriger Krieg 1555-1648** (hrsg. Bernd ROECK, Stuttgart: Reclam, © 1996, impr. 2002).

[196] Ver **Tratado** (tomo 5 – **Direito internacional no tempo de Francisco de Vitória**, título I – multipolarização da Europa na era moderna e advento do direito internacional como sistema, tomo 8 – **Direito internacional além do paradigma vestfaliano**, item –

ender o direito internacional isolando-o do fenômeno da estatalidade.[197]

Ao se escolherem linhas, para designar como as mais características do período aqui considerado estas serão, de um lado, a tendência a se deslocar do 'universal' (ou da busca deste) para o 'nacional'. O fracionamento do 'universal' (medieval) leva ao exacerbamento do 'nacional' (moderno). Sem chegar, ainda, ao paroxismo dos 'nacionalismos', essa doença inventada pelo século XIX, que se alastrou no século XX e ressurge esporadicamente no século corrente.

O fracionamento do 'universal' é uma das vertentes características da era moderna, em relação ao mundo medieval. Que se exprime na formação e consolidação dos estados modernos. Como se dá também pelo fracionamento da unidade religiosa da Europa ocidental, irreversivelmente cindida entre católicos e protestantes.

Esses estados modernos chegam ao paroxismo de pretender dominar não somente a política e a vida social dos seus respectivos espaços 'nacionais', como almejam e alguns intentam criar e manter as suas próprias igrejas nacionais, assim como instauram as suas próprias escolas doutrinárias, e contraditoriamente as suas correntes nacionais – e por vezes exacerbadamente nacionalistas – de interpretação do próprio direito internacional! Não se põe como acaso, no mundo moderno, ir do universal ao internacional, e deste ao nacional.[198]

sob o signo do Leviatã e tomo 20 – **Direito internacional, história e cultura**, item 1.1 – o Leviatã e suas transformações).

[197] Ver **Tratado** (tomo 5 – **Direito internacional no tempo de Francisco de Vitória**, item 13.3 – estado como sujeito de direito internacional). Como escreveu NIETZSCHE, que o estado é o mais frio de todos os monstros frios.Cfr. Friedrich NIETZSCHE, **Also sprach Zarathustra** (in **Sämtliche werke**, Stuttgart: Kröner, 1964, vol. 6, p. 51): "das kälteste aller kalten Ungeheuer".

[198] Levado o fenômeno ao seu paroxismo, pelo direito internacional clássico, com 'escolas nacionais' de direito internacional – se não pudesse haver mais notória contradição – até que se instaure o movimento seguinte, no sentido pós-moderno de retorno às fontes e de diálogo com os clássicos. Será preciso chegar à crise do modelo nacionalista e estatizante do direito internacional, para se levar aos questionamentos deste, no presente contexto pós-moderno. Ver **Tratado** (tomo 13 – **Direito internacional no tempo do concerto europeu**, item – do universalismo da razão para os nacionalismos).

Mesmo quando imersos nas condições locais, no contexto medieval, havia a aspiração pelo universal. Contrariamente, na era moderna, buscam antes a si mesmos e a seus interesses os estados nacionais, soberanos, independentes e autocentrados, com os corolários daí decorrentes. Esse modo 'moderno' se mostra na sistematização dos sistemas político e jurídico internos, e a redução da 'internacionalidade' quiçá ampla e fluida que caracterizara o tempo anterior.

Assiste-se, no início da era moderna, ao paradoxo da 'profissionalização' do direito internacional – onde simultaneamente este aumenta os seus recursos e precisões técnicas, mas se vê levado à perda da dimensão de universalidade, que o pautara em seus primeiros tempos. Este se faz, mais e mais 'internacional', em sentido técnico estrito, mas deixa de ser 'universal' – ao menos como anseio ou vocação, que o pautara, em séculos anteriores.[199]

Cabe enfatizar a necessidade de percepção das diferenças culturais em relação ao direito internacional.[200] E, nessa linha de análise, por exemplo, criticar a escola positivista do direito internacional no século

[199] Cfr. **Tratado** (tomo 13 – **Direito internacional no tempo do concerto europeu**, item 29.1 – bases e dilemas de direitos internacionais 'nacionais').

[200] C. H. ALEXANDROWICZ, **The law of nations in global history**, ed. by David ARMITAGE and Jennifer PITTS, Oxford: Univ. Press, 2017); ___, **The European-African confrontation: a study in treaty-making** (Leiden: Sijthoff, 1973); ___, **The Afro-Asian world and the law of nations : historical aspects** (RCADI, 1968, t. 123, p. 117-214); ___, **An introduction to the history of the law of nations in the East Indies** (Oxford: Clarendon Press, 1967); ___, **Treaty and diplomatic relations between European and South Asian powers in the seventeenth and eighteenth centuries** (RCADI, 1960, t. 100, p. 203-322).

XIX, por ter abandonado a universalidade, antes afirmada pela escola do direito natural.[201] De enorme importância na tradição ocidental.[202]

É verdade terem muitos autores da época sustentado que o direito internacional positivo era válido somente para as potências europeias – na linha do direito internacional 'prático' ou direito internacional 'europeu', de J. J. MOSER e outros.[203] Mas a própria 'universalidade', reclamada pelos autores alinhados com a escola do direito natural era também basicamente limitada à Europa.

Basta cotejar a extensão e a profundidade da herança romana no Ocidente e o papel desempenhado pelo direito romano sobre os conjuntos dos sistemas jurídicos nacionais, e apontar "a retomada de prestígio, ocorrida nos séculos XVII e XVIII, entre os juristas da *escola do direito natural*":[204] onde "a norma romana lhes pareceu a expressão da razão natural e eles a adotaram nessa qualidade. Para uma idade que teve o

[201] No já referido C. H. ALEXANDROWICZ, **An introduction to the history of the law of nations in the East Indies** (Oxford: Clarendon Press, 1967); bem como ONUMA Yasuaki, **International law in a transcivilizational world** (Cambridge: Univ. Press, 2017); ___, **Le droit international et le Japon** – une vision transcivilisationnelle du monde (préf. Mireille DELMAS-MARTY, présentation Frédéric MEGRET, Paris: Pedone, 2016); ___, **A Transcivilizational Perspective on International Law** (RCADI, 2009, vol. 342, tb. publ. Haia: Pocketbooks of the Hague Academy of International Law, 2010); tb. ed. bras. **Direito internacional em perspectiva transcivilizacional** – questionamento da estrutura cognitive predominante no emergente mundo multipolar e multicivilizacional do século XXI (trad. Alan de CARVALHO e outros, org. M. NINOMIYA e P. B. CASELLA, Belo Horizonte: Arraes, 2017); ___, **A normative approach to war: peace, war and justice in Hugo Grotius** (Oxford: Clarendon Press, 1993).

[202] Ver Ludger HONNEFELDER, *Rationalization and Natural Law – Max WEBER and Ernst TROELTSCH's interpretation of the medieval doctrine of natural law* (Porto Alegre: Veritas, vol. 40, no. 159, setembro de 1995, p. 493-507) examina a compreensão de Max WEBER e Ernst YTROELTSCH a respeito do conceito de direito natural, tal como o entenderam os medievais, e a importância deste para o desenvolvimento da civilização ocidental. Sem negar tal importância, estudos posteriores mostram claramente que a leitura de ambos requer correções, especialmente em relação ao papel paradigmático da obra de TOMÁS DE AQUINO.

[203] A respeito de J. J. MOSER, ver **Tratado** (tomo 12 – **Direito internacional no tempo de Vattel e von Martens**, item 25.1 – de VON MARTENS ao 'direito público externo' de J. J. MOSER).

[204] Ver **Tratado** (tomo 3 B – **Gregos, romanos, chineses, indianos**, item 6.3 – duradoura contribuição do *jus gentium* para o direito internacional); tb. Jean GAUDEMET, *Le miracle romain* (in Fernand BRAUDEL, Georges DUBY, coord., **La méditerranée**: les hommes et l'héritage (Paris: Flammarion / Champs, 1ª ed., 1977, impr. 2009, p. 45-79).

culto da razão, qual mais belo elogio e qual maior título a ser respeitado do que dizer do direito romano que este era a *razão escrita*".[205]

Pondere-se que "o pensamento não europeu muitas vezes não era mais universal".[206] E, desse modo, não seria justo enfatizar somente as limitações ou aspectos problemáticos do pensamento europeu, porquanto "ao menos o pensamento europeu moderno continha elementos normativos que eram mais universais e mais abertos que do que os encontrados nos conceitos dominantes de outras ordens regionais interestatais".[207]

É sempre necessário situar as coisas em seus respectivos contextos histórico e cultural. Além disso:

> O direito internacional moderno, tal como elaborado na Europa, provavelmente é mais desejável, e certamente mais adequado para a era dos estados-nação, do que qualquer outra das alternativas regionais. Isso se dá, entre outros motivos, justamente porque o direito internacional moderno reconhece a igualdade dos estados como seu princípio fundamental.[208]

[205] J. GAUDEMET (1977, impr. 2009, p. 75): "Habilement façonné par l'esprit des jurisconsultes romains, assuré par une tradition plus que millénaire, soutenu par l'autorité de la raison, le droit romain a dominé la pensée juridique européenne jusqu'aux grandes codifications de l'époque contemporaine: le code NAPOLÉON de 1804 et le code allemand de 1900. L'un et l'autre l'ont supplanté, en lui rétirant désormais valeur de loi applicable. Mais tous deux l'ont sauvé, en s'inspirant souvent de lui. A travers ces codes, et ceux qui, par le monde, se sont inspirés d'eux, l'héritage du droit romain est venu jusqu'à nous".

[206] ONUMA Yasuaki, *Eurocentrism in the History of International Law* (in **A normative approach to war**: peace, war and justice in Hugo Grotius, edited by Y. ONUMA, Oxford: Clarendon Press, 1993, *Appendix*, p. 371-386); Arnulf BECKER LORCA, **Mestizo International Law** – a global intellectual history 1842-1933 (orig. publ. 2014, Cambridge: Univ. Press, 2016); ___, *Eurocentrism in the history of international law* (in **The Oxford Handbook of the History of International Law**, edited by Bardo FASSBENDER e Anne PETERS, Oxford: Univ. Press, 2012, chap. 43, p. 1034-1057); e tb. C. G. F. CASTAÑON, **Les problèmes coloniaux et les classiques espagnols du droit des gens** (RCADI, 1954, t. 86, p. 557-700).

[207] Conceitos tais como a existência direitos fundamentais do ser humano, a doutrina da soberania popular, o princípio da separação de poderes, e o conceito da igualdade (jurídica) dos estados são exemplos.

[208] ONUMA (op. cit., 1993, p. 378): "Interstate normative ideas in other regions, whether in Eastern Asia or in the Islamic world, were more or less characterized by their hierarchical nature, involving a tributary system or suzerain relations. Such a system might work in a regional interstate order where a single empire can subordinate other nations, but can-

> Mas não se deve enfatizar excessivamente os aspectos igualitários do direito internacional moderno. É o conceito de igualdade formal, que prevaleceu como princípio do direito internacional. Embora não tenha existido único império, subjugando todas as outras nações, sempre existiu um grupo de impérios, ou potências, disposto a promover a execução forçada de sua vontade política, sobre outras nações mais fracas. A eficácia do direito internacional dependeu da vontade coletiva dessas potências (*the efficacy of international law has been dependent upon the collective will of these major powers*). Mesmo no interior da Europa, os direitos de nações menores foram, muitas vezes, restringidos, negligenciados ou mesmo violados, sob o pretexto do equilíbrio de poder – que chegou a ser considerado por alguns como princípio de direito internacional.[209]

Esse dado se mostra sobretudo nas relações entre potências europeias e não europeias:

> Quando a China e o Japão se tornam integrantes da ordem internacional eurocêntrica do século XIX, foram efetivamente compelidos a abandonar as normas confucianas, que tinham tradicionalmente regido as suas relações exteriores, e levados a aplicar as normas do direito internacional europeu.
> Além disso, muitos povos não-europeus foram inicialmente governados como colônias europeias, e trazidos para o interior da ordem internacional eurocêntrica (*incorporated, as it were from within, into the Eurocentric international order*). Desde o início, essas colônias e seus povos não foram reconhecidos como sujeitos de direito internacional. As colônias eram parte da jurisdição 'interna' das potências coloniais: assuntos internos (*domestic matters*) eram área de não-intervenção do direito internacional. Além disso, no direito internacional moderno, a legalidade das aquisições coloniais pelas nações europeias nunca foi repudiada (embora o princípio da autodetermi-

not work in a global interstate order where no single state has the capacity and resources to subordinate all others."

[209] Ver **Tratado** (tomo 8 – **Direito internacional além do paradigma vestfaliano**, item – literatura sobre o sistema de equilíbrio na Europa); ONUMA (op. cit., 1993, p. 378): "The validity of unequal treaties imposed upon weak or small nations has been recognized. The most conspicuous example of this concealed hierarchical aspect of modern international law can be seen in the relations between European and non-European nations."

nação fosse usado para reverter os efeitos da aquisição colonial, em considerável extensão, no processo de descolonização do pós-guerra).[210]

Nesse sentido, em 1785, ao resenhar toda a "literatura do direito internacional natural e positivo", Dietrich Von OMPTEDA designava: "o conjunto dos direitos e obrigações dos estados e povos, uns em relação aos outros, chama-se direito internacional público".[211] Comentava este que as relações amistosas entre os povos tendiam a se exprimir em três campos: enviar e receber representantes diplomáticos, celebração de tratados, e recíproco trânsito de pessoas e comércio.[212]

OMPTEDA examinava o legado romano e medieval (que em sua obra faz estender até o início do século XVII), para a seguir afirmar que, até GRÓCIO, não teria havido direito internacional, em sentido estrito. Não por acaso, escrevia ele, até chegar ao exame dos "tempos modernos", utilizava a expressão *jus gentium*, e depois passava a empregar ciência do direito das gentes – a *Völkerrechtswissenschaft*.[213]

Este mundo moderno, que se projeta a partir da Europa, influenciará outros continentes. De maneira decisiva e certamente com grandes repercussões. Como se pode ver em relação às grandes civilizações da Índia – curiosamente referidas, de maneira algo displicente, como o subcontinente indiano.[214]

[210] ONUMA (op. cit., 1993, p. 380). Ver **Tratado** (tomos 14 a 17 – **Direito internacional no tempo do colonialismo**).

[211] Dietrich Heinrich Ludwig Freiherr von OMPTEDA, **Literatur des gesamten natürlichen und positiven Völkerrechts** ("Neudruck der Ausgabe Regensburg 1785", Aalen: Scientia Verlag, 1963, disponível on line: https://books.google.com.br, cit. I. Teil, § 1, p. 5): "Der Inbegrif der Rechte und Verbindlichkeiten der Völker und Staaten gegen einander nennet man das Völker-Recht."

[212] Von OMPTEDA (op. cit. 1785, reed. 1963, § 222, p. 533): "ein freundlichaftliches Verhältnis zwischen Völkern und Staaten hauptsächlich dreyerley Würkungen hervorbringet, nehmlich wechselseitige Beschickung durch Gesandten, Errichtung von Verträgen, und wechselseitigen Verkehr und Handel."

[213] Von OMPTEDA (op. cit., 1785, reed. 1963, I.III Abschnitte, '*Geschichte der Völkerrechtswissenschaft in die neueren Zeiten*', § 51, p. 171-173).

[214] Ver (tomo 3 B – **Gregos, romanos, chineses, indianos**, item 7.1 – a Índia); R. P. ANAND, **Development of modern international law and India** (Baden-Baden: Nomos, 2005); ___, **Studies in International Law and History** – an Asian perspective (Leiden: Brill Academic Publ. – M. Nijhoff, 2004); C. H. ALEXANDROWICZ, **Treaty and diplo-**

Na tradição indiana, existe longo e rico percurso civilizacional de muitos séculos – rico em eventos – porém menos rico em registros históricos, se comparado com civilizações como a China, a Grécia ou Roma antiga. No caso da Índia, a fluidez entre a história e o passado lendário parece ser a tônica dominante, ao menos até a conquista muçulmana no século XIII.

Contemporâneo da era moderna na Europa, a instauração do império moghul[215] traz mudança de paradigma cultural, também no sentido das marcas do percurso histórico Abrange o período de cerca de duzentos anos – dos reinos de BABUR (1526-1530) até AURANGZEB (1658-1707).[216]

O império moghul coincide cronologicamente com a fase da história europeia aqui considerada e vale até o melancólico final deste Império, em meados do século XIX, quando seus últimos remanescentes foram açambarcados pelos britânicos. Estes instauram o *Raj* indo-britânico.[217]

matic relations between European and South Asian powers in the seventeenth and eighteenth centuries (RCADI, 1960, t. 100, p. 203-322).

[215] A respeito desta grande fase da história indiana, ver **Tratado** (tomo 3 B – **Gregos, romanos, chineses, indianos**, item 7.1 – a Índia); William Wilson HUNTER, **The Indian Empire**: its people, history and products (1886, reprinted New Delhi: Asian Educational Services, 2009, chapter XI, p. 290-316) põe como datas do Império mogul (1526 a 1761); Abraham ERALY, **The Mughal throne**: the Saga of India's great emperors (© 1997, 2000, Londres: Phoenix, 2004); Percival SPEAR, **A History of India** (volume two: from the sixteenth century to the twentieth century, 1st. publ, 1965, New Delhi: Penguin Books India, reprinted with Epilogue, 1970, reprinted with revisions, 1973 and 1978, reprinted 1990).

[216] Sebastião MANRIQUE, **Breve relação dos Reinos de Pegu, Arracão, Brama e dos Impérios Calaminhã, Siammon e Grão Mogol** (originalmente publicado **Breve Relatione dei Regni di Pegu, Arracan e Brama, e degli Imperi del Calaminan, Siamom e gran Mogor**, em Roma: Francesco Moneta, 1648, apres. e notas de Maria Ana Marques GUEDES, trad. Raffaella d'INTINO, Lisboa: Cotovia / Comissão nacional para as comemorações dos descobrimentos portugueses, 1997, § 8, p. 54): "O grande e riquíssimo império Mogol é habitado por mouros gentios e por alguns cristãos que são pouquíssimos em relação aos primeiros. Os senhores do país são os maometanos, a gente principal segue o Alcorão, engenhando-se em todas as maneiras com o fim de atrair os gentios para a sua seita."

[217] Ver o **Direito internacional no tempo antigo** (item 7.1, '*subcontinente indiano*'); ver tb. C. H. ALEXANDROWICZ, **Treaty and diplomatic relations between European and South Asian powers in the seventeenth and eighteenth centuries** (RCADI, 1960, t. 100, p. 203-322); Bernard S. COHN, *A representação da autoridade na Índia* (in Eric HOBSBAWM e Terence RANGER (orgs.), **A invenção das tradições** (do original **The invention of tradition**, trad. Celina C. CAVALCANTE, São Paulo: Paz e Terra, 1997, 6ª ed., 2008, p. 175-217). A dominação do imperador mogul se torna limitada e frágil, até ser definitivamente

Existe expressão em sânscrito que nos remete a conteúdo equivalente, sem utilizar, literalmente, os mesmos termos. A internacionalidade no contexto cultural indiano tem nome: *Desadharma*. Onde *desa* designa 'país' ou a 'terra' e *dharma* o comportamento social em geral, mas na combinação de obrigação-direito, contém o conceito de 'direito'; ou seja, *desadharma* significa o direito do país, mas por extensão, seu uso foi concebido como as 'normas das relações interestatais'.

Desse modo, antes e independentemente de Jeremy BENTHAM,[218] no século XVIII, pode-se apontar esse equivalente em sânscrito, para o nosso direito internacional. Este, não somente europeu, e moderno.

Nesse sentido, advirta-se que "excesso de entusiasmo pode confundir realidades históricas",[219] ao se buscarem equivalentes exatos, para configurar o reconhecimento de personalidade de direito internacional, "especialmente se considerarmos que a moderna personalidade internacional, normalmente depende de reconhecimento *de jure* ou *de facto*", da existência de relações diplomáticas – embora "instâncias mostrem provas de raciocínio intelectual, que poderia ter conduzido relações interestatais num passado distante" – e estas mostram relações diplomá-

encerrada pelos ingleses, após o levante de 1857-8. De 1803 até 1857 criara-se "paradoxo político", na avaliação de Sir John KAYE e George B. MALLESON, **Kaye's and Malleson's History of the Indian Mutiny of 1857-8** (Londres, 2ª ed., 1892, II, p. 4; reprinted Cambridge: Univ. Press – Cambridge Library Collection, 2010, 6 vols.) onde o imperador tornara-se "um assalariado, uma ilusão, um fantoche. Era rei, mas não era – era ao mesmo tempo alguma coisa e nada – uma realidade e uma farsa ao mesmo tempo".

218 Em defesa de concepções de BENTHAM (1748-1832), veja-se o estudo de Gunnhild HOOGENSEN, **International Relations, Security and Jeremy Bentham** (Londres e Nova York: Routledge, 2005, p. 1): "In this book I offer the first comprehensive presentation and discussion of J.BENTHAM's contributions to international relations theory. The breadth of BENTHAM's contribution is revealed, and a novel analysis is introduced, using BENTHAM's own 'disappointment-prevention-principle' and his preoccupation with security as the point of departure".

219 C. Joseph CHACKO, **India's contribution to the field of international law concepts** (RCADI, 1958, t. 93, p. 117-222, cit. p. 122-124): "In the West, evidence of the international law is to be found in many places. A variety of legislative texts and state documents and works of eminent jurists like GROTIUS, VATTEL and others bear testimony to the principles which govern their conduct. In the case of the ancient states of India there is but little that is available in the nature of acts or statutes, or opinions and decisions of judicial forums, whence adequate material could be drawn out as authoritative evidence of the inter-state rules of *Desadharma*."

ticas, já no mais antigo dos Vedas, o **Rigveda**, que remonta no tempo 2500 anos.[220]

Esse conjunto de práticas se encadeia pelos séculos seguintes. Com notáveis semelhanças com a política ocidental.[221] Por exemplo quanto à tênue linha divisória entre representantes diplomáticos, protegidos pelo direito internacional, e espiões que não contam com tal amparo legal.

Quando o **Mahabharata** nos adverte: "o estado tem as suas raízes em espiões e agentes secretos",[222] poderíamos encontrar lição semelhante em autores ocidentais.

Na sua cuidadosa orientação para a condução dos negócios políticos, KAUTILYA advertia o príncipe, no **Artashastra**:

> para adquirir sabedoria, deve-se frequentar os mais velhos, e (para enxergar as coisas) é preciso ver com os olhos de espiões (disfarçados de) discípulos, mercadores ou pedintes, espiões domésticos, espiões infiltrados no harém, espiões estudantes, espiões mulheres mendicantes, espiões que manipulem o fogo, espiões que manipulem veneno, espiões ascetas, enquanto fazem penitência.[223]

[220] J. CHACKO (op. cit., 1958, p. 125-126): "Permanent or temporary there were in ancient India four classes of diplomatic envoys. According to the **Artashastra** they were: *Nishrishtartha*, ou plenipotenciários; *Duta*, ou embaixadores; *Parimitharta*, ou encarregados de negócios (*chargé d'affaires*); e *Sasanahara*, ou mensageiros diplomáticos". Ver KAUTILYA, **The Arthashastra** (edited, rearranged and translated by L. N. RANGAJARAN, New Delhi: Penguin Books India, 1992, esp. Livro I, cap. 16). Os representantes indianos recebiam treinamento no uso de código cifrado, o **Gudalekha**, ou código secreto, para a condução de negociações adequadas com os seus príncipes.

[221] J. CHACKO (op. cit., 1958, p. 128-129): "Whereas the envoys and emissaries were protected by international law, their secret agents as a rule were not. Sending spies and using them for securing all possible information from a foreign state was not considered wrong morally, politically or legally". [...] "In brief, it would appear, in the absence of evidence to the contrary, that interstate rules regarding espionage in ancient India provide no practice different from the modern. There is apparent continuity from Antiquity."

[222] Uma das muitas edições disponíveis, Chaturvedi BADRINATH, **Mahabharata** – an inquiry in the human condition (Hyderabad, India: Orient Longman P.L., 2007) – especificamente **Mahabharata** *Shanti Parvaan*, LXXXIII; ver tb. KAUTILYA, **Artashastra** (edição L. N. RANGAJARAN, 1992).

[223] KAUTILYA, **The Arthashastra** (edição L. N. RANGAJARAN, 1992, Livro I, cap. 12).

Séculos mais tarde, no Ocidente europeu cristão ocidental, MAQUIAVEL menos inventou coisas do que descreveu a realidade do mundo. A comparação entre este e KAUTILYA, mostra temas recorrentes; e é muito instrutiva: apesar dos mais de mil anos que os separam e da diversidade de culturas.[224]

Considera-se claro remeter as origens do direito internacional à Antiguidade.[225] Cujo desenvolvimento remete às necessidades sociais do homem e da organização da convivência em sociedade, como entre sociedades: "o direito internacional que temos hoje, assim, corresponde ao avanço feito pelo homem fora, mas através de sua sociedade, buscando promover o seu bem estar. E este bem estar tem, como dado inerente em si mesmo, intensa medida de interdependência entre os estados":[226]

> Talvez muito mais que ao cristianismo, [devamos] às pressões das viagens de descobrimento, da revolução industrial, da expansão sem precedentes do comércio e indústria, do desenvolvimento da ciência, e de uma série de guerras, cujas consequências aceleram os efeitos das demais pressões, e que levaram a mais amplas áreas de operação do direito internacional, por exigirem regulação coletiva, e exercida em grau mais efetivo.[227]

As profundas mudanças do contexto internacional se refletem no pensamento, político e filosófico, como também no direito internacional, ao tempo de SUAREZ e de seus contemporâneos, como GENTILI, ZOUCH e GRÓCIO, bem dos que se lhes seguiram, da segunda metade

[224] Ver **Tratado** (tomo 5 – **Direito internacional no tempo de Francisco de Vitória**, item 13.1 – Nicolau MAQUIAVEL (1469-1527)).

[225] Ver **Tratado** (tomos 3 A – **Direito internacional no tempo antigo** e 3 B – **Gregos, romanos, chineses, indianos**); P. B. CASELLA, *Negociação e conflito no direito internacional: cinco mil anos de registro da história* (in Revista da Faculdade de Direito da USP, São Paulo, 2019, vol. 114, p. 185-230); C. J. CHACKO (op. cit., 1958, p. 142).

[226] C. J. CHACKO (op. cit., 1958, p. 142-143): "the beginning of international law is coeval with the states of Antiquity."

[227] C. J. CHACKO (op. cit., 1958, p. 143): "There is no doubt that rules of international law have developed whenever groups claiming sovereignty, whether tribes, cities, feudal principalities or nations, have been in continuous contact with one another. In other words, international law is a synthesis, an international synthesis. It is not a *res nullius*, but a *res communis* of mankind."

do século XVI, para a primeira metade do século XVII. Com profundas mudanças nos cem anos seguintes. Como já ilustra PUFENDORF, na segunda metade do século XVII.[228]

Foi preciso reformular os meios de regulação do mundo. Para acomodar o sistema internacional ao peso e às pretensões centralizadoras dos estados modernos: a ponto de se caracterizar "o estado como forma de arte".[229] Esse fenômeno político-jurídico característico da era moderna,[230] cujos efeitos tentaculares se estendem até os nossos tempos.

[228] Cf. **Tratado** (tomos 7 – **Direito internacional no tempo de Hugo Grócio** e 9 – **Direito internacional no tempo de Samuel Pufendorf**).

[229] Ver **Tratado** (tomo 5 – **Direito internacional no tempo de Francisco de Vitória**, item 13.3 – estado soberano e direito internacional e tomo 8 – **Direito internacional além do paradigma vestfaliano**); Jacob BURCKHARDT (1818-1897), **O estado como forma de arte** (orig. publ. **Der Staat als Kunstwerk**, capítulo do livro **Die Kultur der Renaissance in Italien**, 1860, trad. Sérgio TELLAROLI, São Paulo: Penguin Classics / Companhia das Letras – Grandes Ideias, 2012).

[230] Como outros desenvolvimentos da história e das artes, a Itália mostra o desenvolvimento dessa forma de gestão pública, antes de outras regiões da Europa ocidental: "cabe aqui dizer algo de bom sobre a arte italiana de conduzir o estado, tal elogio só pode ser dirigido ao tratamento objetivo e desprovido de preconceitos dispensado àquelas questões ainda não turvadas pelo medo, paixão ou maldade. Não há na Itália um sistema feudal semelhante àquele que encontramos no Norte, com os elementos artificiais dele decorrentes, mas o poder que cada um possui, ele ao menos o possui (geralmente) de fato." E esse poder se exprime sobre bases territoriais precisas – como fenômeno da estrita territorialização do estado moderno: "os governos, liderados por déspotas cultos, conhecem o próprio território e os vizinhos com uma exatidão incomparavelmente maior do que seus contemporâneos do Norte conheciam os seus, e calculam até os mínimos detalhes a capacidade de ação de aliados e inimigos, tanto em seu aspecto econômico quanto moral." J. BURCKHARDT, **O estado como forma de arte** (ed. cit., 2012).

OUTRAS VOZES NO DIREITO INTERNACIONAL: DOMINGO DE SOTO E VAZQUEZ DE MENCHACA

Esse estado [de indivisão das coisas da natureza] poderia ter durado se os homens se tivessem conservado numa grande simplicidade de costumes ou se tivessem vivido na prática de mútua e perfeita caridade. Pode-se ver um exemplo de uma dessas duas condições, a comunidade de bens proveniente de uma simplicidade extrema de costumes, em certos povos da América que, durante vários séculos, persistiram sem inconvenientes nessa forma de viver.

H. GRÓCIO (1625, ed. bras., 2004)[231]

A escola internacional espanhola do século XVI foi genial em escrever para seu futuro, que é o presente atual e não o presente da época, que é o passado de hoje, e formulado normas de justiça international permanentes, e não passageiras, com os olhos voltados somente para o que há de permanente na aspiração de liberação da alma humana, desdenhando as críticas que lhes dirigiam homens de pensamento estreito.

C. BARCIA TRELLES (1939)[232]

[231] H. GRÓCIO, **Direito da guerra e da paz** (1625, ed. bras., 2004, II.II.II, p. 310).

[232] C. BARCIA TRELLES, **Fernando Vazquez de Menchaca (1512-1569) – L'école espagnole du droit international du XVIe siècle** (RCADI, 1939, t. 67, p. 429-534, cap. VI – *Menchaca apôtre de la liberté océanique*, p. 494-518, cit. p. 518): "C'est le génie de l'école internationale espagnole du XVIe siècle d'avoir écrit pour son avenir, qui est aujourd'hui le présent et non pour son présent à lui, qui est aujourd'hui le passé, d'avoir formulé des règles de justice internationale permanentes, et non passagères, et d'avoir les yeux fixés seulement

> A controvérsia sobre a paternidade do direito internacional resta hoje indefinida. Outros autores, além de Francisco de VITÓRIA e de Hugo GRÓCIO, como o próprio Francisco SUÁREZ, Fernando VAZQUEZ DE MENCHACA e Alberico GENTILI, também disputam o título, porém com menos intensidade. [...] O debate sobre o primeiro fundador mostra-se insolvível. Qualquer trabalho que defenda um nome em detrimento de outro será ideológico.
>
> P. E. V. B. de MACEDO (2009)[233]

Do século XVI ao XVII, entre a contribuição de Francisco de VITÓRIA (1480-1546), já considerada,[234] e a de Francisco SUAREZ (1548-1617), examinado a seguir,[235] outras vozes se fazem ouvir no direito interna-

sur ce qu'il y a de permanent dans l'aspiration de l'âme humaine à la libération, dédaigné des reproches qui lui adressaient des hommes de pensée étroite."

[233] Paulo Emílio Vauthier Borges de MACEDO, **O nascimento do direito internacional** (São Leopoldo: Unisinos – col. Díke, 2009, cap. I – o direito das gentes entre o direito natural e o direito positivo, p. 23-81, cit. p. 32) completa a passagem: "de posse daquilo que consideram a 'quintessência'do direito internacional (em geral, ou o direito positivo, ou o 'estatalismo'), os historiadores de hoje procuram encontrar vestígios desses elementos na doutrina de autores dos séculos XVI e XVII."

[234] Cf. **Tratado** (tomo 5 – **Direito internacional no tempo de Francisco de Vitória**, cap. 14). VITÓRIA seria inovador por ter considerado questões novas, de direito internacional, que nunca tinham se colocado até o seu tempo, e também por dar novas respostas a questões já formuladas por seus antecessores.

[235] Cf. cap. 15 – Francisco SUÁREZ (1548-1617), a seguir, neste tomo; C. BARCIA TRELLES, **Francisco Suarez (1548-1617): les théologiens espagnols du XVIe siècle et l'école moderne du droit international** (RCADI, 1933, t. 43, p. 385-554) ; James Brown SCOTT, **The Spanish conception of international law and of sanctions** (Washington: Carnegie Endowment for international peace, 1934); A. HERRERO RUBIO, **Le droit des gens dans l'Espagne du XVIIIe siècle** (RCADI, 1952, t. 81, p. 309-450); Annabel BRETT, *Francisco de Vitoria (1483-1546) and Francisco Suarez (1548-1617)* (in **The Oxford Handbook of the History of International Law**, ed. by B. FASSBENDER e A. PETERS, Oxford: Univ. Press, 2012, chap. 46, p. 1086-1091); C. G. F. CASTAÑON, **Les problèmes coloniaux et les classiques espagnols du droit des gens** (RCADI, 1954, t. 86, p. 557-700). Compare-se F. Van LANGENHOVE, **Le problème de la protection des populations aborigènes aux Nations Unies** (RCADI, 1956, t. 89, p. 321-436).

cional. Como Domingo de SOTO e Fernando VAZQUEZ DE MENCHACA, aqui considerados.[236]

Ambos se inscrevem entre conterrâneos, mais ou menos contemporâneos. Dentre os quais, dentre os dominicanos: Alfonso DE CASTRO (1495-1558), especialista em direito penal, autor de **De potestate legis penalis** (1556);[237] MEDINA (1527-1580), do qual se conservou o comentário sobre o tratado das leis de Santo TOMÁS; e BAÑEZ, grande teólogo, adversário do molinismo.

Dentre os jesuítas, cabe assinalar – além de Francisco SUÁREZ, também: Gabriel VAZQUEZ (1531-1604) – não confundir com o leigo Fernando VAZQUEZ – ensinou em Madri, Roma e Alcalá, representa doutrina do direito resolutamente oposta ao voluntarismo, precursor do racionalismo moderno; bem como Luís de MOLINA.

Nascido em Cuenca, MOLINA (1535-1600), depois de fazer parte de seus estudos em Portugal, lecionou filosofia na Universidade de Coimbra (1563-1567) e teologia na de Évora (1568-1584). A celebridade que lhe conferiu sua intervenção no debate sobre o livre arbítrio e a graça em parte fazem esquecer sua obra maior.[238]

[236] Luis SANCHEZ AGESTA, *Los orígenes de la teoría del estado en el pensamiento español del siglo XVI* (1958, p. 85-109, cit. p. 86 – disponível on line – http://dialnet.unirioja.es > art... 2129239.pdf): “se trata, en suma, de la primera teoria del estado; entiendáse, del estado como nueva entidad política histórica del Renacimiento occidental. Cronologicamente esta obra es anterior a las obras de BODINO e ALTHUSIUS; e en lo que toda obra de ciencia política tiene inevitablemente de trasunto y acicate de una filosofía, es, sin duda, más equilibrada y sólida que la de estos dos pensadores europeos. Es, digamoslo también, de un sentido claramente diverso”; Ernst REIBSTEIN, **Johannes Althusius als Fortsetzer der Schule von Salamanca** – Untersuchungen zur Ideengeschichte des Rechtstaates und zur protestantischen Naturrechtslehre (Karlsruhe: C. F. Müller – Freiburger Rechts- und Staatswissenschaftliche Abhandlungen, vol. V, 1955 – disponível on line: books.google.com.br); na linha de Otto von GIERKE, **Johannes Althusius und die Entwicklung der naturrechtlichen Staatstheorien** (orig. publ. 1880, Breslau: M. und H. Marcus, 1913 – disponível on line: https://books.google.com > about) destacam a importância de VITÓRIA, COVARRUBIAS e VAZQUEZ DE MENCHACA na formação do moderno direito natural europeu e da influencia destes sobre J. ALTHUSIUS.

[237] Alfonso de CASTRO, **De potestate legis penalis** (Lyon, 1556).

[238] A. TRUYOL Y SERRA, **Histoire du droit international public** (Paris: Economica, 1995, chap. VII – Les fondateurs de la science du droit international, item 2 – Les classiques espagnols du droit des gens, p. 48-55, item 2.1 – *les hommes et les oeuvres*, p. 48-49) aponta a relevância da obra de MOLINA – ao lado de VITÓRIA, DE SOTO, SUÁREZ, VAZQUEZ DE MENCHACA – mas não insiste na configuração de uma ‘escola’; v. tb. David KEN-

MOLINA exprime o movimento de teologia, diretamente oposto ao protestantismo, exalta a liberdade humana e a participação dos méritos do homem na sua salvação.[239] MOLINA foi também o responsável pela condução do debate, contra as tendências do nominalismo, de LUTERO e de CALVINO, no sentido de restaurar a objetividade do direito natural.

Da obra de MOLINA se destacam os seis volumes do tratado sobre a justiça e o direito **De justitia et de jure** – os três primeiros, em Cuenca, de 1593 a 1600, e os três últimos, postumamente publicados em Anvers, em 1609 – obra de importância maior para os filósofos do direito.

Cabe lembrar ainda, De MARIANA (1536-1623), do qual são muito conhecidas as ideias sobre o tiranicídio, em seu **De rege et regis institutione** (1590) – e teve suas ideias condenadas pelo Parlamento de Paris.[240]

A escola jesuíta leva ao paroxismo a reação católica, contra o protestantismo, como missão da Ordem. Esta luta foi também representada, fora da Espanha, pelo holandês LESSIUS, autor de tratado sobre a justiça e o direito – **De justitia et jure**; bem como pelo cardeal BELARMINO (1542-1621), ambos professores em Louvain.

Dentre os dominicanos, destaca-se Domingo de SOTO (1494-1560), nascido em Segóvia, estudou em Alcalá e em Paris – onde foi aluno do jovem VITÓRIA, a seguir foi professor em Alcalá e em Salamanca. Foi o teólogo imperial no Concílio de Trento, e confessor de CARLOS V.

De SOTO figura como mestre nas questões coloniais, mas sobretudo escreveu sobre a justiça e o direito – em seu tratado, **De justitia et de jure**.[241] Sua reputação de sabedoria e suas obras eram tão respeitadas que se chegava a dizer a respeito, que quem soubesse o DE SOTO, saberia tudo – *quid scit Sotum, scit totum*.

NEDY, *Primitive legal scholarship* (Harvard Int'l. Law Journal, vol. 27, no. 1, 1986, p. 1-98); Knud HAAKONSSEN, **Natural law and moral philosophy**: from Grotius to the Scottish Enlightenment (Cambridge: Univ. Press, 1st. publ., 1996, digital printing 2003, chap. 1 – *Natural law in the seventeenth century*, p. 15-62); b/c as considerações de L. ROLLAND, *Suarez* (in **Les fondateurs du droit international: leurs oeuvres, leurs doctrines**, introduction de A. PILLET, Paris: V. Giard & E. Brière, 1904, p. 95-124).

239 M. VILLEY (op. cit., 2003, cit. p. 328): "viria a se tornar um dos alvos de PASCAL (de quem procede o que se denominou 'Molinismo')."

240 M. VILLEY (op. cit., 2003, cit. p. 329).

241 Fratris Dominici SOTO Segoviensis, Theologi, ordinis Praedicatorum ..., **De Iustitia & Iure** libri deccem (orig. publ. em Salamanca, 1553, nova ed. – definitiva 1556-1557; exemplar da ed. 1569, Salamanca: Ioannes Baptista a Terranova, MDLXIX – disponível on line: books.google.com.br).

Como ocorreu com VITÓRIA e LAS CASAS, também Domingo de SOTO teve de se posicionar em relação à conquista da América.[242] Autor também de várias *Relectiones* – textos coligidos a partir de anotações de seus alunos, como se deu a transmissão da obra de VITÓRIA – teve SOTO ocasião de considerar a questão do Novo mundo em seu **De dominio**, de 1534, onde antecipa certas teses de VITÓRIA, a respeito da ocupação, no mesmo sentido.

Esta fase de mutação histórica acelerada e de transformação da visão do mundo todo, bem do tratamento jurídico do mundo novo e dos povos, lá encontrados, são elementos marcantes do contexto, no qual se formulam teorias e concepções de sistema normativo e de convivência internacional – ainda que por vezes de maneira bastante idealizada, como na passagem de GRÓCIO.[243]

Domingo de SOTO se inscreve dentre os teólogos-juristas da Universidade de Salamanca, que formaram escola, nessa época de profundas transformações do século XVI. Seguindo a linha de TOMÁS DE AQUINO, tal como neste também se fundamentara Francisco de VITÓRIA.[244] Mas, ambos, colocados diante de desafios nunca antes experimentados, tiveram de formular soluções para o que diante de seus contemporâneos se apresentava.

A doutrina de Domingo de SOTO conserva a sua atualidade: nela se descobre o "caminho sempre entranhado do amor pela verdade e pela justiça".[245] Embora na Espanha, como potência dominante da época,

[242] Miguel Angel GONZALEZ Iglesias, *Domingo de Soto: su pensamiento político. Las dificultades planteadas com la conquista de América* (in **Culturalismo jurídico** – São Paulo 450 anos: Seminário Brasil-Espanha, coord. Claudio LEMBO, org. João Bosco COELHO Pasin, Pilar JIMÉNEZ Tello e Mônica Herman Salem CAGGIANO, Barueri, SP: Manole/ Brasília, DF: Instituto Tancredo Neves, 2004, p. 191-220).

[243] H. GRÓCIO, **Direito da guerra e da paz** (1625, ed. bras., 2004, II.II.II, p. 310-311), referida em epígrafe. E prosseguia, na mesma passagem: "A nudez dos primeiros homens se constitui num argumento de apoio ao estado de simplicidade no qual foram criados. Havia neles mais a ignorância dos vícios do que o conhecimento da virtude."

[244] A respeito de Francisco de VITORIA ver **Tratado** (tomo 5 – **Direito internacional no tempo de Francisco de Vitória**, cap. 14).

[245] M. A. GONZALEZ Iglesias (cit., 2004, p. 191-192): "ni Francisco de VITORIA ni Domingo de SOTO fueran los primeros en preguntarse sobre la legitimidad de las conquistas en ultramar".

tenha havido "mais que uma teoria, uma prática de governo, inspirada por profundo sentimento religioso".[246]

A pretensão de ser o baluarte do catolicismo e a suposta primazia, que deveria manter a Espanha foram, então, marcantes. E seus ecos ainda se encontram na época de GUZMÁN, o conde-duque de OLIVARES,[247] que dirigiu o poderoso império, de 1621 a 1643. A política desse tempo leva ao acirramento da guerra contra as Províncias Unidas, após o lapso dos doze anos de trégua, e também levou a Espanha, a partir de 1636, a intervir na Alemanha,[248] no curso da guerra dos trinta anos.[249] Custaram caro tais desmandos, e marcarão o fim da hegemonia espanhola como potência europeia, a partir de meados do século XVII.

[246] M. A. GONZALEZ Iglesias (cit., 2004, p. 192); tb. Jérôme HÉLIE, **Les relations internationales dans l'Europe moderne** 1453-1789 (Paris: Armand Colin, 2008, esp. chap. 4 – *L'Espagne de Philippe II première puissance européenne*, p. 66-78, chap. 5 – *Philippe II face aux réformés de l'Europe du Nord*, p. 79-95, chap. 6 – *L'impossible* ***Pax hispanica*** *(1598-1618)*, p. 96-111).

[247] Gregorio MARAÑON, na sua biografia de **Olivares** – der Niedergang Spaniens als Weltmacht (do original **El Conde-Duque de Olivares – La pasión de mandar**, s/d, übersetzt und eingeleitet von Ludwig PFANDL, München: Hermann Rinn, s/d, *Published under Military Government Information Control License Nr. US-E-161*, especialmente cap. XVIII – *Die Aussenpolitik*, p. 299-319, cit. p. 318-319); tb. Henry BOGDAN, **La guerre de trente ans** 1618-1648 (© 1997, Paris: Perrin-tempus, ed. 2006, impr. 2010).

[248] Ver **Tratado** (tomo 8 – **Direito internacional além do paradigma vestfaliano**); Henry BOGDAN, **Histoire de l'Allemagne** – de la Germanie à nos jours (orig. publ. 1999, Paris: Perrin-tempus, 2003, impr. 2010); Michel KERAUTRET, **Histoire de la Prusse** (Paris: Seuil, 2005); Joseph ROVAN (1918-2004), **Histoire de l'Allemagne** – des origines à nos jours ('édition revue et augmentée par l'auteur', Paris: Seuil, 1999); ___, **Geschichte der Deutschen** – Von ihren Ursprungen bis heute (orig. publ. **Histoire de l'Allemagne**, 1994, aus dem Französischen von Enrico HEINEMANN, Reiner PFLEIDERER u. Reinhard TIFFERT, Munique: DTV, 3. Auflage, 2001, esp. cap. 11 – *Das Erlernen der konfessionellen Vielfalt und der grosse Religionskrieg*, p. 291-326, cit. p. 307) fala a respeito da guerra dos trinta anos como a grande guerra na Alemanha: "Der Grosse Krieg in Deutschland" e a situa como uma dentre as mais profundas fraturas da história alemã.

[249] Ver **Tratado** (tomo 8 – **Direito internacional além do paradigma vestfaliano**, título II – *da construção de sistemas coesos: de Vestfália (1648) até a guerra dos Sete anos (1756-1763)*); dentre extensas e variadas fontes disponíveis sobre a "guerra dos trinta anos" (1618-1648), referidos: F. SCHILLER, **Geschichte des dreissigjährigen Kriegs** (orig. publ. 1792, in F. S., **Werke in drei Bänden**, unter Mitwirkung von Gerhard FRICKE, herausgegeben von Herbert G. GÖPFERT, Munique: Carl Hanser, 1966, vol. II, p. 34-320); H. BOGDAN, **La guerre de trente ans 1618-16148** (Paris: Perrin-tempus, © 1997, ed. 2006, impr. 2010); J. BURKHARDT, **Der Dreissigjährige Krieg** (Frankfurt-Main: Suhrkamp, 1992); H.-D. KITTSTEINER (1942-2008), **Die Stabilisierungsmoderne** – Deutschland und Europa

Nesse processo histórico da Espanha, no final do século XV e no curso do XVI, a conquista da América se inscreve como a continuação da 'Reconquista' do território espanhol, depois de séculos de presença dos 'mouros',[250] bem como a expulsão dos judeus. No esforço de configuração do estado nacional moderno.

A argumentação de Domingo DE SOTO, concorre com a de Francisco de VITORIA, e se consolidam como a doutrina comum – *doctrina communis* – dos teólogos espanhóis dos séculos XVI e XVII, mesmo em relação aos não pertencentes à escola de Salamanca.[251] Como SUAREZ, que ensinou em Coimbra, bem como em várias universidades europeias.

Ademais, DE SOTO contribuiu eficazmente para a implantação de suas ideias, tanto no plano político, como no de governo:

> A conclusão da Junta de Valladolid, em 1551, da qual ele formava parte, proibindo novas conquistas, é muito significativa nesse sentido. O clamor suscitado pela corrente revisionista dos missionários, ante os atropelos cometidos pelos conquistadores, encontrou apoio fundamental nas ideias de SOTO que, desta forma, na cátedra e no conselho aos governantes, contribuiu para a realização das Leis das Índias – *las Leyes de Indias*.[252]

A concepção de Domingo de SOTO a respeito do poder, com reflexo do contexto da conquista da América, pode ser apontada em suas obras de comentários aos livros das sentenças, **Comentarios in IV Sententiarum**, completados em sua lição sobre o domínio, **De dominio**, com os

1618-1715 (Munique: Carl Hanser, 2010); D. PIEPER e J. SALTZWEDEL (Hg.), **Der Dreissigjährige Krieg** – Europa im Kampf um Glaube und Macht 1618-1648 (Munique: Deutsche Verlags-Anstalt, 2012), Bernd ROECK (herausgegeben von), **Deutsche Geschichte in Quellen und Darstellung** Band 4: **Gegenreformation und Dreissigjähriger Krieg 1555-1648** (Stuttgart: Reclam – Univ. Bibl. Nr. 17004, (c) 1996, impr. 2002); F. E. SCHRADER, **L'Allemagne avant l'État-nation**: le 'corps germanique' (1648-1806) (Paris: PUF, 1998).

250 Ver **Tratado** (tomo 4 – **Direito internacional no tempo medieval**, cap. 11 – tratadistas da guerra e tomo 5 – **Direito internacional no tempo de Francisco de Vitória**, cap. 13 – estado como sujeito de direito internacional); M. A. GONZALEZ Iglesias (cit., 2004, p. 192).

251 M. A. GONZALEZ Iglesias (cit., 2004, p. 214): "la conquista no podía ser para SOTO el objeto de un derecho directo y absoluto: solo se legitima cuando la razón y las condiciones de evangelización la hagana necesaria".

252 M. A. GONZALEZ Iglesias (cit., 2004, p. 215).

dados que se conservam a respeito das intervenções feitas por DE SOTO na Junta de Valladolid, e finalmente pelo fragmento da lição que se conserva sobre a possível licitude da expugnação das cidades dos infieis por idolatria – *An liceat civitais infidelium expugnare ob idolatriam*. Esta última reflexão foi retomada e refundida em sua obra Sobre as razões da proclamação do Evangelho – **De ratione promulgando Evangelium** – ou seja, como caminho para a legitimação da conquista, sob a égide da propagação da fé cristã.

Indagava DE SOTO, em sua lição sobre o domínio – **De dominio** –, a respeito das novas conquistas da Espanha: "em virtude de que direito temos o império ultramarino sobre as terras recentemente descobertas?"[253] Como mencionado, esse curso foi ministrado em 1534-35, ou seja, dois anos antes da lição de VITORIA sobre os índios – **De Indis**.[254]

Para DE SOTO não havia dúvida que nem ao papa nem ao imperador poderia ser atribuído domínio temporal sobre todo o universo. Mas a questão então colocada era a da determinação dos títulos legítimos (para a conquista e a ocupação) e do possível alcance dos mesmos.[255] Ao que responde DE SOTO, com certa timidez, que não se poderia determinar a validade dos mesmos – *revera ego nescio* – ou seja, concretamente, não sabia, com certeza, quais poderiam ser os fundamentos jurídicos do domínio da Espanha, sobre as terras descobertas. Simplesmente se limitava a indicar: a propagação do Evangelho e o direito de legítima defesa, frente aos que impedissem tal predicação. Mas, lucidamente, admite DE SOTO, não ver de modo claro a legitimidade de tais títulos:[256] "não vejo de onde nos venha tal direito", sobretudo ao se levar em conta os ensi-

[253] Domingo de SOTO, **De dominio** (p. 21 – disponível on line Domingo de SOTO – ediciones críticas de textos clásicos, vol. I, Granada: Univ. de Granada, 1964 – Relación_De_Dominio.bibtex).

[254] Ver **Tratado** (tomo 5 – **Direito internacional no tempo de Francisco de Vitória**, cap. 14); v. tb. Mª. IDOYA ZORROZA, *La presencia de Domingo de Soto en la teoria del dominio de Martin de Ledesma* (Revista portuguesa de filosofia, t. 75, fasc. 2, 2019, p. 1219-1248 – Escola ibérica da paz – Direito natural e dignidade humana – DOI https://doi.org/10.17990/RPF/2019_75_2_2019)

[255] M. A. GONZALEZ Iglesias (cit., 2004, p. 196).

[256] M. A. GONZALEZ Iglesias (cit., 2004, p. 197) argumenta que DE SOTO poderia sustentar "dichos argumentos los da por válidos para el caso de una guerra defensiva, pero no considera suficientemente probada su validez en el caso de una guerra ofensiva".

namentos do próprio Evangelho, "onde Cristo não nos disse que pregássemos com o uso da força, mas que deixássemos o castigo nas mãos de Deus". E terminava a lição com a ressalva: "nem disse estas coisas para condenar a maneira de atuar que se segue com relação aos índios, porque os juízos de Deus são insondáveis, e talvez, por via por nós desconhecida, queira Deus a conversão de todas essas gentes".[257]

A participação ativa de DE SOTO nas Juntas de Valladolid – inicialmente nos meses de agosto e setembro de 1550 e, depois, em março e abril de 1551 –, fez com que este tivesse de se manifestar claramente a respeito da conquista da América. Ao comparecer em Valladolid, "tanto a doutrina quanto o ambiente ideológico eram substancialmente diversos dos existentes quando expunha o seu entendimento na lição sobre o domínio":

> As Juntas de Valladolid foram convocadas por ocasião da controvérsia entre Frei Bartolomé de LAS CASAS, bispo de Chiapas, no México, e Juan GINÈS DE SEPÚLVEDA. Esta controvérsia tinha como fundo a fervente luta entre as ideias defendidas por VITÓRIA e de SOTO contra a oposição dos que viam, no triunfo daquelas ideias uma perda para seus interesses particulares. A disputa não somente se atinha ao plano puramente doutrinal, mas se centrava antes em torno dos rumos, que deveriam tomar a legislação e a prática do governo.[258]

Essa realidade constituía a transplantação para a América do que fora feito quando da *'Reconquista'*: para a estabilização das zonas fronteiriças, urgia instaurar vinculação íntima entre a preocupação constante

[257] Domingo de SOTO, **De dominio** (p. 21-22).

[258] Ver **Tratado** (tomo 5 – **Direito internacional no tempo de Francisco de Vitória**, introdução); M. A. GONZALEZ Iglesias (cit., 2004, p. 197-198): "Las Juntas de Valladolid se convocaron con ocasión de la controversia entre Fray Bartolomé de LAS CASAS, obispo de Chiapas, en Méjico, y Juan GINÈS DE SEPÚLVEDA. Esta controversia dejaba traslucir, como trasfondo, la ferviente lucha entre las ideas defendidas por VITORIA y SOTO y la oposición de los que veían en el triunfo de aquellas ideas una perdida para sus intereses particulares. La disputa no solo se ceñia al plano puramente doctrinal, sino que se centraba más bien en torno al camino que debería tomar la legislación y la práctica de gobierno".

de defesa e a necessidade de produção.[259] E aniquilar toda oposição... Observa-se a disparidade entre os dois modelos, que leva ao desaparecimentos das culturas autóctones:

> No fundo do sistema de colonização estabelecido se debatia problema humano de grande envergadura: não era outro se não o choque entre duas culturas, a indígena e a dos conquistadores. Esse impacto se resolveu em termos de ocupação cultural violenta, que em não poucas ocasiões (como no claro exemplo das Antilhas) levou à desintegração da cultura autóctone, levando, por conseguinte, ao desaparecimento, em curto prazo, dos povos indígenas.[260]

Domingo DE SOTO teve a atribuição de fazer a síntese, entre as teses conflitantes de Bartolomeu de LAS CASAS, favorável aos índios, e as teses extremas de Juan GINÉS DE SEPULVEDA, que defendia a justiça da guerra contra os índios – *de justis belli causis*.[261] A ele caberia resumir as duas concepções, para facilitar o trabalho de tomada de conhecimento e de decisão pelas Juntas de Valladolid.

[259] Ver **Tratado** (tomo 4 – **Direito internacional no tempo medieval**, item 11.1 – 'cristianizar' a guerra?), sobre a atuação das ordens cristãs de cavalaria – como os Templários, as ordens de Calatrava, de Santiago, de Alcântara, os Hospitaleiros e os Cavaleiros Teutônicos – na Reconquista ibérica e em outras frentes, como nos estados latinos do Oriente próximo e no leste europeu; observa M. A. GONZALEZ Iglesias (cit., 2004, p. 198-199) a combinação da atuação em grande escala por Ordem monástica militar: "Los territorios conquistados a los moros se otorgaban en administración a los frayles mílites de la Orden, mientras los freyles clérigos estaban dedicados a las cosas espirituales y a la administración de sacramentos". Ver J. BRUFAU PRATS, **El pensamiento político de Domingo de Soto y su concepción del poder** (Salamanca: Acta Salmanticensis – Univ. de Salamanca, 1960, p. 195).

[260] De maneira aparentemente cândida, observa a respeito do genocídio de povos ameríndios inteiros, aniquilados pelos conquistadores espanhois, M. A. GONZALEZ Iglesias (cit., 2004, p. 199-200): "Ello fue así porque el desnivel cultural era demasiado desproporcionado y el sistema de repartimientos y encomiendas se manifestaria como claramente inadecuado como medio de incorporación de los índios a la cultura hispánica".

[261] Juan GINÉS DE SEPULVEDA, **De convenientia militaris disciplinae cum christiana religione** (orig. publ. Pozoblanco, 1560); ___, **Tratado sobre las justas causas de la guerra contra los indios** (con una advertencia de Marcelino MENÉNDEZ Y PELAYO, y un Estudio por Manuel GARCIA-PELAYO, Mexico: Fondo de cultura económica, ed. 1941, 3ª reimpr. 1996); ___, **Demócrates segundo o de las justas causas de la guera contra los indios** (orig. publ. **Democrates secundus, sive Dialogus de justis belli causis**, Madri, 1780, edición y traducción Angel LOSADA, Kindle Paperwhite International).

Assinalava DE SOTO o que constituía o objeto da discussão: "saber se é lícito a sua majestade fazer guerra aos índios, antes que se lhes predique a fé, para os sujeitar ao seu império, e além de os sujeitar, possam ser mais fácil e comodamente ensinados e iluminados pela doutrina evangélica, a respeito do conhecimento de seus erros e da verdade cristã".[262]

A tese de GINÉS DE SEPULVEDA se punha no sentido de ser tal atuação não somente "lícita, mas expediente". Por sua vez, Bartolomeu de LAS CASAS sustentava o argumento contrário. E, como resumia DE SOTO: "o senhor bispo de Chiapas defende a negativa, sustentando não somente não ser eficiente, como ademais não é lícita, antes iníqua e contrária à nossa religião cristã".

As Juntas de Valladolid voltaram a reunir-se em abril e maio de 1551. O resultado foi desestimular a publicação do livro de GINÉS DE SEPULVEDA. E condenar as guerras de conquista na América.

O mesmo Domingo DE SOTO, em extenso capítulo dos comentários aos livros de sentenças, **Comentarios in IV Sententiarum**, sustentaria ser "lícito exortar e induzir os infiéis que tenham uso da razão a que recebam o batismo, mesmo contra a vontade de seus pais", mas "os que não tenham uso da razão não devem ser batizados, caso seus pais se oponham a tanto".[263] Argumentava DE SOTO se os cristãos poderiam fazer guerra àqueles que por seus crimes e vícios cometiam pecados contra a natureza – *contra naturam* –, comendo carne humana e adorando ídolos, o que segundo ele, constituíam violações afrontosas ao direito natural.[264]

Não deixa de haver certa ambiguidade, cabe assinalar, porquanto Domingo DE SOTO depois de ter sustentado que a intervenção armada parece vir imposta pelo próprio direito natural, não se atreve a afirmar com clareza a existência de tal direito de intervenção, mostrando-se reservado quanto à extensão e generalidade que se dizia teriam tais fatos.[265]

[262] Domingo de SOTO, **Sumário** (cit. M. A. GONZALEZ Iglesias, art. cit., 2004, p. 200-201).

[263] Domingo de SOTO, **Sententiarum** (dist. V, q. 1, a 10).

[264] Domingo de SOTO, **Sententiarum** (dist. V, q. 1, a 10).

[265] M. A. GONZALEZ Iglesias (cit., 2004, p. 204): "cuando SOTO formuló su conclusión se daba perfecta cuenta de los abusos cometidos con los indios, abusos que pretendian

Em seu tratado sobre a justiça e o direito, **De iustitiae et iure**, DE SOTO se reporta à sua lição – cujo texto se perdeu – sobre as razões para a proclamação do Evangelho, onde "se mostra mais expressivo, parecendo acompanhar a lição de VITORIA".[266] Afirmava DE SOTO, com base no suposto direito de proclamação do Evangelho – *ius praedicandi Evangelius* – e no direito de defesa de tal propagação – *ius defendendi nos*:

> a Igreja de Cristo em primeiro lugar (e igualmente qualquer mortal) pode, tanto por direito divino, como por direito humano, predicar o evangelho em todo o mundo. [...] Se alguém nos impedisse ou estorvasse essa predicação, poderíamos rechaçar essa violência, inclusive com as armas, a não ser que disso resultasse escândalo, em desprestígio da fé.[267]

Ressalvava, contudo, DE SOTO, "não é lícito obrigar, por meio da força, a receber o batismo ou abraçar a fé". O contrário era admitido por muitos de seus conterrâneos à época.

O ilustre romanista de Valladolid, Fernando VAZQUEZ DE MENCHACA (1512-1569), ocupou durante algum tempo a cadeira de *Instituta*, na Universidade de Salamanca, antes de ser chamado a desempenhar diversas funções judiciárias e administrativas, bem como enviado por FELIPE II ao Concílio de Trento. Ainda que brevemente, também merece ser mencionado.[268] Também por sua fortuna crítica, ao longo dos tempos.

justificarse con razones que, en mayor o menor medida, se apoyaban en lo que la doctrina internacional configuró como 'intervención por humanidad', y que está intimamente relacionada con la aplicación de sanciones internacionales".

[266] Ver **Tratado** (tomo 5 – **Direito internacional no tempo de Francisco de Vitória**, cap. 14); M. A. GONZALEZ Iglesias (cit., 2004, p. 204).

[267] Domingo de SOTO, **Sententiarum** (dist. V, q. 1, a 10).

[268] Camilo BARCIA TRELLES, **Fernando VAZQUEZ DE MENCHACA (1512-1569)** – l'école espagnole du droit international du XVIe siècle (RCADI, 1939, t. 67, p. 429-534); Adolfo MIAJA DE LA MUELA, **Internacionalistas españoles del siglo XVI – Fernando VAZQUEZ DE MENCHACA** (Valladolid: Universidad de Valladolid, 1932); A. TRUYOL Y SERRA, **Histoire du droit international public** (Paris: Economica, 1995, chap. VII – Les fondateurs de la science du droit international, item 2 – Les classiques espagnols du droit des gens, p. 48-55, item 2.1 – *les hommes et les oeuvres*, p. 48-49).

De VAZQUEZ DE MENCHACA, paradoxalmente, se pode dizer "ser o mais conhecido pelo nome e o mais ignorado, quanto ao conteúdo": isto porque seu nome passou à posteridade, como defensor da liberdade dos mares, mas não somente sobre isso ele escreveu, tendo deixado conjunto doutrinário respeitável, sobre o direito das gentes. E, depois, ao considerá-lo como pai da defesa da liberdade dos mares, esquecemo-nos totalmente que, antes dele, Francisco de VITÓRIA, com seu *jus communicationis*, base da sua construção do direito das gentes, se pronunciava com sabedoria a respeito do princípio oposto ao monopólio do oceano.[269]

Dado o desaparecimento dos originais de livro sobre "o verdadeiro direito natural", ou **De vero jure naturali**, ponto no qual estaria o trabalho de VAZQUEZ DE MENCHACA, ao falecer, aos 57 anos, em 1569, devemos buscar a sua contribuição para o direito das gentes na sua obra sobre "controvérsias fundamentais e outras mais frequentes", ou **Controversiarum illustrum libri tres,**[270] nas quais expõe a sua doutrina sobre o direito internacional.

MENCHACA é citado por GRÓCIO, em duas de suas obras: no **Mare liberum**, parte de seu **De jure praedae,**[271] como autoridade invo-

[269] Sobre o regime jurídico internacional do mar, e sua evolução, ver **Tratado** (tomo 1 – **Direito internacional dos espaços**, segunda parte, título I – domínio marítimo, cap. 9 – domínio marítimo: evolução conceitual e tomo 3 A – **Direito internacional no tempo antigo**, item 2.1 – a controvérsia entre Hugo GRÓCIO e Serafim de FREITAS), sobre a controvérsia entre liberdade de navegação dos oceanos – *mare liberum* – ou a restrição desta – *mare clausum*; notava C. BARCIA TRELLES (op. cit., 1939, p. 433-434) a respeito de MENCHACA: "avec sa forte personnalité, sa vaste culture, et son indéniable originalité innovatrice, ne requiert autre chose qu'une appréciation honnête et exacte de ses doctrines".

[270] F. VAZQUEZ DE MENCHACA, **Controversiarum illustrium aliarumque usu frequentium libri tres** – ou simplesmente, **Controversiae illustrae** – em dois tomos, teve sete edições, no século XVI: a primeira em Barcelona, em 1563 e a última em Genebra, em 1599. Nesse meio tempo, outras edições surgem em Veneza, em Frankfurt e em Lyon. Depois será preciso esperar pela edição feita pela Universidade de Valladolid, encetada em 1931. As Controvérsias se compõem de três livros e se dividem em 107 capítulos. Ele estuda questões de direito público no livro I, estuda a prescrição no livro II, e problemas de sucessão no livro III. Fernando VAZQUEZ DE MENCHACA, **Controversias ilustres y otras de más frecuente uso expuestas en tres libros** (trad. espanhola de Fidel RODRIGUEZ ALCALDE, Valladolid: Univ. de Valladolid, 1931-1934, 4 vols.).

[271] GROTIUS, **De Jure Praedae Commentarius** (ca. 1604, with translation by G. L. WILLIAMS and W. H. ZEYDEL, reprinted in Classics of International Law, Oxford, 1950, 2 vols.); **Mare liberum** (original Latin text, 1609, and modern English translation,

cada, para justificar a defesa da liberdade dos mares;[272] e também nos 'prolegômenos' da sua obra prima, o **Direito da guerra e da paz**:[273]

> dois espanhóis, COVARRUBIAS e VAZQUEZ juntaram a sutileza escolástica ao conhecimento das leis e dos cânones, de tal modo que não se abstiveram de abordar as controvérsias dos povos e dos reis: VAZQUEZ com grande independência de julgamento – *magna libertate* –, e COVARRUBIAS, com mais modéstia.[274]

MENCHACA aborda em suas **Controvérsias** a ideia de império. E revisa cada um dos argumentos propostos para sustentar a legitimidade da dignidade e da primazia imperial. Entende que a existência do Império não se pode apoiar em princípios deduzidos do direito das gentes, não somente porque esse direito, por seu conteúdo, exclui a existência de poder temporal ecumênico, como também porque o próprio direito romano, segundo ele, não admitia estender-se ao mundo inteiro.[275]

ed. and annotated by R. FEENSTRA, Introduction J. VERVLIET, Leiden/Boston: Brill, 2009); tb. **De Mari libero** (edição com quatro textos: 1 – Hvgonis GROTII, **Mari liberum sive de jure quod Batavis competit ad Indicana commercia**, Dissertatio, p. 1-83; 2 – Paulus MERULA (1558-1607), **Dissertatio de Maribus**, p. 84-182; 3 – Markus Zuerius BOXHORN (1612-1563), **Apologia por navigationibus Hollandorum, adversus Pontum Heuterum**, p. 183-213; 4 – "Tractatus pacis, mutui commercii, sive intercursus navigationum, confirmatus Londini anno [1495], inter Henricum Septimum Angliae regem e Philippum Archiducem Austriae, Burgundiae, &c.", p. 214-267, Lugd. Batavorum: ex Officina Elzeviriana, 1633).

[272] Sobre GRÓCIO e a sua defesa da liberdade de navegação, no **Mare liberum**, ver **Tratado** (tomo 7 – **Direito internacional no tempo de Hugo Grócio**, cap. 18, bem como tomo 3 A – **Direito internacional no tempo antigo**, cap. 2 – tempo e discurso no direito internacional, esp. item 2.1 – a controvérsia entre Hugo GRÓCIO e Serafim de FREITAS).

[273] Ver **Tratado** (tomo 7 – **Direito internacional no tempo de Hugo Grócio**, cap. 18), em duas edições da obra principal de Hugo GRÓCIO, **O direito da guerra e da paz** (intr. Antonio Manuel HESPANHA, trad. de Ciro MIORANZA, do original **De jure belli ac pacis**, col. clássicos do direito internacional, Ijuí: Ed. Unijuí, 2004, 2 vols.) e **De jure belli ac pacis** (ed. facsimilar da tradução de Jean BARBEYRAC, "avec les notes de l'auteur même, qui n'avoient point encore paru en françois; & de nouvelles notes du traducteur", orig. publ. em Amsterdã: chez Pierre DUCOUP, 1724, reimpr. Caen: Publications de l'Univ. de Caen, 1984, 2 tomos).

[274] H. GRÓCIO (op. cit., 1625, *Prolegômenos*, n. 55).

[275] F. VAZQUEZ DE MENCHACA, **Controversiarum** (livro I, caps. XX, XXI e XXII); ver **Tratado** (tomo 3 A – **Direito internacional no tempo antigo**, item 3.2 – conceito jurídico

A construção do direito internacional em VAZQUEZ de MENCHACA tem de ser deduzida de menções pontuais: "ele somente aborda o problema das características do direito internacional à propósito de outras questões".[276] E situa três esferas do fenômeno jurídico: o direito das gentes primário ou direito natural, o direito das gentes secundário, ou direito internacional positivo e o direito civil, ou direito interno.[277]

A concepção imperial de autoridade central, como eixo de ordenação do sistema internacional, já era considerada por Fernando VAZQUEZ de MENCHACA como obsoleta. O mundo 'moderno' leva à atomização dos núcleos de poder, sob a forma de estados-nação.[278]

Entre esses referidos núcleos atomizados se porá sempre a questão da guerra.[279] E dos meios e modos de condução dos conflitos armados, e da aferição da licitude destes.[280]

de império: I – da Antiguidade rumo à Idade média, e tomo 5 – **Direito internacional no tempo de Francisco de Vitória**, item 12.2 – conceito jurídico de império: II – da Idade média à era moderna).

[276] C. BARCIA TRELLES (op. cit., 1939, cap. V – *Vazquez de Menchaca et le droit des gens*, p. 480-493, cit. p. 480): "MENCHACA n'aborde le problème des caractérisques du droit des gens qu'à propos d'autres questions, dont quelques unes sont de nature privé et d'autre de nature publique. C'est pourquoi il nous faut en quelque sorte tisser la pensée de MENCHACA en utilisant ses allusions réitérées et généralement dispersées au problème du droit des gens."

[277] Este debate sobre o conteúdo respectivo e a relação entre direito natural e direito internacional se estende por alguns séculos e muitos autores – como também se examina, neste tomo, em relação a Francisco SUÁREZ (cap. 15), Alberico GENTILI (cap. 16) e Richard ZOUCH (cap. 17). A respeito, C. BARCIA TRELLES (op. cit., 1939, p. 489) aponta a concepção de MENCHACA: visto ter o direito das gentes secundário caráter contingente, isso introduziria perigoso elemento de incerteza e de insegurança nas relações internacionais.

[278] Ver **Tratado** (tomo 5 – **Direito internacional no tempo de Francisco de Vitória**, título I – *multipolarização da Europa na era moderna e advento do direito internacional como sistema*).

[279] Ver **Tratado** (tomo 4 – **Direito internacional no tempo medieval**, cap. 11 – tratadistas da guerra). Também desenvolvia F. VAZQUEZ DE MENCHACA, nas **Controvérsias**, as suas considerações sobre a guerra e o direito da guerra. Ver C. BARCIA TRELLES (op. cit., 1939, cap. VII – *Menchaca et le droit de la guerre*, p. 519-528).

[280] Ver **Tratado** (tomo 4 – **Direito internacional no tempo medieval**, cap. 11 – tratadistas da guerra, item 11.2 – guerra justa e guerra santa: entre *jihad* e as cruzadas, e tomo 20 – **Direito internacional, história e cultura**, cap. 5 – desafios e desenvolvimento do direito internacional no contexto pós-moderno, esp. item 5.2 – os limites à guerra e ao uso da força).

De modo consequente com essa visão da atomização do poder, no contexto da Europa moderna, MENCHACA se engaja na defesa da liberdade dos mares.[281] Como corolário dessa visão de mundo politicamente polarizado, e decorrência do critério de ordenação da convivência, entre os núcleos independentes de poder político.

MENCHACA, de certo modo, já se inscreve em continuidade. Depois de Francisco de VITÓRIA, ao lado de Luís de LEÓN (1527-1591),[282] bem como do já mencionado Domingo de SOTO (1491-1560).[283]

Estes conterrâneos, MENCHACA, VITÓRIA, SOTO e Luís de LEÓN prepararam o caminho para a obra de SUÁREZ. E, com este último, alguns dentre relevantes ulteriores desenvolvimentos do direito internacional moderno.[284]

Em sentido diverso dessa visão de construção colegiada e progressiva do direito internacional moderno como sistema, comentava OMPTEDA, em 1785, quão pouco tratava de direito internacional VAZQUEZ DE MENCHACA, nos seus livros das controvérsias ilustres: "escritos pouco levando em conta o direito internacional".[285]

Ante tais elementos, ao se falar em uma escola espanhola de direito das gentes, cabe indagar[286] se seria esta mera coincidência geográfica, ou

[281] C. BARCIA TRELLES (op. cit., 1939, chap. VI – *Menchaca apôtre de la liberté océanique*, p. 494-518, cit. p. 518): "C'est le génie de l'école internationale espagnole du XVIe siècle d'avoir écrit pour son avenir, qui est aujourd'hui le présent et non pour son présent à lui, qui est aujourd'hui le passé, d'avoir formulé des règles de justice internationale permanentes, et non passagères, et d'avoir les yeux fixés seulement sur ce qu'il y a de permanent dans l'aspiration de l'âme humaine à la libération, dédaigné des reproches qui lui adressaient des hommes de pensée étroite."

[282] João Bosco COELHO Pasin e Pilar JIMENEZ Tello, *Humanistas maiores da Universidade de Salamanca* (in **Culturalismo jurídico** – São Paulo 450 anos: Seminário Brasil-Espanha, op. cit., 2004, p. 101-106).

[283] Cf. Considerações no início deste item sobre Domingo de SOTO; e tb. Miguel Angel GONZALEZ Iglesias, *Domingo de Soto: su pensamiento político. Las dificultades planteadas com la conquista de América* (in **Culturalismo jurídico** – São Paulo 450 anos: Seminário Brasil-Espanha, op. cit., 2004, p. 191-220).

[284] Ver, neste tomo, capítulo 15 – Francisco SUAREZ (1548-1617).

[285] Von OMPTEDA (op. cit., 1785, ed. 1963, I.II. § 47, p. 165-166).

[286] C. BARCIA TRELLES, **Francisco Suarez (1548-1617): les théologiens espagnols du XVIe siècle et l'école moderne du droit international** (RCADI, 1933, t. 43, p. 385-554).

se haveria coesão conceitual, para se justificar o uso do termo "escola". Dado existirem consideráveis diferenças entre os dois maiores expoentes desta possível escola – como se pode concluir da contraposição entre Francisco de VITÓRIA e Francisco SUAREZ.

Contrapõe-se o uso corrente da expressão "escola estatutária francesa", da qual teria sido Bertrand D'ARGENTRÉ o grande animador. Apesar das grandes diferenças deste com outro expoente, como Charles DUMOULIN. E como esta escola francesa se distingue dos estatutários da "escola flamenga".[287] E permitia concluir: "nenhum país ultrapassou a Espanha em curiosidade, nem em preocupação em relação aos problemas internacionais, colocados no curso do século XVI". E especificar, ulteriormente: "aludimos à exposição das questões internacionais, e não unicamente a problemas estrangeiros".[288]

A Espanha do século XVI alia à grandeza material – o império sobre o qual o sol nunca se punha – a dimensão de amplitude espiritual. Foi momento passageiro: em algumas décadas esse apogeu tinha passado.[289] Ao cabo de algumas gerações o 'século de ouro' se tornara lembrança, tanto mais idealizada, quanto mais distante se tornava.

Felizmente, na Espanha, potência dominante da época, ao mesmo tempo em que o ufanismo diante do poder e a arrogância diante de outros povos, se colocou contribuição intelectual crítica, pelo pensamento 'universitário', que soube se contrapor de modo crítico, ao triunfalismo do tempo, então corrente. Saudável contraponto este, e mostra

[287] A respeito, ver **Tratado** (tomo 5 – **Direito internacional no tempo de Francisco de Vitória**, cap. 12 – *jus gentium, jus commune, jus europaeum*: entre a teoria e a prática).

[288] C. BARCIA TRELLES (op. cit., 1933, p. 390-391) enfatizava a distinção entre questões internacionais e problemas estrangeiros: "pois estes últimos podem se colocar, em decorrência do jogo natural das soberanias, que se opõem em sua coexistência, da mesma forma que as primeiras se caracterizam pelo fato de se relacionarem a situações que pressupõem a aceitação, mais ou menos elaborada, de uma comunidade internacional." Assinalaria que a distinção entre questões internacionais e questões de política externa pode ser útil e ser lembrada, como modo divisor da compreensão do mundo, a partir da ótica e dos interesses de cada soberania, na era moderna.

[289] Jérôme HÉLIE, **Les relations internationales dans l'Europe moderne** 1453-1789 (Paris: Armand Colin, 2008, esp. chap. 4 – *L'Espagne de Philippe II première puissance européenne*, p. 66-78, chap. 5 – *Philippe II face aux réformés de l'Europe du Nord*, p. 79-95, e chap. 6 – *L'impossible* ***Pax hispanica*** *(1598-1618)*, p. 96-111).

que a opressão oficial não era tão onipresente quanto os detratores futuros tentam atribuir ao absolutismo espanhol.

Em qualquer tempo e lugar, é saudável e necessário buscar entender a relatividade dos conceitos do que sejam 'civilizados' e 'bárbaros'. Isso valia também para os europeus em relação aos nativos americanos, então recentemente descobertos.

Nesse sentido, é interessante contrapor as observações de dois autores do século XVI, o florentino Francesco GUICCIARDINI e o francês Michel de MONTAIGNE. Com avaliação substancialmente diversa a respeito dos ameríndios, por parte de um e de outro.

Comenta GUICCIARDINI, na sua **História da Itália**, depois das navegações portuguesas, que abriram a rota marítima para o comércio de especiarias do Oriente, as descobertas – *per invenzione di Cristoforo Colombo genovese* – tendo muitas vezes navegado pelo mar Oceano, e conjeturado pela observação de certos ventos, o que depois verdadeiramente ocorreu,

> navegando rumo ao Ocidente, descobriu ao cabo de trinta e três dias, nas últimas extremidades de nosso hemisfério algumas ilhas, das quais antes nenhuma notícia havia; felizes pela localização do céu, pela fertilidade da terra e porque, [com exceção de] certas populações ferocíssimas, que se alimentam de corpos humanos, quase todos os habitantes, de costumes mui simples e que se contentam com aquilo que produz a benigna natureza, não são atormentados nem pela cupidez, nem pela ambição; mas, infelicíssmos, porque, não tendo os homens nem religião determinada, nem notícia a respeito das letras, nem profissões, nem armas, nem arte da guerra, nem ciência, nem experiência alguma das coisas, pouco mais são do que animais mansos – *sono, quase non altrimenti che animali mansueti, facilissima preda di chiunque gli assalta* – presa fácil, de qualquer um que os assalte.[290]

[290] Francesco GUICCIARDINI (1473-1540), **Storia d'Italia** (orig. publ. Firenze: Lorenzo Torrentino, 1561, ed. a cura di Silvana Seidl MENCHI, saggio introduttivo di Felix GILBERT, Turim: Einaudi, ed. 1971, ristampa 2008, cit. livro VI, cap. IX – *commercio de' portoghesi coll'Oriente e danno derivatone a'veneziani. Cristoforo Colombo e la scoperta delle nuove terre a Occidente. Errori degli antichi rivelati dalle nuove scoperte*, p. 589-593, cit. p. 592).

Em sentido diverso, clara é a advertência de Michel de MONTAIGNE, nos **Ensaios**:

> Os que voltam desse Novo mundo que os espanhóis descobriram no tempo de nossos pais, podem testemunhar como esses povos, que não possuem leis nem magistrados, são mais bem governados do que nós, com nossos tão numerosos funcionários e leis tão abundantes, que ultrapassam em quantidade os atos a serem julgados.[291]

O sentido crítico em relação à 'conquista' e aos mecanismos por esta adotados não esteve ausente, mesmo entre os contemporâneos.[292] O próprio MONTAIGNE, em outra passagem, assinalava as consequências desta "conquista realizada de maneira tão extraordinária, tão espantosa", onde "a devastação foi de tal ordem que até os nomes das localidades desapareceram totalmente".[293]

Ao menos entre os representantes da *intelligentsia* espanhola daquele tempo podiam ser encontradas vozes críticas. O que nem sempre é fácil, por facilmente desagradar e entrar em confrontação com os detentores do poder.

[291] Michel de MONTAIGNE (1533-1592), **Essais** (orig. publ. 1580, ed. póstuma 1595, in **Oeuvres complètes**, textes établis par Albert THIBAUDET et Maurice RAT, introduction et notes par Maurice RAT, Paris: Gallimard / Pléiade, (c) 1962, impr. 1992), ou na ed. brasileira, Michel de MONTAIGNE, **Ensaios** (trad. Sérgio MILLIET, Sao Paulo: Abril, 1972, livro II, cap. XII, p. 234). Em outra passagem – profeticamente – MONTAIGNE, **Ensaios** (I.XXIII, p. 62-63) advertia: "Não são os bárbaros motivo de maior estranheza para nós do que nós para eles; é o que compreenderíamos, após ter refletido sobre os exemplos que nos apresentam o passado e os países longínquos, se nos puséssemos a meditar sobre os de nosso próprio meio e comparássemos com objetividade (*sainement*). A razão humana é um amálgama confuso em que todas as opiniões e todos os costumes, qualquer que seja a sua natureza, encontram igualmente lugar. Infinita em suas matérias, infinita na variedade de formas que assume."

[292] Ver **Tratado** (tomos 14 a 17 – **Direito internacional no tempo do colonialismo**, no vol 14, item – *colonialismo no tempo e no espaço*).

[293] MONTAIGNE, **Ensaios** (eds. cit., II.XVIII, p. 310), a respeito de "Certos povos das Índias Ocidentais, cujos nomes não são necessários indicar porque já não existem." O fenômeno de povos inteiros serem aniquilados já ocorria, mas ainda não se usava o termo 'genocídio', trazido para o direito internacional positivo pela Convenção das Nações Unidas para a prevenção e a repressão ao crime de genocídio (1948). Para a caracterização do genocídio no direito internacional contemporâneo, ver, por exemplo, William A. SCHABAS, **Genocide in international law** – The Crime of Crimes (Cambridge: Univ. Press, 2nd ed., 2009).

Como classe social, os letrados e universitários não tinham vida fácil, nem situação claramente definida. Sobretudo se muito insistissem em preservar a sua independência intelectual e de opinião.

Comenta-se a ambiguidade da relação entre o estado moderno e o que hoje, com certa carga pejorativa, se diriam as *élites*. No caso, "em Castilha: grandes e titulados face ao rei".[294]

Em relação aos conterrâneos alemães do século XVII, "a *intelligentsia* alemã que maneja a pluma, depois da época medieval e, sobretudo, depois da Guerra dos trinta anos, é uma camada relativamente controlada e humilhada, cuja atividade é regional, com recursos limitados, confinada nos limites de uma classe social".[295]

O mesmo pode ser ponderado, em relação a "esses professores espanhóis do século XVI" que "eram, antes e acima de tudo, consciências em perpétuo estado de inquietude".[296] O mérito consiste no dado que "eles souberam aprisionar o que existe de eterno na vida humana: o

[294] Fernand BRAUDEL, **La méditerranée et le monde méditerranéen à l'époque de Philippe II** (orig. publ.1949, Paris: Armand Colin, 8e ed., 1987, vol. 2, parte II, chap. 5 – *Les sociétés*, cit. p. 54): "On dit avec raison que l'état moderne a été l'ennemi des noblesses et des féodalités. Cependant, il faut s'entendre: il a été à la fois leur ennemi et leur protecteur, leur associé. Les réduire à l'obéissance, première tâche, jamais achevée d'ailleurs; ensuite les utiliser comme instruments de gouvernement. "

[295] Norbert ELIAS, **La civilisation des moeurs** (orig. publ. **Über den Prozess der Zivilisation**, 1969, traduit de l'allemand par Pierrre KAMNITZER, éd. 1975, Paris: Agora, reimpr. 1999, p. 108): "une couche rélativement brimée, à l'activité régionale, aux ressources limitées, confinée dans les limites d'une classe sociale" – prossegue – "Ce n'est que pendant la seconde moitié du XVIIIe siècle, quand l'intelligentsia bourgeoise, assumant en quelque sorte le rôle d'avant-garde de la bourgeoisie marchande, conquiert de meilleures chances de promotion sociale et une plus grande liberté d'action, qu'on retrouve le langage et le vocabulaire d'une confiance en soi proche de celle des humanistes et d'ÉRASME; mais même pendant cette période, il est rare d'entendre des propos sur les nobles qui ressemblent à ce défi même exprimé en filigrane: vos animaux héraldiques ne valent pas l'exercice des *artes liberales*, ne valent pas les réalisations artistiques et scientifiques."

[296] Camilo BARCIA TRELLES, **Francisco de Vitória et l'école moderne du droit international** (RCADI, 1927, t. 17., p. 109-342, *Introduction*, p. 113-135, cit. p. 127) comenta terem as teorias internacionais de VITÓRIA surgido ao comentar o fato da descoberta e da ocupação da América, enquanto seus predecessores espanhóis estavam antes voltados para o eterno problema da justiça e da guerra, considerados genericamente: *"C'est lá précisément que reside leur mérite."* Ver tb. de C. BARCIA TRELLES, **Fernando Vazquez de Menchaca (1512-1569) – L'école espagnole du droit international du XVIe siècle** (RCADI, 1939, t. 67, p. 429-534), já referido..

culto da verdade. Eis porque a sua obra adquiriu um perfil imortal".[297] De tal modo que "as teorias dos jurisconsultos espanhóis do século XVI se confundem com as que constituem o essencial da moderna escola internacional".[298]

Este pode ser modo de resgatar a dignidade do século dito 'de ouro' espanhol: além da intolerante perseguição de mouros, 'marranos' e judeus, além das barbaridades cometidas nas 'colônias', sob a alegação da propagação da fé, mal disfarçando a avidez inescrupulosa da conquista, também existiram vozes e consciências críticas. Esse papel foi desempenhado por esses teólogos e juristas espanhóis, dos séculos XVI e XVII.[299]

Barbaridades também foram cometidas pelos espanhóis, durante sua fase de potência dominante – extensa e sistematicamente – como potência colonial, e também contra outros povos – mesmo sendo estes também cristãos e europeus – tais como a violência repressão aos 'insurgentes belgas' – e holandeses – que lutaram oito décadas, para alcançar a

[297] C. BARCIA TRELLES (op. cit., 1927, p. 115).

[298] C. BARCIA TRELLES (op. cit., 1927, p. 210).

[299] Ver **Tratado** (tomos 14 a 17 – **Direito internacional no tempo do colonialismo**). Mal comparando, nesse papel de ser a voz que resgata a dignidade, pela crítica contundente, que exerce, em meio ao *establishment* universitário da potência dominante da época, os juristas espanhóis do século de ouro foram da espécie de Noam CHOMSKY naquele tempo. Este, inserido no meio universitário estadunidense, não deixa de ser crítico violento da falta de ética, da arrogância cega dos que falam em 'destino manifesto', esquecendo-se de seu dever de condução responsável dos negócios do mundo. Simplesmente porque circunstancialmente determinado país detém alguns elementos de 'hegemonia', não se torna o mundo apêndice deste. E tais homens e mulheres virão a ser julgados pelo discernimento que demonstrem no exercício de tal liderança.

independência da Espanha,[300] ou as desgraças impingidas à Itália por tropas estrangeiras – sobretudo espanholas.[301]

A respeito das invasões estrangeiras na Itália, nas décadas que se seguiram à entrada dos franceses na Itália, em 1494, comentava GUICCIARDINI, que estas trouxeram "consigo a semente de inumeráveis calamidades, de horrendos incidentes e de variações, em quase todas as coisas".[302] De tal passagem não somente "tiveram início mutações de estados, subversão de reinos, desolação de regiões, morticínio de cidades, crudelíssimas execuções, mas também novos hábitos, novos costumes, novos e sanguinários modos de fazer guerra".[303]

Depois da introdução dessa enfermidade – a violência da guerra moderna – que, "até aqueles dias, não se conhecia; se desordenaram de tal maneira os instrumentos da tranquilidade – *quiete* – e concórdia italiana". De tal modo que, "nunca mais tendo sido possível reordená-las,

[300] Ver **Tratado** (tomo 4 – **Direito internacional no tempo medieval**, item 11.6.1 – Balthazar AYALA (1548-1584)) – esse assessor jurídico dos exércitos de FELIPE II nos Países Baixos não reconhecia aos assim chamados 'insurgentes belgas' sequer o tratamento dos exércitos em guerra – esse conflito sequer seria uma guerra, propriamente dita, mas a repressão de uma rebelião, o que explica o rigor dos meios admitidos pelo autor hispano-flamengo, para tentar por termo; ver tb. **Tratado** (tomo 7 – **Direito internacional no tempo de Hugo Grócio**, item 18.1 – conflitos metropolitanos e aventuras coloniais holandesas: interlúdio no Brasil).

[301] Gregorio MARAÑON, **Olivares** – der Niedergang Spaniens als Weltmacht (do original **El Conde-Duque de Olivares – La pasión de mandar**, s/d, übersetzt und eingeleitet von Ludwig PFANDL, München: Hermann Rinn, s/d, *Published under Military Government Information Control License Nr. US-E-161,* cap. XVIII – *Die Aussenpolitik*, p. 299-319, cit. p. 318-319). Ver tb. Jérôme HÉLIE, **Les relations internationales dans l'Europe moderne** 1453-1789 (Paris: Armand Colin, 2008, esp. chap. 4 – *L'Espagne de Philippe II première puissance européenne*, p. 66-78, chap. 5 – *Philippe II face aux réformés de l'Europe du Nord*, p. 79-95, e chap. 6 – *L'impossible* ***Pax hispanica*** *(1598-1618)*, p. 96-111).

[302] Francesco GUICCIARDINI (1473-1540), **Storia d'Italia** (orig. publ. Firenze: Lorenzo Torrentino, 1561, ed. a cura di Silvana Seidl MENCHI, saggio introduttivo di Felix GILBERT, Turim: Einaudi, ed. 1971, ristampa 2008, cit. livro I, cap. IX, p. 74-79 e a seguir cap. X, p. 80-82, cit. p. 81) por exemplo: "restando, parte nel combattere, parte nel fuggire, morti di loro più di cento uomini, uccisione senza dubbio non piccola secondo le maniere del guerreggiare le quali a quello tempo in Italia si esercitavano."

[303] F. GUICCIARDINI, **Storia d'Italia** (1561, ristampa 2008, I.IX, cit. p. 78): "E per maggiore infelicità, acciocché per il valore del vincitore non si diminuissero le nostre vergogne, quello per la venuta del quale si causorno tanti mali, se bene dotato sí amplamente de'beni della fortuna, spogliato di quasi tutte le doti della natura e dell'animo."

outras nações estrangeiras e exércitos bárbaros tiveram a faculdade de a espezinhar miseravelmente e devastá-la".[304]

Reporta-se GUICCIARDINI ao saque de Roma, cometido em 1527 – *anno mille cinquecento ventisette ricco di avenimenti e di sciagure* – ano cheio de acontecimentos e de desgraças.[305]

Manifestação desse fenômeno tipicamente moderno – do "estado como forma de arte" –[306] se mostra nas atrocidades, cometidas pelas tropas imperiais, durante a tomada e saque de Roma, em 1526 e 1527.

Até que ponto caiba falar em uma "escola espanhola de direito internacional" pode ser objeto de controvérsias, com vozes favoráveis,[307]

[304] F. GUICCIARDINI, **Storia d'Italia** (1561, ristampa 2008, I.IX, cit. p. 78).

[305] Como descreve Francesco GUICCIARDINI, **Storia d'Italia** (1561, ristampa 2008, livro XVIII, cap. I – *L'anno mille cinquecento ventisette ricco di avenimenti e di sciagure [...] Vicende di guerra nello stato pontificio. Richieste di aiuti del pontefice ai collegati e al re d'Inghilterra*, p. 1815-1819, e cap. VIII – *[...] Assalto del esercito tedesco a Roma; morte del Borbone; sacco alla città*, p. 1853-1860, cit. p. 1859-1860): "Arrivò, il di medesimo che gli imperiali preseno Roma, il conte Guido coi cavalli leggieri e ottocento archibusieri al ponte di Salara, per entrare in Roma, la sera medesima; ma intesi il successo si ritirò a Otricoli, dove si congiunse seco il resto della sua gente; perchè, non ostante le lettere avute di Roma che disprezzavano il suo soccorso, egli, non volendo disprezzare la fama di essere quello che avesse soccorso Roma, aveva continuato il suo cammino. Né manco (come è natura degli uomini, benigni e mansueti estimatori delle azioni proprie ma severi censori delle azioni d'altri) chi riprendesse il conte Guido di non avere saputo conoscere una preclarissima occasione, perché gli imperiali, intentissimi tutti a sí ricca preda, a votare le case, a ritrovare le cose occultate, a fare prigioni e a ridurre in luogo salvo i fatti, erano dispersi per tutta la città, senza ordine di alloggiamenti senza riconoscere le loro bandiere senza ubbidire i segni de' capitani."

[306] Jacob BURCKHARDT, **O estado como forma de arte** (orig. publ. **Der Staat als Kunstwerk**, capítulo do livro **Die Kultur der Renaissance in Italien**, 1860, trad. Sérgio TELLAROLI, São Paulo: Penguin Classics / Cia. das Letras – Grandes Ideias, 2012, cit. p. 101): "nos quais talvez o elemento não ocidental presente em seu sangue, talvez a familiaridade com os espetáculos proporcionados pela Inquisição tenham desencadeado o lado mais diabólico da natureza humana. Àquele que vier a conhecê-los pelos horrores que perpetraram contra Prato, Roma etc. será difícil interessar-se mais tarde, num sentido mais elevado, por FERNANDO, o católico, e CARLOS V. Estes conheciam suas hordas e, no entanto, permitiram que agissem livremente. A carga de documentos oriundos de seus gabinetes que, pouco a pouco, vemà luz pode permanecer uma fonte de informação as mais importantes – mas ninguém mais procurará neles um pensamento político fecundo."

[307] No sentido de reconhecer a existência de uma "escola espanhola de direito internacional": Adolfo MIAJA DE LA MUELA, **Internacionalistas españoles del siglo XVI – Fernando VAZQUEZ DE MENCHACA** (Valladolid: Universidad de Valladolid, 1932); W. GREWE, **Epochen der Völkerrechtsgeschichte** (Baden-Baden: Nomos, 1984);

outras contrárias,[308] e alguns tons intermediários.[309] O que em parte se considerou,[310] e se vai, a seguir, complementar.

Nessa Europa do século XVI pesava ainda, como vestígio do passado, o princípio medieval, que tinha encontrado tantos defensores exaltados – quer em favor do papado, ou do imperador – mas uns e outros tinham em comum a pretensão de estabelecer critério de ordenação do mundo, a partir de eixo central de poder. Ao menos em relação ao mundo ocidental.

James Brown SCOTT, **The Spanish conception of international law and of sanctions** (Washington: Carnegie Endowment for international peace, 1934),

[308] Contra a identificação de uma 'escola': J.-T. DELOS, **La société internationale et les principes de droit public** (Paris: Pedone, 1929); o muitas vezes referido Michel VILLEY, **La formation de la pensée juridique moderne** (Paris: PUF, 2003). Dentre os cursos na Haia de C. BARCIA TRELLES (1927, 1933, 1939), em seu sobre SUAREZ (op. cit., 1933, p. 396) notava: "nous croyons relever dans une étude comparative des idées internationales du XVIe siècle espagnol des divergences qui empêchent d'affirmer positivement l'existence d'une école espagnole."

[309] Entre uns e outros: David KENNEDY, *Primitive legal scholarship* (Harvard Int'l. Law Journal, vol. 27, no. 1, 1986, p. 1-98); Knud HAAKONSSEN, **Natural law and moral philosophy**: from Grotius to the Scottish Enlightenment (Cambridge: Univ. Press, 1st. publ., 1996, digital printing 2003, chap. 1 – *Natural law in the seventeenth century*, p. 15-62); L. ROLLAND, *Suarez* (in **Les fondateurs du droit international: leurs oeuvres, leurs doctrines**, introduction de A. PILLET, Paris: V. Giard & E. Brière, 1904, p. 95-124); A. TRUYOL Y SERRA, **Histoire du droit international public** (Paris: Economica, 1995, chap. VII – Les fondateurs de la science du droit international, item 2 – Les classiques espagnols du droit des gens, p. 48-55) aponta a relevância de '*les hommes et les oeuvres*' – VITÓRIA, DE SOTO, MOLINA, SUÁREZ, VAZQUEZ DE MENCHACA – mas não insiste na configuração de uma 'escola' (op. cit., 1995, p. 48): "Les 'classiques espagnols du droit des gens' ont soumis les problèmes de la société internationale à une analyse rigoureuse et systématique. Ce furent pour la plupart des hommes d'église enseignants. La majorité appartenait à divers ordres religieux. On peut les classer en trois courants principaux. Deux sont associés respectivement à l'ordre de saint Dominique et à la Compagnie de Jésus. Chez eux, comme chez les membres d'autres ordres (Augustins, Franciscains, etc.), prévaut le point de vue de la théologie morale et du droit naturel. Ils constituent (les Jésuites notamment) le gros de ce qu'on a appelé la 'seconde scolastique' ou aussi la néoscolastique de la Renaissance et du Baroque, une scolastique renouvelée au contact de l'humanisme, et qui, de l'Europe méditerranéenne, se répandit, à l'ombre de la Contre-Réforme ou Réforme catholique, à travers l'Europe centrale et orientale. Le troisième courant est représenté par les juristes (romanistes, canonistes), ecclésiastiques ou laïcs."

[310] Ver, a respeito, **Tratado** (tomo 4 – **Direito internacional no tempo medieval**, tomo 5 – **Direito internacional no tempo de Francisco de Vitória**) e a seguir, neste tomo (especialmente cap. 15 – Francisco SUÁREZ (1548-1617)).

A concepção medieval de mundo se fundava na unidade e na hierarquia, na busca de ordem. Esta ordem que, na mente medieval, não se concebia sem a atribuição de condição suprema a determinada fonte de poder, império ou papado, mas ambas, em última instancia, teriam a sua 'legitimação' emanada da divindade.

Essa ideia de ordem se manifestaria, em escalas sucessivas, na ordenação das relações humanas. Essas concepções levaram muito tempo para desaparecer e fazer cessar seus efeitos sobre projetos e modelos de ordenação das sociedades e da convivência entre estas.

O final da Idade média, como concepção intelectual, ou critério de ordenação política, ocorreria quando o eixo central deixa de ser procurado, ou se constata que este deixara de ser possível. Tornava-se, assim, necessário ordenar o mundo de modo diverso do que se experimentara até então.[311]

A grande transformação do mundo medieval para o mundo moderno se dá quando essa concepção medieval dá lugar a outra – a gênese do estado moderno –[312] esta construída em torno de identidades nacionais, fórmula pautada pela diversidade e pela nivelação entre poderes de

[311] Cfr. **Tratado** (tomo 5 – **Direito internacional no tempo de Francisco de Vitória**, item – multipolarização da Europa na era moderna e advento do direito internacional como sistema); contexto que apontavam, dentre outros: Johan HUIZINGA, **O outono da Idade média** – estudos sobre as formas de vida e de pensamento dos séculos XIV e XV na França e nos Países Baixos (do original **Herfstij der middeleeuwen**, 1919, trad. de Francis Petra JANSSEN, ensaios de Peter BURKE e Francis von der LEM, São Paulo: Cosac & Naify, 2010, 2ª reimpr., 2011); Michel ZIMMERMANN, **La crise de l'organisation Internationale à la fin du Moyen âge** (RCADI 1933, t. 44, p. 315-438).

[312] Cfr. **Tratado** (tomo 5 – **Direito internacional no tempo de Francisco de Vitória**, cap. 13 – estado como sujeito de direito internacional); François FORONDA, *Du contrat ou de la structure proprement politique des sociétés politiques* (no volume **Avant le contrat social** – le contrat politique dans l'Occident médiéval XIIIe-XVe siècle, sous la direction de F. FORONDA, Paris: Publications de la Sorbonne, 2011, p. 5-13, cit. p. 7): "Allez, je lâche la formule qui agace: 'Genèse de l'état moderne', dont l'auteur n'a nullement besoin de mes services pour répondre aux critiques, cependant rarement poussées jusqu'à une réelle réfutation des considérables résultats obtenus et encore à obtenir". Ver tb. o conjunto dos ensaios contidos no volume **Avant le contrat social** – le contrat politique dans l'Occident médiéval XIIIe-XVe siècle (dir. de F. FORONDA, Paris: Publications de la Sorbonne, 2011), esp. Jean-Marie MOEGLIN, *Le Saint Empire: contrat politique et souveraineté partagée* (in **Avant le contrat social**, op. cit., 2011, p. 173-191).

igual qualidade e 'soberania':[313] daí o papel central do estado soberano e independente, no contexto moderno. A ausência de poder hierárquico superior coloca os estados como peças centrais do sistema moderno de ordenação do que séculos mais tarde vem a ser chamado de sistema de 'relações internacionais'.

> O equilíbrio político é naturalmente instável: tem necessidade de ser constantemente restaurado, e esse ajuste ininterrupto das forças presentes priva as relações internacionais de qualquer base moral.[314] O equilíbrio constitui a antítese do sistema imperial: foi a droga oferecida à Europa, para se precaver contra possível restauração de ordem hierarquizada.[315]

Em 1550 se reúne em Valadolid, por ordem de CARLOS V, a junta de teólogos e jurisconsultos,[316] formada por Juan GINÉS de SEPULVEDA,

313 Como se examina no **Tratado** (tomo 5 – **Direito internacional no tempo de Francisco de Vitória**, item 13.2 – Jean BODIN (1530-1596)); e mostra o professor da Universidade de Estocolmo, Jens BARTELSON, em seu **A genealogy of sovereignty** (orig. publ. 1995, Cambridge: Univ. Press, Cambridge studies in international relations, vol. 39, reprinted 1996, cit. p. 247), o conceito de soberania é condicionado por descontinuidades filosóficas e historiográficas entre os três períodos que assinala – Renascimento, era clássica e modernidade – e a soberania deveria ser vista como conceito contingente, e não como dado fundamental da ciência política e de sua história: "Within this tradition, sovereignty does not merely mean differente things during different periods, function differently within different epistemic arrangements, or that it is something altogether different from time to time; rather the topic of sovereignty – the concept of sovereignty as opened to definitional change across time – is so rigorously intertwined with the conditions of knowing, that we could inductively expect a change in the former to go hand in hand with a change in the latter even in the future, if indeed there is one".

314 C. BARCIA TRELLES (op. cit., 1927, p. 141): "De cette politique réaliste est issu le système utilitaire que préconise MAQUIAVEL." A respeito de MAQUIAVEL, ver **Tratado** (tomo 5 – **Direito internacional no tempo de Francisco de Vitória**, item 13.1 – Nicolau MAQUIAVEL (1469-1527)).

315 C. BARCIA TRELLES (op. cit., 1927, p. 142) considera ter "o antiimperialismo redentor se encarnado na alma imortal de Francisco de VITORIA".

316 Antes, o mesmo CARLOS V, em 10 de novembro de 1539, envia instruções ao prior do convento de Santo Estevão, em Salamanca, para proibir que se escrevesse e se discutisse a respeito da legitimidade da ação dos espanhóis na América. Assim, primeiro se tentou sufocar o debate, com o peso e as ameaças da autoridade. Depois, em 1542, fala-se em formar uma junta de 'especialistas' para a discussão da matéria. C. BARCIA TRELLES (op. cit., 1927, p. 146-148): "C'est déjà beaucoup que VITORIA, en présence de l'exaltation impérialiste, opposât au césarisme universel la lumière de la vérité. [...] VITORIA qui va

Bartolomé de LAS CASAS e Domingo DE SOTO. Tinham por atribuição discutir, perante o Conselho das Índias, as duas teses que se confrontavam:

- uma delas, "ampla e generosa, na sadia tradição nacional", totalmente favorável aos índios, sustentada por Bartolomeu de LAS CASAS;
- a outra, cesarista e defensora do direito de conquista e de ocupação dos espanhóis no Novo mundo, com base na autoridade universal do imperador, ardentemente sustentada por SEPULVEDA.[317]

Daquela época, entre os espanhóis, ainda por cima representantes da igreja, se sentiram no dever de questionar teorias consolidadas, coniventes com a escravização dos nativos pagãos, e se opuseram, com medidas concretas, às políticas seculares dos *conquistadores*. Por terem estes reduzido a população indígena ao estado de mais abjeta miséria, dominação e exploração, privando-os de suas vidas, de suas culturas e de sua dignidade humana. Nessa missão, nenhum foi mais ativo e mais influente, e nenhum merece maior reconhecimento hoje, do que frei Bartolomeu de LAS CASAS:[318]

caractériser si admirablement ce qu'est le droit des gens, logique avec ses principes, doit se montrer l'adversaire d'un système où la coopération, base de la communauté internationale, est remplacée par la superposition."

[317] Juan GINÉS DE SEPULVEDA, **De convenientia militaris disciplinae cum christiana religione** (orig. publ. Pozoblanco, 1560); ___, **Tratado sobre las justas causas de la guerra contra los indios** (con una advertencia de Marcelino MENÉNDEZ Y PELAYO, y un Estudio por Manuel GARCIA-PELAYO, Mexico: Fondo de cultura económica, ed. 1941, 3ª reimpr. 1996); ___, **Demócrates segundo o de las justas causas de la guera contra los indios** (orig. publ. **Democrates secundus, sive Dialogus de justis belli causis**, Madri, 1780, edición y traducción Angel LOSADA, Kindle Paperwhite International) – e, como comentava Camilo BARCIA TRELLES (op. cit., 1927, p. 143): "SEPULVEDA n'est pas un impérialiste isolé: sa doctrine césariste a trouvé un écho de tout temps et en tous lieux."

[318] Ver **Tratado** (tomo 4 – **Direito internacional no tempo medieval**, item 11.6.3 – *contribuição dos tratadistas da guerra para o direito internacional*), bem como a já referida lição de Adda BOZEMAN, **Politics & Culture in International History** – from the Ancient East to the opening of the Modern Age (orig. publ. 1960, New Brunswick, N.J.: Transaction Publishers, 2nd ed., 4th printing, 2010, esp. chap. 8 – *The Medieval Western European Realm*, p. 238-297, item E – *New Departures in Intercultural Relations*, p. 289-297).

> Os ousados novos princípios, a serviço dos quais esse letrado e monge dominicano colocou todas as suas energias físicas e intelectuais, não somente redimiu muito da brutal ação anterior da Europa no Hemisfério ocidental, mas veio a constituir uma filosofia de relações interculturais, que é ricamente sugestiva, até os nossos dias. [...] A verdade fundamental, que LAS CASAS descobriu, era o fato de ser a guerra errada, como método de expandir a fé.[319]

A obra de LAS CASAS a respeito das relações interculturais deveria receber pleno crédito como inspiradora fonte de referência e de sabedoria, para todos aqueles que estão preocupados com a redefinição das relações entre povos. E como modo de avaliar, sob nova perspectiva, a contribuição espanhola para a configuração do mundo moderno:

> Os registros históricos de poucas nações são tão complexos e contraditórios como os da Espanha no século XVI. Pois o mesmo país que enviou, e continuou a apoiar hordas de aventureiros conquistadores, produziu, simultaneamente um grupo dos mais imaginativos e destemidos homens de letras, que nunca cessaram de criticar a conduta de seus compatriotas.[320]

Como já observado,[321] "um imenso debate se colocou na Espanha a respeito dos *índios*" – onde Bartolomeu de LAS CASAS, Juan de QUEVEDO, Antonio RAMIREZ, Juan GINÉS DE SEPULVEDA,[322] Fran-

[319] A. BOZEMAN (op. cit., 1960, ed. 2010, p. 289-290): "This general conclusion led him to inquire into the actual circumstances that attended Spain's dominion in America, in particular the relations between the *conquistadores* and the pagan Indians."

[320] A. BOZEMAN (op. cit., 1960, ed. 2010, p. 292): "The ideas for which LAS CASAS had engaged himself as a fighting priest, diplomat, scholar and publicist may not have had a lasting influence upon Spain's governmental circles, but they continued to permeate Spain's intellectual elites."

[321] Ernest NYS, **Les origines du droit international** (Bruxelles: Alfred Chastaigne / Paris: Thorin & Fils, 1894, cit. p. 127-128) lembrava o sombrio papel desempenhado por Juan GINÉS DE SEPULVEDA.

[322] Juan GINÉS DE SEPULVEDA, nascido e falecido em Pozoblanco, na província de Córdova (1489 ou 1490-1573), capelão e historiógrafo de CARLOS V, notabilizou-se como violento negador dos direitos dos índios. Já em 1538 este escreveu tratado, publicado em Roma, sob o título **De convenientia militaris disciplina cum christiana religione Dialogus, qui inscribitur Democrates**, no qual intervinham três personagens, um alemão, um espanhol e um grego e discutiam a legitimidade da guerra perante o cristianismo. Mais

cisco de VITORIA, Melchior CANO, Domingo de SOTO desempenharam os papeis principais. Nesse debate, a questão do direito de conquista e do direito de guerra foram necessariamente suscitadas.[323]

Essa vertente crítica se põe como indispensável, para a correta avaliação do conjunto da época de hegemonia espanhola, no início da era moderna – saudava o inglês Samuel JOHNSON, no século XVIII.[324] Mesmo se tais vozes nem sempre foram ouvidas e seus ensinamentos nem sempre foram seguidos.[325]

Dentre os discípulos de VITÓRIA, o já mencionado Domingo de SOTO, na sua obra chamada **De justitia et jure**, considerara existirem três categorias de infiéis, vivendo sob dominação dos cristãos:

> Existem infiéis que, de fato e de direito, vivem sob dominação dos cristãos: os sarracenos e os judeus na Espanha, e dos últimos também na Alemanha e na Itália, em relação aos quais não há dúvidas que os príncipes cristãos podem lhes aplicar as leis e despojá-los de seus bens. São esses que adquiriram pela violência, territórios que antes estavam sob nosso jugo, como os sarracenos, os africanos e os turcos, que se apoderaram da Grécia e sobre

tarde, o mesmo escreveu o **Democrates secundus sive Dialogus de justis belli causis**, que este não conseguiu imprimir, por temer o governo que essa obra fornecesse argumentos aos inimigos dos índios. O **Democrates secundus** circulou em cópias manuscritas e somente veio a ser impresso com as obras de SEPULVEDA, em Madri, em 1780. Comentava E. NYS (op. cit., 1894, cit. p. 127-128): "Dans le **Democrates secundus**, Jean GINÉS DE SEPULVEDA faisait l'éloge de la paix; il examinait les causes de la guerre; mais il aboutissait à la conclusion terrible que les barbares et les sauvages devaient être animés à une vie plus humaine et plus civilisée, à des moeurs plus pures; il soutenait que pour atteindre ce but, il était loisible de recourir à la force."

323 Ver **Tratado** (tomo 4 – **Direito internacional no tempo medieval**, cap. 11 – tratadistas da guerra e seus itens) e sobre a contribuição de Francisco de VITORIA para a evolução do direito internacional, **Tratado** (tomo 5 – **Direito internacional no tempo de Francisco de Vitória**, cap. 14).

324 A. BOZEMAN (op. cit., 1960, ed. 2010, loc. cit.): "It may have been this striking, thought-provoking ambiguity in the character of early imperialist Spain which moved one of the greatest intellectuals of imperialist England in the eighteenth century to remark: '*I love the University of Salamanca; for when the Spaniards were in doubt as to the lawfulness of their conquering America, the University of Salamanca gave it as their opinion that it was not lawful*'." [in James BOSWELL, **Boswell's Life of Johnson** (London, New York, Toronto, 1953, p. 321).]

325 Ver, por exemplo, RODRIGO OCTÁVIO, **Les sauvages américains devant le droit** (RCADI, 1930, t. 31, p. 177-292).

esta exercem a sua tirania; é certo que temos o direito de os atacar e de reconquistar o seu território.
Os infiéis da terceira categoria são os que não nos são submetidos, nem de fato nem de direito, e não nos causam qualquer prejuízo, como aqueles que nunca ouviram falar do Cristo, ou o que é a mesma coisa, são excusáveis, porque o esqueceram. Estritamente falando, ninguém está desculpado, pois se todo o universo está obrigado a receber a fé, depois de ter escutado a sua palavra, o Cristo os esclareceria de algum modo, se tivessem observado a sua lei natural. Contudo, se podem desculpar aqueles cuja infelicidade constitui uma falta, pois não ouviram falar do Cristo. Para com estes últimos, não há causa legítima de guerra, se não as que pode haver entre fiéis.[326]

O problema da condição humana e da capacidade internacional dos infiéis se punha de modo específico em relação aos habitantes do Novo mundo.[327] Conforme as razões expostas e sustentadas pela voz autorizada de Domingo de SOTO.

Também Alberico GENTILI, em 1598, manifestava sua indignação:[328]

Quem poderia defender os espanhóis que mataram miseravelmente alguns grandes monarcas do Novo mundo e, um deles, com atroz suplício, o fizeram morrer em fogo lento? Aqueles reis tinham sido pérfidos, como ouvimos dizer, mas os espanhóis foram cruéis.[329]

Mesmo sem esquecer a importância dos contemporâneos impérios chinês e otomano, o significado histórico da divisão do mundo e a atribuição de zonas de influência respectivas para a Espanha e para Portugal – na Ásia e na América – não pode ser negada:[330]

[326] Citado *apud* BARCIA TRELLES (op. cit., 1927, p. 170-171).

[327] Veja-se **Tratado** (tomo 5 – **Direito internacional no tempo de Francisco de Vitória**, cap. 14); tb. o já ref. estudo de RODRIGO OCTÁVIO, **Les sauvages américains devant le droit** (RCADI, 1930, t. 31, p. 177-292).

[328] Alberico GENTILI, **Direito de guerra** (do original **De jure belli libri tres**, 1598, trad. Ciro MIORANZA, intr. Diego PANIZZA, Ijuí: Ed. Unijuí, 2004).

[329] A. GENTILI (op. cit., 1598, ed. 2004, III.VIII.3, p. 481).

[330] ONUMA Yasuaki, *Eurocentrism in the History of International Law* (in **A normative approach to war**: peace, war and justice in Hugo Grotius, edited by Y. ONUMA, Oxford: Clarendon Press, 1993, *Appendix*, p. 371-386); A. BECKER LORCA, *Eurocentrism in the history of international law* (in **The Oxford Handbook of the History of International Law**,

> pela primeira vez na história, relações humanas de caráter permanente foram estabelecidas em escala global, como relações intercontinentais – embora a Oceania ainda não estivesse incorporada nessas relações, pelos próximos dois séculos e meio. As relações comerciais entre a Europa, a Ásia e a África foram vitalizadas pela 'descoberta do Novo Mundo', e a exploração das minas de prata de lá.[331]
> As razões pelas quais essas potências europeias pretenderam exercer a dominação foram justificadas de vários modos. Algumas se reportavam à autoridade do papa, e remetiam à teoria do *dominium mundi*. Outros enfatizavam o poder e a autoridade do Império romano. Outros, ainda, se basearam no título da descoberta.
> De todos esses argumentos, a teoria de Francisco de VITÓRIA é a mais admirável, por exibir protótipo de justificação normativa do direito internacional, que permaneceu basicamente o mesmo pelos quatro séculos seguintes, período durante o qual as potências europeias (e depois também os Estados Unidos) exerceram hegemonia sobre o mundo.[332]

A vertente imperialista não foi exclusiva da Espanha, nem do século XVI. Esta recrudesceu,[333] como se vê, no século XIX, quando as potên-

ed. by B. FASSBENDER e A. PETERS, Oxford: Univ. Press, 2012, chap. 43, p. 1034-1057); A. BECKER-LORCA, **Mestizo International Law** – a global intelectual history 1842-1933 (orig. publ. 2014, Cambridge: Univv. Press, 2016); C. G. F. CASTAÑON, **Les problèmes coloniaux et les classiques espagnols du droit des gens** (RCADI, 1954, t. 86, p. 557-700); Jérôme HÉLIE, **Les relations internationales dans l'Europe moderne** 1453-1789 (Paris: Armand Colin, 2008); Martti KOSKENNIEMI, **The gentle civilizer of nations**: the rise and fall of international law (1870-1960) ("Hersch Lauterpacht Memorial Lectures", Cambridge: University Press, 1st published 2001, reprinted 2005); Karl-Heinz ZIEGLER, **Völkerrechtsgeschichte** (Munique: Beck, 2ª ed., 2007).

331 Y. ONUMA (op. cit., 1993, p. 374): "a standing trade network was established between Europe, Ásia, Africa and America. In the sixteenth century, the intercontinental trade between Asia and central America was also established. In this way, for the first time in world history, a standing global system of human activities arose, under the hegemony of European powers."

332 Y. ONUMA (op. cit., 1993, p. 375): "the European interstate order as it expanded overcame the other regional powers and their regional interstate orders, actually achieving the status of an international order covering the globe."

333 Cf. **Tratado** (tomo 13 – **Direito internacional no tempo do concerto europeu** e tomos 14 a 17 – **Direito internacional no tempo do colonialismo**); C. BARCIA TRELLES (op. cit., 1927, p. 174): "De nos jours, des hommes à la conscience par trop accomodante, ont justifié l'extension du pouvoir colonial en alléguant que cette extension était

cias 'coloniais' tentaram justificar a sua ação sob alegação da suposta 'missão civilizadora do homem branco'.[334] E que essas potências colonizadoras tinham dever a cumprir em função de fictícia 'superioridade' de 'cultura' em relação a povos 'atrasados'.[335] Por vezes utilizando duvidosos elementos de direito internacional – tais como tratados de cessão

rendue nécessaire par l'accomplissement d'une mission civilisatrice. Au temps de François de VITORIA on invoquait la nécessité de répandre la foi, et c'était une raison puissante qui utilisaient les impérialistes."

334 Como se examina no **Tratado** (tomo 14 – **Direito internacional no tempo do colonialismo**, item – *colonialismo e hipocrisia da suposta 'missão civilizadora do homem branco'*). Sinal dos tempos, ainda C. BARCIA TRELLES (op. cit., 1927, p. 165) argumentava – não com relação ao conceito, mas – quanto ao procedimento: "si les puissances colonisatrices, comme on le prétend, réalisent une mission de haute culture, en essayant d'incorporer à la civilisation et à la Société des Nations progressives des peuples arriérés dans leur développement, il existe une puissante raison morale pour que, au nom de la solidarité internationale, basée sur la justice, l'humanité vérifie en chaque cas s'il y a bien oeuvre véritablement civilisatrice."

335 No **Tratado** (tomo 14 – **Direito internacional no tempo do colonialismo**, item – *direito internacional, colonialismo e suas contradições*). Ainda no século XIX, a tese que nega a soberania dos americanos autóctones – ou 'indígenas' – ainda encontra adeptos. Autores como HEFFTER, querendo evitar a espoliação de recursos naturais, feita pelas potências colonizadoras, em seu próprio benefício, pretendiam, em nome de alegado direito de civilização, fazer admitir o princípio de ser a ocupação feita em favor do conjunto da comunidade de estados civilizados. Johan Kaspar (Jean-Gaspard) BLUNTSCHLI (1808-1881), **Le droit international codifié** (orig. publ. **Das moderne Voelkerrecht der civilisirten Staaten als Rechtsbuch dargestellt**, 1868, 1872, 1878, trad. C. LARDY, Paris: Guillaumin & Cie., 5ª ed., 1895) ainda considerava como *terra nullius* os espaços ocupados por tribos bárbaras. Ver a respeito da mudança conceitual da natureza dos espaços, regidos pelo direito internacional – de *terra nullius* a patrimônio comum da humanidade, **Tratado** (tomo 2 – **Direito internacional dos espaços**, cap. 20 – espaços internacionais: de *res nullius* a patrimônio comum da humanidade); sobre o começo e o fim da aplicação do 'direito de ocupação', ver **Tratado** (tomo 1 – **Direito internacional dos espaços**, item 6.1 – ocupação); tb. Vaios KOUTROULIS, **Le début et la fin de l'application du droit de l'occupation** (Paris : Pédone, 2010); August HEFFTER, **Le droit international public de l'Europe** (orig. publ. **Das europäische Völkerrecht der Gegenwart auf den bisherigen Grundlagen**, Berlim, 1844, trad. francesa de Jules BERGSON, Berlim: Schroeder / Paris: Cotillon, 'nouvelle édition revue et augmentée, après le décès du traducteur, par l'auteur', 1866); N. POLITIS, **Le problème des limitations de la souveraineté et la théorie de l'abus des droits dans les rapports internationaux** (RCADI, 1925, t. 6, p. 1-122); C. BARCIA TRELLES (op. cit., 1927, chap. III – *L'occupation comme moyen d'acquérir la souveraineté*, p. 160-167, cit.p. 166-167): "La rivalité des puissances européennes, dont l'epiloque sanglant nous amène à la guerre de 1914-1918, était causée en grande partie par des rivalités d'ordre colonial. [...] Les puissances colonisatrices, nullement limitées par des considérations de respect pour les souve-

de soberania e de território entre chefes de tribos e representantes das potências colonizadoras.[336]

Infelizmente, para a causa da equidade internacional, no curso do século XIX, alegando vagas razões de difusão da civilização, as potências colonizadoras subjugaram outros povos. Isso ainda se ouviu, com intensidade decrescente, durante a primeira metade do século XX; mas felizmente, se torna obsoleto e politicamente incorreto desde então.[337]

Aí se vê o peso do argumento baseado na soberania universal do imperador e que esse argumento tenha sido alegado, à guisa de justificação da conquista da América. Assim, para compreender a questão intrinsecamente moderna a respeito da legitimidade ou não da conquista da América, inicialmente pelos portugueses e espanhóis, depois também pelos ingleses, franceses, holandeses e outros, não se pode ter a correta dimensão da discussão sem a reportar ao contexto no qual se inscreve. E este contexto nos remete às teorias sobre a soberania universal do imperador, que passam por séculos da Idade média.[338]

Os esforços de VITÓRIA e de SUAREZ, ao comentarem santo TOMÁS DE AQUINO, se puseram no sentido de fomentar a aplicação da doutrina deste em relação a fenômenos de seu tempo, sem descaracterizar os seus ensinamentos. Houve adaptação e atualização das questões, na transição do mundo 'medieval' para o contexto 'moderno'.

rainetés des indigènes, devaient fatalement se créer des obstacles, avec leurs incompatibles désirs d'expansion."

336 Cf. **Tratado** (tomos 14 a 17 – **Direito internacional no tempo do colonialismo**); C. BARCIA TRELLES (op. cit., 1927, cap. VI – *Les traités de cession et leur légitimité*, p. 182-194). Nos termos do tratado de Berlim, de 1885, seus arts. 34 e 35, estabeleciam a distinção entre 'ocupação' e 'protetorado': se a primeira tinha como requisito de validade ser efetiva; a segunda poderia valer mediante a simples notificação da existência do acordo.

337 Cf. **Tratado** (tomo 17 – **Direito internacional no tempo do colonialismo**, cap. 14 – crise do sistema e emergência da 'autodeterminação dos povos' como princípio basilar do direito internacional pós-moderno); ainda, por exemplo, por parte das potências ocidentais contra a China, na primeira metade do século XX. Ver o conjunto dos estudos reunidos no volume **Twentieth century colonialism and China** (edited by Bryna GOODMAN and David S. G. GOODMAN, London: Routledge, 2012).

338 Como se considerou no **Tratado** (tomo 3 A – **Direito internacional no tempo antigo**, item 3.2 – conceito jurídico de império: I – da Antiguidade rumo à Idade média e tomo 5 – **Direito internacional no tempo de Francisco de Vitória**, item 12.2 – conceito jurídico de império: II – da Idade média à era moderna).

Com crucial o encadeamento das contribuições: "temos uma tripla relação. Primeiro o expositor; segundo o filósofo; e terceiro, o compilador".[339] Onde "o moderno direito das gentes do qual VITORIA foi o expositor, SUAREZ o filósofo, e GRÓCIO o sistematizador, é a contribuição do que nós podemos chamar e na verdade devemos chamar, a escola espanhola de direito internacional".[340]

Estas adaptações e atualizações não foram menores, do mundo moderno, com SUAREZ, GENTILI, ZOUCH, GRÓCIO e PUFENDORF, até chegar ao mundo 'clássico' de VATTEL a VON MARTENS, quando se assiste a outras transformações não menos marcantes nem relevantes que as dos séculos anteriores: uma das quais é a instauração do direito internacional clássico.[341] Que se faz na esteira do direito internacional moderno; como este se fizera sobre as bases proporcionadas pelas experiências de eras anteriores.

Esse modelo de direito internacional, dito 'clássico', se consolida na segunda metade do século XVIII. E tem papel crucial para a convivência organizada entre sociedades.[342]

[339] J. BROWN SCOTT, **The Spanish conception of international law and of sanctions** (Washington: Carnegie Endowment for International Peace, 1934, p. 51): "Wherein does Francisco SUAREZ differ from Francisco de VITORIA? If they do not differ, we can not claim that SUAREZ had a hand in the founding of modern law of nations; he could at most only be considered as confirming what VITORIA had already proclaimed. He did indeed confirm what VITORIA had stated, but that is not all. He has added something and that something gave to the conception of the great Dominican nothing more nor less than a philosophy of law and of the modern law of nations." De tal forma que, "after the labours of SUAREZ the fruit of the international tree was ripe for plucking" e "it was the hand of a Netherlander, the hand of GROTIUS that plucked it."

[340] J. B. SCOTT (op. cit., 1934, p. 51): "The contributions of SUAREZ to the epoch-making exposition of VITORIA are the analysis and definition of the general and specific kinds of law, their origin, their nature, their various forms or categiries: the law natural in its several manifestations, the law of the state in its individual capacity, and the law of the states in their international capacity – in other words, the law of nations."

[341] Como se considera, além do presente tomo, no **Tratado** (tomos 7 – **Direito internacional no tempo de Hugo Grócio**, 9 – **Direito internacional no tempo de Samuel Pufendorf**, 10 – **Direito internacional no tempo de C. van Bynkershoek e Christian Wolff**, 11 – **Direito internacional no tempo do Iluminismo**, 12 – **Direito internacional no tempo de Vattel e von Martens**).

[342] Como mencionado, no **Tratado** (tomo 8 – **Direito internacional além do paradigma vestfaliano**, título II – *da construção dos sistemas coesos: de Vestfália (1648) até a guerra dos Sete anos (1756-1763)*); e tb. Emmanuelle TOURME JOUANNET, **Le droit international**

E será este modelo o paradigma vigente, e sinônimo de direito internacional, *tout court*, até que as rupturas do contexto pós-moderno mostrem que esse modelo clássico, estritamente interestatal não mais poderia corresponder às necessidades do mundo.[343] Obsoleto o antigo modelo clássico, nem por isso ficou pronto o sucessor deste, em nosso contexto pós-moderno. O etnocentrismo, em sua variedade específica do eurocentrismo teve longo e tortuoso caminho, no qual contaminou mesmo algumas das melhores inteligências do tempo 'clássico'.[344]

Ao mesmo tempo em que incidia em preconceitos contra as sociedades, que chamava de "atrasadas e primitivas", como dados injustificáveis, porém característicos do seu tempo e do seu meio, Louis LE FUR (1932) exaltava a realização do seu momento e contexto históricos, em relação ao direito internacional:

> Os séculos futuros terão dificuldade em compreender que, até a época atual, os estados não tenham podido instaurar entre eles esse estrito mínimo de autoridade social, sem a qual é impossível falar-se em sociedade organizada; até o século XX, eles admitiram, em suas relações recíprocas, a manutenção da anarquia, ou seja, o triunfo da força, pois, onde não exista norma social conforme à razão, e, portanto, direito racional ou objetivo, não existe se não o direito da força.[345]

libéral-providence: Une histoire du droit international (Bruxelles: Bruylant / Ed. de l'Université de Bruxelles, 2011); ___, *À quoi sert le droit international ? Le droit international providence du XXIe siècle* (Revue belge de droit international, 2007/1, Bruxelles: Bruylant, p. 5-51); ___, **Emer de Vattel et l'émergence doctrinale du droit international classique** (Paris: Pedone, 1998).

343 Como se considera no **Tratado** (tomo 20 – **Direito internacional, história e cultura**); e tb. P. B. CASELLA, *International Law: the post-modern approach to the classics and the new challenges* (curso ministrado no Rio de Janeiro, em agosto de 2009, publ. **XXXVI Curso de derecho internacional**, org. Comité jurídico interamericano da OEA, realizado, Washington: OEA – Secretaria general, 2010, p. 3-46).

344 Cf. **Tratado** (tomo 13 – **Direito internacional no tempo do concerto europeu**, item – *do universalismo da razão para os nacionalismos*).

345 Louis Érasme LE FUR, **Le développement historique du droit international** – de l'anarchie internationale à une communauté organisée (RCADI, 1932, t. 41, p. 501-602, cit. p. 508): "Les siècles futurs auront peine à comprendre que, jusqu'à l'époque actuelle, les États n'aient pu instaurer entre eux ce strict minimum d'autorité sociale sans lequel il est impossible de parler de société organisée; jusqu'au XXe siècle, ils ont admis dans leurs relations mutuelles le maintien de l'anarchie, c'est à dire le triomphe de la force, car là où il

O encadeamento se põe como necessário para permitir a compreensão das mudanças que se conjugam com continuidades. Umas e outras se combinam ao longo dos tempos, e também marcam o direito internacional.

Assim se podem considerar os debates a respeito da existência e do conteúdo do direito internacional moderno. Tanto mais porque tais questionamentos, por vezes, de maneira bastante surpreendente, ainda afloram em nossos tempos pós-modernos.

n'existe pas une règle sociale conforme à la raison, donc un droit rationnel ou objectif, il n'y a plus que le droit de la force."

EXISTÊNCIA E CONTEÚDO DO DIREITO INTERNACIONAL MODERNO

Com certeza não é esforço perdido ou vão, considerar a variedade dos tempos e das coisas do mundo. [...]
Do conhecimento de tais casos, tanto variados, quanto graves, poderá cada um, para si mesmo e para o bem público, aprender muitos saudáveis ensinamentos: onde por inumeráveis exemplos, parecerá evidente a quanta instabilidade, como um mar agitado pelos ventos, estão sujeitas as coisas humanas.

Francesco GUICCIARDINI (1561, ed. 2008)[346]

A natureza da sociedade humana, contudo, não permite que os atos da alma suficientemente manifestos fiquem sem efeito. Por isso, tudo o que foi

346 Francesco GUICCIARDINI (1473-1540), **Storia d'Italia** (orig. publ. Firenze: Lorenzo Torrentino, 1561, ed. a cura di Silvana Seidl MENCHI, saggio introduttivo di Felix GILBERT, Turim: Einaudi, ed. 1971, ristampa 2008, cit. livro I, cap. IV, p. 24-37, cit. p. 36): "Non è certo opera perduta o senza premio il considerare la varietà dei tempi e delle cose del mondo." Antes (op. cit., ed. 2008, I.I, p. 5): "Da cognizione de' quali casi, tanto vari e tanto gravi, potrà ciascuno e per sé proprio e per bene publico, prendere molti salutiferi documenti: onde per innumerabili esempli evidentemente apparirà a quanta instabilità, né altrimenti che uno mare concitato da' venti, siano sottoposte le cose umane; quanto siano perniciosi, quasi sempre a se stessi ma sempre a' popoli, i consigli mali misurati di coloro che dominano, quando, avendo solamente inanzi agli occhi o errori vani o cupidità presenti, non si ricordano delle spesse variazioni della fortuna, e convertendo in detrimento altrui la potestà conceduta loro per la salute comune, si fanno, o per poca prudenza o per troppa ambizione, autori di nuove turbazioni."

dado a conhecer, por sinais suficientes é tomado como verdadeiro contra aquele que empregou estes sinais.

H. GRÓCIO (1625, ed. bras., 2004)[347]

Acontecem longos e complexos debates, a respeito da existência, do conteúdo do direito internacional, sobre a distinção entre direito internacional e direito natural, bem como sobre o âmbito de abrangência e aplicação de cada um destes – entre os séculos XVI e XVIII. Em certa medida, sob outras denominações, se prolongam tais questionamentos até hoje.

Os negadores do direito internacional não datam de hoje; essa vertente já se manifestava, no início da era moderna: mas, curiosamente, enquanto o direito internacional pós-moderno se desenvolve e se estrutura de maneira consentânea com a complexidade e a interdependência crescentes do sistema institucional e normativo internacional de nossos tempos, os 'argumentos' dos negadores – desde os 'realistas', como HOBBES e SPINOZA, no século XVII, aos linha dura 'realistas' das relações internacionais de nossos dias, não parecem ter feito progressos em sua elaboração. O direito internacional progrediu ao longo destes últimos séculos, mas os críticos deste parecem ter parado no tempo.

Reportar alguns elementos de tal debate, por esse motivo, não tem somente interesse histórico – como registro do que ocorreu *in illo tempore* – mas permanece útil e oportuno, na medida em que, de certo modo, prossegue nos séculos seguintes, e surpreendentemente, ainda se podem ver ressurgir manifestações, ainda em nosso contexto pós-moderno. Assim, por exemplo:

[347] H. GRÓCIO, **Direito da guerra e da paz** (1625, ed. bras., 2004, II.IV.III, p. 367) ainda na mesma passagem: "Não é conforme à natureza humana, que não pode conhecer os atos senão por sinais exteriores, atribuir força de direito aos simples atos interiores da vontade. Os atos puramente internos, pois, não são submetidos às leis humanas. Os sinais que designam os atos da vontade não têm senão uma certeza provável, pois os homens pois os homens podem falar de maneira diversa do que querem e do que pensam e mesmo dissimular sua intenção por suas ações".

- sobre o conceito de direito internacional: S. RACHEL (1676 e 1696)[348] e, em várias de suas obras, J. J. MOSER (1732, 1736, 1750, 1752, 1778, 1780);[349]
- sobre a afirmação e a negação da existência do direito internacional se confrontaram: a favor, Nic. Andr. POMPEJI, **Dissert. de existentia iuris gentium** (Altdorf, 1688); contra, Andr. ROTYER ou ROTGER, **Dissertatio de non existentia iuris gentium** (Leyden, 1710); e tb. P. B. van WYDENBRUGH, **Tract. iurid. Datur sed nondum habetur ius gentium** (Göttingen, 1783);
- sobre a distinção entre direito internacional e direito natural: Ioh. Conr. DURRIUS, **De iuris gentium cum iure naturae consensu** (Altdorf, 1671); Ioh. Dav. SCHWERTNER, **De discrimine iuris gentium a iure naturae** (Leipzig, 1685); Dav. Friedr. KAPPEINE, **An et quatenus ius gentium a iure naturae differat?** (Leyden, 1741);
- sobre o direito internacional voluntário: Ernst August BERTLING, **De iure gentium voluntario** (Göttingen, 1745); Samuelis. L. B. de COCCEJI, **Introductio ad Henrici L. B. de COCCEJI ... Grotium illustratum, continens dissertationes proemialis XII in quibus principia Grotiana circa jus naturae,**

[348] Como considerava, por exemplo, Samuel RACHEL, na sua obra **Dissertatione II de iure naturae et gentium** (Kiel 1676 e 1696) – a respeito, ver **Tratado** (tomo 9 – **Direito internacional no tempo de Samuel Pufendorf**, cap. 19 – *Samuel RACHEL (1628-1691)*).

[349] A respeito de Johann Jacob MOSER ver **Tratado** (tomo 12 – **Direito internacional no tempo de Vattel e von Martens**, item 25.1 – de VON MARTENS ao direito público externo de J. J. MOSER). A contribuição de J. J. MOSER se estendeu por várias décadas, na história do direito internacional do século XVIII: desde a obra sobre o direito do estado e o direito internacional nas constituições dos estados da Europa, **Anfangsgründe der Wissenschaft von der gegenwärtigen Staatsverfassung von Europa, und dem unter denen europäischen Potenzien üblichen Völker- oder allgemeinen Staatsrechte 1ter. Theil** (Tübingen, 1732), passando pelas seguintes: **Entwurf einer Einleitung zu dem allerneuesten europäischen Völkerrecht in Friedens- und Kriegszeiten** (1736); **Grundsätze des jetzt üblichen europäischen Völkerrechts in Friedenszeiten** (Hanau, 1750); **Grundsätze des jetzt üblichen europäischen Völkerrechts in Kriegszeiten** (Tübingen, 1752); **Grundlehren des jetzigen europäisches Völkerrechts in Friedens- und Kriegszeiten** (Nuremberg, 1778); e **Versuch des neuesten europäischen Völkerrechts in Friedens- und Kriegszeiten, vornehmlich aus denen Staatshandlungen derer europäischen Mächten, auch andere Begebenheiten, so sich seit dem Tode Kaiser Carls VI. im Jahre 1740 zugetragen haben** (1780).

per totum opus dispersa, ad justam methodum revocantur, mens Grotii, obscura saepius, ex ipso Grotio illustratur, et defectus circa ejus principia notantur, duodecima dissertativo exhibet auctores novum systema iustitiae naturalis et Romanae in quo Universum jus Romanum nova methodo ad artem redigitur (Halle, 1748, na quarta dissertação preliminar, *Dissertatio Proemialis*), alegava inexistir direito internacional voluntário, cuja formulação inicial decorreria de erro do jurista romano TRIBONIANO – *De iure gentium voluntario, ubi simul probatur, tale ius non existere, et monstrum hoc ex errore Triboniani ortum esse expositur*;[350]

- sobre o direito internacional dos antigos romanos – *ius feciale*:[351] Ioh. Iacob MÜLLER, **De iure feciali** occassione libri Grotiani III (Jena, 1693, cap. 3, § 5 ss.); Ioh. IENSIUS, *De fecialibus populi Romani* (in **Ferculo litterar.**, Lyon, 1717); Ioh. ILSTROEM, **De fecialibus Romanis** (Upsala, 1728); Ioh. Wandalin HOYER, **De nomine et officio patris patrati** (Hafn, 1732); Ioh. Dan. RITTER, **De fecialibus populi Romani** (Leipzig, 1732); Franc. Conr. CONRADI, **De fecialibus et iure feciali populi Romani** (Helmstaedt, 1734); Joh. Heinrich STUSS, **Gedanken von der Fecialien des altens Roms** (mit GESSNERS, *Vorrede*, Göttingen, 1757);
- sobre o direito internacional justinianeu: Ioh. Car. NAEVIUS, **Dissertatio de iure gentium Iustinianeo** (Wittenberg, 1676);
- sobre o método do direito internacional: uma vez mais, J. J. MOSER, no *Esboço de introdução* (1736);[352] enquanto, na obra plane-

[350] Samuelis L. B. de COCCEJI, **Introductio ad Henrici L. B. de COCCEJI ... Grotium illustratum, continens dissertationes proemialis XII in quibus principia Grotiana circa jus naturae, per totum opus dispersa, ad justam methodum revocantur, mens Grotii, obscura saepius, ex ipso Grotio illustratur, et defectus circa ejus principia notantur, duodecima dissertativo exhibet auctores novum systema iustitiae naturalis et Romanae in quo Universum jus Romanum nova methodo ad artem redigitur** (esp. *De iure gentium voluntario, ubi simul probatur, tale ius non existere, et monstrum hoc ex errore Triboniani ortum esse expositur*, na quarta dissertação preliminar – *Dissert. proemialis*, p. 54-71, Halle: In officina Orphanotrophei libraria, 1748 – exemplar da Universidade de Ghent, digitalizado em 17 maio 2010, on line: books.google.com.br >).

[351] A respeito, ver **Tratado** (tomo 3 B – **Gregos, romanos, chineses, indianos**, cap. 6 – na formação e no desenvolvimento de Roma, esp. 6.3 – duradoura contribuição do jus gentium para o direito internacional).

[352] Como considerava J. J. MOSER, no seu **Entwurf einer Einleitung zu dem allerneuesten europäischen Völkerrecht in Friedens- und Kriegszeiten** (nos **Vermischte Schrif-**

jada por Georg Christoph SEELAND, **Plan eines Lehrbuchs der europäischen Staatsgelehrsamkeit** – mit einige Anmerkungen (Reval, 1773) – o autor dividia a ciência europeia do estado em três partes: a primeira, consistente na história europeia e estatística; a segunda, o direito do estado e o direito internacional voluntário europeu; a terceira, a aplicação da política aos estados europeus;[353] e Carl Gottlieb GÜNTHERS, **Grundriss eines europäischen Völkerrechts, nach Vernunft, Verträgen, Herkommen und Analogie** (Regensburg, 1777);

– sobre a liberdade e a independência dos povos, segundo o direito natural:
  Frid. Alex. KUNHOLD, **Dissertatio de statu naturali rerum publicarum** (Leipzig, 1723);
  Friedrich Carl von MOSER (1723-1798), *Von den Rechten eines Souverains und freyen Staats, den andern wegen seiner Handlungen zur Rede zu stellen* (in F. C. von MOSER, **Kleinen Schriften**, vol. VI, 1757);[354]
  Johann Heinrich Gottlob von JUSTI (1717-1771) raramente figura nos manuais de história do pensamento econômico, mas é referência relevante do cameralismo – importante corrente de ideias econômicas e políticas, na Europa dos séculos XVII e XVIII – trata de questões de direito internacional em seu volume de **Escritos históricos e jurídicos**, notadamente na *Erörterung der Frage, ob die Protestationes der auswärtigen Monarchen eine wider auf die Wahl gebra-*

ten – 2. Theil, 1736, p. 89-102). A respeito da contribuição de MOSER, ver **Tratado** (tomo 12 – **Direito internacional no tempo de Vattel e von Martens**, item 25.1 – de VON MARTENS ao direito público externo de J. J. MOSER).

353 Von OMPTEDA (op. cit., 1785, reed. 1963, II. Theil, § 116, p. 379-380) observava a respeito da planejada obra de SEELAND: "Das Werk ist jedoch nicht zu Stande gekommen, und der Verfasser scheinet auch dessen Ausführung eben nicht gewachsen zu seyn".

354 Friedrich Carl von MOSER, **Kleinen Schriften – zur Erläuterung des Staats- und Völckerrechts und auch des Hof und Canzley-Ceremoniels** – especialmente *Von den Rechten eines Souverains und freyen Staats, den andern wegen seiner Handlungen zur Rede zu stellen* (in F. C. von MOSER, **Kleinen Schriften**, Sechster Band, Frankfurt-am-Main: bey Johann Benjamin Andreä, 1757, vol. VI, p. 287-347 – exemplar da Biblioteca Nacional da República Tcheca – digitalizado 22 maio 2019 – on line: books.google.com.br).

chte Person zum Beherrscher eines Wahlreiches in dem Natur, und Völkerrechte einigen Grund habe;[355]

Johann Christoph Wilhelm von STECK (1730-1797), foi conselheiro de estado da Prússia – *preussischer geheimer Legationsrath* –, autor de escritos políticos e canônicos,[356] escreveu a respeito do reconhecimento da independência de um estado ou de uma nação, *Von Erkennung der Unabhängigkeit einer Nation und eines Staates* (no vol. J. C. W. von STECK, **Versuchen**, p. 49-56).

– sobre a relação entre direito natural e direito das gentes, dentre a enorme quantidade de livros, cursos e manuais, disponíveis sobre o direito natural, não seria fácil encontrar algum que não trate igualmente dos fundamentos do direito internacional,[357] e no qual não se façam menções frequentes ao direito internacional, mas justamente, cabe atentar para as obras que cuidavam especificamente do direito internacional:

Phil. Reinhard VITRIARIUS (1662-1717), **Institutiones iuris naturae et gentium** (Leyden, 1692; Halle, 1695; Leyden, 1704, 1711; Halle, 1718; Nuremberg, 1726) – obra que segue o sentido e o plano de GRÓCIO, mesmo na forma de ordenar os livros e os capítulos, e foi utilizada para o ensino na Universidade de Leiden – em latim, *Lugdunum Batavorum* – onde VITRIARIUS foi professor da matéria;[358]

Ioh. Franc. BUDDEI (1667-1729), **Philosophia practica** (Halle, 1697, 1702, 1712), foi professor de filosofia na Universidade de Jena – no segundo livro dessa obra, sob o título relativo aos deveres dos

[355] J. H. G. von JUSTI, **Historische und juristische Schriften**, Frankfurt und Lepizig: J. G. Garbe, 1760, vol. I, p. 185 ss.).

[356] Ver August Ritter von EISENHART, *Steck, Johann Christoph Wilhelm von* (in **Allgemeine Deutsche Biographie**, 35 (1893), p. 541-542, on line version – URL: https://www.deutsche-biographie.de/pnd100340520.html#adbcontent).

[357] Cf. observava Von OMPTEDA (op. cit., 1785, reed. 1963, § 118, p. 382-389): "Allein dem ohngeachtet giebt es, besonders unter den älteren, wenige, in denen das Völkerrecht als eine wahre nur einige massen für sich selbst bestehende und von dem allgemeinen Naturrechte abgesonderte Wissenschaft vorgetragen und behandelt wird ".

[358] Von OMPTEDA (op. cit., 1785, reed. 1963, II. Theil, § 118, p. 382-389, cit. p. 383) observava ter a obra de VITRIARIUS sido esta muitas vezes editada conjuntamente a obra de BUDDEI, **Historia iuris naturalis**.

homens e dos povos, conforme a lei natural (*de officiis hominum gentium que integrarum ad legem naturae componendis*), mostrava ter bons conhecimentos do direito internacional;

Michael Heinrich GRIBNER (1682-1734), princípios do direito natural, em quatro livros, ou **Principiorum iurisprudentiae naturalis Libri IV** (originalmente publicado em Wittemberg, em 1710, contou sucessivas edições, em 1715, 1717, 1723, *auctior* 1727, 1733, 1748);[359]

Adam Friedrich GLAFEY (1692-1754), com sua obra "razão e direito internacional", **Vernunft und Völkerrecht** (Frankfurt e Leipzig, 1723, com novas edições, em 1732, em 1746, e em 1752);[360]

Laurenz REINHARD, tanto em seu **Compêndio**, como na sua "introdução ao direito natural e das gentes", **Einleitung zum Natur- und Völkerrecht** (Leipzig, 1736);[361]

Heinrich KÖHLER, em suas duas obras, "exercícios de direito natural" ou **Exercitationes iuris naturalis** (Jena, 1729), e a outra, sobre a relação entre direito natural, direitos sociais e das gentes, ou **Iuris socialis et gentium ad ius naturae revocati specimina** (Jena, 1735);[362]

[359] A respeito de M. H. GRIBNER, também grafado GRIEBNER ou GRIBNERI, ver **Tratado** (tomo 12 – **Direito internacional no tempo de Vattel e von Martens**, item – *ensaio de balanço do direito internacional no século XVIII*).

[360] A respeito da obra de A. F. GLAFEY, ver **Tratado** (tomo 12 – **Direito internacional no tempo de Vattel e von Martens**, item – *ensaio de balanço do direito internacional no século XVIII*); Frank-Steffen SCHMIDT, **Adam Friedrich Glafey und seine Bedeutung für das Völkerrecht im 18. Jahrhundert** (Frankfurt-am-Main: Univ. Frankfurt, Betreuer: Prof. Dr. Dres. h.c. Michael STOLLEIS, on line: Generic_58833657.pdf) considera: "GLAFEY kann [...] möglicherwiese als Wegbereiter einer moderneren Auffassung verstanden werdden, die das Völkerrecht nicht mehr als blosse 'Rechts-philopsophie', sondern bereits als positiv geltendes Recht zu betrachten pflegte, wie die für einen Emeric de VATTEL nur wenige Jahre nach GLAFEYS Tod schon selbstverständlich war"; na edição de 1752, o título integral da obra de Adam Friedrich GLAFEY, **Völkerrecht, worinn die Handlungen freyer Völker gegen einander zu Kriegs- und Friedenszeiten nach dem Rechte der Vernunft betrachtet, und aus denen neueren Geschichten mit denen darüber vorgefallenen Streitigkeiten erläutert werden** (Nürnberg, Frankfurt und Leipzig, 1752).

[361] A respeito de Laur. REINHARD, ver **Tratado** (tomo 12 – **Direito internacional no tempo de Vattel e von Martens**, item – *ensaio de balanço do direito internacional no século XVIII*).

[362] Heinrich KÖHLER, **Iuris socialis et gentium ad ius naturae revocati specimina VII** (Ienae, 1735 ou 1736), e Heinrich KÖHLER, **Exercitationes iuris naturalis** (Ienae,

Ioh. Gottlieb EINECCIUS,[363] com seus elementos de direito natural e das gentes **Elementa iuris naturae et gentium** (Halle, 1737-1738);[364]
Nic. CONCINAE, com sua exposição da doutrina metafísica do direito natural e das gentes, **Iuris naturalis et gentium doctrina metaphysice asserta** (Veneza, 1736);
Ioach. Ge. DARIES, com suas instituições da jurisprudência universal, na qual todo o direito natural e das gentes era explicada segundo método científico, ou **Institutiones iurisprudentiae universalis, in quibus omnia iuris naturae et gentium capita methodo scientifica explanantur** (Iena, 1740, 1745, 1748, *auctior* 1751, 1757, 1764);[365]
François Richer D'AUBE, **Essai sur les principes du droit et de la morale** (Paris: chez Bernard Brunet, 1743);

1729), nas quais o direito internacional era extensamente tratado. KÖHLER entendia ser o direito natural geral a base, para a constituição da vida em sociedade – *gesellschaftliche Naturrecht* –, da qual derivariam o direito geral do estado – *das allgemeine Staatsrecht* – e o direito internacional natural – *das natürliche Völkerrecht.*

363 Johann Gottlieb HEINECCIUS também escreve e publica: sobre as antiguidades romanas, **Antiquitatum romanarum syntagma** (Halle, 1719); sobre os elementos de direito civil, segundo as Institutas, **Elementa juris civilis secundum ordinem Institutionem** (orig. publ. 1725, tb. ed. Amsterdam, 1733); sobre os elementos de direito civil, segundo as Pandectas, **Elementa juris civilis secundum ordinem Pandectarum** (orig. publ. 1727, ed. Amsterdam, 1733); e sobre os elementos de direito germânico, antigo e moderno, ou **Elementa juris germanici tum veteris tum hodierni** (Halle, 1735-1736, 2 vols.), antes de sua obra sobre o direito natural e das gentes, **Elementa juris naturae et gentium** (Halle, 1737-1738).

364 A respeito de Johann Gottlieb EINECCIUS, também grafado EINNECIUS, HEINECCIUS ou HEINECCII, ver **Tratado** (tomo 12 – **Direito internacional no tempo de Vattel e von Martens**, item – *ensaio de balanço do direito internacional no século XVIII*); Johann Gottlieb EINECCIUS, **Elementa juris naturae et gentium** (1737-1738, tb. na edição **Elementi del diritto di natura e delle genti**, "versione italiana e correzione" del sacerdote Andrea Cantore AMATO, Napoli: dalla tipografia di Domenico Sangiacomo, ed. seconda, "riveduta e ricorretta dal Vertitore", 1828).

365 Ioach. Ge. DARIES, **Institutiones iurisprudentiae universalis, in quibus omnia iuris naturae et gentium capita methodo scientifica explanantur** (Iena, 1740, 1745, 1748, *auctior* 1751, 1757, 1764).

Joh. Jac. BURLAMAQUI, com sua obra, sobre os princípios do direito natural, ou **Principes du droit naturel** (1747),[366] continuada por Fortuné-Barthélemy DE FELICE, sob o título de princípios do direito da natureza e das gentes, ou **Principes du droit de la nature et des gens** (1766) –[367] e o mesmo DE FELICE publicaria a seguir, **Leçons du droit de la nature et des gens** (Yverdon, 1769);[368]
F. BELLERS, **Delineation of natural law** (Londres, 1749);[369]
Christian L. B. de WOLFF, com sua grande obra, em vários tomos, e especificamente com a versão 'compacta' da mesma, intitulada "instituições de direito natural e das gentes", **Institutiones iuris naturae et gentium** (Halle, 1750);[370]
Daniel NETTELBLADT, no seu sistema elementar da jurisprudência universal natural, ou **Systema elementare universae**

[366] J. J. BURLAMAQUI, **Principes du droit naturel** (II Parties. Orig. publ. Genève, 1747). Sobre Joh. Jacob BURLAMAQUI ver **Tratado** (tomo 10 – **Direito internacional no tempo de C. van Bynkershoek e Christian Wolff**, cap. 23).

[367] J. J. BURLAMAQUI, **Principes du droit de la nature et des gens** par J. J. BURLAMAQUI, avec la suite du droit de la nature augmentée par Mr. de FELICE, tomes VIII (orig. publ. em Yverdon, 1766). O conjunto passou a incluir os **Princípios do direito político** (1751). Reunidas, passaram as duas obras a ser conhecidas também sob o nome de **Princípios do direito natural e político**, o que pode gerar alguma dúvida, quanto aos títulos e os respectivos conteúdos.

[368] O livro de Fortuné-Barthélemy DE FELICE, **Leçons du droit de la nature et des gens** (Yverdon, 1769), como observava Von OMPTEDA (op. cit., 1785, reed. 1963, § 118, p. 387): "é um resumo – *ist ein Auszug* – da obra maior de BURLAMAQUI, editada por DE FELICE"; sobre Joh. Jacob BURLAMAQUI, tb. referido como Jean-Jacques BURLAMAQUI, e seu atualizador e continuador F.-B. DE FELICE, ver **Tratado** (tomo 10 – **Direito internacional no tempo de C. van Bynkershoek e Christian Wolff**, cap. 23).

[369] Fettiplace BELLERS, **A Delineation of universal law** (replication of the edition of the book published before 1754, Book on demand Ltd., 2015, ISBN 9785519 158275).

[370] A respeito de Christian WOLFF (1679-1754), ver **Tratado** (tomo 10 – **Direito internacional no tempo de C. van Bynkershoek e Christian Wolff**, cap. 22). E como observava Von OMPTEDA (op. cit., 1785, reed. 1963, § 118, p. 386), para mostrar a grande aceitação encontrada pela obra de WOLFF, **Institutiones iuris naturae et gentium** (Halle 1750) – *"Dieses Compendium ist ein Auszug des grossen Wolfischen Werks sowohl von Naturrechte, als vom Völkerrechte"* –, mencionava ter sido esta também traduzida para o alemão, e publicada em duas edições, bem como também em francês. Ver Christian WOLFF, **Grundsätze des Natur- und Völkerrechts** (Halle, 1754 e depois 1769); Christian WOLFF, **Institutions du droit de la nature et des gens** – traduites du latin de Mr. de WOLFF, avec des notes par Elie LUZAC, tomes VI (Leide, 1772).

iurisprudentiae naturalis, usui systematis iurisprudentiae positivae accomodatum (Halle, 1749, e edições posteriores),[371] e também em seus ensaios sobre algumas doutrinas alemãs do direito do estado, ou **Erörterungen einiger einzelner Lehren des teutschen Staatsrechts** (1773);[372]

Gottfried ACHENWALL, com seus elementos de direito natural, ou **Elementa iuris naturae** (1750 e várias edições), seus prolegômenos ao direito natural, ou **Prolegomena iuris naturalis**, e os fragmentos da sua obra sobre os lineamentos da prática do direito das gentes na Europa, ou **Iuris gentium Europaerarum practici primae lineae, fragmentum libelli ob b. auctoris mortem adiecti nunc tandem in lucem editum** (Göttingen, 1775);[373]

Thomas RUTHERFORTH (1712-1771), foi filósofo inglês, professor de teologia – *regius professor of divinity* – em Cambridge, e arquidiácono em Essex. Suas **Institutes of natural law, being the substance of a course of lectures on Grotius de iure belli ac pacis**, foram publicadas em dois volumes (Cambridge: printed by

[371] Daniel NETTELBLADT, **Systema elementare universae iurisprudentiae naturalis, usui systematis iurisprudentiae positivae accomodatum** (Halle, 1749; Editio II, longe auctior et in tres partes divisa, Halle, 1757; 1758; Ed. III, ibid., 1767; Ed. IV, ibid., 1774). Teria sido, como observava Von OMPTEDA (op. cit., 1785, reed. 1963, § 118, p. 386), igualmente traduzida para o alemão, em edição publicada em 1779.

[372] Daniel NETTELBLADT, **Erörterungen einiger einzelner Lehren des teutschen Staatsrechts** (Halle: Renger, 1773 – exemplar da Biblioteca estatal da Baviera, digitalizado em 22 de abril de 2022 – disponível on line: books.google.com.br Daniel_Nettelbladts_Erörterungen_e...).

[373] Gottfried ACHENWALL, **Elementa iuris naturae** (Göttingen, 1750 e tb. na edição de 1752, publicada conjuntamente, com os nomes de ACHENWALL e PÜTTERS; a partir de 1757, somente com o nome de ACHENWALL; edições posteriores, em 1758, 1763, 1767, 1774, 1781; a partir da quarta edição e seguintes, **Prolegomena iuris naturalis**, publicados em volume separado). Edição da obra de Gottfried ACHENWALL e Johann Stephan PÜTTER, **Elementa iuris naturae, additis iuris gentium europaearum practici primis lineis** (sumtibus Bibliopoli Academici Privileg, 1753 – disponível on line: books.google.com.br Elementa_iuris_naturae...). Depois da morte de Gottfried ACHENWALL, foram publicados os fragmentos da sua obra sobre os lineamentos da prática do direito das gentes na Europa, ou **Iuris gentium Europaearum practici primae lineae, fragmentum libelli ob b. auctoris mortem adiecti nunc tandem in lucem editum** (Göttingen, 1775).

J. Bentham, printer to the University, for W. Thurlbourn bookseller in Cambridge, 1754 e 1756);[374]
Ge. Steph. WIESAND, **De iure naturae et gentium libri II** (Leipzig, 1758) – contém a segunda parte deste manual boa exposição do direito internacional natural;
Chr. Henr. BREUNING, **Delineatio philosophiae iusti, seu iuris naturae et gentium** – accedit oratio de causis neglectus iniustitiae in negotiis liberarum gentium (Leipzig, 1768) – manual bem organizado, que se estende adequadamente na respectiva exposição do direito internacional;
Car. Ant. de MARTINI, **Positiones de iure civitatis in usum auditorii Vindobonensis** (Viena: Trattner, 1768) – o livro se divide em duas partes, das quais a primeira é dedicada ao direito do estado, e a segunda trata bastante bem o direito internacional;
Ludwig Conrad SCHROEDER (1724-1801), **Elementa iuris naturalis, socialis et gentium** (Groeningen, 1775) –[375] excelente manual;
Johann Georg Heinrich FEDERS, **Lehrbuch der practischen Philosophie** (Göttingen, 1770; 4ª ed., 1776) –[376] fazia competente aplicação do direito internacional;
Ioh. Rapt. Lascaris GUARINI, **Ius naturae et gentium principia et officia ad christianae doctrinae regulam exacta et explicata** (Roma, 1778-1779, em dois tomos);[377]

[374] Disponível on line: lawlibrary.wm.edu Institutes of Natural Law ... exemplar da Biblioteca Pública de New York, digitalizado em 16 set. 2009 – Institutes_of_Natural_Law.bibtex books.google.com.br); a respeito de Thomas RUTHERFORTH (1712-1771): William HOLDSWORTH, **A History of English Law** (London: Methuen & Co., Sweet and Maxwell, 1938, 12:643); John GASCOIGNE, *Rutherforth, Thomas (1712-1771)* (in **Oxford Dictionary of National Biography**, Oxford: Univ. Press, 2004).

[375] Sobre Ludwig Conrad SCHROEDER, ver **The Dictionary of Seventeenth and Eighteenth-century Dutch Philosophers** (ed. by B. LEEUWENBURGH, H. A. KROP, J. A. van RULER, M. R. WIELEMA, P. SCHUURMAN, W. van BUNGE, London: Routledge--Thoemmes Press, 2003, vol. 2 – K-Z).

[376] Johann Georg Heinrich FEDERS, **Lehrbuch der practischen Philosophie** (Göttingen, 1770; 4ª ed., 1776, disponível on line – BIBTeX – Lehrbuch_der_praktischen_Philosophie books.google.com.br).

[377] Não deixava de marcar o seu distanciamento em relação ao autor de orientação e de fundamentação católica, mas reconhecia as qualidades do trabalho Von OMPTEDA (op. cit., 1785, reed. 1963, § 118, p. 388), a respeito da obra de GUARINI (1778-79): "Ein auf

Henr. Godofr. SCHEIDEMANTEL, **Leges naturales systematicae pertractatae** (Jena, 1778) – este manual cuida bastante bem do direito internacional, muito embora tenha encontrado acolhida e resenhas muito desiguais, algumas bastante favoráveis, outras muito críticas, a respeito do trabalho, ressaltava OMPTEDA;[378]

Ludwig Julius Friedrich HÖPFNER (1743-1797), **Naturrecht des einzelnen Menschen, der Gesellschafter und der Völker** (Giessen, 1780; 2ª ed., 1783) – manual compacto, mas útil, em sua maior parte baseado na obra de ACHENWALL, com conceitos claros e corretos de direito internacional;[379]

Gottlieb Konrad PFEFFEL, **Principes du droit naturel** – à l'usage de l'École militaire et académique de Colmar (Colmar, 1781) –[380] a metade do livro cuida de direito internacional, e a outra metade reúne observações sobre matérias variadas, tais como a guerra civil, enquanto faltam campos inteiros do direito internacional, como o direito da paz;

Béat Philippe VICAT, **Traité du droit naturel et de l'application de ses principes au droit civil et au droit des gens** (Lausanne: chez Julien Henri Pott, 1782, em quatro volumes) –[381] a inteira quarta e última parte deste manual é bastante útil, e cuida do conjunto do direito internacional em 36 capítulos; esta foi a primeira obra do autor, que era professor em Lausanne e foi ceifado pela morte, ainda muito jovem;

die Religionsbegriffe der römischen Kirche sonderbar gebauetes, jedoch mit vielen guten Bemerkungen untermischtes Natur- und Völkerrecht."

378 Von OMPTEDA (op. cit., 1785, reed., 1963, loc. cit.).

379 Ver Michael PLOHMANN, **Ludwig Iulius Friedrich Höpfner (1743-1797)** – Naturrecht und positives Privatrecht am Ende des 18. Jahrhunderts (Berlin: Duncker & Humblot – Schriften zur Rechtsgeschichte, Heft Nr. 56, 1992).

380 Gottlieb Konrad PFEFFEL, **Principes du droit naturel** – à l'usage de l'École militaire et académique de Colmar (Colmar: chez Neukirch Libraire , 1781 – disponível on line – Eberrhard Karls Universität Tübingen – Universitätsbibliothek – URN urn.nbn.de:bsz.21--dt-79193 – Signatur AG 286).

381 Béat Philippe VICAT, **Traité du droit naturel & de l'application de ses principes au droit civil et au droit des gens** (Lausanne: chez Julien Henri Pott, 1782, os volumes 1 e 2 – disponíveis on line – Universidade de Lausanne, digitalizado em 2 out. 2008 – Traité_du_droit_naturel... books.google.com.br).

Johann August Heinrich ULRICH, **Initia philosophiae iusti, seu iuris naturae, socialis et gentium** (Jena; apud viduam Io. Rud. Crockeri, 1783) –[382] e sobre esta obra se manifestava muito favoravelmente OMPTEDA;[383]

Johann Aug. SCHLETTWEINS, sobre os direitos da humanidade, ou **Rechte der Menschheit** – oder wie der einzige wahre Grund aller Gesetze, Ordnungen und Verfassungen (Giessen: bey Justus Friedrich Krieger, 1784) –[384] na qual o direito internacional era tratado somente (nos § 298 a 311) em pouca extensão;

e finalmente, a obra anonimamente publicada, sobre os deveres dos homens, em relação ao direito natural e das gentes, **Observations sur les devoirs des hommes, relativement au droit naturel et au droit des gens** (Paris, 1784) – cujo autor desconhecido declarava dedicar metade da obra ao direito internacional, mas aí considerava antes questões de moral dos povos do que propriamente matérias de direito internacional.[385]

[382] Johann August Heinrich ULRICH, **Initia philosophiae iusti, seu iuris naturae, socialis et gentium** – Scholae suae scripsit I. A. H. ULRICH (Jena; apud viduam Io. Rud. Crockeri, 1783 – disponível on line: Initia_philosophiae_iusti... books.google.com.br).

[383] Von OMPTEDA (op. cit., 1785, reed., 1963, p. 389): "Eines der neuesten und vorzüglichsten Lehrbücher des Naturrechts, in welchen auch das natürliche Völkerrecht (§ 597-642) sehr wohl vorgetragen wird. Auch sind die besten Schriften in jedem Fache mit guter Auswahl angezeiget".

[384] Johann Aug. SCHLETTWEINS, sobre os direitos da humanidade, ou **Rechte der Menschheit** – oder wie der einzige wahre Grund aller Gesetze, Ordnungen und Verfassungen (Giessen: bey Justus Friedrich Krieger, 1784 – disponível on line: https://books.google.com.br > about tb. disponível em digitale-sammlungen.de ..., Vorrede) apontava a proliferação de estudos, compêndios e debates sobre o direito natural, mas considerava que um livro atual sobre os direitos da humanidade, nem seria supérfluo, nem inportuno: "Zwar ist schon die Anzahl der Systemen und Compendien und Streitschriften über das Recht der Natur fasst unbestimmlich. Ich weiss aber doch gewiss, dass gegenwärtiges Buch über die Rechte der Menschheit weder überflüssig ist, noch zur unrechten Zeit erscheint."

[385] Von OMPTEDA (op. cit., 1785, reed., 1963, p. 389) dizia citar essa obra, que mesclava reflexões sobre o direito natural e direito internacional, não pelo seu valor, que considerava pequeno, mas pela novidade: "nicht sowohl seines innern Werths als seiner Neuheit wegen an; der erste ist höchst geringe".

- sobre os tratados entre os povos e os príncipes, na paz e na guerra: Juan LOPEZ [S. LUPUS], **Tractatus dialogicus, de confoederatione principum et an et quando confoederationes hujus modi sint licitae vel ilicitae** (Hagae Schaumb.: Ernest Reinekingius ap. Philippum Jacobi Wagnerum, 1626);[386]
  Mart. GARATUS, **De conventionibus principum** (no **Tract. tractatuum**, tomo VI);
  Joh. Wilhelm NEUMAYR von RAMSLA, **Von der Neutralitet und Assitenz oder Unparteyligkeit und Parteyligkeit in KriegsZeiten sonderbarer Tractat oder Handlung** (Erfurt: J. Birckner, 1620, 183 p.) – a seguir na Dedicatória ao duque Johan Ernst von SACHSEN-WEIMAR (op. cit., 2a. ed., 1625, 691 p.), von RAMSLA se refere explicitamente aos dois tratados políticos, a seguir referidos, e esclarece a necessidade de uma segunda edição, em razão de tudo o que tinha passado "diante dos olhos", naqueles anos, comportando o acréscimo de um capítulo (o cap. VII, onde trata da avaliação que um príncipe deve fazer, a um pedido de ajuda de outro príncipe), bem como ulteriores exemplos históricos, na matéria do tratado;[387]

[386] Juan LOPEZ [S. LUPUS], **Tractatus dialogicus, de confoederatione principum et an et quando confoederationes hujus modi sint licitae vel ilicitae** (Hagae Schaumb.: Ernest Reinekingius ap. Philippum Jacobi Wagnerum, 1626 – disponível on line: Moravska Zemská Knihovna – Historické Fondy – staré tisky – Výzdoba: Titulni list orámován, iniciály – Anm. (zusammen mit): Prívazek 2 k: Thesaurus sive speculum ... / A. KELLER, LEAD ER 0111nam a 22003137a 4500).

[387] A docente da Università degli studi di Bologna, Angela De BENEDICTIS, *Vivere in guerra e scrivere sulla guerra, per venti anni, al tempo della guerra dei Trent'anni* (Società italiana per la storia dell'età moderna, giugno 2022 – on line: lasisem.it) comenta: "Una particolare declinazione e applicazione del principio *historia magistra vitae*, quella praticata da Johan Wilhelm NEUMAYR von RAMSLA (1572-1641), nobile e dotto sassone, che tra il 1620 e il 1640 – quindi durante tutte le diverse fasi della guerra dei Trent'anni – scrisse ininterrotamente, facendo tesoro della sua esperienza di viaggio in Spagna, Francia, Inghilterra, Paesi Bassi e Italia, a servizio per alcuni anni del duca Johan Ernst von SACHSEN-WEIMAR. / Uomo di amplissima cultura, vero e proprio poligrafo, esperto di questioni militari e finanziarie, era in grado di leggere la letteratura dei paesi che aveva conosciuto, oltre il latino. Ognuna delle sue opere è scritta sia in tedesco (naturalmente in caratteri gotici) sia nelle diverse lingue delle opere che von RAMSLA utilizzava: cronache, storie del mondo, trattatisca politica e filosofica, letteratura giurisprudenziale. Una vera e propria *summa* della cultura europea (con tutta la tradizione di cui quella cultura si allimentava) in argomento, con pochi riferimenti alla trattatistica *de iure belli* del tempo

J. W. NEUMAYR von RAMSLA, **Von Bündnüssen und Ligen in Kriegszeiten** (Jena, 1624, 674 p.)
J. W. NEUMAYR von RAMSLA, **Sonderbarer Tractat von Friedenshandlungen und Verträgen** (Jena, 1624, 667 p.);
Ant. MATTHAEI, **De foederibus et foederum natura** (Groening. 1634);
[anônimo], **De vi ac potestate, quam iuris gentium conventiones iure populi Romani habent** (Lugd. Bat. 1640);
Ioh. Christfried SAGITARII, **Dissertatio de foederibus** (Ien. 1645);
Iust. SOESSINGII, **Dissertatio de foederibus** (Ien. 1649);
Ioh. Ulr. PREGITZER, **Dissertatio de foederibus** (Tubing. 1655);
Iustus SINOLD von SCHÜTZ, especialmente o ensaio sobre as alianças e o direito que as rege – *De foederibus eorumque iure* – de 1652, em sua obra **Collegium publicum de statu rei romanae** (volumen secundum: Weidmannus, 1683, dissertatio 12);[388]
Ioh. Bapt. de LARCA, **De foederibus Christiani principis** (Lugd. Bat. 1652);
Conrad SCHUCKMANN, **De foederibus** (Rost. 1654);
Ioh. SCHEFFER, **De foederibus** (Upsal. 1654);
STRICKII, **Diss. de foederibus** (Upsal. 1654);
Herm. CONRING, **De foederibus** (Helmst. 1659; tb. publ. H. CONRING, **Oper.**, t. IV, p. 966-972);
Iac. le BLEW, **Diss. de foederibus** (in I. le BLEW, **Diss. Polit.**, Giessen, 1660);
Val. FRIDERICI, **Diss. de foederibus** (Lips. 1616);
Ioh. SCHMIEDELIUS, **De foederibus** (Ien. 1661);
Gottfr. ZAPFE, **De foederibus** (Ien. 1660);
Matth. STIERIUS, **De foederibus** (Hanov. 1661 et 1673);
Ioh. Mich STRAUFF, **De iure confoederationum** (Witteb. 1662);

(Alberico GENTILI e Ugo GROZIO), nonostanze che i problemi della guerra giusta, della guerra ingiusta e del diritto di guerra fossero ovviamente centrali per le questioni di cui si occupava."

[388] Iustus SINOLD von SCHÜTZ, **Collegium publicum de statu rei romanae** (vol. I, Marpugi cattorum, 1640; volumen secundum: Weidmannus, 1683 – exemplar da Biblioteca estatal da Baviera, digitalizado 8 julho 2011), o ensaio (presumivelmente de 1652, publ. in SCHÜTZ, vol. II, dissertatio 12) – *De foederibus eorumque iure*).

Ioh. Wolfg. RENTSCH, **Diss. de foederibus** (Baruth. 1667);
Seb. KIRCHMAYER, **De iure foederum** (Ratisb. 1672);
Ioh. FRANCI, **Diss. de foederibus** (Frcf. 1682);
Dan. SCHARFF, **Discursus de iure foederum** (Giess. 1683);
Iof. Frid. SCHARFF, **De foederibus** (Wittenb. 1683);
Ulrich HUBER, **Dissertatio de foederibus** (1688);[389]
Ge. Ad. STRUW, **Dissertatio de contratibus principum** (Ien. 1688);
Ant. Wilh. SCHOWART, **Dissertatio an pacta ob necessitatem publicam inita sint servanda** (Frcf. ad Viadr. 1689);
Ge. SCHUBART, **De iuribus gentium circa foedera** (Ien. 1689);
Henr. FLORINI, **Disp. de confoederationibus gentium** (Aboae 1691);
Ioh. WERLHOF, **Dissertatio de pactis liberarum gentium** (Helmst. 1693);
Valent. RIEMENSCHNEIDER, **De eo, quod circa foedera et leges iustum est** (Marb. 1694);
Henr. BODINUS, **Dissertatio de contractibus summarum potestatum** (Hal. 1696);
Ioh. Franc. BUDDEI, **Diss. de ratione status circa foedera** (Hal. 1696) e deste, **Diss. de contraventionibus foederum** (1701);
Ioh. Christ. DONAUER, **Dissertatio de conventionibus publicis** (Altd. 1698);
Ioh. Iac. SILBERRAD, **De iure foederum** (Altdorf 1701);
Friedr. Ludw. Walther de FREUDENSTEIN, **Dissertatio de firmamentis conventionum publicarum** (Giess. 1709);
Christ. Silemann. EISENHART, **Dissertatio de pactis inter reges victores et captivos** (Helmst. 1710);
Ioh. Zac. HARTMANN, **Progr. de variatione a pactis gentium ante ratificationes, quae vocari solent, illicita** (Kilon, 1736);

[389] HUBER, Ulrich [Ulrici HUBERI], **... de foederibus, testamentis, liberationibus, satisfactionibus, acceptilatione, jure crediti divini, aequitate, dispensatione et redemptione dissertationes jurídico-theologicae VII ... Accedit de Praetorio quod Paulus commemorat I. phil. 13 liber singularis** (H. Amana e Z. Taedama,1688 – on line: Ulrici_Huberi_de foederibus ... books.google.com.br).

von JUSTI, **Abhandlung von den Verträgen freyer Mächte über die Länder eines dritten** (in von JUSTI, **Polit. und Finanz-Schriften**, 3ter. Theil, num. 5);
WAECHTER, **De modis tollendi pacta inter gentes** (Stuttgart 1780).

A ideia da construção ou do reconhecimento da existência de vínculos jurídicos entre povos independentes é tão fascinante quanto controversa. Por isso se tentaram – e se tentam ainda – as mais variadas fundamentações possíveis, para a atribuição de base legal a tais instrumentos. Em tempos de paz como em tempos de guerra.

A velha questão, longamente debatida na Idade média, a respeito da possibilidade e da extensão de pactos entre cristãos e infiéis,[390] ainda ocupava tempo e espaço das reflexões de autores dos séculos XVI ao XVII, e mesmo ainda, no século XVIII, tais como:

Octavianni CACHERANI, **Disp. an principi Christiano fas sit, foedus inire cum infidelibus** (Taurini 1569);
Iac. SCHALLER, **Diss. de foederis cum infidelibus contracto** (Argent. 1672);
Polycarp. LYSERI, **Diss. de foederibus fidelium cum infidelibus** (Lips. 1676);
Ioh. Henr. POTT, **Diss. de foederibus fidelium cum infidelibus** (Ien. 1686);
Fried. CALENUS, **Diss. de foederibus fidelium cum infidelibus adversus fideles** (Wittb. 1687);
Gottfr. GERBER, **De iure societatis armorum cum profanis** (Erf. 1711);
Mart. HASSE, **An princeps Christiano cum non-Christiano adversus Christianum foedus inire possit** (Wittenb. 1711);
Ioh. Ge. ROESER, **De foederibus fidelium cum infidelibus adversus fideles** (Sedin. 1713);
Iust. Chr. DITHMARI, **Diss. de foederibus cum diversae atque nullius religionibus populis** (Frcf. ad Viadr. 1716);

[390] A respeito da possibilidade de pactos entre cristãos e não-cristãos, debatida no Concílio de Constança, em 1414-1415, ver **Tratado** (tomo 5 – **Direito internacional no tempo de Francisco de Vitória**, *relações entre comunidades cristãs e não-cristãs no contexto medieval*).

Ioh. Ad. OSIANDRI, **Diss. de moralitate foederum cum infidelibus** (Tub. 1736);
Suen. BRING, **De foederibus cum infidelibus et barbaris** (Lund. Scan. 1744).

Em antecipação genial, em relação ao tempo, no qual escreveram, VITÓRIA e SUAREZ perceberam que a única via, que permitiria chegar a uma solução satisfatória, seria o reconhecimento de direito das gentes, que se impusesse a todos os estados. Cuja aplicação seria garantida por uma comunidade internacional organizada.[391]

No mesmo sentido,[392] cabe apontar o que se pode considerar fenômeno característico de nossa época: "depois de período de negação de qualquer direito, que não fosse o positivo, acabamos por nos aperceber que não se pode fazer direito algum, sem um mínimo de filosofia e, mesmo, veremos, de metafísica".[393] Essa percepção teria levado, a partir do final do século XIX, à renovação dos estudos de direito natural, direito racional, ou direito objetivo, "pouco importando a denominação, desde que se guarde a ideia". Em outros países, o positivismo jurídico[394] parece ter durado mais, adentrando boa parte do século XX.

[391] L. LE FUR (op. cit., 1932, p. 513): "Les dangers trop évidents du droit de se rendre justice à soi-même, résident dans une appréciation unilatérale de la question, le souverain qui se déclare lésé s'arrogeant par là-même le droit de punir."

[392] Louis Érasme LE FUR, **La théorie du droit naturel depuis le XVIIe siècle et la doctrine moderne** (RCADI, 1927, t. 18, p. 259-442, cit. p. 263) advertia logo no início de seu curso: "Le positivisme, en droit comme ailleurs, a eu le mérite de rappeler l'importance de la méthode d'observation, trop négligée au XVIIIe siècle, mais il est radicalement impuissant à fournir des principes directeurs. Ce n'est pas sans raison que depuis longtemps déjà, on l'a traité de philosophie de myopes."

[393] L. LE FUR (op. cit., 1927, p. 263): "Il existe en droit des principes directeurs qui commandent tout le reste; il est donc essentiel de les connaître. C'est précisément l'objet des études de droit naturel, pour employer un terme traditionnel longtemps admis par tous, mais depuis le milieu du XIXe combattu au nom d'un étroit positivisme juridique."

[394] No verbete *'positivismo'*, Éric MAULIN destaca o *'positivismo jurídico'* (in **Dictionnaire de la culture juridique** sous la direction de Denis ALLAND et Stéphane RIALS, Paris: PUF-Lamy, © 2003, impr. 2010, p. 1171-1177, cit. p. 1174) e observa a ambiguidade que acompanha o uso do termo *'positivisme juridique'*, visto este designar tanto um certo tipo de definição do direito como uma determinada concepção da ciência do direito: "Or ces deux ordres de signification ne sont ni nécessairement ni systématiquement liés entre eux".

Mesmo se o direito natural "parece ter menos interesse prático que o direito positivo – parece, pois na realidade, ele comanda todo o resto – exige ao contrário maior esforço, do que outras matérias menos abstratas", vale ressaltar que "essas questões da origem, do fundamento e do método do direito internacional não podem ser evitadas, e os grandes problemas internacionais não podem ser definitivamente esclarecidos sem a ajuda desses estudos de ordem geral".[395]

Não por acaso, durante muito tempo, nos séculos XVI e XVII até o século XVIII, falar em direito natural – *ius naturale* – ou das gentes – *ius gentium* – era considerado quase como sinônimos.[396] Isso se reduz progressivamente no século dito das luzes, sob influência dos movimentos racionalistas modernos.

Essa confluência é ilustrada por autores, tais como os há pouco referidos, que tratam do direito natural e do direito internacional. Por vezes, de maneira quase indiferente.

E tanto quanto os dois termos – direito natural e das gentes – eram (quase indiferentemente) usados como sinônimos, ambos o eram em oposição ao direito civil (*ius civile*), que, por sua vez, designava o direito nacional codificado.[397] Assim, durante ao menos bom par de séculos, as expressões 'direito natural' e 'direito das gentes' eram praticamente indiferenciadas. Mas, de tal circunstância de indiferenciação terminológica não se pode deduzir a inexistência do direito internacional, como pretendem alguns autores.

VITORIA foi o primeiro a falar em "direito entre as gentes" – *ius inter gentes*. Depois dele, ZOUCH, utilizou a expressão, no sentido atual de sistema interestatal de direito. E se não havia um direito da guerra,

[395] L. LE FUR (op. cit., 1927, p. 264, e a seguir p. 265): "en droit international, plus que partout, il est impossible de s'en passer."

[396] Nesse sentido, ver as considerações já desenvolvidas no **Tratado** (tomo 5 – **Direito internacional no tempo de Francisco de Vitória**, cap. 12 – *jus gentium, jus commune, jus europaeum*: entre a teoria e a prática). Em relação ao direito internacional clássico, ver **Tratado** (tomo 11 – **Direito internacional no tempo do Iluminismo**, esp. o item – *mutação de fase histórica e reformulação do sistema internacional*).

[397] L. LE FUR (op. cit., 1927, p. 265): "si le droit naturel intervient partout, il intervient en droit international plus encore qu'ailleurs." O modo de proceder ao raciocínio jurídico é substancialmente diverso, entre direito internacional e direito interno. Ver tb. Hugh THIRLWAY, **Concepts, principles, rules and analogies**: international and municipal legal reasoning (RCADI, 2002, t. 294, p. 265-406).

em sentido estrito, antes dos teólogos e juristas medievais,[398] por outro lado, não haveria um direito internacional da paz, antes de GRÓCIO,[399] PUFENDORF, WOLFF, VATTEL e muitos outros.[400]

Dentre autores que tratam especificamente do direito internacional, como distinto do direito natural, cabe por sua vez, distinguir entre aqueles que tratam somente do direito internacional natural, e outros que tratam do direito internacional positivo, ou prático, ou ainda utilizam a terminologia de direito internacional europeu. A respeito do direito internacional natural: não somente pela ordem temporal, mas também pela importância da contribuição e por sua repercussão, ao longo dos séculos, desde que foi inicialmente publicada, torna-se ine-

[398] Ver a respeito **Tratado** (tomo 4 – **Direito internacional no tempo medieval**, cap. 11 – *tratadistas da guerra*).

[399] Ver a respeito **Tratado** (tomo 7 – **Direito internacional no tempo de Hugo Grócio**, cap. 18 – *Hugo GRÓCIO (1583-1646)*). Considerava Y. ONUMA (*Introduction*, in Y. ONUMA (ed.), **A normative approach to war**, Oxford: Clarendon Press, 1993, p. 1-10, cit. p. 1) não ser fundamental a questão da determinação da 'paternidade' do direito internacional, mas como nesta evolução se encadeiam homens e obras, e se constrói o sistema: "The fundamental problem is not whether GROTIUS is the father of international law. Such expressions are misleading and inappropriate. The significance of inquiring into the work of a certain figure lies not only in understanding the fruitfulness, depth and universality of his (or her) thought, but also in clarifying its limitations in terms of the period, region, and culture in which it was framed, and assessing its enduring value as well as its influence in its own time."

[400] Cfr. **Tratado** (tomo 8 – **Direito internacional além do paradigma vestfaliano**, tomo 9 – **Direito internacional no tempo de Samuel Pufendorf**, tomo 10 – **Direito internacional no tempo de C. van Bynkershoek e Christian Wolff**, tomo 11 – **Direito internacional no tempo do Iluminismo** e tomo 12 – **Direito internacional no tempo de Vattel e von Martens**). Comentava L. LE FUR (op. cit., 1927, p. 266): "C'est toute l'histoire du droit international, ancien comme moderne, qu'il faudrait retracer ici, pour montrer comment il est inséparable du droit naturel, avec lequel nous venons de voir il a été souvent confondu, à tort d'ailleurs." LE FUR considera três fases da evolução do direito internacional – que este assemelha às três fases da evolução da humanidade, na terminologia de A. COMTE: a primeira, a fase religiosa, ou construtiva, que se estenderia até o final da Idade média; a segunda, a fase crítica, que começa com o Renascimento e a Reforma, e se estende até o final do século XIX; e a terceira, a "fase de reconstrução que é a nossa, e na qual acabamos de ingressar", onde se tenta uma síntese científica dos diversos elementos do direito internacional, direito natural ou objetivo de um lado, e direito positivo do outro, considerados ambos necessários para se alcançar um direito verdadeiro e completo, "base de nova ordem internacional, que honrará este século, caso se consiga instaurá-la".

vitável o destaque a Hugo GRÓCIO, cuja obra tinha exatamente como título ***Hugonis GROTII* De iure belli ac pacis libri tres, in quibus ius naturale et gentium, item iuris publici praecipua explicantur** (1625) –[401] pois foram tantos os autores sobre os quais GRÓCIO suscita a repercussão e os comentários, e tão numerosas as edições e as traduções da sua obra, que OMPTEDA, já em 1785, considerava impossível resenhar todas,[402] bem como a literatura secundária a respeito; sem falar em outros escritos a respeito da obra de GRÓCIO, bem como as numerosas traduções desta mesma obra.

Em 1795, na mesma linha, Robert WARD, em seu exame dos fundamentos e da história do direito das gentes na Europa – **An Enquiry into the foundations and history of the law of nations in Europe** – from the time of the Greeks and the Romans to the age of Grotius,[403] coloca GRÓCIO como "o" marco na história do direito internacional:

> O direito das gentes, até esse período, era uma frase vaga e indeterminada, na boca de todos, mas com poucas ideias precisas, associadas a ela. Consistia, como observamos, em várias discussões, que tivemos ocasião de referir, de uma série de precedentes não digeridos, onde mesmo os fatos tinham sido pouco compreendidos, de modo que pudessem ser adaptados, de todas as formas que fossem da conveniência daqueles estadistas, que fingiam tomá-los como guias. Pouco se pensava em ciência, deduzida de normas gerais ou analogias; princípios fundamentais eram buscados em formas de espírito bastante diversas, e sem uma orientação, tudo era deixado ao acaso.[404]

[401] Ver **Tratado** (tomo 7 – **Direito internacional no tempo de Hugo Grócio**, cap. 18, esp item 18.7 – *herança crítica e repercussão da obra de GRÓCIO*).

[402] Von OMPTEDA (op. cit., 1785, reed. 1963, II. Theil, § 120 ss.) sobre edições da obra de GRÓCIO (§ 122, p. 392-396) antes de enumerar quarenta e cinco diferentes edições da obra de GRÓCIO, fazia comentário de ordem genérica: "Ein vollständiges Verzeichnis aller Editionen, welche das Werk des GROTIUS erlebet hat, zu liefern, dürfte fast unmöglich seyn".

[403] Robert WARD, **An Enquiry into the foundations and history of the law of nations in Europe** – from the time of the Greeks and the Romans to the age of Grotius (orig. publ. London: A. Straham and W. Woodfall, 1795, 2 vols., reprinted Clark: The Lawbook Exchange, 2005).

[404] R. WARD (op. cit., 1795, vol. 2, chap. XVIII – *The age of Grotius*, p. 606-628, cit. p. 606).

Aponta WARD a relevância da contribuição de GRÓCIO, na evolução da disciplina:

> A obra de GRÓCIO, assim, tem em seu apoio, tudo o que os filósofos, os poetas, os oradores, e os críticos da Antiguidade ou dos tempos modernos podem fornecer. É ajudada por todas as luzes que podem ser tiradas das famosas leis civis e canônicas, limpas de seus defeitos e falsas glosas, que lhes tinham sido postas por intérpretes corruptos ou ignorantes; sobretudo, é finalmente corrigida e estampada com autoridade, pelas indicações da vontade divina, como coligido dos inspirados autores do Velho e do Novo testamentos, dos comentários dos teólogos hebraicos e da autoridade da patrística.[405]

A publicação da obra de GRÓCIO, em 1625, apesar de dedicada a LUÍS XIII da França, foi negligenciada por esse soberano, que não recompensou seu autor. Mas, coube ao Eleitor palatino, CARLOS LUÍS, ser o primeiro príncipe a ter a honra de atuar como patrono da obra: "impressionado com a sua utilidade, determinou fosse esta publicamente ensinada na sua universidade de Heidelberg, e fundou uma cátedra, com o expresso propósito de ensinar o direito natural e das gentes".[406]

Tornou-se a obra de GRÓCIO o objeto predileto de estudo do grande GUSTAVO – "de quem se diz ter encontrado grande prazer em sua leitura, como ALEXANDRE da leitura dos poemas de HOMERO" – e este comprovou a sua admiração pelo autor, chamando-o para o serviço público da Suécia. Em 1656, a obra de GRÓCIO passou a ser ensinada na universidade de Wittemberg como base do direito público; e, cerca de sessenta anos depois de sua publicação, estava universalmente consolidada na cristandade, como a verdadeira fonte do do direito das

[405] R. WARD (op. cit., 1795, cit. p. 619) se reporta à obra maior de GRÓCIO, **Direito da guerra e da paz** (Prolegômenos, 40 a 56). E prosseguia R. WARD (op. cit., 1795, p. 620): "It is not surprising that a code thus supported, should have immediately advanced into celebrity, and put down in the end those various heterogeneous compositions which had till then formed the rule of conduct for nations, and occasioned many of those discordant arguments and cases which we have related."

[406] R. WARD (op. cit., 1795, vol. 2, chap. XVIII – *The age of Grotius*, p. 606-628, cit. p. 620).

gentes europeu – *universally established in Christendom as the true fountain--head of the European Law of Nations.*[407] E, WARD aduzia,

> Podemos supor que a mente dos homens, doravante despertada para novos e importantes assuntos, não deixaria desaparecer a matéria sem acrescentar outros esforços para a sua elaboração. Desse modo, inumeráveis comentários foram escritos a respeito, dos quais alguns alcançaram autoridade, embora a maioria tenha desaparecido e sido esquecida. Duas grandes obras, contudo, se fundaram no tratado **De jure belli ac pacis**, e merecidamente alcançaram celebridade e peso, que não podemos encerrar nosso tema, sem dar lugar aos seus autores: o primeiro, é a famosa obra de PUFENDORF; o segundo, é VATTEL.[408]

Considera-se que GRÓCIO, com a estrita separação que formula, entre o direito natural e o direito das gentes – *the Law of nature and the Law of nations* – teria excessivamente confinado este em termos estritamente convencionais – *confined the latter too much to actual convention.* Enquanto PUFENDORF, ao afirmar que o direito das gentes é exatamente o mesmo que o direito natural, obedecido por indivíduos, mas aplicado aos estados, em lugar dos homens; considera-se não tenha aprofundado o bastante a matéria,[409]

> Pois questiona-se, se a aplicação específica desse direito das gentes é suscetível de várias modificações, conforme a natureza diversa das matérias,

[407] R. WARD (op. cit., 1795, cit. p. 621); refere o testemunho de BARBEYRAC, no Prefácio à sua tradução da obra de GRÓCIO, **De jure belli ac pacis** (ed. facsimilar da tradução de Jean BARBEYRAC, "avec les notes de l'auteur même, qui n'avoient point encore paru en françois; & de nouvelles notes du traducteur", orig. publ. Amsterdã, chez Pierre DUCOUP, 1724, Caen: Publications de l'Univ. de Caen, 1984, 2 tomos).

[408] Ver **Tratado** (tomo 9 – **Direito internacional no tempo de Samuel Pufendorf**, cap. 20 – Samuel PUFENDORF (1632-1694) e tomo 12 – **Direito internacional no tempo de Vattel e von Martens**, cap. 24 – Emer de VATTEL (1714-1767)); R. WARD (op. cit., 1795, cit. p. 621-622 e 624): "These two works together, formed, for a long time, and form still, the sources to which all Statesmen and Moralists must look for the resolution of difficulties, and the direction of virtue. They are, however, not totally without objection, although the objection is applicable more to their manner, than their matter; more to the accidents of time and place, than to their intrinsic worth."

[409] R. WARD (op. cit., 1795, vol. 2, chap. XVIII – *The age of Grotius*, p. 606-628, cit. p. 625).

sobre as quais tem de trabalhar e, consequentemente, torna os detalhes e minúcias desta diferentes do mero direito natural, como obedecido pelos indivíduos. Assim, ainda se supunha, faltava algo, para levar esta ciência à sua perfeição.

Foi o que deu lugar ao tratado de VATTEL, que, em seu prefácio, bem considerou todas essas distinções. Se as suas objeções a GRÓCIO e a PUFENDORF teriam tal peso, para tornar necessário um novo código, talvez não seja necessário questionar. O certo é, que o mundo lhe deve uma obra bastante completa, cujo modelo é mais leve e elegante, do que todas aquelas magníficas, porém pesadas estruturas, que examinamos; pois ele completamente as limpou de todos os volumosos ornamentos, que se imaginava destinados a adornarem, e tornou o caminho para o interior menos difícil e obscuro.[410]

O tratado de VATTEL, contudo, não parece de modo algum precluir a necessidade de estudar as obras de seus mestres. Quem, na verdade, desejar compreender plenamente a matéria, e se familiarizar com o direito das gentes, em toda a sua beleza e extensão, para que se torne a sua própria reserva de conhecimento, dificilmente poderá alcançar o seu propósito, sem dedicar toda a sua mente aos tratados desses homens maravilhosos.[411]

Ao lado das obras de outros internacionalistas, como Alberico GENTILI,[412] também a obra de GRÓCIO, já em 1627, dois anos depois de sua primeira publicação, estava incluída no **Index**,[413] dentre os livros proibidos aos fiéis católicos.[414]

[410] R. WARD (op. cit., 1795, cit. p. 625-626): "His method is excellent: he marshals, in the outset, a series of preliminary principles, on which he professes to found all his future reasoning, and to which, in the course of it, he regularly refers. Whether his preliminaries, however, will always bear out his conclusions, it does not come within our intention to examine."

[411] R. WARD (op. cit., 1795, cit. p. 627).

[412] A respeito de Alberico GENTILI, ver adiante o cap. 16, neste tomo. E sobre Hugo GRÓCIO, ver **Tratado** (tomo 7 – **Direito internacional no tempo de Hugo Grócio**, respectivo cap. 18).

[413] **Index librorum prohibitorum** cum regulis confectis per Patres a Tridentina Synodo delectos, auctoritate Sanctiss. D. N. PII IIII, Pont. Max. Comprobatus (Venetiis, MDLXIIII) – https://upload.wikimedia.org/v....

[414] O *Índice de livros proibidos*, teve sua primeira versão promulgada ao tempo do papa PAULO IV (1555-1559), continuada por PIO IV (1559-1565); versão revista aprovada pelo Concílio de Trento, foi republicada por vários sucessores, com novas condenações a auto-

O direito internacional é útil e necessário não somente por ordenar a convivência entre sociedades politicamente organizadas, mas também por impor limites à ação discricionária dos estados, quer se trate dos respectivos planos internos dos mesmos (político, administrativo e legal), como também nas relações inter estatais.[415] Esse processo de redução progressiva do "domínio reservado dos estados", e do aumento da incidência da responsabilidade internacional do estado por arbitrariedades cometidas no plano interno, teve e tem longo caminho já percorrido e ainda por fazer.

É necessário atentar para a contraposição entre duas teses, que se prolongam na história: de um lado, a concepção do poder absoluto do estado, onde tem todos os poderes e detém as prerrogativas da soberania ilimitada, e, em oposição, a concepção do poder, limitado pelo direito, que somente existe em função da finalidade a ser alcançada, o bem comum de coletividade de homens, cada vez mais vasta, hoje com o direito internacional da inteira comunidade civilizada:

> Existe uma luta eterna entre, de um lado, as pretensões à soberania dos grupos particulares, sucessivamente, a família, a pátria, o clã, a cidade antiga, mais perto de nós os barões feudais, enfim, hoje, o estado; e, de outro, a tentativa de controlar a pretensa soberania desses grupos, em nome do direito, único verdadeiro soberano, para o bem comum dos indivíduos, que são o elemento inicial de cada um desses grupos, e o fim último de todo o direito.[416]

Por esse motivo, entendo e sustento, que a defesa incondicional do estado e das prerrogativas soberanas deste, constitui a negação do direito internacional, como conteúdo e como sistema. Quem defende incondicionalmente o estado e suas prerrogativas, nega o direito inter-

res e obras – **Index librorum prohibitorum** on line Index_librorum_prohibitorum_... A última edição foi publicada em 1948, somente abolido em 1966, pelo papa PAULO VI. Como se menciona neste tomo, item – *do direito internacional moderno ao clássico.*

415 Cfr. P. B. CASELLA, *Soberania por dentro e por fora* (in **Estudos em homenagem a Enrique R. Lewandowski**, org. Nina B. S. RANIERI, São Paulo, 2023, no prelo).

416 L. LE FUR (op. cit., 1927, p. 269-270).

nacional, tanto conceitual quanto operacionalmente. Em prejuízo da humanidade, como sujeito de direito internacional.[417]

A existência e a operação do direito internacional, enquanto sistema institucional e normativo, se faz na medida em que se ponham freios – de ordem jurídica internacional – aos estados.[418] E isso se vê ocorrer tanto na ordem externa – limites à ação discricionária dos estados, inclusive no tocante ao uso da força – como também na ordem interna – mediante a progressão de sistemas internacionais de proteção dos direitos fundamentais, com a concomitante redução progressiva do "domínio reservado" dos estados.

Não se pode servir simultaneamente aos dois amos: ao se conferir primazia ao direito interno e ao estado – daí não existe sociedade internacional ordenada; ou que se reconheça a primazia do conjunto e o papel preponderante do direito internacional, impondo limites aos estados. Neste último, o sistema ordenado se faz viável pela construção de limites à soberania e ao poder discricionário dos estados.[419]

Os tempos modernos, cabe salientar[420]

[417] Ver **Tratado** (tomo 20 – **Direito internacional, história e cultura**, cap. 4 – papel da proteção internacional dos direitos humanos como fator de renovação e de transformação do direito internacional).

[418] Assim se inscreve a modificação da natureza do direito internacional pós-moderno: este permanece sistema predominantemente interestatal, mas o ser humano se insere, na medida que, em matéria de direitos fundamentais, as relações entre poder público e os indivíduos passam a ser regidas pelo direito internacional. Como extensamente considerei nos **Fundamentos do direito internacional pós-moderno** (2008). Gosto do modo como exprimiram a dicotomia entre estado e direito internacional Juan-Antonio CARRILLO SALCEDO, **Droit international et souveraineté des états**: cours général de droit international public (RCADI, 1996, t. 257, p. 35-221) enumera e analisa as limitações à soberania (*'limitations apportées à la souveraineté dans le droit international contemporain'*; bem como Hubert THIERRY, **L'évolution du droit international**: cours général de droit international public (RCADI, 1990, t. 222, p. 9-186); ver ainda vários dos ensaios, contidos no volume, **L'évolution du droit international**: Mélanges offerts à Hubert THIERRY, Paris: Pedone, 1998).

[419] M. BEDJAOUI e H. THIERRY, (in **Droit international**: bilan et perspectives, Paris: Pedone / UNESCO, 1991, chap. LVI – *Avenir du droit international*, p. 1305-1317, cit. p. 1313, par. 29): "C'est ainsi en fonction des limitations qu'il impose à la souveraineté que le droit international se construit."

[420] Guy SAUPIN, **La France à l'époque moderne** (Paris: Armand Colin, © 2000, impr. 2004). Ver tb. Lucien BÉLY, **La France au XVIIe siècle** – Puissance de l'état, contrôle de la société (Paris: PUF, 2009).

refletem a tensão entre as dimensões local e global, conferidas aos termos de nação, pátria, país – *nation, patrie, pays*. As 'nações' primeiro designavam os grupos de estrangeiros, estudantes ou mercadores. O sentido atual emerge no final do século XVI, na grande crise de identidade da monarquia francesa, em meio às guerras civis e de religião. O termo 'país' primeiro fazia referencia à 'pátria', definida como a terra dos pais (a cidade ou a pequena região natal), mas as duas noções evoluem conjuntamente para qualificar o reino.[421]

O direito internacional moderno não surge do nada e não pode ser compreendido sem atentar para as suas raízes antigas e medievais. Esse encadeamento histórico e temático é vital para a compreensão do surgimento do direito internacional como disciplina autônoma, e seus ulteriores desenvolvimentos.[422] Ao mesmo tempo em que mudavam as realidades políticas no interior dos estados.

Considera-se "lamentável que, sob muitos aspectos, o direito internacional seja puramente considerado como invenção de nossos tempos",[423] mesmo se este somente se estabeleceu como disciplina autônoma algum tempo depois do final da Idade média, quando "seus antecedentes são encontrados na Antiguidade", com as cidades-estado gregas, e direito natural que já era reconhecido pelo conjunto destas. Esse mesmo direito natural que os primeiros juristas romanos adotaram e incorporaram em seu *jus gentium*.[424]

Mais tarde, sob os grandes juristas romanos, o *jus gentium*, enriquecido pelo direito natural, assume gradualmente caráter diverso. Foi fre-

421 G. SAUPIN (op. cit., 2000, impr. 2004, item 3.2.1 – *un changement d'échelle*, p. 19): "Les grands conflits internationaux aident à la cristallisation d'une conscience nationale. [...] L'affrontement entre les Ligueurs, qui demeurent attachés à la notion supranationale de 'république chrétienne', et les Politiques qui défendent la légitimité du roi national, est une étape décisive."

422 Como se examina no conjunto do **Tratado** e, especialmente, no tomo 20 – **Direito internacional, história e cultura**.

423 VITORIA et SUAREZ, **Contribution des théologiens au droit international moderne** (préface par James Brown SCOTT, introduction par Yves de la BRIÈRE, Paris: Pedone, 1939).

424 J. B. SCOTT (1939, pref. cit., p. VII-XI): "Le résultat de cette incorporation a donné naissance à un système de droit dans lequel on trouve plusieurs éléments fondamentaux de droit international public et privé."

quentemente identificado com a lei universal, congregando os princípios da justiça natural e ideal:

> visto assim, o *jus gentium*, sob todos os aspectos, se fundiu com o direito natural e constituiu um ideal de direito universal, aplicável a todas as relações entre humanos, quer se tivesse de tratar com indivíduos, ou com grupos políticos organizados. Esse ideal poderia ser discernido pela justa razão: e a sanção dada pelas leis civis dos estados, e pelo *jus gentium* o consolidou – como nos diz CÍCERO.[425]
> Assim, o mais natural foi ter essa lei aplicada pelos principados recém criados, em suas relações recíprocas, que se tornou seu direito comum, ou seja, o direito romano. Dito de outro modo, o elemento comum, no direito de cada um desses povos tornou-se, por assim dizer, um novo *jus gentium* – o direito comum dos principados, em suas relações externas.
> Esse desenvolvimento, que viria a ter importância fundamental na história do direito internacional, foi notado, já no século VII, por são ISIDORO DE SEVILHA. Este definiu o direito das nações do seu tempo em termos estreitamente ligados à concepção moderna.[426]
> Durante os séculos seguintes, a ênfase, que tinha sido colocada sobre a separação e a independência dos estados soberanos, perdeu muito de sua força, diante da ideia de formar uma cristandade unida. Mas quando esta ideia se apagou, como no tempo passado, ela o fez, as relações entre os estados, mais e mais independentes, se tornaram fator que não mais poderia ser negado. É, precisamente, nessa época, que um período de transição foi

[425] CÍCERO, **De re publica** (III.XXII.33, CÍCERO, **De re publica** (with an English translation by Clinton Walker KEYES, Cambridge, Ma. / London: Harvard Univ. Press – LCL 213, tomo XVI das obras de CÍCERO, © 1928, reprinted 2006); CÍCERO, **De officiis** (III.V.23, with an English translation by Walter MILLER, Cambridge, Ma. / London: Harvard Univ. Press – LCL 30, tomo XXI das obras de CÍCERO, © 1913, reprinted 2005). Comentava J. B. SCOTT (1939, pref. cit., p. VIII): "L'écroulement du vaste Empire romain amena l'établissement de royaumes et de principautés. Dans ces communautés indépendantes, le droit de Rome avait survécu et exerçait une influence extraordinaire. Sur le continent il triompha même des lois teutoniques des conquérants du nord. Bien avant d'achever la réalisation complète de son triomphe, il avait été accepté comme étant le seul droit commun des unités ou des principautés politiques indépendantes, et cette acceptation se renforçait du fait que le droit romain devint une des principales parties du droit canon."

[426] Sobre a transição do mundo antigo ao medieval e a contribuição de são ISIDORO DE SEVILHA (560-636 d.C.), ver **Tratado** (tomo 4 – **Direito internacional no tempo medieval**, esp. item 8.2).

inaugurado.[427] A nova erudição do Renascimento, e a força possante de impulso criado por uma era de descobertas, agitaram os espíritos.[428] O direito, que o teólogo espanhol tinha assim fundado, cerca de quarenta anos depois da descoberta da América, não era, em seus princípios, um direito novo. Ele tinha sido estabelecido sobre os princípios da rica herança legal do passado. Mas VITÓRIA adaptou esses princípios fundamentais aos problemas internacionais de nova era, em suas célebres leituras *De Indis*.[429]

Na controvérsia quanto a ter existido ou não direito internacional na Antiguidade e na Idade média, pondere-se a necessidade de estabelecer distinção essencial:[430] existiu, por vezes, na Antiguidade, direito internacional que em muito se aproxima do nosso, entre cidades vizinhas, da mesma língua, mesma raça e mesma religião, como as cidades-estado gregas – que, ademais, guerreavam constantemente entre si – e, mesmo

[427] Ver **Tratado** (tomo 5 – **Direito internacional no tempo de Francisco de Vitória**, esp. cap. 14). Observava ainda J. B. SCOTT (pref. cit., 1939, p. IX): "Voilà, quant à l'essentiel, l'origine historique du droit international proclamé par François de VITORIA, à l'Université de Salamanque, pour résoudre les problèmes internationaux créés par les rapports du nouveau monde avec l'ancien."

[428] Ver **Tratado** (tomo 5 – **Direito internacional no tempo de Francisco de Vitória**, *introdução*); quadro bem descrito por André CHASTEL, **Arte e humanismo em Florença na época de Lourenço, o magnífico** – estudos sobre o Renascimento e o humanismo platônico (orig. publ. **Art et humanisme à Florence au temps de Laurent le magnifique** – études sur la Renaissance et l'humanisme platonicien, 1959, trad. Dorothée de BRUCHARD, São Paulo: Cosac & Naify, 2012).

[429] J. B. SCOTT (1939, pref. cit., p. VII-XI).

[430] Cfr. **Tratado** (tomos 3 A – **Direito internacional no tempo antigo**, 3 B – **Gregos, romanos, chineses, indianos** e 4 – **Direito internacional no tempo medieval**); por sua vez, L. LE FUR (op. cit., 1927, *L'Antiquité*, p. 272-281) dedicava dez páginas ao exame do direito internacional na Antiguidade greco-romana e chinesa; A. TRUYOL Y SERRA, **Histoire du droit international public** (Paris: Economica, 1995, chap. premier – *Le droit international dans les grandes civilisations de l'Antiquité orientale*, p. 5-10, chap. II – *Le droit international dans l'Antiquité gréco-romaine*, p. 11-18 e chap. III – *Le droit international dans l'Occident médiéval chrétien*, p. 19-28, e – felizmente – antes, *Avant-propos*, p. VII-VIII): "cet exposé historique se réclame d'une conception de l'histoire du droit international que, suivant la formule de KANT relative à sa théorie de la connaissance et appliquée par la suite à d'autres domaines de la pensée, le jeune professeur que j'étais au début des années cinquante ne se priva pas de qualifier de copernicienne, en ce sens qu'elle ne considère pas le monde des états comme un ensemble gravitant, dans une perspectiva ptolemaïque, autour de la société européenne élargie à l'Amérique, même s'il a été apparemment ainsi au cours des derniers siècles".

fora de tais casos, entre estrangeiros, que tivessem celebrado, entre si, tratado de amizade e de aliança, garantido por juramentos religiosos, como o grande vínculo naquela altura. Fora destes, em princípio entre cidades ou povos estrangeiros da Antiguidade não teria havido direito internacional, "no sentido atual do termo", porque não havia então, nem lei comum, nem reconhecimento recíproco da igualdade de direito das diversas raças ou nações.[431]

Caberia indagar se existe lei comum e reconhecimento recíproco de igualdade, em nossos tempos pós-modernos. O que notórios exemplos recentes fazem duvidar...[432]

Há quem coloque como claro ponto de partida de concepção universal do direito e dos homens "o advento do cristianismo, ou melhor, o seu triunfo. O fato me parece inegável" – asseverava LE FUR.[433] O que significa passar por cima do universalismo dos juristas romanos do século II, com a visão destes de um direito comum a todos os homens.[434] O que não me parece justo nem adequado. Ademais, me parece questionável essa visão 'cristianocêntrica', não somente porque fora da tradição cristã também se encontra direito internacional; como também por todas as barbaridades e desumanidades cometidas entre supostos seguidores de diferentes confissões cristãs, em nome da fé e da religião!

Na era medieval, ocorre período construtivo do maior interesse, para o futuro desenvolvimento do direito internacional bem como das relações diplomáticas. E também se faz determinação de momentos históricos fundadores,[435] em relação ao papel da "diplomacia, como elemento

[431] L. LE FUR (op. cit., 1927, p.278). A respeito, ver **Tratado** (tomos 3 A – **Direito internacional no tempo antigo** e 3 B – **Gregos, romanos, chineses, indianos**).

[432] Ver **Tratado** (tomo 2 – **Direito internacional dos espaços**, item 29.3 – dimensão humana do território como expressão da relação entre espacialidade e direitos fundamentais).

[433] L. LE FUR (op. cit., 1927, *Époque chrétienne. Le Moyen Âge*, p. 281-294, cit. p. 282).

[434] A existência e conteúdo de elementos de direito internacional entre os antigos romanos é considerada no **Tratado** (tomo 3 B – **Gregos, romanos, chineses, indianos**, cap. 6 – *na formação e no desenvolvimento de Roma*).

[435] Bruno Miranda ZÉTOLA, **Política externa e relações diplomáticas na Antiguidade tardia** (Curitiba: Ed. da UFPR, 2012, p. 20): "as relações políticas entre povos soberanos sempre foram essenciais no processo de legitimação do poder. A própria situação de soberania, de independência, requer, necessariamente, o reconhecimento dos demais povos soberanos para que tenha eficácia".

estruturante da política internacional, e, logo, da política interna de uma unidade soberana",[436] onde

> é patente que desde a Antiguidade clássica as entidades políticas soberanas sempre visaram desenvolver uma ativa política externa, buscando legitimidade e benefícios para seu governo. Com a desestruturação político-administrativa do Império romano do Ocidente, na quinta centúria, cria-se um panorama bastante favorável para o desenvolvimento das relações diplomáticas no Ocidente tardo-antigo. [...] Com o esfacelamento do edifício imperial romano no Ocidente europeu e a instalação das monarquias romano-germânicas há uma profusão de entidades políticas soberanas. Da necessidade de coexistência entre tais governos decorreu uma intensa atividade diplomática entre os mesmos. Num momento em que as instituições eram frágeis e as agitações sociais constantes, a política externa era um essencial veículo de legitimação de poder para os monarcas tardo-antigos.[437]

É preciso sempre proceder com muita cautela, em relação ao uso de termos como 'estado' e 'soberania', para não incorrer em anacronismos.[438] Mas cumpre perceber a ocorrência de fenômenos, comparáveis aos equivalentes da era moderna:

> No período tardo-antigo, as monarquias romano-germânicas esforçaram-se, com maior ou menor êxito, para a construção de unidades político-territoriais que, evidentemente, fundamentavam-se em relações de iden-

[436] B. M. ZÉTOLA (op. cit., 2012, p. 19) com ênfase na "abordagem que analise um dos mais significativos elementos da cultura política", desde o mundo antigo, "para melhor se compreender não apenas as relações entre os povos tardo-antigos e as estruturas políticas internas dessas unidades políticas, mas também a própria cultura política desse período".

[437] B. M. ZÉTOLA (op. cit., 2012, p. 20).

[438] Cabe fazer reparo ao uso do termo 'soberania', em relação aos séculos V ao VIII, cf. se examina no **Tratado** (tomo 5 – **Direito internacional no tempo de Francisco de Vitória**, cap. 13 – estado como sujeito de direito internacional: a contribuição de MAQUIAVEL e BODIN) reporte-se a observação de B. M. ZÉTOLA (op. cit., 2012, p. 29): "O conceito de 'unidade política soberana' parece-me, deste modo, mais apurado que o de 'poderes fáticos'." [...] "Para a análise de relações diplomáticas, a adjetivação 'soberana' é essencial, tendo em conta que só ocorrem comunicações políticas simétricas entre unidades que se reconhecem como autônomas e, sobretudo, soberanas".

tidade e alteridade. Para que essas unidades fossem consideradas entidades soberanas pelas demais e pudessem, por conseguinte, estabelecer relações diplomáticas, era essencial a existência de certos elementos. Com efeito, assim como um estado moderno compreende um povo, um território e uma administração soberana, os reinos tardo-antigos deveriam possuir *populi, patriae* e *regni*, o que, em certa medida, representa um desdobramento da relação entre *populus, prouinciae, senatus/princeps* do Império romano.[439]

Da mesma forma, nas relações entre o Império romano do Oriente e os povos eslavos, se assiste a mutação da natureza e da mecânica destas, rumo ao funcionamento de sistema internacional:[440]

> Embora os eslavos tivessem sido considerados, durante séculos, entre os comuns invasores bárbaros e tivesse sido parte das atribuições da administração interna ocupar-se dos problemas que surgiam, quando se estabeleciam nas terras do Império, agora que estes se tinham organizado em entidades estatais eram considerados objeto de política externa e de ação diplomática. Cedo ou tarde, também estes seriam introduzidos na esfera cultural e espiritual do Império romano do Oriente, e incluídos entre os estados que se fundavam sobre os seus valores civis, morais e culturais.[441]

439 B. M. ZÉTOLA (op. cit., 2012, cap. I – *A construção de unidades soberanas na Antiguidade tardia*, p. 39-83, cit. p. 39): "dado o conturbado período de transição da Antiguidade ao Medioevo, esses requisitos encontravam-se pouco desenvolvidos nas monarquias romano-germânicas, de modo que era necessário 'construir o reino'."

440 Anthony-Emil N. TACHIAOS, **Cirillo e Metodio** – le radici cristiane della cultura slava (orig. publ. **Cyril and Methodius of Thessalonica** – the Acculturation of the Slavs, 2001, trad. Francesca ROMOLI, ed. italiana a cura di Marcello GARZANITI, Milão: Jaca Book, 2005); v. tb. A. TRUYOL Y SERRA, **Histoire du droit international public** (Paris: Economica, 1995, chap. IV – *Byzance et le droit international*, p. 29-31, cit. p. 31) se reporta a "Arnold J. TOYNBEE a souligné avec raison la continuité spirituelle qui conduit de la Russie orthodoxe à la Russie slavophile du XIXe siècle et à la Russie marxiste du XXe siècle et explique son attitude profonde envers l'Occident, jusqu'à nos jours, faisant de la 'sainte Russie' l'héritière de Byzance."

441 A.-E. N. TACHIAOS (op. cit., 2001, ed. ital., 2005, p. 22) prosseguia na mesma passagem: "Na realização desse processo, que teria consequências e desenvolvimentos decisivos para toda a história europeia, o papel principal coube a dois irmãos. Originários da cidade de Salônica, os seus nomes eram CONSTANTINO-CIRILO e METÓDIO. A aculturação dos eslavos, que provavelmente foi o evento mais importante do século IX, está intimamente conectada com a invasão do alfabeto eslavo e com a transmissão aos eslavos dos valores culturais da civilização helenística cristã".

Configurou-se sistema internacional complexo e abrangente, onde aos laços culturais se somavam outros laços políticos e de alianças militares. Em torno do Império romano do Oriente, primeiro com a Moravia, no século IX,[442] depois com o Império búlgaro,[443] em suas duas fases sucessivas,[444] e também com a Panônia,[445] bem como com a antiga Rússia, em torno do Principado de Kiev, nos séculos X e seguintes. Os tratados celebrados mostram a existência e a operação de sistema internacional de relações institucionais entre, por exemplo, a antiga Rússia e o Império romano do Oriente.

[442] A.-E. TACHIAOS (op. cit., 2001, ed. ital., 2005, p. 79-80): [...] "la Moravia non era in grado di esercitare una política estera di più ampio raggio per sconfigere il costante pericolo germanico al quale alla fine dovette soccombere, ne di stendere la sua influenza culturale sui populi vicini. Quest'ultimo fattore pressuponeva l'esistenza di una cultura intellettuale autonoma, esattamente quello che mancava alla Moravia."

[443] A.-E. N. TACHIAOS (op. cit., 2001, ed. ital., 2005, p. 122-123) observa como o Czar dos búlgaros, BORIS (852-889) decidiu introduzir oficialmente o cristianismo no país: "BORIS aveva capito che la conversione avrebbe inserito la Bulgaria nel novero dei paesi civilizzati e che quindi avrebbe facilitato i suoi rapporti con il mondo esterno". Essa decisão foi, assim, antes a consequência não de uma conversão pessoal – o que pode ter vindo a ocorrer, posteriormente – mas, sobretudo, de uma política de estado, destinada a servir os interesses do Khanato búlgaro. Ademais, BORIS sabia que o príncipe RATISLAV da Moravia se tinha dirigido a Bizâncio, e evidentemente temia uma aliança bizantino-moravia contra os búlgaros.

[444] A.-E. N. TACHIAOS (op. cit., 2001, ed. ital., 2005, p. 124-125) observa o papel de grande relevo, ocupado pela Bulgária, durante quatro séculos, na difusão da língua e cultura eslavas e da confissão ortodoxa, até o século XIV, como canal de transmissão da cultura religiosa bizantina para a antiga Rússia, como também para os eslavos, na área que se estende da Sérvia até a Albânia.

[445] Região colonizada pelos antigos romanos, a antiga Panônia corresponde à atual Hungria. A.-E. N. TACHIAOS (op. cit., 2001, ed. ital., 2005, p. 94-95) observa como se deu na região o esforço de criar as condições necessárias para a instrução do clero e a criação de igreja autônoma: "In tal modo, la Pannonia si sarebbe liberata della oppressione dei Germani e si sarebbe avvicinata aí suoi vicini slavi della Moravia, mentre l'istruzione in slavo avrebbe incontestabilmente ampliato il potere político del principato". Ver tb.László KONTLER, **Uma história da Hungria** (orig. publ. **A history of Hungary**, 2009, trad. Leila V. B. GOUVEIA, São Paulo: Edusp, 2021, esp. II – a criação de uma monarquia medieval – 895-1301, p. 73-133); Miklós MOLNAR, **Histoire de la Hongrie** (orig. publ. 1980, Paris: Perrin, nova edição, 2004, reimpr., 2010, cit. p. 12) ao considerar as origens da identidade nacional húngara insiste na diversidade da família das línguas uralianas, em relação às línguas indo-europeias, altaicas, semíticas e outras. Aquela está na origem da formação de várias famílias linguísticas: "La finno-ougrienne qui en est issue est la base commune d'une vingtaine de langues, dont celles des Finlandais, des Estoniens et des Hongrois."

Na configuração desse sistema internacional do Império romano do Oriente, "o diplomata que tratava com o inimigo ou com os 'bárbaros', era acompanhado pelo missionário, pois, cada vez que a influência política e cultural do império ecumênico se estendia, também se estendia a fé religiosa, sobre a qual se fundava a sua ideologia política".[446]

O Império romano do Oriente – ou bizantino, como frequentemente utilizam as fontes 'ocidentais' – tinha essa confluência dos elementos político e religioso, como parte da sua atividade de missão, junto a vários dentre os povos do Oriente médio e da Ásia central. Assim as relações internacionais se conjugavam constantemente com atividade missionária, propriamente voltada para o proselitismo religioso.

Muitos povos receberam o cristianismo do mundo bizantino sem, no entanto, trair a própria integridade nacional e espiritual. As relações internacionais compreendiam intercâmbios políticos e culturais. Dentre tais povos, poderiam contar-se os armênios, os persas, os abasgos, os georgianos, os sogdianos, os godos, os ávaros, os turcos, os cazáres, os árabes, os coptas no Egito, os sírios e muitos outros.[447] Assim se evidenciou, ao longo dos séculos, o caráter ecumênico da atuação de Bizâncio, que tinha obtido o reconhecimento da própria supremacia, respeitando e reconhecendo a identidade dos povos que circundavam o Império romano do Oriente.

Em suma, "longe de ser simplesmente um conjunto de sinais, o alfabeto cirílico se tornou o símbolo de limites culturais e espirituais, delimitando, durante séculos o mundo dos eslavos, que pertencem à igreja ortodoxa". O que se deu também com os romenos, que usaram o alfabeto cirílico para a sua língua românica, até a metade do século XIX. De modo que "o alfabeto cirílico criou laço indissolúvel entre todos esses povos".[448]

[446] A.-E. N. TACHIAOS (op. cit., 2001, ed. ital., 2005, p. 47-48) insiste nesse duplo aspecto do conceito de missão, abrangendo o político e o religioso.

[447] A.-E. N. TACHIAOS (op. cit., 2001, ed. ital., 2005, p. 96-97): "Gli 'Egiziani' a cui [CIRILO] faceva riferimento erano i Copti. I Sogdiani erano un etnia orientale-iraniana dell'Asia centrale che nei primissimi secoli dell'età cristiana aveva creato il proprio alfabeto ispirandosi all'alfabeto aramaico. Parlando dei Turchi, CIRILLO si stava evidentemente riferendo alle tribu turaniche dell'Asia centrale che, intorno al VI secolo, avevano elaborato una scrittura in alfabeto runico, che a sua volta si basava sull'alfabeto sogdiano."

[448] A.-E. N. TACHIAOS (op. cit., 2001, ed. ital., 2005, p. 129-130): "I popoli slavi hanno identificato per secoli il loro alfabeto com quel senso di integrità nazionale e culturale che

Cabe notar, por sua vez, "é como se os tratados restituíssem os traços essenciais desse sistema institucional, abrindo aos estudiosos os caminhos da política interna e externa, pelos quais se chegou à sua formação":[449]

> Em primeiro lugar, esses refletem o grau de maturidade alcançado pela Rus' no que concerne às funções de política externa; em segundo lugar permitem de avaliar a capacidade de evolução de tal estrutura institucional, em confronto com a de outras sociedades do leste europeu; e finalmente, permitem avaliar o papel desempenhado pela Rus' de Kiev, no tabuleiro europeu e do Oriente próximo daquele tempo.[450]

Assim se configura sistema internacional que opera, durante séculos, em torno do Império romano do Oriente. Depois do desaparecimento deste, em 1453, as relações internacionais entre povos ortodoxos criam sistema regional com características peculiares.

A conjugação de igreja e de estado até hoje permeia os diferentes estados do mundo eslavo. Como também se dá mesmo no caso da Grécia, onde não existe separação entre igreja e estado.

Como em outros contextos da mesma época, pode ser arguido ser difícil falar em direito internacional, em sentido estrito, porquanto

l'opera di CIRILLO e METODIO aveva conferito al mondo slavo del IX secolo. L'alfabeto non fu mai un simbolo inanimato o statico, una sorta di totem mummificato la cui integrità non avrebbe mai potuto essere minacciata. Il suo guardiano non era una qualche autorità suprema spirituale o statale, ma piuttosto la volontà e la consapevolezza di quei popoli stessi, che lo rispetaronno e che continuano a rispetarlo come l'emblema di una cultura plurisecolare". E aduz, mais adiante (op. cit., 2001, ed. 2005, p. 146): "L'alfabeto cirillico há continuato a essere il fondamento di questa tradizione, ed è stato rispettosamente preservato inalterato e intatto in tutti i paesi slavofoni che conservono i loro legami spirituali con Bisanzio."

449 Antonio CARILE e Andrej N. SACHAROV (a cura di), **I trattati dell'antica Russia con l'Impero romano d'Oriente** (Roma: L'Erma di Bretschneider, 2011, col. Da Roma alla Terza Roma – Documenti e Studi, Roma-Mosca, Documenti – vol. II).

450 A. N. SACHAROV, *I trattati tra la Rus' e l'Impero romano d'Oriente nel contesto storico-politico del X secolo* (in A. CARILE e A. N. SACHAROV (a cura di), **I trattati dell'antica Russia con l'Impero romano d'Oriente**, op. cit., 2011, p. XIX-LVI, cit. p. XIX-XX) prosseguia, na mesma passagem: "Sarebbe inesatto pensare che questi trattati interessino soltanto le relazioni tra due paesi – la Rus' e l'Impero romano d'Oriente – e che possano essere definiti e compresi solo alla luce della storia di questi paesi e nel contesto del solo X secolo."

este – enquanto direito 'interestatal' – até que ponto poderia operar na Idade média, quando os estados apenas começavam a surgir.[451] E ainda não tinham esse nome, suscitando 'limite' intelectual, frequentemente apontado como excludente, como se sem estados – segundo a configuração destes, a partir da era moderna, não pudessem operar sistemas internacionais.

Notadamente, isso marca análises de direito internacional – sobretudo da segunda metade do século XIX e primeira metade do século XX – e decorre de ênfase excessiva no quase exclusivo papel do 'estado', para caracterizar a ocorrência do fenômeno mais 'interestatal' que internacional propriamente dito. Fenômenos jurídicos da internacionalidade ocorrem antes e ao lado dos estados; como ocorrem, hoje, também, além dos estados, em múltiplas dimensões.

Do período medieval, "os resultados obtidos constituirão o ponto de partida para os séculos seguintes, e que um GRÓCIO, por exemplo, poderá aceitar em bloco, sem fazer qualquer modificação profunda":[452]

> Existe pouca diferença, ao menos quanto ao conteúdo, mas igualmente em relação aos termos, entre a teoria tradicional, tal como foi elaborada na Idade média, e a que hoje retornam os neo-realistas; basta fazer as modificações de detalhe necessárias, para colocá-la em harmonia com o estado social atual.[453] [...]
> Não quer dizer que a obra de construção política da Idade média tenha sido perfeita; não existe obra humana que o seja, mas ela foi muito superior a todas as do passado – e mesmo algumas do futuro – sobretudo como construção de conjunto.[454]

451 L. LE FUR (op. cit., 1927, p. 288): "quelle est au Moyen Âge, la conception que l'on se fait du droit international naturel? C'est une question à laquelle il est assez difficile de répondre, car au Moyen Âge, et surtout pendant toute la féodalité, la situation est singulièrement différente de celle de l'époque moderne. Le droit international est un droit entre états; or, à cette époque les premiers états modernes commencent à peine à apparaître."

452 L. LE FUR (op. cit., 1927, p. 284) que se exprime em conceitos "de todas as grandes correntes modernas", como soberania nacional, contrato social, democracia, separação de poderes, arbitragem, surgem e se mantém.

453 L. LE FUR (op. cit., 1927, p.284). A respeito, ver **Tratado** (tomo 4 – **Direito internacional no tempo medieval**).

454 L. LE FUR (op. cit., 1927, p. 291).

A ideia de universalidade, pauta a Idade média – mesmo quando esta se expressa com alguma imprecisão – e refletia anseio, que permeia essa longa e complexa fase. Seus efeitos se projetam aos tempos seguintes; quer para dar continuidade, quer para tentar se contrapor ao período anterior.

A história intelectual da humanidade consiste em constante reinterpretação do passado. E "o quadro do mundo muda a cada geração":[455]

> Cada época, quase cada geração, tem ideal diverso, e com a mudança de ideal, muda também o modo de olhar as grandes fases anteriores do passado. Este se vê, assim, clareado, dourado, exacerbado, por olhar positivo, ou, diversamente, envenenado, enegrecido, cheio de objeções, por olhar negativo.[456]

Pode ser útil para compreender a mudança de percepção do mundo o impacto da 'descoberta' da América. Ou das 'descobertas', sucessivamente por COLOMBO, em 1492 e por CABRAL, em 1500.

O "descobrimento" faz bascular o eixo do mundo: passa a ser reconhecida a existência de outro continente inteiro, do qual nem os antigos nem os medievais tiveram qualquer notícia segura. O que antes, até o final do século XV, existia somente como imaginação – ou como 'fantasma', nas elucubrações a respeito do continente perdido da Atlântida – se torna objeto de trânsito regular, embora demorado e arriscado, de navios, com pessoas, com ideias, com escravos, com mercadorias, com doenças, com ouro, com prata, com especiarias, com madeira, com trigo, com azeite, com vinho, carnes salgadas, peles e outros produ-

[455] Egon FRIEDELL, **Kulturgeschichte der Neuzeit** – Die Krisis der Europäischen Seele von der Schwarzen Pest bis zum Erster Weltkrieg (originalmente publicado 1927-1931, Munique: C. H. Beck, "Um ein Nachwort ergänzte Sonderausgabe", 2007, p. 26): "Dieses Bild von der Welt wandelt sich mit fast jeder Generation".

[456] E. FRIEDELL (op. cit., 1927-1931, ed. 2007, *Einleitung – Was heisst und zu welchem Ende studiert man Kulturgeschichte?*, p. 1-56, cit. p. 14): "Die geistige Geschichte der Menschheit besteht in einer fortwährenden Uminterpretierung der Vergangenheit." Observava Heinz Dieter KITTSTEINER (1942-2008), **Die Stabilisierungsmoderne** – Deutschland und Europa 1618-1715 (Munique: Carl Hanser, 2010, p. 290), a respeito de Egon FRIEDELL, como injustamente esquecido e notoriamente subestimado historiador da cultura (*zu Unrecht vergessene und notorisch unterschätzte Kulturhistoriker*).

tos da pecuária,[457] que passam a regularmente singrar o "mar oceano" e acarretam nova fase de processo de globalização – no século XVI – em escala ainda mais extensa do que foram as globalizações antigas – império persa, império helenístico e império romano.

O legado da Antiguidade clássica e dos Evangelhos, somado à tradição medieval, com os destaques para santo AGOSTINHO,[458] e santo TOMÁS DE AQUINO,[459] será ampliado pelos doutores do século XVI e início do século XVII,[460]

> pois estes não se contentarão em determinar algumas concepções teóricas e certas regras práticas, um tanto sumárias e de caráter geral, como seus predecessores da Idade média. Eles entrarão nos detalhes mais circunstanciados dos problemas de moralidade, que se colocam para a consciência humana e o governo dos povos, em verdadeiro *jus inter gentes*. Assim se tornarão os ancestrais diretos do direito internacional moderno.[461]

Dois nomes célebres "se mantiveram a tona, com justo motivo, na memória das melhores elites sábias": o dominicano Francisco de VITÓRIA (1480-1546) e o jesuíta Francisco SUAREZ (1548-1617). São os dois doutores cuja obra foi manifestamente a mais marcante neste campo, e

[457] Na relação entre **Portugal, o Brasil e o Atlântico 1570-1670** o já mencionado livro de Frédéric MAURO (do original **Le Portugal, le Brésil et l'Atlantique au XVIIe. siècle (1570-1670)** © 1988, trad. Manuela BARRETO, Lisboa: Estampa, 1997, 2 vols.). A globalização se fez sentir com os aportes de ouro e de prata, das colônias espanholas para a metrópole, que alteram o poder de compra da moeda, e consequentemente os quadros políticos do comércio e da evolução geral da sociedade.

[458] A respeito de AGOSTINHO ver **Tratado** (tomo 4 – **Direito internacional no tempo medieval** , esp. item 8.1).

[459] A respeito de TOMÁS DE AQUINO ver **Tratado** (tomo 4 – **Direito internacional no tempo medieval**, especificamente o item 10.1).

[460] Yves de la BRIÈRE, *Introduction* (in VITORIA et SUAREZ, **Contribution des théologiens au droit international moderne**, préface par James Brown SCOTT, Paris: Pedone, 1939, p. 1-16).

[461] Ver **Tratado** (tomo 5 – **Direito internacional no tempo de Francisco de Vitória**) e, neste tomo, cap. 15 – Francisco SUAREZ (1548-1617); Y. de la BRIÈRE (cit., 1939, p. 2): "Ils préfigureront les plus raisonnables d'entre les conceptions morales et juridiques qui se cristalliseront dans la doctrine commune des théoriciens de l'ordre juridique international des siècles plus récents, mais que subiront, chez les juristes profanes, l'action de préoccupations moins idéales et d'influences moins spiritualistes."

cuja influência foi a mais eficaz sobre muitos meios intelectuais do catolicismo.[462]

SUAREZ, na linha de VITÓRIA, está de acordo em designar as fontes do direito das gentes, como reguladoras das relações entre as nações – *jus inter gentes*: um elemento *natural* e um elemento *positivo*. O estudo detalhado dessa questão é a marca distintiva de SUAREZ, que a explicou metodicamente, com grande amplitude:

- o elemento *natural* é constituído pelas estritas exigências da natureza racional, como expressão da sociabilidade humana (*primeiros preceitos*), bem como pela mais ampla conveniência dessa mesma natureza humana, de caráter racional, que exigem certo grau de educação e de civilização (*segundos preceitos*);
- o elemento *positivo* resulta dos costumes, que não se restringem aos limites de única nação, ou de uma só comunidade política, mas são admitidos, consagrados, impostos tanto ao conjunto das nações humanas, ou ao menos a um grande número dentre estas – estas normas positivas e consuetudinárias devem estar em harmonia com os segundos preceitos do direito natural, o que as torna legítimas por si mesmas, e além disso, tem estas a garantia da concordância de grande número de nações humanas, que torna a observância necessária, as assinala e as recomenda, em certas condições, como a expressão do bem comum, e reguladoras equitativas da ordem geral da grande coletividade humana.[463]

Para SUAREZ, o direito internacional acrescenta ao elemento *natural* – cujos postulados mais estritos e mais amplos valem para todos os tempos e todos os lugares, assim como convém a seu objeto –, o elemento *positivo* – e este emana das apreciações e das vontades humanas, ademais coletivas e comuns a número considerável de populações, e constitui matéria normal de diversidades, de mudanças e de evolução, segundo

[462] Y. de la BRIÈRE (cit., 1939, loc. cit., e a seguir p. 4): "Le triomphe de SUAREZ est dans la détermination critique des différentes catégories du droit. [...] les notions philosophiques et juridiques ont été précisées, discutées, tirées au clair, avec une suprême probité."

[463] Ver, neste tomo, cap. 15 – Francisco SUAREZ (1548-1617) e **Tratado** (tomo 5 – **Direito internacional no tempo de Francisco de Vitória**, cap. 14 – Francisco de VITÓRIA (1480-1546)); Y. de la BRIÈRE (cit., 1939, loc. cit.).

eventualidades e oportunidades humanas. Para SUAREZ, contrariamente ao que deixam supor interpretações superficiais e apressadas deste, o direito das gentes não é a mesma coisa, nem se reduz ao direito natural, mesmo no sentido mais amplo do termo, embora se funde sobre o direito natural e se vincule a este, como também dele extraia conceitos e pressupostos.

O direito das gentes embora comporte elemento positivo, tampouco, se reduz a direito puramente positivo. Difere do direito civil, porquanto não se restringe aos limites de uma única comunidade humana politicamente organizada.

O direito das gentes se aplica à mais ampla comunidade de nações humanas, e não é suscetível de ser livremente editado, modificado ou suprimido, mesmo por decisão de autoridade suprema, que presida a cada uma das comunidades, cada uma das quais compõe o conjunto dos sujeitos de direito internacional. Nisso SUAREZ, em alguns séculos, anteciparia o conceito – e isso embora logicamente este não utilize tal fórmula –, de "normas cogentes de direito internacional geral", tal como adotado pela Convenção de Viena sobre direito dos tratados, de 1969.

O direito das gentes se impõe a cada uma das comunidades humanas, participantes do sistema internacional, segundo as normas e a medida do bem comum. O que, por sua vez, anteciparia o conceito de "interesse comum da humanidade", introduzido no direito internacional atual pelas convenções em matéria de proteção internacional do meio ambiente.[464]

O direito das gentes é a lei que rege os próprios estados, nas suas relações mútuas, e não cabe a qualquer dos integrantes da comunidade internacional de se desvincular deste, a seu critério, como se fosse procedimento dependente somente de sua livre escolha e vontade.[465] O que antecipa as mais atuais concepções a respeito do caráter vinculante do

[464] Ver **Tratado** (tomo 2 – **Direito internacional dos espaços**, cap. 20 – espaços internacionais: de *res nullius* a patrimônio comum da humanidade).

[465] Como parece a Rússia de PUTIN ter entrado em trajetória de descolamento e de confrontação, na guerra de agressão e crimes internacionais cometidos na e contra a Ucrânia, como se examina no **Tratado** (tomo 2 – **Direito internacional dos espaços**, item 29.3 – dimensão humana do território, como expressão da relação entre espacialidade e direitos fundamentais).

direito internacional como norma 'constitucionalmente' necessária da comunidade humana.

A modificação do direito das gentes, no que este tem de positivo e de relativo, deve ser a obra coletiva da comunidade humana, segundo as exigências do bem comum universal. E segundo os métodos que presidem, habitual e razoavelmente, à evolução dos usos e costumes da vida social, no contexto da coletividade dos povos.

Em grau ulterior da evolução das relações internacionais, podem as coletividades humanas adotar, sempre em vista do bem comum, e observando os limites que este imponha, convenções positivas, celebradas entre número limitado de contratantes, ou mesmo contando com a unanimidade dos contratantes possíveis, no seio da coletividade dos povos. Assim, para cada parte contratante, as convenções celebradas terão caráter, ao mesmo tempo moral e jurídico, que corresponde ao valor objetivo de obrigações contratuais – *pacta sunt servanda* – mas também se revestem de alcance estruturante e 'constitucional' – no sentido material do termo –, para a comunidade internacional como um conjunto ordenado, por normas imperativas de convivência, entre unidades soberanas e independentes, porém interdependentes.

Ao aperfeiçoamento da vida internacional corresponde estágio ulterior da evolução, somando-se às convenções internacionais, a criação de organizações internacionais, de maior ou menor envergadura e abrangência de atuação, segundo circunstâncias históricas e necessidades sociais. Essa arquitetura da *civitas maxima* – como formulada por Christian WOLFF –[466] deve manter as suas raízes no direito natural, nas necessidades permanentes e razoáveis da natureza do homem e da natureza das coisas, ao mesmo tempo em que se baseia no trabalho necessário e coletivo dos povos e dos estados, para corresponder aos postulados objetivos da sociabilidade e da solidariedade humanas.

Mesmo se a interdependência entre os povos e os estados – claramente percebida e todavia combatida em nossos tempos – ainda não era dado presente, ao menos não com a mesma premência de hoje, ao tempo de VITÓRIA e de SUAREZ, as transformações, ocorridas nos séculos XVI e XVII, mostram mutação irreversível e radical do quadro

[466] Ver **Tratado** (tomo 10 – **Direito internacional no tempo de C. van Bynkershoek e Christian Wolff**, cap. 22 – Christian WOLFF (1679-1754)).

do mundo. Ambos, contudo, perceberam e afirmaram a intrínseca unidade fundamental do gênero humano, bem como a necessidade da correspondente adaptação das estruturas jurídicas, destinadas a regular a convivência entre as sociedades humanas – *civitas máxima*, mesmo antes de WOLFF. Justamente onde se inscreve o princípio fecundo da cooperação universal, da coordenação pacífica entre as diferentes nações, e os diversos estados, como claramente afirmava SUAREZ.[467]

O direito internacional busca a organização, sintética e jurídica, de duas realidades essenciais da ordem internacional: a comunidade e a diversidade humanas.[468] Ambas são componentes indispensáveis e dados intrínsecos, cuja ordenação compete ao direito internacional.

Pode ser ilustrativo fazer breve paralelo com contemporâneo de SUAREZ, o pensador Tommaso CAMPANELLA, quando este,[469] na sua obra **Cidade do Sol**, em 1602, faz menção à "descoberta do novo hemisfério, com que COLOMBO e CORTEZ abriram nova área à propagação da religião cristã".[470] E aduzia, logo a seguir, na mesma passagem: "Agora estão iminentes no mundo grandes acontecimentos, cuja exposição reservo, porém, para melhor oportunidade."[471]

De fato, grandes acontecimentos estavam iminentes no mundo. Não necessariamente os que CAMPANELLA teria esperado ...

Grandes mutações em todos os continentes e nas interações entre estes ocorrem no período aqui examinado – de meados do século XVI a meados do século XVII –mais precisamente, os anos desde a morte de Francisco de VITÓRIA, em 1546, o nascimento de Francisco SUAREZ, em 1548, e a paz de Augsburgo, em 1555, até a morte de Richard ZOUCH, em 1650. Por vezes, parece ser esquecida a importância da paz

467 Fr. SUAREZ, **De Legibus** (livro II, caput XIX, n. 9).

468 Como formulava Y. de la BRIÈRE (op. cit., 1939, p. 11); v. tb. **Fundamentos** (2008).

469 Tommaso CAMPANELLA (1568-1639), **Dell'altro emisfero, cioè del Mondo Novo** (texto no volume org. por Germana ERNST, **Monarchie d'Espagne et monarchie de France**, Paris: PUF, 1997, cap. XXXI); ver tb. T CAMPANELLA, **Aphorismes politiques** (trad. Pierre CAYE et Claude MONET, Caen: Centre de philosophie politique et juridique – Univ. de Caen, 1993) .

470 Tommaso CAMPANELLA, **Cidade do Sol** (1602, trad. e notas de Aristides LOBO, São Paulo: Abril cult. – Os pensadores, vol. XII, 1973, p. 239-291, cit. p. 272).

471 T. CAMPANELLA (op. cit., 1602, ed. cit., 1973, loc. cir.).

de Augsburgo, como marco na evolução de sistema institucional e normativo internacional.[472]

Há tendência a enxergar somente a paz de Vestfália, em 1648, em detrimento da importância da Paz de Augsburgo, marco histórico relevante,[473] tem esta dimensão de longa duração histórica,[474] tendo contribuído de maneira positiva e evidente,[475] para a reordenação de forças, desencadeadas pela ruptura da unidade religiosa da Europa ocidental – com as sucessivas levas da reforma protestante e da contrarreforma ou da reforma católica.

Apesar da aparente fragilidade da Paz (religiosa) de Augsburgo, de 1555, esta consegue assegurar mais de meio século de ordem política suportável, para o conjunto do Sacro Império românico da nação alemã. Mais duradoura,[476] do que a paz de Vestfália, de 1648. Seguramente, "o compromisso de 1555 significou para os participantes a despedida de grandes desígnios".[477]

Em sentido equivalente,[478] na perspectiva de *Felipe II e a política europeia*, "pactuar a paz de Augsburgo com os príncipes protestantes ale-

[472] Ver tb. **Tratado** (tomos 5 – **Direito internacional no tempo de Francisco de Vitória**, 7 – **Direito internacional no tempo de Hugo Grócio** e 8 – **Direito internacional além do paradigma vestfaliano**).

[473] Fernand BRAUDEL, **La méditerranée et le monde méditerranéen à l'époque de Philippe II** (orig. publ. 1949, Paris: Armand Colin, 8° ed., 1987, 2 vols.).

[474] Como expunha Fernand BRAUDEL, no ensaio *Histoire et sciences sociales. La longue durée* (orig. publ. 1958, republicado in **Écrits sur l'histoire**, Paris: Flammarion/Champs, © 1969, impr. 1984, nova impr. 1989, p. 15-38), e em vernáculo, *História e ciências sociais: a longa duração* (trad. Flávia NASCIMENTO, in **Nova história em perspectiva**, org. e intr. Fernando A. NOVAIS e Rogério F. da SILVA, São Paulo: Cosac & Naify, 2011, p. 86-121).

[475] F. BRAUDEL (op. cit., 1949, 8° ed., 1987, 2 vols., t. I, p. 192): "La paix d'Augsbourg (1555) qui fut de longue durée, a développé des bienfaits évidents."

[476] Ver **Tratado** (tomo 8 – **Direito internacional além do paradigma vestfaliano**).

[477] B. ROECK (hrsg.), **Deutsche Geschichte in Quellen und Darstellung** – Band 4 – **Gegenreformation und Dreissigjähriger Krieg 1555-1648** (Stuttgart: Reclam – Univ. Bibl. Nr. 17004, (c) 1996, impr. 2002, *Einleitung*, p. 5-20, cit. p. 5): "Der Kompromiss von 1555 bedeutete für die Beteiligten den Abschied von grossen Zielen."

[478] Luis RIBOT GARCIA, *Felipe II y la política europea* (in **Culturalismo jurídico** – São Paulo 450 anos: Seminário Brasil-Espanha, coord. Claudio LEMBO, org. João Bosco COELHO Pasin, Pilar JIMÉNEZ Tello e Mônica Herman Salem CAGGIANO, Barueri, SP: Manole/ Brasília, DF: Instituto Tancredo Neves, 2004, p. 107-114).

mães pressupunha o reconhecimento da impossibilidade de extirpar a heresia dos territórios do Império".[479]

A partir daí, sem adentrar questionamentos característicos da fase seguinte – abrangida pelo marco que vai de meados do século XVII até as primeiras décadas do século XIX, e desse modo, conflui entre o ano da morte de G. F. von MARTENS (1821) e a independência da maioria das antigas colônias americanas da Espanha e de Portugal –[480] e, inclusive, a do Brasil, em 1822, na verdade se estende em processo, já encetado com as transformações decorrentes da instalação do centro de poder lusitano no Brasil a partir de 1808, na adoção do 'Reino Unido', em 1815 e, juridicamente se completa, não com o 7 de setembro, em 1822, mas com o tratado de Lisboa, de 1825, por meio do qual se reconhece a irreversibilidade da independência, e o reconhecimento desta é comprado – e custosamente pago à antiga metrópole – para assegurar a inserção do novo sujeito de direito internacional no restritivo sistema internacional, vigente após o Congresso de Viena de 1815.

Esse processo de inserção e de internacionalização se manifesta, no continente americano, no início do período – no século XVI, recém-descoberto – constituído progressivamente como conjunto de 'províncias' e divisões administrativas 'coloniais', das quais resultarão os futuros estados-nação no continente.[481] O direito internacional europeu passa a direito internacional, europeu e americano, a partir das primeiras décadas do século XIX.

Enquanto isso, no interior da Europa os fracionamentos se acirram. Vemos as guerras de religião, que a Europa levara para fora do con-

[479] L. RIBOT GARCIA, *Felipe II y la política europea* (cit., 2004, p. 107-114, cit. p. 109): "pactuar la paz de Augsburgo con los príncipes protestantes alemanes, lo que suponía el reconocimiento de la imposibilidad de extirpar la herejía de los territorios del Imperio."

[480] Ver **Tratado** (tomos 9 – **Direito internacional no tempo de Samuel Pufendorf**, 10 – **Direito internacional no tempo de C. van Bynkershoek e Christian Wolff**, 11 – **Direito internacional no tempo do Iluminismo**, 12 – **Direito internacional no tempo de Vattel e von Martens**).

[481] Ver **Tratado** (tomos 13 – **Direito internacional no tempo do concerto europeu** e 14 a 17 – **Direito internacional no tempo do colonialismo**). Onde o sistema de direito internacional moderno, antes essencialmente europeu, passa a ser, daí em diante, direito internacional europeu e americano. Mesmo que muito se tenha debatido a respeito de quanto exista de um direito internacional 'americano' propriamente dito, ou se trate, antes, da recepção e da interação da matriz europeia com e no novo continente.

tinente, na era medieval, voltarem-se para dentro da Europa, na era moderna. Depois de guerrear com pagãos – durante séculos do período medieval – sucessivamente na 'evangelização' das ilhas Britânicas, dos povos germânicos, nas 'cruzadas' na Prússia, e várias outras áreas no norte da Europa e da Rússia.

Essas guerras se fizeram, alegadamente, para estender os limites da fé e da 'civilização' cristãs, e guerrear os infiéis, em esforço justificado como guerra 'santa' ao atacar os países islâmicos – da 'reconquista' na Espanha às cruzadas – os ocidentais ou 'francos', chegam mesmo a conquistar o espelho cristão oriental, o ortodoxo Império bizantino, e lá se mantiveram, durante algumas décadas, no século XIII.

Depois dessas atuações guerreiras, fora do continente, o que se vê, no início deste período 'moderno' é a guerra religiosa fazer enormes estragos dentro da Europa:[482] católicos e protestantes se trucidaram, durante algumas décadas, até chegar à paz de Augsburgo, em 1555 –[483] e voltam

[482] Sobre a guerra dos Trinta anos (1618-1648), ver **Tratado** (tomo 8 – **Direito internacional além do paradigma vestfaliano**, título II – *da construção de sistemas coesos: de Vestfália (1648) até a guerra dos Sete anos (1756-1763)*); b/c os várias vezes referidos: Henry BOGDAN, **La guerre de trente ans 1618-16148** (Paris: Perrin-tempus, © 1997, ed. 2006, impr. 2010); Johannes BURKHARDT, **Der Dreissigjährige Krieg** (Frankfurt-Main: Suhrkamp, 1992); Heinz Dieter KITTSTEINER (1942-2008), **Die Stabilisierungsmoderne** – Deutschland und Europa 1618-1715 (Munique: Carl Hanser, 2010); Dietmar PIEPER e Johannes SALTZWEDEL (Hg.), **Der Dreissigjährige Krieg** – Europa im Kampf um Glaube und Macht 1618-1648 (Munique: Deutsche Verlags-Anstalt, 2012); Bernd ROECK (herausgegeben von), **Deutsche Geschichte in Quellen und Darstellung** Band 4: **Gegenreformation und Dreissigjähriger Krieg 1555-1648** (Stuttgart: Reclam – Univ. Bibl. Nr. 17004, (c) 1996, impr. 2002); Friedrich SCHILLER, **Geschichte des dreissigjährigen Kriegs** (orig. publ. 1792, in F. S., **Werke in drei Bänden**, unter Mitwirkung von Gerhard FRICKE, herausgegeben von Herbert G. GÖPFERT, Munique: Carl Hanser, 1966, vol. II, p. 34-320); Fred E. SCHRADER, **L'Allemagne avant l'État-nation**: le 'corps germanique' (1648-1806) (Paris: PUF, 1998).

[483] Apesar de suas repercussões em escala europeia, a guerra dos trinta anos foi sobretudo conflito travado em solo de regiões da atual Alemanha. Joseph ROVAN (1918-2004) situava esta como uma das mais profundas fraturas da história alemã. Ver, deste, **Geschichte der Deutschen** – Von ihren Ursprungen bis heute (do original **Histoire de l'Allemagne** – des origines à nos jours, © 1994, aus dem Französischen von Enrico HEINEMANN, Reiner PFLEIDERER u. Reinhard TIFFERT, Munique: DTV, 3. Auflage, 2001, esp. cap. 11, *'Das Erlernen der konfessionellen Vielfalt und der grosse Religionskrieg'*, p. 291-326, cit. p. 307 ss.): "Der Grosse Krieg in Deutschland". Tb. a edição original de Joseph ROVAN, **Histoire de l'Allemagne** – des origines à nos jours ('édition revue et augmentée par l'auteur', Paris: Seuil, 1999), e ainda Henry BOGDAN, **Histoire de l'Allemagne** – de la Germanie à nos

a matar-se, ferozmente, durante mais um século, especialmente durante a assim chamada 'guerra dos trinta anos' –, até chegar à celebração dos tratados de Münster e de Osnabrück, na assim chamada 'paz de Vestfália', em 1648.[484] A respeito da qual tanto se fala e pouco se entende o que representou efetivamente.[485] Para mais adequada compreensão do contexto da época, é recomendável a análise de fonte primária de considerável extensão e enorme relevância, os escritos de RICHELIEU.[486]

jours (orig. publ. 1999, Paris: Perrin-tempus, 2003, impr. 2010); Michel KERAUTRET, **Histoire de la Prusse** (Paris: Seuil, 2005).

[484] Para fontes documentais e de época, é excelente a coletânea organizada por Bernd ROECK, **Deutsche Geschichte in Quellen und Darstellung** Band 4: **Gegenreformation und Dreissigjähriger Krieg 1555-1648** (Stuttgart: Reclam – Univ. Bibl. Nr. 17004, (c) 1996, impr. 2002).

[485] No período seguinte, de BYNKERSHOEK a VON MARTENS, a Europa depois de mais de duas décadas de guerras em escala pan-europeia ou quase, chega, com o Congresso de Viena (1815) ao estabelecimento do sistema dito do 'concerto europeu'. Este dura um século, até soçobrar com a primeira guerra mundial: a Europa organizada, e mais ou menos pacificado internamente, depois de perder, em sua maior parte, as colônias americanas, volta a conquista 'colonial' para a África e a Ásia – o que será exacerbado na segunda metade do século XIX e primeira metade do XX.

[486] Publicação no **Monumenta Europae Historica** – Commission Internationale pour l'édition des sources de l'histoire européenne, **Les papiers de Richelieu** – Section politique extérieure – Correspondance et papiers d'état: tome I – Empire allemand (1616-1629) par Adolf WILD (Paris: Pedone – publ. avec le concours de la Deutsche Forschungsgemeinschaft, 1982); tome II – Empire allemand (1630-1635) par Anja Victorine HARTMANN (Paris: Pedone – publ. avec le concours de la Deutsche Forschungsgemeinschaft, 1997); tome III – Empire allemand (1636-1642) par Anja Victorine HARTMANN (Paris: Pedone – publ. avec le concours de la Deutsche Forschungsgemeinschaft, 1999); Empire allemand (1616-11642) – Index des tomes I, II et III par Aurélia BERGER (Paris: Pedone – publ. avec le concours de la Deutsche Forschungsgemeinschaft, 2003); **Les papiers de Richelieu** – Section politique intérieure – Correspondance et papiers d'état, par Pierre GRILLON: tome I (1624-1626) (préface Roland MOUSNIER, Paris: Pedone, 1975); tome II (1627) (Paris: Pedone – avec le concours du CNRS, 1977); tome III (1628) (Paris: Pedone – CNRS, 1979); Index des tomes I, II et III, corrections et additions (1624-1628) (Paris: Pedone – CNRS, 1980); tome IV (1629) (Paris: Pedone – CNRS, 1980); tome V (1630) (Paris: Pedone – CNRS, 1982); tome VI (1631) (Paris: Pedone – CNRS, 1985); Index des tomes IV, V et VI, corrections et additions par Marie-Catherine VIGNAL avec la collaboration d'Eric de LABRIOLLE (Paris: Pedone – CNRS, 1997).

O Ocidente face ao mundo islâmico mostra história de incompreensão mútua, que já se estende por mais de treze séculos.[487] Já seria tempo de se terem encontrado canais e caminhos de cooperação e de interação, o que em nosso contexto mais recente, parece ainda menos provável de ser alcançado.

Nessas idas e vindas, entre equilíbrio e confrontação, esses dois mundos – ou, antes, entre estas duas visões de mundo –, se põem algumas marchas e contramarchas: em 1453, a tomada de Constantinopla e o fim do Império bizantino, vistas como calamidade pela cristandade da época – esquecendo quanto o Ocidente tinha contribuído para essa derrocada; algumas décadas mais tarde, em 1492, a tomada de Granada, pelas forças dos reis católicos, FERNANDO de Aragão e ISABEL de Castilha, põe fim a séculos de presença muçulmana na Espanha, e completa o processo de '*reconquista*' e de unificação nacional, que desencadeará a extraordinária expansão da Espanha como potência dominante na Europa moderna e senhora de imenso império ultramarino.[488]

Um e outro evento – Constantinopla, em 1453, e Granada, em 1492 –, precisam ser tomados com cautela, ambos têm de ser situados em contextos mais amplos. Vejamos, sobretudo, o primeiro: em boa medida, o Império romano do oriente, ou bizantino, fruto de longas incompreensões e dolorosas agressões, como a invasão de Constantinopla pelos cruzados ocidentais, ou 'francos', em 1204, e a exploração violenta e 'colonialista' pelos ocidentais, durante as décadas que lá permanecem, até a retomada do poder da capital imperial pelos gregos, em 1261.[489]

[487] Ver **Tratado** (tomo 4 – **Direito internacional no tempo medieval**, cap. 11, esp. item 11.2 – guerra justa e guerra santa: entre *jihad* e as cruzadas).

[488] Ver **Tratado** (tomo 5 – **Direito internacional no tempo de Francisco de Vitória**); tb. Jérôme HÉLIE, **Les relations internationales dans l'Europe moderne** 1453-1789 (Paris: Armand Colin, 2008, esp. chap. 4 – *L'Espagne de Philippe II première puissance européenne*, p. 66-78, chap. 5 – *Philippe II face aux réformés de l'Europe du Nord*, p. 79-95, e chap. 6 – *L'impossible* ***Pax hispanica*** *(1598-1618)*, p. 96-111).

[489] Ver A. DUCELLIER, **Les Byzantins**: histoire et culture (orig. publ. 1988, Paris: Seuil, 2002); ___, **Le drame de Byzance**: idéal et échec d'une société chrétienne (Paris: Hachette – littératures, 1997); A. DUCELLIER e Michel BALARD (direction de), **Constantinople 1054-1261** (Paris: Autrement, 1996); Donald M. NICOL, **Les derniers siècles de Byzance 1261-1453** (orig. publ. **The last centuries of Byzantium, 1261-1453**, 1972, trad. Hughes DEFRANCE, Paris: Tallandier – coll. Texto, 2008); John J. NORWICH, **Histoire de Byzance** 330-1453 (orig. publ. **A short History of Byzantium**, 1988, trad. Dominique PETERS, Paris: Perrin, 2009); Stéphane YERASIMOS, **Constantinople** – De

A invasão e ocupação de Constantinopla, pelos ocidentais, no século XIII, deixa marcas e pode ser elemento para explicar, que ante a fraqueza – claramente percebida interna e externamente –, os bizantinos, em meados do século XV, tinham a escolha entre se aliarem com os ocidentais, ou se entregarem aos turco-otomanos. Os ressentimentos contra os ocidentais teriam feito parecer esta última como alternativa válida.

Ter consciência desses motivos muda um pouco a percepção da 'catástrofe', que teria 'abalado' a cristandade ocidental, com a tomada de Constantinopla, em 1453. Não foi tão catastrófica assim, nem teria sido tão inesperado fim do Império romano do oriente. E o 'Ocidente' teria contribuído decisivamente para o enfraquecimento e a destruição deste.

O fim da presença muçulmana na Espanha, com o marco da queda de Granada, em 1492, também se inscreve em mapa mais amplo e movimentação de alguns séculos. Uma coisa foi o impacto desta *'reconquista'* para a unidade interna, e a consolidação da monarquia espanhola.[490] Outra, mais ampla, é a inserção desta reacomodação na relação de forças, em escala mundial, entre cristãos e muçulmanos.[491]

Byzance à Istanbul (orig. publ. 2000, Paris: Éd. Place des Victoires, 2010, Introduction, p. 6-21, Première partie – Constantinople, chap. premier – *La nouvelle Rome,* chap. II – *De l'iconoclasme à la conquête latine,* chap. III – *La fin de l'empire,* p. 22-153).

[490] A preservação e a consolidação do estado espanhol foram marcantes na política de OLIVARES, ao lado das iniciativas empreendidas no exterior. A respeito, ver Gregorio MARAÑON, **Olivares** – der Niedergang Spaniens als Weltmacht (do original **El Conde-Duque de Olivares – La pasión de mandar**, s/d, übersetzt und eingeleitet von Ludwig PFANDL, München: Hermann Rinn, s/d, *Published under Military Government Information Control License Nr. US-E-161,* cap. XVIII – *Die Aussenpolitik,* p. 299-319, cit. p. 318-319); Jérôme HÉLIE, **Les relations internationales dans l'Europe moderne** 1453-1789 (Paris: Armand Colin, 2008, esp. chap. 3 – *Charles-Quint, François I et Soliman: la lutte pour l'hégémonie,* p. 46-65).

[491] Wilhelm GREWE, **Epochen der Völkerrechtsgeschichte** (Baden-Baden: Nomos, 1984, esp. parte II – *Ius inter gentes: die Völkerrechtsordnung des spanischen Zeitalters 1494-1648,* p. 163-322); Denis MENJOT, *Les monarchies ibériques: la genèse de l'Espagne* (in **Histoire du monde au XVe siècle**, dir. de Patrick BOUCHERON, vol. 1 – Territoires et écritures du monde, Paris: Fayard, 2012, chap. V, p. 192-229); Ernest BELENGUER, **História de la España moderna** – desde los Reyes católicos hasta Felipe II (Madri: Gredos, 2011, esp. caps. IX – El gobierno del Imperio, p. 454-526, X – Imperio, reinos y señores: los territorios de Carlos V, p. 527-608 e XI – Las luchas por la hegemonía imperial, p. 609-681); Fernando GARCIA de Cortázar y José Manuel GONZALEZ Vesga, **Breve história de España** (orig. publ. 1994, Madri: Alianza edtrl., 4a. ed. 2009, reimpr. 2010, esp. caps. 1 a 9, p. 7-190); Julio

O mapa mundial da relação do Islão com outras civilizações, estrangeiras e rivais, não se põe somente na relação com o Ocidente: os mapas bem mostram o essencial,[492] a respeito das regiões mantidas e depois abandonadas pelo Islão – tais como a Sicília, a Península ibérica, partes do sul da França e da Itália meridional, no Mediterrâneo ocidental, face ao Ocidente. Mas esse jogo também se fez em relação a Creta, como em grandes extensões da península dos Bálcãs, face à Europa 'oriental', mais precisamente, na confrontação entre o Islão e o mundo cristão ortodoxo. Mas também se jogou a confrontação muçulmana na planície central indo-gangética, no Deccan setentrional e central, face ao mundo hindu.[493]

Essa confrontação entre cristãos e muçulmanos, durante as eras medieval e moderna, não se deu somente em terra, mas também no espaço líquido, sobretudo no Mediterrâneo, acontece "essa grande aventura" – na busca da conquista e da manutenção da supremacia marítima:

VALDEÓN, Joseph PÉREZ, Santos JULIÁ, **História de Espanha** (orig. publ. **Historia de España**, 2009, trad. Luís Felipe SARMENTO, Lisboa: Ed. 70, 2014, Idade moderna, Joseph PÉREZ, caps. 1 – os reis católicos (1471-1516) e 2 – o império espanhol (1516-1598), p. 153--220); Vamireh CHACON, **A grande Ibéria** – convergências e divergências de uma tendência (São Paulo: Ed. Unesp / Brasília: Paralelo 15, 2005).

492 Éva COLLET, *Enjeux géopolitiques, externes et internes* (in Sylvie DENOIX et Hélène RENEL (dir. de), **Atlas des mondes musulmans médiévaux**, Paris: CNRS éditions, 2022, chap. 7, p. 291-323, cit. p. 292): "Une chose est claire, en ces périodes de conquêtes et reconquêtes, où les appartenances territoriales étaient fluctuantes, on ne peut considérer les frontières comme des lignes. Il s'agissait plutôt d'espaces, larges zones évoluant au gré des coups de force, dans lesquelles les combattants des deux côtés lançaient des escarmouches, prenaient une forteresse, devaient l'abandonner, y revenaient. Ces espaces frontaliers étaient donc considérés comme des marches, ce que rend le terme arabe de *taghr* (pluriel *thugur*), – le terme frontière, entendu comme limite, *hadd*, n'étant pas employé pour désigner ces espaces –; ils étaient émaillés de forteresses, villes fortes, tours de surveillance, et organisés, avec des capitales (en al-Andalus: Saragosse, Medinacelli, Merida puis Tolède), ou bien des villes-refuges, les *'awasim'*, à l'arrière de cette sorte de front. Les populations locales y subissaient les assauts des différents pouvoirs. Elles fuyaient parfois et les *thugur* étaient vidés d'occupation humaine; les gouvernants déplaçaient alors des populations pour repeupler ces territoires, comme ce fut le cas des Arméniens de Cilicie."

493 Fernand BRAUDEL, **Grammaire des civilisations** (orig. publ.1963, Paris: Flammarion – Coll. Champs vol. 795, 1993, impr. 2008, cit. p. 106-107): "Les régions de l'Islam d'aujourd'hui, tênues depuis toujours, ou pour le moins depuis longtemps, restent immenses. Pas toujours bien riches, elles s'étendent depuis le Maroc et le Sahara atlantique jusqu'à la Chine et l'Insulinde, 'de Dakar à Djakarta' dit le sous-titre d'un livre récent".

essa gesta marítima teve longo curso.[494] A expansão do Islão não se deu somente na Síria, no Egito, na Pérsia, no norte da África, como na Espanha, mas abrangeu quase todo o Mediterrâneo.[495] Mesmo se os bizantinos conseguiram conservar o controle desse mar semeado de ilhas, bem como em torno da península balcânica, do vasto mar Negro e do Adriático, o caminho da Itália, que servirá para a prosperidade de Veneza, com os transportadores de madeira, de sal, de trigo, a serviço da riquíssima Bizâncio.

O Mediterrâneo ocidental, nessa mesma época, estava sob controle dos marinheiros do Egito, do norte da África, da Espanha, todos sob o estandarte verde: os andaluzes conquistam Creta, em 825; os tunisianos, de 827 a 902, se instalaram na Sicília. Nessa época, a ilha viveu fase de grande expansão, como coração vivo do Mediterrâneo, e a capital Palermo, como a sua maior realização urbana. Os muçulmanos também estiveram em diversos pontos da Córsega e da Sardenha, por breve período na Provença; ameaçaram e insultaram Roma, com saques e incursões, não somente litorâneos, mas subindo o curso do Tibre. E se instalaram solidamente nas ilhas Baleares.

Durante alguns séculos, "o mar, transportador de riquezas, passa a serviço do Islão".[496] Essa fase dura mais de um século. Mas a conquista da Sicília pelos normandos (1060-1091) agrava o quadro e precipita as transformações: foi a primeira brecha aberta no monopólio marítimo dos 'infiéis'.

[494] Fernand BRAUDEL, **La méditerranée et le monde méditerranéen à l'époque de Philippe II** (orig. publ. 1949, Paris: Armand Colin, 8° ed., 1987, 2 vols.); tb. F. BRAUDEL (op. cit., 1963, impr. 2008, p. 107-110): "Les gloires anciennes de l'Islam n'ont pas été seulement celles de ses cavaliers, mais celles aussi de ses hommes de mer. Sindbad le Marin est un symbole. / Sindbad parle d'odyssées, mais à travers les éblouissements, les merveilles, les catastrophes de l'océan Indien. Or, si l'on ne s'abuse, c'est en Méditerrannée que s'est joué le sort maritime *mondial* de l'Islam. Lá, il aura gagné, désésperément combattu et, finalement, perdu".

[495] F. BRAUDEL (op. cit., 1963, impr. 2008, loc. cit.). Essa conquista foi selada pela conquista muçulmana da ilha de Creta, em 825, que os bizantinos somente recuperam em 961, mas se manteve em Chipre e em Rodes, com papel chave nas rotas que conduziam ao mar Egeu. Ver tb. W. V. HARRIS (edited by), **Rethinking the Mediterranean** (New York: Oxford Univ. Press, 2005).

[496] F. BRAUDEL (op. cit., 1963, impr. 2008, p. 106-107): [La mer] "fait grandir et respirer ses villes maritimes", tais como Alexandria, Palermo, Túnis, Alger, Oran, bem como Almeria e Sevilha.

As cruzadas, de 1095 até 1270, permitirão também a reconquista do Mediterrâneo, e o aumento da presença das frotas italianas, também no espaço marítimo antes controlado pelos bizantinos.[497] Haverá reação muçulmana somente dois séculos mais tarde: os turcos otomanos tentarão reconquistar a supremacia naval: vitoriosos em Prevesa, em 1538, o Mediterrâneo tornou-se quase inteiramente deles. Mas a imensa derrota muçulmana na batalha naval de Lepanto, em 1571, pôs termo quase imediato a essa retomada da hegemonia muçulmana no Mediterrâneo.[498]

Contrariamente às várias teorizações a respeito de supremacia marítima, "o mar pertence a quem o navega".[499] Hoje praticamente não existe mais marinha muçulmana. Mas durante cerca de mil anos, os veleiros árabes, os *boutres*, feitos de pranchas de madeira fixadas por cordas de fibra de palmeira, e na construção dos quais não se usava um único prego, já no século IX alcançavam Cantão. VASCO DA GAMA os enfrentará e pilhará, em 1498. Contudo, nem os portugueses, nem mais

[497] F. BRAUDEL (op. cit., 1963, impr. 2008, p. 109-110): "Les grands épisodes classiques (prise de Jerusalém en 1099, fondation des états de Terre Sainte, prise de Constantinople par les Latins en 1204, à la suite de la fabuleuse déviation de la IVe Croisade) ne doivent pas cacher cette autre réalité majeure: la conquête de l'espace maritime et marchand de la Méditerranée".

[498] F. BRAUDEL (op. cit., 1963, impr. 2008, p. 110): "Il n'y eut jamais qu'une flotte turque assez medíocre de navires de transport (grecs en majorité et limités aux trafics entre Istanbul, la mer Noire et l'Égypte) en face des nombreuses flottes de Venise, Gênes, Florence".

[499] Peter PADFIELD, **Maritime supremacy and the opening of the Western Mind** – Naval campaigns that shaped the modern world 1588-1782 (orig. publ. 1999, London: Pimlico – Random House, 2000, Introduction, p. 1-6, chap. I – The Prehistory of modern maritime power, p. 7-19, cit. p. 7): "Wealth from trade was the mainspring of Western material advance; the visible agents of change were great guns. These came of age in Europe in the fifteenth century. On land their potency in reducing castle walls favoured central over local power, since in general only monarchs could afford siege-trains; so nation states were consolidated and extended into great territorial empires"; A. PAGDEN, **Lords of all the world: ideologies of empire in Spain, Britain and France, c. 1500- c. 1800** (New Haven: Yale Univ. Press, 1995); Francisco BETHENCOURT e Diogo Ramada CURTO (dir.), **A expansão marítima portuguesa 1400-1800** (orig. publ. **Portuguese oceanic expansion 1400-1800**, 2007, trad. Miguel MATA, Lisboa: Ed. 70 – Almedina, 2021); Roger CROWLEY, **Conquerors** – How Portugal seized the Indian Ocean and forged the first global empire (London: Faber & Faber, 2015); Luís Filipe THOMAZ, **L'expansion portugaise dans le monde XIVe-XVIIIe siècles** – les multiples facettes d'un prisme (orig. publ. 2018, trad. Émile VITEAU et Xavier de CASTRO, Paris: Chandeigne – avec la Librairie portugaise et brésilienne, 2e éd., rev. et augmentée, 2022); F. BRAUDEL (op. cit., 1963, impr. 2008, p. 107).

tarde os holandeses, nem tampouco os ingleses os afastarão do comércio barato do oceano Índico. Somente os navios a vapor darão cabo desses navios a vela, no final do século XIX.

Nesse mesmo período a Ásia interage em extensão antes não experimentada com a Europa: os dois continentes parecem ter ficado mais perto;[500] a partir da presença europeia no início do século XVI, sobretudo espanhola e portuguesa, e se vê, a seguir chegarem e competirem, por mercados, por territórios, por rotas e concessões de comércio, e isso cada vez mais acirradamente, os holandeses, os ingleses, e outros europeus, no século XVII e prosseguirá no século XVIII.

Nesse vasto continente, a China, durante a dinastia MING, especialmente nos séculos XV e XVI, é marcada pela volta a, ou pela redescoberta de, certo grau de introspecção. Isso não se coloca somente em termos filosóficos, ou éticos de conduta pessoal, mas dizia respeito ao que hoje se denominam as 'relações internacionais'.

Na linha da tradição histórica, que remonta a CONFUCIO, os dois princípios fundamentais alimentam a concepção do direito internacional de todas as épocas: a obrigação de manter a boa-fé nas relações internacionais, e a de fazer reinar a concórdia nas relações entre estados. Por vezes de modo bastante preciso: proscrevia as práticas imperialistas, ordenava o respeito aos tratados, e mesmo propugnava certo modo de cooperação econômica internacional. E examina à luz desta ideia, a questão da imigração e da importação de matérias primas.[501]

[500] A respeito, ver **Tratado** (tomo 3 B – **Gregos, romanos, chineses, indianos**, esp. cap. 7 – entre as civilizações do continente asiático, sobre a Índia e a China antigas). A respeito de LEIBNIZ e seu interesse, que o leva a escrever livro sobre a **História da China** (1697), ver **Tratado** (tomo 10 – **Direito internacional no tempo de C. van Bynkershoek e Christian Wolff**, item 22.1 – direito segundo LEIBNIZ). E tb. Hans POSER & LI Wenchao (Hg.), **Das Neueste über China** – G. W. LEIBNIZ **Novissima Sinica** von 1697 (Stuttgart: 2000); Jürgen OSTERHAMMEL, **Die Entzauberung Asiens** – Europa und die asiatischen Reiche im 18. Jahrhundert (orig. publ. 1998, Munique: Beck, 2010); e Paul A. Van DYKE, **Merchants of Canton and Macao** – Politics and Strategies in eighteenth-century Chinese trade (Hong Kong/Kyoto: HK Univ. Press/Kyoto Univ. Press, 2011).

[501] John KEAY, **China: a history** (London: Harper Press – Harper Collins India, 2008, chap. 12 – *By land and sea, 1235-1405*, p. 341-375; 13 – *The rites of Ming, 1405-1620*, p. 376-409 ; chap. 14 – *The Manchu conquest, 1620-1760*, p. 410-445); L. LE FUR (op. cit., 1927, p. 278-281): "Certes, l'Antiquité chinoise a eu une notion très élevée des relations entre états, mais elle aussi ne considérait que des états de même race et de même religion, comme c'était le cas de ceux qui composaient l'immense Chine." E conclui: "La Chine

Este movimento favorável à introspecção, durante a dinastia MING, suscita, como reação contrária, um retorno aos valores práticos, acelerada pela instalação da dinastia seguinte, a dinastia manchu dos CHING (ou QING). Esta dinastia – considerada 'estrangeira' ou 'bárbara' pelos chineses da etnia *han* –, suscita oposição por parte de letrados e intelectuais, que preferem se retirar da vida pública, em lugar de 'colaborar' com a ocupação e dominação estrangeiras. Violentos manifestos nacionalistas ocorrem nessa época – que nada deixam a desejar, em relação à intolerância assassina reinante na Europa, durante as guerras de religião.

Como ilustra, por exemplo, WANG Fuzhi (1619-1692), a respeito da "guerra justa" que os chineses deveriam fazer contra os bárbaros – em alusão flagrante aos *manchus*, da dinastia então reinante:

> um conflito entre o País do meio – *Zhongguo* – e os bárbaros não pode ser chamado de guerra. [...] Aniquilá-los não deve ser considerado desumano, enganá-los não pode ser desleal, ocupar seus territórios e confiscar seus bens não pode ser injusto. [...] Aniquilá-los, a fim de preservar a integridade de nosso povo, é questão de humanidade; enganá-los, a fim de infligir o que eles detestam, com certeza não é deslealdade; ocupar seus territórios, para os fazer aprimorar seus costumes, por meio da nossa cultura e dos nossos valores, e confiscar seus bens, para aumentar os recursos de nosso povo, é questão de justiça.[502]

antique ne peut donc être présentée comme une exception au cas général de l'Antiquité païenne, qui a connu un certain droit international, mais à base particulariste, régionaliste, non pas universelle comme aujourd'hui, où la Société des Nations est ouverte à tous ceux qui admettent les principes fondamentaux sans lesquels il n'y a pas de vie internationale possible." Pode-se questionar não somente a 'universalidade' da composição como também a representatividade histórica da Sociedade das Nações, durante os seus vinte anos de existência, que permaneceu predominantemente 'clube' europeu de estados, voltado principalmente para a solução de controvérsias e questões entre europeus, mas valeu como expressão de anseio de universalidade e de reformulação institucional, que pauta o contexto entre as duas guerras mundiais.

[502] WANG Fuzhi (1619-1692), **Chunqiu jiashuo** (*Interprétation des 'Annales des printemps et des automnes' dans la tradition familiale*, de 1646, *juan 3*, in **Chuanshan yishu quanji**, ou Recueil complet des oeuvres encore existantes de Wang Fuzhi, 22 vols., Taipei: Zhongguo Chuanshan xuehui et Ziyou chubanshe, 1972, t. 7, p. 3648-3649) *apud* A. CHENG, **Histoire de la pensée chinoise** (Paris: Seuil, 1997, impr. 2002, p. 575 e nota 26, p. 603-604) observava: "la virulence toute juvénile qui se dégage de ce commentaire sonne en fait

Podemos sentir os mesmos ecos, quer se trate da desqualificação do adversário, como pretendiam os defensores da 'legitimidade' da ocupação espanhola dos Países Baixos, em relação aos 'revoltados' contra tal ocupação, enquanto estes se viam como heróis da resistência, e lutavam pela independência de sua pátria, então ocupada por potência estrangeira.[503] Ou, como se vê também, por aqueles que levam o partidarismo acima da verdade histórica, ainda em nossos tempos, e tentam desqualificar a própria identidade, e consequentemente, a legitimidade do adversário e da sua luta, como se vê, por exemplo trágico, na guerra civil em curso, entre Israel e a resistência Palestina.[504]

Em relação ao contexto chinês, consideravam "os chineses preferível enfatizar a polaridade entre *Yin* e *Yang*, que preserva a corrente alternada da vida, e o caráter correlativo de toda realidade orgânica: coexistência, coerência, correlação, complementaridade":[505]daí resulta uma visão de mundo, não como um conjunto de entidades discretas e independentes, das quais cada uma constitui, em si mesma, uma essência, mas como rede contínua de relações entre o todo e as partes, sem que um transcenda os outros.[506]

comme un aveu d'impuissance car, dès la trentaine, WANG Fuzhi est contraint de renoncer à l'engagement politique, de passer le restant de ses jours caché par refus de transiger avec les autorités mandchoues et de chercher dans une retraite studieuse ce qui était sans doute tout à la fois une évasion et une nouvelle forme d'action."

503 Como considerado no **Tratado** (tomo 4 – **Direito internacional no tempo medieval**, cap. 11 – tratadistas da guerra, item 11.6.1 – Balthazar AYALA (1548-1584) e tomo 7 – **Direito internacional no tempo de Hugo Grócio**, item 18.1 – conflitos metropolitanos e aventuras coloniais holandesas: interlúdio no Brasil) por exemplo na obra de Balthazar AYALA, como defensor dos interesses da Espanha, desqualifica e vitupera os oponentes – 'inssurretos belgas' – e considera que sequer poderia ser considerada guerra legítima, aquela movida pela potência ocupante contra a resistência à ocupação estrangeira.

504 Ver **Tratado** (tomo 2 – **Direito internacional dos espaços**, item 31.4 – consequências da construção do muro no território palestino ocupado); a respeito o relevante e oportuno entendimento da C.I.J., **Legal Consequences of the Construction of a Wall in the Occupied Palestinian Territory** (*Advisory Opinion, I.C.J. Reports 2004*).

505 Professora titular da cadeira de 'História intelectual da China', no *Collège de France*, Anne CHENG, **Histoire de la pensée chinoise** (Paris: Seuil, 1997, impr. 2002, p. 644-645) declara os motivos para ter escrito esse livro: "À l'heure où l'Occident ressent le besoin de sortir du logocentrisme de son héritage grec et la Chine celui de penser le monde autrement, puisse-t-il contribuer à rendre possible un vrai dialogue entre les interrogations radicales de l'un et la vision originale de l'autre."

506 A. CHENG (op. cit., 1997, ed. 2002, p. 40).

A consideração feita em relação à natureza e ao funcionamento da sociedade chinesa[507] também se aplica ao modo chinês de interagir internacionalmente:

> No momento em que acabara de assimilar o budismo [vindo da Índia], o pensamento chinês foi confrontado com a tradição, ainda mais estrangeira, do cristianismo e das ciências europeias, primeiro pelo canal dos missionários, depois através dos contatos, que se multiplicam ao longo de todo o século XIX, até se tornarem as agressões, por parte das potências ocidentais.[508]

Ainda deixa marcas na relação da China com o Ocidente a lembrança da presença colonial e dos estragos lá feitos pelas potências 'coloniais' –[509] França, Inglaterra, Alemanha, Estados Unidos, e também Japão.[510] Essa história não é edificante, mas seu conhecimento pode ser útil, para entender o quadro atual. Para fazer eco ao "o estudo da história serve para organizar o mundo atual".

[507] A. CHENG (op. cit., 1997, ed. 2002, p. 41) enfatiza que a continuidade entre as partes e o todo é também considerada na reflexão chinesa sobre a relação. Esta não é compreendida como simples vínculo, que vem a se estabelecer entre entidades anteriormente distintas, ela é constutitiva dos seres em sua existência e em seu devenir.

[508] A. CHENG (op. cit., 1997, ed. 2002, p. 31): "Au seuil du XXe siècle, la Chine se trouve alors écartelée entre le poids écrasant de l'héritage du passé et l'exigence impérative de répondre au nouveau défi de l'Occident, compris comme celui même de la modernité. Le mouvement iconoclaste du 4 mai 1919 constituera la lisière symbolique de notre propos: le premier de cette ampleur à tourner résolument le dos à une tradition deux fois millénaire, il inaugure en effet une nouvelle ère, faite de contradictions et de conflits qui ne sont pas encore résolus."

[509] Ver **Tratado** (tomos 14 a 17 – **Direito internacional no tempo do colonialismo**); por exemplo, **Twentieth century colonialism and China** (edited by Bryna GOODMAN and David S. G. GOODMAN, London: Routledge, 2012); A. CHENG (op. cit., 1997, ed. 2002, chap. 22 – *La pensée chinoise confrontée à l'Occident:l'époque moderne (fin XVIIIe- début XXe siècle)*, p. 608-639).

[510] Com gravidade e extensão ainda maior em relação ao Japão, antes e durante a segunda guerra mundial, não somente pela ocupação de Nanquim (dezembro 1937), quando em algumas semanas, na cidade ocupada, estima-se devem ter sido violados, torturados e executados ao menos 300 mil civis e soldados chineses, pelas tropas japonesas – números que superam os mortos decorrentes de ambos os ataques nucleares de Hiroshima e Nagasaki somados. Íris CHANG, **The rape of Nanking** – The forgotten Holocaust of World War II (© 1997, London: Penguin 1998).

Da "primeira guerra do ópio", resultam os Acordos de Nanquim, de 1842, que outorgam às potências ocidentais diversos direitos e privilégios em território chinês, sobretudo a abertura dos assim chamados "portos de tratado" ao comércio ocidental.[511] A resposta, do lado chinês, vem de ensaio escrito por WEI Yuan (1794-1856), **Memória ilustrada sobre os países do além mar**, onde propunha lutar contra os estrangeiros com as próprias armas destes, e de suscitar oposição entre eles, segundo o velho princípio de "deter os bárbaros pelos bárbaros".[512] No ano da morte de WEI Yuan, em 1856, três anos depois do estabelecimento da "Capital celeste" do Taiping, em Nanquim, começa a "segunda guerra do ópio", contra França e Inglaterra. Que levará à ampliação da presença e das agressões ocidentais contra a China.[513]

Esses abalos obrigam os chineses a se confrontarem com a realidade: não mais se poderia pretender ser a China nem a totalidade, nem o centro do mundo – o Império do Meio, circundado por semi civilizados ou bárbaros, que prestam (ainda que nominalmente) tributo ao imperador chinês – mas somente uma nação, em meio a outras, tais como as potências que se formaram na Europa, desde o estabelecimento do sistema decorrente da "guerra dos trinta anos".[514] Além disso, a confiança

[511] Robert NIELD, **The China Coast** – trade and the first Treaty Ports (Hong Kong: Joint Publishing Co., 2010).

[512] Anne CHENG (op. cit., 2002, p. 617-618) menciona ter essa obra encontrado ampla repercussão não somente na própria China, como no Japão, onde sem dúvida contribuiu para inspirar as reformas da era Meiji.

[513] Ver Shiona AIRLIE, **Thistle and Bamboo** – The Life and Times of Sir James Stewart LOCKHART (Hong Kong: HK Univ. Press, 2010). Este escocês J. S. LOCKHART (1858-1937) trabalhou durante mais de quatro décadas, como oficial 'colonial' em Hong Kong e Weihaiwei – território cedido aos britânicos no norte da China. Em Hong Kong (de 1879 até 1902) ele avançou até os mais altos escalões da administração local, e trouxe atitude diferente em relação à dominação colonial: mergulhou na cultura chinesa, fez amigos entre os líderes locais, fortaleceu as instituições chinesas e lutou contra o racismo. Quando os "novos territórios" foram acrescidos, em 1898, foi a ele atribuída a importante tarefa de traçar as fronteiras e organizar a administração destes. Como primeiro Comissário civil britânico (1902-1921) na remota Weihaiwei, LOCKHART pautou a sua administração pela manutenção da paz e ordem em tempos conturbados. Erudito conhecedor da cultura chinesa, reuniu grande coleção de moedas, arte e artesanato chinês.

[514] Para algumas referências de análise do conflito, ver **Tratado** (tomo 8 – **Direito internacional além do paradigma vestfaliano**, título II – *da construção de sistemas coesos: de Vestfália (1648) até a guerra dos Sete anos (1756-1763)*); Henry BOGDAN, **La guerre de trente ans 1618-16148** (Paris: Perrin-tempus, © 1997, ed. 2006, impr. 2010); Johannes BURKHARDT,

dos chineses no enorme poder do Império, governado pelos CHING, começa a ser abalada pela agressividade e pela superioridade militar dos Ocidentais, sobretudo a partir de meados do século XIX.[515]

Quando houve desproporção de força militar e econômica, o Ocidente comportou-se de modo acintoso com a China; agora, as relações de poder e de força, ao menos em parte, se inverteram, e agora se põem, como se fosse surpresa, por parte dos ocidentais, questionamentos a respeito das razões da 'agressividade' e da supostamente excessiva 'assertividade' chinesa, em relação ao Ocidente: por que motivo? Como podem se comportar assim conosco? E por que?[516]

Ora, para compreender os motivos basta olhar para a história da relação entre esses dois mundos. Como advertia em sua argumentação sobre o papel da História, estudo prático por excelência: "o estudo da história serve para organizar o mundo atual (*jingshi*)".[517]

Der Dreissigjährige Krieg (Frankfurt: Suhrkamp, 1992); Heinz Dieter KITTSTEINER (1942-2008), **Die Stabilisierungsmoderne** – Deutschland und Europa 1618-1715 (Munique: Carl Hanser, 2010); Dietmar PIEPER e Johannes SALTZWEDEL (Hg.), **Der Dreissigjährige Krieg** – Europa im Kampf um Glaube und Macht 1618-1648 (Munique: Deutsche Verlags-Anstalt, 2012), Bernd ROECK (herausgegeben von), **Deutsche Geschichte in Quellen und Darstellung** Band 4: **Gegenreformation und Dreissigjähriger Krieg 1555-1648** (Stuttgart: Reclam – Univ. Bibl. Nr. 17004, (c) 1996, impr. 2002); Friedrich SCHILLER, **Geschichte des dreissigjährigen Kriegs** (orig. publ. 1792, in F. S., **Werke in drei Bänden**, unter Mitwirkung von Gerhard FRICKE, herausgegeben von Herbert G. GÖPFERT, Munique: Carl Hanser, 1966, vol. II, p. 34-320); Fred E. SCHRADER, **L'Allemagne avant l'État-nation**: le 'corps germanique' (1648-1806) (Paris: PUF, 1998).

515 Anne CHENG (op. cit., 2002, p. 613): "la tournure dramatique prise par les événements contribue à expliquer en partie la conversion de la tradition du *Gongyang* de l'idéologie conservatrice qu'elle incarne encore au XVIIIe siècle en un discours politique réformiste au XIXe. Mais la mutation s'opère avant tout de façon interne, dans la conception même de l'ordre impérial et des fondements de sa légitimité, à commencer par l'autorité des classiques."

516 Ver **Tratado** (tomo 3 B – **Gregos, romanos, chineses, indianos**, esp. cap. 7 – sobre as civilizações do continente asiático) a respeito da Índia e China antigas; v. tb. Harry G. GELBER, **The Dragon and the foreign devils** – China and the World, 1100 BC to the Present (© 2007, London: Bloomsbury, 2008); b/c o já referido **Twentieth century colonialism and China** (ed. by Bryna GOODMAN and David S. G. GOODMAN, London: Routledge, 2012).

517 Anne CHENG (op. cit., 2002, loc. cit.).

Em suma, podem ser apontadas três tendências, no período, aqui considerado. Entre a segunda metade do século XVI e a primeira metade do século XVII. Estas são:

- primeiro, o anseio de manter o fundamento objetivo, ou natural ou mesmo moral do direito, antes universalmente admitido, cuja primeira tendência foi ilustrada pelos últimos juristas teólogos: VITÓRIA, SUAREZ, seus respectivos conterrâneos, e seus contemporâneos, como GENTILI e ZOUCH, e também GRÓCIO;
- segundo, a concepção de 'direito natural', ligado ou decorrente da razão humana, que se procura afirmar independentemente de base religiosa (abertamente assumida), mas que em lugar de falar em 'cristianismo' ou 'comunidade cristã' se passa a falar em 'civilização' – e nesta, entenda-se, sobretudo a civilização europeia – uma vez que a abrangência e eficácia da própria ideia de 'comunidade cristã' tinham ficado bastante comprometidas, depois da selvageria das várias décadas de guerras europeias de religião; e
- terceiro, a tendência positiva, ou mais ainda, positivista, que poderá, também, ser chamada de direito internacional 'prático', ou direito internacional 'europeu', mas também se vê na doutrina ou escola histórica, utilitarista, positivista,[518] representada, na Inglaterra, por GENTILI – italiano de nascimento, mas por ser protestante, teve de se refugiar e exerceu seu magistério em Oxford – e continuada por ZOUCH, que foi o seu sucessor na mesma cátedra, da mesma Universidade. E, também, por outro inglês, SELDEN.

Permanece cabível a advertência, no sentido de que "a história nem sempre é objetiva, na sua medida dos valores".[519] Por isso, "circunstâncias de lugar e de tempo, de paixões políticas, inclinações religiosas, pesam no sentido de afastar a imparcialidade dos julgamentos emitidos". Isso aconteceu com Francisco SUAREZ, "mas esses desvios qua-

[518] Chegará a ser 'positivista', em sentido estrito, na linha de Augusto COMTE, como também materialista, materialista histórica, sociológica, e estas vertentes predominam – mas sem sufocar completamente correntes opostas de pensamento – durante a maior parte da fase que se estende do século XVIII, ao século XIX.

[519] C. BARCIA TRELLES, **Francisco Suarez (1548-1617): les théologiens espagnols du XVIe siècle et l'école moderne du droit international** (RCADI, 1933, t. 43, p. 385-554).

litativos sempre têm o caráter episódico dos eclipses. Enfim, a luz se faz".[520]

E, mesmo assim, SUAREZ, como se disse,[521] empregando expressão jornalística, foi, dentre os internacionalistas espanhóis, o que 'recebeu melhor cobertura' – *meilleure presse*. O que não o impediu de ser injustiçado.[522]

SUAREZ se coloca entre duas eras, transmitindo os tesouros do passado para as novas gerações. Mas, ressalte-se, "o verdadeiro propósito dele era mais do que a simples transmissão. Todos os conceitos, doutrinas e teorias que ele reuniu foram examinados criticamente à luz de impecável autoridade e escrupulosamente testados pela razão".[523]

O direito internacional – *jus inter gentes* – de VITÓRIA, cerca de setenta anos depois, foi enriquecido pela filosofia deste outro teólogo espanhol. Mesmo que se possa questionar até que ponto cabe falar em SUAREZ como 'jurista' e, menos ainda, tecnicamente, como 'internacionalista'.[524]

[520] C. BARCIA TRELLES (op. cit., 1933, première partie – *'Le droit des gens selon SUAREZ'*, chap. premier – *'Criterium objectif de l'apport Suarien'*, cit. p. 415).

[521] James Brown SCOTT, em seu estudo sobre **The Spanish conception of international law and of sanctions** (Washington: Carnegie Endowment for international peace, 1934). Ver também a introdução de J. BROWN SCOTT à edição de F. SUAREZ, **Selections from three works** (contendo **De Legibus ac Deo legislatore**, 1612; **Defensio fidei catholicae et apostolicae adversus anglicanae sectae errores**, 1613; **De triplice virtute theologica, fide, spe, et charitate**, 1621, em dois volumes: vol. I. "A Photographic Reproduction of the Selections from the original Editions"; vol. II. An English version of the texts, prepared by Gwladys L. WILLIAMS, Ammi BROWN, and John WALDRON, with certain revisions by Henry DAVIS, S.J.; together with an Introduction by James Brown SCOTT, an Analytical Table of Contents, Indexes and a Portrait of SUAREZ, Washington: Carnegie Endowment for International Peace – The Classics of International Law / Oxford: At the Clarendon Press / London: Humphrey Milford, 1944, *Introduction*, vol. II, p. 3a-38a).

[522] Ver a seguir, o cap. 15 – Francisco SUAREZ (1548-1617).

[523] J. B. SCOTT (*Introduction*, datada de Washington, 3 de Junho de 1939, in SUAREZ, **Selections from three works**, ed. cit., 1944, p. 11a): "If he found them to be wholly erroneous, he rejected them; if inaccurate, he corrected them; if they were poorly defined, he supplied a more adequate definition".

[524] Como se considera no cap. 15 – Francisco SUAREZ (1548-1617), a seguir. Contrariamente, ver L. ROLLAND, *Suarez* (in **Les fondateurs du droit international**: leurs oeuvres, leurs doctrines, introduction de A. PILLET, Paris: V. Giard & E. Brière, 1904, p. 95-124, p. 98) entende ser inadequado falar em SUAREZ como jurista. Favoravelmente, embora com alguns reparos, J. BROWN SCOTT (1939, publ. 1944, p. 12a): "Though he del-

Cabe assinalar,[525] a humanidade da visão de Francisco SUAREZ, quer em seu grande tratado **De Legibus ac Deo legislatore**, como na sua dissertação sobre a guerra: "SUAREZ, como VITÓRIA, baseou suas doutrinas sobre as contribuições da Antiguidade e da Idade média. Assim, as concepções internacionais desses dois teólogos são desenvolvimento verdadeiro e lógico do passado".[526] Mas voltadas aos problemas de seu tempo histórico e de seu contexto cultural.

A partir daí, sente-se o peso da contribuição de GRÓCIO. E esta se exprime por seu duplo e controvertido título: aquele que via a si mesmo como continuador e como sistematizador da matéria, passa a ser visto como pai de um direito natural destacado da vontade divina, baseado na razão natural, tido como característico da era moderna.

O próprio GRÓCIO, provavelmente, não se reconheceria como o 'fundador do direito internacional' (moderno). Ele mesmo se via como o autor que busca levar ao perfazimento o direito da guerra – ou seja, algo muito mais característico da tradição medieval do que da moderna.[527]

Seria este, assim, o ponto de convergência dessas duas correntes: a criação de direito natural, distinto da religião, e o aparecimento do direito internacional moderno, em sentido estrito.[528] Onde se destacaria

ved deeply into the theory of law, he was not a judicial expounder of law and its principles. Nor was it his purpose to provide a text for the legal profession. It was as a theologian that he approached law, and he dealt with as a moral science."

525 VITORIA et SUAREZ, **Contribution des théologiens au droit international moderne** (préface par James Brown SCOTT, introduction par Yves de la BRIÈRE, Paris: Pedone, 1939).

526 J. B. SCOTT (pref. cit., 1939, p. X): "Elles se sont inspirées des anciennes contributions de la Grèce et de Rome que les docteurs et les Pères de l'Église avaient adaptées et dont leur tradition avait pénétré la pensée chrétienne durant le Moyen Âge."

527 Nesse sentido, ver **Tratado** (tomo 7 – **Direito internacional no tempo de Hugo Grócio**); Y. ONUMA, *Eurocentrism in the History of International Law* (in **A normative approach to war**: peace, war and justice in Hugo Grotius, edited by Y. ONUMA, Oxford: Clarendon Press, 1993, *Appendix*, p. 371-386); Arnulf BECKER LORCA, *Eurocentrism in the history of international law* (in **The Oxford Handbook of the History of International Law**, edited by Bardo FASSBENDER e Anne PETERS, Oxford: Univ. Press, 2012, chap. 43, p. 1034-1057); C. G. F. CASTAÑON, **Les problèmes coloniaux et les classiques espagnols du droit des gens** (RCADI, 1954, t. 86, p. 557-700).

528 L. LE FUR (op. cit., 1927, p. 297-298): "si je n'ai pas présenté les choses ainsi, ce que je crois qu'il y a là une double et grave erreur, et je n'oserais peut être pas être aussi affirmatif si je me trouvais d'accord sur ce point avec les auteurs des travaux les plus récents sur GROTIUS"; v. tb. M. BOURQUIN, *Grotius et les tendances actuelles du droit international*

o pioneirismo de VITORIA, com concepção 'universal' do direito internacional moderno.[529]

Estimou-se[530] ser necessário, para a adequada compreensão da evolução do direito internacional moderno, situar a relação entre VITORIA e SUAREZ, como também, a seguir, a interação entre SUAREZ e GRÓCIO:

> VITORIA foi tanto um homem prático como um teórico, e profundo estudioso do direito, em seus vários aspectos. Mas ele se viu confrontado com os problemas americanos, lançados a seu país, em decorrência da viagem de COLOMBO para o Ocidente, e considerou ser o seu dever dar uma solução, e ao fornecer essa conclusão, ele tratou das conclusões mais do que das premissas que levavam a tais conclusões. Com as conclusões, a sua obra se completou; a sua tarefa estava terminada. Mas, mesmo se aceitamos as conclusões e a fundamentação, por meio da qual aquelas podem ser aplicadas, não somente a um caso concreto, mas a todos os casos concretos da mesma natureza, quando e como possam estes se apresentar, será preciso uma filosofia que pudesse justificar e integrar os princípios abstratos, subjacentes às conclusões. Essa filosofia foi a contribuição de SUAREZ, embora não tenha sido o seu propósito consciente completar teoricamente o que VITORIA tinha encetado na prática.[531]

(Revue de droit international et de législation comparée, 1926); Knud HAAKONSSEN, **Natural law and moral philosophy**: from Grotius to the Scottish Enlightenment (Cambridge: Univ. Press, 1st. publ., 1996, digital printing 2003, chap. 1 – *Natural law in the seventeenth century*, p. 15-62); Jan KOSTERS, **Les fondements du droit des gens** (Leiden: Bibliotheca Visseriana, vol. IV, 1925); W. S. M. KNIGHT, **The life and work of Hugo Grotius** (London: Sweet & Maxwell,1925); Cornelis van VOLLENHOVEN, **Les trois phases du droit des gens** (La Haye: M. Nijhoff, 1919 – on line: books.google.com.br >).

529 Ainda Y. ONUMA, *Eurocentrism in the History of International Law* (in **A normative approach to war**: peace, war and justice in Hugo Grotius, edited by Y. ONUMA, Oxford: Clarendon Press, 1993, *Appendix*, p. 371-386, cit. p. 371): "reconsider the significance of Francisco de VITÓRIA, not for the purpose of deifying him in place of GROTIUS, but because he embodied the 'universal' or 'neutral' theory in the context of the military superiority of Europe, a prototype of the structure of modern international law."

530 J. BROWN SCOTT (*Introduction*, 1939, in SUAREZ, **Selections from three works**, publ. 1944, vol. II, p. 15a-16a).

531 J. BROWN SCOTT (*Introduction*, 1939, aos volumes SUAREZ, **Selections from three works**, publ. 1944, vol. II, p. 16a): "when SUAREZ himself was ready to add his incomparable contribution to the Spanish School, he found a law of nations already in existence,

Igualmente complexa a relação entre SUAREZ e GRÓCIO. E muitas vezes veiculada a crítica, a respeito da omissão de GRÓCIO, em reconhecer o seu débito em relação a SUAREZ. Muitas vezes GRÓCIO menciona VITÓRIA, e não menos numerosos os empréstimos que fez deste, como se assinalou.[532]

Embora mencione várias vezes VITORIA, contudo, GRÓCIO praticamente não cita SUAREZ. Certamente conhecia a obra deste, e lhe deveria algumas referências: muitas passagens mostram quanto GRÓCIO devia a 'inspiração' a SUAREZ, como foi demostrado.[533]

Para esclarecer[534] a complexa interação entre SUAREZ e GRÓCIO pode ser oferecida argumentação:[535] a influência de SUAREZ teria ocor-

not wholly lacking in philosophy – for none can deny that VICTORIA was a philosopher as well as a jurist – but nevertheless lacking a complete philosophical development."

532 A respeito, ver **Tratado** (tomos 5 – **Direito internacional no tempo de Francisco de Vitória** e 7 – **Direito internacional no tempo de Hugo Grócio**); as referências e as passagens em paralelo, apresentadas por Luís G. ALONSO GETTINO, **Releciones teológicas del Maestro Fray Francisco de Vitoria** (Madri: Imprenta La Rafa, tomo III, 1935, p. XI--XXXVI).

533 Heinrich ROMMEN, **Die Staatslehre des Franz Suarez S. J.** (M. Gladbach: Volksvereins-Verlag, 1926, p. 270-305); H. ROMMEN, **La teoría del estado y la comunidad internacional en Francisco Suarez** (trad. del alemán por V. GARCIA YEBRA, Madri-B. Aires: Instituto de derecho internacional, 1951, p. 447-506); Luciano PEREÑA, *La génesis suareciana del jus gentium* (in Francisco SUAREZ, **De Legibus** (II.13-20): *De iure gentium*, ed. crítica bilíngue por L. PEREÑA, V. ABRIL y C. BACIERO, Madri: Consejo Superior de Investigaciones Cientificas, 1973, p. XIX-LXXII).

534 Jan KOSTERS, **Les fondements du droit des gens** (Leiden: Bibliotheca Visseriana, vol. IV, 1925, p. 41-43) expressamente menciona que o manuscrito do **De jure praedae** de GRÓCIO parecia conter sumário da distinção, feita por SUAREZ, no livro segundo do **De Legibus**, da clássica distinção deste entre o *ius gentium* ou direito das gentes, como direito internacional propriamente dito, e o mais antigo *ius gentium*, compreendendo aquelas leis que são comuns a todos ou quase todos os sistemas jurídicos nacionais. Mesmo se a redação original do **De jure praedae** (1604) de GRÓCIO precedeu a publicação do **De Legibus** (1612) de SUAREZ, GRÓCIO teria feito inserções posteriores no manuscrito, que permaneceu inédito, até ser redescoberto em 1864 e somente publicado quatro anos depois.

535 J. BROWN SCOTT (*Introduction*, 1939, aos volumes SUAREZ, **Selections from three works**, publ. 1944, vol. II, p. 20a): "in preparing his great treatise he took care to avoid references, as he himself puts it, to 'any controversies of our own times' [GROCIO, **De jure belli ac pacis** (1625, Prolegomena, § 58)]; and it is not unlikely that for similar reasons he deemed it unwise to make anything more than a few casual citations of SUAREZ, thus relegating to the position of a minor authority as it were, the Spanish theologian whose writings had roused the ire of reigning monarchs".

rido indubitavelmente sobre GRÓCIO. Mas dados históricos o teriam obrigado a calar quase totalmente a relevância da contribuição da obra de SUAREZ sobre a sua formulação, então em curso.

As perigosas e delicadas circunstâncias da vida e do tempo de GRÓCIO seriam a explicação para tal silêncio. Não deve ter sido irrelevante o fato de estar GRÓCIO, naqueles anos, primeiro em missão na Inglaterra de JAIME I, e depois vivendo na França, exilado em Paris, e dependendo da hospitalidade de LUIS XIII. Assim, GRÓCIO, ao completar a redação da sua grande obra **De jure belli ac pacis** (1625), teria todos os motivos para evitar citar ou dar excessivo destaque a autor, SUAREZ, cuja obra sobre a Defesa da fé católica, **Defensio fidei catholicae et apostolicae adversus anglicanae sectae errores** (1613) tinha não somente sido proibida, na França e na Inglaterra, além de ter sido queimada em praça pública.

Estava, assim, longe de ser seguro citar a obra maior de SUAREZ, de 1612, como eminente autoridade em matéria de direito das gentes. Isso, exatamente quando estava GRÓCIO empenhado em escrever a sua obra maior, em 1625. Em razão do contexto do tempo e do lugar em que se encontrava.

Em circunstância na qual era seguro manifestar a sua apreciação, esta aparece claramente – e isso pode ser entendido como abrangendo também o direito das gentes: em carta a Joanni CORDESIO, de 15 de outubro de 1633, GRÓCIO declarava que o doutor jesuíta, Francisco SUAREZ, era filósofo e teólogo de tal qualidade, que dificilmente teria um equivalente.[536]

Como foi observado, "os dois grandes méritos que se atribuem a GRÓCIO – e que este se abstém de reivindicar, por se apresentar, a si mesmo, como homem de tradição – lhe são reconhecidos erroneamente". E da mesma forma, "a pretensa influência decisiva, que ele teria

[536] H. GRÓCIO, *Epist. CLIV,* Joanni CORDESIO, 15 Oct. 1633 (cit. por Raoul de SCORRAILLE, S.J., **François Suarez de la Compagnie de Jésus**, Paris: Letielleux, 1911, vol. 2, p. 437); tb. John P. DOYLE, *Francisco Suarez on the Law of Nations* (in **Religion and International Law**, edited by Mark W. JANIS & Carolyn EVANS, Leiden/Boston: M. Nijhoff, © 1999, nova ed., 2004, chap. 6, p. 103-120).

exercido, sobre a prática dos séculos XVII e XVIII, dado que, na verdade, a prática não lhe ficou devendo nada":[537]

> No fundo, o maior mérito de GRÓCIO é antes, inversamente, ter tentado retorno à teoria tradicional, quanto aos pontos nos quais esta começava a ser abandonada – a noção de guerra justa, sobretudo, e as suas consequências. Ademais, a sua tentativa permaneceu durante muito tempo sem sucesso, e somente viria a ser compreendida e apreciada muito mais tarde, no curso da fase atual.[538]

A contribuição de SUAREZ, como a de GRÓCIO, foram, cada uma a seu modo, relevantes e decisivas para o direito internacional. Mas, é interessante atentar, estas não se inscrevem de modo linear, na linha da evolução institucional da disciplina.[539]

Oscilações consideráveis se fizeram sentir ao longo do percurso temporal, desde o momento em que viveram e atuaram estes – como também outros 'fundadores' do direito internacional 'moderno', até o direito internacional 'clássico'. Por isso é importante revisitar a contribuição destes homens e suas obras. Não nos contentarmos com sumários parágrafos isolados a respeito de cada um, que pautam os manuais e estudos dos prolegômenos da disciplina.

A revisitação dos 'modernos', neste volume, como a seguir, em relação aos 'clássicos' do direito internacional,[540] se faz na perspectiva da

[537] L. LE FUR (op. cit., 1927, p. 298): "cette appréciation de l'oeuvre de GROTIUS aurait paru si singulière il y a peu d'années encore, qu'il est nécessaire d'insister un peu pour la justifier."

[538] Para LE FUR, o então século XX – cf. L. LE FUR (op. cit., 1927, loc. cit.).

[539] Ver, neste tomo, cap. 15 – Francisco SUÁREZ e **Tratado** (tomo 7 – **Direito internacional no tempo de Hugo Grócio**, cap. 18 – Hugo GRÓCIO).

[540] O 'direito internacional clássico', corresponde ao período de meados do século XVII, até as primeiras décadas do século XIX. Como dados específicos do direito internacional, apontem-se, nesta fase, as trajetórias de Samuel RACHEL (1628-1691) e Samuel PUFENDORF (1632-1694), cf. **Tratado** (tomo 9 – **Direito internacional no tempo de Samuel Pufendorf**, tomo 10 – **Direito internacional no tempo de C. van Bynkershoek e Christian Wolff**, tomo 11 – **Direito internacional no tempo do Iluminismo**), até as trajetórias de Emer de VATTEL (1714-1767) e Georg Friedrich VON MARTENS (1756-1821), cf. Tratado (tomo 12 – **Direito internacional no tempo de Vattel e von Martens**, caps. 24 e 25). Ou seja, da fase histórica, imediatamente posterior à Paz de Vestfália, até o estabelecimento do 'concerto europeu', cf. **Tratado** (tomo 13 – **Direito internacional no tempo do**

pós-modernidade, no sentido do 'diálogo com as fontes' e da aferição da possível atualidade e da relevância direta de cada autor, para o nosso tempo histórico e o nosso contexto cultural. O papel e a importância de cada um deles pode ter oscilado ao longo do tempo.

Historicamente, cumpre notar,[541] é impossível encontrar o começo de qualquer das linhas que virão a ser trançadas para compor o tecido do direito internacional moderno:

> o influente texto de GRÓCIO, **De jure belli ac pacis**, de 1625, estava profundamente e diretamente em débito com os teólogos espanhóis do século XVI – VITORIA, SUAREZ e outros – que empregaram noções tiradas das teorias católicas medievais sobre o direito natural, para respaldar seus argumentos contra a exploração dos nativos da América pela Coroa espanhola.[542]

Curiosamente, cabe observar paralelo, entre o começo e o final do período, aqui considerado: em ambos os momentos, no século XVI, assim como no século XIX, se fazem sentir os impactos recíprocos da Europa sobre a América. Como da influência reversa, da América sobre a Europa.

Em considerável medida se expande esse sistema internacional moderno, também na direção da África e da Ásia. E se criam interações entre cada um de tais continentes com a Europa, como também entre si, entre a Ásia e a América, como entre a África e a América.

Nessa mesma época se expande para o conjunto do mundo o sistema europeu (ocidental) de direito internacional. Como dados transformadores do até então existente.

concerto europeu). E os modelos institucionais então aplicados desdobrar-se-ão no curso desse 'longo século XIX' à primeira metade do século XX, como se examina, por exemplo, no **Tratado**, em relação ao colonialismo e a descolonização (tomos 14 a 17 – **Direito internacional no tempo do colonialismo**).

541 Mark W. JANIS, *Religion and the literature of International Law: some standard texts* (in **Religion and International Law**, edited by Mark W. JANIS & Carolyn EVANS, Leiden/Boston: M. Nijhoff, © 1999, nova ed., 2004, chap. 7, p. 121-143).

542 M. W. JANIS (2004, p. 121): "However, because of the lasting importance of **De jure belli ac pacis**, and for the very reason that GROTIUS, a Protestant, has so often been thought to have 'secularized' the law of nations, it makes sense to commence this exploration of religion and the literature of international law with him."

O mundo se compõe de sistema de vasos comunicantes: existe interação entre altos e baixos, entre o que se passa de bom e de ruim em cada continente; e as influências se espalham. Isso se estende por vários campos, do econômico ao cultural, e também sobre o direito internacional.

As descobertas da América causam, em 1492 e 1500, grande transformação na altura da passagem do direito internacional medieval ao moderno, como se viu,[543] e ainda se vê, pelos seus efeitos, se projetam não somente sobre o período, como até hoje.

E será a América a trazer, novamente, elemento transformador, ao cabo do período: com o processo de independência das antigas colônias europeias – com algumas exceções, mas que se podem considerar como conjunto – estes processos vão da independência das treze colônias – os futuros Estados Unidos, a partir de 1776, ao conjunto das antigas colonias espanholas e portuguesa, entre 1810 e 1822. A partir dessa altura, o antigo sistema europeu de direito internacional, passa a ser europeu e, também, americano.

Este, com certeza, não é o único, mas é dado relevante da grande transformação do mundo,[544] que ocorre, entre o começo do século XIX e o final deste.[545]

Pode ser tempo de revisitar a trajetória e a obra de cada um dos autores, em seus respectivos contextos.[546] Como a seguir considerados, tem por escopo reconstituir o trajeto, que leva dos primórdios do direito internacional 'moderno' – este lançado sobre a base medieval, pelas lições de

[543] No **Tratado** (tomo 5 – **Direito internacional no tempo de Francisco de Vitória**). Como observava E. HOBSBAWM, (in **Pessoas extraordinárias**: resistência, rebelião e jazz, orig. publ. **Uncommun people**, 1998, trad. Irene HIRSCH e Lólio L. de OLIVEIRA, São Paulo: Paz e Terra, 3ª ed., 2005, cap. 26, p. 405-414, cit. p. 405): "Não podemos anular a história, mas apenas lembrá-la, esquecê-la ou inventá-la. Todos os que vivem nas Américas hoje, tanto os descendentes da população indígena como dos colonizadores voluntários ou involuntários, foram moldados pelos quinhentos anos que decorreram desde a viagem de COLOMBO. Mas também o foram todos os do Velho mundo, embora de maneira raras vezes consciente."

[544] Ver, por exemplo, Jürgen OSTERHAMMEL, **Die Verwandlung der Welt** – Eine Geschichte des 19. Jahrhunderts (orig. publ. 2009, Munique: Beck, "Sonderausgabe", 2011).

[545] Como se considera no **Tratado** (tomo 13 – **Direito internacional no tempo do concerto europeu**, item – grandes transformações do mundo no século XIX).

[546] Nesse sentido, ver **Tratado** (tomos 8 – **Direito internacional além do paradigma vestfaliano** e12 – **Direito internacional no tempo de Vattel e von Martens**) os dois breves capítulos intermediários, *ensaio de balanço do direito internacional no século XVII* e a seguir, outro, sobre o *século XVIII*.

Francisco de VITÓRIA,[547] até a contribuição de SUAREZ,[548] e deste, para GRÓCIO e PUFENDORF, dentre os demais autores dos séculos XVII, considerados basilares para o direito internacional moderno.[549]

Muitos, antes e depois, como SAINT-SIMON fez em 1814, se debruçaram sobre as perspectivas e as perplexidades da ordenação da convivência política, entre as potências europeias.[550] Esse debate sobre a natureza e a extensão da aplicação da identidade europeia continua a ser motivo de indagação, de estudos, e das conclusões as mais variadas.[551]

[547] A respeito de Francisco de VITÓRIA, ver **Tratado** (tomo 5 – **Direito internacional no tempo de Francisco de Vitória**, esp. cap. 14); J. BROWN SCOTT, **The Spanish conception of international law and of sanctions** (op. cit., 1934, p. 52) situa a 'transição' entre VITORIA e SUAREZ: "If it may not be said that VITORIA passed the torch of the new learning in matters international to the hand of SUAREZ, there was nevertheless an interval of but two years between the demise of the founder of the modern law of nations and the birth of him who was – to reiterate what can not too often be stated –, to furnish law with its indispensable elements, and to state and define the different kinds of law, assigning each to its place, in such a way as to leave as his legacy to the world a law with a philosophy and a philosophy of law."

[548] Ver, neste tomo, cap. 15 – Francisco SUAREZ (1548-1617); J. BROWN SCOTT (op. cit., 1934, p. 53): "when SUAREZ himself was ready to add his incomparable contribution to the Spanish School, he found a law of nations already in existence, not wholly lacking in philosophy – for none can deny that VITORIA was a philosopher as well as a jurist – but nevertheless lacking a complete philosophical development."

[549] Ver **Tratado** (tomo 7 – **Direito internacional no tempo de Hugo Grócio**, cap. 18 – Hugo GRÓCIO, tomo 9 – **Direito internacional no tempo de Samuel Pufendorf**, cap. 19 – Samuel RACHEL (1628-1691) e cap. 20 – Samuel PUFENDORF (1632-1694)).

[550] Claude Henri de ROUVROY, comte de SAINT-SIMON (1760-1825), **De la réorganisation de la société européenne** ou de la nécessité de rassembler les peuples de l'Europe en un seul corps politique en conservant à chacun son indépendance nationale ('par mr. le Comte de SAINT-SIMON et par A. THIERRY, son élève', Octobre 1814, publ. avec une introduction et des notes par Alfred PEREIRE, préf. Henri de JOUVENEL, Paris: Les presses françaises, 1925).

[551] A respeito, ver: Gilmar Antonio BEDIN, **A idade média e o nascimento do estado moderno** – Aspectos históricos e teóricos (Ijuí: Ed. Unijuí, 2008, reimpr. 2012); Jeremy BLACK, **The rise of the European powers 1679-1793** (Londres: Edward Arnold – a division of Hodder & Stoughton, 1990); Edouard BONNEFOUS, **La construction de l'Europe** par un de ses initiateurs (pref. de Henri AMOUROUX, propos recueillis par Pascal BINCZAK, Paris: PUF, 2002); Pierre BOURDIEU, **Sur l'état** ('cours au Collège de France' (1989-1992), éd. établie par P. CHAMPAGNE, R. LENOIR, F. POUPEAU et M.-C. RIVIÈRE, Paris: Seuil--raisons d'agir, 2012); Paulo B. CASELLA, **União europeia** – instituições e ordenamento jurídico (São Paulo: LTr, 2002); Martin van CREVELD, **Ascensão e declínio do estado** (orig. publ. **The rise and decline of the state**, 1999, trad. Silvana VIEIRA, São Paulo: Mar-

A seguir se pode passar à consideração da contribuição de Francisco SUAREZ (cap. 15) para o desenvolvimento do direito internacional.

tins Fontes, 2004); Chantal DELSOL e Jean-François MATTÉI (direction de), **L'identité de l'Europe** (Paris: PUF, 2010); Jean Baptiste DUROSELLE, **A Europa de 1815 aos nossos dias** – Vida política e relações internacionais (orig. publ. **L'Europe de 1815 à nos jours** – vie politique et relations internationales, 1970, trad. Olívia KRÄHENBÜHL, São Paulo: Pioneira – Nova Clio, 1976); Rolf Hellmut FOERSTER (hrsg.), **Die Idee Europa 1300-1946** – Quellen zur Geschichte der politischen Einigung (Munique: Deutscher Taschenbuch Verlag, 1963); Paul HAZARD, **La crise de la conscience européenne 1680-1715** (orig. publ. Paris: Boivin et Cie., 1935; nova ed. 1961, Paris: Fayard, reimpr. 1994); Yves HERSANT e Fabienne DURAND--BOGAERT, **Europes** – de l'Antiquité au XXe siècle (Paris: Robert Laffont – Bouquins, 2000); Hermann von KEYSERLING (1880-1946), **Analyse spectrale de l'Europe** (orig. publ. **Das Spektrum Europas**, 1928, trad. Alzir HELLA e Olivier BOURNAC, ed. de 1930, Paris: Gonthier, reimpr. 1965); Heinz Dieter KITTSTEINER (1942-2008), **Die Stabilisierungsmoderne** – Deutschland und Europa 1618-1715 (Munique: Carl Hanser, 2010); H. D. KITTSTEINER, **Weltgeist, Weltmarkt, Weltgericht** (Munique: Wilhelm Fink, 2008); Emmanuel Le Roy LADURIE, **O estado monárquico** – França 1460-1610 (orig. publ. **L'état royal de Louis XI à Henri IV**, trad. Maria Lucia MACHADO, São Paulo: Companhia das Letras, 1994); Philippe LAURETTE, **La construction européenne** (Paris: Syros-Alternatives, 1992); Vincent LE DOLLEY et al., **La cohésion territoriale en Europe** (Paris: La documentation française, 2010); Michael MITTERAUER, **Warum Europa?** – Mittelalterliche Grundlagen eines Sonderwegs (2003, Munique: Beck, 5a. ed. revista, 2009); Pierre NORMA, **Histoire de l'Europe** (Paris: Maxi Livres, 2002); Robert NOZICK, **Anarchy, State and Utopia** (New York: Basic Books – Harper Collins, 1974); Jaime OSORIO, **El estado en el centro de la mundialización** – La sociedad civil y el asunto del poder (México: FCE, 2004); Jean PICQ, **Une histoire de l'état en Europe** – Pouvoir, justice et droit du Moyen Âge à nos jours (Paris: Presses de la Fondation Nationale des Sciences Politiques, 2009); Michel RICHONNIER, **As metamorfoses da Europa 1769-2001** (orig. publ. **Les métamorphoses de l'Europe**, 1985, trad. J. M. Vieira de LIMA, Lisboa: Dom Quixote, 1986); Pedro Manuel RODRIGUEZ SUAREZ, **Hacia uma nueva Europa** – La integración de los países de Europa central y oriental en la Unión Europea (orig. publ. **The European Union's policy towards Central and Eastern Europe: Objectives, Instruments and Effects**, trad. de Carlo GIANERA, México: FCE – Univ. Iberoamericana, 2006); Nelson Lehmann da SILVA, **A religião civil do estado moderno** (Brasília: Thesaurus, 1985); Mario TELÒ, **L'état et l'Europe** – Histoire des idées politiques et des institutions européennes (orig. publ. **Dallo stato all'Europa**, 2004, trad. Jean VOGEL, Bruxelas: Labor, 2005); Robert TOULEMON, **La construction européenne** – Histoire, acquis, perspectives (Paris: LGF – De Fallois, 1994); Eugen WEBER, **Une histoire de l'Europe** – Hommes, cultures et sociétés de la Renaissance à nos jours : tome II – des Lumières à nos jours (orig. publ. **A Modern History of Europe** – Men, cultures and societies from the Renaissance to the present, 1971, trad. Dominique GUIBERT e Philippe DELAMARE, Paris: Fayard, 1987); Larry WOLFF, **Inventing Eastern Europe** – the Map of Civilization on the Mind of the Enlightenment (Stanford: Stanford Univ. Press, 1994).

CAPÍTULO 15
FRANCISCO SUAREZ (1548-1617)

O gênero humano, embora dividido em povos e reinos diversos, não deixa de ter unidade, não somente específica, mas também, por assim dizer, política e moral [...] Por isso, cada estado soberano [...] completo em si mesmo e firmemente estabelecido, ao mesmo tempo, não deixa de ser parte desse universo, no que concerne ao gênero humano.

Francisco SUAREZ, **De legibus** (1612)[552]

Mesmo quando SUAREZ parece alinhar-se estritamente com AQUINO em matéria de doutrina – *Lehre von der Ausdehnung* –, ele faz, contudo, uma série de sutis diferenciações, em relação a tal ponto de referência, que também tem consequências, no tocante à aplicação, tal como tinham feito DUNS SCOT e OCKHAM.

G. MARTIN, **Wilhelm von Ockham** (1949)[553]

552 Fr. SUAREZ, **De legibus ac Deo legislatore** (Lib. II, caput XIX – *Utrum jus gentium distinguatur a naturali tanquam simpliciter positium humanum*, n. 9): "Ratio autem huius partis, & iuris est, quia humanu genus quantuuis in varios populos, & regna divisú, semper habet aliquam unitatem, non solu specificam, sed etiam quase politicam, & moralem, quam indicat naturale preceptú mutui amoris, & misericordiae, quod ad omnes exte[n]ditur, etiam extraneos, & cuiusque rationis. Qua propter licet unaquaeque civitas perfecta, respublica aut regnum sit in se communitas perfecta, & suis membris constans, nihilomin quaelibet illarú est etiam membru aliquo modo huius universi, provt ad genus humanus spectat."

553 Gottfried MARTIN, **Wilhelm von Ockham** – Untersuchungen zur Ontologie der Ordnungen (Berlin: Walter de Gruyter, 1949, p. 88-92, cit. p. 88): Wenn auch SUAREZ in die Lehre von der Ausdehnung sich gans an die Lehre des AQUINATEN anzuschlies-

Muito raros são, com efeito, através dos tempos, os filósofos, que tiveram o direito como objeto central de reflexão, e tiveram familiaridade com a sua prática. Eles são, contudo, particularmente raros na época moderna: no século XVI, nem MONTAIGNE, nem JUSTUS LIPSIUS, ERASMO ou MORE, LUTERO ou CALVINO, nem mesmo SUAREZ tiveram como principal foco e cuidado as coisas do direito.

Michel VILLEY, **Formação do pensamento jurídico moderno** (2003)[554]

I

Francisco SUAREZ seria, hoje, dificilmente considerado um profissional do direito internacional. O direito internacional foi somente parte de sua extensa atuação intelectual.

O enquadramento de SUAREZ na condição de jurista e 'internacionalista' pode ser objeto de controvérsia. O próprio justificava o tratamento de questões jurídicas por parte de teólogo profissional: visto ter a teologia profundo interesse em questões de retidão moral, e tal retidão estar intimamente relacionada com o direito, como "norma das ações humanas". Desse modo, declara SUAREZ, o estudo das leis se torna ampla divisão da teologia. Adicionalmente, a teologia diz respeito à consciência dos homens, e como "a retidão da consciência repousa na

sen scheint, so kommt er durch eine Reihe von subtilen Unterscheidungen zu einem Standpunkt, der auch den Einwendungen Rechnung trägt, die DUNS SCOT und OCKHAM gemacht haben.

554 Michel VILLEY, **La formation de la pensée juridique moderne** (Paris: PUF, 2003, titre II – *Réforme protestante et réforme catholique*, p. 277-278, cit. p. 278): "très rares sont en effet à travers les âges les philosophes qui ont pris le droit pour objet central de réflexion et ont été familiers avec sa pratique. Ils sont cependant particulièrement rares à l'époque moderne: au XVIe siècle ni MONTAIGNE, ni JUSTE LIPSE, ÉRASME ou MORE, LUTHER ou CALVIN, ni même SUAREZ n'ont eu leur principal souci pour les choses du droit". Mesmo se esse dado deve ser levado em conta, ao serem avaliadas as suas respectivas doutrinas, não se pode esquecer o impacto que tiveram sobre o desenvolvimento do direito moderno e das suas concepções teóricas norteadoras, para os séculos futuros: "Toute conception d'ensemble du monde, lorsqu'elle vient à triompher dans un groupe social, se repercute sur les juristes. Rien, ni les idées religieuses, ni les philosophies des sciences ou de la morale ou de l'histoire ou de la politique ou de l'économie politique, n'est indifférent à l'histoire de la philosophie du droit."

observância da lei", daí decorre ser o estudo do efeito vinculante da lei sobre a consciência humana também parte das atribuições do teólogo.[555]

Como professor de teologia, SUAREZ também estudou direito canônico,[556] e sua atuação incluiu muitas questões jurídicas. E não por acaso, a sua obra maior se intitula, **De Legibus ac Deo legislatore** (1612) – das leis e Deus legislador.[557]

[555] F. SUAREZ, no prefácio ao **De Legibus** (1612, *Proemium – Subjectum et rationem totius operis continens*, p. 1-5): "communis Theologorum consensus est, legem tam secundum comunem rationem suam, quam prout ad omnes species suas descendit, ad sacrae doctrinae considerationem spectare". Favoravelmente, embora com alguns reparos, opinava J. BROWN SCOTT (*Introduction*, 1939, aos volumes SUAREZ, **Selections from three works**, publ. 1944, vol. II, p. 12a): "Though he delved deeply into the theory of law, he was not a judicial expounder of law and its principles. Nor was it his purpose to provide a text for the legal profession. It was as a theologian that he approached law, and he dealt with as a moral science." Por sua vez, L. ROLLAND, *Suarez* (in **Les fondateurs du droit international: leurs oeuvres, leurs doctrines**, introduction de A. PILLET, Paris: V. Giard & E. Brière, 1904, p. 95-124, p. 98) entende ser inadequado tratar SUAREZ como jurista.

[556] J. BROWN SCOTT, **The Spanish conception of international law and of sanctions** (op. cit., 1934, p. 122): "Fr. SUAREZ is rightly considered as a great theologian and philosopher, and a no less great jurist, and these qualities his various works demonstrate beyond the possibility of successful contradiction".

[557] Francisco SUAREZ, **Tractatus de legibus ac Deo legislatore** in decem libros distributus (orig. publ. Conimbricae: apud Didacum Gomez de Loureyro, 1612) foram utilizadas três edições: Franciso SUAREZ (S.J.), **Tractatus de legibus ac de Deo legislatore / Tratado de las leyes e de Dios legislador** en diez libros (facsimilar da editio princeps, Coimbra, 1612, com versão espanhola de J. R. EGUILOR Muñozguren (S.J.), intr. geral Luis VELA Sanchez (S.J.), Madri: Instituto de Estudios Políticos, 1967-68); VITORIA et SUAREZ, **Contribution des théologiens au droit international moderne**, préface par James Brown SCOTT, Introduction par Yves de la BRIÈRE, Paris: Pedone, 1939, Deuxième partie: Conceptions majeures du droit des gens d'après Fr. Suarez S.J., p. 147-208, textos originais em latim e tradução francesa); Fr. SUAREZ, **Selections from three works** (1944, contendo **De Legibus ac Deo legislatore**, 1612; **Defensio fidei catholicae et apostolicae adversus anglicanae sectae errores**, 1613; **De triplice virtute theologica, fide, spe, et charitate**, 1621, vol. I – A Photographic Reproduction of the Selections from the original Editions; vol. II – An English version of the texts, prepared by Gwladys L. WILLIAMS, Ammi BROWN, and John WALDRON, with certain revisions by Henry DAVIS, S.J.; together with an Introduction by James Brown SCOTT, an Analytical Table of Contents, Indexes and a Portrait of SUAREZ, Washington: Carnegie Endownment for International Peace – The Classics of International Law / Oxford: At the Clarendon Press / London: Humphrey Milford, 1944).

SUAREZ teve e tem importância, por ter situado o direito internacional como relacionado, porém distinto, do direito natural.[558] Levando adiante o raciocínio de VITORIA, também acolhido por Domingo de SOTO e por Luís de MOLINA, afirma SUAREZ que o *ius gentium* é antes 'direito positivo' do que 'direito natural'.

O direito das gentes, como campo específico do direito, está baseado não na razão natural, mas no uso comum – ou, como se diria atualmente, no 'costume internacional' – e, assim, é direito positivo e não direito natural. O direito internacional decorre da existência de distintas comunidades humanas, entre as quais se acha dividida a totalidade dos homens, e a necessidade de assegurar a convivência pacífica entre estas:

> embora a totalidade dos homens não se tenha reunido em único corpo político, mas foi dividida em várias comunidades; apesar disso, para que tais comunidades possam se ajudar mutuamente, e serem conservadas na justiça e na paz entre elas – o que era essencial para o bem do universo –, foi imperativo que estas observassem algumas normas gerais, como se por tratado e consentimento entre estas – estas são chamadas 'direito das gentes' – introduzidas antes por usos e costumes do que por meio de constituição.[559]

Afirmou SUAREZ não ser o direito internacional, propriamente dito, parte do direito natural, mas ramo do direito que compreende prin-

[558] P. B. CASELLA, *400 anos do De Legibus (1612) de Francisco SUAREZ* (São Paulo: Rev. da Faculdade de Direito da USP, 2011-2012, vol. 106-107, p. 25-33). A respeito de VITÓRIA e seu contexto ver **Tratado** (tomo 5 – **Direito internacional no tempo de Francisco de Vitória**, cap. 14), bem como, no início do presente tomo, o item – *outras vozes no direito internacional: Domingo de SOTO e VAZQUEZ DE MENCHACA*.

[559] SUAREZ, **De legibus** (Lib. III, caput II, n. 6): [...] "licet universalitas hominum non fuerit congregata in unum corpus politicum, sed in varias communitates divisa fuerit; nihilominus ut illae communitates sese mutuo juvare, et inter se justitia et pace conservari possent (quod ad bonum universi necessarium erat), oportuit ut aliqua communia jura quase communi foedere et consensione inter se observarent: et haec sunt quae appellantur jura gentium, quae magis traditione et consuetudine quam constitutione aliqua introducta sunt" [...].

cípios como também se exprime como direito positivo.[560] Tem ambos em comum: primeiro o fato de serem, um e outro, comuns a todos os homens;[561] segundo, o direito das gentes, como o direito natural, somente se aplica entre os homens, em sua totalidade, ou na sua maior parte;[562] e, terceiro, direito das gentes e direito natural comportam preceitos, proibições e concessões.[563]

SUAREZ, a respeito do direito internacional, afirma ter este força de lei – *jus gentium quatenus ad rationem legis spectat*.[564] Essa afirmação da juridicidade do direito internacional seria mérito de SUAREZ.[565]

SUAREZ teve a preocupação em afirmar a juridicidade do direito internacional em extensão que VITORIA não se ocupara de fazer. Tinha SUAREZ de se contrapor à posição de Gabriel VAZQUEZ, para quem o direito internacional se resumiria à afirmação de alguns direitos: o direito de declarar guerra, o direito de comércio, e outros. Aí a normatividade para o exercício de quaisquer direitos decorreria não do direito

[560] SUAREZ, **De Legibus** (II.XIX.1): "Ius gentium proprie dictum non comprehendi sub naturali, sed essentialiter ab eo differre quia licet cum illo conveniat in multis, tamen in propria morali differentia distinguuntur."

[561] SUAREZ, **De Legibus** (II.XIX.1): "utrumque est aliquo modo commune omnibus hominibus, ex quo capite utrumque potest gentium appellari, si in sola voce sistatur."

[562] SUAREZ, **De Legibus** (II.XIX.1): "sicut materia iuris gentium solum inter homines locum habet, ita etiam materia iuris naturalis est propria hominum, vel omnino vel magna ex parte, ut ex dictis in cap. 17 sufficienter constare potest." Ver tb. SUAREZ, **De Legibus** (II.XVII).

[563] SUAREZ, **De Legibus** (II.XIX.1): "Conveniunt ius gentium et naturale quod in utroque sunt praecepta, prohibitiones, atque etiam concessiones, seu permissiones, ut in cap. 18 satis declaratum est." Ver tb. SUAREZ, **De Legibus** (II.XVIII).

[564] SUAREZ, **De Legibus** (II.XVII.1): "tum quia magnam habet cum iure naturali affinitatem, ita ut a multis cum illo confundatur, vel pars quaedam eius esse censeatur; tum quia eo modo quo ab illo distinguitur, est illi proprinquissimum, et quasi medium inter naturale ius, et humanum, et priori extremo vicinius, et ideo per illud convenienter transitur faciemus ad proprium ius positivum exponendum."

[565] J. BROWN SCOTT (1866-1943), observava em seu livro **The Spanish conception of international law and of sanctions** (Washington: Carnegie Endowment for International Peace – ver www.ceip.org , 1934, p. 53): "with SUAREZ the *desideratum* was the creation of a philosophy which would permeate not merely one form of law but all law, and would therefore apply not to a single, but to every concrete situation. Each, as it were, stands by himself; each is independent of the other; but together, through the combination of the concrete and the abstract, they [VITORIA and SUAREZ] gave, to nation and to nations, law and its philosophy."

das gentes, mas do direito natural. Nessa perspectiva, a única norma internacional seria o direito da natureza. Mas SUAREZ, de maneira veemente, nega essa posição: afirma o *ius gentium* como uma série de normas internacionais, não somente direitos.[566]

A lição de SUAREZ tem de ser enfatizada: *Leges autem ad ius gentium pertinentes verae leges sunt* – as leis pertinentes ao direito das gentes são verdadeiras leis.[567] Contrariamente ao que até hoje ainda exista quem, sem razão, argumente,[568] pretendendo negar a juridicidade do conteúdo, ou mesmo a existência do direito internacional, como ramo jurídico.

Para SUAREZ, a base para a construção de seu raciocínio foi a ideia de lei – *lex* –, não a de direito – *ius*. Todas as questões que dizem respeito à lei – *lex* – são, assim, consideradas em seus múltiplos e variados aspectos: seu ponto de partida é teológico, mesmo se os ulteriores desenvolvimentos e o estudo das questões tratadas quase sempre confina com o enfoque filosófico das matérias.[569]

566 A respeito das diferentes concepções para a fundamentação da juridicidade do direito internacional moderno, e da discussão da matéria entre SUAREZ e seus contemporâneos, vejam-se: Annabel BRETT, *Francisco de Vitoria (1483-1546) and Francisco Suarez (1548-1617)* (in **The Oxford Handbook of the History of International Law**, ed. by B. FASSBENDER e Anne PETERS, Oxford: Univ. Press, 2012, chap. 46, p. 1086-1091); John P. DOYLE, *Francisco SUAREZ on the Law of Nations* (in **Religion and International Law**, ed. by M. W. JANIS e Carolyn EVANS, Leiden/Boston: M. Nijhoff, 1st. publ., 1999, new ed., 2004, p. 103-120); ___, **Collected Studies on Francisco Suarez, S. J.** (ed. by Victor SALAS, Leuven: Univ. Press Leuven, 2011); Markus KREMER, **Den Frieden verantworten – Politische Ethik bei Francisco Suarez** (1548-1617) (Stuttgart: Kohlhammer, 2008); Josef F. SODER, **Suarez und das Völkerrecht** – Grundgedanken zur Staat, Recht und Internationale Beziehungen (Frankfurt: Metzner, 1973).

567 SUAREZ, **De Legibus** (II.XX.3). Enfatizava Ernest NYS, **Les origines du droit international** (Bruxelas: Alfred Chastaigne/ Paris: Thorin & Fils, 1894, chap. I – *La notion et la science du droit international au moyen âge*, p. 7-12, cit. p. 11-12): "À Fr. SUAREZ revient l'honneur d'exposer des vues absolumment définies touchant l'existence de règles juridiques obligeant les nations."

568 Ver tb., neste tomo, o item – *existência e conteúdo do direito internacional moderno.*

569 J. BROWN SCOTT, **The Spanish conception of international law and of sanctions** (op. cit., 1934, p. 74): "It is to be observed that in the foreign terminology, in languages other than English, there is at least a moral implication because of the presence of 'right', whereas the English term 'law' raises no such implication and has in itself no essential connection with right or justice. For the English term is akin not to *jus* but to *lex* – it seems generally to be conceded that the English 'law' is of Teutonic rather than Latin origin, and

O direito internacional tem, assim, segundo SUAREZ, muitas semelhanças com o direito natural – *ius gentium revera esse ius naturale.*[570] E alerta para o erro, segundo o qual muitos os confundem, ou consideram um como subdivisão do outro.[571]

Para dizer a verdade, do mesmo modo como se distinguem, também se aproximam.[572] Quando a lei natural prescreve alguma coisa, em vista da conservação da natureza sensível, está sempre investida de racionalidade.[573]

O direito natural seria imediatamente evidente –[574] como expressão da natureza humana, e da inteligência racional do homem – enquanto o direito das gentes seria resultante de elaboração:

hence that it is not, as was one time believed, a derivation from *lex* – which is but a rule of action, without any necessary reference to the moral qualities of right and justice – a fact which may account for the statement we often hear (too often, indeed), that a court is a place where law, not justice, is administered."

[570] SUAREZ, **De Legibus** (II.XVII.7) e reforça, logo adiante, na mesma passagem o seu entendimento de ser o direito das gentes, esssencial e intrinsecamente, direito natural, como parte deste: "ius gentium esse intrinsece et essentialiter ius naturale, seu partem eius."

[571] SUAREZ, **De Legibus** (II.XVII.2): "Utrumque ergo ius potest divid in naturali, gentium, civile. Num ius utile naturale dicitur, quando ab ipsa natura datur, seu cum illa provenit, quomodo libertas dici potest ex iure naturali. Civile dicitur quod jus civile introduxit, ut ius praescriptionis; Gentium, quod ex communi usu Gentium habetur, ut est jus transeundi per vias publicas, vel ius servitudis bello introductum. Atque in hoc sensu pertinet haec divisio ad obiectum iustitiae, et forte ita traditur a divo Thoma dicto."

[572] SUAREZ, **De Legibus** (II.XVII.5) cita de SOTO, em sua obra **De iustitia** (lib. III, quaest. 1ae, art. 3º) e argumenta: "quia nullum est ius naturale commune hominibus et alliis animalibus quia bruta animali non sunt capacia propriae obedientiae aut iustitiae vel iniuriae."

[573] SUAREZ, **De Legibus** (II.XVII.6): "Tum quia quando lex naturae aliquid praecipit ad conservandam naturam sensitivam, sempre involvit modum rationalem."

[574] J. BROWN SCOTT (*Introduction*, 1939, aos volumes SUAREZ, **Selections from three works**, publ. 1944, vol. II, p. 14a): "Thus we encounter in his treatise metaphysical questions, a theory of ethics, a philosophy of law, a juridical encyclopaedia of civil and canon law, and theological disquisitions on the legislative phase of the Sacred Scriptures". O mesmo J. BROWN SCOTT, em seu livro sobre **The Spanish conception of international law and of sanctions** (op. cit., 1934, p. 94) pondera serem, para SUAREZ, as normas do direito das gentes "mais estreitamente relacionadas com o direito natural do que as normas do direito civil", daí resultando "ser impossível que as normas do direito das gentes sejam contrárias ao direito natural" e conclui: "If this were done, international law would become, through the ages, a human inspiration as well as a human necessity, not only truly legal but as moral as it is admittedly social."

> os preceitos do direito das gentes foram introduzidos pelo livre consentimento dos homens: de toda a humanidade, ou da maior parte desta. Eles não estão, assim, inscritos no coração dos homens, pelo autor da natureza. São estes de direito humano e não de direito natural.[575]

O direito das gentes se põe como aquele resultante de usos compartilhados entre os povos – *Gentium, quod ex communi usu Gentium habetur* – povos que tem entre si usos comuns. E a indagação a respeito da determinação de quais sejam os usos comuns permanece até hoje. Como também o questionamento a respeito de quais são os povos, cujos usos e costumes configuram o direito internacional.[576]

Se as normas são baseadas no costume, então qual costume se conta como fonte, qual pode ser gerador de direito internacional? Aqui ocorre crucial distinção feita por SUAREZ: existem costumes que são comuns a vários reinos e entidades políticas, tais como comprar e vender. Esses tradicionalmente seriam abrangidos como *ius gentium*, no direito romano.[577] SUAREZ nega isso: essas com certeza são normas compartilhadas por todas as nações – e estas assim geram espécie de normatividade de alcance transnacional – mas não são normas entre nações, propriamente ditas. Estas são parte de um *ius intra gentes* – direito comum a vários povos; não são, contudo, direito internacional.

O direito internacional propriamente dito – *ius gentium* – é um direito entre os povos – *ius inter gentes* – norma existente entre comunidades políticas distintas.[578] É o costume que governa o comportamento dos estados, como por exemplo, segundo o direito internacional de então,

[575] SUAREZ, **De Legibus** (II.XVII.8): "praecepta iuris gentium ad hominibus introducta sunt per arbitrium et consensum illorum, sive in tota hominum communitate, sive in maiori parte; ergo sunt iuris humani, et non naturalis."

[576] Como na formulação do art. 38.1, letra 'c', do **Estatuto** da Corte internacional de justiça: "os princípios gerais de direito reconhecidos pelas nações civilizadas", cf. se examina em ACCIOLY – NASCIMENTO E SILVA – CASELLA, **Manual** (26ª ed., 2023, item 2.2.3 – princípios gerais do direito, esp. 2.2.3.1 – estadocentrismo na expressão 'nações civilizadas', 2.2.3.2 – origem estatal dos princípios gerais do direito, 2.2.3.3 – estrutura interna dos princípios gerais do direito, 2.2.3.4 – funções dos princípios gerais do direito internacional).

[577] SUAREZ, **De Legibus** (II.XVIII.8).

[578] SUAREZ, **De Legibus** (II.XVIII.8).

que o estado lesado recorresse à guerra, para se ressarcir dos danos causados por outro estado.

Nesse sentido, se poderia dizer ter SUAREZ dado considerável passo adiante, no sentido específico de um direito internacional positivo. Contrariamente a quem afirma ter sido SUAREZ somente o continuador da tradição escolástica.

A respeito da concepção de direito internacional na sua obra, duas observações devem ser feitas:

- primeira que, de certo modo, SUAREZ conserva a proximidade entre tais normas de direito internacional e a razão natural – mesmo quando argumenta com a posição de TOMÁS DE AQUINO, por exemplo, que embora as nações tivessem adotado outros parâmetros com relação ao direito de guerra, como a indicação de terceiro para arbitrar o conflito, que o costume corrente estaria mais em conformidade com a natureza;[579] e
- segunda, por ter SUAREZ fundamentado a necessidade das normas internacionais, não sobre a utilidade e a conveniência dos estados, mas em decorrência da unidade intrínseca do gênero humano, embora separados em distintos reinos, mas sempre integrantes do conjunto da sociedade humana, que se pauta pela interdependência e necessidades de interação, que põem limites ao livre curso das ações dos estados, e as põem sob a égide de quadro jurídico comum.[580]

Esse aspecto do pensamento de SUAREZ tem muito em comum com VITORIA. Mas, diversamente de VITORIA, expõe SUAREZ o seu entendimento: *gentes* como reinos e estados, enquanto componentes dessa sociedade humana mais ampla, cuja prática, enquanto conjunto, compõe o *ius gentium*, deixando a fluidez que caracterizara o pensamento de VITORIA, quando este expunha 'o mundo todo' ou 'todas as nações'.[581]

579 SUAREZ, **De Legibus** (II.XIX.3 e 8); ver tb. **Tratado** (tomo 4 – **Direito internacional no tempo medieval**, item 10.1 – TOMÁS DE AQUINO (ca. 1225-1277)).

580 SUAREZ, **De legibus** (II.XIX.9), também referido na epígrafe deste capítulo.

581 Ver **Tratado** (tomo 5 – **Direito internacional no tempo de Francisco de Vitória**, esp. cap. 14, sobre *Francisco de VITORIA*).

A distinção feita por SUAREZ entre o *ius intra gentes* e o *ius inter gentes* foi inovação significativa na construção teórica do direito internacional moderno.[582] Ao mesmo tempo, não se poder negar o universalismo do pensamento de SUAREZ, embora sem deixar de reconhecer quanto este ainda se achava muito próximo da razão natural, na medida em que construía sua fundamentação vinculando-se firmemente aos seus predecessores.

O direito natural é comum aos homens e aos animais, afirma SUAREZ. Por sua vez, o direito das gentes é próprio do homem –[583] *Gentium est, quo gentes humanae utuntur.*[584]

A tudo isso, conclui SUAREZ, se pode responder que, em direito positivo, o direito das gentes é direito natural.[585] Mesmo que não se reduza somente a isso, o direito das gentes, intrínseca e essencialmente, é parte do direito natural.[586] Mas, enquanto o direito natural vale por si, o direito das gentes depende de autoridade e de elaboração humanas.[587]

[582] A. BRETT (cap. cit., 2012, p. 1091); tb. Brian TIERNEY, **The idea of natural rights** – Studies on natural rights, natural law and church law, 1150-1625 (Atlanta: Scholars Press, 1997).

[583] SUAREZ, **De Legibus** (II.XVII.3): "ius naturale est commune etiam brutis animantibus; ius autem gentium est proprium hominem."

[584] SUAREZ, **De Legibus** (II.XVII.4): "deinde vero lex naturalis generatim subdistinguatur in naturalem communem omnibus animantibus, quae absolutam appellationem iuris naturalis retunuit secundum quandam acceptionem, et legem naturalem propriam hominum, quae ius gentium appellata est."

[585] SUAREZ, **De Legibus** (II.XVII.7): "Ad hoc vero responderi potest iuxta civilia iura, ius gentium revera esse ius naturale, et ita saepe in iure civili vocari."

[586] SUAREZ, **De Legibus** (II.XVII.8): "ius gentium esse intrinsece et essentialiter ius naturale, seu partem eius. Hoc autem ad omnia, quae de iure gentium adducuntur, accomodari non potest, quia quaedam continent materiam non solum necessariam, sed etiam communem brutis, ut monstrant argumenta facta; alia non solum versantur in materia propria hominum, sed etiam non continent intrinsecam necessitatem, ut ex sequentibus constabit."

[587] SUAREZ, **De Legibus** (II.XVII.9) conclui não ser prescrito pelo direito das gentes o que em si é necessário à honestidade, e que este não proíbe o que em si é intrinsecamente mau, seja em termos absolutos, seja em condições determinadas: "Concludendum igitur censeo, ius gentium non praecipere aliquid tanquam ex se necessarium ad honestatem, nec prohibire aliquid quod per se et intrinsece malum est, vel absolute, vel supposito tali statu et conditione rerum, sed haec omnia pertinere ad ius naturale, ac subinde in hoc sensu ius gentium non comprehendi sub iure naturali; nec etiam ab illo differre, quia sit proprium hominum, nam hoc etiam iuri naturali convenit, vel maiori ex parte, vel etiam omnino, si de iure et lege proprie loquendum est."

Aponta SUAREZ três distinções entre direito natural e direito das gentes. A primeira e principal está na própria constituição de um e de outro: diversamente do direito natural, o direito das gentes, para acomodar a razão humana, não somente acolhe a malícia de modo ostensivo, mas, por assim dizer, como dado constitutivo –[588] porquanto o direito natural não somente prescreve o bem, como proscreve o mal, enquanto o direito das gentes pode acomodar algum mal;[589] a segunda está no fato de que o direito das gentes não pode ser tão imutável quanto o direito natural, visto assim ser por necessidade, enquanto o direito das gentes tem de acomodar-se às necessidades humanas;[590] e terceira, mesmo quando ambos parecem se confundir, não são semelhantes, por sua universalidade: o direito natural é comum a todas as nações, e somente um erro pode impedir seja este observado em algum lugar,[591] enquanto o direito das gentes nem sempre é comum, nem sempre se aplica a todos, mas em geral, e em relação a quase todos, como séculos antes já exprimira ISIDORO DE SEVILHA.[592] A cuja lição se reporta SUAREZ.[593]

588 SUAREZ, **De Legibus** (II.XIX.2): "ex parte humanae rationis non est ius gentium tantum ostensivum malitiae, sed constitutivum."

589 SUAREZ, **De Legibus** (II.XX.3): "Addo vere esse differentiam inter ius gentium et naturale rigorosum, quod ius naturale non solum praecipit bona, sed etiam ita prohibet mala ut nullum permittat. Ius autem gentium aliqua mala permittere potest." Logo mais adiante, na mesma passagem (II.XX.3) aduzia que também no direito civil algum mal pode ser tolerado, e essa tolerância pode ser necessária em razão da fragilidade humana, e ao estado das coisas, de modo tal que todos os países possam admitir: "Sic enim, sicut in iure civili permittuntur aliqua mala, ita possunt permitti iure gentium, quia ipsa permissio potest esse tam necessaria, iuxta fragilitatem et conditionem hominum vel negotiorum, ut in ea servanda omnes fere nationes concordent."

590 SUAREZ, **De Legibus** (II.XIX.2): "Ius gentium non potest esse tam immutabile sicut naturale; quia immutabilitas ex necessitate oritur; ergo quod non est aeque necessarium non potest esse aeque immutabile."

591 SUAREZ, **De Legibus** (II.XIX.2): "Ut etiam in his in quibus haec iura convenire videntur, non habeant omnimodam similitudinem. Nam in universalitate et communitate ad omnes gentes naturale ius omnibus est commune, solumque per errorem potest alicubi non servari."

592 Sobre o conceito de direito internacional em ISIDORO DE SEVILHA (560-636 A.D.), ver **Tratado** (tomo 4 – **Direito internacional no tempo medieval**, item 8.2).

593 Na lição de SUAREZ, **De Legibus** (II.XIX.2): "Ius autem gentium non semper omnibus, sed regulariter et fere omnibus commune est, ut ISIDORUS loquitur."

O direito das gentes é direito positivo humano.[594] Pode uma lei ser humana, não em razão de sua fonte, mas por seu objeto, aplicando-se às questões humanas.[595] O direito das gentes é comum a todos sem ser, contudo, direito natural:[596]

> No que diz respeito ao direito das gentes em sentido próprio, é fácil reconhecer que o uso e a tradição o puderam estabelecer, pouco a pouco, em todo o mundo, por sucessão, por propagação, por imitação mútua, entre os povos, sem acordo expresso, nem consentimento universal e simultâneo. Este é, de fato, tão próximo do direito natural, é tão conveniente a todas as nações e às relações entre estas, que se propagou, quase naturalmente, com o gênero humano. Assim não é um direito escrito, pois não foi decretado por qualquer legislador, mas estabelecido mediante uso.[597]

Mesmo que determinado preceito não seja observado em determinado tempo ou em determinado lugar, este não deixa de ser direito das gentes. Matéria como a legítima defesa pode receber do direito das gentes organização ou determinação.[598]

594 SUAREZ, **De Legibus** (II.XIX.3): "Unde tamen concludi videtur, ius gentium simpliciter esse humanum, et positivum." Afirma SUAREZ fazer a distinção com base em conceitos de TOMÁS DE AQUINO. A respeito deste último, ver **Tratado** (tomo 4 – **Direito internacional no tempo medieval**, item 10.1).

595 SUAREZ, **De Legibus** (II.XIX.3): "Potest enim lex humana interdum vocari non ex auctore, sed ex materia quia versatur circa res humanas, in qua significatione ius ipsum naturale humanum est quia illo humanum genus gubernatur, et humanae actiones diriguntur." E remete ao ensinamento de ARISTÓTELES, na **Ética a Nicômaco** (V.7).

596 SUAREZ, **De Legibus** (II.XX.1): "Intelligitur facile quo modo possit ius illud esse commune omnibus gentibus, licet naturale non sit."

597 SUAREZ, **De Legibus** (II.XX.1): "Nam si sermo sit de proprio iure gentium priori modo declarato, facile constat potuisse ipso usu et traditione, in universo introduci paulatim et per successionem, propagationem et imitationem mutuam populorum sine speciali conventu, vel consensu omnium populorum uno tempore facto. Est enim hoc ius tam propinquam naturae, et tam conveniens omnibus nationibus et societati earum, ut fere naturaliter propagatum fuerit cum humano genere. Et ideo scriptum non est quia a nullo legislatore est dictatum, sed usu convaluit."

598 SUAREZ, **De Legibus** (II.XIX.2): "Unde sino ullo errore potest alicubi non servari quod apud alios de iure gentium esse censetur. Item licet ius gentium generaliter versetur in materia propria hominum [...] vel in repellenda vi, quatenus aliquo modo per ius gentium foveri aut determinare potest."

O direito das gentes também se distingue do direito civil, pois, segundo SUAREZ, o direito das gentes são conclusões deduzidas de princípios de direito natural, enquanto o direito civil se faz como determinações, no seio de cada comunidade humana.[599] Em cada uma destas comunidades se põe o direito civil, como lei escrita:

> Os preceitos do direito das gentes diferem dos preceitos do direito civil por não serem escritos, mas decorrerem do costume – *moribus* –, não desta ou daquela cidade ou província, mas de todas ou quase todas as nações. Pois existem duas espécies de direito humano, escrito e não escrito.[600]

Esclarece, ainda, SUAREZ que pode existir direito não escrito e consuetudinário, que somente se encontre nas tradições de determinado país, e somente a este obrigue, e aí trata-se, ainda, de direito civil. Mas quando se encontra nos costumes de todas as nações, e as obrigue todas, eis então direito das gentes, em sentido próprio.

O direito das gentes "difere do direito natural por se basear não na natureza, mas no costume; e se distingue do direito positivo quanto à sua origem, fundamento e universalidade".[601] Ao exame do costume, sua origem, sua natureza e seus efeitos SUAREZ dedica considerável extensão, nos caps. I a XX do livro VII, à 'lei não escrita, que chamamos costume' – *de lege non scripta, quae consuetudo appellatur.*[602]

O direito das gentes estaria assim entre o direito natural e o direito civil:[603] compartilha com o direito natural a universalidade, e a aplicabilidade ao conjunto do gênero humano, deduzido a partir a partir da

[599] SUAREZ, **De Legibus** (II.XX.2): "Praecepta iuris gentium esse conclusiones deductas ex principiis naturalis, et differrre a iure civili, quia eius leges non sunt conclusiones sed determinationes iuris naturalis."

[600] SUAREZ, **De Legibus** (II.XIX.6): "Praecepta iuris gentium in hoc differunt a praeceptis iuris civilis quia non scripto, sed moribus, non unius vel alterius civitatis aut provinciae, sed omnium vel fere omnium nationum constant. Ius enim humanum duplex est, scilicet scriptum et non scriptum."

[601] SUAREZ, **De Legibus** (II.XIX.6): "quod differt et a naturali quia non naturae sed moribus innititur; et a civili etiam distinguitur in origine, fundamento et universalitate."

[602] SUAREZ, **De Legibus** (1612, caps. I a XX do livro VII – *De Lege non scripta, quae consuetudo appellatur*).

[603] SUAREZ, **De Legibus** (II.XX.10): "ius gentium est veluti medium inter ius naturale et civile".

razão; mas não decorre nem necessariamente, nem de modo evidente. E nisso se aproxima do direito civil.[604]

O processo de mudança das normas é diverso no direito internacional e no direito civil. Porquanto o direito civil pode ser modificado, por tal reino ou estado, por sua conta; enquanto o direito das gentes somente pode ser modificado mediante consenso entre vários estados.[605]

O costume, segundo SUAREZ, tanto precede como segue o direito: precede-o porque, inevitavelmente, o costume é o direito não escrito, e o costume antecede a escrita; segue o direito porque o costume está sempre presente. As expressões, utilizadas por SUAREZ, para designar[606] o costume – *usus, mos, consuetudo* – que são muito próximas quanto ao sentido, e resultam da ação livre e propriamente humana.[607]

Os preceitos do direito das gentes são deduzidos do direito natural, mas não de maneira absoluta, como se nenhum uso da razão fosse necessário. É preciso comparar o direito das gentes com as determinações do direito civil ou do direito privado em geral: este se faz muito mais como obra da vontade do que obra da razão.[608] A determinação racional se faz, assim, mais por título das circunstâncias do que da substância.[609]

No direito privado, a determinação tem força de lei: a vontade do príncipe tem força de lei – *quod principi placuit, habet legis vigorem.* Mas isso não vale para o direito das gentes:[610]

> No direito das gentes, os preceitos são mais gerais. Nele se tem em vista a utilidade da natureza como um todo, em conformidade com os princípios,

[604] SUAREZ, **De Legibus** (II.XX.10).

[605] SUAREZ, **De Legibus** (II.XX.7): "In quo etiam adverto talem mutationem aliter posset contingere in iure gentium quod solum est commune propter convenientiam plurium nationum in tali vel tali lege; aliter vero in illo, quod est commune ex usu et more gentium, quatenus inter se habent societatem, aliquam seu communicationem."

[606] SUAREZ, **De Legibus** (1612, caps. I a XX do livro VII – *De Lege non scripta, quae consuetudo appellatur*).

[607] J. BROWN SCOTT, **The Spanish conception of international law and of sanctions** (op. cit., 1934, p. 112): "The word 'free' is of no small importance, because it implies voluntary action, and without voluntary action custom, as such, can not arise, as SUAREZ demonstrates".

[608] SUAREZ, **De Legibus** (II.XX.2): "ideo dicitur fieri voluntate potius quam ratione."

[609] SUAREZ, **De Legibus** (II.XX.2): "Atque illa est determinatio magis in circumstantiis quam in substantia."

[610] SUAREZ, **De Legibus** (II.XX.2).

primeiros e universais, da natureza. Por isso são chamados de conclusões destes deduzidas. E a razão basta para colocar imediatamente em evidência a sua conveniência e a sua utilidade, por meio da qual os homens estabeleceram esses costumes, mais por necessidade do que por livre escolha.[611]

SUAREZ anuncia a necessidade de conjunto de normas e princípios[612] em razão da interdependência entre os povos.[613] É de grande precisão sua formulação, depois de fazer a linha divisória entre o direito natural e o direito das gentes: existe o direito internacional porque este é necessário para a vida e a interação entre as coletividades humanas.[614]

A razão de ser do direito internacional está no fato de que o gênero humano, embora dividido em vários povos e reinos, sempre tenha certa unidade, não somente específica, mas também quase política e moral, como indica o preceito natural do mútuo amor e misericórdia, que se estende a todos, mesmo estranhos e quaisquer nações. Nesse sentido se pode dizer existir uma *civitas* perfeita, república ou reino, que, em si, é uma comunidade perfeita. E os seus membros são constantes, nada menos que cada um desses integrantes, é membro desse universo, no que diz respeito à identidade do gênero humano.[615] Com influência

[611] SUAREZ, **De Legibus** (II.XX.2): "At vero in iure gentium praecepta sunt magis generalia, quia in eis consideratur utilitas totius naturae, et conformitas ad prima et universa principia naturae, ideoque vocantur conclusiones ex illis elicitae, quia ex vi naturalis discursus statim apparet convenientia et moralis utilitas talium praeceptorum, quae homines induxit ad tales mores introducendos, magis necessitate exigente quam voluntate."

[612] SUAREZ, **De Legibus** (II.XIX.8): "dici aliquid de iure gentium: uno modo quia est ius, quod omnes populi et gentes variae inter se servare debent; alio modo quia est ius, quod singulae civitates vel regna intra se observant, per similitudinem autem et convenientiam ius gentium appellatur."

[613] SUAREZ, **De Legibus** (II.XIX.10): "pro fine proximo convenientem societatem, communicationem omnium nationum inter se."

[614] SUAREZ, **De Legibus** (II.XVIII.1) fala em direito das gentes, que convém à natureza humana, não por si e de modo absoluto, mas enquanto organizada politicamente: "ad ius gentium necessarium esse, ut conveniat humanae naturae non absolute spectatae, sed ut iam constitutae in civili communitate, quia multa sunt utilia hominibus, ut in communitate viventibus, quae absolute non pertinent ad commodum naturae secundum se. Illa ergo quae conceduntur hominibus in communitate viventibus propter communem utilitatem, tamquam honesta, et non tamquam necessaria ad honestatem, nec tamquam praecepta, dicuntur esse de iure gentium."

[615] SUAREZ, **De legibus** (II.XIX – *Utrum jus gentium distinguatur à naturali tanquam simpliciter positium humanum*, n. 9): "Ratio huius iuris est, quia humanum genus, quamvis in

direta da matriz romana: "o direito das gentes é comum a todo o gênero humano, e este, conforme o uso da razão e a necessidade, o gênero humano constituiu para si mesmo".[616]

SUAREZ foi a seu tempo aclamado não somente como jurista e canonista, mas, sobretudo, como teólogo, filósofo e autor de sistema, de alcance quase enciclopédico, com seu monumental tratado, originalmente publicado em Coimbra, em 1612, sobre **As Leis e Deus legislador.**[617] Foi professor de grande renome, que ensinou filosofia e teologia

varios populos et regna divisum, semper habeat aliquam unitatem, non solum specificam, sed etiam quasi politicam et moralem, quam indicat naturale praeceptum mutui amoris et misericordiae, quod ad omnes extenditur, etiam extraneos et cuiuscumque nationis. Quapropter licet unaquaequae civitas perfecta, respublica aut regnum sit in se communitas perfecta et suis membris constans, nihilo minus quaelibet illarum est etiam membrum aliquo modo huius universi, prout genus humanus spectat. Numquam enim illae communitates adeo sunt sibi sufficientes sigillatim, quin indigeant aliquo mutuo iuvamine et societate ac communicatione, interdum ad melius esse maioremque utilitatem, interdum vero et ob moralem necessitatem. Hac ergo ratione indigent aliquo iure, quo dirigantur et recte ordinentur in hoc genere communicationis et societatis. Et quamvis magna ex parte hoc siat per rationem naturalem, non tamen sufficienter et immediate quoad omnia; ideoque specialia iura potuerunt usu earundem gentium introduci."

616 SUAREZ, **De Legibus** (II.XIX.6): "Quod videtur mihi sensisse IUSTINIANUS, in §º ius autem Institut. de Iure naturali, gentium et civili, cum ait: '*Ius autem gentium omni humano generi commune est, nam usu exigente et humanis necessitatibus, gentes humanae iure quaedam sibi constituerunt*'. Ubi pondero verbum '*usu exigente*', et verbum '*constituerunt*': nam in hoc posteriori significatur constitutum fuisse non a natura sed ab hominibus, et in priori declaratur, non scripto, sed usu fuisse introductum."

617 Como mencionado, da obra maior de Fr. SUAREZ, **Tractatus de legibus ac Deo legislatore** in decem libros distributus (orig. publ. Conimbricae: apud Didacum Gomez de Loureyro, 1612) foram utilizadas três edições: Franciso SUAREZ (S.J.), **Tractatus de legibus ac de Deo legislatore / Tratado de las leyes e de Dios legislador** en diez libros (facsimilar da editio princeps, Coimbra, 1612, com versão espanhola de J. R. EGUILOR Muñozguren (S.J.), intr. geral Luis VELA Sanchez (S.J.), Madri: Instituto de Estudios Políticos, 1967-68); VITORIA et SUAREZ, **Contribution des théologiens au droit international moderne**, préface par James Brown SCOTT, Introduction par Yves de la BRIÈRE, Paris: Pedone, 1939, Deuxième partie: Conceptions majeures du droit des gens d'après Fr. Suarez S.J., p. 147-208, textos originais em latim e tradução francesa); Fr. SUAREZ, **Selections from three works** (1944, contendo **De Legibus ac Deo legislatore**, 1612; **Defensio fidei catholicae et apostolicae adversus anglicanae sectae errores**, 1613; **De triplice virtute theologica, fide, spe, et charitate**, 1621, vol. I – A Photographic Reproduction of the Selections from the original Editions; vol. II – An English version of the texts, prepared by Gwladys L. WILLIAMS, Ammi BROWN, and John WALDRON, with certain revisions by

nas universidades de Alcalá, Madri, Roma, Salamanca e Coimbra, e também em Paris. Uma celebridade: "personagem que em época alguma da história, deixou de suscitar interesse – mesmo se em diferentes épocas o valor atribuído a SUAREZ não foi idêntico em suas dimensões – encontrou não apologistas, mas juízes severos e serenos".[618]

Essa grande personalidade do seu tempo, SUAREZ foi também comentador das obras de Santo TOMÁS DE AQUINO, e autor de diversas outras obras.[619] Com destaque para sua obra prima, o tratado, dividido em "dez livros" – *in decem Libros distributus* – e compreende vários tomos, sobre as leis e Deus legislador, **De legibus ac Deo legislatore** (1612).[620] Além dessa vasta e complexa obra "sobre as leis e Deus legislador", interessam também, para o conhecimento das concepções jurídicas de SUAREZ, outros de seus escritos:

- seu tratado **Opus de triplice virtute theologica** (1621) relativo às "três virtudes teologais" – fé, esperança e caridade –[621] bem como outro opúsculo sobre "a justiça de Deus";

Henry DAVIS, S.J.; together with an Introduction by James Brown SCOTT, an Analytical Table of Contents, Indexes and a Portrait of SUAREZ, Washington: Carnegie Endowment for International Peace – The Classics of International Law / Oxford: At the Clarendon Press / London: Humphrey Milford, 1944).

[618] Ver **Tratado** (tomo 3 A – **Direito internacional no tempo antigo**, esp. cap. 2 – tempo e discurso no direito internacional). C. BARCIA-TRELLES, **Francisco Suarez (1548-1617): les théologiens espagnols du XVIe siècle et l'école moderne du droit international** (RCADI, 1933, t. 43, p. 385-554, cit. p. 417) faz o perfil de SUAREZ.

[619] M. VILLEY (op. cit., 2003, p. 347): "que SUAREZ seja primor de clareza e de coerência é ponto sobre o qual não pretendo insistir; mas é daqueles que nenhuma história da filosofia do direito pode negligenciar, porque, no extremo fim do século XVI e início do XVII, sua doutrina conclui a grande obra de Salamanca, e esta conheceu destino impressionante no mundo escolar: SUAREZ lega à Europa moderna o que esta acredita desde então ser o conteúdo da 'escolástica católica', o que esta desde então acredita ser o 'tomismo'." Ver tb. J. CHEVALIER, **La pensée chrétienne** (Paris: Flammarion, 1956); G.-P. ANDRÉ-VINCENT, *La notion moderne de droit naturel et de volontarisme (de VITORIA et SUAREZ à ROUSSEAU)* (Paris: Archives de philosophie du droit, 1963, p. 237-259, disponível on line – hitoiredudroit-ifg.univ-lorraine.fr – base: 111509 – Université de Lorraine – bibliographie d'histoire du droit en langue française – 13 mai 2023).

[620] Edições citadas.

[621] Doctoris Franciscis SUAREZ Granatensis, **Opus de triplice virtute theologica, Fides, Spe & Charitate,** in tres tractatus pro ipsarum virtutum numerum distributum (Conimbricae: Nicolai Carvalho, 1621), parcialmente reproduzido in Fr. SUAREZ, **Selections**

- suas obras filosóficas, e os comentários sobre diversas obras de ARISTÓTELES,
- a sua famosa obra de metafísica, **Disputationes metaphysicae** (1597);[622]
- as suas obras polêmicas, com destaque para a defesa da fé, **Defensio fidei** (1613) dirigida "contra os erros da seita anglicana", ao rei da Inglaterra, JAMES I;[623]
- as suas obras de direito canônico, **De censuris** – sobre as penas eclesiásticas; bem como a obra sobre as imunidades eclesiásticas, **De immunitate ecclesiae**; e, finalmente,
- seus **Consilia**, ou 'conselhos' hoje diríamos, 'pareceres', nos quais se volta para questões jurídicas, morais etc.

A obra completa de Francisco SUAREZ compreende 28 volumes em 29 tomos, na edição C. BERTON, A. T. DUVAL e M. ANDRÉ (Paris, 1856-1878).[624]

from three works, ed. cit., 1944, contendo a *Disputatio* XVIII do tratado sobre a Fé, versando sobre "meios que podem ser usados para a conversão e coerção dos infieis que não sejam apóstatas", p. 737-795 e a *Disputatio* XIII do tratado sobre a caridade, **De charitate**, que discorre sobre a guerra – *de bello*, p. 800-865).

[622] Fr. SUAREZ, **Disputationes metaphysicae** – Universam Doctrinam duodecim librorum, Aristoteles comprehendentes (orig. publ. **Metaphysicarum disputationum, in quibus et universa naturalis theologia ordinate traditor, et quaestiones omnes ad duodecim Aristoles libros pertinentes accurate disputantur**, Salamanca, 1597, reimpr. Mogúncia, 1605; na ed. padrão de Charles BERTON foi adotado o título corrente, in **Opera omnia**, vols. 25 e 26; reimpr. Hildesheim: Georg Olms, 2009; ed. and translated by Shane DUARTE, Washington: Catholic Univ. of America – CUA Press – Early modern catholic sources vol. 2, 2021).

[623] **Defensio fidei catholicae et apostolicae** adversus Anglicanae sectae errores, cum responsione, ad apologiam pro iuramento fidelitatis & praefationem monitoriam serenissimi IACOBI Angliae Regis, Authore P. D. Francisco SUARIO Granatensi è societate Jesu (Conimbricae: Gómez de Loureyro, 1613), também parcialmente reproduzido in Fr. SUAREZ, **Selections from three works**, ed. cit., 1944, p. 661-731, contendo, do Livro III, caps. V e XXIII e do Livro VI, o cap. IV).

[624] A edição da obra completa Francisco SUAREZ – R. p. **Francisci Suarez ... Opera omnia** (indices delineati cura et studio d. abbatis Caroli Berton, v. 27-28, editio nova, Parisiis: apud Ludovicum Vivés, 1856-1878, 28 volumes em 29 tomos) – os índices, deixados inacabados pela morte de Charles BERTON (1825-1866), foram completados pelo abade Antoine Théophile DUVAL (1808-1900), com colaboração de Michel ANDRÉ (nascido em 1803) – (vols. 9-26 – editio nova ... innumeris ... veterum editionum mendis liberata

SUAREZ foi um dos mais ilustres autores da ordem que integrou – a Sociedade de Jesus, ou jesuítas – e pelo seu engajamento na defesa da "fé católica e apostólica", foi exornado com o título de *doctor eximius*, pelo então papa, BENTO XIV.[625] Tal como VITÓRIA,[626] foi SUAREZ personalidade marcante, e atuou como relevante referência intelectual no seu tempo. Engajado nos embates da época.

Sua obra se pautou por fins práticos. Isso se entende, no contexto de seu tempo, porque os teólogos tinham dentre as suas principais atribuições, o papel de diretores de consciência, e orientação de conduta, inclusive dos soberanos. A orientação se fazia não somente em relação ao âmbito pessoal e moral individual, mas abrangendo, também, a atuação pública desses soberanos: daí o papel dos *consilia*, os conselhos, ou pareceres, para nortear a ação prática e as políticas de estado.

Mas a ordem dos jesuítas, além do papel de orientar rumo à salvação as consciências individuais, visava defender a igreja, enquanto coletividade, contra a Reforma, e para tanto se arma de todos os meios, para a condução desse propósito, como ilustra a bula sobre o regime da igreja militante – *Regimini militantes ecclesiae* – do papa PAULO III, em 1540.[627]

[v. 14-26 expurgata] adnotationibusque in ultimum tomum relegatis illustrata ... – on line view HathiTrust MARC record – catalog.hathitrust.org – 185678 – record citations).

[625] L. ROLLAND, *Suarez* (in **Les fondateurs du droit international: leurs oeuvres, leurs doctrines**, introduction de A. PILLET, Paris: V. Giard & E. Brière, 1904, p. 95-124): "A propos des prétentions du roi d'Angleterre, JACQUES I, SUAREZ composa, en 1613, une **Defensio fidei adversus regem Angliae**. L'ouvrage fut jugé, en Angleterre et en France, comme attentatoire à l'autorité des souverains. Il valut à son auteur, de la part du pape BENOÎT XIV, le titre de *doctor eximius*." Seria, este, assim, mais um capítulo da longa querela medieval sobre a primazia temporal entre o papado e o imperador e os reis, que se prolonga pela Idade moderna? Em contexto, ademais, agravado pela cisão e confrontação entre protestantes e católicos.

[626] A respeito de Francisco de VITÓRIA, ver **Tratado** (tomo 5 – **Direito internacional no tempo de Francisco de Vitória**, cap. 14).

[627] Dentre as atividades dos jesuítas, os esforços para a 'recatolização da Alemanha' – *Bemühungen um eine Rekatholisierung Deutschlands*, cfr. R. A. MÜLLER (hrsg), **Deutsche Geschichte in Quellen und Darstellung** – Band 3 – **Reformationszeit 1495-1555** (Ulrich KÖPF (hrsg), Stuttgart: Ph. Reclam – UB vol. Nr. 17003, 2001, 83 – Das Wirken der Jesuiten in Deutschland, p. 467-470, cit. p. 467): "Papst PAUL III. bestätigte 1540 mit der Bulle *Regimini militantis ecclesiae* die neuartige Lebensform und die Ziele der Societas Jesu (Gesellschaft Jesu, Jesuitenorden). Dadurch hatte diese Priestergemeinschaft die Möglichkeit, im kirchlichen Auftrag in verschiedenen Länder tätig zu werden. In Deutschland gelang dem Orden ein rascher Durchbruch durch das Wirken des Niederländers Petrus

Inclusive a ordem se notabiliza por seu programa de educação.[628] Não por acaso, no século XVIII, ponderaria VOLTAIRE, o fato de estudar com os jesuítas é coisa que não se esquece, para o resto da vida.

Nascido em Granada, em 5 de janeiro de 1548, de família originária das regiões de León e da Galícia,[629] muito ligadas ao esforço militar da *Reconquista*,[630] os SUAREZ foram soldados em Baza, em Loja, e em Granada. Essa combinação, de vida militar e vida monástica, parece marcar a Espanha do tempo.[631]

Os reis católicos mencionam Alonso SUAREZ de Toledo, em decreto de 15 de janeiro de 1492, no qual o nomeiam senhor de Zubia. Este Alonso, avô de Francisco, se fixa em Granada, onde deixa três filhos: estes são Juan, sacerdote em Granada, Baltasar, soldado e Gaspar, que vem a se casar com dona Antonia VAZQUEZ de Utiel, e será o pai de quatro filhas e quatro filhos, dos quais Francisco é o segundo varão.[632]

CANISIUS (1521-1597), der 1549-1552 Professor in Inglostadt und danach bis 1556 in Wien war. An ihn richtete der Gründer und (seit 1541) Generalobere des Ordens Ignatius von LOYOLA am 13. August 1554 eine lateinische verfasste Instruktion über das Verhalten gegenüber den Protestanten."

628 Escancaradamente apologético, mas consideravelmente informativo, o estudo de John W O'MALLEY, **Os primeiros jesuítas** (do original **The first jesuits**, © 1993, trad. Domingos Armando DONIDA, São Leopoldo, RS: Ed. Unisinos / Bauru, SP: Edusc, 2004).

629 Para afirmar a configuração do estado espanhol foram neutralizadas as identidades, culturas e tradições dos antigos reinos e componentes, inclusive mediante uso de força militar e supressão das histórias 'regionais', como mencionado, especialmente em relação à Galícia, em certa confusão com León, como examina Anselmo LÓPEZ CARREIRA, **O reino medieval de Galícia** – contribución a unha história política (Vigo: Nosa terra – História de Galícia, vol. 5, 2ª ed., 2008).

630 C. BARCIA TRELLES (op. cit., 1933, p. 406) observava a respeito da família: "Os ascendentes de SUAREZ eram, assim, nobres e ricos. Representavam duas das três grandes inquietudes da Espanha de então: guerra, religião e morte. Desde a idade de dez anos, seus pais o destinaram à igreja."

631 Ernest BELENGUER, **Historia de la España moderna** – Desde los Reyes católicos hasta FELIPE II (Madri: Gredos, 2011); Fernando GARCÍA DE CORTÁZAR y José Manuel GONZÁLEZ VESGA, **Breve historia de España** (orig. publ. 1994, Madri: Alianza, nueva ed., 2010; cap. XI – La monarquía universal, p. 228-322), bem como Fernand BRAUDEL, **La méditerranée et le monde méditerranéen à l'époque de Philippe II** (orig. publ. 1949, Paris: Armand Colin, ed.1966, impr. 1987, 2 vols.).

632 C. BARCIA TRELLES (op. cit., 1933, loc. cit.) comenta que desde cedo Francisco estudou latim, e aos treze anos já tinha o domínio da língua, e da sua gramática: "sua juventude foi tranquila, amparada pelo estudo e pela afeição familiar". Aos treze anos e meio, em janeiro de 1561, segue com seu irmão Juan, para iniciar os estudos na Universidade de

Espécie de epidemia familiar, seis de seus sete irmãos e irmãs ingressam em ordens religiosas.[633]

Em 1574 é nomeado para ensinar teologia em Valladolid. Pede a seus superiores um ano de prazo, para completar a sua preparação. Em 1576 passa a lecionar no colégio de santo AMBRÓSIO, onde permanece até 1579.

Em 1579 abre-se vaga na cadeira de teologia do colégio romano da ordem, e o provincial pede à Espanha a recomendação de candidato, quando será indicado SUAREZ, mas esta se faz acompanhar da observação que "tinha pendor para as novidades". A candidatura foi aceita e SUAREZ se instala em Roma, célebre teólogo, aos 32 anos, que passa a reger essa importante cátedra.

A saúde de SUAREZ não era boa, e registro de informações de 1584 deixava consignado: "saúde medíocre, sofre do peito". Por questões de saúde abandona a cátedra de Roma, em 1585, e vai para Alcalá,

Salamanca. Ele se inscreve, em novembro do mesmo ano, em direito canônico: estudos de seis anos, compreendendo o exame do *Corpus juris civilis* e do direito civil. O que explica a vertente jurídica que marcou a formação do teólogo.

633 Em 1564, SUAREZ pede a admissão na ordem dos Jesuítas, mas único, dentre quarenta e nove candidatos, é rejeitado, por o considerarem como destituído de talento e de resistência física. SUAREZ vai a Valladolid e reitera o seu pedido ao provincial da ordem. Mas recebe nova recusa. Em lugar de total rejeição, o provincial o aceita como noviço *indiferente,* e nessa condição ele ingressa na ordem em 16 de junho de 1564. De Salamanca foi enviado a Medina del Campo, para iniciar o noviciado, e lá permanece três meses, antes de voltar a Salamanca, para dar prosseguimentos aos seus estudos onde "trabalhava com ardor, mas sem frutos; quanto mais ouvia as explicações, menos chegava a entender. Era silencioso e o consideravam como mau aluno. Diante da inutilidade de seus esforços, SUAREZ pede que o dispensem dos estudos e o destinem a tarefas mais humildes". Instado por seus superiores a perseverar, um dia dá-se a grande transição, quando contava 19 anos: formula respostas brilhantes em meio a uma aula de filosofia, e depois disso se revela a sua grande inteligência: "seguro a partir daí do sucesso, ele se entrega com grande dedicação à ciência. A sua paixão pelo estudo, que representa doravante pra ele a luz que se espalha sobre o seu espírito, não conhece nem trégua nem descanso". Logo passa ao estudo da teologia. E neste estudo, muitas vezes ultrapassava os seus mestres, por estudar antecipadamente as lições que viriam a ser ministradas. Termina seus estudos de teologia, em 1570, e foi nomeado repetidor de filosofia para noviços da sua ordem. Em 1571 foi encarregado de ministrar o ensino de filosofia no colégio da ordem, em Segóvia – marcando o início da carreira docente de SUAREZ. Logo contraiu infecção pulmonar, que comprometeu a sua saúde e à qual faz diversas alusões em registros escritos. Ver C. BARCIA TRELLES (op. cit., 1933, p. 407).

enquanto Gabriel VAZQUEZ que lá regia a cátedra, assume a equivalente de Roma. A vida de austeridade e de trabalho agrava os problemas de saúde, que levam SUAREZ a voltar para Salamanca, com a ideia de se retirar do ensino e a continuar a redação das suas obras.

Nessa altura abre-se a vaga para a cátedra primeira de teologia na Universidade de Coimbra, e SUAREZ é nomeado pelo rei FELIPE II, em 1596. Isso ocorre depois de alguns pedidos de dispensa dessa atribuição, pedidos esses não atendidos pelo rei. Era o tempo de união das coroas ibéricas (1580-1640), e por isso o rei da Espanha nomeia professor para cátedra na Universidade de Coimbra. Mas apesar da qualidade do candidato, a sua aceitação não se faz sem algum percalço.

Ocorrem também algumas peripécias – como a de lhe fazerem ver em Coimbra que não poderia reger cátedra, por não deter título de doutor – o que SUAREZ supera, dirigindo-se a Évora, onde vem a obter título de doutor, junto àquela Universidade. Obtida a titulação, volta a Coimbra, para assumir a sua cátedra em 2 de outubro de 1597:

> falam os contemporâneos da admiração que suscitavam a riqueza, a solidez e a amplitude da sua doutrina, a fecundidade desse gênio, que expunha as questões mais complexas, com abundância e erudição, e que cumpria sempre todo o seu curso, da cátedra primeira de teologia, que duravam hora e meia, sem o auxílio de qualquer escrito ou nota, como se lesse de um livro invisível para os seus alunos. Ditava os seus cursos, com simplicidade, e sem ênfase.[634]

Em 1599, declarou-se epidemia de cólera em Coimbra, que obriga a Universidade a fechar as suas portas. SUAREZ vai nessa altura a Madri, onde completa e acompanha a edição dos seus opúsculos teológicos, **Opuscula theologica**.

[634] C. BARCIA TRELLES (op. cit., 1933, p. 411-412) reporta que o procurador da ordem para a província de Portugal escrevia ao assistente de Roma, em 12 de março de 1605, a respeito de SUAREZ: "Os numerosos estudantes que vinham, não somente do reino de Portugal, mas de todas as partes, para serem seus discípulos, ficavam suspensos à sua boca e à sua palavra, e o escutavam com tanta tranquilidade e silêncio, tanta modéstia e compostura, sem nunca fazerem a menor manifestação barulhenta, apesar da tendência natural e tão frequente da juventude, em relação a seus mestres, em todas as universidades."

De volta a Coimbra, desenvolve nos anos seguintes, com seus ensinamentos, o conteúdo do que viria a ser a sua obra magna, **De Legibus** – o tratado sobre as leis e Deus legislador. Este extenso e complexo tratado, originalmente publicado em Coimbra, em 1612.

Nesse mesmo ano de 1612, pede novamente para ser dispensado de sua cátedra. O rei FELIPE III determina que SUAREZ ainda assegure o magistério durante mais três anos. Este encerra sua carreira pedagógica em julho de 1615. Nessa altura estava às voltas com a sua defesa da fé católica contra os erros da seita anglicana, **Defensio fidei catholicae et apostolicae adversus Anglicanae sectae errores** (publicada em 1613).

SUAREZ deixa Coimbra em 1617. Vai para Lisboa, onde estava em curso controvérsia relativa a jurisdição, entre os juízes reais e o coletor apostólico, que, por sua vez, se reportava ao núncio apostólico em Madri.

A atuação de SUAREZ foi objeto de elogios, em breve pontifical, feito pelo então papa, PAULO V, em Roma, em 25 de agosto de 1617. Mas toda a sua atividade nessa controvérsia precipita a morte de SUAREZ.

Trabalha SUAREZ até 10 de setembro, quando escreve as suas últimas linhas. Interrompe o trabalho de revisão das provas, no capítulo XII, do seu livro sobre a alma, **De anima**. Em 24 de setembro dita cartas para o reitor e o ex-reitor da Universidade de Coimbra. No dia 25 de setembro, teria declarado: "nunca pensei que fosse tão doce morrer", pouco antes de se extinguir. Isso alguns meses antes de completar 70 anos.

Enquanto se desenvolvia a carreira de SUAREZ, a partir de 1562, já há algum tempo aconteciam e ainda prosseguiram pela Europa as guerras de religião, entre católicos e protestantes. Como ilustra a tentativa de **paz de Augsburgo** – *Augsburger Reichs- und Religionsfrieden* – em 25 de setembro de 1555.[635] Tratado assinado entre CARLOS V e as forças

[635] A respeito: Rainer A. MÜLLER (hrsg), **Deutsche Geschichte in Quellen und Darstellung** – Band 3 – **Reformationszeit 1495-1555** (Ulrich KÖPF (hrsg), Stuttgart: Ph. Reclam – UB vol. Nr. 17003, 2001, 84 – Der Augsburger Religionsfriede, p. 471-487); Daniela KEPPELER, **Der Augsburger Religionsfrieden** – Modell für den Friedensprozess in Nahen Osten? – Studienarbeit (Haupt Seminar – *450 Jahre Augsburger Religionsfrieden*, Augsburg: Univ. Augsburg – Institut für Öffentliches Recht / Grin Verlag, 2a. ed., 2007).

da liga de Schmalkalden, estipulou a tolerância oficial dos luteranos nos territórios do Sacro Império romano germânico.[636]

Não foi tão simples solucionar essas guerras. Aconteceram conflitos entre seitas e interpretações, também entre os protestantes – como ilustra João CALVINO ter mandado Miguel SERVET para a fogueira. Esta não teria sido 'mancha' no currículo do reformador, mas consequência lógica inexorável da aplicação de seu sistema. Como não teria sido uma 'mancha' no currículo, mas a consequência lógica do sistema, também a atuação de LUTERO, durante a guerra civil, dita guerra dos camponeses.[637]

Na França, por exemplo, as guerras de religião se estenderam de 1562 até 1598. E estas guerras deixam marcas que se prolongam, muito tempo depois.

Em regiões da Alemanha as marcas das guerras religião somente serão superadas muito mais tarde.[638] Estas se prolongam na guerra dita dos "trinta anos" (1618-1648), até meados do século XVII.[639]

[636] Cfr. **Deutsche Geschichte in Quellen und Darstellung** – Band 3 – **Reformationszeit 1495-1555** (U. KÖPF (hrsg), ed. 2001, *Schmalkaldischer Krieg, Interim, Fürstenkrieg*, itens 76 a 82, p. 443-466).

[637] Egon FRIEDELL, **Kulturgeschichte der Neuzeit** – Die Krisis der Europäischen Seele von der Schwarzen Pest bis zum Erster Weltkrieg (orig. publ. 1927-1931, Munique: C. H. Beck, "Um ein Nachwort ergänzte Sonderausgabe", 2007, Erstes Buch: Renaisssance und Reformation, cap. 6 – *Die deutsche Religion*, p. 266-341, cit. p. 305) considera que o fato de CALVINO ter mandado SERVET para a fogueira não foi 'mancha' na atuação deste, mas a consequência lógica de seu sistema: "Die Verbrennung SERVETs ist nicht etwa ein 'Fleck' in der Geschichte CALVINs, der dem Verhalten LUTHERs in Bauernkriege analog wäre, sondern eine logische Folge seines Systems".

[638] Ver Joseph ROVAN (1918-2004), **Geschichte der Deutschen** – Von ihren Ursprungen bis heute (orig. publ. 1994, aus dem Französischen von Enrico HEINEMANN, Reiner PFLEIDERER u. Reinhard TIFFERT, Munique: DTV, 3. Auflage, 2001); ___, **Histoire de l'Allemagne** – des origines à nos jours, 'édition revue et augmentée par l'auteur', Paris: Seuil, 1999); tb. Henry BOGDAN, **Histoire de l'Allemagne** – de la Germanie à nos jours (orig. publ. 1999, Paris: Perrin-tempus, ed. 2003, impr. 2010); Michel KERAUTRET, **Histoire de la Prusse** (Paris: Seuil, 2005).

[639] Ver **Tratado** (tomo 8 – **Direito internacional além do paradigma vestfaliano** , título II – *da construção de sistemas coesos: de Vestfália (1648) até a guerra dos Sete anos (1756-1763)*); Henry BOGDAN, **La guerre de trente ans 1618-16148** (orig. publ. 1997, Paris: Perrin-tempus, ed. 2006, impr. 2010); Johannes BURKHARDT, **Der Dreissigjährige Krieg** (Frankfurt-Main: Suhrkamp, 1992); Heinz Dieter KITTSTEINER (1942-2008), **Die Stabilisierungsmoderne** – Deutschland und Europa 1618-1715 (Munique: Carl Hanser, 2010);

Esse contexto de feroz enfrentamento religioso e militar, de caráter internacional, inexoravelmente, marca a vida e se reflete na obra de SUAREZ. O contexto também marcará a evolução do direito internacional nos séculos posteriores, com profundo fosso divisor, que se instaura entre protestantes e católicos – inclusive nas concepções e no ensino do direito internacional.

Em meio a esses confrontos de fundamentalismos, padeceram também a verdade e a liberdade. Como mencionado, isso se verifica pela inclusão de boa parte da doutrina internacionalista no **Index**, a lista de obras de leitura proibida para os fiéis católicos pela hierarquia da igreja. A famigerada relação dos livros proibidos – *Index librorum prohibitorum* –,[640] que tantos danos causou ao progresso do conhecimento humano, nos países católicos.[641] Infelizmente os confrontos de fundamentalismos continuam a acontecer.[642]

Rainer MÜLLER (hrsg.), **Deutsche Geschichte in Quellen und Darstellung** Band 4: **Gegenreformation und Dreissigjähriger Krieg 1555-1648** (hrsg. Bernd ROECK, Stuttgart: Reclam – Univ. Bibl. Nr. 17004, (c) 1996, impr. 2002); Dietmar PIEPER e Johannes SALTZWEDEL (Hg.), **Der Dreissigjährige Krieg** – Europa im Kampf um Glaube und Macht 1618-1648 (Munique: Deutsche Verlags-Anstalt, 2012); Friedrich SCHILLER, **Geschichte des dreissigjährigen Kriegs** (orig. publ. 1792, in F. S., **Werke in drei Bänden**, unter Mitwirkung von Gerhard FRICKE, herausgegeben von Herbert G. GÖPFERT, Munique: Carl Hanser, 1966, vol. II, p. 34-320); Fred E. SCHRADER, **L'Allemagne avant l'État-nation**: le 'corps germanique' (1648-1806) (Paris: PUF, 1998).

640 **Index librorum prohibitorum** cum regulis confectis per Patres a Tridentina Synodo delectos, auctoritate Sanctiss. D. N. PII IIII, Pont. Max. Comprobatus (Venetiis, MDLXIIII) – https://upload.wikimedia.org/v....

641 O *Índice de livros proibidos*, teve sua primeira versão promulgada ao tempo do papa PAULO IV (1555-1559), continuada por PIO IV (1559-1565); versão revista aprovada pelo Concílio de Trento, foi republicada por vários sucessores, com novas condenações a autores e obras – **Index librorum prohibitorum** on line Index_librorum_prohibitorum_... A última edição foi publicada em 1948, somente abolido em 1966, pelo papa PAULO VI. Como se menciona neste tomo, item – *do direito internacional moderno ao clássico*.

642 Em nossos tempos pós-modernos de afastamento do conjunto da sociedade ocidental dos engajamentos confessionais, pareceria remontar a passado distante, que as pessoas literalmente pudessem se matar por diferenças de religião, somadas a questões de hegemonia política. Ou que as pessoas obedecessem a comandos, sobre quais livros estas poderiam ou estariam proibidas de ler – mas, o que parecia estar superado tem ressurgido, em diversos países, com particular virulência, em diversos estados nos Estados Unidos, como no Brasil. O que é preocupante e lamentável. Ao menos no Ocidente, merece ser enfatizado, quanto progresso representou ser a religião passada para a esfera da vida individual, e não mais se impor, como norma de comportamento social, ditada pela lei e cuja aplicação

Algumas décadas mais tarde, por meio de suas pesquisas teológicas, conferindo às controvérsias sobre a bondade intrínseca ou a corrupção da natureza humana e sobre o papel da graça divina, GRÓCIO inaugura a sua obra sobre o direito da guerra e da paz: aí se encontra, provavelmente, o foco que muitos historiadores deixam de ver, na obra de GRÓCIO. Antes deste, de modo semelhante, os esforços de SUAREZ se concentram nesses problemas, como também, na sua condição de teólogo, em seus estudos sobre a encarnação e a trindade.[643]

Existe em SUAREZ, a presença da herança histórica, de TOMÁS DE AQUINO a VITÓRIA, mas também existe inovação. Se para VITÓRIA o direito internacional parecia resultar do direito natural de comunicação entre os homens – *jus communicationis* –,[644] para SUAREZ o direito internacional se constrói entre os homens: necessidade decorrente da conjugação entre convivência e divisão em reinos e repúblicas.

SUAREZ inova ao considerar que o gênero humano, apesar de dividido em povos e reinos, não deixa de ter e ser também uma unidade. Esta unidade do gênero humano – apesar das divisões ocasionais – constitui para ele o fundamento da 'comunidade internacional'.

SUAREZ enfatiza a necessidade do consentimento dos súditos em relação ao estabelecimento do direito, no estado: o direito se faz mediante consentimento do povo, quando não for feito diretamente pelo povo. Isso merece ser lembrado e destacado como concepção que não legitima o poder, por si, ou como alegadamente ungido por Deus,

fosse vigiada por autoridades civis e eclesiásticas. É a saudável diferença entre sociedades laicas, e sociedades teocráticas, com resultados desastrosos para a liberdade pessoal, de consciência, de ação e de expressão, como para o progresso do conhecimento. Recorrências espúrias de mescla entre as esferas civil e religiosa por vezes parecem ameaçar a saudável e necessária separação entre igreja e estado.

[643] Ver **Tratado** (tomo 7 – **Direito internacional no tempo de Hugo Grócio**, cap. 18); M. VILLEY (op. cit., 2003, p. 350): "não somente teólogo, SUAREZ também se coloca como filósofo metafísico. É por meio da razão natural, com base em argumentos lógicos, lutando com armas comuns, que se podem convencer os cismáticos e os libertinos, a exemplo de santo TOMÁS, com a sua **Suma contra os gentios**. Valendo-se de ARISTÓTELES e dos demais filósofos pagãos, SUAREZ prescruta o problema do 'ser': sua obra mais célebre é provavelmente seu escrito sobre a metafísica, **Disputationes metaphysicae** (1597). Por seu sistema possuir essa dimensão metafísica, este importa muito mais do que a doutrina de VITÓRIA para a história da filosofia do direito."

[644] Ver **Tratado** (tomo 5 – **Direito internacional no tempo de Francisco de Vitória**, cap. 14).

mas como expressão do necessário para regular a vida em sociedade – e, mesmo assim, exige o consentimento dos cidadãos.

São esses alguns dos principais traços inovadores da contribuição de SUAREZ que nos interessava considerar. E para tanto, pode ser útil ver como diferentes autores situaram e situam a contribuição de SUAREZ. E como oscilaram as opiniões, ao longo do tempo.

Sintomaticamente, cabe constatar como podem ter variado tais apreciações, ao longo do tempo histórico e do contexto cultural de cada um dos autores, que se debruçaram sobre tal aporte. Tempo histórico e contexto cultural influenciam essas avaliações, como se pode ver a seguir.

15.1. Herança crítica e recepção da obra de Suarez

> Francisco SUAREZ é um dos homens mais admiráveis que o século XVI produziu, e sem dúvida, o membro mais ilustre da Sociedade de Jesus. Nas obras em que tratou de nossa matéria [...], SUAREZ se distingue por uma ordem e uma clareza verdadeiramente admiráveis; ele não é precisamente um jurisconsulto, mas demonstra as mais altas qualidades de filósofo. Ele tem um dos primeiros lugares, dentre os fundadores da nossa disciplina. O que faz o encanto de GRÓCIO é o amor pela humanidade, que respira em cada uma das suas páginas; [enquanto] a caridade cristã ilumina os escritos de SUAREZ.
>
> Ernest NYS (1894)[645]

> Pela primeira vez [com SUAREZ] se encontra o moderno conceito de sociedade ou comunidade de estados soberanos, vinculados por corpo de normas, aplicável às suas relações recíprocas.
>
> Gerhard von GLAHN (1970)[646]

[645] Ernest NYS, **Les origines du droit international** (Bruxelles: Alfred Chastaigne / Paris: Thorin & Fils, 1894, cit. p. 138-139).

[646] Segundo Gerhard von GLAHN, **Law among the Nations**: an introduction to Public International Law (London: The Macmillan Co., 2nd ed., 1970, cit. p. 38-39) seria com SUAREZ que "one first encounters the modern concept of a society or community of sovereign states, tied together by a body of laws applying to their mutual relations".

> A história não conhece hegemonia filosófica como a de SUAREZ em seu tempo. Nenhuma tão supraconfessional nem tão supranacional. Essa é a sua glória, atualizou a filosofia escolástica, com personalidade e traços bem definidos.
>
> Maria del Carmen BLASCO Soto (2004)[647]

No final do século XVIII, Dietrich Von OMPTEDA ao examinar o conjunto da produção do direito internacional até o seu tempo,[648] tem, por vezes, palavras bastante duras a respeito de todos os autores, anteriores a GRÓCIO. Menciona, em três linhas, VITÓRIA, sem sequer citar-lhe o nome, ao mesmo tempo em que é muito sumário o seu julgamento sobre VAZQUEZ de MENCHACA.

Mas OMPTEDA se exprimia, de modo muito positivo, a respeito de SUAREZ. A passagem merece ser citada: "em sua obra **De legibus ac Deo legislatori** (*sic*), exprime conceitos muito melhores e bastante mais adequados de direito internacional, e que foi, em seu tempo, um verdadeiro fenômeno". E concluía: "vê-se que SUAREZ estava no caminho certo, e somente se pode lamentar que não tenha desenvolvido mais adiante a matéria".[649]

No final do século XIX, declarava Ernest NYS ter cabido[650] Francisco SUAREZ a honra de expor vistas absolutamente definidas a respeito

[647] Maria del Carmen BLASCO Soto, *Francisco Suárez: su influencia jurídica en el nuevo mundo* (in, **Culturalismo jurídico** – São Paulo 450 anos: Seminário Brasil-Espanha, coord. Claudio LEMBO, org. João Bosco COELHO Pasin, Pilar JIMÉNEZ Tello e Mônica Herman Salem CAGGIANO, Barueri, SP: Manole/ Brasília, DF: Instituto Tancredo Neves, 2004, p. 167-190, cit. p. 190 e 188): "Pode-se puede afirmar que desenvolveu o conceito de VITÓRIA de 'lei das nações', como código de conduta com força vinculante, estabelecido pela autoridade do mundo inteiro, e são leis exigidas pelo direito natural. A base racional deste direito não somente se encontra no comum pertencimento à espécie humana, como também é expressão de unidade moral e política."

[648] Dietrich Heinrich Ludwig von OMPTEDA, **Literatur des gesamten natürlichen und positiven Völkerrechts** ("Neudruck der Ausgabe Regensburg 1785", Aalen: Scientia Verlag, 1963).

[649] D. Von OMPTEDA (op. cit., 1785, reed. 1963, § 48, p. 166-167).

[650] E. NYS, **Les origines du droit international** (op. cit., 1894, ch. I – La notion et la science du droit international au moyen âge, p. 7-12, cit. p. 11-12): "À Fr. SUAREZ revient l'honneur d'exposer des vues absolumment définies touchant l'existence de règles juridiques obligeant les nations."

da existência de normas jurídicas – *iure gentium videtur magis firmatum* – obrigando o conjunto das nações – *sub maiore esse obligatione* –, segundo expusera SUAREZ, no **De legibus.**[651] E NYS fazia grandes elogios à obra de SUAREZ – referidos acima.[652]

Nessa mesma altura, em 1895, afirmava John WESTLAKE ter sido SUAREZ o primeiro a colocar a ideia de (moderna) comunidade internacional.[653] WESTLAKE anotava:

> em 1612, SUAREZ publica, em Coimbra, seu **Tractatus de Legibus**, onde consignou magistralmente a existência da sociedade humana necessária, que ultrapassa os limites dos estados. A necessidade absoluta de leis para essa sociedade, a insuficiência do direito natural, para sozinho estabelecer todas as leis necessárias, e o [papel do] direito ajudando a sociedade humana a suprir tais lacunas, por meio de costumes de caráter legal.[654]

Pouco antes, em 1883, por sua vez, o contemporâneo de ambos,[655] James LORIMER teria desempenhado papel decisivo,[656] no sentido de tornar atuais e de avaliar as doutrinas de SUAREZ.[657] Segundo entendia LORIMER:

> Estas breves observações são mais do que suficientes para fazer ver a qualquer um a enorme injustiça, com a qual temos o costume, até os nossos dias, de tratar os juristas escolásticos. A visão dessa vigorosa renovação da

[651] Fr. SUAREZ, **De legibus ac Deo legislatore** (II.XIX – *Utrum jus gentium distinguatur a naturali tanquam simpliciter positium humanum*, n. 9): "iure gentium videtur magis firmatum, & sub maiore esse obligatione."

[652] E. NYS (op. cit., 1894, p. 138-139) – referido em epígrafe.

[653] John WESTLAKE, **Études sur les principes du droit international** (Paris: Castaigne--Thorin, 1895).

[654] J. WESTLAKE, **Études sur les principes du droit international** (op. cit., 1895).

[655] A respeito de John WESTLAKE e de James LORIMER, ver Alexander Pearce HIGGINS, em curso na Haia, **La contribution de quatre grands juristes britanniques au droit international (LORIMER, WESTLAKE, HALL et HOLLAND)** (RCADI, 1932, t. 40, p. 1-86).

[656] James LORIMER, **The institutes of the law of nations**: a treatise (Edinburgh: Blackwood & Sons, 1883).

[657] C. BARCIA TRELLES (op. cit., 1933, p.418) considerava ter sido LORRIMER o autor que, sem dúvida "a influencé de la façon la plus décisive ses continuateurs, dans le sens de rendre actuelles e d'évaluer les doctrines de SUAREZ."

árvore, plantada por santo ISIDORO tantos séculos antes, não tinha adquirido forma vigorosa e concreta, até o dia em que SUAREZ voltou o seu olhar para ela; não que este se recusasse a reconhecer a dívida que o unia a seus predecessores. [...]
Mas SUAREZ indubitavelmente era um grande personagem; as passagens, sobre o direito internacional, em sua obra, tem o maior interesse histórico. No início, a ideia do antigo *jus gentium* ainda parece dominar seu pensamento. Por fim, aparece com toda a clareza, o *jus inter gentes*: sua verdadeira natureza e seu objeto estão perfeitamente traçados, insistindo sobretudo no caráter positivo, desse ramo jurídico, como tal, diferente, mesmo quando dependa do direito natural. SUAREZ não se propõe exatamente nos legar sistema ordenado do direito internacional. Mas as indicações feitas, aqui e ali, e relativas a pontos essenciais dessa ciência, tais como os privilégios das embaixadas, as leis da guerra, os tratados de paz, os armistícios, e outras questões semelhantes, mostram de modo claro, que não foi a insuficiência de seus dons pessoais que o impediu de preceder GRÓCIO na confecção do primeiro tratado prático de direito internacional, mas a circunstância acidental de sua profissão, e o sistema doutrinal escolástico, ao qual pertencia.[658]

Considerava LORIMER estar o mérito de SUAREZ nas seguintes considerações:

- coube a SUAREZ conduzir, de modo genial, às suas últimas consequências, a percepção, legada por ISIDORO DE SEVILHA, para caracterizar o direito das gentes,[659] e SUAREZ, mesmo quando inova, escreve – *quantum ex ISIDORO et aliis juribus et auctoribus colligo* – em reconhecimento de quanto coligiu de ISIDORO e de outros dentre seus predecessores;
- SUAREZ se destaca da tradição confusa, que parte do direito romano, e ameaça se perpetuar;
- é SUAREZ quem constrói, com traços firmes, a nova estrutura do direito das gentes.[660]

658 J. LORIMER, **The Institutes of the Law of Nations** (Edimburgo, 1883, t. I., p. 68-71).
659 Sobre a contribuição de ISIDORO DE SEVILHA para o direito internacional, ver **Tratado** (tomo 4 – **Direito internacional no tempo medieval**, especificamente item 8.2).
660 J. LORIMER (op. cit., 1883, loc. cit.).

No início do século XX, a respeito do legado de SUAREZ, observava L. ROLLAND, em 1904,[661] ter sido quase acidentalmente que, em duas dentre as suas obras, o teólogo SUAREZ veio a se ocupar de direito internacional.[662] É contestável a observação do caráter 'incidental', mas estas considerações, então formuladas, sobre a obra e a doutrina internacionalista de SUAREZ, merecem ser reportadas:

(i) no tratado "das leis" – o seu **De legibus ac de Deo legislatore** –[663] estuda a origem das leis e de sua força vinculante, o direito natural e o direito civil, e aborda o direito das gentes – *jus gentium* –, nos quatro últimos capítulos do livro II: na transição entre o estudo do direito natural e do direito positivo – SUAREZ via o direito internacional a meio caminho,[664] entre o direito natural e o direito civil, com elementos de um e de outro, e muitas vezes confunde-se, com um e com o outro, mas distinto, contudo, de ambos, e que convém bem definir e situar. SUAREZ fala em dois 'modos' de direito internacional – *addo vero ... duobus modis ... dici aliquid de jure gentium*:[665]

[661] L. ROLLAND, *Suarez* (in **Les fondateurs du droit international: leurs oeuvres, leurs doctrines**, introduction de A. PILLET, Paris: V. Giard & E. Brière, 1904, p. 95-124).

[662] L. ROLLAND, *Suarez* (op. cit., 1904, p. 96-97): "Voilà toute l'oeuvre de droit international dont nous avons à nous occuper. Ce ne semble évidemment que peu de chose. Qu'est-ce qu'une quinzaine de chapitres ? Nous verrons à la fin de cette étude ce qu'il faut en penser, quel jugement il convient de porter. Pour l'instant quelques mots sur la méthode de notre auteur nous semblent nécessaires."

[663] Franciso SUAREZ, **De legibus / Tratado de las leyes e de Dios legislador** en diez libros (facsimilar da editio princeps, Coimbra, 1612 / versão espanhola de J. R. EGUILOR Muñozguren (S.J.), intr. geral Luis VELA Sanchez (S.J.), Madri: Instituto de Estudios Políticos, 1967-1968).

[664] F. SUAREZ, **De legibus** (livro I, caput III, n. 9 e livro II, caput. V e seguintes): Antes de mais nada, cumpre saber, o que é o direito natural? O que é a lei natural? A lei natural é a que se nos faz conhecer pela luz natural da razão; essa luz nos permite distinguir o bem e o mal, ou seja, o que é ou não conforme à nossa natureza racional. A lei natural nos comanda fazer o que é bom, e evitar o que é mal, não porque esse bem e esse mal sejam, assim, por esta determinados, mas porque neles mesmos estão o bem e o mal. Essa lei é a mesma para todos os homens e em todos os tempos; ela tem Deus como seu autor. É o conjunto das leis naturais que constitui o direito natural. Veja-se L. ROLLAND (op. cit., p. 99-104).

[665] Assim chega SUAREZ ao direito das gentes: se por direito se entende a aptidão para fazer ou deixar de fazer alguma coisa, o direito das gentes é o que resulta dos usos comuns das nações, tal como, o direito de livremente circular nas rotas. Mas se, ao falar em direito,

um modo se exprime como o direito que todos os povos tem e devem observar entre si – *uno modo quia est jus quod omnes populi et gentes variae inter se servare debent* –; e o outro 'modo' de expressão do que SUAREZ chama de direito internacional, é o direito que cada cidade ou reino observa no seu plano interno – *alio modo quia est jus quod singulae civitates vel reyna intra se observant* – que, por semelhança e conveniência, se denomina direito das gentes – *per similitudinem autem et convenientiam jus gentium appellatur.* E, como especificava SUAREZ: no primeiro modo vejo propriamente contido, o que constitui o direito das gentes, distinto do direito civil – *prior modus videtur mihi propriissime continere jus gentium re ipsa distinctum a jure civili*;[666] ai, também, se encontra a definição de sociedade internacional, que se torna a contribuição mais conhecida[667]

se concebe conjunto de normas, a questão permanece inteira: o que é o direito das gentes? É exatamente essa indagação que coloca SUAREZ, aplicando a formação escolástica e a construção do raciocínio, a partir de silogismos. O método para responder a esta indagação consiste em saber qual critério pode ser adotado para distinguir o *jus naturale* do *jus gentium*. Pode-se tomar o termo *jus gentium*, em dois sentidos distintos: o direito é, antes e acima de tudo, aquilo que todos os povos e todas as nações devem observar em suas relações recíprocas; e, em seguida, é aquele que cada comunidade política observa para si, e que é mais ou menos o mesmo em todas elas.

666 F. SUAREZ, **De legibus** (livro II, caput XIX, n. 8).

667 L. ROLLAND (op. cit., 1904, p. 101-102): "Voilà le principe, la base de la théorie de SUAREZ. Tout le reste est fort simple et n'a pas grand besoin d'explications. Ce *jus gentium*, ainsi défini, il est commun à tous. Ce sont l'usage et la tradition qui l'ont introduit, si on veut en parler dans la première acception, ce qui explique qu'il ne soir pas écrit. Il, si on le prend dans le second sens, tellement proche du droit naturel et en telle concordance avec lui qu'il se trouve comme lui être généralement admis." Não é, ademais, a única dimensão comum ao direito das gentes e ao direito natural: um e outro são comuns a todos os homens, e ao mesmo tempo, são próprios destes; um e outro contém ordens, proibições e permissões; os preceitos de um parecem ter sido introduzidos como os do outro, mais pela força das coisas, que pela vontade humana; os preceitos de ambos devem respeitar a equidade e a justiça. O direito das gentes se distingue, contudo, do direito natural, não por ser próprio aos homens, o último aplicando-se igualmente aos outros seres vivos, destituídos de razão (na verdade, tanto o direito natural, como o das gentes, são próprios dos seres humanos, **De Legibus**, livro II, caput XVII, n. 3 ss.); nem porque seja conhecido menos facilmente (o direito das gentes contém critérios introduzidos pelo homem, para reger a comunidade humana, diversamente do direito natural, que não contém os frutos de ação semelhante, **De Legibus**, livro II, caput XVII, n.8); nem por ser este necessário, para que tenha sentido, que exista sociedade humana, ou que se faça qualquer outra suposição –

deste autor:[668] a sua concepção da comunidade – *civitas perfecta*.[669]

Poder-se-ia tentar fazer paralelo entre estes dois 'modos' de expressão do direito internacional: o primeiro, o "direito que todos os povos têm e devem observar entre si" – corresponderia ao 'costume'; enquanto o "o direito que cada cidade ou reino observa no seu plano interno que, por semelhança e conveniência, se denomina direito das gentes" poderia ser aproximado dos 'princípios gerais do direito'.

existem normas de direito natural que, para ter alcance, necessitam tal suposição, cfr. **De legibus**, livro II, caput XIX, n. 3 e caput XX, n. 9); nem tampouco porque este somente possa conter permissões, nunca ordens nem proibições (cfr. já ref., **De Legibus**, livro II, cap. XIX, n. 9). Eis, contudo, algumas diferenças essenciais: inversamente do que ocorre com o direito natural, o que o *jus gentium* ordena não é o bem, o que este proíbe não é o mal, exceto porque assim se ordena ou se proíbe – esse direito, assim, nem é imutável, nem universal como o é o direito natural. O *jus gentium* é o intermediário entre o direito natural e o direito humano positivo, mas nem se confunde com o primeiro nem com o segundo. Não é o direito de único estado, mas o de muitos. Não é direito escrito, tendo sido constituído pelos hábitos e pelos usos de uma única nação. É, enfim, menos facilmente modificável que o direito civil.

668 A definição é clara: qual o fundamento do direito das gentes, tomado quer num quer no outro sentido? Enquanto considerado como o conjunto das normas que regem as relações entre os estados, entre si, o *jus gentium* está baseado na existência de espécie de sociedade entre os estados. O fundamento e a razão de ser desse direito, segundo SUAREZ, é este: o gênero humano, embora dividido em grande número de reinos e de impérios, tem, contudo, certa unidade, não somente especificamente pelo gênero, mas, igualmente, de natureza quase-política e moral. A comunidade política, por perfeita que possa ser, não pode, com efeito, bastar-se a si mesma, tem necessidade de estabelecer relações com as demais, e desse modo, determinadas normas jurídicas foram sendo introduzidas. No segundo sentido, *jus gentium* é o conjunto das normas admitidas pela quase totalidade dos estados. Essas foram como tais adotadas, não mediante relações mútuas, mas em razão da conveniência particular de cada estado.

669 F. SUAREZ, **De legibus** (livro II, cap. XIX, n. 9): *Ratio autem hujus partis et juris est, quia humanum genus quantumvis in varios populos et reyna divisum, semper habet aliquam unitatem non solum specificam, sed etiam quase politicam et moralem, quam indicat naturale praeceptum mutui amoris et misercordiae, quod ad omnes extenditur, etiam extraneos, et cujusque rationis: Qua propter licet unaquaeque civitas perfecta, respublica, aut regnum, sit in se communitas perfecta, et suis membris constans, nihilominus quaelibet illarum est etiam membro aliquo modo huius universi, prout ad genus humanum spectat : numquam enim illae communitates adeo sunt sibi sufficientes sigillatim, quia indigeunt aliquo mutuo juvamine, et societate, ac communicatione, interdum ad melius esse majoremque utilitatem interdum vero etiam ad moralem necessitatem et intelligentiam, ut ex ipso usu constat.*

Mesmo que não correspondam exatamente as categorias que SUAREZ formulou há quatrocentos anos, com a equivalente conceituação pós-moderna, pode-se reconhecer a ocorrência de elementos comparáveis. Mesmo sem ser definitiva, esta explicação pode ser útil, para situar os grandes planos de ocorrência do fenômeno jurídico, quando o direito internacional 'moderno' ainda se encontrava em formação, como resposta ao mundo fracionado em soberanias, e estas contudo obrigadas a conviver, e ainda não existia o direito comparado, como disciplina independente.

(ii) a outra obra é o tratado consagrado à virtudes teologal da caridade, **Tractatus de charitate**: na qual SUAREZ teve de estudar,[670] na *disputatio* XIII, *de bello* – o fenômeno da guerra:[671] ele a define como luta externa – *pugna exterior* –, aquela que se conduz no exterior, e se pode propriamente chamar de guerra, quando travada entre dois príncipes ou duas repúblicas – *quae exteriori paci repugnat, tunc proprie bellum dicitur, quando est inter duos principes, vel duas respublicas;*[672] e vem SUAREZ se perguntar se esta prática da guerra seria ou não conforme à virtude cristã da caridade.[673] Daí surge estudo bastante detalhado a res-

[670] Doctoris Franciscis SUAREZ Granatensis, **Opus de triplice virtute theologica, Fides, Spe & Charitate,** in tres tractatus pro ipsarum virtutum numerum distributum (Conimbricae: Nicolai Carvalho, 1621, in Fr. SUAREZ, **Selections from three works**, ed. cit., 1944, contendo "*Disputatio*" XVIII do tratado sobre a Fé, sobre "meios que podem ser usados para a conversão e coerção dos infieis que não sejam apóstatas", p. 737-795 e a "*Disputatio*" XIII do tratado sobre a caridade, **De charitate**, "sobre a guerra" (*de bello*), p. 800-865).

[671] L. ROLLAND (op. cit., 1904, cap. II, p. 105-117) indagava: inicialmente o que SUAREZ entende por guerra? Eis a sua definição: *guerra* é a luta externa, que se opõe à paz com o estrangeiro, elevando-se entre dois príncipes ou duas repúblicas. Com estrita exclusão das guerras civis e rebeliões.

[672] F. SUAREZ, **De charitate** (disputatio XIII, sobre a guerra, *preâmbulo*): "Conflito armado externo, incompatível com a paz externa, é propriamente chamado de guera, quando conduzido entre dois soberanos ou entre dois estados. Quando se trata de conflito entre um príncipe e seu próprio estado, ou entre cidadãos e o seu estado, é chamado sedição. Quando se dá entre particulares é chamado de briga ou duelo. A diferença entre essas várias modalidades de conflito parece ser antes material que formal".

[673] Ver **Tratado** (tomo 4 – **Direito internacional no tempo medieval**, cap. 11 – tratadistas da guerra: Balthazar AYALA e Pierino BELLI e respectivos itens 11.1, 11.2, 11.3); L. ROLLAND (op. cit., p. 105-106): "Rien à dire sur cette définition. Elle est à peu près celle admise par tous les auteurs. Remarquons cependant que SUAREZ distingue soigneusement la guerre, au sens propre du mot, à laquelle s'applique la définition donnée, de la

> peito da guerra:[674] o poder de decidir a guerra é como o poder de jurisdição, cujos atos dizem respeito à justiça vindicativa, que é sumamente necessária em uma república, para coibir os malfeitores; e assim como o príncipe pode punir os seus súditos, quando estes fazem mal a outros, assim também se pode vingar de outro príncipe ou república, em razão de delito ou ofensa cometidos.[675]

Este estudo sobre a possível relação entre a guerra[676] e a virtude da caridade não deixa de ter interesse: "em termos absolutos, a guerra não é mal intrínseco, nem é proibida aos cristãos".[677] SUAREZ considera a

guerre privée. Quand une lutte s'élève entre un prince et la nation, ou entre les citoyens et l'état, c'est une sédition. Quand elle a lieu entre deux particuliers, c'est une rixe ou un duel. Entre elles, ajoute-t-il, la différence est plus dans la matière que dans la forme. C'est fort exact, il n'en réserve pas moins le nom de guerre à la lutte entre états. / Il faut aller plus avant. Toute guerre, dans l'esprit de SUAREZ, suppose un litige s'élevant entre deux états. Ce litige est semblable à celui qui s'élève entre deux particuliers. Mais deux particuliers ont un juge pour trancher le différend, donner tort à l'un, raison à l'autre. Ici, il n'y a pas de juge suprême. Les deux parties en désaccord sont en effet souveraines et ce qui caractérise précisément la souveraineté, c'est la possession d'un tribunal dont on ne puisse pas appeler. A chacune des deux parties, il appartient dès lors, de se faire justice à elle-même. La guerre se trouve être le seul moyen de faire sortir le droit. C'est là un point important du système. Il en résulte que SUAREZ, chose curieuse, ne semble pas imaginer que l'issue de la guerre puisse être favorable à la partie qui est dans son tort. Voilà l'idée qui est à la base de tous les développements."

674 Existem, evidentemente, guerras por causas justas, mas esta somente pode estar com um dos lados no conflito, estando o outro lado necessariamente errado. Este deveria se submeter; se não o faz, assemelha-se a um culpado. Seu adversário exerceria espécie de jurisdição. Daí se depreende a conclusão: em razão do prejuízo causado, o vencido de certo modo cai sob a autoridade e a jurisdição do vencedor. Ver a respeito, **Tratado** (tomo 4 – **Direito internacional no tempo medieval**, cap. 11 – *tratadistas da guerra*).

675 F. SUAREZ, **De charitate** (disputatio xiii, seção i): [...] *potestas iudicendi bellum est quaedam potestas jurisdictionis, cujus actus pertinet ad justitiam vindicativam, quae maxime necessaria est in republica ad coercendum male factores; unde sicut supremus princeps potest punire sidi subditos quando aliis nocent, ita potest se vindicare de alio principe vel republica, quae ratione delicti ei subditur.*

676 Remeto aos elementos coligidos e ao exame da evolução da matéria e do tratamento da guerra, à luz da doutrina cristã, no **Tratado** (tomo 4 – **Direito internacional no tempo medieval**, cap. 11 – *tratadistas da guerra*, bem como no cap. 8, os itens 8.1 – AGOSTINHO DE HIPONA (354-430 A.D.) e 8.2 – ISIDORO DE SEVILHA (560-536 A.D.)).

677 Fr. SUAREZ, **De charitate** (disputatio XIII, seção I, *Utrum bellum sit intrinsece malum*, n. 2) com apoio em passagens do antigo Testamento, nas quais as guerras são louvadas como

guerra, quando necessária para a proteção do estado, como admitida segundo o direito natural:

> A guerra é frequentemente necessária para o estado, visando afastar atos de injustiça e manter os inimigos sob controle. Nem seria possível, para os estados, sem tais guerras, se manterem em paz. Assim, esse tipo de guerra é permitido pelo direito natural; e mesmo pela lei do Evangelho, que em nada derroga o direito natural, e não contém novos comandos divinos, exceto em relação à fé e aos sacramentos. A afirmação de LUTERO quanto a não ser legal resistir à punição de Deus é, na verdade, ridícula; pois Deus não quer os males [contra os quais a guerra é feita], mas tão somente os permite; e assim Ele não proíbe sejam estes justamente repelidos.[678]

A noção central para SUAREZ é a concepção da guerra, antes de tudo, como meio de aplicar o direito, de fazer triunfar a justiça e de punir o injusto.[679] A guerra tem para ele a missão de restabelecer a justiça.[680]

necessárias, e conduzidas por homens como Abraão, Moisés, Josué, Sansão, Gideão, Davi, os Macabeus e outros, aos quais Deus ordenou fazer guerra contra os inimigos dos hebreus.

678 Fr. SUAREZ, **De charitate** (disputatio XIII, seção I, n. 5).

679 E. NYS, **Le droit de la guerre et les précuseurs de Grotius** (Bruxelles, 1882); E. NYS, **Les origines du droit international** (op. cit. 1894, chap. VI – *Les causes de la guerre*, p. 95-139, cit. p. 138): “Ce qui fait le charme de GROTIUS, c’est l’amour de l’humanité, qui respire chacune de ses pages; la charité chrétienne illumine les écrits de SUAREZ”. E, na mesma passagem, a seguir, considera a opinião de SUAREZ a respeito da guerra: “SUAREZ soutient contrairement à l’opinion des Manichéens et contre WYCLIFFE que la guerre n’est pas un mal en soi, qu’elle n’est point nécessairement contraire à la charité. Mais il exige pour qu’elle se fasse *honeste* la réunion de plusieurs conditions qui se ramènent à trois points: le pouvoir légitime de faire la guerre; la juste cause et le titre; la modération.”

680 A respeito, L. ROLLAND, em seu estudo sobre SUAREZ (op. cit., p. 96 e p. 107-108) observa, com certa maldosa ironia: “N’est-ce pas à propos d’elle que M. NYS a dit, d’une façon un peu imprécise d’ailleurs, que la charité chrétienne illumine les écrits de SUAREZ?”; “Voilà la notion générale de SUAREZ sur la guerre. La guerre c’est avant tout un moyen d’appliquer le droit, de faire triompher le juste et de punir l’injuste. C’est avant tout un moyen de rétablir la justice. Il faudra, donc, en étudiant le droit de la guerre, toujours chercher à déterminer ce que la justice commande ou défend. Pour ce théologien, c’est là le point fondamental. Telle chose est injuste, donc elle est interdite; que si elle est accomplie cependant, il faudra réparer le préjudice causé. L’injustice entraîne pour celui qui l’a commise l’obligation de restituer. Cette dernière idée, nous la rencontrerons presque à chaque instant dans les développments de notre auteur. / Il n’y a pas d’ailleurs à

A guerra, segundo SUAREZ, por conta dos muitos infortúnios que pode produzir, é uma daquelas ações que muitas vezes são guiadas pelo mal. Assim, se fazem necessárias as circunstâncias que a tornem justa.

Para SUAREZ, a guerra não constitui mal intrínseco. Ele formula os três pontos que considera necessários para fazer a guerra 'honestamente': primeiro, o poder legítimo para declarar a guerra;[681] segundo, a justa causa e o título,[682] e, em terceiro lugar, a moderação.

Para que uma guerra seja justa, três condições devem ser por esta preenchidas:

ne s'occuper que de ce qui est commandé ou défendu par la justice. Il faut aussi voir ce qu'ordonne ou défend *la charité.* Qu'on n'oublie pas, en effet, que c'est dans un traité consacré à la vertu de charité que SUAREZ parle du droit de la guerre." – Poder-se-ia objetar que isso, entre particulares, muito embora não de modo absoluto, ao menos com mais frequência que entre estados!

681 E. NYS, **Les origines du droit international** (op. cit. 1894, chap. VI – *Les causes de la guerre,* p. 95-139, cit. p. 139), a respeito dos três pontos, necessários para a justiça da guerra: "le pouvoir légitime de faire la guerre; la juste cause et le titre; la modération" e ponderava: "Au sujet du premier point, il est une observation à noter: SUAREZ constate que si le pape n'a point la puissance directe sur les affaires temporelles en dehors de ses états, néanmoins il possède une puissance indirecte qui lui permet d'évoquer les affaires de guerre et de trancher les différends; les parties doivent se soumettre à sa sentence, à moins qu'elle ne soit manifestement injuste. SOTO avait déjà remarqué que de cette façon peu de guerres entre chrétiens pouvaient être justes, puisque les querelles pouvaient être pacifiquement réglées. Seulement, et SUAREZ insiste sur ce point, si le pape n'interpose pas son autorité de peur de provoquer de plus grands maux, les princes peuvent poursuivre la revendication de leurs droits."

682 E. NYS, **Les origines du droit international** (op. cit. 1894, chap. VI – *Les causes de la guerre,* p. 95-139, cit. p. 139), a respeito dos segundo ponto, necessário para a justiça da guerra: 'la juste cause et le titre' ponderava: "SUAREZ exige un juste titre. Qu'est-ce que le *justus titulus* devant la raison naturelle, demande-t-il. Il fournit la réponse: aucune guerre ne peut être juste si elle n'a une cause légitime et nécessaire; et cet cause juste et suffisante, c'est toute injure grave que l'on ne peut venger ou réparer autrement que par la guerre. Les injures peuvent être ramenés à trois espèces: un prince peut s'emparer des biens d'autrui et ne pas vouloir les restituer; il peut refuser sans motif raisonnable la *communitas gentium,* qui comprend le passage innocent et le commerce; il peut blesser un adversaire dans son honneur. Ces injures peuvent se faire au prince ou à ses sujets; elles peuvent s'adresser à ceux que le prince protège et à ses amis; peu importe, l'effet est le même."

- primeiro, que seja conduzida por poder legitimamente constituído –[683] entenda-se o príncipe soberano ou o dirigente em nome de estado, que não se subordine a qualquer outro poder,[684] como manifestação de atributo da jurisdição;[685]
- segundo, que a causa e a razão da guerra devam ser justas –[686] "a ninguém pode ser justa a guerra, se não houver causa legítima e necessária",[687] e esta decorre de grave ofensa, que não possa ser de outra forma reparada,[688] com necessidade de averiguar a justa causa, para que seja justa a guerra –[689] e felizmente, conclui SUAREZ: "não haver razão para a guerra, exclusivamente reservada aos príncipes cristãos, que não tenha fundamento ou ao menos rela-

[683] Fr. SUAREZ, **De charitate** (disputatio XIII, seção II – *Apud quem sit legitima potestas indicendi bellum*). Desde o início esclarece a restrição ao poder de desencadear guerra, em caso de ofensiva; sendo a defensiva legítima e aberta para todos. A seção seguinte (disp. XIII, seção III – *Utrum indicere et exequi bellum liceat etiam Clerices*) considera se pode ser permitido a clérigos declarar guerra e engajar-se nesta.

[684] Fr. SUAREZ, **De charitate** (disputatio XIII, seção VIII – *Utrum seditio sit intrinsece mala*) caracteriza como "sedição" o "conflito generalizado, desencadeado no interior de único estado, e conduzido entre duas facções no interior deste, ou entre o príncipe e o estado". E afirma ser a sedição entre duas facções no interior do estado sempre um mal por parte dos agressores; e justa por parte dos defensores – "a verdade dessa afirmação é evidente" – e essa verdade se prova pelo fato de não existir autoridade constituída para declarar a guerra, que seja discernível em tal situação, pois tal autoridade reside no príncipe soberano (como afirmado na seção II).

[685] Fr. SUAREZ, **De charitate** (disputatio XIII, seção IX – *Utrum privatum bellum, seu duellum sit intrinsece malum*) considera, igualmente, que a falta de justa causa torna qualquer conflito injusto. Reporta que duelo pode ser lutado, para mostrar força ou coragem, ou ainda para alcançar reputação. E duelo lutado por razão dessa ordem é expressão do mal, pois os participantes se expõem a perigo de morte, como ao perigo de matar o oponente.

[686] Fr. SUAREZ, **De charitate** (disputatio XIII, seção IV – *Quis sit iustus titulus belli, stando in ratione naturali*).

[687] Fr. SUAREZ, **De charitate** (disputatio XIII, seção IV, n.1): "Nullu potest esse iustum bellum, nisi subsit causa legitima et necessaria. Est conclusio certa et evidens. Rursus causa haec justa, et sufficiens est gravis iuiuria illata, quae alia ratione vindicari, aut reparare nequit".

[688] Fr. SUAREZ, **De charitate** (disputatio XIII, seção V – *Utrum principes christiani habeant aliquem iustum titulum belli, praeter eum, quem ratio naturalis dictat*).

[689] Fr. SUAREZ, **De charitate** (disputatio XIII, seção VI – *Qua certitudine constare debeat de iusta causa belli, ut illud iustum sit*) admite seja questionada a justa causa para a guerra por três categorias de pessoas: o soberano rei ou príncipe, os líderes e generais, e os soldados comuns. "A certeza prática é exigida para todas essas pessoas, a certeza que se exprime na pergunta: é justo para mim fazer a guerra?"

ção devida com o direito natural, sendo assim também aplicável a príncipes, que não sejam crentes";[690]

- terceiro, que o modo de condução da guerra deve ser adequado,[691] e a devida proporção deve ser observada entre o seu início, seu desenvolvimento e a conduta após a vitória.[692]

SUAREZ sustenta, antes de qualquer guerra ser encetada, o príncipe atacante deve chamar a atenção do estado oponente para a existência de justa causa para a guerra, e buscar adequada reparação. E se o outro estado ofertar reparação adequada, o príncipe atacante fica obrigado a aceitá-la, e desistir da guerra. Pois se não o fizer, a guerra se torna injusta. Em caso de recusa do oponente, a guerra pode ser iniciada: "Esta conclusão é comumente aceita em sua integralidade".[693]

Pode, em nossos tempos, parecer curioso que tenha SUAREZ inscrito a sua reflexão sobre a guerra em tratado sobre a caridade – ao lado das outras duas virtudes teologais, da fé e da esperança – mas esta se insere na linha escolástica, e de continuidade com a tradição tomista, que considerava a guerra contrária à caridade. Mas, cabe frisar,[694] desenvolve SUAREZ um estudo moderno da doutrina da guerra, onde se destaca principalmente a noção da guerra justa, como instrumento da lei para reparar a ordem jurídica perturbada.[695]

690 Fr. SUAREZ, **De charitate** (disputatio XIII, seção V, n. 6); ver tb. **Tratado** (**Direito internacional no tempo medieval**, item – *relação entre comunidades cristãs e não-cristãs no contexto medieval*).

691 Fr. SUAREZ, **De charitate** (disputatio XIII, seção VII – *Quis sit debitus modus gerendi bellum*).

692 Fr. SUAREZ, **De charitate** (disputatio XIII, seção VII, n. 3).

693 Fr. SUAREZ, **De charitate** (disputatio XIII, seção VII, n. 3).

694 Maria del Carmen BLASCO Soto, *Francisco Suárez: su influencia jurídica en el nuevo mundo* (in, **Culturalismo jurídico** – São Paulo 450 anos: Seminário Brasil-Espanha, coord. Claudio LEMBO, org. João Bosco COELHO Pasin, Pilar JIMÉNEZ Tello e Mônica Herman Salem CAGGIANO, Barueri, SP: Manole/ Brasília, DF: Instituto Tancredo Neves, 2004, p. 167-190).

695 M. C. BLASCO Soto (cit., 2004, p. 189): "desarrolla un estudio moderno de la doctrina de la guerra, en que destaca principalmente la noción de guerra justa, como instrumento de la ley para reparar el orden jurídico perturbado, considerando inaceptable que una misma guerra pudiera ser justa para ambos beligerantes. Sólo podía emprenderse cuando el derecho que con ella se pretendía ejercer fuera cierto, y consideró suficiente que la reclamación del príncipe estuviera apoyada por la opinión 'más probable'."

Outra faceta, na qual inova a reflexão de SUAREZ, é separar o direito internacional da sua fonte original, no direito romano.[696] Assim "se podem ver as dificuldades e as dúvidas que causa para o direito internacional a filiação ao direito romano das gentes tradicional", onde

> A falta de resultados concordantes e satisfatórios se faz sentir até que, em 1612, SUAREZ publique o seu **Tractatus de legibus ac deo legislatore**, e abra ao direito das gentes novos horizontes, que trouxeram nova luz e ampliaram as relações entre esse direito e o direito civil.
> Este é assim momento decisivo na história do direito dos povos, o momento no qual SUAREZ vai analisar, mais de perto, o direito das gentes, tal como este tinha sido transmitido do direito romano e ia dividir a matéria, regida por esse direito, e composta dos mais diversos elementos, fazendo a distinção entre duas espécies de direito, o *jus gentium primo modo* e o *jus gentium secundo modo*.[697]

Pode ser estimado como decisivo, para a história do direito internacional, o momento no qual SUAREZ faz desaparecer a confusão, legada por tradição contraditória, e delimita, com traços claros, a esfera de competência e de atuação do direito das gentes, concebido no sentido em que o aceita a posteridade, como elemento fundamental das construções futuras.

Merece ser enfatizado ter SUAREZ duas qualidades, que embora independentes, se completam, e se conjugam, em conjunto harmonioso. Estas qualidades são a sua lógica, e seu pensamento, profundamente imbuído do sentido da caridade cristã:

[696] Conforme a passagem já mencionada de Francisco SUAREZ, **De Legibus** (II.XIX.6), na qual parte da formulação do direito romano e agrega especificações, quanto a não decorrer o direito das gentes da natureza mas dos homens, e declarado como não escrito, mas decorrente do costume: "Quod videtur mihi sensisse IUSTINIANUS, in §º ius autem Institut. de Iure naturali, gentium et civili, cum ait: '*Ius autem gentium omni humano generi commune est, nam usu exigente et humanis necessitatibus, gentes humanae iure quaedam sibi constituerunt*'. Ubi pondero verbum '*usu exigente*', et verbum '*constituerunt*': nam in hoc posteriori significatur constitutum fuisse non a natura sed ab hominibus, et in priori declaratur, non scripto, sed usu fuisse introductum."

[697] KOSTERS, **Les fondements du droit international** (Leyden: Bibliotheca Visseriana, 1925, vol. IV, p. 30-32).

> SUAREZ se distingue pela ordem, pela clareza, e por lógica, verdadeiramente admiráveis. Ele não é estritamente um jurisconsulto, mas mostra as mais altas qualidades do filósofo, e ocupa assim lugar glorioso, entre os fundadores de nossa disciplina. O que faz o encanto de GRÓCIO, é o amor da humanidade, que respira cada uma das suas páginas; a caridade cristã ilumina igualmente os escritos de SUAREZ.[698]

Ocorre em SUAREZ a combinação da percepção da unidade da humanidade, como verdade teológica, e a realidade de numerosos estados divididos, na realidade política de então.[699] O que o leva a conceber, pela primeira vez, a possibilidade de uma sociedade universal, com base na igualdade.

No final desse mesmo século XVI, SUAREZ retoma e desenvolve as ideias de seus predecessores, até VITÓRIA. Mas, "foi ele o primeiro a mostrar que o direito das gentes que rege os estados, não tem sua fonte somente na razão natural, mas também nos costumes dos povos, e que o direito das gentes necessariamente exige a colaboração e a ação concertada dos estados":[700]

> SUAREZ consagra longos desenvolvimentos para refutar as opiniões falsas a respeito da distinção entre direito natural e direito das gentes; sobretudo dos juristas romanos, na linha de ULPIANO, para afirmar que o direito das gentes diz respeito somente aos humanos. Mas, quando SUAREZ chega a expor a verdadeira doutrina, depois de lampejo de gênio – *un trait de génie* –,

[698] O tantas vezes citado internacionalista belga, Ernest NYS, em outra obra. Ver Ernest NYS, **Le droit des gens et les anciens jurisconsultes espagnols** (Haia, 1914, p. 110-112).

[699] Sobre o impacto do fracionamento político e da multipolarização, no contexto da era moderna na Europa, ver **Tratado** (tomo 5 – **Direito internacional no tempo de Francisco de Vitória**, título 2 – *multipolarização da Europa na era moderna e advento do direito internacional como sistema*).

[700] Louis Érasme LE FUR, **La théorie du droit naturel depuis le XVIIe siècle et la doctrine moderne** (RCADI, 1927, t. 18, p. 259-442, cit. p. 290-291): "Vers la fin de ce même XVIe siècle, SUAREZ vient reprendre et développer ces idées; et le premier à son tour, il vient montrer que le droit des gens qui régit les états n'a pas sa source seulement dans la raison naturelle, mais aussi dans les coutumes des peuples, et que le droit des gens requiert nécessairement la collaboration et l'action mutuelle des états."

onde este aparece como verdadeiramente precursor, ele hesita e se confunde.[701]

O dado genial consistiu em dizer que o direito das gentes se distingue do direito natural, por ser puramente direito positivo humano. Submetido às prescrições da justiça e da equidade, mas um direito humano. No qual poderiam se colocar novas normas, quer costumeiras, quer formais – em tratados –, por exemplo relativos aos privilégios e imunidades dos embaixadores. Essas novas normas vêm precisar o direito natural, desenvolvendo-o ou limitando-o. Aí já se vê a concepção do direito internacional atual.

Esclarecia SUAREZ que normas de imunidade e segurança, sob as quais são recebidos os embaixadores, tomadas em si, não são 'necessárias' para o direito natural. Mas resultam de convenção entre os homens:

> pois podem determinadas comunidades humanas não terem junto a si legados estrangeiros, nem os querer admitir junto a si; mas ao admiti-los, isso se faz segundo o direito das gentes; e os repudiar é sinal de inimizade, e constitui violação do direito das gentes, e será, ademais, contrário à justiça e ao direito natural não lhes respeitar a imunidade.[702]

Aí já se vê a conjugação de elementos, que pautam a concepção do direito internacional atual. Pode-se entrever, na sua formulação, a distinção entre normas cogentes de direito internacional geral e normas resultantes de convenção.

Essas novas normas vêm precisar o direito natural, desenvolvendo-o ou limitando-o. Da mesma forma, considera SUAREZ podem ser estipuladas restrições em matérias de contrato e de comércio:

> Assim se pode considerar em relação a quaisquer contractos e comércio. [...] Pode uma república viver por si [por conta própria], sem manter comér-

[701] L. LE FUR (op. cit., 1927, p. 292)

[702] SUAREZ, **De Legibus** (II.XIX.7): "Nam consuetudo recipiendi legatos sub lege immunitatis et securitatis, absolute spectata, non est de necessitate iuris naturalis, quia potuisset unaquaeque communitas hominum non habere apud se legatos alterius, nec velle illos admittere; nunc tamen admittere est de iure gentium, et illos repudiare esset signum inimicitiae, et esset violatio iuris gentium, est non esset iniustitia contra rationem naturalem."

cio com outras, e sem que isso configure inimizade [ou ato hostil]: mas o direito das gentes introduziu que os comércios sejam livres, e constitui violação dos preceitos deste opor-se ao livre comércio sem motivo razoável.[703]

Mas, logo a seguir, parece haver em SUAREZ alguma hesitação ao distinguir duas espécies do direito das gentes: em primeiro sentido, o direito das gentes é aquele que todos os povos e nações devem observar nas suas relações uns com os outros – é o direito entre povos – *jus inter gentes* –, o 'nosso' direito internacional; mas, em outro sentido, é o direito que cada cidade, cada reino observa, no seu âmbito interno – este é o direito *intra gentes*, direito interno, ou, somente por analogia, equiparável ao direito internacional. Aqui saímos do direito internacional, ou de qualquer classificação precisa.

Assim, depois de começo excelente, SUAREZ é induzido em erro, por essa flutuação de terminologia: para concluir que o direito das gentes é como um intermediário entre o direito natural e o direito civil. Ele se aproxima do primeiro, do direito natural, por sua generalidade e por sua universalidade, pela facilidade com a qual o deduzimos dos princípios naturais. Mas se assemelha ao segundo, o direito civil ou direito humano, por não ser de necessidade e de evidência absolutas.[704]

Os elementos característicos do direito internacional são buscados por SUAREZ, no final do *caput* XX do livro segundo do tratado das leis. Lá SUAREZ indaga: quais são as notas específicas que permitem distingui-lo do direito civil? Ambos são direitos humanos e como tais podem ser modificados.

O direito civil pode ser mudado no âmbito, hoje diríamos, da jurisdição de cada estado. Por sua vez, o direito das gentes requer o consenso dos diferentes agrupamentos humanos para ser alterado. Hoje diríamos, povos, estados, como antes, dir-se-iam príncipes e repúblicas, para designar essas comunidades organizadas.

[703] SUAREZ, **De Legibus** (II.XIX.7): "Idem considerare poterit in quocumque contractu et commercio. [...] Potuisset enim una respublica per se vivere, et nolle commercium cum alia, etiam si non esset inimicitia: iure autem gentium introductum est ut commercia sint libera, violareturque ius gentium, si absque causa rationabili prohiberentur."
[704] L. LE FUR (op. cit., 1927, p. 292-293).

Os preceitos do direito das gentes somente podem ser alterados sob um ponto ou outro. Não se pode mudá-lo todo, por meio de ato unilateral, como se pode fazer, em considerável extensão, no direito interno de cada estado, como por exemplo, quando se muda todo um código, civil ou penal, comercial ou processual.

O modo de operar a transformação possível entre os dois direitos, civil e internacional, não tem as mesmas características:

> A outra espécie de direito das gentes é muito mais difícil de ser alterada, pois diz respeito a todos os países, e foi por autoridade comum destes instituído, e não poderia ser revogado sem o consentimento de todos. As alterações não são, contudo, impossíveis, segundo a matéria – *ex vi materiae* –, se todas as nações consentirem, seja mediante costume contrário, que progressivamente venha a prevalecer. E mesmo se essa hipótese pode ser concebida sem contradição, ela é moralmente impossível.[705]

Para ilustrar essa categoria jurídica, o direito internacional, SUAREZ expõe algumas das suas principais áreas: as embaixadas, o comércio, e a guerra. Esta última, já foi mencionada. Vejamos, brevemente, o que apontava SUAREZ, a respeito das embaixadas e do comércio.

Um estado pode decidir que determinado elemento do direito das gentes não seja aplicado entre os seus membros e súditos. SUAREZ considera isso como possível e moralmente aceitável.[706]

O direito das gentes pode ser modificado, porquanto depende do consentimento humano. Nisso este difere do direito natural.[707] Como

[705] SUAREZ, **De Legibus** (II.XX.8): "In alio autem iure gentium longe difficilior est mutatio, quia respicit ius commune omnium nationum. Et omnium auctoritate videtur introductum, ed ideo non sine omnium consentione tolli potest. Nihilominus tamen non repugnat mutatio ex vi materiae, si nationes omnes consentirent, vel si paulatim introduceretur consuetudo contraria et praevaleret. Sed hoc, licet cogitari possit ut non repugnans, moraliter non videtur possibile."

[706] SUAREZ, **De Legibus** (II.XX.8): "Alio vero modo potest aliqua communitas praecipere ut inter partes et membra sua tale ius gentium non servetur, et hic modus est possibilis et moralis."

[707] SUAREZ, **De Legibus** (II.XX.6): "Ex dictis colligitur ius gentium esse mutabile, quatenus ex hominum consensu pendet; in quo etiam differt ius gentium a naturali."

também diferem direito internacional e direito civil, no tocante ao modo de fazer mudanças normativas.[708]

O direito de legação ativo e passivo, ou direito de embaixada, como então se denominava, tem como corolário, daí decorrente, as imunidades dos representantes diplomáticos. Não é esta atividade intrinsecamente emanada do direito natural, porque determinada república pode escolher não manter relações com esta ou aquela outra. Mas, uma vez aceitas as relações entre as repúblicas, não podem ser violadas as imunidades, reconhecidas aos representantes diplomáticos, com base no direito das gentes. Ao enviar e receber representantes diplomáticos, cada república estabelece com outra um pacto, e este consiste em respeitar os direitos e garantias inerentes à função, exercida pelos representantes.

Nesse sentido se pode dizer que o estabelecimento de relações diplomáticas e consulares não somente constitui vínculo entre os estados que reciprocamente recebem e enviam os seus representantes, mas também exprime dado relevante para a existência e a operação do conjunto da sociedade internacional.[709]

SUAREZ parece separar aqui duas coisas: a criação do direito – resultante de pacto, e consequentemente da vontade humana – e esta matéria integra o direito das gentes, segundo a concepção de SUAREZ:

> A razão assim estipula que aquilo que se proíbe segundo o direito das gentes não é por si e intrinsecamente mal. Seus preceitos não se deduzem por razão necessária e evidente, a partir de princípios primeiros – *ex principiis naturalibus*. As obrigações decorrentes do direito das gentes não resultam somente da razão, independentemente de qualquer imperativo humano,

[708] SUAREZ, **De Legibus** (II.XX.7) faz a distinção entre as normas de direito civil, que "dependem somente de um reino ou estado, por sua conta", enquanto as normas do direito das gentes exigem consenso, para serem alteradas, entre muitas nações (*plurium nationum*).

[709] A respeito, ver G. E. do NASCIMENTO E SILVA – P. B. CASELLA – O. BITTENCOURT Neto, **Direito internacional diplomático** (São Paulo: Saraiva, 4ª ed., 2012); a Corte Internacional de Justiça enfatiza a dimensão destas, como normas cuja observância e aplicação são do interesse da comunidade internacional como um todo, no caso CIJ, *pessoal diplomático e consular dos Estados Unidos em Teerã* (Estados Unidos c. Irã) julgamento em 24 de maio de 1980 (CIJ, **Recueil**, 1980, p. 3).

mas resultariam, ao menos, do costume. E assim, tais direitos e obrigações podem ser alterados, desde que isso se faça pela autoridade competente.[710]

A violação do direito – consistente nas imunidades reconhecidas aos representantes diplomáticos, em virtude do exercício de suas funções – passa a ser dada como fundamental, além da relação 'bilateral', entre o estado que envia e o que recebe os representantes, também para a própria existência e a operação da comunidade internacional. E assim o afirma SUAREZ: "ao se receberem embaixadores com base em pacto, resulta que seria contrário ao direito natural não respeitar as suas imunidades, pois isso estaria em oposição à justiça e à boa fé que foram prometidas".[711]

O mesmo vale, segundo SUAREZ, para os contratos e o comércio, quer se ponham com base no direito natural, no direito civil ou no direito das gentes. Interessa considerar a dimensão no direito internacional: o comércio entre as nações pode não ser estabelecido, como princípio geral, pois uma delas pode escolher se abster de comerciar. Mas uma vez estabelecido pelo direito das gentes, organizar o livre comércio entre os estados, ou os contratos internacionais, ou colocar barreiras sem causa razoável, constituiria violação do mesmo direito das gentes. Não é intrínseco à natureza, pois pode ser ou não instaurado; mas, uma vez instaurado, não pode ser ignorado, sem que tal ato caracterize ter sido o direito das gentes, por tal conduta, violado.

Para SUAREZ, as normas do direito das gentes não constituem a determinação ou a adaptação de norma de direito natural pré-existente; são a expressão de acordo de vontades. A seu tempo, VITORIA defendia a existência de *jus communicationis* de origem natural, e para ele a sociabilidade era dado básico da convivência humana, e o isolamento, por conseguinte, seria anti-natural.[712]

710 SUAREZ, **De Legibus** (II.XX.6): "Ratio autem est quia res prohibitae iure gentium simpliciter, non sunt malae simpliciter et secundum se, et intrinsece. Tum quia illa praecepta non inferuntur per necessariam et evidentem illationem ex principiis naturalibus; tum quia obligatio iuris gentium non oritur ex sola ratione sine aliquo modo obligationis humanae, saltem per generalem consuetudinem introductae. Ergo ex parte materiae talis iuris non repugnat simpliciter mutationem in illo fieri dummodo sufficienti auctoritate fiat."

711 SUAREZ, **De Legibus** (II.XX.6).

712 A respeito do *jus communicationis* e da concepção de VITÓRIA, ver **Tratado** (tomo 5 – **Direito internacional no tempo de Francisco de Vitória**, cap. 14).

SUAREZ parece inverter os termos da proposição de VITORIA. Ou, pelo menos, a destaca da base natural das instituições do direito das gentes. Para SUAREZ, o direito internacional é o conjunto das normas, introduzidas para o gênero humano, pelos costumes das nações. E aquele que não participa da formação do costume – por exemplo, ao se abster de exercer o comércio – não fica obrigado pela norma, da qual se absteve. Aquele que não coopera na formação do costume, não está, por este mesmo costume, obrigado a observá-lo. Existe, assim, elemento consensual, na formulação de SUAREZ a respeito do direito das gentes, que é intrinsecamente moderna, para o bem e para o mal.

A aparente filiação intelectual de SUAREZ não esconde a intrínseca modernidade da construção da sua fundamentação. Mas até que ponto vai esta?

Enquanto Louis LE FUR (1927) criticava SUAREZ por não ser suficientemente moderno;[713] Michel VILLEY (2003) o criticava por sê-lo excessivamente. E, como observava este último:

> SUAREZ, autor sistemático, metódico, meticuloso, define com precisão cada um dos termos gerais do direito. Nos damos conta que as suas definições, embora aparentemente conciliadas, com as de santo TOMÁS, se situa nos antípodas deste; essas definições são resolutamente modernas; SUAREZ refundiu as noções essenciais do direito e proporciona ao pensamento jurídico moderno o seu vocabulário de base. E como é, ao mesmo tempo, metafísico e jurista, nada escapa do seu controle: nem os termos mais gerais, como os de direito e de lei, nem outros, mais técnicos, como direito natural, direito das gentes ou direito positivo.[714]

Para SUAREZ, o sentido principal do termo 'direito', é o de 'lei'.[715] Ele se faz da lei uma noção mais especializada. Enquanto santo TOMÁS empregava sobretudo o termo lei no sentido de ordem da natureza, misterioso,

[713] Louis Érasme LE FUR, **La théorie du droit naturel depuis le XVIIe siècle et la doctrine moderne** (RCADI, 1927, t. 18, p. 259-442, cit. p. 290-291): "Vers la fin de ce même XVIe siècle, SUAREZ vient reprendre et développer ces idées; et le premier à son tour, il vient montrer que le droit des gens qui régit les états n'a pas sa source seulement dans la raison naturelle, mais aussi dans les coutumes des peuples, et que le droit des gens requiert nécessairement la collaboration et l'action mutuelle des états."

[714] M. VILLEY (op. cit., 2003, p. 355).

[715] M. VILLEY (op. cit., 2003, p. 357, e a seguir, p. 358).

desconhecido por todos, e a ser descoberto, a lei para SUAREZ é somente a realidade atual, o preceito claramente promulgado, sob uma forma ou outra – *praeceptum* [...] *sufficienter promulgatum* –[716] pela intervenção voluntária de um legislador. A lei, contrariamente ao ensinamento de santo TOMÁS, é principalmente obra da vontade. [...] SUAREZ somente pensou a lei no sentido positivo dos juristas.[717]

Em SUAREZ encontramos, igualmente, conteúdos modernos como a percepção da interdependência e da solidariedade entre os homens. E também a condenação da guerra, livremente promovida, com intuito de ganho, sem 'causa' que possa ser caracterizada como 'justa'.[718]

A violação de direitos, por parte de um soberano, em relação a outro, conferia à vítima da lesão o direito de *vindicatio* – vingança. E esta exige 'legitimação', para que possa ser exercida, em se tratando de sociedade teoricamente composta por iguais.

Para o mesmo Louis-Érasme LE FUR, em outra obra:[719]

Era, talvez, difícil chegar a uma explicação teológica mais satisfatória, mas esta deixa subsistir os perigos decorrentes da prática; VITÓRIA e SUA-

[716] F. SUAREZ, **De legibus** (I.XII.5).

[717] M. VILLEY (op. cit., 2003, p. 359): "É a essa lei, entendida da maneira mais estreita, mais positiva, que SUAREZ entende reduzir o direito. Ele não concebe, fora ou acima dos textos, outras fontes para a arte jurídica; nem fora, como ordem latente da natureza exterior, nem acima, essa *razão* da lei, que na visão de santo TOMÁS, constituía a sua causa final. SUAREZ não mais considera tanto, na lei, a sua finalidade, para a qual está orientada, e que era, para santo TOMÁS, parte integrante da sua essência, mas somente seu ser atual, o preceito efetivamente posto. A lei é a norma, tal como surge da vontade legislativa. Nada existe além do texto. O *id quod justum est* não mais tem sentido na ontologia suareziana. Vale dizer que SUAREZ perdeu o que constituía a chave da doutrina clássica do direito natural: para ele, o direito deixou de ser a arte dinâmica da busca da solução justa e se reduz à obediência aos comandos do soberano. Essa arte não mais se define pela sua finalidade, seu propósito específico, a busca de relações justas, mas como dizíamos já a respeito de LUTERO e de CALVINO, por sua *forma* legislativa e pela nota de coerção. Mais uma vez, cedendo, no fundo, às doutrinas do nominalismo, SUAREZ reduz o direito às leis – *ius legem significare* [**De legibus**, I,2,6].

[718] Ver **Tratado** (tomo 4 – **Direito internacional no tempo medieval**, cap. 11, sobre os tratadistas da guerra).

[719] L. E. Le FUR, **Le développement historique du droit international**: de l'anarchie internationale à une communauté internationale organisée (RCADI, 1932, t. 41, p. 501-602).

> REZ, em anticipação genial, para a época em que escreveram, os perceberam, e ambos entreviram a única via que permitiria chegar a uma solução satisfatória: o reconhecimento de um direito das gentes que se imporia aos diversos estados, e cuja aplicação seria garantida, em caso de descumprimento, por uma comunidade internacional organizada.[720]

A prática, dos séculos XVI e XVII, como de outros tempos, acaba por esvaziar boa parte de tais conceitos: a caracterização da guerra 'justa' ou 'injusta' acaba por se reduzir a controle meramente formal – se esta foi previa e solenemente declarada, se é conduzida pelo soberano, na sua condição de chefe do estado, e se os motivos podem ser ao menos apresentados como meritórios.[721] Mas a intenção era boa, e passo relevante foi dado com a contribuição destes dois autores, VITÓRIA e SUAREZ.[722]

Os dois autores, VITÓRIA e SUAREZ, enfatizam a continuidade entre o legado antigo e medieval, e esse legado é ampliado pelos doutores do século XVI e início do século XVII.

O triunfo de SUAREZ está na determinação crítica das diferentes categorias do direito:[723]

> As noções filosóficas e jurídicas foram precisadas, discutidas, esclarecidas, com probidade suprema. Uma sólida construção doutrinal sobre as bases objetivas do direito das gentes e de todas as formas do direito público de nosso tempo será, quase sempre e em grande parte, análoga e relacionada

[720] L.-E. LE FUR (op. cit., 1932, p. 513): "Il était peut-être difficile d'arriver à une explication théologique plus satisfaisante, mais elle laisse subsister les dangers de la pratique; VITORIA et SUAREZ par une anticipation géniale pour le temps où ils écrivaient, les ont aperçus et ils ont entrevu la seule voie qui permettait d'arriver à une solution satisfaisante: la reconnaissance d'un droit des gens s'imposant aux divers états, et dont l'application serait garantie, le cas écheant, par une communauté internationale organisée."

[721] Ver **Tratado** (tomo 4 – **Direito internacional no tempo medieval**, cap. 11).

[722] A respeito de Francisco de VITÓRIA, ver **Tratado** (tomo 5 – **Direito internacional no tempo de Francisco de Vitória**, cap. 14).

[723] Yves de la BRIÈRE, *Introduction* (in VITORIA et SUAREZ, **Contribution des théologiens au droit international moderne**, préface par James Brown SCOTT, Paris: Pedone, 1939, p. 1-16).

com as concepções maiores de SUAREZ, e mesmo, muitas vezes, mais ou menos tributária da influência e das tradições de SUAREZ.

Em suma, em SUAREZ encontramos a fórmula mais exata, mais expressiva e sempre atual do conceito da comunidade internacional, onde se realiza a síntese social da unidade e da diversidade humanas, e constitui a base universal do direito internacional.[724]

O direito natural é o cerne do sistema de SUAREZ, não somente em sua obra maior, **De Legibus** (1612), como em passagens de outras obras deste.[725] Como TOMÁS DE AQUINO, divide SUAREZ o direito em: direito eterno, direito natural, direito positivo divino e direito positivo humano.[726]

Mas existe dado novo em SUAREZ. Este enfatiza o papel da *vontade* do legislador, em extensão consideravelmente maior do que o fazia, séculos antes, TOMÁS DE AQUINO: o direito, em sentido estrito, caracteriza-se por ser obrigatório, para as criaturas dotadas de razão e de livre arbítrio, e isso, se supõe, exige a vontade, por parte do legislador.[727] É relevante a ação do legislador no processo de criação e de edição normativa.

[724] Y. de la BRIÈRE (cit., 1939, p. 4).

[725] Conforme referências às obras de Francisco SUAREZ, no início deste capítulo; esp. **Das leis e Deus legislador**, e "dez livros", e diversos tomos, cf. as já mencionadas edições. As remissões são identificadas a uma ou outra das referidas edições. As traduções para o português, exceto se diversamente indicado, são de minha responsabilidade.

[726] F. SUAREZ, **De Legibus** (1612, I.III, pars. 5-6, ed. 1944, p. 39-40): "podemos tomar como pressuposto que o direito seja dividido em quatro diferentes categorias – uma divisão estipulada por PLATÃO, no **Timeu**, e no **Fedro** – como segue: direito divino, direito celeste, direito natural e direito humano". SUAREZ descarta o "direito celestial" – e isto "por ser este ou supérfluo, ou decorrente de doutrina errônea", porquanto por "direito celestial PLATÃO entendia o 'destino', e certa necessidade de ação, resultante do movimento ordenado e influência dos corpos celestes". Esta seria, assim, ou errônea, por pressupor que houvesse natureza não sujeita à vontade divina, ou desnecessária, pois não seria categoria distinta da primeira.

[727] Knud HAAKONSSEN, **Natural law and moral philosophy**: from Grotius to the Scottish Enlightenment (Cambridge: Univ. Press, 1st. publ., 1996, digital printing 2003, 1 – Natural law in the seventeenth century, p. 15-62, esp. item 1.1 – Francis SUÁREZ, p. 16-24, cit. p. 17): "Given the nature of the moral creation, human beings have to arrange their affairs in one or other of a number of possible ways; such arrangements are, in other words, enjoined by the law of nature. However, which arrangement is to be adopted is a matter for people to settle among themselves. It is thus a natural necessity arising from the needs of

Somente quando promulgado para criaturas racionais pode o direito ser considerado como tal.[728] Quando SUAREZ quer penetrar no essencial do direito internacional, ele se defronta com a mesma dificuldade, de outros, antes e depois dele: de um lado, a coincidência nominal entre todos os classificadores do direito, por aceitarem, sem discussão, a existência de um direito das gentes; e de outro lado, a franca diferença substancial, quando se trata de fixar o conteúdo e os limites do referido direito.

Ao alinhar direito e leis, ocorre a metamorfose do direito natural em sistema de leis racionais. Aí se pode situar o seu exame da matéria do direito natural ao direito das gentes.

O livro II do tratado de SUAREZ, sobre as leis (1612), trata das "leis naturais". O 'direito natural', em SUAREZ, se comuta em 'leis naturais' – e estas na definição do autor são normas expressas, "suficientemente promulgadas", procedentes da vontade de um legislador. Ele reúne, nesse livro II, tudo o que diz respeito às leis naturais e o que a tradição escolástica chamava "eterna", também esta procedente de Deus.

O 'princípio da obrigação' do direito natural é, segundo o ensinamento de SUAREZ, a vontade de Deus, à qual devemos obedecer. O que se manifesta pela positivação da 'lei', expressa como 'direito'.[729]

> No pensamento de SUAREZ, as leis naturais divinas se tornam conhecidas para nós, não pelo canal da *revelação*, mas pela *razão*, que Deus depositou no homem, desde a origem da sua criação, e faz parte de nossa natureza. Assim estas são 'promulgadas de modo suficiente': na razão do homem foram, como sugeria são PAULO, inscritos os comandos de Deus. [...]

human beings that they live in hierarchies of social groups, minimally the family and some sort of wider group. In order to have a coherent social group, there must be an organized concern for the common good, and this requires some kind of sovereign authority which in one way or another can legislate and enforce its legislation."

728 F. SUAREZ, **De Legibus** (1612, livro II, cap. 1, par. 11, p. 150-1): Isso não pode ser feito diretamente, pois o conhecimento e a obrigação são efeitos temporais, e somente ocorrem quando o direito eterno assume a configuração de uma ou outra das três demais formas de lei. Cf. desenvolve ulteriormente SUAREZ, **De legibus** (1612, livro II, cap. 4, par. 10, ed. 1944, p. 170-1).

729 F. SUAREZ, **De Legibus** (1612, livro II); M. VILLEY (op. cit., 2003, p. 360): "Au fond, toute loi, pour SUAREZ, est à l'origine positive – y compris les lois naturelles."

> Assim, a lei natural é essa regra que conteria a razão humana, com a condição de que esta seja razão direita – *ratio recta.* [...]
> A intenção de SUAREZ foi a de conferir ao direito natural a forma de regras: na natureza não se encontram regras prontas, mas certa teologia, ou certa filosofia, pode pretender que nossa razão conteria os dados substanciais.[730]

Para SUAREZ, na mesma linha de VITÓRIA, as normas, ditas do "direito das gentes", são sempre tiradas da razão. Mas, confirmadas pelo pretenso consentimento universal.[731]

A diferença entre os dois decorre do fato que o direito natural tenha caráter declaratório e necessário, e o direito das gentes, tenha caráter constitutivo e contingente. E isso se desdobra: primeiro, o que necessário é imutável, enquanto o que é contingente fica sujeito a alteração substancial; segundo, o que é necessário e imutável é comum a todos os povos, e é somente por erro que tal direito pode deixar de ser observado, enquanto o que é contingente e mutável não é necessariamente comum a todas as nações, e pode deixar de ser observado, sem que essa inobservância seja considerada errônea. São, assim, três características que SUAREZ atribui ao direito das gentes: sua contingência, sua mutabilidade, e sua extensão quase universal.

SUAREZ ressalta a linha divisória entre o direito das gentes e o direito civil. E estas diferenças resultam da forma como os dois direitos se constituem – o direito civil emana de centro unificado de poder, enquanto o direito internacional se forma por meio de consenso, entre vários centros de poder, dispersos e soberanos, mas como se diria hoje, interdependentes, entre si.

Ambos, direito internacional e direito civil, também se distinguem pela extensão da aplicação, a um reino ou império, no caso do direito civil, e a todos ou quase todos, no direito internacional – embora SUA-

730 M. VILLEY (op. cit., 2003, p. 361): "SUAREZ nesse ponto sofreu a influência do estoicismo, que o humanismo de seu tempo tinha posto de volta em circulação: o estoicismo enfatizava a importância da razão como elemento específico da natureza do homem e, nesse sentido, CÍCERO podia qualificar de natural a lei pretensamente inclusa na razão humana."

731 M. VILLEY (op. cit., 2003, p. 363): estas eram úteis demais, para dar consistência ao direito internacional, pelo qual SUAREZ, tal como VITÓRIA, não deixava de se interessar.

REZ aponte essa distinção como de caráter incidental, e não essencial: "o direito das gentes compreendido desse modo não oferece dificuldade; ele é possível, e além disso pode ser distinguido dos dois outros".[732]

Às normas de direito natural se juntam as normas do *jus gentium*, no livro II do tratado **Das leis**.[733] Código de preceitos racionais, que se superpõe ao código das leis de origem positiva humana: é aí, para os modernos, e ainda para muitos hoje, que se inscreve o direito natural – direito deduzido dos princípios da razão. E, na linha da filosofia estoica, seria parte da natureza do homem, e não mais da observação da natureza exterior: um direito racional, mais que natural, direito que figuraria conjunto de normas, como o direito positivo humano.[734]

O que parece causar certo desconforto a VILLEY, por considerar que "o edifício repousava sobre bases suspeitas", onde "a própria variedade das leis que, sucessivamente, se acreditou poder deduzir da razão, prova a fraqueza de seu fundamento":[735]

> SUAREZ mutila mortalmente o direito natural: ao conservar o termo, mas cortar as raízes filosóficas, perseguindo o propósito impossível de o conciliar com a doutrina contrária do nominalismo, e de colocá-lo à moda do tempo, ele legou à Europa uma contrafação desprezível. A longo termo, isso pressagiava o seu desaparecimento.[736]

[732] Fr. SUAREZ, **De legibus** (livro II, caput 20).

[733] Fr. SUAREZ, **De legibus** (livro II, caput 17 e seguintes, acima referidos).

[734] M. VILLEY (2003, p. 363): "ao falsear tão profundamente a doutrina de santo TOMÁS, não deixou SUAREZ de lhe prestar serviço: talvez fosse esta a única maneira de conservar alguma coisa, ajustando-a às formas da maneira de pensar moderna. A Europa racionalista durante alguns séculos acreditou nas pretensas leis racionais, e graças a isso não afundou na arbitrariedade legislativa à qual o positivismo a teria logicamente levado. Acima das leis estatais, conservou os freios de sistema de princípios superiores. A lista pode ter variado entre os séculos XVI e XVIII. [...] Pouco importa: indiferentemente acordava-se respeitar 'leis naturais', e essa observância constituía condição para que as leis fossem 'legítimas'. É sob essa forma que subsistiu alguma coisa do direito natural."

[735] M. VILLEY (op. cit., 2003, p. 363): "As grandes construções da escola moderna do direito natural pecam pela fragilidade dos axiomas pseudo-racionais, dos quais se presumem sejam deduzidas. Não é possível tirar da razão se não princípios vagos, demasiadamente vagos para serem jurídicos. Depois das últimas tentativas, metodicamente conduzidas por KANT, para construir um direito natural sobre princípios *a priori* de sua razão prática, quem duvidaria que esse método conduza a um impasse?"

[736] M. VILLEY (op. cit., 2003, p. 364).

A contribuição específica de SUAREZ para o direito internacional diz respeito à noção de comunidade internacional. Cabe ver como desenvolveu este conceito, que terá considerável impacto sobre o direito internacional futuro. É a famosa e bela passagem, tantas vezes citada, do seu tratado **Das leis** (1612), a respeito da unidade intrínseca do gênero humano, embora dividido em nações e reinos distintos. E esta comunidade humana, no seu todo, tem certa unidade, não somente específica, mas também quase política e moral. E enfatizava resultar essa unidade dos preceitos naturais do amor e da caridade mútua, que devem se estender a todos, mesmo aos estrangeiros e de qualquer nação que estes sejam.[737]

Aí se vê enunciado, que permite equacionar outros modos de solução de controvérsias entre estados, além da guerra. Preconiza o uso dos assim chamados 'meios pacíficos', como a mediação e a arbitragem.

A doutrina antiga não proibia totalmente a guerra, mas tentava somente fazer que esta fosse norteada pela preocupação com a justiça. A tendência 'moderna', mais audaciosa, visaria substituir o conflito armado por outros meios de solução de controvérsias.

Observava, na Haia, em 1925, G. GOYAU, "claramente diríamos, que SUAREZ, apesar da sua timidez, nas linhas em que fala a respeito de arbitragem, entreviu o desenvolvimento da segunda tendência" –[738] de solução de conflitos por outros meios além da guerra. E o fez, "no exato momento em que se afirmava como um dos mais autorizados representantes da primeira".[739]

No tocante à elaboração de mecanismo político, afirmando a solidariedade entre as nações, SUAREZ e VITÓRIA parecem ter formulado visões mais ousadas que os reformadores. Como reconhecia o pastor protestante BOEGNER, também na Haia, em 1925.[740]

[737] Fr. SUAREZ, **De legibus** (II.XIX.9).

[738] G. GOYAU, **L'église catholique et le droit des gens** (RCADI, 1925, t. 6, p. 123-240).

[739] G. GOYAU (op. cit., 1925, p. 193-194): "volontiers dirions-nous que SUAREZ, quelle que soit sa timidité dans les lignes où il parle de l'arbitrage, a entrevu l' avènement de la seconde tendance, au moment même où il s'affirmait comme l'un des représentants les plus autorisés de la première."

[740] A respeito M. BOEGNER, **L'influence de la Réforme sur le développement du droit international** (RCADI, 1925, t. 6, p. 241-324), segundo G. GOYAU (op. cit., 1925, p. 194, nota 2), observava que mesmo o pastor BOEGNER reconhecia terem SUAREZ e VITÓRIA sido mais ousados que os reformadores nessa matéria.

Ao mesmo tempo em que cada nação ou reino constitui comunidade perfeita – *communitas perfecta* –, como tal formada por seus membros, apesar disso, cada uma dessas comunidades é também, de certa maneira, membro desse conjunto, que é o gênero humano: nunca essas comunidades podem se bastar a si mesmas, a ponto de não terem necessidade de ajuda recíproca, de sua associação, de sua comunicação – *aliquo mutuo iuvanime et societate ac communicatione* –, seja para aumentar o bem estar de cada uma delas e sua grande utilidade, seja em razão de necessidade ou de indigência moral, como faz ver a experiência. Por isso, tem necessidade de algum direito que as dirija e as ordene convenientemente nesse tipo de relações e de sociedade – *in hoc genere communicationis et societatis*.[741]

O que se pode desejar do direito das gentes – indagava SUAREZ –[742] e considerava: é fácil entender que esse direito possa ser comum a todas as nações, embora não seja parte do direito natural:

> Ao falarmos do *jus gentium* propriamente dito [...] é facilmente aparente que esse sistema de direito, simplesmente como resultado do uso e da tradição, possa ter sido introduzido gradualmente, no mundo todo, por meio de processo sucessivo, através de propagação e imitação mútua entre as nações, e sem qualquer pacto específico e simultâneo, ou mesmo consentimento, por parte de todos os povos. Pois o corpo de lei em questão tem relação tão estreita com a natureza e [de tal modo] se adequa a todas as nações, individual e coletivamente, que cresceu, quase por processo natural, acompanhando o crescimento da raça humana; e assim não existe em forma escrita, pois não foi ditado pelo legislador, mas, ao contrário, tornou-se forte por meio do uso.[743]

Contrariamente ao que dizem interpretações apressadas, vê-se que SUAREZ claramente distingue o direito internacional do direito natural. E o direito internacional não se põe como ditame divino, mas resulta do uso e da conveniência do conjunto dos povos, que compõem a sociedade humana.

[741] G. GOYAU (op. cit., 1925, loc. cit.) reportando o ensinamento de SUAREZ.

[742] Fr. SUAREZ, **De legibus** (1612, Livro II, caput XX – *Corollaria ex superiori doctrina, & quomodo ius gentium, & iustum sit, & mutabile*, 1).

[743] Fr. SUAREZ, **De legibus** (1612, Livro II, caput XX, 1).

Em SUAREZ, como em VITÓRIA, ocorre a subordinação do bem comum nacional ao bem comum universal – *bonum commune omnium nationum, bonum commune generis humani*. Subordinar o bem comum nacional ao bem comum universal pode parecer consentâneo com as mais recentes concepções em matéria internacional, quando se enfatiza a interdependência e a necessidade de considerar soluções globais para problemas globais, como sugerem os conceitos de "patrimônio comum da humanidade" e de "interesse comum da humanidade".[744] E mesmos se tais conceitos continuam a ser igualmente difíceis de implementar, como mecanismo institucional de convivência coordenada, entre sujeitos iguais em direito, soberanos, porém interdependentes.

Giorgio DEL VECCHIO, em 1931, na Haia,[745] enfatizava ser dado positivo, da concepção de SUAREZ, entender este por "monarquia ou império universal" uma "simples coordenação de diversos estados, cada um dos quais conserva a sua própria fisionomia jurídica", e não "a fusão de diferentes povos, sob comando único". Pois estas últimas, mais cedo ou mais tarde, tendem a fracassar. E fracassaram, em diversas ocasiões, no curso dos últimos séculos: "a ideia de uma hegemonia mundial pertence antes ao passado que ao futuro".[746]

Por sua vez, assinalava J. BROWN SCOTT em vários de seus estudos[747] sobre SUAREZ, ter cabido a este, "espanhol e jesuíta", o mérito de conferir a cada um destes ramos jurídicos – o direito natural, o direito civil e o direito das gentes – seu lugar à luz do sol jurídico. SUAREZ teve o mérito de os ter definido, e de ter determinado o conteúdo

[744] Ver **Tratado** (tomo 2 – **Direito internacional dos espaços**, cap. 20 – espaços internacionais: de *res nullius* a patrimônio comum da humanidade).

[745] Giorgio DEL VECCHIO, **La société des nations au point de vue de la philosophie du droit international** (RCADI, 1931, t. 38, p. 541-650).

[746] G. DEL VECCHIO (op. cit., 1931, p. 550-551): "L'idée d'une hégémonie mondiale appartient plutôt au passé qu'à l'avenir". Aduzia DEL VECCHIO logo a seguir (p. 557) que os maiores defensores da unidade do gênero humano, mesmo sob ponto de vista político, "foram em geral os mais francos e os mais resolutos adversários de qualquer forma imperialista"!

[747] De James Brown SCOTT (1928, 1934, 1944), ver: ___ **El origen español del derecho internacional moderno** (pref. C. BARCIA TRELLES, Valladolid: Univ. de Valladolid – Sección de Estudios Americanistas, 1928); ___, **The Spanish conception of international law and of sanctions** (Washington: Carnegie Endowment for international peace, 1934); e tb. a introdução de J. BROWN SCOTT à edição de F. SUAREZ, **Selections from three works**, ed. cit., 1944, vol. II, p. 1-38).

e a natureza do direito das gentes, tal como este resulta da natureza das coisas; de ter justificado, de uma vez, por todas, em termos clássicos, a existência, necessária e efetiva, da comunidade internacional jurídica e moral.

As teorias políticas de SUAREZ – embora menos desenvolvidas que as suas concepções jusfilosóficas – tiveram e têm enorme importância, porque englobam conceitos e formulações a respeito do estado e da sociedade, da soberania popular, da natureza e dos propósitos do governo e da legislação.[748] E estas merecem cuidadoso estudo.[749]

SUAREZ concebia o governo não somente como justo, mas "em completa harmonia com a natureza humana".[750] Na linha de ARISTÓTELES, declarava ser o homem um "animal social", cuja existência se perfaz na vida em sociedades politicamente organizadas. Isso se manifesta desde os núcleos familiar e social, e se estende para as comunidades nacionais. E destas, para a interação no plano internacional.[751]

Não é a simples aglomeração humana que lhe confere o caráter de sociedade politicamente organizada, mas é preciso, para que esta se exprima como "comunidade perfeita", que nela imperem as qualidades da unidade e da ordem, e estas por sua vez, somente podem ser alcançadas por meio de alguma forma de organização e de governo.[752]

[748] Ver SUAREZ, **De Legibus** (II.XX.3); J. BROWN SCOTT (*Introduction*, 1939, aos volumes SUAREZ, **Selections from three works**, publ. 1944, vol. II, p. 14a): "SUAREZ, however, did not limit himself to law and its philosophy, and to the political groups or states within which law is formulated and applied. Fully aware of the obvious fact that such political groups do not and cannot exist in isolation, he realized also the need of a body of rules to govern the relations between and among states. He believed that those rules existed, in the form of a law of nations, and that as such they 'are indeed true law'. "

[749] Interessante contrapor as concepções de SUAREZ e de GRÓCIO a respeito de tema como o da natureza e dos limites da soberania popular. Apesar de limitar o direito popular de revoltar-se contra o detentor da soberania, em outra passagem do **Direito da guerra e da paz**, contrapunha GRÓCIO (op. cit., 1625, ed. 2004, II.XVI.XVI.1, p. 693): "a soberania exercida por um rei não deixa de ser soberania do povo".

[750] Fr. SUAREZ, **De legibus** (1612, III.I – *Utru sit in hominibus potestasad leges ferendas*, sec. 2).

[751] Fr. SUAREZ, **De legibus** (1612, III.II – *In quibus hominibus immediate existat ex natura rei potestas haec condendi leges humanas*, sec. 4).

[752] Fr. SUAREZ, **De legibus** (1612, III.I.4): "in communitatem perfecta necessariam esse potestatem, ad quam spectet gubernatio communitatis, quod etiam ex terminis videtur per se notum."

Ao construir a fundamentação do poder, SUAREZ a vincula à natureza social do homem: o poder político pode ser visto como atributo natural e inerente à humanidade. Mas, dado que o poder não pode ser exercido por toda a comunidade, o tempo todo, existe, assim, necessidade de delegação, para ordenar o exercício do poder – e a esta se dá o nome de governo. Segundo modalidades "dependentes de escolhas humanas", entre monarquia, aristocracia, entre democracia ou combinações de distintos elementos de cada.[753]

Quer seja o poder transmitido ou não de modo hereditário. Pois SUAREZ assinala que o primeiro governante, em caso de transmissão por linha hereditária, teria derivado o seu poder, com a obrigação de não abusar deste, "diretamente da comunidade, enquanto seus sucessores o têm de derivar da mesma fonte indiretamente, mas fundamentalmente" [da mesma forma].[754] Desse modo, cada um dos sucessores fica vinculado pelas mesmas normas.

SUAREZ não formula argumento de origem divina do poder dos reis. Mesmo se o poder tem origem divina, conferido por Deus à humanidade, o poder se exerce não em decorrência de qualquer concessão especial, mas como "ditame da razão natural".[755]

SUAREZ afirma ser o poder "parte da natureza das coisas".[756] E o governante tem a obrigação de zelar pelo bem comum, e pelo interesse da comunidade, à frente da qual se encontra.[757]

Existiria assim 'responsabilidade social' para o detentor do poder em relação ao exercício deste: e caso se desvie das suas atribuições o governante, perde este a sua 'legitimidade' para o exercício do poder. O poder, assim, reverte à comunidade, como sua detentora original.

E, para restabelecer o poder legítimo, cujo uso foi desviado por determinado governante, que se transforma em tirano, pode mesmo chegar a ser justificado o tiranicídio.[758] SUAREZ examina a matéria,

[753] Fr. SUAREZ, **De legibus** (1612, III.IV.1).

[754] Fr. SUAREZ, **De legibus** (1612, III.IV.3).

[755] Fr. SUAREZ, **De legibus** (1612, III.III.3-4).

[756] Fr. SUAREZ, **De legibus** (1612, III.III.4).

[757] Fr. SUAREZ, **Defensio fidei catholicae et apostolicae adversus anglicanae sectae errores** (1613, in **Selections from three Works**, ed. cit., 1944, vol. II, p. 660-731)

[758] Fr. SUAREZ, **Defensio fidei** (1613, ed. cit., 1944, VI.IV.1): "an liceat privatae personae, vel subditis Regem tyrannum interlicere & ab illius vera resolutione huius, & alliarum partium intelligentia multum pendet, pauca de illa praemittere necessariu duxi."

desde santo AGOSTINHO e santo TOMÁS DE AQUINO, passando por vários outros,[759] inclusive o grande jurista BARTOLO,[760] bem como os 'heréticos', WYCLIFFE e Jan HUS.[761] E teria isso também sido decidido no início do século XV, no Concílio de Constança, na Sessão VIII deste.[762] Bem como a matéria do tiranicídio teria sido igualmente tratada durante o Concílio de Laterano.[763]

SUAREZ considera ser uma crença falsa, e contrária à razão natural, segundo a qual pactos, especialmente pactos solenemente assumidos por juramento solene, devam ser mantidos:

> a proposição pode ser aplicada a tiranos, no sentido esrito do termo – aqueles que injustamente usurparam e retem o trono – se referida proposição for mantida, com todas as demais expressões, especificamente, as palavras 'apesar de juramento feito pelo governante ou outra parte, no mesmo sentido, em nome deste.[764]

Essas concepções de SUAREZ causaram enorme impacto junto às coroas inglesa e francesa.[765] E explicam as proibições de circulação e a queima, em praça pública, que sofreu a obra de SUAREZ:

[759] Fr. SUAREZ, **Defensio fidei** (VI.IV.2), tais como CAJETANO, SOTO, MOLINA, AZOR, cardeal TOLEDO "e os Sumistas em geral", no tópico *'Tiranos'*. Cita também os juristas, tais como BARTOLUS, ALEXANDRE DE IMOLA, SOCINUS, LUCAS DE PENNA, CONRAD BRAUN, Thomas ACTIUS, Restaurus CATALDUS, COVARRUBIAS, bem como passagens das Escrituras.

[760] Fr. SUAREZ, **Defensio fidei** (VI.IV.9) reporta a lição de BARTOLO – "ita dixit" – em seu tratado sobre os Guelfos e os Gibelinos, **Tract. de Guelfis & Gebelli.** "licet in eo casu occidere tyrannum propter comune bonum, non propter privatum."

[761] Fr. SUAREZ, **Defensio fidei** (VI.IV.3) reporta WYCLIFFE e Jan HUS, e assinala como entendimento destes "que senhores temporais perdem *ipso facto* a soberania temporal, em consequência de qualquer pecado mortal, e podem, por esse motivo, ser derrubados, pela vontade de seus súditos."

[762] Fr. SUAREZ, **Defensio fidei** (VI.IV.3) o Concílio teria condenado a proposição em termos genéricos, "em razão de sua excessiva universalidade".

[763] Fr. SUAREZ, **Defensio fidei** (VI.IV.10): "o Concílio Laterano tratou da questão do tiranicídio em termos absolutos e gerais."

[764] Fr. SUAREZ, **Defensio fidei** (VI.IV.3).

[765] Fr. SUAREZ, **Defensio fidei** (VI.IV.14) declara expressamente que as suas conclusões não agradarão ao rei da Inglaterra: "non vero post illam, quod male feret Rex Angliae". SUAREZ já avaliava, antecipadamente, como seriam recebidas as suas considerações.

> A dificuldade [da conclusão] depende da aceitação da premissa, de que mesmo um rei, supremo em questões temporais, pode ser punido com a deposição e ser sentenciado a ser privado de seu reino; uma premissa que o rei da Inglaterra declina em considerar, mas que é, contudo, verdadeira e decorre dos argumentos expendidos.[766]

Ao exigir juramento de fidelidade, o rei JAIME I da Inglaterra estaria exigindo mais do que um soberano temporal pode pretender. E seria virtualmente equivalente a uma declaração de falso testemunho – *quaedam virtualis professio falsae fidei*:[767]

> os próprios termos do juramento são clara prova do fato que o rei JAIME, ao os exigir, exige mais do que a mera obediência civil; ou seja, [exige] mais do que um juramento exigindo tal obediência.[768]
> Mais do que ato de obediência civil estaria em um juramento, por meio do qual alguém se obrigue em considerar determinada proposição como herética.[769] [...]
> O juramento em questão é injusto por parte do rei JAIME, por exceder, de muitas maneiras, os limites de seu poder, e assim se torna forma de coerção, com uso de violência, e usurpação de jurisdição alheia.[770]

Injusto seria, por parte do rei inglês – como de qualquer outro dirigente – exigir tal juramento de fidelidade.[771] Igualmente injusto seria que a tanto se submetesse o fiel: seria injusto subscrever e aceitar declaração, que constitui uma mentira. Injusto, sobretudo, por ser verdadeira

[766] Fr. SUAREZ, **Defensio fidei** (VI.IV.15) remete às considerações e à fundamentação apresentadas no livro III, caps. V e XXIII da mesma obra.

[767] Fr. SUAREZ, **Defensio fidei** (VI.IV.20).

[768] Fr. SUAREZ, **Defensio fidei** (VI.IV.21): "Praetera ex ipsis verbis apertissime constat, Regem in hoc juramento non solam obedientiam civilem, seu iuramentu eis exigere."

[769] Fr. SUAREZ, **Defensio fidei** (VI.IV.21).

[770] Fr. SUAREZ, **Defensio fidei** (VI.IV.21): "ita est violentia coactio & aliene iurisdictionis usurpatio".

[771] Surpreendentemente ainda existe quem defenda a exigência de tal gênero de juramento de fidelidade (*vows of allegiance*), como parece ser o caso do político de extrema direita israelense Avigdor LIEBERMAN. O que se afigura ainda mais odioso em se tratando de estado binacional, e pautado pela diversidade de confissões religiosas – composto por judeus, muçulmanos e cristãos de várias denominações.

a posição, condenada em tal juramento. O que tornava culpado de perjúrio quem, ciente, da falsidade do juramento, o formulasse.[772]

Nesse sentido, a posição de SUAREZ é mais consentânea com as características do estado de direito 'moderno', do que a de GRÓCIO sobre o mesmo tema.[773] Este, em 1625, no **Direito da guerra e da paz**, claramente rejeitava a livre expressão da ideia da soberania popular.[774] Embora aceitasse o conceito,[775] GRÓCIO punha limites estreitos às manifestações desta.[776]

Em oposição à concepção de SUAREZ, a respeito da soberania popular e da responsabilidade pelos exercício do poder, considerava GRÓCIO "que haja reis que não dependem da vontade do povo, mesmo

[772] Fr. SUAREZ, **Defensio fidei** (VI.IV.21).

[773] Hugo GRÓCIO, **De jure belli ac pacis** (op. cit., 1625, ed. 2004, I.IV.IV.3, p. 238-239): "Se vez por outra os condutores do estado se deixam levar por um temor excessivo, pela ira, ou por outras paixões, desviando-se da vereda reta que conduz à tranquilidade, isto deve ser considerado como um caso excepcional, que será compensado, segundo a expressão de TÁCITO, pelo advento de coisas melhores. As leis devem se referir ao que se apresenta com maior frequência [...] e a que se refere esta palavra de CATÃO: 'não há lei que responda completamente a todas as necessidades; só se exige uma coisa, que a lei seja útil à maioria e em geral'. Quanto às coisas que acontecem, raramente devem ser regidas pelas regras comuns porque, embora a intenção da lei não possa se aplicar precisamente a tal fato particular, ela subsiste contudo em sua generalidade e é justo que as coisas específicas lhe estejam submissas. Acredita-se que seja mais vantajoso isso do que viver sem regra ou deixar cada um livre de prescrever uma lei para si mesmo, segundo seus caprichos."

[774] H. GRÓCIO (op. cit., 1625, ed. 2004, I.IIIVIII.1, p. 177): "É preciso refutar primeiramente a opinião daqueles que querem que a soberania resida em toda parte e sem exceção, no povo, de modo que seja permitido a esse último reprimir e punir os reis todas as vezes que fizerem mau uso do poder. Não há sequer uma só pessoa sábia que não veja quanto esta opinião causa males e quantos poderia causar ainda, se penetrasse profundamente nas mentes".

[775] GRÓCIO (op. cit., 1625, ed. 2004, II.XVI.XVI.1, p. 693): "a soberania exercida por um rei não deixa de ser soberania do povo".

[776] Hugo GRÓCIO (op. cit., 1625, ed. 2004, I.IIIVIII.14, p. 186-187): "Outro argumento pode ser extraído da palavra dos filósofos, que todo poder é estabelecido em favor daqueles que são governados e não daqueles que governam. Daí a consequência que, em vista da nobreza do objetivo, aqueles que são governados são superiores ao que governa". [...] "certos governos podem ter sido estabelecidos em proveitos dos reis, aqueles, por exemplo, que são fruto da vitória. Nem por isso devem ser chamados de tirânicos, porquanto a tirania no sentido que se lhes confere hoje, encerra uma injustiça. Certos governos podem também ter em vista a utilidade tanto do que governa como daquele que é governado, quando, por exemplo, a um povo incapaz de se defender se impõe um rei poderoso. Não nego, por outra parte, que na maioria dos governos não se considera diretamente o bem dos governados".

tomado em geral, a história sacra ou profana o testemunha".[777] Ademais, GRÓCIO ainda repetia existirem "homens naturalmente escravos, isto é, nascidos para a escravidão, de igual modo há povos que lhes é mais natural obedecer do que governar".[778] Ainda citava as "palavras de PÉRICLES, nunca por demais relembradas, e que se encontram em TUCÍDIDES: 'De minha parte, acho que os indivíduos são mais felizes em uma cidade que prospera em seu conjunto do que se o indivíduo prospera e o estado se depaupera'.[779]

Merecem ser estudadas e cotejadas as lições, de um e outro, e pode ser de grande utilidade, para conhecer o que escreveram SUAREZ e GRÓCIO.[780] Desse modo, se pode avaliar a opinião de cada um, sobre temas como a soberania popular,[781] e o direito de derrubar governo que se desvie da sua função:[782] a finalidade é assegurar o bem do povo.[783]

[777] Hugo GRÓCIO (op. cit., 1625, ed. 2004, I.IIIVIII.8, p. 182).

[778] Hugo GRÓCIO (op. cit., 1625, ed. 2004, I.IIIVIII.4, p. 179): "segundo disse ARISTOTELES" [**Política**, I.2].

[779] H. GRÓCIO (op. cit., 1625, ed. 2004, I.IV.IV.4, p. 239-240). Prossegue longa citação do 'discurso' de PÉRICLES, 'reportado' por TUCÍDIDES [**História da guerra do Peloponeso**, II, 60].

[780] H. GRÓCIO (op. cit., 1625, ed. 2004, I.IV.IV.5, p. 240-241): "Em questões públicas, porém, o que é mais importante e sem contestação é a ordenação de que falei, segundo a qual alguns mandam e outros obedecem. É incompatível com a liberdade que cada um pudesse oferecer resistência."

[781] Hugo GRÓCIO (op. cit., 1625, ed. 2004, I.III.XIII.1, p. 201): "Nos estados, porém, em que o poder é deferido pela vontade do povo, concordo que não se deve presumir que a nação tenha determinado permitir ao rei a alienação de sua soberania."

[782] Hugo GRÓCIO (op. cit., 1625, ed. 2004, I.III.IX.1, p. 189): "Há outras pessoas que acreditam que há uma espécie de dependência recíproca entre um rei e seus súditos, de maneira que esses últimos deveriam obedecer a seu rei enquanto governasse bem, mas que, se o rei viesse a governar mal, se tornaria dependente de seu povo. Se essas pessoas dissessem que não se deve cumprir porque o rei ordenou um ato manifestamente injusto, sua proposição seria verdadeira e conforme a aprovação de todos os homens de bem, mas isso não encerra nenhum direito de coação ou de superioridade. Se um povo tivesse o propósito de compartilhar com o rei a autoridade soberana, de que falaremos mais adiante, deveria certamente fixar os limites dessas respectivas jurisdições, de maneira a poder facilmente discerni-las, segundo a diferença de local, de pessoas ou de assuntos."

[783] GRÓCIO não deixa margem para dúvida a respeito do que pensava (1625, I.III.VIII.14, p. 187): "Disso não se segue que os povos sejam superiores aos reis, pois a tutela foi imaginada no interesse do súdito e entretanto a tutela é um direito e um poder sobre o súdito. Não convém insistir dizendo que, se o tutor administra mal a fortuna do tutelado, pode ser afastado e que, por conseguinte, o mesmo direito deveria existir sobre um rei.

Descobrem-se relevantes diferenças entre ambos:[784] e nestas matérias, o cotejo de opiniões se põe, claramente, em favor de SUAREZ,[785] como a visão mais atual – para os nossos tempos pós-modernos.

Pode-se julgar com base no que escreveram um e outro. Porém, no caso de GRÓCIO, seria tanto mais de se esperar a aceitação da rebelião popular contra poder espúrio –em se tratando de nacional holandês, ao tempo em que nas Províncias Unidas se lutava contra a ocupação espanhola.[786] Mas não é o que ocorre.[787]

Diversamente da opinião de SUAREZ, ensinava GRÓCIO a submissão ao poder:[788]

784 Hugo GRÓCIO (op. cit., 1625, ed. 2004, I.III.XVI.1, p. 204): "o poder soberano não cessa como tal, mesmo quando aquele que deve governar se empenha por alguma promessa com seus súditos ou com Deus, até mesmo sobre assuntos que dizem respeito ao governo. Não falo aqui da observação do direito natural, do direito divino ou mesmo do direito das gentes, que obriga a todos os reis, mesmo quando não tivessem prometido nada a esse respeito, mas faço alusão a certas regras que não os obrigariam se eles não se tivessem empenhado por uma promessa."

785 Ainda H. GRÓCIO (op. cit., 1625, ed. 2004, I.IV.VII.2, p. 248-249): "As leis humanas não são e não devem ser formuladas senão em função da fraqueza da humanidade. A lei de que se trata parece depender da vontade daqueles que se associam originalmente para formar uma sociedade civil e dos quais emana o poder que passa a seguir aos governantes".

786 Ver **Tratado** (tomo 7 – **Direito internacional no tempo de Hugo Grócio**, item 18.1 – *conflitos metropolitanos e aventuras coloniais holandesas: interlúdio no Brasil*).

787 O que talvez explique mas não justifique a posição omissa e submissa ao poder constituído, por parte de GRÓCIO no **Direito da guerra e da paz** (esp. livro I, cap. IV) a respeito da não aceitação da revolta popular contra poder espúrio, é o fato de que este, à altura em que publica a sua obra mais importante (1625), se encontrava exilado na França e dependente de pensão que era paga pelo governo de LUIS XIII, a quem, ademais, o livro é dedicado. Defender a possibilidade de insurreição popular contra poderes constituídos certamente não lhe granjearia simpatias junto à corte francesa da época. Para situar o contexto da França, no século XVII, ver, por exemplo: François BÉLY, **La France au XVIIe siècle** – puissance de l'état, controle de la société (Paris: PUF, 2009, Avant-propos, p. V-VII, cit. p. VI) situa o contexto em que se dá: "la reconstruction du royaume après les guerres de Religion et la place nouvelle de la France en Europe, au moment où s'ouvre la guerre de Trente ans. Le royaume se voit peu à peu entraîné dans les conflits européens et affirme sa puissance. Cela implique des efforts surhumains imposés aux Français qui réagissent par des révoltes. Pourtant, la monarchie parvient à surmonter ces crises en faisant taire les oppositions et les résistances."

788 H. GRÓCIO (op. cit., 1625, ed. 2004, I.IV.XX – *Em caso de controvérsia sobre o direito da soberania, os privados não devem se estabelecer como juízes*, p. 270).

É sobretudo quando a coisa é duvidosa que um privado não deve se atribuir o direito de decidir. Seu dever é o de seguir o partido daquele que o possui. É assim que CRISTO mandava pagar o tributo a CÉSAR, porque a moeda trazia a sua efígie, isto é, porque estava de posse do poder.[789]

Outra candente questão foi também tratada por SUAREZ. A célebre e antiga controvérsia a respeito dos poderes temporais do papado.[790]

Em relação ao poder temporal do papado, igualmente, SUAREZ é muito claro e direto: considera ser muito fácil provar que o CRISTO não conferiu a seu vigário poder que ele mesmo não assumira.[791] E que isso, ademais, não seria necessário:

> o domínio temporal, com jurisdição direta de natureza civil sobre toda a igreja, não era necessário para o governo espiritual da igreja, como era evidente; e nem mesmo se usou, para o mesmo fim. Contrariamente, pode-se provar ser este grave impedimento. É, assim, improvável que tal jurisdição tivesse sido concedida pelo CRISTO.[792]

Daí decorre, não se justificar seja o papa, ou qualquer outro bispo, simultaneamente, também senhor temporal.[793] Embora não tenha isso sido proibido por Deus, que deixou a questão para a gestão humana, regulada pela justa razão, e levando em conta as circunstâncias dos tempos.[794] E a soberania temporal limitada pode "não somente ser permis-

[789] H. GRÓCIO (op. cit., 1625, ed. 2004, I.IV.XX, p. 270, citava **Mateus** XX,20).

[790] Parte da grande controvérsia medieval sobre a questão da primazia e a determinação da extensão de poderes entre o império e o papado. A respeito, ver **Tratado** (tomo 4 – **Direito internacional no tempo medieval**, esp. caps. 9 e 10, sobre MARSÍLIO DE PÁDUA, GUILHERME DE OCKHAM, TOMÁS DE AQUINO e DANTE ALIGHIERI).

[791] Fr. SUAREZ, **Defensio fidei** (III.V.17): "Christus non contulit vicario suo potestate, qua no ipse assumpsit."

[792] Fr. SUAREZ, **Defensio fidei** (III.V.18): "dominiu temporale, cum iuridictione directa, & civili in universam Ecclesia no erat necessaria ad spirituale regimen Ecclesiae, ut per se manifestum est, neque ad eundem fine erat utilis, imo potius magno impedimento esse potuisset, ergo non est verisimile a Christo fuisse data."

[793] Fr. SUAREZ, **Defensio fidei** (1613, ed. cit., 1944, Livro III, cap. V, sec. 19): "Sumu Pontifice, vel alios Episcopos non posse, nec debere esse simul temporales Principes."

[794] Fr. SUAREZ, **Defensio fidei** (1613, ed. cit., 1944, III.V.19).

sível, como útil para a conservação da majestade e da autoridade da igreja".[795]

O passo decisivo ocorre em SUAREZ para a elaboração do conceito moderno de direito das gentes. Este o concebe sob dupla perspectiva – *Duplexmo dus iuris gentium*:

- primeiro, o "direito que todos os povos e todas as nações devem guardar entre si" – *inter se*;[796]
- segundo, o "direito que cada cidade ou reino observa para si" – *intra se* –, mas que é chamado *ius gentium*, ou seja direito civil, porque ditas leis são semelhantes [em cada caso] e são comumente aceitas.[797]

O primeiro seria o direito internacional propriamente dito – *jus inter gentes*. O segundo seria dito direito das gentes – no sentido 'dos povos' –, enquanto direito comum, quando compartilhado entre vários povos o mesmo direito, embora aplicado em diferentes comunidades nacionais – *jus intra gentes*.

O direito internacional, propriamente dito, compreenderia as normas relativas ao direito de legação,[798] bem como os usos relativos ao comércio.[799] Enquanto matérias intrinsecamente internacionais.

[795] Fr. SUAREZ, **Defensio fidei** (1613, ed. cit., 1944, III.V.19).

[796] F. SUAREZ, **De Legibus** (II.XIX.8 – *Duplexmo dus iuris gentium*): "dice aliquid de iure gentium, uno modo quia est ius, quod omnes populi, & gentes varie inter se servare debet"

[797] F. SUAREZ, **De Legibus** (II.XIX.8 – *Duplexmo dus iuris gentium*): "alio modo quia est ius, quod singulae civitates vel regna intra se observant, per similitudinem autem, & convenientiam ius gentium appellatur."

[798] Para situar a concepção de GRÓCIO a respeito, ver **Tratado** (tomo 7 – **Direito internacional no tempo de Hugo Grócio**, item 18.5 – *direito das gentes voluntário e direito de legação*).

[799] Pode ser feita a comparação com a concepção de ZOUCH, tal como este a expunha, algumas décadas depois de SUAREZ. Cfr. R. ZOUCH, **De legati delinquentis judice competente dissertatio** (1657, ed. 1669, p. 52/265) fazia, por sua vez, a distinção entre direito internacional primário – *jus inter gentes prior* – e outro secundário – *jus inter gentes posterior*: "ex jure gentium priori Dominiorum distinctio, Contractus, obligationes sunt inventae. Ex posteriori, discretae gentes, commercia instituta, foedera inita, & bella etiam introducta. Quod posterius jus gentium magis proprie ius inter gentes appellare potest".

No direito internacional também inscrevia SUAREZ as normas relativas à guerra, bem como os tratados de paz e as tréguas.[800] Não somente por serem normalmente estipuladas como vínculos entre as nações – ou seja, direito internacional em sentido estrito – mas também por exprimirem conteúdos naturalmente necessários para a convivência entre as sociedades humanas – e que, em casos como estes, também exprimem direito natural.

Observava, em 1995, A. TRUYOL Y SERRA que,[801] com a distinção, quanto à existência de duplo conteúdo de direito internacional, SUAREZ teria contribuído de maneira decisiva para a consolidação do direito internacional moderno.

SUAREZ ressaltava ser admirável que seja o primeiro que constitua o direito das gentes, propriamente dito, enquanto o segundo é chamado direito das gentes, "por razões de similitude e de conveniência".[802] Assim se pode dizer que o conceito de direito internacional em SUAREZ não somente é moderno, como também pós-moderno.

Convém enfatizar a noção: a sociedade internacional é inerente à condição humana.[803] SUAREZ exprime a sua concepção do direito internacional e da comunidade internacional.[804]

A sociedade internacional se põe como expressão da natureza sociável do ser humano, e da necessidade de ordenar a convivência, tanto no plano interno de cada sociedade, como entre as distintas sociedades humanas, politicamente organizadas.

Mas esta sociedade internacional não precisa, necessariamente, de estados para ordenar-se, nem se há de conceber somente por meio da ação de estados. Historicamente os estados são produto condicionado, pelo tempo e pelo meio: nem sempre existiram, e nem sempre necessariamente existirão. Mas, a sociedade internacional existiu, antes de exis-

800 A respeito das tréguas ver a lição de H. GRÓCIO, **Direito da guerra e da paz** (1625, ed. 2004, II.XVI.XX e tb. III.XXI – *das convenções durante a guerra, em que se trata da trégua, do livre trânsito, do resgate de prisioneiros*).

801 A. TRUYOL Y SERRA, **Histoire du droit international public** (Paris: Economica, 1995, p. 54): "SUAREZ a souligné plus clairement que VITORIA le rôle, a côté du droit des gens naturel, du droit des gens positif, qui naît de la coutume, et pour lequel il réserve le terme *jus gentium*."

802 SUAREZ, **De Legibus** (II.XIX.8 – *Duplexmo dus iuris gentium*).

803 SUAREZ, **De Legibus** (II.XX).

804 SUAREZ, **De Legibus** (II, *caput* XVII a XX).

tirem estados, e pode existir, independentemente de existirem ou não estados.

Aí está dado profundamente característico do tempo de SUAREZ. Mas, hoje, em nosso contexto pós-moderno, pode parecer possível considerar: a sociedade internacional deriva da natureza humana, e se exprime como dimensão desta; mas não exclusiva nem unicamente por meio de estados.

Procurava explicar essa distinção, em 1933, C. BARCIA TRELLES, contrapondo ao que entendia ser a concepção romana antiga, a concepção medieval do direito das gentes e da sociedade internacional, no sentido de que "hoje parece incontestável sustentar que o direito das gentes não existia, enquanto não tinha tomado forma o que este pretende regular" – a sociedade internacional. Essa sociedade, por sua vez, pressupõe os elementos dos quais se compõe.

> Mas não era esta a tese dos teólogos escolásticos da Espanha do século XVI. Para eles existe sociedade internacional que qualificaremos não de supernacional, mas de pré-nacional; nessa sociedade, as relações nascem entre indivíduos; para regular a vida de relações e alcançar a paz e a harmonia entre os homens, criou-se certo número de instituições básicas, instituições jurídicas, que para existirem e funcionarem, não pressupõem a necessidade de mundo organizado em sociedades jurídico-políticas. Essas instituições são anteriores ao que se entende em nossos dias por direito internacional. Os estados podem desaparecer, enquanto forma de organização episódica, em ampla perspectiva histórica, mas essas instituições fundamentais, aplicáveis aos homens, enquanto tais, sobreviverão sempre.
> Assim a coincidência – somente parcial – entre as concepções do direito das gentes romano e pós-feudal não se apoia em semelhança de conceitos, nem se explica por ter o mundo pós-feudal se apropriado da tese romana. Os romanos consideravam que o mundo começava e acabava lá onde o *orbis romanus* começava e acabava. Os teólogos do século XVI, por sua vez, consideraram que essa sociedade universal é anterior e superior a todas as sociedades político-jurídicas, e que os laços que nos unem à sociedade universal são indestrutíveis.[805]

[805] C. BARCIA TRELLES (op. cit., 1933, p. 460-461): "Nous croyons qu'avec tout ce que nous venons de dire on peut expliquer pourquoi les internationalistes espagnols du XVIe

SUAREZ situava a distinção entre o direito natural e o direito das gentes, na já referida passagem do livro II, cap. XVII, do tratado **Das leis**: "este diz respeito tão somente à humanidade, enquanto o primeiro é por esta compartilhado com os animais".[806]

Considerava SUAREZ não ser unívoca a noção de direito – *ius* – e, por isso, esta noção deve ser precisada – *quia vero haec vox aequivoca est, opportet illam distinguere* – e apresenta, assim, a linha divisória entre os campos deste: onde o direito primeiro seja dividido entre direito natural e direito civil; e, a seguir, o direito natural, por sua vez, seja subdividido entre o direito natural, comum a todas as criaturas animadas, ou seja, dotadas de vida, "e que sem qualquer ulterior qualificação conservou o nome de direito natural", enquanto o direito das gentes – *ius gentium* – diz respeito somente à humanidade. Este seria característico da sociedade interhumana.

A diferença quanto à extensão da aplicação do direito seria o dado, para diferenciar o direito civil do direito internacional. Este tinha sido apontado como de caráter contingente, e se tinha questionado até que ponto esse dado poderia servir para estabelecer essa distinção conceitual.[807]

Entre o direito civil e o direito internacional, enquanto o primeiro se concentra em cada reino ou em cada república, este último se estente – ou ao menos pode se estender –, a todos os homens, em todos os agrupamentos humanos, por decorrência da natureza humana, e do caráter orgânico da comunidade internacional. SUAREZ afirma que o direito, que deriva dos costumes de várias nações, e as obriga todas igualmente, é o direito internacional, propriamente dito.

siècle nous parlent (en les mentionnant nominalement ou non) du *jus inter gentes* et du *jus intra gentes.*"

806 F. SUAREZ, **De Legibus** (livro II, caput XVII – Utrum jus naturale distinguatur à iure gentiù, quia hoc solis hominibus convenit, illud etiam brutis commune est, ed. 1944, texto latino, p. 180-184 e trad., p. 325-333).

807 Compare-se o entendimento a respeito na obra de GRÓCIO, **Direito da guerra e da paz** (op. cit., 1625, ed. bras. 2004, III.XIX.XVI, p. 1371): "Uma lei não se mistura com outra lei. Deve-se ir para onde se é conduzido. O direito das gentes não reconhece essas diferenças [que estipula o direito civil, caso a caso], quando não houver, bem entendido, outra esperança de obter o que nos é devido".

Em relação a esta controvérsia, que de tempos em tempos, parece ressurgir, SUAREZ afirma ter o direito das gentes o caráter de verdadeiro direito:[808]

> pode ter grande afinidade com o direito natural, e por isso, muitos os confundem, ou consideram ser o direito das gentes parte do direito natural; além disso, mesmo no que se distinguem, guardam entre si estreita similaridade, e o direito das gentes constitui, por assim dizer, forma intermediária entre o direito natural e o direito humano, forma mais estreitamente aliada ao primeiro de tais extremos, de modo que nos parecerá fácil fazer a transição para o direito positivo, por meio da discussão do direito das gentes.
> A existência do direito das gentes é dada como certa, e por todas as autoridades apontada como fato consolidado, como se pode deduzir do frequente uso do termo. Assim, o direito das gentes é frequentemente mencionado no direito civil (**Digesto**, I.i.I, § 2 e **Institutas** I.ii), como no **Decretum** (Parte I, dist. I), com base em São Isidoro, **Etimologias**, livro V, cap. II – cap. VI), pelos doutores tanto de direito canônico como de direito civil, em seus comentários sobre as referidas passagens e *passim*, bem como por santo TOMÁS (II.II – qu. 57, art. 3) e pelos teólogos.[809]

A contribuição de SUAREZ para o direito internacional é enfatizada por sua "originalidade, ao mesmo tempo em que por sua clareza". A reflexão de SUAREZ, no livro II, cap. XIX do tratado **Das leis**, é sempre lembrada, "cada vez que se fala da comunidade internacional e da possível e desejável organização desta".[810]

808 F. SUAREZ, **De Legibus** (livro II, caput XVII, cit.).
809 F. SUAREZ, **De Legibus** (livro II, caput XVII, cit.). Sobre o uso e o conteúdo da expressão *ius gentium* no direito romano antigo, bem como em São ISIDORO DE SEVILHA, nas **Etimologias**, ver **Tratado** (tomo 3 B – **Gregos, romanos, chineses, indianos**, cap. 6 – na formação e no desenvolvimento de Roma, esp. item 6.3 – *duradoura contribuição do jus gentium para o direito internacional* e tomo 4 – **Direito internacional no tempo medieval**, item 8.2, bem como o item 10.1, a respeito do conceito de direito em TOMÁS DE AQUINO).
810 C. BARCIA TRELLES (op. cit., 1933, p. 421) dava como exemplos da recorrente lembrança da lição de SUAREZ, ter sido este "citado pelo Instituto Americano de direito internacional, ao inaugurar os seus trabalhos e subscrever declaração de direitos e deveres das nações, cita-se como justificação dos textos votados e base sólida destes a passagem de SUAREZ tão frequentemente reproduzida", bem como pelo presidente WILSON dos Estados Unidos, ao propor a organização da paz, que deveria seguir-se à primeira guerra

As duas ideias centrais em SUAREZ: a primeira, de que existe uma efetiva comunidade ou família das nações; e a segunda, não que exista *direito* comum a todas as nações,[811] mas existe *lei* entre as nações. O direito internacional tem condição jurídica própria, enquanto direito humano, criado pela razão e pelo costume, para regular a convivência entre sociedades humanas.

E esta lei tem de observada, enfatiza SUAREZ, por todos os povos e todos os estados, em suas relações recíprocas: não por ser *comum* a todos, mas por ser igualmente *necessária* para todos. E isso, porque a convivência decorre da própria natureza humana.

Passar da ideia inicial de direito comum a todos, ainda que difícil de ser precisado – e isso, quanto à sua origem, quanto ao seu conteúdo e quanto aos seus desdobramentos – para direito, que se constrói, entre todos os povos e todos os estados, porque é para todos conveniente e necessário, dada a natureza orgânica da comunidade internacional, ilustra a passagem do mundo medieval para a era moderna. Essa passagem não se fez de modo simples, nem automático.

Resultou de várias fraturas e enfrentamentos. O mundo cristão já vivera, durante séculos, essa dicotomia, entre as duas igrejas: uma que se reclamava única e universal – por isso católica – e a outra, que se afirmava ser a única certa – e por isso, ortodoxa.

Mais esse fracionamento do mundo ocidental passa a ser constatado muito mais perto: com a ampliação do mundo, em decorrência das grandes navegações e dos descobrimentos, e com os fracionamentos, tanto o ocorrido nas sucessivas ondas da Reforma protestante, bem como os ulteriores fracionamentos políticos, em decorrência da consolidação das soberanias nacionais. Todo esse quadro de fracionamento e de multipolarização não mais permitia a ficção medieval da unidade intrínseca do mundo ocidental.

mundial, "formulando as suas normas fundamentais, inspirado em SUAREZ e citando os textos do teólogo e internacionalista espanhol" e mais adiante, conclui a passagem: "poucos manuais de direito internacional, por mais reduzidos que sejam, deixam de mencionar SUAREZ, ou de fazer alusão à sua concepção orgânica da comunidade internacional."

[811] Para a determinação do conteúdo e da evolução de um direito comum – o *jus commune* – ver **Tratado** (tomo 5 – **Direito internacional no tempo de Francisco de Vitória**, cap. 12 – *jus gentium, jus commune, jus europaeum*: entre a teoria e a prática).

Consequentemente não mais se poderia pretender ser decorrente da natureza das coisas, ou estar ínsita na natureza humana – bastando simplesmente descobri-la e a formular –[812] mas SUAREZ afirma, corajosamente, a necessidade de determinar, primeiro, o conteúdo e, depois, construir a norma internacional, que fundamentaria direitos e deveres entre povos e estados. Esta a ser construída, como direito entre os povos – *jus inter gentes*.

SUAREZ se debruça sobre o que escreveram antes dele a respeito do direito natural e sua possível distinção, em relação ao direito das gentes. São quatro ordens de argumentos:

1. o direito natural se aplica a todos os seres vivos e o direito das gentes somente ao homem – critério inspirado do antigo jurista romano, ULPIANO;
2. o direito natural se conhece pela simples razão natural, enquanto o direito das gentes somente pode ser aprofundado de maneira discursiva e com base em induções;
3. o direito natural, superior à vontade humana, é independente desta, enquanto o direito das gentes aparece vinculado à vontade humana;
4. o direito natural tem caráter de preceitos, enquanto o direito das gentes tem natureza permissiva ou concessiva.

O primeiro argumento, considerado por SUAREZ, quanto ao direito natural se aplicar não somente aos humanos, como também aos animais – desde a procriação até as leis naturais, compartilhadas por todos os seres vivos –, enquanto o direito das gentes, fruto da razão humana, aplica-se somente aos seres humanos, como queria ULPIANO. O elemento diferencial seria, assim, não o conteúdo do direito, mas os sujeitos aos quais se aplica. Como produto da razão natural, por esse motivo, o direito das gentes é aplicado e observado por todos os homens, e por todos os povos, em suas relações recíprocas.

A distinção antiga cai por terra, quando se considera existirem institutos de direito natural – como o culto a Deus – que somente se aplica

[812] Os elementos principais desta concepção foram considerados e se remete ao exame da matéria no **Tratado** (tomo 5 – **Direito internacional no tempo de Francisco de Vitória**, esp. cap. 12 – *jus gentium, jus commune, jus europaeum*: entre a teoria e a prática).

aos humanos, e não aos animais. Desse modo, SUAREZ resolve a questão e refuta a distinção bipartite. Fica assim afastado o primeiro obstáculo, para se chegar à verdade: o direito das gentes e o direito natural, não se distinguem porque o direito das gentes constitui direito natural que somente se aplica aos seres humanos. A divisão de ULPIANO é, assim, recusada.

O que outros predecessores de SUAREZ tinham afirmado, este ratifica de maneira absoluta e consolida, condenando a distinção com base em argumentos irrefutáveis. A luz começa a se fazer.

O segundo argumento, de que o direito natural se conhece pela simples razão natural, enquanto o direito das gentes somente pode ser aprofundado de maneira discursiva e com base em induções. Domingos de SOTO tinha identificado o direito natural e o direito das gentes,[813] quanto à necessidade intrínseca de seus princípios, mas acrescentava a essa nota comum, o dado diferenciador: que o direito natural se conhece sem discurso, e o direito das gentes somente por meio de induções múltiplas e complexas. SUAREZ nega a semelhança entre os dois direitos, tal como defendera de SOTO.

SUAREZ se fundamenta na existência de instituições de direito das gentes, que não tem necessidade intrínseca, pois se assim fosse, teriam existido desde o início dos tempos, e nunca se teriam extinguido. Esse gênero de instituições, que não são necessárias, mas antes contingentes e sujeitos a abolição, no curso do tempo, e em distintos contextos culturais, pertencem institutos como a propriedade privada e a servidão. Isso se confirma de modo claro, quando lembramos que muitas instituições do direito internacional são fruto do livre arbítrio e do consentimento dos homens, o que demonstra serem instituições de direito humano e não de direito natural.

O direito das gentes tem necessidade intrínseca, quando o colocamos à luz de seu propósito, e em relação à sua finalidade. Este tem papel cumprir na regulação da vida internacional.

O terceiro argumento, quanto a ser o direito natural, superior à vontade humana, e independente desta, enquanto o direito das gentes apa-

[813] Ver, no início deste tomo, o item – *outras vozes no direito internacional: Domingo de SOTO e VAZQUEZ DE MENCHACA*.

rece vinculado à vontade humana. SUAREZ faz eco: o direito natural diz respeito a coisas tão necessárias, que estas existem mesmo fora da pre-existência da sociedade humana, são deduzidas pela natureza e por conseguinte, não fazem parte do direito das gentes. Inversamente, ao direito das gentes pertencem as conclusões que, deduzidas da natureza, pressupõem a existência da sociedade humana, pois tem como propósito, a conservação dessa sociedade.

Este pensamento é o mesmo que comentadores, anteriores a SUAREZ, tinham enunciado: o direito natural é anterior ao homem; o direito das gentes é obra do homem, e por conseguinte, posterior à existência deste. SUAREZ refuta a distinção, arguindo existirem princípios de direito natural, que não são obrigatórios sem a pré-existência de uma suposição ou instituição necessária, e é obra dos homens.

Desse modo, não roubar, ou cumprir as suas obrigações, são preceitos de direito natural. Essas duas instituições não são concebíveis sem a existência de sociedade humana, que as torne possíveis. Num caso, o instituto da propriedade, no outro, o direito das obrigações. E a mesma coisa poderia ser dita sobre o princípio *pacta sunt servanda* – os acordos têm de ser cumpridos?

O quarto argumento diz respeito ao fato de o direito natural ter caráter de preceitos, enquanto o direito das gentes teria natureza permissiva ou concessiva. SUAREZ se detém no exame deste argumento: se deduzimos ter o direito das gentes caráter de permissão e não de preceito, não seria injusto observar o contrário do que é estipulado pelo direito das gentes. Isso porque a utilidade e a justiça não seriam necessariamente termos consubstanciais do direito das gentes, e que existam preceitos, úteis para a vida em sociedade, que podem não ser naturalmente bons.

SUAREZ estabelece a conclusão de que seria um erro distinguir o direito natural do direito das gentes, porque um ordena e o outro permite; porquanto, se pode encontrar esse duplo caráter em ambos. Além disso, se um preceito é próprio do direito natural, a autorização que corresponde a tal preceito o é igualmente.

O direito natural é o eixo do sistema de SUAREZ, e como tal:

> o direito natural tem de ser distinguido do *ius gentium*, que, por sua vez, tem de ser mantido separado do *ius civile*, ou direito humano positivo propriamente dito. *Ius gentium* é, com efeito, direito consuetudinário, tal como

encontrado entre as sociedades civis. Este é, assim, direito positivo, mas não é [nem se confunde com o] direito civil, na medida em que não promana de determinado soberano. A categoria *ius gentium* fornece o quadro conceitual para SUAREZ situar as significativas discussões sobre o direito da guerra e da paz, discussões essas que, combinadas com o seu, em muitos aspectos, moderno conceito de soberania, têm de ser considerados fundamentais, para o que viria a ser no futuro o direito internacional.[814]

Na esteira de SUAREZ, cumpre, ainda mencionar, que na Universidade de Louvain, o jesuíta Leonardo LESSIO – em latim, LESSIUS –, de 1585 a 1600 e o também jesuíta MERCIER, de 1611 a 1639, "professaram, com brilho, a doutrina escolástica sobre a guerra".[815] LESSIUS foi, durante dois anos, discípulo de SUAREZ em Roma.

LESSIUS deixa testemunho de seu aprendizado com SUAREZ, em seu tratado **De justitia et de jure.**[816] Seu sucessor, na Universidade de Louvain, BITTREMIEUX, dedicou, em 1920, todo um livro ao tema.[817]

Desse modo se caracteriza a continuidade do ensinamento deste mestre e pioneiro do direito internacional moderno. Embora professor de teologia, essencialmente voltado para a solução de questões práticas,

[814] Knud HAAKONSSEN, **Natural law and moral philosophy**: from Grotius to the Scottish Enlightenment (Cambridge: Univ. Press, 1st. publ., 1996, digital printing 2003, 1 – Natural law in the seventeenth century, p. 15-62, cit. p. 19): "The natural law is the hub of SUAREZ's system. [...] natural law must be distinguished from *ius gentium*, which again must be kept apart from the *ius civile*, or human positive law proper. *Ius gentium* is in effect customary law as found across civil societies. It it thus positive law, but not civil law, in as much as it does not issue from a sovereign. The category of *ius gentium* provides the framework for SUAREZ's significant discussions of the laws of war and peace, discussions which, when combined with his in many respects modern concept of sovereignty, must be considered fundamental to what would eventually become international law."

[815] Ambos são lembrados por G. GOYAU (op. cit., 1925, p. 194). Compare-se Leonel FRANCA, S. J., *O método pedagógico dos Jesuítas – **Ratio Studiorum*** – introdução e tradução (in **Obras completas** do Pe. L. FRANCA, S. J., Rio de Janeiro: Agir, 1952).

[816] Leonardi LESSII S.J., **De Justitia et Jure ceterisque virtutibus cardinalibus** (orig. publ. ex officina J. Masii, 1605, on line https://books.google,com > about – tb. ed. Brixiae: Dominici Grumi, 1696).

[817] Joseph BITTREMIEUX, **Lessius et le droit de la guerre** – Contribution à l'histoire des doctrines théologiques sur la guerre (Louvain: A. Dewitt, 1920 – on line https://books.google,com > about).

SUAREZ conferiu embasamento teórico e dimensão jusfilosófica a este ramo do direito.

Nos livros III e seguintes do seu tratado **Das leis** (1612) SUAREZ considerava as leis positivas dos príncipes. Em lugar da doutrina clássica do direito natural, que conferia ao juiz grande liberdade de interpretação, porque acima do texto da lei existe a justiça, SUAREZ ensinava a necessidade da obediência pontual ao texto da lei.[818]

A autoridade procede de Deus, pelo intermédio do povo – *a Deo per populum.*[819] Nasce de espécie de contrato social, que comporta – naquela altura, sobretudo na Inglaterra, restrições substanciais ao exercício do poder real. Enquanto praticamente não existiam na Espanha – restrições ao exercício do poder real. Mas este é concedido de uma vez por todas, o que exclui o direito de ulterior rebelião, contra possíveis arbitrariedades no exercício do poder.

Essa potência inclui o poder de fazer o direito: *potestas condendi leges* ou *potestas obligandi.*[820] Esta é normalmente absoluta, mas SUAREZ não confere à soberania a mesma dimensão totalitária que esta reveste em LUTERO.[821]

A atuação de SUAREZ reveste-se de grande importância histórica, pois esta transcendeu a Europa católica, e se estende mesmo à Europa protestante: mesmo onde se acreditava permanecer estritamente fiel à escolástica medieval, insidiosamente, sob a aparência de ensinamento tradicional, que na aparência seguia a ordem da **Suma teológica**, foi

[818] M. VILLEY (op. cit., 2003, p. 364) considerava SUAREZ um homem de obediência, e como a maioria dos autores do final do século XVI, fervente defensor da ordem. E afirmava: "Ne nous y méprenons pas: toute sa doctrine politique est résolumment autoritaire."Razões para interpretar diversamente as concepções de SUAREZ já foram expostas neste capítulo.

[819] SUAREZ, **De legibus** (III.III). Compare-se a concepção de 'contrato social', em GRÓCIO e em HOBBES, cf. **Tratado** (tomo 7 – **Direito internacional no tempo de Hugo Grócio**, cap. 18 e tomo 8 – **Direito internacional além do paradigma vestfaliano**, item – *sob o signo do Leviatã*).

[820] SUAREZ, **De legibus** (III.I.6 ss.).

[821] M. VILLEY (op. cit., 2003, p. 365-366): "C'est SUAREZ qui a inaugure cette mixture de saint THOMAS et de la doctrine opposée: mixture indigeste et incohérente, produit d'un médiocre éclectisme et qui porte le signe d'un temps où triomphait le style baroque; mais mélange qui va demeurer caractéristique de la pensée de la plupart des juristes modernes et dont il faut reconnaître que, pratiquement, il n'a pas mal réussi."

recebido, na verdade, o pensamento de SUAREZ.[822] Embora seja SUAREZ também criticado: "ao transpor conceitos tomistas e nominalistas, para a fundamentação do direito, SUAREZ perdeu a chave da primeira, as premissas metafísicas, que constituíam os fundamentos autênticos do direito natural e a seiva que o nutria".[823]

A grande síntese do pensamento escolástico foi alcançada, já no início do século XVII, por SUAREZ: que renovou a doutrina escolástica, encontrando novas soluções para novos problemas.[824] E, na sua trajetória intelectual e de vida, trouxe contribuição inovadora e relevante também para o direito internacional moderno.[825]

A repercussão da obra de SUAREZ merece ser enfatizada: "a história não conhece hegemonia filosófica como a de SUAREZ em seu tempo. Nenhuma tão supraconfessional nem tão supranacional. Essa é a sua glória, atualizou a filosofia escolástica, com personalidade e traços bem definidos".[826]

[822] M. VILLEY (op. cit., 2003, p. 367) usa terminologia de guerra, para descrever essa mutação de paradigma, do medieval para o moderno, com a obra de nosso autor: "SUAREZ a rendu au positivisme le plus signalé des services: il a introduit l'ennemi dans la place. Avec son oeuvre, et à travers ses fallacieuses tentatives de conciliation et ses laborieux compromis, la victoire se fait plus totale du système de pensée moderne sur le droit naturel classique."

[823] M. VILLEY (op. cit., 2003, p. 367): "La doctrine du droit naturel, ainsi contrefaite et défigurée, ainsi coupée de sa source vive, n'était plus qu'un vestige inerte et voué à la disparition."

[824] K. HAAKONSSEN (op. cit., 1996, ed. 2003, p. 15) observa: "Perhaps the greatest synthesis of scholastic moral-legal theory is a seventeenth-century work, **De legibus, ac Deo legislatore** (1612) by the Jesuit Francisco SUAREZ. It issued from the Spanish schools, which, somewhat removed from the centres of Renaissance humanism and the Reformation, continued not only to teach scholastic doctrine but to renew it in response to novel problems, not least of a colonial and, to use an anachronistic term, international political-legal nature." Não vejo o 'anacronismo', tal como apontado, pelas considerações apresentadas logo acima, no texto. Porque efetivamente eram questões de natureza político-jurídica, em contexto internacional.

[825] Comparem-se as contribuições de Alberico GENTILI e Richard ZOUCH, respectivamente nos caps. 16 e 17, neste tomo, bem como no **Tratado** (tomo 5 – **Direito internacional no tempo de Francisco de Vitória**, cap. 14 – Francisco de VITÓRIA (1480-1546) e tomo 7 – **Direito internacional no tempo de Hugo Grócio**, cap. 18 – Hugo GRÓCIO (1583-1646)).

[826] Maria del Carmen BLASCO Soto, *Francisco Suárez: su influencia jurídica en el nuevo mundo* (in, **Culturalismo jurídico** – São Paulo 450 anos: Seminário Brasil-Espanha, coord. Claudio LEMBO, org. João Bosco COELHO Pasin, Pilar JIMÉNEZ Tello e Mônica Herman

É necessário, apesar de afirmar o fundamento consuetudinário do direito internacional – *ius gentium* –, que exista direito que regule as relações entre os estados, e ordene convenientemente esse gênero de relações e de sociedade. Este é direito humano, consuetudinário, contingente e quase universal. Não é inalterável: este se entende ou se julga como tal em função do acordo da maioria, em dado momento, o que o torna sujeito a variações, conforme o tempo histórico e o contexto cultural no qual se inscreve, seja este de vocação universal ou regional.[827]

E aí se inscreve a relevante contribuição deste, especificamente em relação à concepção da sociedade internacional:[828]

> SUAREZ se perguntou com frequência se esta sociedade internacional não era uma sociedade orgânica, superior a seus elementos e, portanto, capaz de ditar leis universais; entende que não é possível, mas a impossibilidade de constituir um organismo político supremo não exclui a vida internacional constituída pelas relações dos distintos estados entre si, que define

Salem CAGGIANO, Barueri, SP: Manole/ Brasília, DF: Instituto Tancredo Neves, 2004, p. 167-190, cit. p. 190 e 188), já referida: "se puede afirmar que desarrolló el concepto de VITORIA de 'ley de naciones', como código de conducta con fuerza vinculante, que ha sido establecido por la autoridad del mundo entero y son leyes exigidas por el derecho natural; la base racional de este derecho no solo se encuentra en la común pertenencia a la espécie humana, sino que es también una unidad moral y política".

[827] M. C. BLASCO Soto (cit., 2004, p. 189): "Este derecho de gentes tiene una manifestación publica y otra privada, el *ius gentium propium*, que se puede calificar como derecho internacional privado, regula principalmente la libertad de comercio y la seguridad de los ciudadanos residentes en el extranjero, así como los conflictos entre leyes [...] El *jus gentium propiissime dictum* – es la fuente del derecho internacional público, que norma las relaciones de los estados entre sí – lo definió como el derecho que todos los pueblos y las distintas naciones deben respetar en sus relaciones recíprocas; regula, entre otras cosas, la aceptación tácita entre los estados de los derechos adquiridos, formula pactos que tienden a la organización pacífica de la humanidad, y crea instituciones como: la representación diplomática, convenios comerciales, arbitrales, los tratados de paz y armisticio".

[828] M. C. BLASCO Soto (cit., 2004, p. 187): "Es comúnmente admitido que muchas de las ideas jurídicas del célebre Hugo GROCIO acerca de los fundamentos del derecho natural y de gentes se hallan tomadas de las obras escritas anteriormente por los teólogos y legistas españoles, entre ellos SUAREZ, hasta el punto que HEFTER [**Derecho internacional público de Europa**] dice de él: 'El español Francisco SUAREZ, que *es el primer autor importante de derecho internacional* – grifado no original – hace mención de su tratado, **De Legibus ac de Deo legislatore**, de los usos desde largo tiempo atrás observados en las relaciones recíprocas de los Estados europeos; el derecho consuetudinario de las naciones cristianas'."

poderes e obrigações e cuja fonte é mais consuetudinaria que constitucional.[829]

A ascendência intelectual de SUAREZ não se teria manifestado somente como questão teórica, limitada a colégios e universidades, mas também em assuntos práticos, vinculados às questões políticas e ao governo. Como por exemplo, diante de caso de violação de direitos fundamentais, a resistência tinha como base intelectual sua concepção política e jurídica.

Cabe lembrar a importância do papel de SUAREZ, no contexto da Espanha como potência mundial, no início da era moderna:[830]

> A escola de Salamanca estava fortemente envolvida na questão da legitimidade da política da coroa [espanhola] tanto nas Índias como no Concílio de Trento. [...] As obras desses autores sobre sua herança intelectual foram feitas no contexto dessas preocupações mais amplas, embora nem sempre possam tais obras ser reduzidas somente a tal plano: são obras de enorme

[829] M. C. BLASCO Soto (cit., 2004, p. 190): "SUAREZ se preguntó con frecuencia se esta sociedad internacional no era una sociedad orgánica, superior a sus elementos y capaz, por tanto, de dictar leyes universales; entiende que no es posible, pero la imposibilidad de constituir un organismo político supremo no excluye la vida internacional constituida por las relaciones de los distintos estados entre sí, que define poderes y obligaciones y cuya fuente es más consuetudinaria que constitucional."

[830] Ver por exemplo: Wilhelm GREWE, **Epochen der Völkerrechtsgeschichte** (Baden-Baden: Nomos, 1984, esp. parte II – *Ius inter gentes: die Völkerrechtsordnung des spanischen Zeitalters 1494-1648*, p. 163-322); Denis MENJOT, *Les monarchies ibériques: la genèse de l'Espagne* (in **Histoire du monde au XVe siècle**, dir. de Patrick BOUCHERON, vol. 1 – Territoires et écritures du monde, Paris: Fayard, 2012, chap. V, p. 192-229); Ernest BELENGUER, **História de la España moderna** – desde los Reyes católicos hasta Felipe II (Madri: Gredos, 2011, esp. caps. IX – El gobierno del Imperio, p. 454-526, X – Imperio, reinos y señores: los territorios de Carlos V, p. 527-608 e XI – Las luchas por la hegemonía imperial, p. 609-681); Fernando GARCIA de Cortázar y José Manuel GONZALEZ Vesga, **Breve história de España** (orig. publ. 1994, Madri: Alianza edtrl., 4a. ed. 2009, reimpr. 2010, esp. caps. 1 a 9, p. 7-190); Julio VALDEÓN, Joseph PÉREZ, Santos JULIÁ, **História de Espanha** (orig. publ. **Historia de España**, 2009, trad. Luís Felipe SARMENTO, Lisboa: Ed. 70, 2014, Idade moderna, Joseph PÉREZ, caps. 1 – os reis católicos (1471-1516) e 2 – o império espanhol (1516-1598), p. 153-220); Vamireh CHACON, **A grande Ibéria** – convergências e divergências de uma tendência (São Paulo: Ed. Unesp / Brasília: Paralelo 15, 2005).

complexidade e sofisticação, nas quais a questão da intencionalidade nem sempre é facilmente respondida.[831]

Considere-se, ainda, a influência da obra de SUAREZ sobre a conquista espanhola da América.[832] Porquanto a publicação da obra sobre as controvérsias metafísicas, **Disputationes metaphysicae**,[833] em 1597, não somente estende a sua reputação sobre consideráveis extensões da Europa, como teve também impacto a escolástica tardia sobre o Novo mundo.

Esta influência se manifesta partindo de aspectos fundamentais da teoria política de SUAREZ: de um lado, sua concepção quanto a não poder existir poder civil sem o consentimento do povo – contendo, assim, defesa da origem social do poder político – e, de outro lado, a sua afirmação da necessária limitação do poder do governante, estabelecido no pacto social – expresso no poder de vigilância do povo, quando o poder real seja abolido ou esteja vacante. Esta teoria teria sido aplicada em várias situações na América espanhola:[834]

> Cria-se, assim, o conceito de confederação com aqueles povos, que tinham aceitado livremente a proteção espanhola, baseada no princípio deri-

[831] Annabel BRETT, *Francisco de Vitoria (1483-1546) and Francisco Suarez (1548-1617)* (in **The Oxford Handbook of the History of International Law**, ed. by B. FASSBENDER e Anne PETERS, Oxford: Univ. Press, 2012, chap. 46, p. 1086-1091, cit. p. 1087).

[832] Ver **Tratado** (tomos 14 a 17 – **Direito internacional no tempo do colonialismo**); M. C. BLASCO Soto (cit., 2004, p. 182): "La influencia de SUAREZ no fué algo esporádico; comenzó gradualmente a finales del siglo XVI aumentando con posterioridad para convertirse en autoridad intelectual irrefutable durante todo el siglo XVII. Así el influjo de SUAREZ en Méjico fue notable y en Perú se hizo más patente con la llegada de Juan de ATIENZA, condiscípulo de él y uno de sus más fervientes admiradores."

[833] Fr. SUAREZ, **Disputationes metaphysicae** – Universam Doctrinam duodecim librorum, Aristoteles comprehendentes (orig. publ. **Metaphysicarum disputationum, in quibus et universa naturalis theologia ordinate traditor, et quaestiones omnes ad duodecim Aristoles libros pertinentes accurate disputantur**, Salamanca, 1597, reimpr. Mogúncia, 1605; na ed. padrão de Charles BERTON foi adotado o título corrente, in **Opera omnia**, vols. 25 e 26; reimpr. Hildesheim: Georg Olms, 2009; ed. and translated by Shane DUARTE, Washington: Catholic Univ. of America – CUA Press – Early modern catholic sources vol. 2, 2021).

[834] M. C. BLASCO Soto (cit., 2004, p. 184): "La teoría politica de SUAREZ se desarrolló en las Indias; así aceptado que la soberania es del pueblo y su libre voluntad designa la forma de gobierno, se desprende para las Indias la necesidad de la evolución social".

vado da livre eleição pelo povo. A relação política foi de vassalagem com a Coroa da Espanha, mas esta nunca adquiriu *dominium* absoluto sobre estas terras.[835]

Alguns exemplos de aplicação das teorias de SUAREZ na América hispânica:

- no século XVI, depois da morte de Pedro de VALDIVIA, o conquistador do Chile, o Cabildo de Santiago decidiu que sua autoridade revertia ao povo, porque tinha desaparecido o titular da autoridade, e por conseguinte, o Cabildo, como expressão da vontade popular, assumia inteiramente o poder político para o conjunto do território do Chile – e mais adiante, no século XIX, a mesma fundamentação serviu para justificar politicamente a independência;
- na resistência contra o vice-rei da Nova Espanha, Diego CARRILLO de Mendoza, em 1624;
- em 1655, o povo de Concepción, no Chile, cansado do nepotismo de Antonio de ACUÑA Y CABRERA, se levanta, e em Cabildo aberto depõe o governador, e põe no lugar deste Francisco de la FUENTE VILLALOBOS;
- contra o governador do Paraguay, Francisco de MENDIOLA, em 1691;[836]

Durante o processo de independência das antigas colônias hispânicas da América, os argumentos e as controvérsias políticas foram essencialmente os mesmos: o pacto da transmissão de poder – *pactum translationis* –, alegando o direito do povo em assumir a autoridade na ausência do monarca legítimo. Assim se usou a teoria de SUAREZ para diferentes fins políticos:

a) para determinar o titular da soberania em sentido territorial;

835 M. C. BLASCO Soto (cit., 2004, p. 184): "Se crea pues el concepto de confederación con aquellos pueblos que habían aceptado libremente la protección española basada en el princípio derivado de la libre elección por el pueblo. la relación política fue el vasallaje a la Corona de España, pero esta jamás adquirió un *dominium* absoluto sobre estas tierras".
836 M. C. BLASCO Soto (cit., 2004, nota 22, p. 183).

b) para estabelecer a base legítima da organização política da soberania; e
c) para proclamar o caráter soberano ou delegado das autoridades civis na América.[837]

A teoria política de SUAREZ teria sido determinante nesse processo de emancipação.[838] O conceito de soberania popular esteve assim presente nas juntas revolucionárias americanas, que representavam o povo na sua luta contra a invasão napoleônica.

Em conformidade com esse espírito se instauraram novas autoridades, destituindo vice-reis e governadores como representantes de autoridade inexistente. Com algumas especificidades:[839]

– a primeira cidade a estabelecer uma Junta governativa, com base no *pacto traslationis*, mesmo não tendo sido de natureza revolu-

837 M. C. BLASCO Soto (cit., 2004, p. 185).

838 M. C. BLASCO Soto (cit., 2004, p. 185, e nota 23): "La teoría política de SUAREZ ejerció una influencia determinanate en la emancipación. La invasión napoleónica de la península exigió una respuesta de los Estados americanos frente a la ausencia del rey y lo encontraron cabalmente y con facilidad en la teoría de SUAREZ del *pactum*. La autoridad del soberano emanó originariamente del pueblo que solo la céde, y revierte a él, cuando el trono queda vacante; el vasallaje de las Indias era un vínculo que unía a los reinos con el rey legítimo de Castilla y León, no con la nación o el pueblo español. Cuando FERNANDO VII renunció al trono en Bayona, el vínculo político desapareció; al pueblo como propietario de la soberanía le corresponde designar al nuevo gobernante." Com o regresso de FERNANDO VII se poderia ter tentado restabelecer a situação, mas as autoridades da metrópole interpretaram o estabelecimento das juntas como ato de desafio e eco da Revolução francesa. V. tb. Marcelo RAFFAELLI, **Guerras europeias, revoluções americanas** – Europa, Estados Unidos e a independência do Brasil e da América espanhola (São Paulo: Três estrelas, 2018, Prefácio, p. 8-15, cit. p. 10) examina: "como os acontecimentos na Europa repercutiram no continente americano e permitiram à maioria das colônias espanholas nas Américas alcançar a independência, e ao Brasil passar de colônia a reino e, finalmente, separar-se de Portugal. Se o caminho das colônias ibéricas para a independência foi influenciado pelas rivalidades e pelos interesses que ditavam as políticas das potências europeias e dos Estados Unidos, por outro lado, ele também influenciou aquelas políticas: tal interação é o foco deste livro."

839 M. C. BLASCO Soto (cit., 2004, p. 186): "Con la excepción de la Nueva España, Perú y Montevideo, donde el elemento español era políticamente muy fuerte, y se mantuvieron fieles al gobierno de España, Buenos Aires, Santiago, Asunción, La Paz etc., rechazaron la autoridad de la Suprema Junta Central y más tarde de la regencia, estableciendo sus propias juntas en la defensa de los derechos de FERNANDO VII."

cionária, foi a de Montevidéu, em 14 de janeiro de 1809 – com a convicção de que o mesmo direito que tinham os peninsulares em constituir seu governo, ante a falta do rei, também assistia aos habitantes das colônias, com possibilidade que se materializa a partir do momento em que se tornam conhecidas as sinistras intenções do imperador francês, que prendera o rei FERNANDO VII e o forçara a abdicar da coroa;

- o pacto social aplicado em Buenos Aires, em maio de 1810 foi o *pactum traslationis* de SUAREZ; o mesmo *pactum* foi mencionado em 22 de outubro de 1811, quando a Junta Grande repete a fórmula, e depois se repete na Assembleia geral constituinte argentina, celebrada em 30 e 31 de outubro de 1813 – como fundamento para a declaração de independência.[840]

Estas seriam projeções da doutrina de SUAREZ sobre o Novo mundo. Com influência, mais ou menos direta, sobre os processos de emancipação das antigas colônias da Espanha na América.

Segundo a lição de 1962, de Armand MAURER,[841] a obra de SUAREZ teria sido o canal principal para o conhecimento e a transmissão do pensamento escolástico para os filósofos da era moderna. No mesmo sentido, em 1963, também se manifestava J. FERRATER MORA.[842]

[840] M. C. BLASCO Soto (cit., 2004, p. 186-187): "En el primer período de la revolución Argentina se llegó a escribir que 'la autoridad de los pueblos emana originariamente de la voluntad de los pueblos [...] Nadie se atreverá a afirmar que la autoridad de los reyes sea tan natural como lo es la potestad de los padres sobre los hijos [...] El respeto, fidelidad y obediencia que los pueblos deben a los soberanos estan fundados en la obligación que ellos mismos se impusieron. Estos deberes y sus correspondientes derechos, lo propio que los derechos y los deberes de los soberanos resultan del pacto que han hecho unos y otros". Em respaldo à tese da influência de SUAREZ sobre o processo de emancipação das colônias e de sua teoria política como fundamento de tal processo, ver tb. Carlos O. STOETZER, **Las raíces escolásticas de la emancipación de la América española** (Madri: Centro de estudios constitucionales – Colección estudios politicos, 1982).

[841] Armand A. MAURER, O.S.B., **Medieval philosophy** (New York: Random House, 1962, p. 356).

[842] José FERRATER MORA, *Suarez and modern philosophy* (Journal of the History of Ideas, vol. 14, no. 4 – Oct. 1953, p. 528-547, publ. by: University of Pennsylvania Press – stable URL: http://www.jstor.org/stable/2707700 - tb. on line https://www.ferratermora.org > The Espository Philosopher – The Essayist); ___, *Suarez et la philosophie moderne* (Paris: Revue de métaphysique et de morale, 1963, t. 68, esp. p. 63).

Especificamente em relação à concepção do direito internacional moderno, Gerhard von GLAHN, em 1970, assinalava: com SUAREZ, "pela primeira vez se encontra o moderno conceito de sociedade ou comunidade de estados soberanos, vinculados por corpo de normas, aplicável às suas relações recíprocas".[843] Com os desdobramentos que advirão.[844]

SUAREZ exerceu ampla e profunda influência sobre o desenvolvimento do direito internacional moderno. Isso se produziu especialmente em relação à doutrina da guerra justa,[845] como expõe SUAREZ, em sua metafísica.[846] As obras de SUAREZ foram amplamente estudadas e permearam as universidades alemãs, nas quais a influência de MELANCHTON se fazia sentir mais do que a de LUTERO, no tocante à concepção da filosofia.[847]

[843] Segundo Gerhard von GLAHN, **Law among the Nations**: an introduction to Public International Law (London: The Macmillan Co., 2nd ed., 1970, cit. p. 38-39) seria com SUAREZ que: "one first encounters the modern concept of a society or community of sovereign states, tied together by a body of laws applying to their mutual relations".

[844] Ver **Tratado** (tomo 8 – **Direito internacional além do paradigma vestfaliano**).

[845] John P. DOYLE, *Francisco Suarez on the Law of Nations* (in **Religion and International Law**, edited by Mark W. JANIS & Carolyn EVANS, Leiden/Boston: M. Nijhoff, © 1994, nova ed., 2004, chap. 6, p. 103-120); ___, **Collected Studies on Francisco Suarez, S. J.** (ed. by Victor SALAS, Leuven: Univ. Press Leuven, 2011); Markus KREMER, **Den Frieden verantworten – Politische Ethik bei Francisco Suarez** (1548-1617) (Stuttgart: Kohlhammer, 2008); Josef F. SODER, **Suarez und das Völkerrecht** – Grundgedanken zur Staat, Recht und Internationale Beziehungen (Frankfurt: Metzner, 1973).

[846] Como já mencionado, Fr. SUAREZ, **Disputationes metaphysicae** – Universam Doctrinam duodecim librorum, Aristoteles comprehendentes (orig. publ. **Metaphysicarum disputationum, in quibus et universa naturalis theologia ordinate traditor, et quaestiones omnes ad duodecim Aristoles libros pertinentes accurate disputantur**, Salamanca, 1597, reimpr. Mogúncia, 1605; na ed. padrão de Charles BERTON foi adotado o título corrente, in **Opera omnia**, vols. 25 e 26; reimpr. Hildesheim: Georg Olms, 2009; ed. and translated by Shane DUARTE, Washington: Catholic Univ. of America – CUA Press – Early modern catholic sources vol. 2, 2021).

[847] A respeito: J. IRRIARTE, *La proyección sobre Europa de una gran metafísica – o – Suarez en la filosofia de los días del Barroco* (Madri: Razón y Fé, numero extraordinario, 1948, p. 229-265); Ernst LEWALTER, **Spanische-jesuitische und deutsch-lutherische Metaphysik des 17. Jahrhunderts** ("Sonderausgabe", Darmstadt: Wissenschaftliche Buchgesellschaft, 1967); Karl ESCHWEILER, *Die Philosophie der spanischen Spätscholastik auf der Universitäten des 17. Jahrhunderts* (in **Spanische Forschungen der Gorresgesellschaft**, Munster: Aschendorff, 1928, p. 251-325); Max WUNDT, **Die deutsche Schulmetaphysik des 17. Jahrhunderts**

É possível, assim, observar: "embora nem sempre igualmente evidente, acredito tenha alcançado igual influência no direito, inclusive no direito internacional".[848] Na mesma linha, em 1934, se manifestava J. BROWN SCOTT.[849]

Da mesma forma, cabe apontar que SUAREZ teve considerável impacto sobre a tradição reformada das escolas alemãs e holandesas, no século XVII. Assim se teria tornado presente o nome e a obra de SUAREZ e seria viável a influência deste sobre o ambiente intelectual da Holanda, no século de ouro desta.[850]

Diante de tão amplo conjunto de evidências de repercussão e de influência da obra de SUAREZ sobre os contemporâneos e as gerações seguintes, cabe reavaliar o julgamento a respeito da contribuição deste. Isso se há de fazer não somente em relação à Europa católica, mas também fora desta, e isso tanto em relação às colônias hispânicas da América, como também em relação à Europa protestante do século XVII. E se prolonga sobre os séculos seguintes.

A posteridade foi "com frequência injusta em relação a SUAREZ", advertia, em 1977, Pierre MESNARD.[851] Na mesma linha, em 2009, ressalta Paulo Emílio MACEDO: "SUAREZ e GRÓCIO foram os primeiros a construir uma noção de *jus gentium* que divergia daquela dos textos romanos".[852]

(Tübingen: Mohr-Siebeck, 1939); b/c o já citado J. P. DOYLE (cap. cit., 1999, ed. 2004, p. 120, nota 136).

[848] J. P. DOYLE (cap. cit., 1999, ed. 2004, p. 112): "Although it may not always be as evident, I believe he had similar influence for law, including international law".

[849] Veja-se o várias vezes citado estudo de James BROWN SCOTT, **The Catholic conception of international law** (Washington: Georgetown Univ. Press, 1934, p. 127), no qual este credita a SUAREZ ter conferido, à concepção de VITORIA, "nothing more nor less than a philosophy of law and of the modern law of nations."

[850] A respeito da atitude ambígua de GRÓCIO em relação a SUAREZ, ver **Tratado** (tomo 7 – **Direito internacional no tempo de Hugo Grócio**, cap. 18); Paul DIBON, **La philosophie néerlandaise au siècle d'or** (Paris/Amsterdam: Elsevier, t. I, 1954, p. 42, 66-71, 95, 114, 134, 173, 178, 189, 193, 256). Ver tb. Simon SCHAMA, **The embarassment of riches** – An interpretation of Dutch Culture in the Golden Age (Berkeley/Los Angeles/London: Univ. of California Press, 1988).

[851] Pierre MESNARD, **L'essor de la philosophie politique au XVIe siècle** (Paris: Vrin, 1977, p. 40): "On a souvent été injuste pour SUAREZ".

[852] P Paulo Emilio Vauthier Borges de MACEDO, **O nascimento do direito internacional** (São Leopoldo, RS: Unisinos, 2009, Introdução, p. 11-22, cit. p. 19): "a concepção

Além disso, "o pensamento de Francisco SUAREZ influenciou sobremaneira a teologia católica e protestante, mas ele foi relegado entre os filósofos e os juristas". E, "por um bom tempo, os livros de Francisco SUAREZ não obtiveram acesso às academias de direito e de filosofia".[853] Contudo,

> SUAREZ não é apenas um grande teólogo – um dos maiores do chamado 'século de ouro' da Espanha e o mais importante da segunda vaga da escolástica espanhola –, mas também antecipou teses jurídico-políticas bastante modernas como o contrato social, a origem popular do poder e a doutrina do tiranicídio.[854]

Além disso, "Hugo GRÓCIO leu Francisco SUAREZ e esta leitura influenciou – e, até mesmo, modificou – a fundamentação de seu *jus gentium*", onde "as ideias de um serviram para resolver um problema que também se apresentou ao outro".[855] Apesar de tudo, divergimos na con-

romana se altera com a passagem dos anos, mas, durante todo o Medioevo, a persistência dessas características se revela assombrosa. Nos juristas de Coimbra e de Delft, o direito das gentes torna-se, de modo inegável, um direito positivo, que incide entre os povos (ou seres humanos no plural, não coletividades abstratas como estado) e que, embora distinto do direito natural, conserva um conteúdo ético. Cumpre salientar que, se os jusinternacionalistas anteriores não haviam escapado da órbita romana e desenvolvido um conceito original de direito das gentes, os posteriores passaram a exagerar no caráter positivo desse direito e desvincularam-no de toda consideração ética. SUAREZ e GRÓCIO trilharam um caminho bastante estreito: o seu direito das gentes é uma invenção humana, mas com uma inerente moralidade."

[853] P. E. V. B. de MACEDO (op. cit., 2009, Introdução, p. 11-22, cit. p. 11): "Sua maior obra político-jurídica, o **De Legibus**, acabou tão somente por ganhar pó nas estantes das bibliotecas. Já seu segundo maior texto nesse gênero, a **Defensio fidei**, foi, até mesmo, proibido na França e chegou a ser queimado na Inglaterra, tamanha a polêmica que causou. Isso deveria ser um indicativo das ideias que esse escritor defende."

[854] P. E. V. B. de MACEDO (op. cit., 2009, Introdução, p. 11-22, cit. p. 11 e 13): "Ainda em vida, SUAREZ é reconhecido como um dos maiores teólogos católicos de seu tempo, senão o maior. Envolveu-se em diversas controvérsias teológicas, dentre as quais a *de auxiliis*, que polarizou dominicanos e jesuítas sobre o problema da graça divina e da liberdade humana. Em 1613, a igreja católica o chama para responder ao anglicanismo do rei JAIME I. SUAREZ foi considerado um dos maiores intérpretes do tomismo, além de se destacar entre os escritores da Contrarreforma."

[855] P. E. V. B. de MACEDO (op. cit., 2009, p. 19-20): "SUAREZ e GRÓCIO estudaram as mesmas fontes e exemplificavam o que se pode denominar o 'estado da arte' sobre o *jus gen-*

clusão, quando Paulo Emílio expõe seu entendimento, no sentido de que "nem SUAREZ nem GRÓCIO escreveram livros de direito internacional". E considera que ambos "se inserem em outras tradições ideológicas. O *jus gentium* dos dois não coincide com aquilo que hoje se entende como direito internacional".[856] Considera MACEDO: "em ambos os doutrinadores, a ideia principal se mantém: o *jus gentium* é um direito com conteúdo ético superior que se destina a todos os homens, de maneira indistinta":[857]

> SUAREZ e GRÓCIO desenvolveram, de fato, uma concepção bastante exclusiva, e é esta que parece corresponder às evocações de um direito das gentes ideal. A singularidade desse *jus gentium* revela-se motivo mais do que o suficiente para estudar o seu fundamento.[858]

No sentido de afirmar que VITÓRIA e SUAREZ – como também GRÓCIO –[859] escreveram direito internacional, aí estão as obras destes autores. Que, não por acaso, continuam a ser lidas e citadas – por vezes mais citadas do que lidas – como referências basilares e textos fundadores do direito internacional moderno.

tium: ambos possuíam as mesmas preocupações, e o pensamento de cada um desenvolveu-se de modo paralelo até certo momento. Ainda assim, a influência de SUAREZ mostra-se tão importante para o direito das gentes de GRÓCIO, que obriga este a rever conceitos e argumentos anteriores." Mas o reflexo na posteridade da obra de um e outro foram substancialmente distintos: "Enquanto SUAREZ sempre recebeu uma modesta atenção, GRÓCIO foi um dos juristas mais comentados de todos os tempos."

[856] P. E. V. B. de MACEDO (op. cit., 2009, p. 20-21): "Os juristas espanhol e holandês ainda ignoravam a noção de 'estado'; eles não conceberam um domínio propriamente internacional, mas sim 'extranacional': o direito das gentes não se aplica entre estados soberanos, mas entre povos, seres humanos."

[857] P. E. V. B. de MACEDO (op. cit., 2009, p. 22).

[858] P. E. V. B. de MACEDO (op. cit., 2009, loc. cit.): "Essa característica genérica, contudo, não aparece em todos os chamados 'fundadores do direito internacional'. Em teólogos e religiosos anteriores a SUAREZ, como VITORIA, essa qualidade se deve a uma confusão com o direito natural. Já no arquétipo do jurista do humanismo, Alberico GENTILI, as considerações morais cedem terreno ao relativismo. Num autor tipicamente moderno, como VATTEL, o sujeito do direito das gentes já é o estado."

[859] Ver **Tratado** (tomo 5 – **Direito internacional no tempo de Francisco de Vitória**, cap. 14 e tomo 7 – **Direito internacional no tempo de Hugo Grócio**, cap. 18).

Acompanho SUAREZ, quando este escreveu: o direito das gentes – *jus gentium* – propriamente dito, é um *jus inter gentes* – direito entre estados separados.[860] Isso não parece ser concepção "concepção ética superior, que se destina a todos os homens, de maneira indistinta". Mas, apesar das divisões entre reinos e repúblicas, existe identidade comum dos seres humanos. Como nos obriga a enxergar a crescente interdependência entre estados, que torna inexorável a cooperação em diversas áreas, que fogem do controle dos estados, separadamente considerados.[861]

No mesmo sentido, comentadores como o já mencionado DOYLE ao concluir: "embora nem sempre igualmente evidente, acredito tenha alcançado igual influência no direito, inclusive no direito internacional".[862] E, na mesma linha, com J. BROWN SCOTT, quando este credita a SUAREZ – conjugado com a concepção de VITORIA –, "nada mais, nada menos do que uma filosofia do direito e do moderno direito internacional" – *nothing more nor less than a philosophy of law and of the modern law of nations.*[863]

O direito internacional clássico, estritamente interestatal, que sucede ao direito internacional moderno, como este sucedeu ao medieval, teve e tem sua relevância histórica e na evolução dos institutos da disciplina, mas não pode ser visto como o único modelo possível de direito internacional. O que parece ser o elemento determinante, para afirmar que o moderno direito das gentes – *jus inter gentes* – não se equipara ao direito internacional da fase histórica seguinte.

Do mesmo modo, o que hoje entendemos como direito internacional com certeza não pode ser a única maneira de se compreender o direito internacional. E, ademais, sem a contribuição dos autores que elaboram

860 F. SUAREZ, **De Legibus** (livro II, caput 19, n. 8) – em traduções para o inglês, o *jus inter gentes* do texto latino de SUAREZ, costuma ser traduzido – "a law between separate commonwealths" – o que claramente se identifica com o dado interestatal do direito internacional clássico.

861 Cfr. **Fundamentos do direito internacional pós-moderno** (2008, op. cit.); a respeito de VATTEL, ver **Tratado** (tomo 12 – **Direito internacional no tempo de Vattel e von Martens**, cap. 24).

862 J. P. DOYLE (cap. cit., 1999, ed. 2004, p. 112): "Although it may not always be as evident, I believe he had similar influence for law, including international law".

863 J. BROWN SCOTT, **The Catholic conception of international law** (Washington: Georgetown Univ. Press, 1934, p. 127).

o direito internacional moderno não existiriam as formulações subsequentes – ao menos não como chegaram até nós.

GRÓCIO, portanto, não 'plagiou' SUAREZ. Quando, na obra de juventude, o jurista de Delft classifica o *jus gentium* como direito positivo e diferencia *jus inter gentes* – o direito das gentes verdadeiro – do *jus intra gentes* – o direito das gentes falso, ele não havia ainda travado contato com o **De Legibus** suareziano.[864]

Para a compreensão dessa distinção, pode ser útil lembrar também a formulação que viria, em 1657, a formular Richard ZOUCH, a respeito do que via como dois modos de manifestação do direito das gentes: um direito internacional primário – *jus inter gentes prior* – e outro secundário – *jus inter gentes posterior.*[865]

Meu entendimento e conclusão se colocam em sentido diverso. Para o qual contribui a contextualização histórica e temporal mais ampla do direito internacional.[866]

[864] P. E. V. B. de MACEDO (op. cit., 2009, p. 367): "Esta distinção encontra-se em consonância lógica com a estrutura axiomático-dedutiva do **De jure praedae**. GRÓCIO só não tinha clareza total sobre o fundamento do direito das gentes propriamente dito: como todo direito positivo, deveria proceder da vontade humana – um acordo entre os estados –, mas o teólogo holandês não acreditava que o costume pudesse consistir na manifestação desse consenso. Para o primeiro GRÓCIO, o costume não poderia constituir uma fonte normativa."

[865] R. ZOUCH, **De legati delinquentis judice competente dissertatio** (1657, ed. 1669, p. 52/265) fazia, por sua vez, a distinção entre direito internacional primário – *jus inter gentes prior* – e outro secundário – *jus inter gentes posterior*: "ex jure gentium priori Dominiorum distinctio, Contractus, obligationes sunt inventae. Ex posteriori, discretae gentes, commercia instituta, foedera inita, & bella etiam introducta. Quod posterius jus gentium magis proprie ius inter gentes appellare potest". Como se examina, neste tomo, cap. 17.

[866] Ver **Tratado** (tomos 3 A – **Direito internacional no tempo antigo**, 3 B – **Gregos, romanos, chineses, indianos**, esp. cap. 6 – *na formação e no desenvolvimento de Roma,* 4 – **Direito internacional no tempo medieval** e 5 – **Direito internacional no tempo de Francisco de Vitória**). Do mesmo modo, faço reparos e formulo objeção em relação ao entendimento de Pierangelo CATALANO, que considera não se poder falar em direito internacional enquanto não existam estados e soberania. O que, paradoxalmente, acarreta a rejeição em reconhecer o '*jus gentium*' como a matriz da qual deriva o 'direito das gentes' moderno. Cfr. P. B. CASELLA, *Il Foedus tra Plebe e Senato ed il problema del diritto internazionale. Dalla secessione della plebe all'autodeterminazione dei popoli* (conferência de abertura do III Seminário sulla tradizione repubblicana romana, realizado pela Universidade de Roma I –

SUAREZ teve de enfrentar as questões do seu tempo. Como expressão intelectual importante da maior potência europeia da época.[867] Ele parte dos meios de que dispunha, para fazer face aos desafios presentes. E foi capaz de enfrentar e responder algumas questões basilares, que permanecem presentes e relevantes no direito internacional moderno.

A síntese de SUAREZ aplica ao contexto moderno as premissas, construídas nos séculos anteriores, com o olhar voltado para o seu tempo presente. E o seu papel permanece e se estuda, até hoje, pelos reflexos que a sua reflexão teve para a configuração de premissas de um sistema internacional. Tal como este se desenvolve desde o final da Idade média,[868] até os nossos tempos pós-modernos.

A ideia de comunidade internacional como inerente à condição humana, mesmo transcendendo os estados, que são produtos historicamente condicionados, tal como se encontra em SUAREZ é perfeitamente pós-moderna. Essa concepção, no sentido estrito do termo, permite buscar as raízes históricas, e dialogar com as fontes, para depois aplicar esta percepção ao mundo presente, onde os estados dão sinais crescentes de não mais conseguirem suprir todas as dimensões da vida da comunidade internacional, e onde se multiplicam os canais de interação e ações 'internacionais' dos agentes não-estatais.

Apesar de serem sumariamente identificados com e inscritos como oriundos da tradição católica e escolástica, tanto VITÓRIA como SUAREZ foram influenciados e se viram embebidos pelo pensamento humanista

La Sapienza, em Roma, de 15 a 17 de dezembro de 2009, publ. in **Diritto@Storia – Rivista internazionale di scienze giuridiche e tradizione romana**, N. 9 – 2011, p. 1-18, ISSN 1825-0300).

[867] Obras como as de Fernand BRAUDEL, **La méditerranée et le monde méditerranéen à l'époque de Philippe II** (Paris: Armand Colin, © 1966, impr. 1987, 2 vols.) e tb. a biografia do conde-duque de OLIVARES, escrita pelo médico espanhol, Gregório MARAÑON, **Olivares** – Der Niedergang Spaniens als Weltmacht (do original **El Conde-duque de Olivares** – La pasión de mandar, s/d, übersetzt und eingeleitet von Ludwig PFANDL, Munique: Hermann Rinn, s/d) são úteis para caracterizar o conjunto do mundo meditterrâneo e a extensão do poderio espanhol no período, que corresponde à vida e à atuação de SUAREZ. E as grandes transformações ocorridas no mundo, em poucas décadas, entre a segunda metade do século XVI e a primeira do XVII.

[868] Cfr. **Tratado** (tomos 4 – **Direito internacional no tempo medieval** e 5 – **Direito internacional no tempo de Francisco de Vitória**).

de seu tempo.[869] E, em certa medida, a afirmação, por vezes peremptória da fé e do engajamento confessional, tem de ser compreendido em função do tempo histórico e do contexto cultural, como reação às raízes pagãs deste momento histórico, correta ou incorretamente, denominado 'Renascimento'.[870]

[869] A respeito de VITÓRIA, ver **Tratado** (tomo 5 – **Direito internacional no tempo de Francisco de Vitória**, esp. cap. 14); pode ser ilustrativa a contraposição entre M. VILLEY (op. cit., 2003, troisième partie – *la pensée juridique moderne*, titre premier – *l'humanisme et le droit*, cit. p. 378): "au XVIe siècle renaît une culture profane. Un nouveau champ de recherches s'ouvre devant nous: tout l'humanisme, RABELAIS, MONTAIGNE, ÉRASME, VIVÈS, Juste LIPSE; et autour d'eux une multitude de noms, plus ou moins oubliés; et à travers d'eux d'autres auteurs qu'ils ont fait revivre, car le produit de leurs efforts est une *Renaissance.* [...] La pensée de l'Europe moderne, et le positivisme moderne, ont décidément leurs racines dans les philosophies païennes." Em relação à apresentação de K. HAAKONSSEN (op. cit., 1996, ed. 2003, p. 16): "SUAREZ's theory is a carefully argued synthesis of earlier doctrines, reflecting some of the most prominent scholastic disputes, especially that between the Dominicans and the Jesuits over the respective roles of divine grace and human free will, and that between the nominalist-voluntarist tradition stemming from William of OCKHAM and the realist-intellectualist tradition descending from GREGORY OF RIMINI and, most would say, THOMAS AQUINAS."

[870] Como se considera no **Tratado** (tomo 5 – **Direito internacional no tempo de Franciscco de Vitória**, introdução). Embora nem sempre concorde com as premissas coletadas por estes, servem como boa apresentação do quadro das transformações do contexto, os estudos de Philippe POIRIER, **Les enjeux de l'histoire culturelle** (Paris: Seuil, 2004), Reinhart KOSELLECK, **Vergangenge Zukunft** – Zur Semantik geschichtlicher Zeiten (© 1979, Frankfurt: Suhrkamp, 1989, esp. – *Vergangene Zukunft der frühen Neuzeit*, p. 17-37, e *Historia Magistra Vitae*, p. 38-66), bem como de Egon FRIEDELL, **Kulturgeschichte der Neuzeit** (1927-1931, Munique: Beck, "Um ein Nachwort ergänzte Sonderausgabe", 2007, esp. livro I – Renaissance und Reformation, cap. Quarto – *La Rinascita*, p. 173-230, cit. p. 200) indaga em que consiste a ideia central da Renascença? A crença de ser o homem um ser criador, e que se queria comparável a Deus. A volta ao antigo coloca mais problemas, do que oferece soluções, para a compreensão do fenômeno. Ver tb.: Margaret ASTON (ed. by), **The Panorama of the Renaissance** (Londres: Thames & Hudson, 1996); Jean-Paul BARBIER-MUELLER, **La parole et les armes**: Chronique des guerres de religion en France 1562-1598 (Genebra: Musée international de la Réforme/Hazan, 2006); Günther BENTELE, **Die Neuzeit** (Munique: cbj, 2007); C. F. BLACK, Mark GREENGRASS, David HOWARTH, Jeremy LAWRANCE, Richard MACKENNEY, Martin RADY e Evelyn WELCH, **Cultural Atlas of the Renaissance** (New York: Prentice-Hall, 1993); Fernand BRAUDEL, **O modelo italiano** (do original **Le modèle italien**, publicado em 1989, trad. Franklin de MATTOS, São Paulo: Companhia das Letras, 2007); ___, **La méditerranée et le monde méditerranéen à l'époque de Philippe II** (Paris: Armand Colin, © 1966, impr. 1987, 2 vols.); F. BRAUDEL, **Écrits sur l'histoire** (Paris: Flammarion / Champs, © 1969, impr. 1984); ___ (coord.), **La méditerranée**: espace et histoire (Paris: Flammarion

Embora ambos se vejam e se declarem inscritos na tradição teológica tomista, são, por várias facetas de sua formação, e em vários aspectos de suas obras decididamente 'modernos'. E ambos inovaram, e contribuíram para criar o direito internacional moderno, como sistema normativo interestatal, baseado em premissas de convivência entre os estados, mas não se esgotando nos estados. Por almejar abranger o conjunto da humanidade.

A compreensão da sociedade internacional como expressão da natureza humana é a beleza da contribuição de VITÓRIA e de SUAREZ. Quer, para o primeiro, como expressão do direito natural de comunicação entre os homens; quer, para o segundo, como parte de universo, que concerne ao gênero humano.

/ Champs, 1ª ed., 1977, impr. 1985); F. BRAUDEL e Georges DUBY (coord.), **La méditerranée**: les hommes et l'héritage (Paris: Flammarion / Champs, 1ª ed., 1977, impr. 1986); F. BRAUDEL, **Les ambitions de l'Histoire** (préf. de Maurice AYMARD, éd. établie et présentée par Roselyne de AYALA et Paule BRAUDEL, Paris: Éd. de Fallois, 1997); ___, **Civilisation matérielle, économie et capitalisme XVe-XVIIIe siècle**, vol. I : **Les structures du quotidien: le possible et l'impossible** (Paris: Armand Colin 1979), vol. II: **Les jeux de l'échange**, Paris: Armand Colin, 1979), vol. III: **Le temps du monde**, (Paris: Armand Colin, 1979), tb. disponível em inglês, ___, **Civilization and capitalism (15th.-18th. century) I: The structures of everyday life**: the limits of the possible (translation revised by Sián REYNOLDS, New York: Harper & Row, 1981); ___, **Civilization and capitalism (15th.-18th. century) II: The wheels of commerce** (translation by Sián REYNOLDS, New York: Harper & Row, 1982); ___, **Civilization and capitalism (15th.-18th. century) III: The perspective of the world** (translation by Sián REYNOLDS, New York: Harper & Row, 1984); Jacob BURCKHARDT, **The civilization of the Renaissance in Italy**: an essay (do original alemão, **Die Kultur der Renaissance in Italien**: ein Versuch, publicado em 1860, trad. C. S. G. MIDDLEMORE, de 1878, da segunda edição em alemão, Introduction by Hajo HOLBORN, New York: The Modern Library, © 1954, reimpressão sem data); André CHASTEL, **Arte e humanismo em Florença na época de Lourenço, o magnífico** – estudos sobre o Renascimento e o humanismo platônico (orig. publ. **Art et humanisme à Florence au temps de Laurent le magnifique** – études sur la Renaissance et l'humanisme platonicien, 1959, trad. Dorothée de BRUCHARD, São Paulo: Cosac & Naify, 2012); É. CROUZET-PAVAN, **Renaissances italiennes 1380-1500** (Paris: Albin Michel, 2007); Wallace K. FERGUSON, **La Renaissance dans la pensée historique** (orig. publ. **The Renaissance in historical thought**, 1950, trad. Jacques MARTY, préf. Élisabeth CROUZET-PAVAN, Paris: Payot, 2009); Joscelyn GODWIN, **The Pagan Dream of the Renaissance** (Londres: Thames & Hudson, 2002); John R. HALE, **The civilization of Europe in the Renaissance** (New York: Athenaeum, 1994); Federico ZERI, **Renaissance et pseudo-Renaissance** (orig. publ. **Rinascimento e pseudo-Rinascimento**, 1983, trad. Christian PAOLONI, Paris: Payot, 2001).

Atravessando zonas nebulosas, de desenvolvimento incipiente, face aos problemas que então se colocavam, na nova configuração do mundo (ocidental) fracionado política, religiosa e culturalmente, não mais se podia afirmar pretender buscar o direito comum a todos, mas se tratou de perquirir qual o direito necessário para a vida em comum, porque a comunidade internacional se põe como dado necessário e orgânico para a convivência humana – muito antes de todas as teorizações das últimas décadas sobre o fenômeno alegadamente novo da 'globalização', SUAREZ compreende que o mundo é diverso, por suas divisões e contradições, mas único, por sua natureza. Ele expõe isso e exige normas comuns para a sua regência.

A concepção do direito internacional em SUAREZ é muito mais especificamente jurídica e filosoficamente muito mais complexa, além de substancialmente diversa do que, de modo simplista e distorcido, habitualmente se reporta a respeito dos ensinamentos deste: para SUAREZ o direito das gentes, enquanto direito humano, decorrente de costume, compartilhado pelos diferentes reinos e repúblicas, nem repousa sobre fundamento transcendental, nem se formula de maneira tão ingênua e simplória, como veio a ser transmitido, com alguma má fé. Tampouco se confunde com o direito natural, como claramente expõe.

SUAREZ formula sistema normativo internacional, com força de lei, distinto do direito natural e do direito civil, como resultado da inteligência humana e do uso da razão. Sistema esse norteado pela necessidade de regular a convivência organizada entre os povos – *jus inter gentes*.

SUAREZ foi buscar caminho adequado para a construção desse direito internacional moderno, direito consentâneo com o mundo fracionado que existia, mas com necessidade de normas comuns, para problemas comuns, e que tinham de ser enfrentados. É a saudável diferença entre a leitura direta da obra original, em relação à famigerada repetição de resumos. E depois, ainda pode haver quem questione para quê se vão estudar os 'clássicos' do direito internacional? Porque nestes se encontram soluções para os problemas que eles tiveram de enfrentar nos seus respectivos tempos e contextos, mas estas soluções também podem ser adequadas para a solução, ou ao menos para o encaminhamento, dado que ocorrem alguns dados comuns, ou comparáveis, dos problemas com os quais temos nós de nos defrontar, hoje, em nosso contexto pós-moderno.

Sobre os fundamentos colocados por VITÓRIA e por SUAREZ se estabelecerão, em considerável extensão, muitos dos desenvolvimentos ulteriores do direito internacional moderno.[871] Haverá, a partir deles, inovação, mas também houve continuidade – e encadeamento de temas e de conceitos, com os quais trabalharam, tanto os seus contemporâneos, como também as gerações seguintes, que levam ao desenvolvimento do direito internacional clássico. Como em tantos momentos da evolução humana, combinam-se elementos de ambas na evolução do direito internacional como sistema institucional e normativo.

Depois de Francisco SUAREZ se pode passar a breve exame da contribuição de Alberico GENTILI (cap. 16) para o desenvolvimento do direito internacional.

[871] Ver **Tratado** (tomos 7 – **Direito internacional no tempo de Hugo Grócio**, 8 – **Direito internacional além do paradigma vestfaliano**, 9 – **Direito internacional no tempo de Samuel Pufendorf**, 10 – **Direito internacional no tempo de C. van Bynkershoek e Christian Wolff**, 11 – **Direito internacional no tempo do Iluminismo**, 12 – **Direito internacional no tempo de Vattel e von Martens**).

CAPÍTULO 16
ALBERICO GENTILI (1552-1608)

O vencedor deve dar aquela paz que dure para sempre. Na verdade, esta é a natureza da paz: o de ser perpétua.

A. GENTILI, **Direito de guerra** (1598, ed. 2004)[872]

já se pode discernir nessa mesma definição [de ISIDORO DE SEVILHA] as principais articulações de um tratado do direito da guerra, do qual o de GENTILI é o tipo mais aperfeiçoado. Digamos logo que, nessa mesma medida, o grande escritor italiano está mais próximo da tradição medieval do que estará GRÓCIO. Trata-se, logicamente, não dos princípios, mas da estrutura e da composição de seus tratados.

J. MOREAU-REIBEL (1950)[873]

[872] Alberico GENTILI, **Direito de guerra** (do original **De jure belli libri tres**, 1598, trad. Ciro MIORANZA, intr. Diego PANIZZA, Ijuí: Ed. Unijuí, 2004, livro terceiro, capítulo xiii). Logo adiante, GENTILI (op. cit., 1598, ed. 2004, III.XIV.2, p. 528) mencionava "belas são as seguintes palavras de BALDO DEGLI UBALDI (**Cons.**, 2, 195): '*Deve-se procurar que a paz seja duradoura e que por causa de novas injúrias não surja a oportunidade de voltar às armas*'." E ainda (III.XXII.2, p. 599): "A paz será perpétua, portanto, segundo sua própria natureza e com ela ficarão adormecidas as causas de guerra."

[873] Jean MOREAU-REIBEL, **Le droit de société interhumaine et le *jus gentium***: essai sur les origines et le développement des notions jusqu'à Grotius (RCADI, 1950, t. 77, p. 481-598, cit. p. 504): "On peut déjà discerner dans cette même définition les principales articulations d'un traité du droit de la guerre dont celui de GENTILIS est le type le plus achevé. Disons tout de suite que, dans cette mesure même, le grand écrivain italien est plus près de la tradition médievale qui ne le sera Grotius. Il s'agit, bien entendu, non pas des principes,

Passo relevante e inovador, no tempo e no discurso do direito internacional, foi dado por Alberico GENTILI.[874] Este contemporâneo de SUAREZ, quatro anos mais jovem, ocupa situação curiosa na história do direito internacional,[875] porquanto, apesar da originalidade e da relevân-

mais de la structure et de la composition de leurs traités". Sobre ISIDORO DE SEVILHA, ver **Tratado** (tomo 4 – **Direito internacional no tempo medieval**, item 8.2).

874 Veja-se sobre a construção e a evolução do discurso no direito internacional, o **Direito internacional no tempo antigo** (cap. II – *tempo e discurso no direito internacional*); ver tb.: **Fundamentos** (2008, III – direito internacional pós-moderno: entre técnica, espírito e utopia); H. NÉZARD, *Albericus GENTILIS (1532-1608)* (in **Les fondateurs du droit internationa** leurs oeuvres, leurs doctrines, introduction de Antoine PILLET, Paris: V. Giard & E. Brière, 1904, p. 37-93, esp chap. III – sa théorie – sa méthode, p. 78-87, cit. p. 78-80): " Toutes les solutions que GENTILIS apporte aux problèmes agités au XVIe siècle découlent d'une idée qui n'est pas systematisée dans ses oeuvres, mais dont les éléments épars constituent cependant une doctrine établie. [...] Le droit international c'est pas pour notre auteur le droit de la communauté des états, c'est l'oeuvre de la grande république de l'humanité (cfr. **De jure belli**, livre I, chap. i). L'idée de l'unité du monde domine toutes les doctrines du moyen âge et la constitution d'un état universel était considérée comme le bien absolu en soi et comme une condition essentielle de la paix générale. / Mais on s'en était séparé sur le point de savoir dans quelle autorité se résumait la souveraineté de la République universelle. [...] Tant que l'empire subsista, on concilia les deux pouvoirs. Dieu maître du ciel était represente par le pape, Dieu maître de l aterre avait pour mandataire l'empereur, l'un était le chef spirituel, l'autre le chef temporel: l'église et l'empire étaient une seule et même chose, la communauté des états, mais vue sous ses deux faces." Após as lutas de religião, a igreja se viu "épuisée, atteinte dans son autorité morale, va se voir dénier son caractère de communauté internationale des états, par OCKHAM, MARSILE DE PADOUE, WYCLIFFE et les écrivains de la Réforme. / Dès lors, la société des états ne trouve plus sa constitution laïque dans l'empire, ou religieuse dans l'église catholique, il faut, pour ne pas laisser tomber les liens qui doivent unir les nations, lui trouver un autre fondement. Les écrivains protestants fondent la communauté des états non plus sur la loi religieuse de la religion catholique, mais l'humanité tout entière, y compris les hérétiques et les infidèles: *non unius est Reipublicae sed omnium* (**De jure belli**, I.I)."

875 Nascido no norte da Itália, em San Ginesio (14 de janeiro de 1552) e falecido em Londres (19 de junho de 1608), conclui estudos de direito em Perugia e se doutora em direito romano, em 1572; foge da Inquisição, em 1579, e circula pela Europa, até fixar residência na Inglaterra e se tornar *Regius professor of civil law* em Oxford, em 1587. Em 1585 publica a monografia **De legationibus** e, em 1598, a sua obra mais famosa **De jure belli**. Da extensa bibliografia disponível, ver: Angela de BENEDICTIS, *Gentili, Alberico* (in **Dizionario biografico degli italiani**, ed. Mario CARAVALE, Roma: Istituto dell'Enciclopedia Italiana, 1999, vol. 53, p. 245-251); Gezina van der MOLEN, **Alberico Gentili and the development of international law** – his life, work and times (Leiden: Sijthoff, 2nd. Ed., 1968); Diego PANIZZA (ed. by), **Alberico Gentili** – politica e religione nell'età delle guerre di religione (Milano: Giuffrè, 2002); Diego PANIZZA, Introdução (in A. GENTILI, **Direito**

cia da sua contribuição para a disciplina, muito tempo se passou até que se fizesse justiça à importância de GENTILI, no conjunto da evolução do direito internacional moderno.

Nessa mesma época, seu outro contemporâneo, GRÓCIO reconhecia a sua dívida com GENTILI, em matéria de direito das gentes.[876] Mas, depois de GRÓCIO, contudo, a memória de GENTILI levou tempo considerável até ser reconhecida.

GENTILI é mencionado como contemporâneo de SUAREZ, no final do século XVIII, por Dietrich Von OMPTEDA ao examinar o conjunto da produção do direito internacional até o seu tempo. Não deixava de apontar a contribuição de GENTILI: "este é o primeiro sábio que algum verdadeiro mérito conquistou na história da ciência do direito internacional".[877] Embora o criticasse, a seguir, por confundir as noções de 'direito natural' e 'direito das gentes'.

OMPTEDA trata GENTILI com muito mais consideração do que outros, dentre os predecessores de GRÓCIO. E enfatizava a importância da obra de GENTILI sobre matérias como o direito do mar, o direito da guerra e o direito de legação:

de guerra, orig. publ. **De jure belli libri tres**, trad. Ciro MIORANZA, Ijuí: Ed. Unijuí, 2004, p. 15-45); Merio SCATOLA, *Alberico Gentili (1552-1608)* (in **The Oxford Handbook of the History of International Law**, ed. by Bardo FASSBENDER e Anne PETERS, Oxford: Univ. Press, 2012, chap. 47, p. 1092-1097); ___, *Scientia iuris and ius naturae* – The Jurisprudence of the Holy Roman Empire in the Seventeenth and Eighteenth centuries (in **A treatise of legal philosophy and general jurisprudence**, ed. by Damiano CANALE, Paolo GROSSI and Hasso HOFMANN, Dordrecht: Springer, 2009, vol. 9 – **A History of the Philosophy of Law in the Civil Law World, 1600-1900**, p. 1-41).

[876] A respeito, ver Peter HAGGENMACHER, *Grotius and Gentili. A Reassessment of Thomas E. Holland's Inaugural Lecture* (in **Hugo Grotius and international relations**, ed. by Hedley BULL, Benedict KINGSBURY and Adam ROBERTS, Oxford: Clarendon Press, 1990, p. 133-176).

[877] Mas aponta como datas de nascimento e morte de GENTILI, "(1551-1611)", cfr. Dietrich Heinrich Ludwig von OMPTEDA, **Literatur des gesamten natürlichen und positiven Völkerrechts** ("Neudruck der Ausgabe Regensburg 1785", Aalen: Scientia Verlag, 1963, cit. I.II. § 49, p. 168-169), traz o habitual sumário, a respeito do "italiano de nascimento, que por questões de religião, deixou a sua pátria, se instalou na Inglaterra, onde viveu por muitos anos, e morreu como *Professor iuris* em Oxford". A condição de GENTILI como protestante refugiado pode ter suscitado alguma simpatia.

> especialmente em matéria de direito da guerra, e do direito de legação foi o primeiro a tratar a matéria de modo bastante adequado. E apesar dos muitos outros que o precederam, em escrever sobre o direito da guerra, em parte teólogos, em parte juristas, que também GRÓCIO nomeia – como por exemplo, Francisco de VITÓRIA, Heinrich von GORCUM, Wilhelm MATTHAEI, Johannes CARTHAGENA, Johannes LUPUS, Franciscus ARIAS, Johannes von LIGNANO,[878] Martin GARAT, e especialmente Baltazar AYALA, de todos esses que tinham, antes, escrito sobre a matéria, GENTILI foi, contudo, o primeiro a considerá-la como objeto do direito internacional.
> No seu tratado **De iure belli**, ele aborda também a natureza e o verdadeiro conceito do direito das gentes – *iuris gentium* –, e o define como surgido do consenso entre os povos – *ex compacto gentium*. [...] Contudo, parece sempre que ele, mais teve dirigido o seu propósito ao direito natural, como longa prática consolidada entre diversos povos, do que ao verdadeiro direito internacional.[879]

No mais, permaneceu GENTILI praticamente ignorado, até a segunda metade do século XIX. É curioso observar como esse silêncio se manteve durante quase trezentos anos, a partir da publicação, em 1598, de sua obra principal, **De jure belli libri tres**,[880] ressalvadas algumas breves menções, muitas vezes indiretas. Pouco se falou nele e a respeito de seu papel inovador, quanto ao cerne do direito internacional, como sistema normativo e disciplina autônoma.

Veio a ser resgatado GENTILI, por seu colega e sucessor, também professor de Oxford, Thomas Erskine HOLLAND (1835-1926). Este menciona a obra de GENTILI, em palestra, em 1874, e esta foi publicada, somente em 1898 – exatamente ao se completarem três séculos da publicação da obra principal de GENTILI.

[878] Enumeração equivalente é feita por GRÓCIO, **Direito da guerra e da paz** (ed. cit., prolegômenos, § 37-38), ou seja, Giovanni da LEGNANO, cf. se menciona no **Tratado** (tomo 4 – **Direito internacional no tempo medieval**, cap. 11 – tratadistas da guerra, p. 564).

[879] Von OMPTEDA (op. cit., 1785, ed. 1963, I.II. § 49, p. 169): "Indessem scheint es doch immer dab er mehr auf das durch langjährigen Gebrauch bei mehreren Völkern eigeführte gemeine Naturrecht, als auf das wahre Völkerrecht sein Absehen richte."

[880] Alberico GENTILI, **Direito de guerra** (do original **De jure belli libri tres**, 1598, trad. Ciro MIORANZA, intr. Diego PANIZZA, Ijuí: Ed. Unijuí, 2004).

A contribuição de T. E. HOLLAND foi esclarecedora, por trazer ao público o papel desempenhado por seu ilustre predecessor.[881] Já se sugeriu, estaria em tempo de fazer a reavaliação dessa 'redescoberta'.[882]

Ainda no final do século XIX, em 1894, Ernest NYS lembrava[883] a contribuição de T. E. HOLLAND, com seu estudo a respeito e a "bela edição da obra de GENTILI". Assim avaliava a contribuição:

> A grande obra de GENTILI, **De jure belli** e seus outros escritos, marcam, com certeza, data importante na história do direito internacional, e se ele em geral é inferior a GRÓCIO, como amplitude de visão, ele é superior em um ponto, quando examina, cuidadosamente, os fatos que se produzem no campo da política.[884] [...]
>
> A partir de GENTILI, nossa ciência se desenvolve na Inglaterra; as publicações se multiplicam, seu horizonte se amplia. Ao lado de trabalhos somente dedicados ao direito da guerra, publicam-se trabalhos sobre o direito de legação e sobre o direito marítimo internacional.[885]

Há quem atribua a importância da atuação de GENTILI em decorrência de ser este – supostamente – o "criador de escola secular de pensamento, no direito internacional".[886] Pouco parece importar, a quem o assevera, esclarecer o que isto queira dizer, por representar simplifica-

[881] Seu colega e sucessor, o professor de direito em Oxford, com o exato título de *Regius Professor of Civil Law* Thomas Erskine HOLLAND primeiro menciona a obra de GENTILI, em palestra de 1874, e esta será posteriormente coligida nos **Studies in International Law** (Oxford, 1898, "Alberico Gentili", p. 1-39).

[882] Peter HAGGENMACHER, *Grotius and Gentili – a Reassessment of of Thomas E. HOLLAND's inaugural lecture* (in Hedley BULL, Benedict KINGSBURY and Adam ROBERTS (eds.), **Hugo Grotius and international relations**, Oxford: Clarendon Press, 1990, p. 133-176).

[883] Ernest NYS, **Les origines du droit international** (Bruxelles: Alfred Chastaigne / Paris: Thorin & Fils, 1894).

[884] E. NYS (op. cit., 1894, p. 132) considera "a obra de GENTILI como comentário jurídico dos eventos do século XVI: todos os grandes debates entre [o imperador] CARLOS V e [o rei da França] FRANCISCO I, entre os Países Baixos e a Espanha, entre a Itália e seus opressores, são por ele apreciados do ponto de vista do direito público".

[885] E. NYS (op. cit., 1894, p. 133).

[886] Arthur NUSSBAUM, **A concise history of the law of nations** (New York: The Macmillan Co., 1954, cit. p. 101) o define: "the originator of the secular school of thought in international law".

ção excessiva, essa suposta *'escola secular de pensamento, no direito internacional'*.

Essa postura simplista não faz justiça ao conjunto e ao encadeamento entre homens e obras, nessa fase crucial da evolução do direito internacional moderno,[887] como foi justamente a primeira metade do século XVII, durante a qual operaram, mais ou menos simultaneamente, autores como SUAREZ, GENTILI, ZOUCH e GRÓCIO.[888]

GENTILI deveria ser considerado, na opinião de Alfred VERDROSS, não um dos pais do direito internacional, mas um dos pais do direito das gentes.[889] No sentido de que este e sua obra, diversamente do sentido moderno do direito internacional, de conjunto de normas racionalmente estabelecidas entre estados, livres e independentes.[890] GENTILI via o direito das gentes: primeiro, como uma forma de direito comum, que compreendia as regras de uso compartilhado por povos de diversos estados, e que também se aplicavam entre os estados; segundo, refere-o como uma ordem divina ou natural, expressa em conjunto de ideias inatas; terceiro, operava como normas ontologicamente independentes, que poderia ser argumentada somente em questões tópicas.

Doutrina mais recente não discrepa dessa avaliação, no sentido que "GENTILI foi parte da tradição jurídica que se estende desde o direito da antiguidade e da idade média, e também na teologia, e que alcança seu ponto culminante com Hugo GRÓCIO, e desde então substituída, total ou parcialmente, pelas concepções modernas do direito natural".[891]

[887] Como considerado, no precedente capítulo 15, a respeito de Francisco SUAREZ, a fundamentação do direito internacional na obra deste se faz com base na razão humana. O que torna sem sentido a alegada "escola secular de pensamento". Essa distorção simplista parece ser sistematicamente repetida. Ver, neste tomo, caps. 15 – Francisco SUAREZ (1548-16117) e 17 – Richard ZOUCH (1590-1660), bem como **Tratado** (tomo 8 – **Direito internacional além do paradigma vestfaliano**, item – ensaio de balanço do direito internacional no século XVII, e tomo 7 – **Direito internacional no tempo de Hugo Grócio**, cap. 18).

[888] Cf. o já mencionado estudo de Peter HAGGENMACHER, *Grotius and Gentili – a Reassessment of of Thomas E. HOLLAND's inaugural lecture* (in Hedley BULL, Benedict KINGSBURY and Adam ROBERTS (eds.), **Hugo Grotius and international relations**, Oxford: Clarendon Press, 1990, p. 133-176).

[889] Alfred VERDROSS, **Völkerrecht** (Viena: Springer, 1955).

[890] A. VERDROSS (op. cit., 1955, p. 34-39).

[891] Merio SCATTOLA, *Alberico Gentili (1552-1608)* (in **The Oxford Handbook of the History of International Law**, ed. by Bardo FASSBENDER e Anne PETERS, Oxford: Univ.

Apesar de tudo, surgiu durante o século XVI a necessidade de identificar conjunto de normas, nesse amplo direito das gentes, com respeito somente aos estados, ou seja, um 'direito público' das gentes, ao lado do direito 'privado'. Esse projeto já se achava em curso, iniciado pelos teólogos escolásticos de Salamanca, que tinham identificado problemas específicos nas relações entre estados, e desenvolvido forma literária particular, para transmitir seus ensinamentos.[892]

GENTILI teria construído extensa doutrina sobre o direito 'público' das gentes por meio da tradição jurídica: baseou sua construção sobre tais tradições, mas "não propôs uma teoria 'sistemática', pois carecia de um ponto de vista epistêmico unitário – *he lacked an epistemic unitary point of view* – como foi posteriormente desenvolvido, no direito natural moderno". Seu enquadramento como 'pré' moderno seria, assim, ilustrado pela "ordenação de seu direito das gentes como uma coleção das principais questões, unificadas por sua distribuição em tópicos e não dependente de um único princípio".[893]

Sem prejuízo de todas essas opiniões a respeito de GENTILI e de sua obra,[894] convém dar a palavra ao próprio autor. Com o exame de sua obra.

Ao mesmo tempo em que trouxe aperfeiçoamentos relevantes às contribuições de seus predecessores, entendo que GENTILI preparou o caminho para desenvolvimentos futuros. Sua visão do direito das gentes parte do que existia, segundo a visão de seu tempo e seu meio, como ele mesmo nos expõe:

Press, 2012, chap. 47, p. 1092-1097); e tb., do mesmo Merio SCATTOLA, *Scientia iuris and ius naturae* – The Jurisprudence of the Holy Roman Empire in the Seventeenth and Eighteenth centuries (in **A treatise of legal philosophy and general jurisprudence**, op. cit., 2009, vol. 9, p. 1-41).

892 M. SCATTOLA (cap. cit., 2012, p. 1093-1094).

893 M. SCATTOLA (cap. cit., 2012, p. 1094).

894 Ver tb.: Gezina van der MOLEN, **Alberico Gentili and the development of international law** – his life, work and times (Leiden: Sijthoff, 2nd ed., 1968); Diego PANIZZA (coord.), **Alberico Gentili** – Politica e religione nell'età delle guerre di religione (Milão: Giuffrè, 2002), bem como de Angela de BENEDICTIS, o verbete, '*Gentili, Alberico*' (in **Dizionario biografico degli italiani**, coord. Mario CARAVALE, Roma: Istituto dell'Enciclopedia Italiana, vol. 53, p. 245-251).

> Pequena parte do direito divino é o direito das gentes, parte que Deus nos deixou depois do pecado. Não obstante, como dizem filósofos, nós a vislumbramos no meio de muita penumbra, quando não a velam de todo o erro, o vício, a pertinácia ou outra paixão.[895]
> O direito das gentes é aquele que está em uso entre todos os povos, que a razão natural estabeleceu entre todos os homens, que é observado igualmente por todos. Esse é o direito de natureza.[896]

Aí se põe a necessidade de caracterizar a natureza e o conteúdo desse "direito de natureza". Ao que não se furta GENTILI,[897] apesar da crítica quanto a haver certa dubiedade na distinção entre 'direito natural' e direito das gentes', na obra de GENTILI. Este situa um e outro.[898] E o papel do direito das gentes: "nas coisas humanas e no regular as relações entre homem e homem, tudo é o contrário. Mais justo seria dizer que é conforme à equidade aquele direito que para todos os homens foi posto, não aquele de que todos fizeram uso".[899]

Entre o direito de natureza – inerente a todos, enquanto seres humanos – e o direito das gentes – como "aquele direito que para todos os

[895] GENTILI, **Direito de guerra** (1598, ed. 2004, I.I.4, p. 55).

[896] GENTILI, **Direito de guerra** (1598, ed. 2004, I.I.5, p. 55-56).

[897] GENTILI, **Direito de guerra** (1598, ed. 2004, I.I.5, p. 55-56): "Por direito de natureza se entende o consenso de todas as gentes na mesma coisa."

[898] A. GENTILI, **Direito de guerra** (1598, ed. 2004, III.XI – *sobre a troca de religião e outras coisas*, p. 501-513, n. 4, p. 509): "Não pode ser abolido o direito de natureza, que é mais poderoso que qualquer direito, considerado principal. O direito de natureza é o instinto natural, que também é imutável: *Naturam expellas furca, tamen usque recurret*". E logo adiante (III.XI.6, p. 510): "que o vencedor não mande nada que seja contrário à justiça e ao direito de natureza. Tudo o que o direito natural não quer que seja feito, que não ouse fazê-lo a lei. E mais, tudo o que é de direito das gentes e de direito de natureza deve ser também civilizado." E especifica (III.XI.6, p. 511): "Falo daquele honesto do qual se depreende a lei civil e a lei de natureza, que verdadeira, própria e simplesmente é honesta, além de ser imutável."

[899] GENTILI, **Direito de guerra** (1598, ed. 2004, III.IX – *sobre os escravos*, p. 485-496, cit. p. 491): "BODIN se empenha em demonstrar que a escravidão não faz parte do direito das gentes, mas tem contra ele os autores da ciência do direito, PLATÃO, XENOFONTE, ARISTÓTELES e muitos outros. Quando BODIN diz que o direito das gentes não está encerrado no consenso dos povos porque também em relação à idolatria os povos consentiram e nem por isso a idolatria é direito, na verdade provoca o riso, uma vez que, nas coisas que dizem respeito à divindade, o homem não é nada e nada conta ao constituir o direito que subsiste entre Deus e o homem e o que requer religião."

homens foi posto", mesmo que nem todos dele façam uso – GENTILI permite fazer distinção, por exemplo em relação à prática da escravidão – "digo que se por natureza todos somos livres, não é que muitos não possam ser feitos escravos".[900] Hoje, nos parece chocante, mas GENTILI ainda considerava ser "justo direito a escravidão".[901] Reportar a lição deste pode, ademais, ser útil para mostrar como faz distinção entre 'direito natural' e 'direito das gentes', alegadamente confundidos:

> Na verdade, sua instituição é do direito das gentes. Objeta-se que o direito natural, que é fundamento do direito das gentes, não pode servir de base para a escravidão, se é verdade que, por natureza, somos todos livres e se é contra a natureza a servidão que procede da ferocidade dos inimigos.[902]
> O direito de natureza não estabeleceu que os homens não pudessem tornar-se escravos, embora tenha feito os homens livres, e assim entre as leis dos povos pôde existir essa da escravidão. Nem o direito das gentes ordenou que os escravos fossem devolvidos à liberdade, mas antes por esse mesmo direito foi admitido o direito de libertação.[903]

GENTILI procura explicar a origem do direito consuetudinário: "não é por outro caminho que é introduzido o direito não escrito, como precisamente é este, e o costume. Esta aprovação não pode não ser

[900] GENTILI, **Direito de guerra** (1598, ed. 2004, III.IX.2, p. 491): "Do direito das gentes é, portanto, a escravidão, e hoje ela comum é a cristãos e infiéis. Assim os cristãos presos pelos turcos se tornam escravos dos turcos, como alguém disse de maneira justa, embora alguns duvidem, parecendo-lhes que a causa dos turcos, insidiosos e rapinadores, não pudesse ser justa. [...] Desse modo, em relação aos turcos, a questão é tripla: ou fazem guerra, ou exercem a pirataria ou, ao contrário, fora da guerra, nos roubam".

[901] GENTILI, **Direito de guerra** (1598, ed. 2004, III.IX – *sobre os escravos*, p. 485-496).

[902] GENTILI, **Direito de guerra** (1598, ed. 2004, III.IX.2, p. 488): "A esta objeção responde-se de várias maneiras. / Agrada-me aquela de TOMÁS DE AQUINO, ou seja, que a escravidão é também de natureza, não em virtude do primeiro preceito dela, pelo qual todos somos livres, mas em virtude do segundo, que manda punir os delinquentes."

[903] GENTILI, **Direito de guerra** (1598, ed. 2004, III.IX.2, p. 489): "Aquilo que alguns ensinam que o direito das gentes e o direito da natureza podem ser em parte mudados, é falso, e pelas coisas ditas anteriormente, refuta-se. Não há, contudo, intérprete que não fale de um primeiro e de um segundo direito de natureza ou direito das gentes, quando ao contrário TOMÁS tinha se referido a uma primeira e a uma segunda intenção".

conhecida, como não nos é desconhecido que todos os homens de qualquer raça e nação sempre concordaram com a existência de Deus".[904]

> De certo modo, pode-se dizer que nossos jurisconsultos recolheram esse direito de todas as gentes porque, se os romanos, os gregos, os hebreus, os bárbaros e todos os povos conhecidos usaram de um certo direito, há razão para acreditar o mesmo de todos os outros povos. Temos notícia do desconhecido por meio daquilo que é conhecido.[905]
> O regime do mundo está em poder da congregação da maior parte do mundo. O que é também sumamente verdadeiro em relação ao direito não escrito, porque o costume obriga a todos na cidade, e é dito na cidade universal o costume, mesmo que não sirva a todos e alguns o contradigam.[906]

Não afirma que tais modelos sejam os únicos, mas a partir destes, podem ser inferidos outros sistemas: "há razão para acreditar o mesmo de todos os outros povos". GENTILI considera a construção do direito internacional a partir dos modelos culturais, conhecidos e praticados: "as leis costumeiramente são estabelecidas de forma que cada um viva com as suas".[907]

Não nega GENTILI a existência de princípios e de normas de direito internacional em outras civilizações, mas podem, nem todas, ser por nós conhecidas. É possível que algumas normas, embora nos pareçam universais e eternas, tenham sido esquecidas, em maior ou menor extensão. E desse modo, a mesma lei existiria para governar o mundo todo, explicita ou implicitamente.[908]

GENTILI admite, ainda que implicitamente, a possível ocorrência de fontes diversificadas, para este fenômeno jurídico de alcance univer-

[904] GENTILI, **Direito de guerra** (1598, ed. 2004, I.I.5, p. 56).

[905] GENTILI, **Direito de guerra** (1598, ed. 2004, I.I.5, p. 57-58). Ver tb. **Tratado** (tomos 3 A – **Direito internacional no mundo antigo** e 3 B – **Gregos, romanos, chineses, indianos**).

[906] GENTILI, **Direito de guerra** (1598, ed. 2004, I.I.5, p. 58): "A melhor definição do direito das gentes é aquela que ocorre em XENOFONTE (livro 4). Diz que são leis universais não escritas nem dispostas pelos homens, porque nem todos puderam se reunir nem falar a mesma língua, mas sim por Deus".

[907] GENTILI, **Direito de guerra** (1598, ed. 2004, III.XVI – *leis e liberdade*, cit. n.1, p. 548).

[908] GENTILI, **Direito de guerra** (1598, ed. 2004, I.I.12).

sal.[909] Resolve-se, assim, a clássica questão da determinação da origem e do conteúdo das normas internacionais:

> Aí está como se defende o direito das gentes. Ele será provado pelas sentenças dos sábios a quem se haverá de recorrer no presente tratado, como se faz em qualquer arte e disciplina, uma vez que os verdadeiros filósofos, os verdadeiros sábios costumaram raciocinar segundo a natureza. [...] Embora não se deva julgar por meio de exemplos, conforme está escrito numa elogiadíssima lei de JUSTINIANO, é um fato, contudo, que, pelos exemplos, se abre o caminho para prováveis conjecturas e, na dúvida, convém julgar segundo os exemplos e segundo o que passou a se fixar como costume, não sendo conveniente mudar aquilo que foi observado, de modo certo e constante e mais sólido, aparece aquele juízo que é confirmado pela opinião da maioria.[910]

Esta visão da lição da natureza, do consenso entre os homens, e da voz dos mestres nem sempre parece ser ouvida. Em certos momentos, GENTILI se pauta por interesses mais próximos e mais diretos.

A extensa obra de Alberico GENTILI pode ser dividida em quatro grupos:

- o primeiro grupo compreende os trabalhos relacionados com o direito civil, tais como as suas dez dissertações acadêmicas, seus comentários sobre o **Codex** no tópico relativo aos mágicos;[911]
- o segundo grupo trata do direito internacional: inicialmente escreveu o tratado, em três livros, sobre as embaixadas, **De lega-**

[909] GENTILI, **Direito de guerra** (1598, ed. 2004, III.XVI.3, p. 551): "O príncipe, ao firmar contrato com os súditos, é obrigado para com eles por direito natural, por direito das gentes e por direito civil. Aqueles pactos que condizem com a justiça natural e a equidade devem ser observados por qualquer príncipe da terra, por maior que seja, mesmo aqueles celebrados com os súditos".

[910] GENTILI, **Direito de guerra** (1598, ed. 2004, I.I.6, p. 59-60): "E BALDO DEGLI UBALDI acrescenta: O que o mundo aprova não serei eu a desaprová-lo".

[911] A. GENTILI, **De juris interpretibus dialogi sex** (Londres: Wolfius, 1582); A. GENTILI, **Lectionum et epistolarum, quae ad ius civili pertinent, libri IV** (Londres: Wolfius, 1583 e 1584); A. GENTILI, **Disputationum decas prima** (Londres: Wolfius, 1587); A. GENTILI, **Ad titulum codicis De maleficiis et mathematicis et ceteris similibus commentarius** (Hanau: Antonius, 1604).

tionibus libri tres (1585),[912] a seguir, voltou-se para o direito da guerra, cuja primeira versão foi publicada em 1589, e recebeu a sua forma definitiva como o direito da guerra, em três livros, **De jure belli libri tres**, em 1598,[913] e analisou ainda a matéria do direito da guerra, em 1599, com sua obra, em dois livros, sobre os exércitos romanos, **De armis romanis libri duo**,[914] onde defendeu a presunção de terem os antigos romanos sempre lutado guerras justas;

- o terceiro grupo cuida de questões relativas à teologia e à política, tais como os deveres do rei em mediar uma ordem transcendente para a sociedade políticamente organizada em estado:[915] dessa linha, o estudo **Sobre o príncipe**, inicialmente publicado em 1587, depois expandido e publicado em nova versão, em 1605;[916]
- o quarto grupo trata de questões variadas de erudição jurídica.[917]

912 A. GENTILI, **De legationibus libri tres** (Londres: Vautrollerius, 1585).

913 A. GENTILI, **De jure belli libri tres** (orig. publ., 1589; ed. definitiva,1598; ed. Hanau: Antonius, 1612); ed. bras., **Direito de guerra** (trad. Ciro MIORANZA, intr. Diego PANIZZA, Ijuí: Ed. Unijuí, 2004).

914 A. GENTILI, **De armis romanis libri duo** (Hanau: Antonius, 1599). Sobre o conceito de 'guerra justa' e sua evolução ver **Tratado** (tomo 3 B – **Gregos, romanos, chineses, indianos**, cap. 6 – na formação e no desenvolvimento de Roma, esp. item 6.3 – duradoura contribuição do *jus gentium* para o direito internacional e tomo 4 – **Direito internacional no tempo medieval**, cap. 11 – tratadistas da guerra, esp. item 11.2 – guerra justa e guerra santa: entre *jihad* e as cruzadas).

915 M. SCATTOLA (cap. cit., 2012, p. 1093): "With these political writings, GENTILI took position in favour of JAMES I, and his program of an Eusebian monarchy against both the Presbyterian idea of a compact and the Catholic idea of an indirect power of the pope, and entered into a large polemical stream which dominated the European discussion in the early 17th century." Controvérsia sobre a qual também Francisco SUAREZ expôs sua opinião, como se examina no precedente cap. 15, neste tomo. Ver: **Defensio fidei catholicae et apostolicae** adversus Anglicanae sectae errores, cum responsione, ad apologiam pro iuramento fidelitatis & praefationem monitoriam serenissimi IACOBI Angliae Regis, Authore P. D. Francisco SUARIO Granatensi è societate Jesu (Conimbricae: Gómez de Loureyro, 1613), texto parcialmente reproduzido in Fr. SUAREZ, **Selections from three works**, ed. cit., 1944, p. 661-731, contendo, do Livro III, caps. V e XXIII e do Livro VI, o cap. IV).

916 O estudo de GENTILI **Sobre o príncipe**, inicialmente publicado no volume **Disputationum decas prima** (Londres: Wolfius, 1587), depois revisto e ampliado, foi novamente publicado por GENTILI, **Regales disputationes tres**: I. De potestate reges absoluta; II. De unione regnorum Britanniae; III. De vi civium in regem semper iniusta (Londres: Vautrollerius, 1605).

917 A. GENTILI, **In titulum Digestorum de verborum significatione commentarius** (Hanau: Aubrius, 1614). M. SCATTOLA (cap. cit., 2012, p. 1093): "GENTILI wrote on the

De 1605 até a sua morte, em 1608, GENTILI foi o advogado oficial da embaixada da Espanha, e nessa condição atuou em casos, nos quais interesses da Espanha estavam envolvidos. Com base nessa experiência, escreveu sua terceira obra importante, em matéria de direito internacional, a **Advocacia Hispânica**, em dois livros – no original latino, **Hispanicae advocationis libri duo**, publicado postumamente, em 1613.[918]

Nesse seu livro, **Hispanicae advocationis libri duo**, ao discorrer sobre o direito do mar, no capítulo oitavo do livro primeiro, GENTILI defendeu o direito à supremacia do mar pelos ingleses.[919] Desse modo, em mais esta célebre controvérsia, GENTILI se engajou assim, na defesa dos interesses de sua terra de adoção. A temática é parte de longa controvérsia, que se estende por séculos, até ser solucionada pela Convenção das Nações Unidas sobre o direito do mar, de 1982.[920]

No seu tratado, dividido em três livros, sobre as embaixadas, ou **De Legationibus libri tres**, de 1583-85,[921], por sua vez, GENTILI teve o mérito de fazer tratamento sistemático da matéria.[922] Já no livro I, GENTILI fazia a história das embaixadas,[923] extraindo exemplos de TITO LÍVIO, de TÁCITO, de XENOFONTE, de POLÍBIO, de PLUTARCO e de outros historiadores antigos, para mostrar como esse fenômeno do direito de legação está intrinsecamente ligado à vida civilizada, e ao contato entre poderes políticos independentes.

books of the legal collections, on the language of the Roman law, on the names of historical periods, on the morality of the actors, and on biblical issues". Ver tb. Giovanni MINNUCCI, **Alberico Gentili tra *mos italicus* e *mos gallicus*** – L'inedito commentario *Ad Legem Juliam de adulteriis* (Bologna: Monduzzi, 2002).

918 Alberici GENTILIS, **Hispanicae advocationis Libri II** (Hanau: Antonius, 1613).

919 Von OMPTEDA (op. cit., 1785, reed. 1963, § 218, p. 522).

920 Ver **Tratado** (tomo 1 – **Direito internacional dos espaços**, segunda parte – domínio marítimo e aéreo, título I – domínio marítimo, cap. 9 – domínio marítimo: evolução conceitual, e seguintes caps. 10 a 16).

921 Alberici GENTILIS, **De legationibus libri III** (Londres: Vautrollerius 1583 e 1585; outras edições: Hanoviae, 1594. 1607 e 1612).

922 Von OMPTEDA (op. cit. 1785, reed. 1963, § 226, p. 538): "Dieses ist wohl für das erste recht eigentliche und ziemlich vollständige Werk von Gesandschaftsrechte anzusehen".

923 Interessante a contraposição com a análise desenvolvida por autores contemporâneos, tais como Stanislaw E. NAHLIK, **Development of diplomatic law**: selected problems (RCADI, 1990, t. 222, p. 187-363); e tb. G. E. do NASCIMENTO E SILVA – P. B. CASELLA – O. BITTENCOURT Neto, **Direito internacional diplomático** (São Paulo: Saraiva, 4ª ed., 2012).

Também estudava GENTILI o antigo direito fecial dos romanos.[924] Embora lamentando a perda dos textos originais destes livros,[925] mesmo assim via GENTILI o direito dos feciais – *ius fetiale* – como ponto de referência,[926] e até mesmo como fonte do direito.[927]

Por um lado, GENTILI ainda documentava extensamente a sua argumentação com exemplos da história e da prática das nações, sobretudo da Antiguidade clássica, e não escondia a sua predileção pelos exemplos da Roma antiga: "os romanos tentavam sempre compor as

[924] Sobre o direito internacional na antiga Roma, ver **Tratado** (tomo 3 B – **Gregos, romanos, chineses, indianos**, cap. 6 – na formação e no desenvolvimento de Roma); ver tb. P. CATALANO, **Linee del sistema sovrannazionale romano** (Torino: Giappichelli, 1965, p. 81-82) enfatiza "o que hoje diríamos o 'universalismo romano' da *fides*". Ver tb. Lucienne DAL RI, **Ius fetiale**: as origens do direito internacional no universalismo romano (Ijuí: Ed. Unijuí, 2011, p. 27-29) menciona: "A preocupação da doutrina com a tradição e disciplina dos sacerdotes feciais, assim como os seus documentos, não é recente, mas plenamente constatada no final do século XVI, por intermédio do pensamento de Alberico GENTILI, que considerando o escasso tratamento do direito da guerra no direito justiniâneo, via no *ius fetiale* uma possibilidade de referência normativa. O autor evidencia, porém, a dificuldade de conhecimento das normas e institutos relativos a esse *ius*, devido à perda dos seus livros. Mais de 50 anos depois, Richard ZOUCHE, sucessor de GENTILI, contrapõe-se àquele afirmando que mesmo com essa perda, pode-se encontrar notícias relativas ao *ius fetiale* nos 'Livros Sacros', nas Pandectas e na literatura grega e latina, que informam o que foi entendido de acordo com a *naturalis ratio* nos costumes 'internacionais'."

[925] Ainda Lucienne DAL RI (op. cit., 2011, loc. cit.): "A perda dos livros do colégio dos feciais, ressaltada por GENTILI, constringe a coleta de material que traga notícias do *ius fetiale* para conhecer a sua tradição e disciplina, como sugeriu ZOUCHE. A doutrina segue em grande parte essa tendência, baseando seus trabalhos nas informações, particularmente da literatura latina."

[926] M. SCATTOLA (cap. cit., 2012, p. 1095): "The ancient Romans had a complete science of this law. They applied it when they dealt with foreigners and enemies, and they preserved it in the *Libri fetiales*. Unfortunately, this knowledge disappeared since the end of the Republic, and only JUSTINIAN saved isolated pieces of it. The lawyers today can reconstruct such a lost law, preserved in the Roman jurisprudence and testified in the histories, applying those legal first ideas to historical materials, and so they can establish a new version of the old 'public' law of nations."

[927] L. DAL RI (op. cit., 2011, p. 30): "O estudo e a aplicação do *ius fetiale* não se limitou à Antiguidade e foram vistos durante o período medieval e moderno como um ponto de referência e até mesmo como fonte do direito, embora a variada dinâmica aplicada no tempo, por meio da qual conduzir as 'relações externas' de diferentes tipos de comunidades."

diferenças pacificamente com palavras".[928] Mas, para ele, a lei internacional não mais é vínculo de dependência com o *imperium romanum*,[929] ou corolário da lei divina, mas se exprime como a lei natural que une, entre si, estados independentes e autônomos.

O direito internacional obedece à lei da sociabilidade, e seus interesses são solidários, porque são interesses humanos. Afirma GENTILI: "Se direito é comunhão e pacto, está fora dele quem se subtrai à comunhão e rompe o pacto do gênero humano".[930]

O direito internacional surge como decorrência de pacto entre povos – *ex compacto gentium*. Esclarece GENTILI, que isto não deve ser entendido em sentido literal, no sentido de que todos os povos se tivessem concertado, para assim o constituir – *ista tamen non sic sunt capienda, quasi convenerint unquam gentes omnes, et ius istud constituerint* –, mas como aquilo que o entendimento sucessivo de todos viu, e considerou como decretado por todo o mundo. Presume-se o entendimento e o consenso dos povos, como base de validação da existência e da operação de sistema institucional e normativo internacional.

O direito internacional é estimado como fruto de consenso, do que sucessivamente pareceu convir a todos, aplicável ao mundo inteiro – *sed quod successive placere omnibus visum est, id totius orbis decretum et concilium fruisse existimetur.* Mesmo quando este possa ser considerado 'virtual' ou implícito.

Por essa concepção de direito virtual ou implícito, se explica a crítica, tal como fazia, no século XVIII, OMPTEDA, à concepção do direito

[928] GENTILI, **Direito de guerra** (1598, ed. 2004, I.III.2, p. 66): "outros, mesmo bárbaros (tão conhecido é esse direito e tanto se compreende que aquela suposta necessidade de mover guerra não pode ser uma verdadeira e própria necessidade), submeteram suas diferenças aos imperadores romanos ADRIANO e ANTONINO."

[929] GENTILI, **Direito de guerra** (I.I.4).

[930] A. GENTILI (1598, ed. 2004, I.IV.1, p. 75) e por isso: "Todos os piratas são inimigos comuns dos homens. Por isso é que M. T. CÍCERO (**De officiis**, 3) não admite direitos de guerra com eles." Ver CÍCERO, **De officiis** (with an English translation by Walter MILLER, Cambridge, Ma. / London: Harvard UP / LCL 30, CICERO XXI, © 1913, reprinted 2005). Desde os romanos antigos, se coloca a concepção dos piratas como – *hostes humani generis* – inimigos do gênero humano. Cf. ref. P. B. CASELLA, **Direito internacional, terrorismo e aviação civil** (São Paulo: Quartier Latin, 2006, cap. V – fenômeno da pirataria, p. 63-78); ___, *Pirataria aérea e o papel do direito internacional* (São Paulo: Rev. de Direito – FMU, 1986, vol. I, p. 47-54).

internacional em GENTILI. Este entendia ter GENTILI considerado mais o 'direito natural' do que o 'direito internacional', propriamente dito. Crítica que somente em parte se justifica.

A concepção de GENTILI, a respeito do direito internacional pode ser entendida como conjunto de princípios e normas, aplicáveis à regulação da convivência entre povos. Isso é estritamente jurídico: o fato de afirmar que seja o 'direito das gentes' conforme à razão natural não o faz deste tão somente 'direito natural'.

Quanto à origem do direito das gentes, segundo GENTILI, estaria, assim, na expressão da aceitação, sucessiva e natural pelo conjunto dos povos, a respeito do entendimento do que convém a todos e, assim, se chegou a considerar como decretado por todo o mundo. A evolução posterior do sistema institucional e normativo internacional não discrepa dessa concepção, no sentido do 'consenso' da 'comunidade' internacional, por mais complexa que possa se apresentar a busca e manejo desse 'consenso' e dessa 'comunidade', em tempos de ampla e complexa diplomacia parlamentar.

O direito internacional tem, assim, segundo GENTILI, seu fundamento na razão natural, e deve cumprir papel prático de ordenação das relações entre estados. E isso se faz, na guerra como na paz: "não há dúvida que também na guerra qualquer excesso se mostra viciado, revela injustiça".[931]

GENTILI aduzia: "a justiça que é a arte do bom e do equitativo, jamais pode ser o mal" – e explicava – "convém observar o que diz SÊNECA (**De Beneficiis**, 5) a respeito: '*Muitas são as coisas que não tem lei nem ação, mas o costume da vida humana, a qual por si só pode mais que todas as leis juntas, te confere a ação*'."[932]

[931] A. GENTILI (op. cit., 1598, ed. 2004, II.XXIII.1, p. 410): "Na guerra não se conhece medida, nem é fácil moderar e reprimir a ira dos combatentes. Esta espécie de guerra que é feita contra as paredes das casas, contra as colunas, as portas, é chamada por CÍCERO de guerra horrível, celerada e coberta de toda tristeza. Também os bárbaros tem por costume reconhecer como consequência da vitória a presa, mas devastar as colheitas, incendiar as casas e cometer outros excessos semelhantes é indício também para eles de ódio mortal, é raiva insana mais que vingança."

[932] A. GENTILI (op. cit., 1598, ed. 2004, II.III.3, p. 235); ver SÊNECA, **De Beneficiis** (with an English translation by John W. BASORE, Cambridge, Ma. / London: Harvard Univ. Press – LCL 310 – SENECA Moral Essays III, 1935, reprinted 2001); ___, **Les bienfaits** (orig. **De Beneficiis**, texte établi et traduit par François PRÉCHAC, trad. revue par Paul

Frisava GENTILI a 'necessidade', como critério para recorrer à guerra: "E quem é inimigo, senão aquele que se prepara para nos atacar?"[933]

Esta premência tinha de ser configurada: "na verdade, não observa a paz aquele que faz coisas que incutem medo, antes demonstra com isso a intenção de cometer injúria. Nem por isso, porém, deve-se ter como rompida a paz enquanto a injúria é somente potencial".[934] Ou seja, GENTILI rejeita a alegada 'guerra preventiva' ou suposta 'legítima defesa preventiva'.[935] Como também sustentaram ZOUCH[936] e GRÓCIO,[937] segundo quem "o temor de uma coisa incerta não pode dar direito a executar atos de violência".[938]

Prossegue GENTILI, reportando – "ALCIATO ensina que a ruptura da paz ocorra por convocações que o outro faz de soldados armados, por fortificações levantadas, porquanto essas movimentações podem parecer início de guerra e são causa atual de temor".[939]

A 'necessidade', segundo GENTILI, tinha de ser estritamente caracterizada: "Deve-se notar que falo aqui de necessidade verdadeira e

VEYNE, introduction et notes par Paul VEYNE, in SÉNÈQUE, **Entretiens – Lettres à Lucilius**, éd. établie par Paul VEYNE, Paris: Robert Laffont, 1993, 3e réimpr. 1995, p. 389--584).

933 A. GENTILI (op. cit., 1598, ed. 2004, III.XXI – *fortalezas e guarnições*, p. 589-596).

934 A. GENTILI (op. cit., 1598, ed. 2004, III.XXI.5, p. 594): "Vamos esperar para nos defender quando formos atacados? Os sinais próximos da causa advertem que o efeito não haverá de tardar muito".

935 A. GENTILI, **Direito da guerra** (I.XIV – *a defesa útil*).

936 R. ZOUCH, **Iuris et iudiciis fetialis sive *iuris inter gentes* et quaestionum de eodem explicatio** (orig. publ. 1650, ed. 1651, pars secunda, sec. V, n. 6) assinalava limites: "ab Aequitatis ratione abhorrere, ut vim pati posse ad vim inferenda jus tribuat, & ideo contrariae in suo munitiones, & si quae sunt similia remedia, quaerenda, non vim bellicam".

937 GRÓCIO, **Direito da guerra e da paz** (1625, ed. 2004, II.I.17 – *a defesa não é permitida somente quando pretende diminuir o poder de um vizinho*, c/c III.20.40 – *o que recai sob a denominação de amizade*).

938 H. GRÓCIO, **Direito da guerra e da paz** (1625, ed. 2004, II.I.XVIII – *não é também ao que deu motivo justo para que lhe seja movida guerra*, n. 1, p. 305; compare-se a diferença apontada em II.I.XVI – *da defesa numa guerra pública*, p. 304): "é permitido prevenir um ataque que não é atual, mas que parece uma ameaça, mesmo distante; não diretamente, pois já falamos anteriormente que isso seria um ato injusto, mas indiretamente, punindo um crime que apenas começou, mas não se consumou ainda."

939 A. GENTILI (op. cit., 1598, ed. 2004, III.XXI.5, p. 594).

própria".[940] E, sempre, "certamente o fim da guerra é a paz, à qual todos devem aspirar".[941] Ele se propunha a procurar a "causa da justiça da guerra não mais no início ou no decurso da guerra, mas no período em que termina":

> medida e temperança consistem em nos mantermos distantes da crueldade e do relaxamento. Aqui, como em outros casos, reprimir a ira não é sempre oportuno porque também a ira é muitas vezes ministra de boas ações e companheira da justiça. De modo semelhante, nem sempre é elogiável brandura perdoar, ao contrário, por vezes, é culpa e pusilanimidade.[942]

Enfatizava ser "contrário ao direito de guerra, porém, tratar cruelmente os inimigos por causa da religião".[943] A verdade é simples, mas por muitas vezes, ainda parece ser esquecida, em nossos tempos pós-modernos.[944]

A diferença de religião tampouco deveria ser causa de guerra.[945] Embora excessivas vezes seja invocada.[946]

[940] A. GENTILI (1598, ed. 2004, II.I.3, p. 219): "Observo que os romanos declaravam a guerra até em certos casos em que pareceria que não houvesse necessidade, por ter sido gravemente ofendido o direito das gentes, por parte daqueles contra os quais eles precisamente moviam a guerra."

[941] A. GENTILI (op. cit., 1598, ed. 2004, III.I – *o término da guerra – a paz*, n.1, p. 435): "Até aqui tratamos da razão de começar e conduzir a guerra. Agora não resta outra coisa para verificar senão como se deve terminá-la". E completava a passagem: "a vitória é o objetivo final, para ARISTÓTELES, da arte do comandante, uma vez que à vitória estão ligadas a honestidade e a justiça, o que é paz."

[942] A. GENTILI (op. cit., 1598, ed. 2004, III.II.3, p. 442).

[943] A. GENTILI (op. cit., 1598, ed. 2004, II.XXIII.5, p. 416) embora ressalve: "muitos casos em que não se perdoa nem os lugares sacros. Se os inimigos fizeram o mesmo, em outra ocasião, conosco; se já foram por eles profanados; se são impedimento para vencer; se em semelhante caso, os inimigos agiram contra as leis de guerra; se foram também somente saqueados; finalmente, se foram destruidos".

[944] Oportuno e necessário insistir sobre esta verdade. Em tempos correntes se vê apontada a recorrência do fenômeno – como em discursos confrontacionais entre 'Ocidente' e mundo muçulmano, em detrimento de todos e com graves riscos para a paz mundial.

[945] A. GENTILI (op. cit., 1598, I.V.45 e I.X.66-78).

[946] Ver **Tratado** (tomo 4 – **Direito internacional no tempo medieval**, cap. 11 – *tratadistas da guerra: Balthazar AYALA e Pierino BELLI*); tb. Michel DOUSSE, **Dieu en guerre** – la violence au coeur des trois monothéismes (Paris: Albin Michel, 2002, *Liminaire*, p. 7-22, cit. p. 20-21): "Si la violence et la guerre paraissent inéluctables, inhérentes à l'existence en ce

Como, em 1894, sabiamente advertia E. NYS, "sustentar que a diferença de religião pudesse legitimar a guerra seria negar o direito internacional".[947] O que, contudo, ao menos em certa medida, ocorre.

Basta contrapor à lição de GENTILI – que viveu e sofreu o impacto da intolerância religiosa, entre católicos e protestantes, mas dessa experiência se valeu, para forjar concepção mais tolerante e humanista – em relação à visão de GRÓCIO – que também sofreu os efeitos da intolerância, por sua vez, entre confissões protestantes – mas, apesar disso, a respeito do tema,[948] parece menos avançado,[949] por ainda aceitar a ideia de aliança comum dos cristãos, contra os inimigos da religião.[950] Para GRÓCIO:

> Acrescentaria aqui, que todos os cristãos, enquanto membros do mesmo corpo, tem o dever de ser sensíveis, de modo profundo, às dores e aos

monde, les révelations monothéistes en relèvent frontalement le défi, proposant différents types de réponses selon les temps et les lieux, mais surtout selon la perspective spécifique de leur message. Ayant établi un constat situé de la violence, elles cherchent, ne pouvant en éradiquer les causes, à en faire émerger le sens, voir même la valeur d'épreuve purificative et de rédemption". Haveria segundo DOUSSE (2002) relação direta entre o caráter absoluto, universal e exclusivo da revelação nas três principais religiões monoteístas – judaísmo, cristianismo e islão – e a propensão destas à violência, que traz a humanidade para o atual momento de crise maior de sua história.

947 Ernest NYS, **Les origines du droit international** (Bruxelles: Alfred Chastaigne / Paris: Thorin & Fils, 1894, chap. VII – *La guerre contre les infidèles et contre les hérétiques*, p. 140-164, cit. p. 157): "Albéric GENTIL ne veut point que la différence de religion soit une cause de guerre: victime de l'intolérance, ayant lui même souffert par sa foi, il prêche dans une des belles pages de son livre les plus nobles maximes et proclame que la religion est un lien entre l'homme et Dieu et qu'elle n'a que faire du droit humain."

948 H. GRÓCIO (1625, ed. bras. 2004, II.XV.XII, t. I, p. 667-668).

949 Cfr. **Tratado** (tomo 7 – **Direito internacional no tempo de Hugo Grócio**, cap. 18); como mencionado, foram utilizadas sobretudo estas duas edições da obra principal de Hugo GRÓCIO, **O direito da guerra e da paz** (intr. Antonio Manuel HESPANHA, trad. de Ciro MIORANZA, do original **De jure belli ac pacis**, col. clássicos do direito internacional, Ijuí: Ed. Unijuí, 2004, 2 vols.) e **De jure belli ac pacis** (ed. facsimilar da tradução de Jean BARBEYRAC, "avec les notes de l'auteur même, qui n'avoient point encore paru en françois; & de nouvelles notes du traducteur", originalmente publicada em Amsterdã, chez Pierre DUCOUP, 1724, Caen: Publications de l'Univ. de Caen, 1984, 2 tomos).

950 E. NYS (op. cit., 1894, p. 159): "GROTIUS lui-même, il faut le reconnaître, apparaît en cette matière moins avancé que plus d'un des écrivains que nous venons de passer en revue et un passage célèbre nous le montre partisan peu déguisé d'une alliance commune des chrétiens contre ce qu'il appelle les ennemis de la religion".

males, uns dos outros. E esse preceito, da mesma maneira que se refere a cidadãos privados, se refere também aos povos, enquanto povos e, aos reis como reis – em *I Coríntios*, XII, 18-26. Cada um deve, de fato, servir a JESUS CRISTO não somente quanto o pode, por si mesmo, mas ainda na medida em que o poder público, que lhe é confiado, lhe faculte os meios.[951]

Apesar do que passou em sua vida, em que a intolerância e a perseguição religiosa o obrigaram ao exílio, para salvar a vida, e todos os crimes cometidos entre confissões cristãs, na Europa do século XVI, e também em nome da religião cristã, na 'colonização' de outros continentes pelos europeus, GENTILI morreu antes de serem cometidas as atrocidades, que marcaram as ulteriores três décadas de guerras de religião, de 1618 a 1648.

Diversamente de GRÓCIO, que se viu engolfado pela guerra dos Trinta anos. Mas, apesar da feroz divisão e confrontação, então reinante, entre católicos e protestantes, que encarniçadamente se matavam uns aos outros, com selvageria, no curso dessa guerra dos Trinta anos, no interior da Europa, em 1625, GRÓCIO ainda expunha a luta contra os turcos como "causa comum de todos os cristãos", onde "cada estado deve fornecer tropas ou dinheiro, na proporção de suas forças".[952]

Na perspectiva da história,[953] as guerras entram no jogo das civilizações: "a guerra não é simplesmente contra a civilização".[954] Como são

[951] H. GRÓCIO (1625, trad. BARBEYRAC, ed. 1725, impr. 1984, II.XV.12, t. I, p. 486): "Ajoutons ici, que tous les chrétiens étant tenus, comme membres d'un seul corps, d'être sensibles aux maux les uns des autres, ce précepte regarde les peuples, considérez comme tels, et les rois, comme tels, aussi bien que les simples particuliers. Car chacun doit servir JÉSUS-CHRIST, non seulement autant qu'il le peut lui-même, mais encore autant que le pouvoir public dont il est revêtu lui en donne le moyen".

[952] H. GRÓCIO (1625, ed. bras. 2004, II.XV.XII, t. I, p. 667-668).

[953] Fernand BRAUDEL, **La méditerranée et le monde méditerranéen à l'époque de Philippe II** (orig. publ. 1949, Paris: Armand Colin, 8e ed., 1987, segunda parte, cap. VII – *les formes de la guerre*, tomo II, p. 164-212)

[954] F. BRAUDEL (op. cit., 1949, ed. 1987, t. II, p. 164): "La guerre n'est pas, sans plus, la contre-civilisation". Comentava, ainda, na mesma passagem: "nous la mettons constamment en cause, sans connaître, ni chercher à connaître sa ou ses natures. [...] Nous la mettons en cause, il le faut bien: elle ne cesse de travailler la vie des hommes."

também os fluxos econômicos,[955] que as guerras alteram e fazem mudar de rumo.[956]

O que se vê, na Europa da era moderna, é a alternância de guerras entre cristãos e muçulmanos – cruzada e *jihad* –[957] seguidas de guerras entre cristãos (protestantes e católicos) como também conflitos entre muçulmanos (sunitas e xiitas). Separações, "*limes*,[958] muralhas da China, são sempre sinais de certo estado de espírito. Que a cristandade se faça circundar de pontos fortificados (e não o islão) é fato que não pode ser negligenciado".[959] Essa oscilação é marcante:

> A partir de 1600, com o arrefecimento das guerras protestantes, e o lento retorno à paz da Europa cristã, a ideia de 'cruzada' volta a ganhar força e vigor, nas próprias margens do Mediterrâneo, como na França, na altura da guerra turco-imperial de 1593-1606. A partir de 1610, a turcofobia foi trabalhada junto à opinião pública, até degenerar em verdadeira mania – *la turcophobie dont était travaillé l'opinion publique dégénéra en véritable manie*. Projetos e esperanças se multiplicam então como fogos de artifício; até que, uma vez mais, a guerra protestante, a 'guerra interior', ponha termo a isso, em 1618.[960]
>
> Até certo ponto, cristãos e muçulmanos se confrontam, na *jihad* ou na cruzada, depois se viram as costas, para retomar os seus conflitos internos. Mas essa álgebra das paixões confluentes é também [...] uma consequência das pulsações lentas da conjuntura material, a mesma para o mundo inteiro, que no século XVI, inaugurou a sua vida unitária.[961]

[955] F. BRAUDEL (op. cit., 1949, ed. 1987, t. II, p. 166): "La guerre, ce sont toujours des armes et des techniques. Celles-ci changent et bouleversent le jeu."

[956] F. BRAUDEL (op. cit., 1949, ed. 1987, t. II, p. 169-170): "on comprend quelle corrélation s'établit entre la guerre, dépense prodigieuse, et les revenus des princes".

[957] Ver **Tratado** (tomo 4 – **Direito internacional no tempo medieval**, cap. 11 – *tratadistas da guerra*, esp. item 11.2 – *guerra justa e guerra santa: entre jihad e as cruzadas*).

[958] O *Limes* marcava os limites do Império romano. A respeito, ver **Tratado** (tomo 1 – **Direito internacional dos espaços**, esp. cap. 1 – *evolução do conceito e do tratamento do território no direito internacional* e cap. 2 – *soberania e território do estado*).

[959] F. BRAUDEL (op. cit., 1949, ed. 1987, t. II, p. 166).

[960] F. BRAUDEL (op. cit., 1949, ed. 1987, t. II, p. 171).

[961] F. BRAUDEL (op. cit., 1949, ed. 1987, t. II, p. 172; ver tb. *En guise de conclusion: la et les conjonctures*, p. 213-220, esp. *Guerres internes et externes*, p. 218-219).

É preciso muita inocência – ou má fé deliberada – para acreditar e propagar[962] que o "choque de civilizações" seja fenômeno de ocorrência marcante (somente) após o término da guerra fria. A alternância de períodos, de tensão e distensão,[963] acompanha as relações entre o Ocidente e o islão, há mil e trezentos anos![964]

GENTILI, contudo, fazia ressalva – "não nego que certa diferença deve ser observada entre cristãos e bárbaros" –[965] embora tenha de ser matizada, como expunha:

[962] Ver Samuel HUNTINGTON, **The clash of civilizations and the remaking of world order** (Londres: Simon & Schuster, 1998), ed. brasileira, **O choque de civilizações e a recomposição da ordem mundial** (trad. M. H. C. CÔRTES, Rio de Janeiro: Objetiva, 1997). O trabalho tinha sido antes publicado como artigo, *The clash of civilizations* (Foreign Affairs, 1993, 72, n. 3, p. 22 ss.), bem como deste, também, *The West unique, not universal* (Foreign Affairs, 1996, 75, n. 6, p. 28 ss.). Contraposição interessante e inteligente, v. Octávio IANNI, **A sociedade global** (Rio de Janeiro: Civilização brasileira, 5ª ed., 1997).

[963] F. BRAUDEL (op. cit., 1949, ed. 1987, t. II – *en guise de conclusion: la et les conjonctures*, p. 213-220, esp. *Guerres internes et externes*, p. 218-219, cit. p. 218): "Les guerres obéissent mieux encore à un essai de classement. Nous avons distingué entre les guerres selon qu'elles furent intérieures (à la Chrétienté comme à l'Islam) ou extérieures et alors situées à la charnière des deux mondes hostiles. On peut dire que *Djihad* et croisade sont obstinément favorisées par le mauvais temps économique. Les guerres fratricides, entre Chrétiens ou entre Musulmans, sont au contraire portés par la 'vague' montante, chaque descente les bloque avec régularité. Ainsi, en Chrétienté, les grands accords diplomatiques: 1529 (la paix des Dames), 1559 (le traité de Cateau-Cambrésis), 1598 (la paix de Vervins) – sont soit sur le sommet même de notre graphique soit à leur voisinnage immédiat; au contraire, les grandes batailles turco-chrétiennes: la Prevesa 1538, Lépante 1571, sont à leur place logique, en période de reflux. Je ne soutiens pas que la corrélation soit parfaite (ni surtout inévitable). La prise de Belgrad par le Turc est de 1521, la bataille de Mohacs de l'été 1526, au vrai l'une et l'autre à contretemps".

[964] F. BRAUDEL (op. cit., 1949, ed. 1987, t. II – *en guise de conclusion: la et les conjonctures*, p. 213-220, esp. *Guerres internes et externes*, p. 218-219, cit. p. 219): "Par beau temps, la querelle de famille l'emporte; par mauvais temps, la querelle avec les infidèles. La règle vaut aussi pour l'Islam. Du lendemain de Lépante à la reprise de la guerre contre l'Allemagne, en 1593, la Turquie, préoccupée d'Asie, s'est jetée dans une guerre éperdue contre la Perse ... Toute une psychologie, toute une psychanalyse des grandes guerres s'amorceraient à partir de ces remarques. / Dans le même cadre, la Chrétienté, ajoutons que tous les mouvements antisémites obéissent à la conjoncture de la guerre contre l'extérieur. C'est aux périodes de reflux que le juif est persecuté, où qu'il se trouve en Chrétienté".

[965] A. GENTILI (op. cit., 1598, ed. 2004, II.XXIV.7, p. 432): "Há homens valentes que, acostumados a combater contra povos cristãos e contra os turcos, dizem e repetem que é preciso abster-se de atos cruéis contra cristãos, com os quais há direitos de guerra e se procura a paz e a amizade". E encerra o livro II com esta invocação: "Tu, sumo Deus, remove

> Será, então, que judeus e cristãos tiveram sempre razão? E não foi digno, talvez, que fossem superados, também por bárbaros e infiéis? Religião boa não justifica obras más. Muitas vezes, não por amor da religião, mas por causas humanas, os cristãos empreenderam guerras e as administraram de modo injusto.[966]

Da mesma forma, GENTILI admitia, com restrições – que especificava –, a possibilidade de celebrar pactos "com gente de religião diversa".[967] Depois de mencionar vários precedentes bíblicos a respeito, assim se manifestava:

> Afirmo que é lícita qualquer aliança que se refere ao comércio e também, sempre em matéria de transações, alianças particulares [...]. Afirmo também que é lícito celebrar alianças por pactos desiguais com gente de outra religião [...]. Disso deduzo que é lícito também manter, a pagamento, infiéis para que militem de nosso lado.[968]
> Foi escrito por nós que não se deve mover guerra por causa de fé. Semelhante aliança não pode ser firmada com infiéis contra os fiéis porque seria desencadear contra inimigos justos, observantes da religião, dos costumes e das leis de guerra, homens avessos à religião, ignaros e, mais que ignaros, desprezadores de qualquer costume e de qualquer justiça de guerra.[969]

de nós a barbárie, a ferocidade, a insaciável inimizade, tu, bom. [...] Jamais aprendam dos bárbaros os teus cristãos as maneiras de guerrear, mas de teu povo aprendam os bárbaros estas maneiras mais humanas." Infelizmente, foram incontáveis as barbaridades cometidas em conflitos entre cristãos – antes e depois de terem sido tais palavras escritas por GENTILI.

966 A. GENTILI (op. cit., 1598, ed. 2004, III.III.1, p. 447).

967 A. GENTILI (op. cit., 1598, ed. 2004, III.XIX – *se é lícito formar aliança com gente de religião diversa*, p. 574-585). Ver tb. **Tratado** (tomo 5 – **Direito internacional no tempo de Francisco de Vitória**, item – *relações entre comunidades cristãs e não-cristãs no contexto medieval*).

968 A. GENTILI (op. cit., 1598, ed. 2004, III.XIX.3, p. 581): "Vemos então, coisa nunca vista antes, napolitanos, bolonheses e venezianos recrutar a soldo inúmeros turcos".

969 A. GENTILI (op. cit., 1598, ed. 2004, III.XIX.4, p. 582-583): "É próprio desses bárbaros incendiar, devastar, destruir; próprios deles são as fraudes, os venenos, as guerras impiedosas, a escravidão cruel, já em desuso entre os povos cristãos. Desse modo, não aprovo a aliança dos reis da França com os turcos, pela qual milhares de homens, de crianças, de mulheres foram presos e condenados à perpétua e intolerável servidão. Há mais: como

GENTILI igualmente reconhece, "admito que, com os bárbaros, nos comportamos com maior dureza, uma vez que com eles a violência é mais eficaz que a afabilidade".[970] Antes, contudo, ponderara "nunca se deixe de ter em mente que os modos de fazer guerra se estabelecem conforme a índole dos inimigos".[971]

Explicava GENTILI: "Os italianos, de acordo com a memória de nossos antepassados, estavam acostumados a fazer guerras incruentas entre eles; a seguir, as experimentaram sanguinárias contra os franceses e contra outras nações estrangeiras".[972] Isso pode ser situado com precisão, a partir da guerra de agressão francesa contra a Itália, em 1494.

O tremendo impacto dos equipamentos e dos métodos de fazer a guerra, na invasão francesa da Itália, acarretam notório aumento da violência e do número de vítimas do conflito armado – como são descritos magistralmente por Francesco GUICCIARDINI. A entrada dos franceses na Itália, em setembro de 1494, traz "consigo a semente de inumeráveis calamidades, de horrendos incidentes e de variações, em quase todas as coisas":[973]

> Porque de tal passagem não somente tiveram início mutações de estados, subversão de reinos, desolação de regiões, morticínio de cidades, crudelíssimas execuções, mas também novos hábitos, novos costumes, novos e sanguinários modos de fazer guerra, enfermidade que, até aqueles dias, não se conhecia; e se desordenaram de tal maneira os instrumentos da tranquilidade – *quiete* – e concórdia italiana que, nunca mais tendo sido possí-

gente como aquela, que confiança se pode ter? É verdade que os ímpios podem receber juramentos dos infiéis, mas que confiança, pergunto, podemos ter nos infiéis?"

970 A. GENTILI (op. cit., 1598, ed. 2004, III.II.3, p. 440-441).

971 A. GENTILI (op. cit., 1598, ed. 2004, II.XXIII.7, p. 418).

972 A. GENTILI (op. cit., 1598, ed. 2004, II.XXIII.7, p. 418).

973 Francesco GUICCIARDINI (1473-1540), **Storia d'Italia** (orig. publ. Firenze: Lorenzo Torrentino, 1561, ed. a cura di Silvana Seidl MENCHI, saggio introduttivo di Felix GILBERT, Turim: Einaudi, ed. 1971, ristampa 2008, cit. livro I, cap. IX, p. 74-79 e a seguir cap. X, p. 80-82, cit. p. 81) por exemplo: "restando, parte nel combattere, parte nel fuggire, morti di loro più di cento uomini, uccisione senza dubbio non piccola secondo le maniere del guerreggiare le quali a quello tempo in Italia si esercitavano."

vel reordená-las, outras nações estrangeiras e exércitos bárbaros tiveram a faculdade de a espezinhar miseravelmente e devastá-la.[974]

Enfatizava GENTILI: "como é preciso empreender a guerra de modo justo, é necessário também que seja feita e conduzida de maneira justa".[975] E mesmo "se o dolo e a aspereza têm lugar facilmente na guerra, não há porém, parte alguma dela que possa ser desacompanhada da justiça".[976] Na guerra, 'dolo' e 'mentira' também GRÓCIO admitia.[977]

Como regra geral, GENTILI afirma[978] a necessidade de se buscar a justiça, por todos os meios, antes de recorrer à guerra. E mesmo assim, "um extremo é a guerra, à qual, portanto, se deve recorrer somente em último caso".[979]

[974] F. GUICCIARDINI, **Storia d'Italia** (1561, ristampa 2008, I.IX, cit. p. 78): "E per maggiore infelicità, acciocché per il valore del vincitore non si diminuisseno le nostre vergogne, quello per la venuta del quale si causorno tanti mali, se bene dotato sí amplamente de'beni della fortuna, spogliato di quasi tutte le doti della natura e dell'animo."

[975] A. GENTILI (1598, ed. 2004, II.I.1, p. 217-224, cit. p. 217), refere as lições de CÍCERO e de AGOSTINHO e pondera: "o inimigo preserva na guerra a religião e os direitos e, desse modo, ele distingue os ladrões dos inimigos".

[976] A. GENTILI (1598, ed. 2004, II.I.1 e 2, p. 217): "Essa justiça de que falamos parece em primeiro lugar consistir em que tornamos conscientes da deliberação a parte contra a qual deliberamos a guerra. Assim é ordenado também por lei divina. Essa se refere sem dúvida a todos os povos e não somente aos hebreus, não subsistindo uma lei particular de uma só república, mas de todos. Outros também acharam o mesmo, tanto gregos como bárbaros e sobretudo os romanos."

[977] H. GRÓCIO, **De jure belli ac pacis** (op. cit., 1625, ed. 2004, III.I – *regras gerais do que é permitido na guerra, segundo o direito de natureza. Trata-se também do dolo e da mentira*, p. 1013-1053). Ver **Tratado** (tomo 7 – **Direito internacional no tempo de Hugo Grócio**, cap. 18).

[978] A. GENTILI (op. cit., 1598, ed. 2004, II.I.3, p. 219-220): "Para que enviar embaixadores para declarar a guerra àqueles que já haviam violado e pisoteado seu sagrado direito? Segundo meu parecer, para dizer a verdade, essa embaixada, em tal caso, não parece necessária. Afirmo, no entanto, que se essa declaração pode ser feita sem perigo, não se deve deixar de fazê-la. Como e porque se deveria deixar de lado a declaração, cujo efeito é exatamente o de anular o pretexto para desculpas, e constituir em condição de legítima defesa à parte contra a qual se move a guerra? Sobre isso afirmo que é necessário que a declaração seja precedida por uma advertência ou um pedido. Não sendo considerada satisfatória a resposta, só então se deve mover a guerra, precedida da declaração da mesma."

[979] A. GENTILI (op. cit., 1598, ed. 2004, II.I.3, p. 220): "Assim costumavam fazer os romanos. Tarde e com maturidade de conselho empreendiam as guerras, coisa que é elogiada por VARRÃO. Antes de tudo enviavam embaixadores para pedir satisfação e, quando não houvesse resultado, para desdizer a amizade. Depois, se ao térmimo de trinta e três dias

Citava GENTILI a lição de seu conterrâneo, o grande jurista BALDO DEGLI UBALDI, que no século XIV recomendara: "Devem ser tentados todos os remédios civis possíveis, antes de recorrer à represália".[980] E, se tanto se faz, em relação às represálias, tanto mais deve ser feito, em relação à guerra: "no caso de guerra, portanto, deve-se ir mais vagarosamente e sobretudo por causa dos extermínios e devastações, do que no caso de represálias".[981] E não se exima a obrigação de dar sepultura aos inimigos mortos, ou entregar os despojos mortais para aqueles dos seus que os reclamarem.[982]

E que se observe –[983] e isso, sempre e de maneira solene – a necessidade de prévia declaração:[984]

> Nenhuma guerra parece justa se não foi anunciada, se não foi declarada, se antes de empreendê-la não foi pedida a restituição, como escreve CÍCERO e como se refere no Direito canônico. No caso também a lei civil prescreve

que eram solenemente estabelecidos, não houvesse resposta satisfatória, somente então, como se pode ler em TITO LÍVIO (**Ab Urbe condita**, I.36, 38, 42), declaravam a guerra." Ver TITO LÍVIO, **História de Roma** (introdução, tradução e notas de Paulo Matos PEIXOTO, São Paulo: Paumape, 1989, 6 vols.).

980 BALDO DEGLI UBALDI, **De Justitia** (5). A. GENTILI (op. cit., 1598, ed. 2004, II.I.3, p. 222): "Por sua natureza, a represália é proibida, embora a guerra seja menos justa e menos lícita que a represália". Ver **Manual** (26ª ed., 2023, dentre os meios de 'solução não pacífica de controvérsias', o item 8.2.2 – represálias).

981 A. GENTILI (op. cit., 1598, ed. 2004, II.I.4, p. 222).

982 A. GENTILI (op. cit., 1598, ed. 2004, II.XXIV – *sobre o sepultamento dos mortos em guerra*, p. 420-432, cit. p. 422, e a seguir, p. 423): "Este direito se refere ao direito dos povos, em favor do qual, não contra, é feita a guerra". Compare-se, em sentido semelhante, a lição de H. GRÓCIO (op. cit., 1625, ed. 2004, II.XIX – *do direito de sepultura*, p. 747-767, e II.XIX. III – *direito devido mesmo aos inimigos públicos*, p. 758-760) segundo ele: "todos são de opinião que a sepultura é devida mesmo aos inimigos públicos."

983 A. GENTILI (op. cit., 1598, ed. 2004, II.II – *Casos em que não se faz declaração de guerra*, p. 224-232, cit. p. 224): "Não é preciso certamente declarar guerra quando igualmente é movida por causa de defesa necessária. Nem é necessário declarar aquela que é movida por causas necessárias."

984 Como exceções à necessidade de prévia declaração de guerra, mencionava GENTILI (1598, ed. 2004, II.II.1, p. 224): "Não é preciso declarar guerra quando igualmente é movida por causa de defesa necessária. Nem é necessário declarar aquela que é movida por causas necessárias." E prossegue a respeito da desnecessidade de declaração (idem, p. 225): "O mesmo poderia ser dito, pela mesma razão, ao se tratar de defesa útil."

isso, tanto que os intérpretes acrescentam que seria coisa de traidores mover guerra sem tê-la antes declarado.[985] [...]
ALCIATO chama isso de direito das gentes e não há dúvida que se deva declarar a guerra, se o consenso de tantos povos vale alguma coisa, para constituir o direito das gentes, e se tamanha concordância de homens ilustres e doutos, por tantos séculos, parece ser a própria voz da verdade e da natureza.[986] [...]
A guerra é feita sem declaração se o ato de agressão persiste ou esteja a ponto de se realizar. Este é o caso em que também a defesa privada é honesta.[987] [...]
Se a guerra, porém, não foi declarada nos casos em que era necessário, então é guerra traiçoeira, injusta, detestável e própria de canibais, não governada por qualquer lei, mas somente pelo mau instinto e onde não há excesso que não possa ser cometido.[988] [...] OVÍDIO tem este belo verso: '*não há lei mais justa que aquela pela qual os artífices da morte de outrem pereçam*

985 A. GENTILI (1598, ed. 2004, II.I.2, p. 217-218): "E como traidores são chamados todos os que moveram guerra sem antes declará-la. / VARRÃO, em **De língua latina** (livro 4), adverte que as guerras em sua época deixaram de ser justas precisamente porque havia sido abolido o costume de declará-las, conservado pelos romanos até os últimos anos da república e próprio da antiga justiça e do direito da guerra. Se a guerra não tivesse sido regularmente declarada não se decretava o triunfo de maneira alguma. Disso decorre a forma solene da declaração e também e também o questionamento se bastava declarar a guerra ao primeiro destacamento de inimigos que se encontrasse ou se era necessário declará-la ao príncipe deles, e ainda se era necessário contar com a vontade do povo ou se bastava uma deliberação do Senado". Ver M. TERENTI VARRONIS, **De lingua latina** (with an English translation by Roland G. KENT, Cambridge, Ma. / Londres: Harvard UP, LCL 333, VARRO I – Books V-VII, 1st publ. 1938, reprinted 2006; LCL 334, VARRO II – Books VIII-X / Fragments, 1st publ. 1938, reprinted 2006) somente se contém a menção: "LIBER IIII EXPLICIT; INCIPIT LIBER V / Book IV ends here, and here begins Book V", o que impossibilita referência direta deste, cf. refere GENTILI. Em seu tempo, provavelmente a divisão do texto de VARRÃO era diversamente apresentada.

986 A. GENTILI (1598, ed. 2004, II.I.3, p. 218) prossegue na mesma passagem: "Essa é a voz de Deus. Esse é realmente direito natural que, antes de rompê-lo se dá a entender à parte adversária que não queremos mais ter com ela sequer aquela amizade comum que existe entre os homens."

987 A. GENTILI (1598, ed. 2004, II.II.4, p. 227): "Há guerras em que os homens podem estar preparados, mas que devem ser precedidas por tratativas e declarações; há outras guerras, porém, que sob a premência da necessidade, não deixam tempo para tratativas."

988 A. GENTILI (1598, ed. 2004, II.II.10, p. 231): "Essa é guerra feroz, capital, de extermínio, na qual não se trata de qual das duas partes há de vencer, mas qual há de continuar existindo".

por sua arte'. Essa é equidade suma e ninguém poderia de modo justo irritar-se com ela. De fato, quem poderia lamentar-se que alguém faça contra ele aquilo que ele fez contra os outros?[989]

Ao discorrer sobre a guerra, e os meios de a conduzir – "para que serve a palavra, se a mão armada trata a questão?" –[990] GENTILI apontava, desse modo,[991] a existência e o papel de princípios ordenadores da convivência internacional: "se essas coisas não fossem concordadas, nada mais restaria nas questões humanas senão confusão e desordem, nem jamais se poderia acusar de injustiça o contumaz e o injusto.[992]

De modo que, "ao injusto se faz justiça com o pagamento em igual moeda, como se demonstra no livro segundo **De Legationibus**, no qual escrevi que não pode pretender que sejam respeitados os próprios embaixadores quem ofendeu aqueles dos outros".[993]

GENTILI cita a lição de BALDO DEGLI UBALDI, que escreve: "a necessidade que justifica a guerra é aquela pela qual se recorre a ela como última razão das coisas. Por isso é que os romanos tentavam sempre compor as diferenças pacificamente com palavras".[994]

[989] A. GENTILI (1598, ed. 2004, II.II.10, p. 232).

[990] A. GENTILI (op. cit., 1598, ed. 2004, II.I.3, p. 222): "TEODORICO fala assim a ALARICO (CASSIODORO, em **Variae**, I,17): 'Recorra-se às armas só quando o adversário é incapaz de justiça'."

[991] A. GENTILI (op. cit., 1598, ed. 2004, II.II.2, p. 225): "Nem à regra geral se faz exceção quando se trata de guerra empreendida por motivo de vingança. A guerra será declarada por parte de que[m] quer vingar-se da agressão, recente ou antiga. Os exemplos da História são muitos."

[992] A. GENTILI (1598, ed. 2004, II.II.1, p. 225). Este prossegue afirmando (idem, II.II.2) que o mesmo deve ser observado em se tratando de guerra ofensiva: "Nem à regra geral se faz exceção quando se trata de guerra empreendida por motivo de vingança. A guerra será declarada da parte que quer vingar-se da agressão, recente ou antiga. Os exemplos da História são muitos. As razões apresentadas anteriormente demonstram que esse princípio é verdadeiro."

[993] A. GENTILI (1598, ed. 2004, II.II.2 e 3, p. 226): "De modo semelhante não se fará declaração de guerra para aqueles que já são inimigos declarados. Porque declarar guerra, isto é, anunciar hostilidades, a quem já é inimigo e como tal é considerado, seria ato inútil. Inútil é tudo aquilo que se acrescenta para a demonstração de coisa já suficientemente demonstrada. / Os feciais disseram também que não há necessidade de desdizer a amizade quando às repetidas instâncias dos embaixadores não foi dada nenhuma satisfação".

[994] A. GENTILI (op. cit., 1598, ed. 2004, I.III.2, p. 66-67).

E prosseguia:

> Assim também outros, mesmo bárbaros (tão conhecido é esse direito e tanto se compreende que aquela suposta necessidade de mover guerra pode não ser uma verdadeira e própria necessidade), submeteram suas diferenças aos imperadores romanos ADRIANO e ANTONINO.[995]

GENTILI ressalvava, como mencionado, somente casos de necessidade extrema: "há guerras em que os homens devem estar preparados, mas que devem ser precedidas por tratativas e declarações; há outras guerras, porém, que sob a premência da necessidade, não deixam tempo para tratativas".[996] O que se completa com o tempo.

Apontava GENTILI "se não houver no meio outro vínculo, que é por natureza a todos comum".[997] E, assim, "se quisermos entrar propriamente em guerra, será necessário declará-la".[998]

GENTILI não negligenciava o sentido de justiça e aponta a necessidade de se precaver contra a utilização por outros, dos mesmos mecanis-

[995] A. GENTILI (1598, ed. 2004, I.III.2, p. 66-67) citava vários exemplos da história europeia recente, e concluia: "Para que, porém, relembrar tantos exemplos? Quem não sabe que o mundo está repleto de fatos similares? Faço isso para demonstrar que aqueles que evitam o modo de contenda pacífico e correm imediatamente àquele violento das armas, assim agindo se afastam da justiça, da humanidade, dos bons exemplos e voluntariamente se submetem, para não admitir um julgamento de outros, ao julgamento das armas". [...] "Melhor coisa e mais civilizada (diz a lei) é não obrigar com a força."

[996] A. GENTILI (op. cit., 1598, ed. 2004, II.II.4, p. 227 e prossegue, II.II.5, p. 228): "Aquele primeiro tempo, depois do retorno, é costume, como em outros casos, imputá-lo como ausência, em razão de essas coisas não serem ainda reguladas".

[997] A. GENTILI (op. cit., 1598, ed. 2004, II.II.8, p. 230): "Não é guerra nossa aquela que não se faz em nosso nome, nem sob nossos auspícios. Por essa razão, se estivermos vinculados por aliança e o título da guerra for comum, como também o objeto dela for comum, então a declaração de guerra é necessária. Quando, porém, não formos parte essencial da guerra, se não foi por nossa causa que se iniciou, nem por nossa causa haveria de cessar, por que deveria ser por nós declarada?"

[998] A. GENTILI (op. cit., 1598, ed. 2004, II.II.9, p. 231): "É isso que a rainha da Inglaterra afirma, em suas cartas, ter feito muitas vezes. Nessas declara que seus vizinhos belgas receberam auxílio em dinheiro e em armas, contra a prepotência espanhola; nem hesita em levá-lo ao conhecimento do próprio rei da Espanha, ao qual dá até as razões que a levaram a agir desse modo."

mos que, contra eles, tenhamos nós mesmos utilizado.[999] Desse modo, a guerra se faz, quando necessária, mas segundo parâmetros, por ele apontados. E, sobretudo, que não se veja como fim em si mesma.

GENTILI situa o propósito e o papel da guerra: "o fim último da guerra é a paz, para a qual não menos que a justiça parece destino da raça humana de conquistá-la, sem que tenha de consegui-la com ferro e fogo".[1000] De modo que, "para mover a guerra são, portanto, necessárias causas e causas não insignificantes. Digo não insignificantes porque entre o pouco e o nada não há quase diferença".[1001]

Não deixa de assinalar GENTILI a tentação de recorrer a pretextos: "concluo que é mais seguro prodigalizar em privilégios do que ficar obrigado por meio de tratados". E, ademais, "não faltam nunca pretextos fáceis que surgem onde há controvérsias, enquanto isso não acontece com os privilégios".[1002]

Pretextos podem ser suscitados tanto na guerra, como na paz: "os pretextos, eliminado um, logo surge outro".[1003] E enfatizava dever "o vencedor prover e empenhar-se para a segurança da paz tanto quanto para a sua própria".[1004]

[999] A. GENTILI (op. cit., 1598, ed. 2004, II.II.10, p. 232), já referido: "OVÍDIO tem esse belo verso: 'Não há lei mais justa que aquela pela qual os artífices da morte de outrem pereçam por sua arte'. Essa é equidade suma e ninguém poderia de modo justo irritar-se com ela. De fato, quem poderia lamentar-se que alguém faça contra ele aquilo que ele fez contra os outros?"

[1000] A. GENTILI (1598, ed. 2004, I.V.2, p. 83) no capítulo sintomaticamente intitulado "*a guerra não é coisa injusta*". Logo a seguir (I.V.4, p. 85) aduz: "Tenha-se, portanto, por definitivo que a guerra pode ser feita justamente, mesmo a de vingança, ainda que ofensiva. Por isso, como vou demonstrar, também as guerras desse tipo, quando são justas, têm sempre a defesa como fim."

[1001] A. GENTILI (1598, ed. 2004, I.VII.1, p. 91).

[1002] A. GENTILI (1598, ed. 2004, III.XVI – *leis e liberdade*, cit. n.5, p. 553) ainda a respeito dos privilégios: "pelos quais qualquer coisa que se receba não deve ser considerada como devida, nem se concede por força de pacto, mas por favor, e quem chega a possui-la geralmente não a considera como propriamente sua".

[1003] A GENTILI (1598, ed. 2004, I.X, p. 109): "Parece-me que julguei de modo suficiente as causas verdadeiras da guerra e desmascarei o pretexto. Se alguém me elogiar por ter tirado das guerras civis pelo menos esse pretexto, responderia que seria muito melhor extirpar as causas delas."

[1004] A. GENTILI (op. cit., 1598, ed. 2004, III.VIII.2, p. 480).

Não esquece GENTILI o papel do direito internacional para "o estabelecimento da paz em vista do futuro":

> Já descrevi o suficiente sobre aquelas coisas que podem ser feitas pelo vencedor para punir as injúrias passadas – *ulciscendo praeterita* –, e também sobre as que dizem respeito ao futuro. Em relação a estas últimas, contudo, o discurso não pode, ainda, ser considerado completo. Duas coisas importantes devem ser asseguradas pela pena – *ultio*: a satisfação da injúria e a segurança para o futuro. Por isso a pena contém também em si a vingança – *vindictam*. De fato, os gramáticos ensinam que a pena tem relação com as coisas passadas e é por isso que Marte é chamado de punidor – *ultor*; e para impedir as futuras, recorre-se à vingança.[1005]

Relevante a lição de GENTILI quanto advertia que "o inimigo não conquista de modo justo o território, público nem o privado".[1006] O que de certo modo ressalva direitos previamente existentes, sobretudo de particulares, mesmo em caso de ocupação.[1007]

> Parece-me inoportuno que em todas as questões de guerra se decida preocupar-se de uma posse que não seja aquela que se conquista precisamente com atos de guerra.[1008] [...] O direito das gentes, ao qual nossa doutrina unicamente se refere, não conhece essas várias modalidades de posse. A simplicidade do direito das gentes, diz BALDO, onde trata do útil e direto

[1005] A. GENTILI (1598, ed. 2004, III.XIII – *do estabelecimento da paz em vista do futuro*, p. 518-527).

[1006] A. GENTILI (op. cit., 1598, ed. 2004, III.III.1, p. 451): "Sobre isto não há dúvida. BALDO defende, contudo, que mais facilmente são feitas cessões de direitos públicos que de privados e as convenções dos príncipes não devem prejudicar os privados, a não ser que sejam universais".

[1007] A. GENTILI (op. cit., 1598, ed. 2004, III.IV.2, p. 455): "Dizem alguns que, se não são lícitas essas coisas entre cidadãos privados, como seriam justas para príncipes? Respondo que são justas entre príncipes, uma vez que, de tal modo, provêem à vitória e à segurança: tirando forças ao inimigo, conquistam-nas para si; por isso diminuirá a audácia e a faculdade do inimigo de causar danos e eles verão diminuídos os mesmos perigos a temer. Este argumento não teria lugar entre privados porque eles têm, em qualquer caso, seu defensor, seu vingador, na pessoa do magistrado".

[1008] A. GENTILI (op. cit., 1598, ed. 2004, III.XVII – *territórios e postlimínio*, p. 554-561, cit. n.4, p. 559): "Quando alguém tomou alguma coisa pertencente aos inimigos, seguramente ela se torna sua, pouco importando se os prisioneiros jurem a ele fidelidade ou não".

> domínio, não conhece essas fórmulas. Aqui é suficiente a posse de conformidade com o direito das gentes, isto é o direito natural.
> Aquele, entretanto, embora verdadeiro e natural, deriva das convenções.[1009]

Também estipulava GENTILI dever-se "prover para os vencidos e para os vencedores", porquanto

> Foi, portanto, coisa solene e justa para os romanos impor taxas nas terras dos vencidos. Fora da Itália fizeram tudo *nec mancipi,* o que quer dizer que não deixaram aos vencidos as coisas, sem que eles, romanos vencedores, não tivessem ao mesmo tempo o principal domínio.[1010]
> As guerras para a expansão do império e a ocupação dos bens, lícitas numa época, cessaram de ser lícitas depois que foi feita a divisão das coisas, conquanto e a título de guerra não menos que qualquer outro, sem dúvida alguma, possa o vencedor tornar suas as terras e todas as outras coisas dos vencidos.[1011]

GENTILI aduzia: "o mesmo diremos das coisas que, por questões de guerra, não podem ser feitas na guerra".[1012] E contrapunha à opinião corrente entre teólogos:

> Também ALCIATO nega que as coisas tomadas nas guerras entre cristãos se tornem de quem as tomou, mas que essas guerras sejam civilizadas e mais que civilizadas. Os teólogos, ou melhor certos teólogos loucos – *matteologi* – ensinam o contrário e também no foro da consciência, em que, ao

[1009] A. GENTILI (op. cit., 1598, ed. 2004, III.XVII.4, p. 559).

[1010] A. GENTILI (op. cit., 1598, ed. 2004, III.IV.1, p. 454).

[1011] A. GENTILI (op. cit., 1598, ed. 2004, III.IV.2, p. 454): "Embora seja condenada a paixão pelo domínio e grandes latrocínios pareçam a AGOSTINHO (**De Civitate Dei**, 4)."

[1012] A. GENTILI (op. cit., 1598, ed. 2004, III.III.1, p. 452): "Se de todas as coisas que ocorrem durante a guerra e que não são conformes ao direito de guerra se pudesse reclamar reparação, a paz seria violada a todo momento, o que se pretende evitar. Nem deve ser concedido voltar sobre estas coisas e dar motivo para renovar a guerra a quem, nos acordos de paz, quando com maior serenidade de ânimo e com maior equidade se devia tratar, as dissimulou de modo premeditado".

contrário, semelhantes aquisições deveriam ser condenadas de modo mais rigoroso.[1013]

Se ainda pudesse pairar alguma dúvida a respeito da convicção de GENTILI a respeito dos efeitos e consequências da guerra, a formulação deste, no capítulo V do livro III, é muito clara, no sentido de que "a apropriação do vencedor é universal":[1014]

> Se o vencedor que, junto com a pessoa, reduziu a seu domínio todas as coisas do vencido, substitui nos direitos do vencido, com relação a terceiros. [...] É certo que ao abatimento da cabeça se segue o abatimento dos membros porque, se a cabeça serve, também os membros devem servir. E os cidadãos que passam de um príncipe para o domínio de outro príncipe acredita-se que o façam com todos os seus bens. Também os feudatários devem reconhecer o vencedor.[1015]

GENTILI retoma a matéria, "é verdade que essa questão, no entanto, faz parte de nosso tratado do direito das gentes, porquanto por ele se ensina a que coisas ou pessoas se possa estender os direitos dos inimigos".[1016] E prossegue, no capítulo XVII do mesmo livro III: "o território ocupado pelos inimigos torna-se dos ocupantes e considera-se de todo perdido para seu primeiro dono, quando não há mais esperança de poder recuperá-lo proximamente".[1017]

1013 A. GENTILI (op. cit., 1598, ed. 2004, III.IV.3, p. 456): "A opinião de ALCIATO, porém, em relação às coisas ditas anteriormente, considero-a inútil e que não pode ser aprovada."

1014 A. GENTILI (op. cit., 1598, ed. 2004, III.V, p. 457-460).

1015 A. GENTILI (op. cit., 1598, ed. 2004, III.V.4, p. 460).

1016 A. GENTILI (op. cit., 1598, ed. 2004, III.XVII – *territórios e postliminio*, p. 554-561, cit. n.2, p. 557): "Parece que nos últimos tempos do império do Ocidente estivesse em vigor nosso direito civil, uma vez que BOÉCIO pôde escrever: 'Por direito de postliminio retornam a seus donos os homens, os navios, os animais de carga, os cavalos, as éguas a que se costuma por freio, isto é, as domadas'. Algumas distinções, porém, eram feitas também antes, ao que parece, como se deduz destas palavras de FESTO: 'o escravo volta em poder daquele a quem pertence; assim também os cavalos, as mulas e os navios'. Nem todas as coisas, portanto, voltavam a seus donos".

1017 A. GENTILI (op. cit., 1598, ed. 2004, III.XVII.1, p. 555, e a seguir n. 2, p. 555-556): "Em tempo de guerra tem lugar o postliminio. Mesmo que por vezes se negue nesse período, isto não é segundo o direito das gentes, mas segundo aquele particular da cidade".

Apesar de se colocarem em confrontação com algumas opiniões correntes naquela época, da tradição medieval e renascentista de tentativas de regulação jurídica da guerra,[1018] não discrepam autores considerados 'modernos' como GENTILI e o próprio GRÓCIO. Ambos são continuadores dessa tradição de 'tratadistas da guerra'. Pretendem perfazer essa 'tradição' antiga e medieval, com as considerações que um e outro trazem em suas respectivas obras.

Mais do que verem a si mesmos como inovadores dessa nova disciplina do direito internacional, GENTILI, em 1598, e também GRÓCIO, ainda em 1625, provavelmente considerariam os seus próprios trabalhos como inscritos em continuidade histórica e conceitual, em linha proveniente da Antiguidade, até os respectivos tempos, a respeito do "direito da guerra" ou do "direito da guerra e da paz" –[1019] sintomaticamente os títulos adotados para as obras, de um e do outro. Essa ênfase na continuidade e no encadeamento é ademais atestada, em ambos, pela extensa e cuidadosa fundamentação buscada em fontes antigas, tanto bíblicas, quanto da Antiguidade greco-latina. Como modo de exprimir essa convicção de encadeamento temático e conceitual, mesmo quando inovam pontualmente, em determinados aspectos.

Segundo leituras apressadas e culturalmente condicionadas, afastaria GENTILI os fundamentos transcendentes que, todavia, ainda poderiam ter servido de base para seu contemporâneo SUAREZ. Como haviam também servido, antes deste, a VITÓRIA. O exame direto das obras de ambos mostra que as coisas não se colocam de modo tão simples, na construção da complexa questão dos fundamentos do direito internacional.[1020]

Nessa mesma chave de leitura, GENTILI teria sido o primeiro a buscar o direito positivo, enquanto direito concebido e desenvolvido pelo homem, e não alegado como inspirado por Deus e – por conseguinte, em nome d'Este passível de 'execução forçada'. E daí decorreria a especificidade do direito positivo, a seu tempo e contexto, e não como cate-

[1018] Ver **Tratado** (tomo 4 – **Direito internacional no tempo medieval**, cap. 11 – *tratadistas da guerra*).

[1019] A respeito de GRÓCIO, ver **Tratado** (tomo 7 – **Direito internacional no tempo de Hugo Grócio**, cap. 18).

[1020] Cf. exame da questão, nos **Fundamentos do direito internacional pós-moderno** (São Paulo: Quartier Latin, 2008).

goria universal. Mas GENTILI enfatiza sempre o papel do costume, como acima de qualquer lei: "esse é o costume, essa a lei em todos os tempos e no presente".[1021]

Quando se examinam sob tal viés, as contribuições de VITÓRIA e de SUAREZ, se pode constatar, exista mais do que simplificação excessiva, antes uma deliberada e insidiosa tentativa de solapar as bases intelectuais sólidas – e, todavia, válidas – sobre as quais os dois predecessores de GENTILI e de GRÓCIO, com as ferramentas intelectuais disponíveis em seu tempo histórico, e seu contexto cultural, tinham construído a sua argumentação e buscado a fundamentação possível para o direito internacional.[1022] A transmissão das lições de ambos por muitos dentre os pósteros não fazem justiça à complexidade da argumentação e profundidade dos fundamentos apontados.

A contribuição direta dos espanhóis não pode ser menosprezada ao se considerarem as construções intelectuais de outros internacionalistas do século XVII. A diferença de contexto, contudo, leva a progressiva delimitação da área de atuação do direito das gentes, que começa a se destacar da teologia.

A afirmação de estado de guerra implacável contra os turcos não faz jus às belas páginas de GENTILI – pouco antes referidas, sobre não ser a diferença de religião causa justa para a guerra. Embora E. NYS notasse, que "se poderia ver em sua linguagem antes a constatação de um fato, que a exposição de um sistema".[1023]

A posição de GENTILI a respeito é bastante clara –

> Sobre este assunto, porém, já escrevi em outro local, quando tratei dos piratas, como devem ser considerados justos inimigos e daqueles com quem não temos amizade alguma. Desse modo, em relação aos turcos, a

[1021] A. GENTILI (1598, ed. 2004, II.XVI.3, p. 332).

[1022] A respeito de SUAREZ, ver o cap. 15, precedente; a respeito de VITÓRIA ver **Tratado** (tomo 5 – **Direito internacional no tempo de Francisco de Vitória**, cap. 14).

[1023] E. NYS, **Les origines du droit international** (op. cit., 1894, chap. VII, p. 157): "Malheureusement, GENTIL n'ose point persévérer dans ce sentiment. Dans un autre passage de son livre, il admet qu'il y ait entre chrétiens et turcs une guerre irréconciliable. A la rigueur on peut voir dans son langage la constatation d'un fait plutôt que l'exposition d'un système".

questão é tripla: ou fazem a guerra, ou exercem a pirataria ou, ao contrário, fora da guerra, nos roubam.[1024]

Ou, em outra passagem: os turcos se fizeram nossos inimigos e contra nós tramam insídias – *Turcae ferunt se nobis hostes et nobis insidiantur*:

Demonstramos que a guerra não é justa por causa da religião, que naturalmente não há guerra com ninguém, nem mesmo com os turcos, para dizer tudo. Se com eles estamos em guerra é porque eles se comportam como nossos inimigos, tramam insídias, ameaçam e com toda a perfídia, sempre que podem, saqueiam nossas coisas. Disso decorre que contra os turcos temos sempre causa justa de guerra. Não se deve, porém, faltar com a palavra com eles. Quando não nos molestarem e observarem a paz e nada tentarem em prejuízo nosso, não devemos mover guerra contra eles. Mas quando os turcos se comportam desse modo conosco? Teólogos, em coisas que não vos dizem respeito, calai![1025]

Em tempos que levariam ao predomínio de concepções de estados absolutistas, GENTILI colocava claros – e indispensáveis – limites ao exercício da atividade do soberano. Ao fazer distinção entre força e poder, sua advertência permanece atual e necessária: "os impérios dizem respeito aos exércitos e os poderes, à cidade":[1026]

Erram os teólogos, adulam os jurisconsultos, quando querem dar a entender que todas as coisas são lícitas para os príncipes e que seu poder é livre e supremo. É ridículo afirmar que aos pontífices cabe poder absoluto sobre os súditos, poder que nem ao próprio imperador é conferido sobre os italianos.[1027]

[1024] A. GENTILI (op. cit., 1598, ed. 2004, III.IX.2, p. 491).

[1025] A. GENTILI (op. cit., 1598, I.XII): "Turcae ferunt se nobis hostes et nobis insidiantur. Nobis imminent. Nostra rapiunt per omnem perfidiam quam possunt semper. Sic justa semper causa belli adversus Turcas. Non eis frangenda fides est; non. Non inferendum bellum quiescentibus, pacem colentibus, in nos nihil molientibus; non. Sed quando sic agunt Turcae".

[1026] A. GENTILI (op. cit., 1598, ed. 2004, III.XV, '*sobre as coisas pertinentes nos tratados e sobre o duelo*', p. 536-547, cit. n. 2, p. 543).

[1027] A. GENTILI (op. cit., 1598, ed. 2004, III.XV.2, p. 543): "Por mais livre, portanto, que se possa supor o poder do imperador, este é, contudo, sempre não de domínio, mas de administração. Quem tem livre administração, nem por isso tem a faculdade de doar".

Por isso, se afirmou –[1028] pode ser encontrada a "contribuição de GENTILI para o direito das gentes antes em suas pesquisas monográficas que em seus fundamentos teóricos".[1029] Mesmo se considerarmos ter GENTILI, em 1588, escrito sobre o direito da guerra, com sua edição definitiva, em 1598, alguns anos antes, em seu tratado sobre o direito das embaixadas – **De Legationibus**, de 1585, GENTILI "testemunhava a ampliação da teoria para campo onde o estabelecimento progressivo de representações diplomáticas permanentes tornava mais e mais atual".[1030]

Na época da intolerância e da perseguição aberta aos dissidentes, da Europa 'moderna', Alberico GENTILI e seu pai,[1031] como protestantes, em território católico, poderiam ter perecido na prisão, ou na fogueira. Como tantos foram condenados e executados, no fogo, tais como os filósofos, seus contemporâneos, Giordano BRUNO, em 1619, em Roma,[1032]

[1028] Antonio TRUYOL y Serra, **Histoire du droit international public** (Paris: Economica, 1995, p. 56): "GENTILI prend expressément à contrepied les théologiens et revendique pour les juristes la décision en tout ce qui concerne le droit, qui est leur domaine propre. Certains ont vu en lui le précurseur d'une considération historique du droit des gens, bien que la plupart de ses références appartiennent à l'Antiquité classique".

[1029] A. TRUYOL Y SERRA (op. cit., 1995, p. 56): "Sa notion du *jus gentium*, qu'il identifie avec le droit naturel ou (ce qui peut surprendre) avec une partie du 'droit divin', n'est pas claire (**De jure belli**, liv. I, chap. I), et il semble le concevoir plutôt comme le droit universel traditionnel que comme un droit qui régit les relations entre sociétés politiques différenciées."

[1030] A. TRUYOL Y SERRA (op. cit., 1995, p. 56): "Avec Alberico GENTILI nous retrouvons les éléments d'une doctrine du droit des gens qui dépasse le cadre du droit de la guerre."

[1031] A respeito do pai, menciona A. GENTILI (op. cit., 1598, ed. 2004, III.XIV.2, p. 528): "Eu também recebi de meu pai Matteo, excelente médico, ensinamentos de medicina, como Francisco transmitiu a seu filho Baldo [DEGLI UBALDI]. Dele gostaria de receber, se Deus assim o quisesse, tantos ensinamentos de direito quantos pudesse me transmitir."

[1032] O panteísta Giordano BRUNO (1548-1600) já tinha antecipado a afirmação de que talvez Deus e a natureza fossem conceitos idênticos. Daí decorreria para a humanidade a necessidade de buscar o conhecimento, seguindo a natureza. A respeito, ver **Tratado** (tomo 5 – **Direito internacional no tempo de Francisco de Vitória**, cap. 13 – estado como sujeito de direito internacional: a contribuição de Maquiavel e Bodin) e as referências lá apontadas: Giordano BRUNO, **Le Procès** – Documents (introduction et texte L. FIRPO, trad. et notes de A.-Ph. SEGONDS, **Oeuvres complètes de Giordano Bruno**, "publiés sous le patronage de l'Istituto Italiano per gli Studi Filosofici – Centro Internazionale di Studi Bruniani", ed. bilingue, vol. I, Paris: Les Belles Lettres, 2000); Giordano BRUNO, **Le Souper des Cendres** (texte établi et notes par Giovanni AQUILECCHIA, préface Adi OPHIR, trad. de Yves HERSANT, **Oeuvres complètes**, ed. cit., vol. II, Paris: Les Belles Lettres, 1994); Giordano BRUNO Nolano, **De la causa, principio et uno** (texte

e também Lucilio VANINI, em 1619, em Toulouse.[1033] A fuga de Alberico GENTILI e seu pai para a Inglaterra parece plenamente justificar-se pelas ferozes circunstâncias da intolerância de seu tempo e contexto. E leva ao desenvolvimento do direito das gentes em Oxford, que seria continuado por Richard ZOUCH, seu sucessor, na mesma cátedra.

Uma vez rompida, irreversivelmente, a unidade religiosa da Europa ocidental, onde "todas as discórdias e também as guerras civis de nossos dias são por muitos relacionadas à diversidade da religião",[1034] não mais sendo possível reconstituir essa unidade, foi preciso buscar a acomodação e a convivência com as diferenças. A seguir, ponderava GENTILI,

établi par Giovanni AQUILECCHIA, notes Giovanni AQUILECCHIA, intr. Michele CILIBERTO, trad. fr. de Luc HERSANT, **Oeuvres complètes**, ed. cit., vol. III Paris: Les Belles Lettres, 1996); Giordano BRUNO, **De l'infini, de l'univers et des mondes** (texte établi par Giovanni AQUILECCHIA, notes Jean SEIDENGART, intr. Miguel Angel GRANADA, trad. de Jean-Pierre CAVAILLÉ, **Oeuvres complètes**, ed. cit., vol. IV, Paris: Les Belles Lettres, 1995); Giordano BRUNO, **Expulsion de la bête triomphante** – Dialogue 1 (texte établi par Giovanni AQUILECCHIA, notes Maria Pia ELLERO, intr. Nuccio ORDINE, trad. de Jean BALSAMO, **Oeuvres complètes**, ed. cit., vol. V-tome I, Paris: Les Belles Lettres, 1999); Giordano BRUNO, **Expulsion de la bête triomphante** – Dialogues 2 et 3 (texte établi par Giovanni AQUILECCHIA, notes Maria Pia ELLERO, intr. Nuccio ORDINE, trad. de Jean BALSAMO, **Oeuvres complètes**, ed. cit., vol. V-tome II, Paris: Les Belles Lettres, 1999); Giordano BRUNO, **Cabale du cheval pégaséen** (texte établi par Giovanni AQUILECCHIA, préface et notes Nicola BADALONI, trad. de Tristan DRAGON, **Oeuvres complètes**, ed. cit., vol. VI, Paris: Les Belles Lettres, 1994); Giordano BRUNO, **Des fureurs héroïques** (texte établi par Giovanni AQUILECCHIA, intr. et notes Miguel Angel GRANADA, trad. de Paul-Henri MICHEL, revue par Yves HERSANT, **Oeuvres complètes**, ed. cit., vol. VII, Paris: Les Belles Lettres, 1999).

1033 Depois de ter estudado filosofia, teologia e direito, em Roma e em Pádua, em 1617, Lucilio Pompeo VANINI (1585-1619) foi para Paris, trabalhar como educador. Um ano depois foi preso, por ter feito conferências públicas, nas quais afirmara a sua convicção ateísta. Condenado, foi executado na fogueira, aos trinta e três anos, depois do requinte de crueldade de lhe arrancarem a língua. VANINI acreditava que Deus no mundo é uno e total; concebeu uma "filosofia natural de caráter panteísta", na qual Deus manifestava a sua presença infinita e atemporal. Dentre outras, as suas obras: o Anfiteatro da eterna providência – **Amphitheatrum aeternae providentiae** divino-magicum, christiano-physicum, necnon astrologo-catholicum adversus veteres philosophos, atheos, epicureos, paripateticos et stoicos (Lyon: apud Viduam Antonii de Harsy, 1615) e Admiráveis segredos da natureza – **De admirandis naturae, reginae deaque mortalium arcanis** (Paris: Adrien Périer, 1616). Ver por exemplo Wolfgang HILBER (Hg.), **Lexikon der Philosophie** (Düsseldorf: Tandem, 2009, p. 400-401).

1034 A. GENTILI, **Direito de guerra** (1598, ed. 2004, III.XI – *sobre a troca de religião e outras coisas*, p. 501-513).

tendo como exemplos a França e a Itália, as guerras entre facções rivais, durante séculos, se fizeram muito antes da ruptura da unidade religiosa, decorrente das sucessivas ondas de reforma protestante, e prosseguiam, desde então:

> Como já demonstrei, porém, não corretamente se relacionam com esta causa os males e as discórdias que ora nos afligem e com os quais foram perturbados também nossos antepassados, embora professassem a mesma fé. Voltemos à França, precisamente o reino que hoje se apresenta como exemplo. Quem não sabe que desde os tempos mais remotos, não somente em cada província, mas também em cada região, e até em quase cada casa, a França foi dividida em facções? Tire-se aos franceses a guerra externa, com insano conselho movida pelos inimigos da França e sabiamente enfrentada pelo seu rei, e será de maravilhar-se se as guerras internas que ora se calam por causa da guerra externa não recomeçarem do início.[1035] [...]
> E tu, ó Itália, esquecestes os guelfos e os gibelinos, as guerras dos imperadores e dos papas, guerras miserandas que se agitaram em teu próprio seio, enquanto tiveram vida em ti os direitos do império e sobreviveram os restos do reino longobardo? E tu, Roma, que coisas não viste e quantas em teu foro entre soldadescas e mortes?[1036]

Mesmo se essa ruptura marcou toda essa época – de MONTAIGNE e de GENTILI –, fatores belicosos diversos operavam antes e continuaram a operar depois. E, se toda e qualquer tentativa de regulação da guerra pelo direito é sempre complexa, tanto mais quando se alegam motivos religiosos – pondo sob a égide divina os abusos cometidos pelos homens:

> Embora o direito de guerra seja de tal forma nesta parte como penso que seja, preferiria que o vencedor tivesse decoro e honestidade e, desse direito,

[1035] A. GENTILI, **Direito de guerra** (1598, ed. 2004, III.XI.1, p. 503): "Mesmo na França a religião é um pretexto mentiroso. Assim fala de sua pátria um francês, Pierre LEFEBRE. Conceda-se, entretanto, que o mundo de hoje está de ponta cabeça por causa da religião. Admitamos a desqualificada calúnia que contra nós invenraram os pagãos."

[1036] A. GENTILI, **Direito de guerra** (1598, ed. 2004, III.XI.1, p. 503): "de todos esses males a história não culpa as diversas religiões, mas aquelas almas celeradas de ladrões, sicários, adúlteros, sacrílegos, magos, monstros, como dizem esses fatos. A estas ou a outras causas pode-se referir esses males, mas não às várias religiões."

> embora lícito, se abstivesse. Houve recriminação, embora de inimigo, contra aqueles que saquearam as igrejas romanas há pouco tempo.[1037] Também quem não é inimigo os condena. Além disso, aquelas religiões de que falei podiam parecer não somente não comuns, mas também contrárias.
> É certo que comunhão de nome não faz comunhão de coisa nem parece que seja comunhão verdadeira aquela que consiste somente no nome. Alguns querem ser chamados com o mesmo nome de outros, aos quais parece coisa abominável e contrária ao nome do Deus deles; entre aqueles e estes não vejo que haja comunhão, quando na verdade é negada por aqueles e por estes. Porque não é consentir nos artigos da fé estar de acordo somente nas palavras; as palavras contam pouco; tudo está em como se entendem e aqui as opiniões variam. Volto a dizer, gostaria que o vencedor se abstivesse dessas rapinas.[1038]

Alberico GENTILI e seu pai conseguiram escapar, da Inquisição, em Roma, e refugiar-se na Inglaterra.[1039] Não por acaso, as obras de GEN-

[1037] Reporta-se ao saque de Roma, cometido em 1527. Como descreve Francesco GUICCIARDINI, **Storia d'Italia** (orig. publ. 1561, ristampa 2008, cit. livro XVIII, cap. I – *L'anno mille cinquecento ventisette ricco di avenimenti e di sciagure [...] Vicende di guerra nello stato pontificio. Richieste di aiuti del pontefice ai collegati e al re d'Inghilterra*, p. 1815-1819, cap. VIII – *[...] Assalto del esercito tedesco a Roma; morte del Borbone; sacco alla città*, p. 1853-1860, cit. p. 1859-1860): "Arrivò, il di medesimo che gli imperiali preseno Roma, il conte Guido coi cavalli leggieri e ottocento archibusieri al ponte di Salara, per entrare in Roma, la sera medesima; ma intesi il successo si ritirò a Otricoli, dove si congiunse seco il resto della sua gente; perchè, non ostante le lettere avute di Roma che disprezzavano il suo soccorso, egli, non volendo disprezzare la fama di essere quello che avesse soccorso Roma, aveva continuato il suo cammino. Né manco (come è natura degli uomini, benigni e mansueti estimatori delle azioni proprie ma severi censori delle azioni d'altri) chi riprendesse il conte Guido di non avere saputo conoscere una preclarissima occasione, perché gli imperiali, intentissimi tutti a sí ricca preda, a votare le case, a ritrovare le cose occultate, a fare prigioni e a ridurre in luogo salvo i fatti, erano dispersi per tutta la città, senza ordine di alloggiamenti senza riconoscere le loro bandiere senza ubbidire i segni de' capitani."

[1038] A. GENTILI (op. cit., 1598, ed. 2004, III.VI.5, p. 465).

[1039] Dominique GAURIER, **Histoire du droit international** (orig. publ. 2005, Rennes: Presses Universitaires de Rennes, 2e éd., 2014, chap. IV, 4.1.3 – *L'initiateur du courant positiviste: Alberico Gentili*, p. 153-157) se compraz na descrição: "En 1579, GENTILI et son père, poursuivis par l'Inquisition comme hérétiques furent finalement condamnés à Rome, en 1581, à la prison perpétuelle et à la confiscation des biens. Mais les deux hommes parvinrent à s'échapper dès 1579 et Alberico se fixa à Laybach, dans la Carniole. Face à une nouvelle vague de persécution, Alberico dut partir en Angleterre, rejoint par son père. Il reçut là un accueil bienveillant, protégé ainsi que plusieurs autres Italiens adeptes de la Réforme

TILI – originalmente filiadas a estrito calvinismo, depois alinhadas com as doutrinas da igreja anglicana – foram proscritas, e inscritas no **Index** de livros proibidos[1040] aos fiéis católicos,[1041] ainda em tempo de vida deste, desde 1603.

Ponderava GENTILI, a partir da sua própria experiência de vida:

> Não é coisa fácil mudar origem e pátria. A habitação, a agregação acrescentam cidadania à cidadania; não cancela a primeira. Alguém pode, por agregação, ser cidadão de várias cidades ao mesmo tempo e também pode sê-lo de outras ainda. [...]
> A cidadania natural, no entanto, não se perde nunca, senão a título de pena, todas as vezes que abandonamos a pátria, para fugir do perigo.[1042]

A interação entre passado e presente se dá também na obra de GENTILI. Como ocorre nas obras de VITORIA e SUAREZ: não nos esqueçamos que a obra principal de GENTILI foi construída, seguindo a tradição medieval, como três livros de comentários ao direito da guerra. O primeiro, **Prima commentatio de jure belli**, foi publicado em 1588, e foi este seguido, pelo segundo e o terceiro livros, reunidos em obra única, **De jure belli libri tres**, na edição definitiva de 1598.[1043]

O que torna inovadora a contribuição de Alberico GENTILI é apontar a necessidade de institucionalização do direito internacional: "nas causas dos príncipes, podem ser escolhidos os juízes mais sábios e incor-

par ELISABETH. C'est ainsi qu'il put rencontrer Giordano BRUNO, ancien dominicain passé à la Réforme qui, rentrant imprudemment en Italie, sera saisi par l'Inquisition à Venise et conduit à Rome pour y être brûlé comme hérétique en violateur de ses voeux en 1600."

1040 O *Índice de livros proibidos*, criado pela Igreja católica, promulgado ao tempo do papa PAULO IV (1555-1559) e continuado por PIO IV (1559-1565). Versão revista, aprovada pelo Concílio de Trento, foi republicada, com novas condenações a autores e obras. A última edição foi publicada em 1948, e o Index somente foi abolido em 1966, pelo papa PAULO VI. **Index librorum prohibitorum** cum regulis confectis per Patres a Tridentina Synodo delectos, auctoritate Sanctiss. D. N. PII IIII, Pont. Max. Comprobatus (Venetiis, MDLXIIII) https://upload.wikimedia.org/v. on line Index_librorum_prohibitorum_...

1041 Ver **Fundamentos** (2008, esp. item VIII – questão e discurso do fundamento do direito internacional, p. 663-720).

1042 A. GENTILI (1598, ed. 2004, II.XXII.6, p. 407-408).

1043 Alberico GENTILI, **De juri belli libri tres** (originalmente publicado em Oxford, 1598; edição definitiva, Hanover, 1598; ed.. bras. 2004).

ruptos que as escutem e as julguem, sendo testemunha e espectador, por assim dizer, o mundo: *arma amens capio, nec sat rationis in armis.*[1044]

Comentava GENTILI:

> É próprio dos leguleios ir à caça de sílabas e detalhezinhos, distantes como estão daquela simplicidade de soldado e que de muitas e variadas maneiras tentam mostrar a quem as leis favorecem. [...] Com os soldados se deve usar o direito das gentes e a equidade natural, omitindo-se o rigor do direito civil. Com eles se utiliza a simplicidade, que é precisamente própria do direito das gentes.[1045]

Para GENTILI, "o direito encerrado nos livros de JUSTINIANO não é próprio somente da cidade" – *civilis* – mas é também o direito dos povos e o direito da natureza. GENTILI retoma e resgata a ideia de universalidade do direito romano,[1046] e considera pode esta ser aplicada como base para o moderno direito das gentes. E, por isso,

[1044] A. GENTILI (op. cit., 1598, ed. 2004, livro I, cap. III, n. 2, p. 67, e prossegue I.III, n. 3, p. 67-68) : Pergunta-se por que FELIPE, rei da Espanha, não quis contender em juízo sobre suas pretensões em relação ao reino de Portugal com nenhum daqueles que as contestava? Não pergunto porque recusava como juiz o pontifice romano que, contudo, de direito, parecia que tivesse de ser o juiz. FELIPE, como a história constata, não quis acrescentar aos antigos um exemplo novo que reforçasse no papa o arbítrio sobre os reinos. Falo dos árbitros que os príncipes aceitam espontaneamente. / É motivo de riso o que se lê naquela história, em que, em semelhantes questões de príncipes, não se deve recorrer a jurisconsultos, uma vez que os temas de direito das gentes não podem ser regulados com as sutilezas e a ficção do direito civil justiniano, sabendo-se que este foi composto e disposto pelos imperadores somente para os cidadãos privados. Assim pensaram mestres ilustres em questões antigas, não somente leguleios do povo, na questão de quem deveria suceder no reino de Portugal porque, diziam, sobre este caso de representação dos parentes para os FARNESE ou para outros contra FELIPE, nada se encontra nas leis de JUSTINIANO e, portanto, não podemos definir hoje essas controvérsias como não podiam ser definidas então, quando este direito não era conhecido. Desse modo, consta, é que raciocinavam os partidários de FELIPE e, como disse, fazem rir."

[1045] A. GENTILI (op. cit., 1598, ed. 2004, II.IV.1, p. 237).

[1046] A respeito do 'universalismo romano', ver **Tratado** (tomo 3 B – **Gregos, romanos, chineses, indianos**, cap. 6 – na formação e no desenvolvimento de Roma, item 6.1 – da internacionalidade desde as origens de Roma); bem como os referidos estudos de: Ronaldo R. B. POLETTI, **O conceito jurídico de império** (Brasília: Consulex, 2009); Pierangelo CATALANO, **Linee del sistema sovrannazionale romano** (Torino: Giappichelli, 1965) e

> O direito, encerrado nos livros de JUSTINIANO, não é próprio somente da cidade, mas o é também dos povos e da natureza, à qual é de todo e de tal modo conforme que, extinto o império, e sepultado por muito tempo esse direito, no final ressuscitou e se espelhou entre todos os povos. Também aos príncipes, portanto, se referem as leis de JUSTINIANO, embora feitas para os cidadãos privados. Nem me ocorreu jamais ouvir ou ler coisas semelhantes àquelas que são difundidas por aqueles ilustres que tratam o tema genericamente.[1047]

Enfatizava GENTILI a unidade operacional e conceitual do direito, independentemente da sua positivação e adoção por esta ou aquela unidade política soberana –[1048] antes chamada cidade – *pólis* – e que desde o século XVI diz-se o estado: "Cessa, por acaso, de ser das gentes e da natureza aquele direito que é posto para a cidade?"[1049]

O que é, assim, o direito das gentes? "É conforme à equidade aquele direito que para todos os homens foi posto, não aquele de que todos fizeram uso".[1050] O direito das gentes é aquele compartilhado por diferentes povos, para reger as relações entre comunidades politicamente independentes, mas têm necessidade de interagir entre si. Não como decorrência da 'natureza' intrínseca do homem, mas pelo imperativo da convivência – e se parte do que é conhecido, para ir além deste. Porque a convivência é da natureza humana.

Na mesma linha da tradição medieval, e como também considera SUAREZ, se apresenta para GENTILI a questão de como fazer a dis-

Lucienne DAL RI, **Ius fetiale**: as origens do direito internacional no universalismo romano (Ijuí: Ed. Unijuí, 2011).

1047 A. GENTILI (op. cit., 1598, ed. 2004, I.III.3, p. 68).

1048 A. GENTILI (1598, ed. 2004, I.III.3, p. 69): "até que não se demonstre que certas leis são próprias exclusivamente de determinado povo, seria mais que ridículo e estulto não tomar conhecimento dele em questões de direito público."

1049 A. GENTILI (op. cit., 1598, ed. 2004, I.III., p. 69): "O quê? Não convém aos príncipes aqueles preceitos dos livros de JUSTINIANO: viver honestamente, não ofender os outros, dar a cada um o que lhe pertence, proteger os filhos, rechaçar a agressão, reconhecer-se parente de todos os homens, conservar o comércio e outros preceitos similares que estão contidos naqueles livros e que são praticamente sua coisa mais importante? Esses preceitos são também de direito das gentes e da guerra."

1050 A. GENTILI (op. cit., 1598, ed. 2004, III.IX.2, p. 491).

tinção entre direito das gentes e direito civil. Quanto à natureza e ao âmbito de aplicação de cada um.

> Embora não se possa dizer que o direito civil deva ser, porque civil, direito das gentes, todavia o que se refere às gentes deve também ser civil. É verdade que o direito civil não serve em tudo ao direito natural, nem em tudo ao direito das gentes, mas tampouco em tudo se afasta do direito de um e de outro. E a razão pela qual não serve em tudo reside na natureza comum de todos os povos, na índole particular de cada um. Assim, enquanto por direito natural, não há diferença alguma entre os pactos, por direito civil nem todos são revestidos de ação e isso pela tranquilidade da cidade, que, ao contrário, seria perturbada pelo contínuo pleitear.[1051]

A institucionalização do direito internacional pós-moderno permanece, simultaneamente, necessidade e desafio, para o futuro e a sobrevivência da humanidade. O enfoque do direito internacional, no contexto pós-moderno, se fará no sentido de formular mais amplo campo de hipóteses de incidência, no tocante à formação e à regulação pelo direito internacional, dessa ação e influência estatal e das modalidades para o exercício e ocorrência desta.

"Novos são os editos dos pretores e a natureza e a equidade da natureza seguem sobretudo leis antigas. JUSTINIANO conformou suas leis à simplicidade da natureza, como ele próprio declara e as antigas leis que dela se afastavam foram a ela reconduzidas",[1052] de tal modo, apontava, ainda, GENTILI:

> Observamos, porém, que foi por meio dessas ficções e sutilezas que os jurisconsultos chegaram ao conhecimento da equidade, sobre a qual a pesquisa não pode ser considerada ainda concluída, ao reconhecer que as tornaram contrárias à equidade,[1053]

[1051] A. GENTILI (op. cit., 1598, ed. cit., 2004, I.III.3, cit. p. 68-69).
[1052] A. GENTILI (op. cit., 1598, ed. 2004, I.III.3, cit. p. 70).
[1053] A. GENTILI (op. cit., 1598, ed. 2004, I.III.3, cit. p. 70).

e não é de hoje que se produz o fenômeno –[1054] "como disse CÍCERO, que professam e professaram a ciência do direito, pessoas que ignoravam o direito. Não podemos, porém, formar uma idéia do contrário, sem o relativo contrário".[1055]

O pontífice romano INOCÊNCIO, no tratado sobre o voto, propõe à consideração do outro o que é lícito segundo a equidade, o que convém segundo

[1054] Ver **Manual** (26ª ed., 2023, item 2.2.6 – equidade como fonte do direito internaccional); Antoine FAVRE, **Principes du droit des gens** (Fribourg: Libr. de droit et de jurisprudence / Éd. interuniv., 1974, item 18, n. III – equité, p. 292-294): "La notion d'equité déborde le domaine du droit. Elle comporte des acceptions différentes qu'il faut définir. / ARISTOTE divisait la vertu politique en justice légale, qui est conventionnelle et variable, et justice naturelle, qui ne dépend ni des opinions ni des décrets des hommes et a pour caractère d'être universelle et immuable. Sur cette distinction il a fonde la théorie de l'equité. L'equité consiste à invoquer la justice naturelle contre les rigueurs de la loi. 'L'équitable, bien qu'il soit juste, n'est pas seulement conforme à la loi, mais il est plutôt une modification avantageuse du juste, qui est rigoureusement légal. Ce qui rend la loi insuffisante c'est sa généralité. L'equité remédie l'inconvénient qui naît de la généralité de la loi"; V. Marotta RANGEL, *L'equité en droit international: des développements récents* (Tessaloniki: Aristoteleio Panepistimio – Nomos, Anatypo – separata, 1989, p. 937-950, cit. p. 937): "Le cours de l'histoire se signale par la difficulté d'harmoniser les objectifs du droit correspondant à deux nécessités de l'esprit humain: la certitude et la justice. La certitude est atteinte surtour par la loi; la justice par l'application de la loi à des situations concrètes. Il est vrai qu'en général on identifie le juste avec l'application de la loi; mais il y a des lois qui ne sont pas justes ou ne s'appliquent pas, d'une façon satisfaisante, à une situation concrète. L'equité signifie l'apport correctif permettant l'identification de la certitude à la justice."

[1055] A. GENTILI (op. cit., 1598, ed. 2004, I.III., cit. p. 70-71): "Tinham mesmo razão os partidários de FELIPE quando diziam que entre as leis de JUSTINIANO há uma que diz (e é uma daquelas que faz para nós) que não se deve comprometer coisas sobre as quais não incide dúvida. Era falso, contudo, o que logo depois acrescentavam, que a causa de FELIPE não era dúbia e que era unânime a opinião de todos os doutores sobre ela. Como de todos? CUJAS não esteve a favor de CATARINA DE MEDICI? Contra FELIPE não estiveram os coimbrianos? E, para não falar de outros, aqueles trés esplendores do mundo inteiro, a Academia de Perúgia, aquela de Bolonha, aquela de Pádua, não discutiram, não responderam a favor de FARNESE? Suas respostas estão abertas ao público. Mas não pesquisamos isso no presente. / Em favor de FELIPE se poderia talvez dizer (e isso vem ao encontro do tema que estudamos) o que lemos que foi respondido aos habitantes de Corcira que, como se faz para provocar uma discussão pacífica, é preciso começar por deixar aquilo de que se ocupou, a fim de que sejam iguais as condições daqueles que devem julgar. O próprio rei respondia, não faz muitos anos, que não queria depor as armas porque nesse momento lhe teria escapado a ocasião que se lhe oferecia, não estando à espera dela."

a honestidade, e o que é oportuno segundo a utilidade. Isso também queremos, entendendo, com BARTOLO, que a equidade é uma tal conveniência de fato e não um direito escrito ou uma regra de moral delicada e austera. Não deve ser excluído, porém, que o raciocínio proceda sempre de acordo com a justiça.[1056]

GENTILI tocava o cerne da questão, que permanece no direito internacional até o contexto pós-moderno:

quando os árbitros, como se diz, se tiverem pronunciado de maneira coerente como poderemos ter segurança de que sua sentença será executada? Se tu ou eu não quisermos, dizia AUGUSTO a ANTONIO, quem poderá nos obrigar a respeitar os pactos? Se tu leitor, tiveres paciência em seguir-me até o terceiro livro, no qual falo do estabelecimento da paz no futuro, poderás constatar que esse objetivo não basta por si mesmo.[1057]

As mesmas grandes questões do direito internacional permanecem até hoje![1058] Dentre as quais os temas da guerra e da paz.[1059]

1056 A. GENTILI, **Direito de guerra** (1598, ed. 2004, III.XII – *casos em que o útil é contrário ao honesto*, p. 513-517, cit. n. 1, p. 514): "Penso que a equidade deve ser preferida ao estrito direito, o honesto ao útil. Sobre a equidade pensam da mesma forma todos os jurisconsultos. Também a honestidade é anteposta por INOCÊNCIO à utilidade."

1057 A. GENTILI (op. cit., 1598, ed. 2004, I.III, p. 72): "Por isso concluo que, se não houver necessidade, a guerra não pode ser justa, porquanto deve ser provocada pela necessidade. Com um compromisso voluntário deve-se antes de tudo discutir, e com a razão natural, que é árbitro, como diz SÊNECA (**Epistula** 67), do bem e do mal, e com as outras espécies de razão que foram mencionadas anteriormente. Diversamente se poderia dizer que desconfia de seu direito pleno quem evita o julgamento." Reportava-se GENTILI (op. cit., 1598, ed. 2004, p. 518-527) ao livro III, cap. XIII – do estabelecimento da paz em vista do futuro.

1058 Como se examina nos **Fundamentos do direito internacional pós-moderno** (São Paulo: Quartier Latin, 2008), bem como no **Tratado** (tomo 20 – **Direito internacional, história e cultura**, cap. 5 – desafios e desenvolvimento do direito internacional no contexto pós-moderno).

1059 A. GENTILI (op. cit., 1598, ed. 2004, III.XII – *casos em que o útil é contrário ao honesto*, p. 513-517, cit. p. 517) terminava o capítulo com a consideração seguinte: "Uma leve ofensa ao justo é mais que nunca perdoável se tem por fim uma coisa extremamente útil. Por vezes é até elogiada, mais isso é demais; basta, e já é demais a desculpa. Esta é meia justiça. Justiça perfeita é aquela que a todas as coisas antepõe o honesto, como diz ARISTÓTELES (**Ética a Nicômaco**, 3)."

GENTILI, em 1598, propõe "o estabelecimento da paz em vista do futuro":[1060] "o vencedor deve dar aquela paz que dure para sempre. Na verdade, esta é a natureza da paz: o de ser perpétua".[1061]

Isso foi escrito por GENTILI um quarto de século antes de Emeric CRUCÉ publicar o **Nouveau Cynée**, em 1623,[1062] mais de um século

[1060] A. GENTILI (op. cit., 1598, ed. 2004, III.XIII – *do estabelecimento da paz em vista do futuro*, p. 518-527): "Já descrevi o suficiente sobre aquelas coisas que podem ser feitas pelo vencedor para punir as injúrias passadas – *ulciscendo praeterita* –, e também sobre as que dizem respeito ao futuro. Em relação a estas últimas, contudo, o discurso não pode, ainda, ser considerado completo. Duas coisas importantes devem ser asseguradas pela pena – *ultio*: a satisfação da injúria e a segurança para o futuro. Por isso a pena contém também em si a vingança – *vindictam*. De fato, os gramáticos ensinam que a pena tem relação com as coisas passadas e é por isso que Marte é chamado de punidor – *ultor* –; e para impedir as futuras, recorre-se à vingança."

[1061] A. GENTILI (op. cit., 1598, ed. 2004, III.XIII, cit. p. 519): "Como pode a paz ser perpétua? AGOSTINHO (**Epistulae**, 202) responde: 'Ao punir as injúrias passadas alimentamos o ódio e o desdém; provemos para o futuro, usando de misericórdia'. Entre as sentenças de EPICTETO há esta: Paz é liberdade tranquila. Esta é, portanto, a única e segura regra que, tanto no punir, no vingar-se, quanto no ditar as condições da paz, reflete a equidade. Porque aquele que fosse ofendido além do justo não repousaria nunca e alimentaria o desejo de vingança e aquele que fosse oprimido por leis desapiedadas ficaria sob aquele peso até que desaparecesse a necessidade de obedecer. / 'Esta paz foi imposta pela necessidade e por isso não é de se esperar que seja perpétua'. Assim escreveu o grande historiador (PAULO EMÍLIO, 1) e o fez muito bem, porque as coisas feitas por força logo desaparecem, como foi dito pelos legados romanos, segundo se pode ler em DIONÍSIO (livro 8) e como ensina a todos o intelecto natural e como demonstra a experiência, mestra de todas as coisas"; ver AGOSTINHO, **Epistulae / Cartas** (edición bilingue, por Lope CILLERUELO, in **Obras de San Agustín**, vol. VIII, 2ª ed., vol. XIa, 2ª ed., 1972, vol. XIb, 2ª ed., 1972, Madri: Biblioteca de Autores Cristianos, vols. 69, 99A e 99B).

[1062] Emeric CRUCÉ, **Nouveau Cynée** – ou Discours d'Estat représentant les occasions et les moyens d'establir une paix Générale et la liberté du commerce par tout le monde (Paris, 1623), propunha, para abolir a guerra e estabelecer a liberdade de comércio, de "escolher uma cidade onde todos os soberanos teriam perpetuamente os seus embaixadores, para que as controvérsias que pudessem ocorrer fossem solucionadas pelo julgamento de toda a assembleia". Esta Corte permanente incluiria representantes de todos os soberanos do mundo, desde o Papa até o Imperador dos turcos. E se alguém se recusasse a cumprir as suas sentenças, "incorreria na desgraça de todos os outros príncipes, que teriam meios de o fazer voltar à razão". Ver P. B. CASELLA, **União europeia: instituições e ordenamento jurídico** (São Paulo: LTr, 2002, item 1.2 – projetos e experiências de união europeia: antecedentes históricos, p. 54-71, cit. p. 57): "A importância de CRUCÉ em perspectiva histórica de reflexão sobre o ideal de Europa unida ou federada resulta do fato de ter sido o primeiro a perceber que o desencadeamento das guerras normalmente resultava das rivalidades dinásticas da política de poder dos diferentes príncipes. / CRUCÉ acreditava

antes do projeto da paz perpétua do Abbé de SAINT PIERRE, em 1713,[1063] quase dois séculos antes dos enciclopedistas franceses[1064] e do ensaio de KANT, de 1795, sobre a paz perpétua.[1065]

que a solução seria o controle das soberanias, mediante uso da razão moderadora dos soberanos e da institucionalização das relações internacionais."

[1063] P. B. CASELLA, **União europeia: instituições e ordenamento jurídico** (op. cit., 2002, item 1.2 – projetos e experiências de união europeia: antecedentes históricos, p. 54-71, cit. p. 59): "Charles-Irénée CHASTEL, Abbé de Saint-Pierre, foi publicista e teórico reformador, conhecido em seu tempo, em França e no exterior, como o advogado da 'República europeia' e do estabelecimento de organização por ele proposta, com o fim de assegurar a manutenção da paz. Sua obra principal e mais conhecida, **Le projet de la paix perpétuelle** (1713), foi traduzida para a maioria das línguas europeias – para o inglês já em 1714. Como idealizador de sistema de manutenção da paz, a influência estende-se até o século XX". Ver: Charles-Irénée CHASTEL, Abbé de SAINT-PIERRE, **Projeto para tornar perpétua a paz na Europa** (orig. publ. **Le projet de la paix perpétuelle**,1713, trad. Sérgio DUARTE, pref. Ricardo SEITENFUSS, São Paulo: Imprensa oficial do estado / Brasília: Ed. UnB – IPRI – Instituto de pesquisa de relações internacionais, 2003).

[1064] A obra de Charles-Irénée CHASTEL, Abbé de SAINT-PIERRE foi resumida por J.-J. ROUSSEAU, celebrada por D'ALEMBERT e também foi tratada por G. W. LEIBNIZ (1646-1716), inclusive em carta deste a SAINT-PIERRE. Ver: Jean-Jacques ROUSSEAU, *Écrits sur l'Abbé de Saint-Pierre* (Extrait du Projet de paix perpétuelle [Fragment], Jugement sur le Projet de paix perpétuelle, Que l'état de guerre naît de l'état social [Fragments sur la guerre], Polysynodie de l'Abbé de Saint-Pierre, Jugement sur la Polysynodie, [Fragments sur la Polysynodie en forme de dialogue], [Fragments divers], [Projet d'introduction à un ouvrage sur l'Abbé de Saint-Pierre], [Fragments et notes sur l'Abbé de Saint-Pierre] in J.-J. ROUSSEAU, **Oeuvres complètes**, vol. III – Du contrat social – Écrits politiques, éd. publiée sous la dir. de Bernard GAGNEBIN et Marcel RAYMOND, avec F. BOUCHARDY, J.-D. CANDAUX, R. DERATHÉ, J. FABRE, J. STAROBINSKI et S. STELLING--MICHAUD, Paris: Gallimard – Pleiade, 1964, impr. 1991, p. 561-682); D'ALEMBERT, *Éloge de l'Abbé de Saint-Pierre* (1775, extrait de D'ALEMBERT, **Histoire des membres de l'Académie française**, Paris: chez Moutard Imprimeur-Libraire, MDCCLXXVII, tome premier, p. 95-131, Avant-propos Simone GOYARD-FABRE, Caen: Univ. de Caen – Centre de philosophie politique et juridique – Bibliothèque de philosophie politique et juridique – Textes et documents, 1993); G. W. LEIBNIZ, *Observations sur le Projet de paix perpétuelle de l'Abbé de Saint-Pierre* (et *Lettre de Leibniz à l'Abbé de Saint-Pierre, Hanover, le 7 février 1715*, Avant-propos Simone GOYARD-FABRE, Caen: Univ. de Caen – Centre de philosophie politique et juridique – Bibliothèque de philosophie politique et juridique – Textes et documents, 1993); tb. **Tratado** (tomo 10 – **Direito internacional no tempo de C. van Bynkershoek e Christian Wolff**, item 22.1 – o direito segundo LEIBNIZ).

[1065] Immanuel KANT, **Über den Gemeinspruch**: Das mag in der Theorie richtig sein, taugt aber nicht für die Praxis. **Zum ewigen Frieden**: ein philosophischer Entwurf (mit Einleitung und Anmerkungen, Bibliographie und Registern kritisch herausgegeben von Heiner F. KLEMME, Hamburgo: Felix Meiner – Philosophische Bibliothek Band Nr. 443,

Refere GENTILI pouco significar para a paz, o fato de estarem as duas partes cansadas de guerra: "este último caso não oferece paz alguma. A respeito diria TÁCITO (**Annales**, 4): *'antes havia terminado a guerra que começado a paz'*."[1066] E acrescenta:

> Aquelas convenções dão a impressão de querer suprimi-la, mas em substância não fazem outra coisa senão ocultá-la por tempo indeterminado. Não são, portanto, tréguas e tampouco paz, se é verdade que a paz não consiste em depor as armas, mas na remoção de qualquer suspeita que a guerra volte a ser encetada. Deve-se, pois, prover com o maior empenho para que a paz seja certa e perpétua.[1067]

Menciona GENTILI também o exemplo da celebração da paz perpétua entre o comandante romano e o rei dos persas, como referido pelo escritor romano PROCÓPIO (livro I).[1068] Este pacto entre romanos e persas não somente pode ser lembrado como tentativa de construção de equilíbrio de relações internacionais no seu tempo, mas, acima de tudo, como lição que permanece válida: "Será injusto, portanto, aquele vencedor que der uma paz que não é paz, quero dizer, que não possa durar, que não possa ser paz". Muito lucidamente, a partir de exemplos da história "e como ensina a todos o intelecto natural e como demonstra a experiência, mestra de todas as coisas" mostra que não pode ser

1992). Ver **Tratado** (tomo 11 – **Direito internacional no tempo do Iluminismo**, item – *o que é o Iluminismo?*); tb. P. B. CASELLA, *Pax perpetua – a review of the concept from the perspective of economic integration* (in **Dimensão internacional do direito**: estudos em homenagem a G.E. do NASCIMENTO E SILVA, São Paulo: LTr, 2000, p. 69-88).

1066 A. GENTILI (op. cit., 1598, ed. 2004, III.XIV.2, p. 528): "Poderíamos dizer que esta seria a mesma da primeira guerra, que se origina desta, como de uma raiz que ficou? Paz certamente não é aquela que não erradica por inteiro as diferenças".

1067 A. GENTILI (op. cit., 1598, ed. 2004, III.XIV.2, p. 529, e a seguir III.XIV.3, p. 530): "Seja, portanto, afastada qualquer fraude, eliminada qualquer exceção de direito demasiadamente sutil e que as palavras sejam como convém a príncipes. E aos príncipes que pretendem ser considerados homens de grande fé (firmeza) não convém a exceção sutil do leguleio, nem deve ser admitida em julgamentos que partem unicamente da equidade".

1068 Apesar de dever ser 'perpétua', pouco durou a paz entre romanos e persas, como examina PROCOPE DE CESARÉE, **Guerres de Justinien** – livres I et II – **Guerres contre les perses** (trad. Jannick AUBERGER, notes de Geoffroy GREATREX, Paris: Les belles lettres, 2022).

duradoura a obra da força: "porque as coisas feitas por força logo desaparecem".[1069]

Pondera GENTILI, sobre a defesa e suas espécies:

> Quem se defende deve-se presumir que o faça por necessidade, seja como ensina BALDO DEGLI UBALDI (**Conf.**, 3, 458, e 5, 405), que se defenda a si mesmo ou as próprias coisas ou os seus, seja que as coisas defendidas estejam perto ou distantes. É também defesa necessária proteger a outrem de agressão efetiva ou iminente e que isso seja obrigação de aliado, ensina-o de modo justo BALDO e outros também.[1070]

Distingue GENTILI o que chama de "defesa necessária" – como definido –[1071] das outras modalidades, que a seguir considera, sob a denominação de "defesa útil",[1072] e a "defesa honesta".[1073] A defesa útil seria "a que ocorre quando fazemos guerra por temor que, não a fazendo, outro a faça contra nós".[1074] Mas isso não pode ser exercido de qualquer maneira:

> Quando se pode dizer que a coisa é tal que se deva sem dúvida recorrer a essa defesa útil de que falamos. Causa justa requer temor. Não basta suspeita. O justo temor é definido: temor de dano gravíssimo que razoavelmente invade qualquer homem, mesmo corajoso. Mas não concordo facilmente com essas definições.[1075] [...]

[1069] A. GENTILI (op. cit., 1598, ed. 2004, loc. cit.).

[1070] A. GENTILI (op. cit., 1598, ed. 2004, I.XIII – *a defesa necessária*, p. 120-123, cit. p. 120-121).

[1071] A. GENTILI (op. cit., 1598, ed. 2004, I.XIII – *a defesa necessária*, p. 120-123, cit. p. 120-121).

[1072] A. GENTILI (op. cit., 1598, ed. 2004, I.XIV – *a defesa útil*, p. 123-131, cit. p. 123).

[1073] A. GENTILI (op. cit., 1598, ed. 2004, I.XV – *a defesa honesta*, p. 132-141).

[1074] A. GENTILI (op. cit., 1598, ed. 2004, I.XIV – *a defesa útil*, p. 123-131, cit. p. 123): "podendo prever que será feita violência, é mais seguro opor-se a ela do que ficar esperando por ela."

[1075] A. GENTILI (op. cit., 1598, ed. 2004, I.XIV – *a defesa útil*, p. 123-131, cit. p. 125, e a seguir, p. 130): "É preciso tomar cuidado para que toda a Europa não acabe por ficar sob o dompinio de um só, e isso acontecerá se não se levantar alguém que possa enfrentar o espanhol. [...] Não, não é e não será coisa tolerável que um estado cresça tanto que não seja lícito colocar em dúvida sua injustiça."

Concluo: defesa justa é aquela que previne os perigos já pensados e preparados ou também não pensados, mas verossímeis e possíveis. Essa palavra possíveis deve-se, porém, entender com discernimento. Não se deve dizer que é coisa justa mover guerra logo que outro se torne demasiado poderoso. [...] Para a justiça da guerra requer-se algo mais.[1076]

Finalmente a "defesa honesta", segundo GENTILI,[1077] se faz como:

Aquela a que somos induzidos não por temor do perigo que ameace a nós ou a nossas coisas, nem por alguma vantagem nossa particular, mas por puro afeto pelos outros.[1078] [...] Ouvistes que todo o mundo é um só corpo e nós somos seus membros. Que o mundo é todo uma pátria e nós somos os cidadãos. Não fiques aborrecido, leitor, que eu repita estas sentenças, porquanto são belas.[1079] [...]

[1076] A. GENTILI (op. cit., 1598, ed. 2004, I.XIV – *a defesa útil*, p. 123-131, cit. p. 131).

[1077] A. GENTILI (op. cit., 1598, ed. 2004, I.XV – *a defesa honesta*, p. 132-141).

[1078] A. GENTILI (op. cit., 1598, ed. 2004, I.XV – *a defesa honesta*, p. 132-141, cit. p. 132): "Fundamento dessa defesa é precisamente o afeto porque, segundo escreve CÍCERO (em **De Finibus**, 3), sendo os homens irmãos por natureza, são reciprocamente unidos num vínculo de caridade e porque na comunidade universal do gênero humano está depositada a razão de natureza que é, portanto, também classificada por CÍCERO como razão civil. Por isso é que os estóicos queriam que o mundo fosse uma só cidade e todos os homens fossem cidadãos e concidadãos e como um só rebanho apascentado em terrenos confinantes"; ver CÍCERO, **De Finibus bonorum et malorum** (with an English translation by H. RACKAM, Cambridge, Ma. / London: Harvard Univ. Press – LCL 40 – CICERO XVII, © 1914, reprinted 2006).

[1079] A. GENTILI (op. cit., 1598, ed. 2004, I.XV – *a defesa honesta*, cit. p. 132-133): "O mundo, diz VARRÃO, é *Domus maxima rerum* (casa suprema das coisas). SÊNECA (em **De Beneficiis**) novamente: 'Porque o homem é animal social por natureza e é gerado nesta sede comum deve reputar-se que o mundo é uma cidade continuada'. LACTÂNCIO (em **De ira Dei**, 10) o chama de república, uma grande pátria. FÍLON afirma que é uma só república que tem leis iguais. TERTULIANO (em **Apologeticus**) e MINÚCIO (em **Octavius**) dizem que é república universal, pátria comum de todos. ARISTÓTELES o chama também de cidade máxima. Que consenso de sábios!" Cita, a seguir, CÍCERO e AGOSTINHO. Ver LACTÂNCIO, **De ira Dei** (in L. Caeli Firmiani LACTANTII, **Opera omnia**, recognoverunt Samuel BRANDT et Georgius LAVBMANN, Corpus Scriptorum Ecclesiasticorum Latinorum, editum consilio et impensis Academiae Litterarum Caesareae Vindobonensis – Viena: Österreichische Akademie der Wissenschaften, 2013); TERTULIANO [Q. Septimus Florens TERTULLIANUS], **Apologeticus. De Spetaculis** – MINUCIUS FELIX, **Octavius** (with an English translation by T. R. GLOVER, G. H. RENDALL, Cambridge, Ma. / London: Harvard Univ. Press – LCL 250, 1931).

> E se for o caso de uma mesma religião? Para a unidade dos povos serve mais a religião comum do que as leis comuns, do que os tratados. Por isso é que os homens, vivendo em comunidade, invocam a natureza comum, com os tratados o direito das gentes, com as leis o estado, com a religião comum a mais poderosa de todas as coisas, aplacam os corações e aquele estado que é cabeça dessa comunhão.[1080]

Afirmava GENTILI ser a defesa, "de acordo com a lei de natureza, comum a todos os homens e aprovada pelo sumo Deus e pelo consenso de todas as nações, nascida com o mundo e duradoura tanto quanto este e a qual não pode ser derrogada pelas leis civis nem pelas leis canônicas".[1081] E, "que dizer agora se vencedores e vencidos são da mesma religião? Nossos intérpretes respondem que entre cristãos não cessa de ser sagrado o lugar tomado pelos inimigos".[1082]

Quanto à questão de saber "se devem ser defendidos os súditos de outrem contra seu soberano",[1083] GENTILI considera: "ousaria contudo afirmar que essa causa honesta de prestar auxílio não é tal que não possa

[1080] A. GENTILI (op. cit., 1598, ed. 2004, I.XV, p. 133-134) comenta: "AMBRÓSIO (em **De officiis ministrorum**, 3,3) escreve: '*Lei de natureza une os homens em perfeita caridade de modo que um se comporte em relação ao outro como partes de um mesmo corpo*'. Também BALDO DEGLI UBALDI diz que o vínculo de caridade une naturalmente entre si todos os homens e não somente aqueles de uma mesma terra. Aqueles que reduzem a benevolência unicamente a seus concidadãos e a negam aos outros, esses eliminam a comunhão e o consórcio do gênero humano, escreve também CÍCERO e isso agrada a LACTÂNCIO (**Divinarum institutionum**, 6,6)"; ver LACTANTIUS, **Divine Institutes** (orig. **Divinarum institutionum**, translated with an Introduction and notes by Anthony BOWEN and Peter GARNSEY, Liverpool: Liverpool Univ. Press, 2004); AMBRÓSIO [AMBROSE], **De officiis** (ed. with an introduction, translation and commentary by Ivor J. DAVIDSON, Oxford: Univ. Press, 2002 – Early Christianity – collection: Oxford Scholarship on line – https://doi.org/10.1093/0199245789.003.0010).

[1081] A. GENTILI (op. cit., 1598, ed. 2004, III.VI – *do saque das cidades vencidas*, p. 460-466, cit. n. 3, p. 463-464).

[1082] A. GENTILI (op. cit., 1598, ed. 2004, III.VI.4, p. 464): "Isso, porém, não faz com que seja menos verdadeiro o que disse há pouco sobre o comércio porque, como caiu diante de meus olhos neste momento ao ler os anais de Gênova, vejo que também as relíquias e os corpos dos santos e outras coisas sagradas similares (este autor relembra muitas delas) são postas em comércio. Também dos venezianos, por ocasião de guerra, foram tiradas e, como qualquer coisa saqueada, distribuídas em público aos privados. O mesmo lemos em outros locais".

[1083] A. GENTILI (op. cit., 1598, ed. 2004, I.XVI, p. 141-148).

nunca velar ou também manifestar alguma outra causa necessária ou útil". Concretamente isso se colocou quando do auxílio prestado pelos ingleses aos belgas, em luta de "libertação nacional" contra os espanhóis:

> Chegamos a uma questão sobre a qual hoje se discute muito: se os ingleses vieram, de modo justo, em auxílio dos belgas contra os espanhóis, dado ainda que a causa dos belgas não fosse justa, e que os belgas fossem ainda hoje súditos de majestade católica. As duas coisas, porém, não são verdadeiras. Foi dito que não se podia deixar escapar a ocasião para mover a guerra, a fim de que por esse caminho, que parecia o único que se pudesse tentar, os espanhóis se dobrassem ante uma paz razoável. Dá-se por descontado, como ensinam os nossos, que justa é a guerra que se move com essa intenção.[1084]

GENTILI ainda considerava "quando é que se diz que a guerra é feita por necessidade".[1085] Onde faz a estrita caracterização da causa: "por necessidade, como ensinado anteriormente, é quando de outro modo não haveria como manter a vida, senão fazendo a guerra".[1086]

Situação diversa se põe quando se trata de "guerra feita por utilidade":[1087]

> Causa útil de mover a guerra é o direito de vingar agressões sofridas. É dita útil porque quem não se vinga de agressão atrai outra sobre si. [...] É útil também porque é proveitoso obter reparação do dano. Além do mais, esta causa é justa porque não se deve suportar pacificamente a violação de nossos direitos. Ninguém é obrigado a descurar os próprios direitos.
> A natureza de onde surge o direito que cada um tem de defender-se nos concede também o direito de punir.[1088]

[1084] A. GENTILI (op. cit., 1598, ed. 2004, I.XVI, cit. p. 145).
[1085] A. GENTILI (op. cit., 1598, ed. 2004, I.XVII, p. 148-154).
[1086] A. GENTILI (op. cit., 1598, ed. 2004, I.XVII, cit. p. 148).
[1087] A. GENTILI (op. cit., 1598, ed. 2004, I.XVIII – *quando se diz que a guerra é feita por utilidade*, p. 154-157).
[1088] A. GENTILI (op. cit., 1598, ed. 2004, I.XVIII, cit. p. 154).

Ulterior distinção se faz "quando se diz que a guerra é feita por causas naturais".[1089] Em relação a "quando se diz que a guerra é feita por causas humanas".[1090]

Afirma GENTILI: "a guerra é um desastre, e um grave desastre, e, portanto, a agressão que a suscita não pode jamais ser leve".[1091] Mesmo se a tanto contrapõe a avaliação: "a paz é bela se é justa, mas se acatada com injustiça e com vitupério é torpe".[1092]

Daí vem a considerar "a causa honesta para mover a guerra".[1093] Como "restrita àquela determinada guerra que não é feita por alguma vantagem que particularmente nos advenha, mas por direito comum e em favor dos outros":[1094]

> Se alguém agride abertamente as leis da natureza e dos homens, acredito que qualquer um pode reprimi-lo por meio da guerra. [...] Desse modo, acrescenta-se ainda à punição dos delitos que é coisa salutar acima de qualquer outra e de primeira necessidade para a república.[1095]

GENTILI faz desconcertante admissão "da justiça da causa dos espanhóis na guerra que sustentam contra os índios".[1096] Embora afirme:

1089 A. GENTILI (op. cit., 1598, ed. 2004, I.XIX, p. 157-166, cit. p. 157): "Dizemos que a guerra é feita por causas naturais quando por ela queremos adquirir aquilo que a natureza nos propicia e que nos é negado pelos homens. Como exemplos, que alguém nos impeça a passagem ou a entrada nos portos ou acumular provisões ou fazer troca de mercadorias e o comércio".

1090 A. GENTILI (op. cit., 1598, ed. 2004, I.XIX, p. 167-174, cit. p. 167): "Temos causas humanas de guerra em todos os outros casos em que pela violação de algum direito humano chega-se às armas. Já demonstramos que é coisa justa vingar-se das agressões, punir os culpados e defender o próprio direito".

1091 A. GENTILI (op. cit., 1598, ed. 2004, I.XIX, p. 167-174, cit. p. 167).

1092 A. GENTILI (op. cit., 1598, ed. 2004, I.XIX, p. 167-174, cit. p. 168, e a seguir, p. 169): "Deve-se distinguir entre causas e princípio [inícios] porque nas operações dos homens primeiro vem as causas e depois delas os princípios. Estes são os primeiros atos humanos nas coisas que são julgadas e deliberadas, enquanto as causas precedem o julgamento e a deliberação e nos levam a julgar de tal maneira e não de outra."

1093 A. GENTILI (op. cit., 1598, ed. 2004, I.XXV, p. 205-214).

1094 A. GENTILI (op. cit., 1598, ed. 2004, I.XXV, p. 205-214, cit. p. 205).

1095 A. GENTILI (op. cit., 1598, ed. 2004, I.XXV, p. 205-214, cit. p. 206).

1096 A. GENTILI (op. cit., 1598, ed. 2004, I.XXV, p. 205-214, cit. p. 205): "porque são sodomitas, animalescos, açougueiros de carne humana, da qual se alimentavam. Semelhantes imanidades ultrajam a natureza do gênero humano, como todas as outras abominações que

"nem o pretexto de religião pode ser admitido onde o direito dos homens é ao mesmo tempo ofendido":[1097]

> Aquilo que não aprovo, embora outros o façam, é que os espanhóis movam guerra contra os índios, por outras causas que não aquelas mencionadas há pouco [tais como a idolatria e o sacrifício de inocentes]. Sobretudo porque os índios não querem prestar ouvidos à pregação do evangelho, causa em que se detecta que a religião não passa de um mero pretexto. Embora tenha sido dito *'Ide e pregai o evangelho a toda a criatura'*, não se segue que a criatura que não queira ouvi-lo deva ser obrigada a isso por meio da guerra e com as armas. Esses são sofismas disparatados.[1098]

Para GENTILI, "é causa honesta de guerra aquela que tem sua razão na consciência humana".[1099] E nesse sentido, afirma ser justa a guerra movida contra os piratas:[1100]

> A profissão dos piratas é contra o direito das gentes e contra a comunhão da convivência humana. Por isso merece a guerra de todos, uma vez que na agressão a esse direito todos são lesados, e cada um pode vislumbrar uma possível violação de seu direito particular. [...] Isso porque nenhum direito é devido àqueles que corromperam todo direito, tanto divino quanto

são conhecidas de todos se, por acaso, não são ignoradas pelos animais e pelos homens brutos, contra os quais, da forma como se faria contra animais ferozes, deve ser empreendida a guerra, como diz ISÓCRATES (**Aerop.**)"; ver ISOCRATES, **On the peace. Aeropagiticus. Against the Sophists. Antidosis. Panathenaicus** (with an English translation by George NORLIN, Cambridge, Ma. / London: Harvard Univ. Press – LCL 229 – ISOCRATES I, 1929).

1097 A. GENTILI (op. cit., 1598, ed. 2004, I.XXV, p. 205-214, cit. p. 207-208) justifica e afirma ser lícita a guerra contra os idólatras, "se o culto dos ídolos é acompanhado pela morte de inocentes, uma vez que é um dever socorrer os inocentes".

1098 A. GENTILI (op. cit., 1598, ed. 2004, I.XXV, p. 205-214, cit. p. 208).

1099 A. GENTILI (op. cit., 1598, ed. 2004, I.XXV, p. 205-214, cit. p. 209).

1100 A. GENTILI (op. cit., 1598, ed. 2004, I.XXV, p. 205-214, cit. p. 209): "De modo justo a moveram os romanos contra os ilírios, os baleares, os cilícios, não porque tivessem sofrido agressão por esses em particular ou por seus confederados ou por aliados ligados a eles de outra forma, mas porque violavam o direito comum das gentes. Se contra os piratas o amor de nossos semelhantes, o amor da paz e da segurança torna justa a guerra movida por quem quer que seja, justa igualmente a torna o próprio direito comum universalmente ofendido e a natureza comum violada".

humano, e, unidos a nós por identidade de natureza, contaminaram nossa sociedade com abomináveis máculas.[1101]

Em linha que remontava aos antigos romanos, considerava GENTILI: "os piratas são inimigos de todos e, como gente eliminada do consórcio civil, atacam a todos impunemente. Desprezadores das leis dos povos, não há motivo para que encontrem defesa naquelas leis". De modo que "essa é guerra comum a todos os povos".[1102]

> Foi justa a resposta de FERDINANDO, rei da Espanha, a SOLIMAN, rei dos turcos, ao afirmar que é lícito em tempos de paz e também em período de trégua perturbar piratas, ladrões e outros malfeitores semelhantes e desembaraçar os mares das insídias dos piratas.[1103]

Considerava GENTILI, como referido, que "todos os piratas são inimigos comuns dos homens".[1104] Mas a situação e o tratamento legal da pirataria, pelas Províncias Unidas, em meio ao 'esforço de guerra', na luta de libertação nacional contra a ocupação espanhola, foi considerada arma válida, como notava Hugo GRÓCIO, em 1625: "deve-se elogiar o costume desses povos, entre os quais os indivíduos que se dispõem a se aventurar no mar se munem de comissões deliberadas pelo poder público, para perseguir os piratas se os encontrarem no mar, a fim de poder fazer uso, existindo a ocasião, não como por sua própria autoridade, mas como tendo recebido a ordem do estado".[1105]

1101 A. GENTILI (op. cit., 1598, ed. 2004, I.XXV, p. 205-214, cit. p. 209).
1102 A. GENTILI (op. cit., 1598, ed. 2004, III.XXIII, p. 608-617, cit. n. 2, p. 613).
1103 A. GENTILI (op. cit., 1598, ed. 2004, III.XXIII, p. 608-617, cit. n. 2, p. 614).
1104 A. GENTILI (1598, ed. 2004, I.IV.1, p. 75) aduzia: "Por isso, M. T. CÍCERO (**De officiis**, 3) não admite direitos de guerra com eles." Ver CÍCERO, **De officiis** (with an English translation by Walter MILLER, Cambridge, Ma. / London: Harvard UP / LCL 30, CICERO XXI, © 1913, reprinted 2005).
1105 Hugo GRÓCIO, **O direito da guerra e da paz** (1625, intr. Antonio Manuel HESPANHA, trad. de Ciro MIORANZA, do original **De jure belli ac pacis**, col. clássicos do direito internacional, Ijuí: Ed. Unijuí, 2004, II.XX.XIV – *É perigoso para as pessoas privadas cristãs inflingir uma pena, mesmo quando é permitido pelo direito das gentes*, cit. p. 820).

No final do século XVI, "a guerra e a necessidade de atingir o espanhol nas fontes de sua riqueza haviam tornado a pirataria um costume marítimo neerlandês".[1106] Cuja prática se difundiu.[1107]

Ainda cabe outro paralelo com a evolução posterior do direito internacional: GENTILI poderia ser lido como comentador dos motivos que levaram à falência a tentativa de ordenação da paz com a Alemanha, nos termos do tratado de Versalhes, de 28 de junho de 1919, no qual igualmente se estipularam a criação da Sociedade das Nações (parte I) e da Organização internacional do trabalho (parte XIII).[1108] Nessa linha de análise, GENTILI parece ter antecipado, em mais de trezentos e vinte anos, os resultados, condenados ao fracasso, daquele esforço encetado, ao cabo da primeira guerra mundial:

> A única e segura regra que, tanto no punir, no vingar-se, quanto no ditar as condições da paz, reflete a equidade. Porque aquele que fosse ofendido além do justo não repousaria nunca e alimentaria o desejo de vingança e aquele que fosse oprimido por leis desapiedadas ficaria sob aquele peso até que desaparecesse a necessidade de obedecer.[1109]

[1106] Paul ZUMTHOR, **A Holanda no tempo de Rembrandt** (do original **La vie quotidienne en Hollande au temps de Rembrandt**, © 1959, trad. Maria Lúcia MACHADO, São Paulo: Companhia das Letras, 1989, cit. p. 339-340): "Antes da trégua, as cidades ou os almirantados distribuíam aos armadores, mediante pedido, 'cartas de comissão', que os autorizavam a 'fazer o corso' num setor determinado. Em maior ou menor grau, todas as camadas mergulhavam nesse empreendimento. [...] Os 'corsários', agentes autorizados de pilhagem marítima, acabavam por perder qualquer escrúpulo; assaltavam indistintamente os navios inimigos, os neutros e até os de seus compatriotas. Caíam progressivamente na categoria de 'piratas', bandidos que agiam por sua própria conta." [...] "Mas a trégua fez cessar essas intervenções oficiais. Daí para a frente, o estado pretendia manter os acordos e permanecer neutro. Com isso, a pirataria privada se desenvolveu mais ainda. Era considerada comumente mais rentável do que o comércio das Índias."

[1107] Desde os romanos antigos, se coloca a concepção dos piratas como – *hostes humani generis* – inimigos do gênero humano. Cfr. P. B. CASELLA, **Direito internacional, terrorismo e aviação civil** (São Paulo: Quartier Latin, 2006, cap. V – fenômeno da pirataria, p. 63-78); ___, *Pirataria aérea e o papel do direito internacional* (São Paulo: Rev. de Direito – FMU, 1986, vol. I, p. 47-54).

[1108] P. B. CASELLA, **Tratado de Versalhes na história do direito internacional** (texto integral em português, com introdução, São Paulo: Quartier Latin, 2007).

[1109] A. GENTILI (op. cit., 1598, ed. 2004, III.XIII, cit. p. 519-520): "Um embaixador dos privernatos ousou responder assim aos romanos: 'se vós nos concederdes uma boa paz, a

A lição não é somente curiosidade histórica. Vale, igualmente, como advertência, para casos presentes e futuros:

> Quem não sabe, contudo, que em todas as coisas humanas a justiça e a equidade prevalecem sobre o estrito direito? Quem não sabe que nos casos duvidosos se deve seguir a opinião mais suave? Quem não sabe que o direito é bondade e equidade? Como poderia ocorrer que uma coisa seja mais equitativa que a equidade? Que fosse mais favorável, mais útil que aquilo que é favorável, que aquilo que é útil?[1110]

GENTILI formula orientação para a possível responsabilidade internacional do estado, por atos de particulares. E a interação entre as esferas de atuação privada e pública, bem como entre os níveis de atuação, interna e internacional:

> A razão pela qual os homens na cidade nem sempre podem fazer de suas coisas o que melhor lhes convém é esta: para que a república não leve prejuízo e também para que os outros cidadãos não tenham que sofrer

tereis fiel e perpétua; se não for boa, não a tereis nem longa nem duradoura' (TITO LÍVIO, **Ad urbe condita**, 8)". 'A paz será duradoura quando os contratantes forem iguais', disse EPAMINONDAS (PLUTARCO, em **Agesilau**). E SÊNECA (**Epistulae**, 30) diz: 'parte principal da equidade, a igualdade'. Deve-se entender igualdade geométrica que não é igual, de fato, à aritmética, mas deve ser tal o respeito às pessoas que exija atribuir a cada um segundo o seu grau e mérito." [...] "pode-se perguntar se é equitativo aquilo que é útil ao mais forte e responde-se que não é"; ver TITO LÍVIO, **História de Roma** (introdução, tradução e notas de Paulo Matos PEIXOTO, São Paulo: Paumape, 1989, 6 vols.); PLUTARCO, **Vidas paralelas** (trad. do grego Gilson César CARDOSO, introdução e notas Paulo Matos PEIXOTO, São Paulo: Paumape, 1992, vol. IV, *Agesilau (c. 444-c. 360 a.C.)*, p. 9-50).

1110 A. GENTILI (op. cit., 1598, ed. 2004, I.XXI – *culpas dos cidadãos privados*, p. 175-182, cit. p. 179): "E esses são os argumentos com os quais se resolvem os conflitos entre as leis. Que à lei de ordem superior, mais útil, mais equitativa, ceda a outra lei. Assim também, à lei sagrada deve ceder a lei profana. Àquela que diz respeito à melhor parte nossa deve ceder aquela que diz respeito aos bens corporais. Àquela que diz respeito ao ser deve ceder a que se refere aos haveres. Ao direito natural deve ceder a lei que tem em si a equidade e o direito natural. [...] À equidade deve ceder o estrito e rigoroso direito. Aos casos necessários devem ceder os casos que não o são. [...] À lei antiga deve ceder a nova."

injustiça. Nisso consiste a razão de ser do estado, que é parte pública do mundo.[1111]

De exemplos da história e da prática, antiga e recente, GENTILI aponta o desejável, mas não se deixa enlevar pela utopia:

> Sendo essa a equidade, como aparece em tudo o que dissemos, agora deve ser realmente assim considerada. Afirmamos que essa ou outra será a paz, segundo as diversas qualidades dos vencedores ou dos vencidos. A este propósito nada de geral pode ser estabelecido. Deve-se ver também aquelas coisas que se acrescentam às pessoas, se já não as acompanham, e com as quais foi sempre hábito preocupar-se, não menos do que com as próprias pessoas. Relembro, contudo, que todas as preocupações do vencedor devem ser dirigidas para aquela utilidade comum de que falo, e que foi muito bem explicada por ANÍBAL (cf. TITO LÍVIO, **Ab urbe condita**, 36)[1112] e, antes dele, por DEMÓSTENES, como sendo sólido vínculo de companhia e que o chamo até de paz.[1113]

A construção do conteúdo da paz é questão central para o direito internacional até os nossos dias. E os limites do que possa impor o vencedor ao vencido, ao término de um conflito, para que não semeie o fim de um a gênese do próximo:

> É lícito ao vencedor, salvo o direito de natureza, fazer todas aquelas coisas que, em si, contribuam para tornar duradoura a vitória e, em relação a si

[1111] A. GENTILI (op. cit., 1598, ed. 2004, I.XXI – *culpas dos cidadãos privados*, p. 175-182, cit. p. 180).

[1112] TITO LÍVIO, **História de Roma** (introdução, tradução e notas de Paulo Matos PEIXOTO, São Paulo: Paumape, 1989, 6 volumes).

[1113] A. GENTILI (op. cit. 1598, ed. 2004, III.XIII.4, p. 520-521): "DEMÓSTENES afirmou que os méritos de um orador estão todos em colocar bem as coisas. Muitas vezes ocorre que uma só coisa compreende todas as outras. Tal é para nós a utilidade comum, isto é a conservação da paz, sendo coisa útil aos vencidos não menos que aos vencedores que a paz seja conservada. Todas as outras coisas que não estão dirigidas à vantagem comum e que costumam ser realizadas para confirmar a paz, provam ser um vínculo muito fraco para solidificar uma amizade mal firmada. Por isso é que em todos subsiste este pensamento, o de dever-se acomodar às presentes condições e com prudente adulação secundar a inconstância das coisas e nada mais olhando, senão à própria comodidade, entram em novas ligas, destacam-se das antigas e querem, por todos os meios, aumentar o seu império e poder."

próprio e ao vencido, tornar justa a paz. Todas as coisas estão nas mãos do vencedor, exceto aquelas que procedem do direito das gentes.[1114]

O direito não é somente anseio teórico por ideal de justiça; este também se exprime como bom senso. E isso se configura, mais uma vez, na guerra, como na paz:

> Não se pode dizer que tenha sido deixado livre um povo que foi obrigado a ir morar em outro local. Não há diferença alguma entre escravidão e ordem de mudar de residência. Nem pode haver cidadania sem cidade murada e sem aqueles edifícios, nos quais, [...] consiste em grande parte a cidadania.[1115]
>
> ao conquistarem os vencedores parte do território, os vencidos estarão menos dispostos a tentar novas coisas e perdurará neles a memória de sua derrota. Desse modo, deve-se prover para os vencidos e para os vencedores.[1116]

A interpretação dos direitos e das obrigações deve ser regida pela boa fé dos contratantes: "nas convenções de boa fé e que merecem todo o favor da lei são desprezadas as sutilezas jurídicas, quaisquer que sejam, porquanto nada tem a ver com a boa fé e precisamente, por sua sutileza, acabariam por destruir a boa fé dos contraentes".[1117]

A condução das questões humanas deve se pautar pela consciência, e isso se exprime de maneira concreta em GENTILI, citando palavras de ERASMO – "note-se de quanta importância para que uma ação venha a

[1114] A. GENTILI (op. cit., 1598, ed. 2004, livro e cap. cit., n. 7, p. 527): "Ao arbítrio do juiz está tudo aquilo que se refere a cauções e aqui o juiz é o vencedor. Este, de acordo com a qualidade das pessoas, do perigo e dos lugares, deve estabelecer quais vale a pena assegurar e quais não. Concordam com isso todos os nossos. Mesmo que se tenha necessitado recorrer ao máximo e extremo remédio, nem por isso se poderia dizer que não foi observada moderação, se nenhum outro expediente era eficaz."

[1115] A. GENTILI (op. cit., 1598, ed. 2004, II.IV.1, p. 239).

[1116] A. GENTILI (op. cit., 1598, ed. 2004, III.IV.1, p. 453 e a seguir III.IV.2, p. 454): "as guerras para a expansão do império e a ocupação dos bens, lícitas numa época, cessaram de ser lícitas depois que foi feita a divisão das coisas, conquanto e a título de guerra não menos que qualquer outro, sem dúvida alguma, possa o vencedor tornar suas as terras e todas as outras coisas dos vencidos".

[1117] A. GENTILI (op. cit., 1598, ed. 2004, II.IV.2, p. 241-242): "Não há coisa que esteja tão longe da verdade quanto a falácia nas palavras. Inúmeras são as sentenças desse teor".

ser aprovada é o modo com o qual se faz". De modo que "o que a lei permite fazer, não se deve fazer de qualquer maneira":[1118]

> Esse também é direito de guerra: colocar o inimigo em necessidades insuperáveis. Se é lícito livrar-se delas de qualquer maneira, será lícito também ser pérfido e perjuro, por que não? Terá desaparecido então qualquer relação entre inimigos, terá cessado toda lei de guerra?[1119]
> Ninguém pode apresentar como desculpa que sua religião lhe permite porque todas as outras seitas religiosas são contrárias à magia. Nem a religião pode ser motivo de desculpa, se violar e confundir as leis humanas.[1120]

GENTILI faz considerações a respeito da guerra e dos estratagemas que nesta se empregam, a partir das quais formula normas gerais: "a coragem não procede das armas, mas do ânimo, e não são as armas que combatem, mas os homens".[1121] Afirma existir a obrigação de interpretar, de maneira coerente, o direito internacional, como conjunto normativo, inclusive para reger a guerra: "em matéria de guerra, deve-se ter em mira somente o direito das gentes".[1122] Embora até hoje seja difícil assegurar que seja a guerra regida pelo direito.

GENTILI ponderava, antes: "essa diversa indústria de prejudicar não é, porém, de direito diverso ou menos antigo. O direito, melhor, o direito das gentes, não está limitado pelo tempo nem pelo espaço". De tal modo, "esse direito tem validade também em relação ao tempo. Presume-se que é do direito das gentes, desde que o mundo é mundo, que isso seja aprovado". Assim, "não é o tempo, mas a conveniência, que distingue o direito natural de qualquer outro".[1123]

[1118] A. GENTILI (op. cit., 1598, ed. 2004, II.VI.1, p. 254).

[1119] A. GENTILI (op. cit., 1598, ed. 2004, II.VI.2, p. 256).

[1120] A. GENTILI (op. cit., 1598, ed. 2004, II.VI, p. 259-260). A seguir, contudo, observava GENTILI (op. cit., 1598, ed. 2004, II.VII.1, p. 261): "Se alguém tira vantagem com a superstição do inimigo, não vejo porque se deva condenar."

[1121] A. GENTILI (op. cit., 1598, ed. 2004, II.VII.3, p. 265).

[1122] A. GENTILI (op. cit., 1598, ed. 2004, II.XI.1, p. 290).

[1123] A. GENTILI (op. cit., 1598, ed. 2004, II.VII.3, p. 263-264): "Por essa razão, não é porque os homens usassem essas armas novas em lugar das antigas em determinados locais que não seja lícito usá-las em outros." [...] "mesmo querendo insistir na questão do tempo, para dele deduzir a autoridade, não se afastaria talvez da verdade quem afirmasse que as várias espécies de armas usadas hoje foram usadas também em épocas mais remotas."

Em suma, GENTILI afirma: "era minha intenção mostrar como o direito da guerra não varia com as variações que possam apresentar esses acidentes de guerra e como não se deve estabelecer partindo dos fatos, mas sim das causas dos fatos".[1124]

As consequências da doutrina de GENTILI são de grande relevância no plano internacional,[1125] porquanto na medida em que o direito internacional se funda na lei natural e no interesse comum dos homens:

(i) tanto os heréticos como os infiéis, sendo admitidos na comunidade dos estados, não se lhes pode pretender contestar os direitos de soberania, sobre seus respectivos territórios, uma vez que esse direito não tem caráter nem religioso nem civil: a diferença de religião não constitui justa causa para fazer a guerra;[1126] mesmo hereges, infiéis ou excomungados gozam de direito de legação, ativo e passivo; com estes podem ser celebrados tratados de aliança, que terão valor jurídico;

(ii) igualmente, em relação à regulamentação da guerra, esta não é nem civil, nem religiosa, mas natural: as instituições civis, como a quarentena real, ou religiosas, como a trégua de Deus, não têm caráter vinculante, para os beligerantes;[1127] a declaração de guerra segue normas específicas;

1124 A. GENTILI (op. cit., 1598, ed. 2004, II.VII.4, p. 265).

1125 H. NÉZARD (op. cit., 1904, p. 82-83 e p. 85): "La méthode de GENTILIS s'explique également par sa doctrine. Repoussant les conceptions civilistes ou théologiques avant lui émises, il rejette la méthode qui les avait inspirées." O método de GENTILI é estritamente histórico: "La méthode de GENTILIS le conduit ainsi à une conception quin e s'était pas fait jour avant lui et qu'on ne retrouve peut-être que chez un autre anglo-saxon d'un esprit aussi positif, chez ZOUCH."

1126 A. GENTILI (op. cit., 1598, I.IX – *An bellum justum sit pro religione*): "Nunc illa quaestio est si uno religionis obtentu bellum inferri possit. Et hoc nego et ado rationem: quia religionis jus hominibus cum hominibus proprio non est: itaque nec bellum causa religionis. Religio erga Deum est; jus est divinum, id est inter Deum et hominem; non est jus humanum, id est inter hominem et hominem. Nihil igiut quaeritat homo violatum sibi ob aliam religionem."

1127 A. GENTILI (op. cit., 1598, ed. 2004, II.XII – *a trégua*, p. 292-298, cit. n. 1, p. 292): "é convenção entre partes inimigas de não agredir-se reciprocamente por um tempo breve e presente". GENTILI especifica, logo a seguir (II.XII.1, p. 293): "Ela tem lugar no meio das hostilidades, não para acalmá-las, mas somente para interrompê-las. [...] A trégua é uma

(iii) a terra pertencendo a todos, e o mar estando aberto a cada um, o direito de passagem inocente não pode ser recusado nem em uma, nem no outro, sem constituir violação de direito,[1128] e a recusa à liberdade de comércio, fato essencialmente social, constitui ofensa contra a sociedade humana: daí se deduz a teoria dos direitos dos neutros.[1129]

Considerava GENTILI

os intérpretes de nossas leis ensinam que as partes, ao dividirem as terras, devam respeitar os limites que estas tinham na época da divisão. Por isso, deve-se levar em conta a denominação presente. Parece-me muito justa esta regra por causa das muitas coisas que poderiam ser ditas sobre o uso das palavras e a maneira de interpretá-las.[1130]

Considerando questões de sucessão de estado e de governo, GENTILI distinguia: "não admito que os povos devam permanecer obrigados para sempre, embora os povos sejam sempre os mesmos, e os reis sucessores não devam".[1131] E observava: "mesmo quando os príncipes

maneira de paz que está entre as hostilidades passadas e aquelas que se sucederão. A paz é outra coisa [...] a trégua não deve ser incluída sob o nome de paz. Nem mesmo aquela trégua estabelecida por longo período a torna semelhante à paz. [...] A trégua, no entanto, de qualquer espécie que seja, não pode jamais ser confundida com a paz."

1128 A. GENTILI (op. cit., 1598, ed. 2004, III.XVII – *territórios e postlimínio*, p. 554-561, cit. n.4, p. 558): "O mar adjacente é parte da jurisdição e o território é assim considerado por suas terras e por suas águas. Isto é o suficiente para não entrar na questão dos venezianos e de outros povos, para definir se de modo justo se arrogavam o domínio absoluto de mares".

1129 O que faz de GENTILI precursor também em relação ao fato de esboçar tratamento do tema 'neutralidade' e 'neutros', ainda no final do século XVI. Ver **Tratado** (tomo 8 – **Direito internacional além do paradigma vestfaliano**, item – *construção da neutralidade no direito internacional moderno e o tratado de NEWMAYR VON RAMSLA (1620)*), bem como o conjunto dos ensaios contidos no volume coordenado por Jean-François CHANET e Christian WINDLER, **Les ressources des faibles** – Neutralités, sauvegardes et accomodements en temps de guerre (XVIe-XVIIIe siècle) (Rennes: Presses universitaires de Rennes, 2009).

1130 A. GENTILI (op. cit., 1598, ed. 2004, III.XVII – *territórios e postlimínio*, p. 554-561, cit. n.4, p. 559).

1131 A. GENTILI (op. cit., 1598, ed. 2004, III.XXII – *se a obrigação de observar a aliança se estende aos sucessores dos confederados*, p. 596-607, cit. n. 3, p. 602): "Deve-se, portanto, ter como certo que, se os reis sucessores não são obrigados a observar os contratos dos predecessores, nem os povos serão obrigados a observar aquelas convenções celebradas pelos

sucessores não sejam obrigados, não há dúvida que será sempre louvável respeitar os contratos dos predecessores".[1132] Tanto mais porque "as convenções feitas, porém, obrigam os sucessores sempre que estiverem de acordo com a natureza e o costume do principado, como são sem dúvida aquelas que tem por objeto a paz e as alianças".[1133]

Formula, assim, norma relativa à sucessão de estado, segundo a qual: "se o poder soberano não sofre descontinuidade, isso quer dizer que os vários príncipes que se sucedem um ao outro formam como que uma só pessoa".[1134] Apesar desse argumento, ponderava: "muito louvável é o costume de renovar as alianças com os sucessores".[1135]

As questões de momento, como a guerra, não excluem obrigações de médio e longo prazo, com relação ao que hoje se diria configurar o 'interesse comum da humanidade'. Nesse sentido, por exemplo, GENTILI afirmava "destruir os portos não é lícito":[1136]

> Pode-se destruir uma cidade e obrigar os cidadãos a habitar em outro lugar. Fechar, porém, os portos aos navegadores, tirar-lhes um refúgio nos perigos do mar é coisa contrária à humanidade. Nem é lícito, para defender-se, ofender, à maneira de gigantes, as leis da natureza. Os portos são comuns a todos os homens.[1137]

Em lugar de deduções apriorísticas, GENTILI fundamenta o direito internacional na lenta e gradual evolução deste, resultante de acordo entre os povos, e esse acordo aparece mediante o uso reiterado, e a história torna manifesto: "as coisas que se conquistam pelo direito das gen-

reis falecidos. Por outro lado, se não foi tanto com o rei quanto com o povo romano que a aliança havia sido celebrada, não há dúvida que todos aqueles povos permaneciam obrigados para com os romanos e os romanos para com eles".

1132 A. GENTILI (op. cit., 1598, ed. 2004, III.XXII.4, p. 603).

1133 A. GENTILI (op. cit., 1598, ed. 2004, III.XXII.5, p. 603).

1134 A. GENTILI (op. cit., 1598, ed. 2004, III.XXII.5, p. 604).

1135 A. GENTILI (op. cit., 1598, ed. 2004, III.XXII.7, p. 606).

1136 A. GENTILI (op. cit., 1598, ed. 2004, III.XI – *sobre a troca de religião e outras coisas*, p. 501-513, cit. n. 5, p. 509-510).

1137 A. GENTILI (op. cit., 1598, ed. 2004, III.XI. 5, p. 510): "Afastar-se um pouco da lei da natureza não é lícito, tanto mais porque não são de natureza as armadas em terra e as passagens ou estações do mar".

tes não podem ser adquiridas de outra forma".[1138] O costume seria, desse modo, a fonte primordial do direito internacional –[1139] como, ademais, mais e mais se reconhece, no direito internacional pós-moderno.

Apesar dos avanços que traz em sua obra, a fundamentação estritamente positiva e casuística de GENTILI, por não se destacar suficientemente dos fatos que estudava, nem sempre permite construir direito internacional como sistema; muitas vezes se contenta em constatar a ocorrência dos usos e dos costumes: "a graça não tem vínculo de direito e, contudo, não concedê-la não está sempre isento de injustiça".[1140]

Exprime GENTILI, por vezes, o desejo de humanizar as práticas, mas não fundamenta a regra mais humana, tal como é buscada, em princípios doutrinários: "ULPIANO (*Lex 5, quod qui*): é equidade extrema e ninguém pode justamente lamentar-se que seja julgado de acordo como julgou os outros".[1141]

Ou quando aduz: "quantas coisas são tratadas e depois não são concluídas e enquanto os tratados ficam pendentes, nada há que proíba simular e dissimular e, por meio de enganos, buscar o próprio benefício".[1142]

GENTILI constata o uso de saquear as cidades conquistadas, e afirma ser desejável a supressão de tal prática. Mas não chega a formu-

[1138] A. GENTILI (op. cit., 1598, ed. 2004, II.XVI.1, p. 323): "O direito das gentes, simples como é e segundo a natureza, não gosta de simulações, mas de fatos".

[1139] A. GENTILI (op. cit., 1598, ed. 2004, II.XVI.2, p. 327) cita a lição de SÊNECA (**De Beneficiis**, 5): "A lei manda, a lei não proíbe certos atos humanos, que, no entanto, são admitidos pela opinião e pelo costume que é mais forte que qualquer lei". E, mais adiante (II.XVI.3, p. 332): "Esse é o costume, essa a lei em todos os tempos e no presente". A respeito do costume, no direito internacional vigente, ver **Manual** (25ª ed., 2023, item 2.2.1 – costume internacional).

[1140] A. GENTILI (1598, ed. 2004, II.XVII.7, p. 353): "Quem se submete, portanto, à graça, não confessa um delito ou certamente não confere arbítrio absoluto, uma vez que esta palavra deve ser entendida de modo civilizado e requer interpretação e tratamento benigno, ao que recusando-se o vencedor, à parte que se rendeu deve ser restituída a sua primeira condição".

[1141] A. GENTILI (1598, ed. 2004, II.XVIII.2, p. 357): "Não há lei mais justa que os artífices da morte de outrem pereçam por sua própria arte, foi dito por PERILO".

[1142] A. GENTILI (1598, ed. 2004, II.XVIII.3, p. 358): "Não é raro que precisamente desse meio se valha o inimigo para dar esperança ao adversário e fazer com que se sinta seguro e se torne mais lento em suas provisões. Jamais alguém censurou estratagemas desse tipo".

lar princípio geral de respeito à propriedade privada, em meio a conflitos entre estados.[1143]

Com relação ao tratamento de prisioneiros e de reféns, GENTILI formula extensas ponderações.[1144] Cita precedentes históricos,[1145] inclusive seu contemporâneo, Jean BODIN.[1146] "Nesse ponto, BODIN escreve de modo justo que cumpre comportar-se com os prisioneiros como bons pais de família e que assim é praticado com quase todos os povos:[1147]

> É justa aquela escravidão que é útil a quem serve. BODIN (**De Rep.**, 4,1)[1148] escreve: '*O governo de COSIMO foi realmente uma providência para aquela cidade*

[1143] A. GENTILI (1598, ed. 2004, III.VI – do saque das cidades vencidas, p. 460-466); H. NÉZARD (op. cit., 1904, p. 86-87) notava: "Ses successeurs lui reprochent, non sans raison, de manquer d'idéalisme." Desejando provar a constância dos usos, GENTILI busca apoio no maior número possível de fatos, e não negligencia nenhum dado, não deixa de lado qualquer anedota, que possa servir para corroborar as suas teses, o que torna, por vezes, a leitura truncada e cansativa, com resenhas históricas que vão desde Moisés até Carlos V, de tal modo que : "Enfin, par sa méthode, GENTILIS est amené bien moins à discuter la règle de droit, qu'à conclure à l'usage établi, le fait ne souffrant pas de discussion. / Mais du moins, à côté de ces inconvénients, sa méthode offre l'avantage considérable et d'autant plus apprecié qu'il est plus rare chez les auteurs de cette époque de donner un traité de droit international qui, conçu par un esprit qui avait abordé devant la Cour d'amirauté les difficultés des espèces, offre un intérêt pratique considérable. / Si l'auteur vit parfois dans le passé, il ne néglige cependant aucun des problèmes contemporains. [...] GROTIUS reprochera à GENTILIS d'avoir trop négligé le côté philosophique du droit international et spécialement ne pas avoir suffisamment discuté la justice ou l'injustice de la guerre. Nous serions aujourd'hui plutôt tentés de lui faire le reproche de s'être au contraire trop longtemps arrêté sur ce point ; mais, en tout cas, cette critique est à nos yeux le meilleur éloge qu'on puisse faire de l'auteur du **De jure belli**."

[1144] A. GENTILI (1598, ed. 2004, livro II, capítulos XII – *a trégua*; XIII – *quando se pode dizer que a trégua foi violada*; XIV – *o salvo conduto*; XV – *as trocas e os resgates*; XVI – *sobre os prisioneiros e como não é lícito matá-los*; XVII – *a respeito daqueles que se rendem*; XVIII – *quando se pode recrudescer contra aqueles que se rendem e contra os prisioneiros*, XIX – *sobre os reféns*; p. 292-375).

[1145] Pode-se fazer paralelo com o tratamento da mesma matéria em GRÓCIO, **Direito da guerra e da paz** (op. cit., 1625, ed. bras., 2004, III.XX.LII – *pessoas que podem e devem ser dadas como reféns*, p. 1415, b/c III.XX.LIII a III.XX.LVIII, e ainda, III.IV.XIV e III.XI.XVIII).

[1146] A respeito de Jean BODIN (1530-1596), ver **Tratado** (tomo 5 – **Direito internacional no tempo de Francisco de Vitória**, item 13.2).

[1147] A. GENTILI, **Direito de guerra** (1598, ed. 2004, III.IX, '*sobre os escravos*', p. 485-496, cit. n. 3, p. 492).

[1148] J. BODIN, **Les six livres de la République** (ed. orig. Paris: Jacques Du Puys, 1576, esta edição segue a 10ª ed., publicada em Lyon: Gabriel Cartier, em 1593, reimpressa em 1594,

> *sediciosa'.*[1149] [...] É útil aquela escravidão pela qual é tirada a permissão aos maus de cometer injustiças e que, subjugados, deixarão em melhores condições aqueles que, livres, viviam em piores condições.[1150]

A respeito da "cooperação judiciária", afirmava GENTILI:

> Mais verdadeira e mais conforme ao direito, embora se pratique o contrário, é a opinião daqueles que dizem que os príncipes são obrigados, bem como os magistrados entre eles, a entregar um ao outro os delinquentes. Mesmo que os príncipes não fossem obrigados, que outra coisa seria contrário ao direito das gentes senão a de tomar os súditos de outrem? Permanece sempre súdito do príncipe aquele que dele se subtrai e é cometida injúria contra o príncipe se esse súdito que lhe pertence não lhe for restituído.[1151]

A mesma lógica, segundo GENTILI, deveria reger a questão de acolher desertores, dado que "costuma-se também fazer acordos sobre a proibição de acolher desertores": "não é raro que certas obrigações, que sendo unilaterais não teriam eficácia, passem, ao contrário, a tê-la quando as partes as assumam de maneira recíproca".[1152]

Corpus des oeuvres de philosophie en langue française, Paris: Fayard, 1986, 6 vols. ; vol. IV, *'Le quatrième livre de la République'*).

1149 A. GENTILI, **Direito de guerra** (1598, ed. 2004, III.X, *'sobre a modificação do estado'*, p. 496-501, cit. n. 3, p. 500): "De modo justo, portanto, os vencidos são obrigados a conformar seu estado de acordo com aquele dos vencedores".

1150 A. GENTILI, **Direito de guerra** (1598, ed. 2004, III.X.2, p. 498): "Assim o vencedor deverá considerar a natureza dos povos vencidos". E a seguir (III.X.3, p. 499): "Deve-se também verificar entre quais povos foi feita a guerra porque, se a forma de regime usada pelos vencidos é incompatível com a sua, será justo que o vencedor tente mudá-la para outra mais conveniente, sendo coisa justa que entre duas que não podem estar de acordo, os mais fracos cedam. E natural e justo é o império para que os fracos obedeçam aos mais fortes e os vencidos suportem aquilo que eles próprios teriam feito se tivessem sido vencedores."

1151 A. GENTILI (op. cit., 1598, ed. 2004, III.XXIII, p. 608-617, cit. n. 3, p. 615-616): "Ocorre às vezes, contudo, estar declarado de modo expresso nos tratados se essa gente deve ser devolvida ou não; isso sempre deveria ser feito".

1152 A. GENTILI (op. cit., 1598, ed. 2004, III.XXIII.3, p. 616): "Será certamente ótima decisão, porém, entender-se claramente em todas as coisas, a fim de evitar questões, uma vez que, podendo prevê-las e resolvê-las com um tanto de caneta, não seria realmente pru-

Não acolher inimigos de aliados deve ser observado, quanto ao seu conteúdo material: "as palavras, quer da convenção, quer da lei, sobre o fato de não acolher inimigos, devem referir-se ao fato em si mesmo, sem distinção de tempo".[1153]

A respeito da interpretação das normas e das obrigações, GENTILI ensaia algumas considerações gerais:

> As leis dizem que ao interpretar a vontade das partes não se deve prestar atenção à ordem do que está escrito, mas ao que as partes devem ter pretendido fazer de modo razoável. A ordem da escrita não impede a causa do vínculo obrigatório.[1154]

A consistência da interpretação das obrigações era por GENTILI afirmada como pertinente ao direito das gentes – "não é violada a aliança se dela nos afastarmos por justa razão":

> Assim o direito o requer, a fim de que por uma coisa de nada não se anule um contrato de grande relevância e também para não dar razão a quem afirma que até por qualquer causa mínima se poderia a bel prazer retirar-se da sociedade. As causas de pouca monta, precisamente porque são tais, nunca faltam e, se a todos se devesse dar importância, adeus contratos. Isso o direito das gentes não tolera. O quê? Dever-se-ia, pois, recorrer às armas por qualquer coisa de nada? Vamos deixar aos leguleios aprisionar o Direito nas sílabas e nas questiúnculas.[1155]
>
> Não é uma ofensa qualquer, mas aquela que oferece ocasião para retirar-se dos pactos é que rompe a paz.[1156] [...] A ofensa deve ser de natureza semelhante àquela passada que deu motivo para a guerra.[1157]

dente deixar essa tarefa aos doutores, os quais, como foi visto, são capazes até de dizer que a promessa de não acolher desertores diz respeito somente aos atuais".

1153 A. GENTILI (op. cit., 1598, ed. 2004, III.XXIII.3, p. 617).

1154 A. GENTILI (1598, ed. 2004, II.XIX.9, p. 375).

1155 A. GENTILI (op. cit., 1598, ed. 2004, III.XXIV – *quando são violadas as convenções*, p. 618-628, cit. n. 1, p. 618).

1156 A. GENTILI (op. cit., 1598, ed. 2004, III.XXIV.1, p. 621): "ISÓCRATES assinala: *Firmada a paz não se deve pensar em vingança pelas ofensas passadas*".

1157 A. GENTILI (op. cit., 1598, ed. 2004, III.XXIV.1, p. 622-623): "Assim, pois, pretende-se que a ofensa recente seja de natureza semelhante à passada, de tal modo que uma ofensa

Em relação aos 'suplicantes' ou o respeito a locais considerados sagrados, ponderava GENTILI:

> Pela religião comum pode-se dizer que é protegido aquele que se refugia nos locais sagrados, como aquele que se refugia num trato que não é infringido em caso de guerra. Estreitadas entre si pela unidade da religião, as pessoas imploram umas pela consciência das outras. Dessa natureza é a súplica daqueles que se refugiam nos lugares sagrados e, como suplicantes, devem ser poupados.[1158]
> Suplica-se também, contudo, pela natureza comum que permanece sempre comum, se os homens não se transformarem em feras. A natureza é comum, também aos inimigos, como adverte BALDO (**Cons.**, 5,54).[1159]

Assim terminava GENTILI o seu tratado sobre o direito da guerra:

> E aqui termino o meu tratado sobre o direito da guerra. Outros e mais minuciosos estudos sobre os tratados e as convenções deixo a nossos intérpretes que, de modo mais completo e mais digno, quero crer, tratam desta matéria. Não pude nem foi propósito meu consultá-los.[1160]

de natureza diversa, por maior que seja, acredita-se que não seja suficiente para romper a paz".

1158 A. GENTILI (1598, ed. 2004, II.XX – *os suplicantes*, p. 376-382, cit. p. 381), ressalvara, no parágrafo anterior: "este direito não teria lugar, muitas vezes, entre homens de religião diversa". E apesar de considerar que "o relato de fatos semelhantes seria longo demais", não deixa de mencionar o precedente: "Os turcos, nisso mais humanos, na conquista a Jerusalém, não violentaram as matronas, nem contaminaram o Santo Sepulcro. O motivo dos fatos contrários, se um motivo para isso pode haver, que não se aprova, seria que os locais são sagrados para os vencidos e para os prisioneiros, mas deixam de sê-lo para os vencedores."

1159 A. GENTILI (1598, ed. 2004, II.XX – *os suplicantes*, p. 382) prosseguia: "Aqui cairia muito bem o direito de asilo daquelas cidades de que se escreve na lei mosaica (**Deuteronômio**, 19). Gostaria mesmo que para esses últimos suplicantes houvesse direito de asilo, concedido, como quer a justiça, aos desventurados, a fim de que nas causas dúbias, não tivessem o que temer enquanto a causa ficar pendente"; ver **Biblia Sacra** iuxta **Vulgatam clementinam** (logicis partitionibus aliisque subsidiis ornata a Alberto COLUNGA et Laurentio TURRADO, Madrid: Biblioteca de autores cristianos, quinta editio, 1977, *Liber Deuteronomium*, p. 140-172, cap. 19 – *Civitates refugii designantur*, p. 157-158).

1160 A. GENTILI (op. cit., 1598, ed. 2004, III.XXIV – *quando são violadas as convenções*, p. 618-628, cit. n. 4, p. 628): "Que Deus Ótimo e Máximo, porém, faça com que os reis ponham fim, de uma vez por todas, às guerras e observem santamente o direito da paz e dos tratados".

É incontestável o lugar devido a GENTILI, dentre os 'pais' do direito internacional moderno, embora a sua construção casuística e sua ênfase absoluta nos precedentes históricos e na comprovação de usos, faz que seu trabalho permaneça inferior, conceitualmente, aos equivalentes de SUAREZ e de GRÓCIO, na exposição dogmática dos princípios racionais do direito das gentes: não há, em GENTILI, sistematização efetiva do direito, enquanto sistema: "Afirmo que invoca mal as leis quem opera contra as leis".[1161]

Mesmo se GENTILI teve, alegadamente, o mérito de abandonar as construções puramente teóricas e especulativas dos teólogos e dos civilistas, dos quais não mais poderia adotar os pressupostos da unidade eclesiástica ou imperial do mundo. Ou, mesmo da Europa ocidental, depois da ruptura decorrente das sucessivas reformas protestantes.

É pela noção, vaga e indeterminada, da humanidade, que GENTILI constrói o âmbito de aplicação do direito internacional, como o direito comum a toda a comunidade humana. Parte desse debate – sobre a condição da humanidade como sujeito de direito internacional – se põe no direito internacional, em nossos tempos pós-modernos. De certa forma, GENTILI antecipa em quatro séculos essa concepção.

Por sua vez, GRÓCIO, com dados de GENTILI, sobre a razão natural e a lei da natureza, construirá o seu sistema. Este lhe permite estender o domínio do direito, por método racional e dedutivo, para abranger situações novas: terá, assim, visões mais amplas e mais extensas.

Logo adiante, GRÓCIO idealiza o direito internacional, destacado das soluções positivas de seu predecessor, excessivamente apegado às regras, que, não sendo direito atual, deveriam tornar-se tal. Desse modo, GRÓCIO enseja grandes avanços para o direito das gentes, todavia não considerados por GENTILI.[1162]

GENTILI, por sua vez, permanece superior a GRÓCIO, pela segurança de seu método, pelo exame escrupuloso dos fatos, que desenvolve e pelas soluções jurídicas, que deduz. O próprio GRÓCIO admite quanto se beneficiou, nesse ponto e em muitos outros, pela obra de seu precursor: assim como sei que sua diligência muitos pode ajudar e apro-

[1161] A. GENTILI (1598, ed. 2004, II.XVIII.4, p. 360) a respeito "daqueles que depois de terem violado as leis de guerra, caem em poder dos inimigos".

[1162] A respeito de GRÓCIO, ver **Tratado** (tomo 7 – **Direito internacional no tempo de Hugo Grócio**, cap. 18).

veito que me ajude também – *cujus diligentia sicut alios adjuvari posse scio et me adjutum profiteor* .[1163]

Depois de GENTILI se pode passar ao exame da contribuição de seu sucessor na mesma cadeira da Universidade de Oxford, Richard ZOUCH (1590-1660). Como etapa adicional na construção do direito internacional moderno (cap. 17).

[1163] H. GRÓCIO, **Direito da guerra e da paz** (ed. cit., Prolegômenos, par. 38).

CAPÍTULO 17
RICHARD ZOUCH (1590-1660)

O direito das gentes é a norma de ação correta, que os povos e os homens comprovam por múltiplos juízos: seja pela reflexão, seja introduzida pelo costume. A reflexão é o uso do discurso racional para considerar o que seja útil para o gênero humano. Os costumes dos povos são o que seja conveniente para o gênero humano, comprovado pela experiência comum.

R. ZOUCH, **Elementa jurisprudentiae** (1629, I.4)[1164]

ZOUCH é o primeiro a ter reconhecido e tratado o direito internacional em seu inteiro contexto teórico e prático, e por isso assume lugar importante nessa ciência.

Dietrich Von OMPTEDA (1785, reed. 1963)[1165]

1164 Richard ZOUCHEI, **Elementa jurisprudentiae** – definitionibus, regulis et sententiis selectioribus juris civilis illustrata; acesserunt Descriptiones juris et judicii sacri, militaris et maritimi (orig. publ. 1629, Hagae Comitis: Ex typographia Adriani Vlacq, MDCLXV, Pars I, Sect. 4 – *De jure gentium*, p. 4-5): "Jus gentium est recte agendi norma, quae gentium vel hominum plerorumque judicio comprobatur: eaque vel ratiocinatione, vel moribus introducta est. Ratiocinatio est, quae per discursum rationis quid sit utile humano generi excogitavit. Mores gentium sunt, qui, quid conveniens sit humano generi, experientia commune comprobarunt."

1165 Dietrich Heinrich Ludwig Von OMPTEDA, **Literatur des gesamten natürlichen und positiven Völkerrechts** ("Neudruck der Ausgabe Regensburg 1785", Aalen: Scientia Verlag, 1963, § 64, p. 252-265, cit. p. 253): "ZOUCHAUS der erste ist der das Völkerrecht in seinem ganzen theoretischen sowohl als practischen Umfange erkannt und abgezeichnet hat, und daher in dieser Wissenschaft eine wichtige Stelle einnimmt."

o conjunto da obra internacional de Richard ZOUCH nos parece hoje como um dos monumentos importantes de nossa ciência.

Georges SCELLE (1904)[1166]

Um dos principais iniciadores da escola positivista foi Richard ZOUCH (1590-1660), que viveu na mesma época que PUFENDORF, mas na Inglaterra. Descartando completamente o direito natural, ele deu pouca atenção às doutrinas tradicionais. Sua preocupação estava nas situações específicas, e seu livro contém muitos exemplos do passado recente. Ele elevou o direito da paz acima da consideração sistêmica do direito da guerra, e pôs de lado as exposições teóricas.

Malcolm N. SHAW, **International Law** (2003)[1167]

Richard ZOUCH sucede a GENTILI na cátedra de professor – *regius professor* – em Oxford. Foi contemporâneo também de GRÓCIO e de SELDEN, e, como sempre costuma ser lembrado, ZOUCH foi o primeiro que teve o mérito de tratar, de modo ordenado, o conjunto da matéria. E também se destaca por ter dado ênfase à paz, à frente da guerra, como base para a ordenação de sistema de convivência.

Nascido por volta de 1590, em Amstey, no Wiltshire,[1168] era originário de família de antiga nobreza, os lordes ZOUCH de Harringworth, que

[1166] Georges SCELLE, *Richard Zouch (1590-1660)* (in **Les fondateurs du droit international public**: leurs oeuvres, leurs doctrines (introduction de Antoine PILLET, Paris: V. Giard & E. Brière, 1904, p. 269-330, cit. p. 330) continuava: "Elle a ses faiblesses, parce que l'auteur ne s'est pas dégagé des temps ni des lieux où il écrivait; mais malgré son manque d'originalité et quelques puérilités, elle reste imposante par son érudition, sa valeur historique, son honnêteté littéraire et surtour parce qu'elle fixe avec certitude le point où avait abouti en 1650, l'évolution doctrinale du droit international public".

[1167] Malcolm N. SHAW, **International Law** (Cambridge: University Press, 5th ed., 2003, p. 24): "One of the principal initiators of the positivist school was Richard ZOUCH (1590-1660), who lived at the same time as PUFENDORF, but in England. While completely dismissing Natural Law he paid scant regard to the traditional doctrines. His concern was with specific situations and his book contains many examples from the recent past. He elevated the law of peace above a systematic consideration of the law of war and eschewed theoretical expositions."

[1168] Thomas Erskine HOLLAND mencionava 1589 como data de nascimento de ZOUCH (ver *Introduction*, à edição da obra de ZOUCH, **Iuris et iudicii fecialis**, ed. by T. E.

faziam remontar suas origens documentadas até os condes da Bretanha, no século XI. Estudou na escola de Wyhehams e depois em Winchester. Em 1614, foi recebido como “licenciado em direito” na Universidade de Oxford, onde viria a se notabilizar por seus conhecimentos de direito civil e canônico. Em 1619, alcançava o título de doutor em direito civil, na mesma Universidade.

A partir de 1620, ZOUCH foi *regius professor* em Oxford – na mesma cátedra, justamente, antes ocupada por GENTILI. Além de ter participado ao menos em duas ocasiões na Câmara dos comuns, pelo burgo de Hyatt, do condado de Kent, ZOUCH tornou-se chanceler da diocese de Oxford, e também tornou-se o ‘*principal*’ de Saint Alban’s Hall, em 1625. Mais tarde, foi, também, juiz da corte do almirantado (*Judge of the Court of the Admiralty*).

Em 1629 foi publicada a sua primeira obra jurídica, os **Elementa jurisprudentiae.**[1169] No espírito de seu tempo, o jovem Richard ZOUCH também publica poesia,[1170] **The Dove or passages of cosmography**, o curioso percurso sobre o mundo descrito[1171] como “a pomba ou certas passagens de cosmografia”, em 1613.

HOLLAND, translation by J. L. BRIERLY, Washington: Carnegie Institution – Classics of International Law, 1911, 2 vols., vol. I – a reproduction of the first edition (1650), with introduction by T.E.H., list of errata and table of authors; vol. II – a translation of the text, XVI + 204 p., XVIII + 186 p., p. I-XVI, cit. p. I). Contudo, Richard WALKER, na edição de 1839 do poema de **The dove** de ZOUCH (1613, “with a memoir and notes, collected and arranged by Richard WALKER, B.D., a descendant”, Oxford: H. Slatter, 1839, cit. infra) bem como muitas outras fontes apontam 1590, como o ano do nascimento do nosso autor. Podem, também, ocorrer variações na grafia do nome: ZOUCH, ZOUCHE, ZOUCHAEI, ZOUCHAEUS, e ainda outras formas ‘latinizadas’ do sobrenome du autor.

[1169] Rich. ZOUCHAEI, **Elementa jurisprudentiae, definitionibus, regulis et sententiis selectoribus iuris civilis illustrata** (Oxon, 1629; Oxon, 1636; Lug. Bat., 1652; Amsterdam, 1681). Ver exemplar da edição de 1665, R. ZOUCH, **Elementa jurisprudentiae** – definitionibus, regulis et sententiis selectioribus juris civilis illustrata; acesserunt Descriptiones juris et judicii sacri, militaris et maritimi (orig. publ. 1629, Hagae Comitis: Ex typographia Adriani Vlacq, MDCLXV).

[1170] G. SCELLE, *Richard Zouch (1590-1660)* (in **Les fondateurs du droit international public**, 1904, p. 269-330, cit. p. 271): “Il avait déjà fait paraître, en 1613, un poème: *The dove, La colombe* ou *Certains passages de cosmographie*, qui prouve que ses préoccupations juridiques n’en excluaient pas de plus gracieuses”.

[1171] Rich. ZOUCHE, **The Dove, or passages of cosmography – a poem** (reprinted from the original edition of 1613, “with a memoir and notes, collected and arranged by Richard WALKER, B.D., a descendant”, Oxford: H. Slatter, 1839, *Ad autorem*, p. 5) e um dos que

Seguem-se várias outras obras jurídicas: a descrição do direito feudal, ou **Descriptio juris et judicii feudalis** (1634),[1172] a **Descriptio juris et judicii temporalis** (1636),[1173] sobre direito consuetudinário. Ainda no mesmo ano, ZOUCH também escreveu sobre o direito eclesiástico, "segundo cânones e constituições anglicanas", intitulada **Descriptio juris et judicii ecclesiastici** (1636).[1174] Prosseguiria ZOUCH, com sua obra sobre **Descriptio juris et judicii sacri** (1640),[1175] relativo "à religião e às causas pias".

Nesse mesmo ano, ainda, ZOUCH cuidou de direito militar, na sua obra **Descriptio juris et judicii militaris** (1640).[1176] Também escreveu sobre o direito do mar, **Descriptio juris et judicii maritimi** (1640),[1177] na sua descrição do direito e do juízo relativo à navegação e à negociação marítima.[1178]

ZOUCH descreve o "direito marítimo como aquele que é observado pela comunidade marítima". E enfatiza as especificidades deste ramo jurídico, inclusive no tocante ao exercício da jurisdição marítima.

formulavam votos, no início da obra, Tho. LAKE explicava ser esta dividida em três partes, não somente como descrição da terra: "Iste tripartitae liber est descriptio terrae, / et simul ingenii Mappa typusq. tui / Consimili versu pingatur America, sic tu / Ipse Columba velut Musa, Columbus eris."

[1172] Rich. ZOUCHAEI, **Descriptio juris et judicii feudalis, secundum consuetudines Mediolani et Normanniae, pro introductione ad Juris-prudentiam Anglicanam** (Oxf., 1634; Oxf., 1636).

[1173] Rich. ZOUCHAEI, **Descriptio juris et judicii temporalis, secundum consuetudines Feudales et Normannicas** (Oxf., 1636).

[1174] Rich. ZOUCHAEI, **Descriptio juris et judicii ecclesiastici, secundum canones et constitutiones Anglicanas** (Oxf., 1636).

[1175] Rich. ZOUCHAEI, **Descriptio juris et judicii sacri, ad quam leges, quae Religionem et piam causam respiciunt, referuntur** (Oxon., 1640; Lug. Bat. et Amstel., 1652).

[1176] Rich. ZOUCHAEI, **Descriptionis juris et judicii militaris, ad quam leges quae rem militarem et ordinem personarum respiciunt, referuntur** (Oxon., 1640).

[1177] Rich. ZOUCHAEI, **Descriptionis juris et judicii maritimi, ad quam leges quae navigationem et negotiationem maritimam respiciunt, referuntur** (Oxon., 1640).

[1178] As três obras foram publicadas em volume conjunto, **Descriptio juris et judicii sacris, militaris et maritimi** (Oxon., 1640; Lug. Bat. et Amstel., 1652). E também foram estas três obras publicadas com os 'elementos de jurisprudência', como, por exemplo, na edição de 1665: Richard ZOUCHEI, **Elementa jurisprudentiae** – definitionibus, regulis et sententiis selectioribus juris civilis illustrata; acesserunt **Descriptiones juris et judicii sacri, militaris et maritimi** (Hagae Comitis: Ex typographia Adriani Vlacq, MDCLXV, respectivamente, p. 1-252, p. 253-302, p. 305-366 e p. 367-435).

Essa especificidade da matéria e dos tribunais marítimos seria o argumento central para o exercício de jurisdição, em detrimento das cortes de direito comum (*common law*).[1179]

Como se entendem e a que âmbito se estendem estes negócios regidos pelo direito marítimo? ZOUCH justifica: "pela utilidade humana, além dos negócios domésticos, que são exercidos em terra (*in partibus terrenis exercentur*), outros são os que atuam no mar (*alia sunt quae in mari peraguntur*), por meio da navegação e da negociação marítimas".[1180]

Além dos seus "elementos de jurisprudência", ou **Elementa jurisprudentiae** (1629), já referidos em epígrafe,[1181] a principal contribuição de ZOUCH para o direito internacional[1182] foi o seu livro sobre "direito fecial ou direito entre os povos e questões de sua explicação", no original, em latim, **Iuris et iudiciis fetialis sive *iuris inter gentes* et quaestionum de eodem explicatio**, publicado em 1650.[1183] Nesta, ZOUCH

[1179] Tema ao qual voltará, em sua última obra, publicada postumamente: Rich. ZOUCHAEI, **The jurisdiction of the Admiralty of England, asserted against sir E. COKE's *Articuli Admiraltis*, in the 22 d. chap. of his, juridction of Courts** (Londres, 1663; cf. edição R. Z., **The jurisdiction of the Admiralty of England asserted** (Londres: printed for Tho. Basset, 1686). Sobre a formação e desenvolvimento da matéria, ver tb. **Tratado** (tomo 5 – **Direito internacional no tempo de Francisco de Vitória**, item 12.1 – Rodes e a lei do mar).

[1180] R. ZOUCH, **Descriptionis juris et judicii maritimi** (1640, ed. cit., 1665, I.1 – *de iure maritimo & de iure nautico*, p. 370-371).

[1181] Rich. ZOUCHAEI, **Elementa jurisprudentiae, definitionibus, regulis et sententiis selectoribus iuris civilis illustrata** (orig. publ. 1629, edição 1665).

[1182] Sem esquecer que Rich. ZOUCH ainda voltaria ao direito internacional, para cuidar de imunidades diplomáticas, em seu estudo "soluções de questões sobre a jurisdição competente em relação a legado delinquente", **Solutio quaestionis veteris et novae sive de legati delinquentis judice competente dissertatio in qua Hug. Grotii de ea re. sententia explicatur, expenditur et adseritur** (Oxf., 1657; Londres, 1717), adiante mencionado.

[1183] Richardi ZOUCHAEI, **Juris et judicii fecialis sive juris inter gentes et quaestionum de eodem explicatio** (Oxon, 1650) – como mencionado, ocorrem pequenas variações na grafia do nome de ZOUCH (tanto ZOUCHAEUS, ZOUCHAEI, ZOUCHE, ZOUCHY, ZOUCHAU), bem como no título de sua obra, entre a primeira edição (Oxford, 1650) **Iuris et iudicii fecialis sive iuris inter gentes et questionum de eodem explicatio qua quae ad pacem et bellum inter diversos principes aut populos spectant ex praecipuis. Historico jure peritis, exhibentur opera. R. Z. Authoris elementorum juris prudentiae** e as seguintes (ou constar somente **Iuris et iudiciis fetialis sive *iuris inter gentes* et quaestionum de eodem explicatio**), pois foi a obra também publicada, logo a seguir: em Leiden, 1651 (Lugd. Batavorum: Philippum de Croy, MDCLI), na Haia (Hagae Comit., 1659) e em Mainz (Mogunt., 1661); e também publicada edição da obra de ZOUCH em tradução para

faz a filiação do direito internacional moderno diretamente do direito sacro fecial, dos antigos romanos.

Essa filiação direta entre o direito fecial romano antigo e o direito internacional moderno, em certa medida, também fora afirmada por GENTILI (1552-1608), seu predecessor na mesma cátedra em Oxford. Essa vinculação existe, mas seu alcance tem de ser esclarecido, e situado em seu contexto histórico e cultural.[1184]

Esta obra de ZOUCH, **Iuris et iudiciis fetialis sive *iuris inter gentes*** (1650), é reconhecida como a primeira a conter o conjunto do direito internacional, apresentado de forma sistemática:[1185] o que faria do livro de ZOUCH o primeiro "manual",[1186] na história do direito internacional moderno.[1187] Mesmo sem negar que a obra de ZOUCH (1650, ed. 1651)

o alemão, **Allgemeines Völkerrecht, wie auch allgemeines Urtheil und Ansprüche aller Völker** (Frankfurt, 1666).

1184 Compare-se a respeito de GENTILI e a vinculação com o direito fecial romano antigo, neste tomo (cap. 16). Ver tb. os referidos estudos de Lucienne DAL RI, **Ius fetiale**: as origens do direito internacional no universalismo romano (Ijuí: Ed. Unijuí, 2011), favorável ao reconhecimento dessa filiação, enquanto Pierangelo CATALANO, **Linee del sistema sovrannazionale romano** (Torino: Giappichelli, 1965) se manifesta contrariamente, entendendo logicamente haver influência, sem contudo ser cabível falar em filiação direta, visto serem fenômenos distintos o *jus gentium* romano antigo e o direito internacional moderno. Ver tb. P. B. CASELLA, *Jus gentium e os BRICS* ("conferência apresentada na sessão solene de inauguração do 1º ano letivo do curso de mestrado em direito romano e sistemas jurídicos contemporâneos, na Faculdade de Direito da Universidade de São Paulo", em 17 de setembro de 2012, São Paulo: FD-USP, Cadernos de pós-graduação em direito – Estudos e documentos de trabalho Nº 12/2012, 26 p.).

1185 Dietrich Heinrich Ludwig Von OMPTEDA, **Literatur des gesamten natürlichen und positiven Völkerrechts** ("Neudruck der Ausgabe Regensburg 1785", Aalen: Scientia Verlag, 1963, § 65, p. 252-265, cit. p. 252): "Dieses ist als das erste Lehrbuch des gesammten Völkerrechts anzusehen, und verdienet daher vorzügliche Aufmerksamkeit, und um so mehr allhier eine ausführliche Anzeige, da es sich jetzt ziemlich rar gemachet hat."

1186 Observa Peter HAGGENMACHER, *Hugo Grotius 1583-1645* (in B. FASSBENDER e Anne PETERS, edited by, **The Oxford Handbook of the History of International Law**,Oxford: Univ. Press, 2012, cap. 48, p. 1098-1101, cit. p. 1100) a diferença de tratamento da matéria, entre o enfoque de GRÓCIO, que no **Direito da guerra e da paz** (1625), cujo propósito central foi o de formular uma 'teoria geral da guerra justa', em relação ao 'manual' de Richard ZOUCH: "Rather than calling it an international law (as is clearly the case, a quarter of a century later, with ZOUCH's **Ius feciale sive ius inter gentes**) one might therefore label it a law applying to extra-national conflicts."

1187 Nesse sentido já se manifestava Dietrich Von OMPTEDA (op. cit., 1785, reed., 1963, § 65, p. 252-265, cit. p. 252) referido em nota anterior, bem como na epígrafe deste capítulo.

representou considerável avanço e inovação, quanto ao tratamento sistematizado e em extensão palatável do tema, em relação aos seus predecessores, como se pode depreender do exame do conjunto do conteúdo da obra, feito a seguir, somente em parte tal obra cumpre a função de cobrir o conjunto dos principais temas do direito internacional, necessários para o ensino acadêmico da disciplina: ele trata de modo ordenado a matéria, mas não abrange toda a matéria. Mesmo para os padrões do seu tempo e do seu contexto. O que serve para situar este argumento muitas vezes repetido, sem ser adequadamente fundamentado.

Na condução da sua vida pessoal e profissional, ZOUCH parece ter conseguido se abster de envolvimento com as agitações da Revolução inglesa,[1188] nos anos que se seguiram a 1640. Quando os interventores, ou '*Visitors*', enviados pelo novo regime do lorde protetor CROMWELL, se instalaram na Universidade, ZOUCH parece ter se submetido a estes. A que preço, para a sua consciência e sossego, não se pode saber. Mas, ao ter conseguido conservar os seus cargos e a sua cadeira em Oxford, salvou também a tranquilidade, para manter o curso de sua trajetória intelectual. Justamente nessa altura, ao cabo da década, na qual produziu a sua obra mais relevante para o direito internacional moderno (1650).

Em 1652, ZOUCH volta ao direito civil e publica, em inglês, **Cases and questions resolved in the civil law.**[1189] No ano seguinte, foi publicado em Oxford livro com o título **Specimena quaestionum juris civilis cum designatione authorum**, sem nome de autor, mas que parece assemelhar-se ao estilo de ZOUCH, embora a sua autoria não pareça ter sido confirmada.[1190]

[1188] Não por acaso um historiador inglês descreve o período como "mundo de ponta cabeça". Ver Christopher HILL, **The world turned upside down** – Radical ideas during the English revolution (Londres: Penguin, 1972, 1975); obra muito adequadamente traduzida e apresentada, na edição bras., **O mundo de ponta-cabeça** – ideias radicais durante a revolução inglesa de 1640 (trad., apres. e notas de Renato Janine RIBEIRO, São Paulo: Companhia das Letras, 1987); Christopher HILL, **The century of revolution 1603-1714** (orig. publ. 1961, London: Routledge, 2001) – tb. trad. bras., de Alzira Vieira ALLEGRO, São Paulo: Ed. UNESP, 2012 – mas esta, lamentavelmente, tem muitas falhas de tradução e de revisão).

[1189] R. ZOUCH, **Cases and questions resolved in the civil law** (Oxf., 1652; a mesma obra tb. foi publicada em latim, Oxford, 1657 e Londres, 1717).

[1190] No mesmo sentido, lembrava G. SCELLE, *Richard Zouch (1590-1660)* (cap. cit., 1904, cit. p. 272): "semble dans sa manière, bien que WOOD n'ose pas en affirmer l'authenticité".

Em 1657, ZOUCH voltou ao direito internacional, quando publicou seu estudo a respeito de "soluções de questões sobre a jurisdição competente em relação a legado delinquente", ou **Solutio quaestionis de legati delinquentis judice competente.**[1191] Tendo como pano de fundo o infeliz incidente – *infeliciter accidisset, ut insano, licet praemeditato, tumultu*, como o descreve ZOUCH –[1192] envolvendo o irmão do então embaixador português, PANTALEÃO SÁ, em Londres. Este, em 23 de novembro de 1653, teria participado em caso de homicídio.[1193]

Depois de preso o suspeito, com seus coautores, colocou-se a dúvida, quanto à competência dos tribunais ingleses, para o exercício da jurisdição sobre o caso.[1194] CROMWELL e seus conselheiros estavam em desacordo sobre a possibilidade de ser julgado e punido na Inglaterra o irmão do embaixador português em Londres.[1195] Um dos argumentos em favor da jurisdição dos tribunais ingleses dizia respeito à nacionalidade da vítima.[1196] Outro argumento, este contrário, dizia respeito à natureza das funções e as prerrogativas do embaixador, como repre-

[1191] O título completo da edição original da obra de Rich. ZOUCHAEI, **Solutio quaestionis veteris et novae sive de legati delinquentis judice competente dissertatio in qua Hug. Grotii de ea re. sententia explicatur, expenditur et adseritur** (Oxf., 1657; Londres, 1717).

[1192] R. ZOUCH, **Solutio** (1657, ed. 1669, *Praefatio ad lectorem*) descreve os elementos do caso no "prefácio ao leitor".

[1193] R. ZOUCH, **Solutio** (1657, ed. 1669, *Praefatio ad lectorem*): "a familia Legatis regis Portugalliae (cujus Legati frater Author praecipuus habebatur)".

[1194] R. ZOUCH, **Solutio** (1657, ed. 1669, *Praefatio ad lectorem*): "Quod cum neutiquam ad Legati authoritatem sufficere videretur, summota de privilegio Legati persona debito consideratione, ut ipse cum aliis de crime sibi objecto responderent, imperatum est".

[1195] A. TRUYOL Y SERRA, **Histoire du droit international public** (Paris: Economica, 1995, p. 84): "Comme auparavant GENTILI, ZOUCHE fut consulté par le gouvernement anglais à l'occasion d'un meurtre commis par le frère de l'ambassadeur du Portugal, PANTALÉON SÁ. Refugié à l'ambassade, SÁ allégua sa qualité d'ambassadeur, faisant valoir l'intention de son gouvernement de rappeler son frère au pays et de lui confier l'ambassade. Mais, en accord avec l'opinion de ZOUCHE, l'immunité ne lui fut pas reconnue, et, jugé suivant la loi anglaise, il fut condamné à mort et exécuté. ZOUCHE exposa son point de vue dans une dissertation relative au juge compétent pour juger un ambassadeur délinquant (**Solutio quaestionis veteris et novae sive de legati delinquentis judice competente dissertatio**, Oxford, 1657)."

[1196] R. ZOUCH, **Solutio** (1657, ed. 1669, *Praefatio ad lectorem*): "non solum de sanguine subditi Angliae, sed etiam de Legati, quod perhibebatur, Privilegio, sollicitus, praecipuos juris anglicani & juris civilis peritos consuluit".

sentante em Londres do soberano estrangeiro que o enviara junto a uma corte amiga.[1197]

Pediu-se a ZOUCH para esclarecer a dúvida,[1198] quanto à competência dos tribunais ingleses, para o exercício da jurisdição, no caso do irmão do embaixador português em Londres. ZOUCH à essa consulta respondeu afirmativamente.[1199]

O irmão do embaixador português, PANTALEÃO SÁ, depois de julgado e condenado, foi executado na torre de Londres, em 10 de julho de 1654. Essa obra de ZOUCH (1657) sobre as "soluções de questões velhas e novas sobre a jurisdição competente em relação a legado delinquente", foi reeditada várias vezes, nos cinquenta anos seguintes: em latim, na Alemanha (Colonia, 1669), mas também teve nova edição, na Inglaterra (Londres, 1717), e foi publicada em tradução para o alemão (Jena, 1717).[1200]

A obra de ZOUCH (1657, ed. 1669) – como indica o subtítulo –[1201] dialoga com a obra de GRÓCIO, no tocante a determinar que "o direito de legação não decorre do direito natural, nem tampouco da certa razão

[1197] R. ZOUCH, **Solutio** (1657, ed. 1669, *Praefatio ad lectorem*): "se legatum Regis sui, nec cujusquara alterius Jurisdictione subditum".

[1198] R. ZOUCH, **Solutio** (1657, ed. 1669, *Praefatio ad lectorem*): "sententiam probare visus est, in re tam magni momenti opera pretium duxit, quid juri gentium sit magis consentaneum".

[1199] R. ZOUCH, **Solutio** (1657, ed. 1669, *Praefatio ad lectorem*): "In quem fine de ea re Authores, quotquot invenire potuit, serio perlegit, & in iis aliundo petita, sedulo investigavit, & quae pro immunitate Legati et contra ea videbantur, fideliter collegit, digessit et expendit, & cum minores ponderis viderentur, quae contra GROTII sententiam, quam quae pro ea faciunt, quid de iis ipse animadverterit & senserit, aliorum etiam judicio trutinanda exhibere non dubitavit".

[1200] Rich. ZOUCHAEI, **Solutio quaestionis veteris et novae sive de legati delinquentis judice competente dissertatio in qua Hug. Grotii de ea re. sententia explicatur, expenditur et adseritur** – cum notis & animadversionibus Christiani HENELII (Colonia: Impensis Rupert Völckeri, 1669). Essa obra foi traduzida para o alemão, **Eines vornehmen englischen Iurisconsulti Gedanken von dem Tractment eines Ministri und dessen Domestiquen, welche an dem Orthe, wo selbige in Gesandschaft sich befinden, etwas verbrochen**, wegen derer Solidité anjetzo in teutscher Sprache mitgetheilet und mit Neuern Anmerckungen auch einer Vorrede vermehret (Jena: Johannes Bielcken, 1717) – no mesmo ano, essa obra de ZOUCH foi também reeditada em Londres, 1717.

[1201] R. ZOUCH, **De legati delinquentis judice competente dissertatio** (1657, ed. 1669, cap. I, cit. p. 1): "Jus legationis, inquit H. GROTIUS, non ut jus naturale, ex certis rationibus, certo oritur, sed ex voluntate gentium modum accipit".

surgido com certeza, mas é aceito como modo de expressão da vontade dos povos".[1202] Este se pratica por mútua conveniência, "como direito das gentes voluntário, além do direito natural".[1203] O que, segundo GRÓCIO, poderia explicar algumas flutuações na interpretação de tais direitos e deveres.[1204]

Caracterizava-se a assim chamada dupla personalidade do embaixador: a sua pessoa privada, e ao lado desta, a sua pessoa pública, na condição de representante do soberano que o enviou.[1205] Como expressão da sua condição funcional, e voltada para o exercício de suas prerrogativas de trabalho.[1206]

1202 H. GRÓCIO, **Direito da guerra e da paz** (1625, ed. bras., 2004, II.XVIII.IV – *contra os embaixadores que tramam projetos perigosos, a defesa é permitida, mas não a punição,* p. 732-737): "com relação ao fato de não cometer violências contra os embaixadores a questão é mais difícil e foi tratada de modo diverso por ilustres mentes deste século."

1203 R. ZOUCH, **De legati delinquentis judice competente dissertatio** (1657, ed. 1669, cap. I, cit. p. 5).

1204 H. GRÓCIO, **Direito da guerra e da paz** (1625, ed. bras., 2004, II.XVIII.IV – *contra os embaixadores que tramam projetos perigosos, a defesa é permitida, mas não a punição,* p. 733): "As razões que cada um alega não concluem nada de preciso porque esse direito não nasce, como o direito de natureza, de uma maneira certa de princípios certos, mas recebe sua regra da vontade das nações."

1205 Também se considerava, desde a Idade média, haver dupla personalidade no soberano: além deste como indivíduo, havia a sua *persona* pública, como expressão do próprio 'estado' e 'soberano', na pessoa do monarca. Embora o uso de ambos os termos (estado e soberano) seja inadequado para o contexto medieval, por somente surgirem no século XVI, como se expõe e considera no **Tratado** (tomo 4 – **Direito internacional no tempo de Francisco de Vitória**, item 12.2 – conceito jurídico de império: II – da Idade média à era moderna); ver tb. estudos históricos sobre o tema da 'dupla pessoa' do rei, tais como: E. KANTOROWICZ, **Les deux corps du roi** (orig. publ. **The Kings two bodies**: a study in medieval political theology, © 1957, trad. Jean-Philippe GENET e Nicole GENET, Paris: Gallimard – Quarto, 2000, **Kantorowicz oeuvres**, p. 643-1222, postface de Alain BOUREAU, "Histoires d'un historien, Kantorowicz", p. 1223-1312); KANTOROWICZ também analisou o caso célebre do imperador FREDERICO II, essa figura fascinante, no livro **L'empereur Frédéric II** (orig. publ. **Kaiser Friedrich der Zweite**, 1927, trad. Albert KOHN, Paris: Gallimard – Quarto, 2000, **Kantorowicz oeuvres**, ed. cit., 2000, p. 9-641); e ainda, E. KANTOROWICZ, *La royauté médiévale sous l'impact d'une conception scientifique du droit* (Paris : Philosophie – revue trimestrielle, n. 20, automne 1988, p. 48-72).

1206 Contraponha-se ao exame da matéria feito por ZOUCH (1657, ed. 1669) o estado atual da regulamentação vigente, cf. NASCIMENTO E SILVA – CASELLA – BITTENCOURT NETO, **Direito internacional diplomático** (São Paulo: Saraiva, 4ª ed., 2012). A matéria das *imunidades diplomáticas*, como adiante se refere, foi também tratada por ZOUCH,

Põe-se, desde logo, a questão primordial: se o juiz competente é aquele do foro, junto ao qual o embaixador é enviado, ou o juiz do foro daquele que o envia? Existe aí conflito entre dois interesses. A utilidade da pena aplicada no local do delito deve ter precedência sobre a utilidade dos embaixadores?[1207] GRÓCIO não pensa assim, pois existe o direito de pedir a punição daquele que enviou o embaixador.[1208]

Quais serão, assim, os direitos daquele que recebe o embaixador? E o que se deve deixar à jurisdição daquele que o envia?[1209] Em nenhum caso, GRÓCIO admitia a punição no local do delito: "o direito das gentes se estende até os que cometem atos de hostilidade".[1210]

Mesmo quando o embaixador fosse culpado de envolvimento em ação a mão armada, não se poderia executá-lo depois de o julgar,

no **Iuris et iudiciis fetialis sive *iuris inter gentes* et quaestionum de eodem explicatio** (1650, ed. 1651).

1207 H. GRÓCIO, **Direito da guerra e da paz** (1625, ed. bras., 2004, II.XVIII.IV – *contra os embaixadores que tramam projetos perigosos, a defesa é permitida, mas não a punição*, p. 733): "As nações puderam garantir completamente os embaixadores ou fazê-lo com certas exceções, pois de um lado há a utilidade do castigo reservado aos que cometem graves delitos, e do outro, a utilidade das embaixadas, das quais se facilita com grande vantagem o envio, concedendo-lhes a maior segurança possível. Deve-se pois considerar até que ponto as nações consentiram, o que não pode ser demonstrado só pelos exemplos."

1208 H. GRÓCIO, **Direito da guerra e da paz** (1625, ed. bras., 2004, II.XVIII.IV.4, p. 734-735): "O castigo pode ser inflingido por aquele que enviou o embaixador, se o quiser; se não o quiser, pode-se exigi-lo dele pela guerra, como se tivesse aprovado o crime." [...] "Se aquele que enviou o embaixador aprova seu ato, a pena do embaixador não nos livraria da guerra. De outro lado, a salvação dos embaixadores é colocada numa situação bem crítica, se devem prestar contas de seus atos a outro que não seja aquele por quem foram enviados." [...] "Embora haja certos crimes que são tão manifestos que não deixam dúvida alguma, um perigo universal basta todavia para a equidade e a utilidade de uma lei universal."

1209 H. GRÓCIO, **Direito da guerra e da paz** (1625, ed. bras., 2004, II.XVIII.IV.6, p. 736): "O que dissemos anteriormente por reiteradas vezes, que todas as leis humanas são de tal natureza que não obrigam em caso de extrema necessidade, isso deve ter lugar também com relação à regra que torna a pessoa dos embaixadores sagrada."

1210 H. GRÓCIO, **Direito da guerra e da paz** (1625, ed. bras., 2004, II.XVIII.IV – *contra os embaixadores que tramam projetos perigosos, a defesa é permitida, mas não a punição*, p. 734): "A justiça e a equidade, isto é, o direito puro de natureza, sofrem quando se inflige um castigo, quando o que se tornou culpado é encontrado, mas o direito das gentes excetua os embaixadores e aqueles que, como eles, vêm sob a proteção da fé pública. Por isso é contrário ao direito das gentes, pelo qual muitas coisas são proibidas, mas que o direito de natureza permite que os embaixadores sejam objeto de acusação."

embora fosse admissível matá-lo, no exercício de legítima defesa – *per modum naturalis defensionis*,[1211] segundo também reportava ZOUCH:[1212] o entendimento de GRÓCIO, no sentido de que a utilidade do direito de legação, no local onde o legado exerce a sua função, deveria preponderar sobre a utilidade da punição. E que esta, ademais, pode ser exigida de quem enviou o legado, e como dito, assim não sendo, poderia ensejar guerra, contra aquele que aprovou o delito.[1213]

Aqui estavam colocados critérios para a gestão eficiente das relações diplomáticas, e separação adequada entre a pessoa e as funções do embaixador. Isso não se modificou desde que o escreveu GRÓCIO, faz quatrocentos anos. E ZOUCH o reportava, algumas décadas mais tarde.

Em caso de delito, cometido pelo representante diplomático, este deve ser enviado de volta ao país que o nomeou e que representava, e lá deverá este responder pelo crime que tenha cometido. Que isso se faça no seu estado de nacionalidade.

Em outro plano, se há de preservar a relação entre estados. E nesta, a reclamação se há de fazer de estado a estado.

Enquanto a punição do representante diplomático, autor de delito, deve ser feita, mas que se faça perante os tribunais do estado de nacionalidade do representante. Assim, se preservariam os distintos planos, nos quais opera a relação entre estados: de um lado, existe e precisa ser preservada a normalidade da relação entre os estados, e isso tem de ser buscado sem deixar de acarretar o reconhecimento da responsabilidade e a punição de delito, cometido pelo agente. Mas, que a punição do agente se faça perante a jurisdição do estado que enviou o representante.

[1211] H. GRÓCIO, **Direito da guerra e da paz** (1625, ed. bras., 2004, II.XVIII.IV.7, p. 736-737): "Se o embaixador empreende alguma coisa à mão armada, poderá certamente ser condenado à morte, não como pena, mas como defesa natural". [...] "Quer, de fato, que deve para evitar o perigo iminente, mas não, o perigo uma vez evitado, para a punição do crime."

[1212] R. ZOUCH, **De legati delinquentis judice competente dissertatio** (1657, ed. 1669, cap. I, cit. p. 2).

[1213] R. ZOUCH, **De legati delinquentis judice competente dissertatio** (1657, ed. 1669, cit. p. 12): "GROTIUS vero censet quod utilitas Legationum, utilitate quae est a poena, in loci ubi legati delinquunt, praeponderat. Quia poena potest haberi, per eum qui Legato misit, et si nolit ab eo bello exigi, tanquam a criminis approbatore".

Para evitar qualquer perigo, seria admissível também a breve detenção pessoal do embaixador.[1214] Mas, mesmo em caso de crime grave, ou de conjuração, somente pelo tempo necessário para o devolver ao soberano que o enviou.[1215] E poder-se-ia exigir reparação. Se o delito for de menor gravidade, limitar-se-ia o estado que o recebeu a ordem de deixar o território, e se o ato fosse insignificante, este seria simplesmente negligenciado.[1216]

A obra de ZOUCH sobre as imunidades diplomáticas, **Solutio quaestionis veteris et novae sive de legati delinquentis judice competente dissertatio in qua Hug. Grotii de ea re. sententia explicatur expenditur et assertitur** (1657, ed. 1669),[1217] também deve merecer ao menos algumas considerações específicas,[1218] ao se avaliar a sua contribuição para o direito internacional moderno.

[1214] H. GRÓCIO, **Direito da guerra e da paz** (1625, ed. bras., 2004, II.XVIII.IV.6, p. 736): "se não há outro meio suficiente para prevenir um perigo iminente, os embaixadores poderão ser retidos e interrogados."

[1215] H. GRÓCIO, **Direito da guerra e da paz** (1625, ed. bras., 2004, II.XVIII.IV.5, p. 735): "creio plenamente que é do agrado das nações que o costume comum que submete à lei do lugar qualquer um que se encontre no território de outrem, seja alterado em função dos embaixadores. Como uma espécie de exceção, são tomados como pessoas daqueles que os enviam." [...] "Do mesmo modo, por uma suposição similar, deveriam ser considerados também como estando fora do território, decorrendo disso que não seriam regidos pelo direito civil do povo no meio do qual vivem."

[1216] H. GRÓCIO, **Direito da guerra e da paz** (1625, ed. bras., 2004, II.XVIII.IV.5, p. 735): "Por isso é que, se o delito seja de tal tipo que possa ser desprezado, se deve dissimular ou o embaixador receberá a ordem de sair das fronteiras". E mencionava (nota 35, à mesma passagem II.XVIII.IV.5, p. 735): "Foi o que fez ESTEVÃO, rei da Polônia, aos moscovitas (DE THOU, livro LXXIII, ano de 1581). ELISABETE fez o mesmo com os embaixadores de Escócia e da Espanha. Ambos os exemplos podem ser encontrados em CAMBDEN, anos de 1571 e de 1584".

[1217] Rich. ZOUCHAEI, **Solutio quaestionis veteris et novae sive de legati delinquentis judice competente dissertatio in qua Hug. Grotii de ea re. sententia explicatur expenditur et assertitur** – cum notis & animadversionibus Christiani HENELII (Colonia: Impensis Rupert Völckeri, 1669).

[1218] Ver mais adiante, ainda neste mesmo capítulo.

ZOUCH ainda publicou, no mesmo ano de 1657, outro livro, **Eruditiones ingenuae specimena.**[1219] E, voltando ao direito civil, publicou em 1660, **Quaestionum iuris civilis centuria.**[1220]

ZOUCH faleceu em Londres, em 1660. Sua última obra foi publicada em 1663, versando a polêmica da jurisdição da corte do Almirantado, **The jurisdiction of the Admiralty of England.**[1221] Neste sucinto estudo ZOUCH retomava, ainda, uma última vez, alguns temas caros: a especialidade dos tribunais marítimos e a defesa da jurisdição do tribunal inglês, para questões pertinentes a comércio e navegação, em detrimento dos tribunais de direito comum (*common law*) e a defesa do livre comércio, como base para a ordenação das relações internacionais.

Em sua obra principal sobre o direito internacional, **Iuris et iudiciis fetialis sive *iuris inter gentes* et quaestionum de eodem explicatio** (1650), ZOUCH logo no início – primeira seção, primeira parte – expõe o objeto da disciplina: o conjunto das relações entre príncipes e povos, uns com os outros – *explicationem eorum, quae ad communionem, quae inter diversos principes aut populos intercedit, conducunt*). Nesse enunciado se vê tratar ZOUCH muito mais de direito natural – *secundum naturalem rationem gentium moribus* –[1222] e depois também nominalmente menciona tratados e alianças, por meio dos quais se exprime o consenso dos povos.[1223]

1219 Rich. ZOUCHAEI, **Eruditiones ingenuae specimena, scilicet artium, logicae, dialecticae etc.** (Oxford, 1657).

1220 Rich. ZOUCHAEI, **Quaestionum iuris civilis centúria in decem classes distributa** (Oxford, 1660).

1221 Rich. ZOUCHAEI, **The jurisdiction of the Admiralty of England, asserted against sir E. COKE's *Articuli Admiraltis*, in the 22 d. chap. of his, juridction of Courts** (Londres, 1663). Ver edição R. Z., **The jurisdiction of the Admiralty of England asserted** (Londres: printed for Tho. Basset, 1686).

1222 Richardus ZOUCHAEUS, **Iuris et iudiciis fetialis sive *iuris inter gentes* et quaestionum de eodem explicatio** (1650): "Eius (iuris fecialis) vestigia ex libris sacris, ex pandectis et codice iuris Romani, ex autoribus Graecis, Latinis aliisque (quorum sententiae et testimonia, quid secundum *naturalem rationem gentium moribus* circa res huiusmodi receptum fuerit, suffragantur) deprehendi possunt."

1223 Richardus ZOUCHAEUS, **Iuris et iudiciis fetialis sive *iuris inter gentes* et quaestionum de eodem explicatio** (1650): "praeter mores communes pro iure etiam inter gentes habendum est, in quod gentes singulae cum singulis inter se consentiunt, utpote per pacta, conventiones et foedera, cum communis rei publicae sponsio legem constituat, et populi universi non minus quam singuli suo consensu obligentur."

Não somente na sua obra maior sobre direito internacional, o **Direito fecial ou direito entre os povos** (1650), como em outras, a concepção primordial do direito em ZOUCH é mostrada, como expressão da razão comum humana – *ratio communis humanae*. Esta ideia diretriz já aparece nos **Elementos de jurisprudência** (1629).[1224] Vários escritos posteriores somente desenvolvem conceitos já formulados nestas duas obras, ou fazem aplicações específicas, quer do *ius inter gentes*, como de outros conceitos.

Logo a seguir ZOUCH apresenta a ideia de comunhão humana – *de communione humana*:[1225] esta se faz mediante acordo de muitas pessoas entre si, relativo a coisas a todos pertinentes. E dentre estas, a comunhão geral – *communione generali* – se faz entre príncipes e repúblicas, por meio de legados e tratados, como também se exerce por meio da guerra.[1226]

A formulação de ZOUCH é muito próxima de GRÓCIO,[1227] como mostra o cotejo da passagem equivalente entre ambos. E não esqueçamos, tampouco, tratar-se a terminologia de *jus inter gentes*, adotada por ZOUCH, de empréstimo feito por ele à obra de VITÓRIA.[1228] A autoria da expressão tem de ser reconhecida.[1229]

1224 Como na passagem de R. ZOUCH, **Elementa jurisprudentiae** (1629, edição de 1665, I.4, '*De jure gentium*', p. 4-5), citada na epígrafe deste capítulo.

1225 R. ZOUCH, **Elementa jurisprudentiae** (1629, edição de 1665, I.6, p. 8-9): "Communio humana est plurium personarum inter se de rebus ad ipsas pertinentibus negotiatio".

1226 R. ZOUCH, **Elementa jurisprudentiae** (1629, edição de 1665, I.6, p. 8-9).

1227 H. GRÓCIO, **De jure belli ac pacis** (1625): "cum multi diversis temporibus ac locis idem affirmant, id ad causam universalem referri debeat, quae alia esse non potest, quam recta conclusio ex naturae principiis proveniens, aut communis aliquis consensus, e quibus illa ius naturae indicat, hic ius gentium."

1228 Como lembrava Ernest NYS, **Les origines du droit international** (Bruxelles: Alfred Chastaigne / Paris: Thorin & Fils, 1894, ch. I – *La notion et la science du droit international au moyen âge*, p. 7-12, cit. nota 2, p. 11): "Richard ZOUCH a employé la terminologie *jus inter gentes* et passe chez tous les auteurs pour l'avoir créée. Il l'a simplement emprunté à Fr. de VITORIA, dont il cite du reste les **Relectiones theologicae** non pour reconnaître en lui l'inventeur du terme, mais pour combattre les prétentions de l'Empereur à la suprématie sur les rois et les princes."

1229 Ver **Tratado** (tomo 5 – **Direito internacional no tempo de Francisco de Vitória**, esp. cap. 14 – Francisco de VITORIA).

Para Ricard ZOUCH, desta vez em sua obra **Elementos de jurisprudência** (1629),[1230] o direito das gentes é a "norma de correta conduta, aprovada pelo discernimento de muitas nações e homens".[1231] A fundamentação do direito internacional, em ZOUCH, está colocada na 'conduta correta' e que seja esta 'aprovada pelo discernimento', entenda-se 'de muitas nações e homens'. Vê-se assim o elemento da prática, como determinante do conteúdo.

Dado sintomático e relevante, ZOUCH não vai buscar base seja 'imanente' – direito natural – nem tampouco 'transcendente' – direito divino – como lastro para conferir legitimidade ao direito internacional (*ius inter gentes*) – o direito entre povos. O direito internacional é direito humano, e este é experimentado nas relações entre os príncipes e os povos: a construção do direito internacional em ZOUCH não se põe fora do contexto humano. Este não decorre de 'direito natural', mas se constrói como expressão de necessidade de ordenação das relações internacionais, e da convivência entre príncipes e estados.

Como se enfatiza, em várias passagens do exame do direito internacional no tempo, existe continuidade e encadeamento, mesmo quando também surgem inovações. Estas nunca se fazem a partir do nada (*ex nihilo*): antes se mostram como progressões.[1232]

ZOUCH adota a mesma terminologia de VITÓRIA, e discorre a respeito de um *ius inter gentes*. Este direito internacional decorre da prática – ou 'conduta correta' – e esta se consolida por ser aceita, como expressão da juridicidade – ou seja, é 'aprovada pelo discernimento' – onde temos os elementos do costume internacional: a prática e a convicção da respectiva juridicidade. Mas, também, o direito fecial dos antigos romanos.

[1230] Rich. ZOUCHAEI, **Elementa jurisprudentiae, definitionibus, regulis et sententiis selectoribus iuris civilis illustrata** (orig. publ. 1629, edição 1665).

[1231] R. ZOUCH, **Elementa jurisprudentiae** (1629, I.4): "O direito das gentes é a norma de ação correta, que os povos e os homens comprovam por múltiplos juízos: seja pela reflexão, seja introduzida pelo costume. A reflexão é o uso do discurso racional para considerar o que seja útil para o gênero humano. Os costumes dos povos são o que seja conveniente para o gênero humano, comprovado pela experiência comum". Ver trecho citado no original em latim, na epígrafe deste capítulo.

[1232] Como se considera nos **Fundamentos do direito internacional pós-moderno** (2008, esp. item XI – *creatio ex nihilo:* justiça e força, p. 831-876).

As fontes do direito internacional, segundo ZOUCH, seriam, assim, a conjugação da reflexão – *ratiocinatio* – e dos costumes – *moribus*. Na primeira se concebe, a partir da razão – *discursum rationis* –, a busca do que pode ter utilidade para a raça humana, e, na segunda, a partir da prática, se estabelece, mediante experiência comum, o que é – ou ao menos pode ser – adequado para a raça humana.

Esta, na verdade, não é somente definição do direito internacional. Contém todo um programa, com relação à sua natureza, as suas fontes, e o modo pelo qual se exprime este ramo do direito. Mas, também, fonte de numerosas controvérsias – como se refere a seguir – quanto a ser ou não adequado incluir ZOUCH dentre os positivistas no direito internacional.[1233] O que, colocado em tais termos, em boa medida, distorce a questão: um 'positivista' em meados do século XVII não é a mesma coisa que um 'positivista' em nossos dias, no século XXI, isso depois de toda a carga impressa ao termo, no século XIX.[1234]

Embora, cronologicamente, a distância não seja grande em relação a VITÓRIA e seja ele, mesmo parcialmente, contemporâneo de SUAREZ e, inclusive, mais próximo ainda de GRÓCIO, não se pode deixar de notar quanto ZOUCH parece mais próximo de formulações mais recentes a respeito do direito internacional. Apesar disso, sua contribuição, quando lembrada, frequentemente, se faz de modo muito esquemático, e quase sempre indireto, em nossos tempos: pode-se considerá-lo clássico moderno, ou moderno clássico, muito citado, e pouco lido.

ZOUCH merece estudo direto, para avaliação precisa de sua contribuição para o desenvolvimento do direito internacional moderno. Essa oscilação quanto à avaliação precisa da contribuição de ZOUCH para o

1233 Como, por exemplo, Malcolm SHAW, **International Law** (Cambridge: University Press, 5th ed., 2003, p. 24) – no trecho citado também em epígrafe deste capítulo.

1234 Boa parte do peso impresso sobre o termo 'positivismo' advém, no século XIX, de Auguste François Xavier COMTE (1798-1857), desde a sua invenção de novo sistema, o 'positivismo', cujo marco inicial se situa no **Cours de philosophie positive** (Paris: Rouen Frères libr. éds., 1830 a 1842, 6 vols.), e de nova ciência, a sociologia, cuja primeira menção aparece nesse mesmo Curso (em 1838), para dar lugar ao estudo aprofundado no **Discours sur l'ensemble du positivisme** (1848, présentation par Jean-François MATTEI, © 1998, Paris: Flammarion, 2008). Na sucessão de três fases de evolução, proposta por COMTE, de uma era 'teológica' se passaria a outra 'metafísica', antes de chegar à 'positivista', que ele equiparava a 'científica'. Não deixava muita escolha quanto a outro enquadramento intelectual possível.

direito internacional moderno mostra como a construção de uma reputação não se faz sem controvérsias. É este autor que sempre recebeu avaliações positivas, mas é também exemplo notório da definição proverbial de 'clássico', como autor que muitos citam, mas poucos leram.[1235] E por vezes, elementos circunstanciais podem ter peso além dos dados essenciais da construção de concepção doutrinária e dos elementos constitutivos de uma obra intelectual.

Podem ser esclarecidos alguns dados, para a melhor compreensão deste autor, relevante para a evolução do direito internacional, na era moderna. ZOUCH expõe primeiro os princípios gerais do direito – *juris et judicii principia generalia* –, relacionados à *communio in genere* – ou seja, às relações jurídicas como um todo. Depois, expõe as diferentes descrições – *descriptiones* –, trata da convivência organizada – *communio* – entre particulares, como da relação entre particulares e o poder público. E distingue entre o direito – *jus* – e a opinião – *judicium* –, ou matéria sujeita a discussão e objeto de controvérsias.

Suas outras obras trataram de aspectos específicos de vários campos das relações jurídicas. Em sua progressão de estudos sobre vários campos do direito, ele aborda finalmente as relações entre os povos.

Em direito internacional, ZOUCH constrói o seu raciocínio a partir do legado romano antigo, com o direito dos sacerdotes feciais. Esse mesmo legado também tinha influenciado a construção da obra de seu predecessor, Alberico GENTILI.[1236]

A diferença principal entre autores como VITORIA e ZOUCH estaria, assim, mais na forma do que no conteúdo: o caminho trilhado e a fundamentação são os mesmos. Mas, enquanto VITORIA se alinha

[1235] A imprecisão parece reinar em torno do autor, advertia G. SCELLE, a respeito de Richard ZOUCH, em passagem já referida (op. cit., 1904, p. 269): "Parmi les internationalistes du xvii.e siècle, l'anglais ZOUCH est l'un des plus et l'un des moins connus. Des plus connus, si c'est l'être que d'avoir son nom partout cité, dans les manuels et dans les livres de vulgarisation, comme celui d'un des pères de la science du droit des gens; et des moins connus si l'on exige des renseignements plus précis sur son oeuvre, l'influence de ses écrits, la nature de son talent et les raisons de sa célébrité." Nessa 'definição' de autores clássicos, como aqueles que muitos citam e poucos leram ... cumpre notar que isso não ocorre somente em relação a ZOUCH.

[1236] A respeito de GENTILI, ver, neste tomo, o precedente cap. 16, bem como no **Tratado** (tomo 3 B – **Gregos, romanos, chineses, indianos**, esp. item 6.3 – duradoura contribuição do *jus gentium* para o direito internacional).

com e constrói a sua obra e a fundamenta as suas ideias com estrutura e ordenamento escolásticos – por isso, ele e SUAREZ são habitualmente apontados como expressões da assim chamada 'escolástica tardia' – ambos têm roupagem intelectual que parece vinda diretamente da Idade média. Enquanto ZOUCH, embora utilize ideias do primeiro – e mesmo o seu conceito central de *ius inter gentes* venha diretamente de VITORIA – ele reveste a sua exposição de indumentária 'moderna'.[1237] Antes questão de forma que de fundo, a linha divisória entre VITORIA e SUAREZ de um lado, e de outro, ZOUCH.

Na exposição do direito entre os povos – *jus inter gentes* –, da mesma forma que fez em seus estudos sobre outros campos do direito, ZOUCH (1650) faz a exposição separada e sucessiva, entre o direito – *jus* – e o juízo, ou opinião – *judicium*. Mas já nos "elementos de jurisprudência" (1629)[1238] apresentava este último conceito.

O que é o 'juízo', segundo o entendimento de ZOUCH: "Juízo é a exploração de controvérsia jurídica no foro civil" – *judicium est juris controversi in foro civili exploratio*. Ou seja, matéria jurídica, sujeita a discussão e argumentação, para a determinação de seu conteúdo.[1239]

1237 Cfr. **Tratado** (tomo 3 B – **Gregos, romanos, chineses, indianos** e tomo 5 – **Direito internacional no tempo de Francisco de Vitória**, cap. 14). Interessante referir as observações de Martin KINTZINGER, *From the Late Middle Ages to the peace of Westphalia* (in B. FASSBENDER e Anne PETERS, edited by, **The Oxford Handbook of the History of International Law**,Oxford: Univ. Press, 2012, cap. 25, p. 607-627, cit. p. 626): "it must be concluded that the medieval theory and practice of international law is of fundamental interest for the research and even the understanding of later and even of modern and current international law, not as just the origin of later developments or as a kind of 'forerunner', but as a long period of the unique construction and progression of a well-proven and functional international law under contemporary conditions". E também de Alan RYAN, **On Politics** – a History of political thought, from Herodotus to the present (New York: Norton, 2012, 2 vols., chap. 9 – *Humanism*, p. 291-320) no mesmo sentido de apontar essa tradição 'humanista', e enfatizar a modernidade da formulação, mesmo quando fundamentalmente ancorada no legado da civilização clássica, sobretudo de matriz grega e romana. Ou seja, a roupagem pode estar 'modernizada'; mas o conteúdo se inscreve na continuidade direta da Antiguidade clássica.

1238 R. ZOUCH, **Elementa jurisprudentiae** (1629, edição de 1665, V.1 – *de iudicio in genere*, p. 133-134): "Judicium est juris controversi in foro civili exploratio".

1239 R. ZOUCH, **Elementa jurisprudentiae** (1629, edição de 1665, V.1, p. 133): "In jurisprudentiae studio, primum est quid sit jus cujusque observare; secundum si de eo controversum fuerit, quomodo in judicio explicari possit, intelligere".

Podemos, assim, considerar serem três obras de ZOUCH, nas quais cuida de questões de direito internacional: brevemente nos **Elementa jurisprudentiae** (1629, ed. 1665),[1240] como foco central do **Juris et judicii fecialis, sive juris inter gentes** (1650, ed. 1651)[1241] e a partir de questão incidental, e em resposta a consulta específica, na **Solutio quaestionis de legati delinquentis judice competente** (1657).[1242] Os elementos básicos destas são apresentados neste capítulo.

Nos "elementos de jurisprudência" (1629, ed. 1665) ZOUCH já esboçava a sua concepção de direito internacional.[1243] Mas, aqui se continha exame do conjunto do direito, no qual, logicamente, também intervém o direito internacional. Pode-se dizer que, em sua obra de 1629, ZOUCH expunha o programa que viria a desenvolver em suas sucessivas obras, sobre distintos campos do direito, tal como eram conhecidos e praticados ao seu tempo. As obras de ZOUCH nos servem como registro histórico do estado da arte, dessas matérias jurídicas, ao mesmo tempo em que apontam para alguns desenvolvimentos em curso e que vieram desde então.

Não por acaso, foi justamente a principal contribuição de ZOUCH para o direito internacional, que ele intitulou: "o direito fecial, ou direito das gentes, e sua explicação" – **Juris et judicii fecialis, sive juris**

[1240] Rich. ZOUCHAEI, **Elementa jurisprudentiae, definitionibus, regulis et sententiis selectoribus iuris civilis illustrata** (originalmente publicados em 1629, edição 1665).

[1241] O próprio título da obra de ZOUCH, que se poderia traduzir como **Exposição do direito e processo dos feciais ou o Direito entre as gentes e explicação de questões relativas aos mesmos** (1650, 1ª edição) não sugere exatamente a construção de 'programa ordenado' de exposição do conjunto da disciplina do direito internacional. **Iuris et iudicii fecialis sive iuris inter gentes et questionum de eodem explicatio qua quae ad pacem et bellum inter diversos principes aut populos spectant ex praecipuis. Historico jure peritis, exhibentur opera. R. Z. Authoris elementorum juris prudentiae** (Lugd. Batavorum, MDCLI): foi utilizado exemplar desta edição de Leiden, 1651.

[1242] Rich. ZOUCH cuida da solução de questões antigas e novas sobre a jurisdição competente em relação a legado delinquente, ou, no original, **Solutio quaestionis veteris et novae sive de legati delinquentis judice competente dissertatio in qua Hug. Grotii de ea re. sententia explicatur expenditur et assertitur** (orig. publ. em Oxford, em 1657) já citado.

[1243] Rich. ZOUCHAEI, **Elementa jurisprudentiae, definitionibus, regulis et sententiis selectoribus iuris civilis illustrata** (orig. publ. 1629, edição 1665, I.4), citada na epígrafe deste capítulo.

inter gentes et queaestionum de eodem explicatio.[1244] Encetava a obra com a sua definição do direito internacional:

> O direito das gentes – *ius inter gentes* – é o que se usa nas relações entre os diversos estados e povos soberanos. Ou seja, aquele que os costumes conformes à razão fazem ser adotado, pela maioria das nações, e segundo o qual cada uma destas se acorda com as demais, e o observam tanto na paz, como na guerra.[1245]

O exame da disciplina, como se pode deduzir do conjunto, aqui referido, de matérias tratadas, mostra a considerável extensão na qual, apesar da influência inexorável de temas da época, no todo, se pode constatar como ZOUCH constrói conjunto que tem, de certo modo, caráter orgânico: "o direito disposto pela razão natural, entre todos os homens".[1246]

ZOUCH sustentava ter existido direito das gentes propriamente dito entre os antigos romanos.[1247] Este, ZOUCH designava como o direito

[1244] O próprio título da obra de ZOUCH, que se poderia traduzir como **Exposição do direito e processo dos feciais ou o Direito entre as gentes e explicação de questões relativas aos mesmos** (1650, 1ª edição) não sugere exatamente a construção de 'programa ordenado' de exposição do conjunto da disciplina do direito internacional. **Iuris et iudicii fecialis sive iuris inter gentes et questionum de eodem explicatio qua quae ad pacem et bellum inter diversos principes aut populos spectant ex praecipuis. Historico jure peritis, exhibentur opera. R. Z. Authoris elementorum juris prudentiae** (Lugd. Batavorum, MDCLI): foi utilizado exemplar desta edição de Leiden, 1651.

[1245] R. ZOUCH (op. cit., 1650, ed. 1651, Pars prima – *De iure inter gentes et de iure pacis*, sect. I, p. 1): "Ius inter gentes est quod in communione inter diversos principes, vel populos, penes quos est imperium, usurpatur. Quod scilicet, Moribus rationis congruis inter gentes plerasque receptum est, & id in quod gentes singulae inter se consentiunt, & observatur inter eas quibuscum Pax est, & inter eas quibuscum Bellum. Pax est inter diversos principes, vel populos justa concordia, ex qua alii cum aliis secure agunt, ejusque jus, statum, dominium, debitum & delictum inter eos quisbuscum Pax est, respicit."

[1246] R. ZOUCH (op. cit., 1650, ed. 1651, Pars prima – *De iure inter gentes et de iure pacis*, sect. I, p. 1): "Quod naturalis ratio inter omnes homines constituit, id apud omnes peraeque custoditur, vocaturque jus gentium, quasi quo jure omnes gentes utuntur."

[1247] Compare-se a opinião de GENTILI, em relação ao direito fecial, cf. se examinou, neste tomo, no cap. 16. Como exposto no **Tratado** (tomo 3 B – **Gregos, romanos, chineses, indianos**, esp. cap. 6 – *na formação e no desenvolvimento de Roma*), entendo que este '*direito fecial*', não obstante o seu caráter religioso, constituia direito internacional propriamente dito – embora dele pouco tenha restado, exceto por referências ulteriores, inclusive na

fecial: *posterioris generis, jus inter gentes placet appellare quod apud Romanos speciali nomine, jus Feciale* – este segundo gênero do direito das gentes, pode ser chamado, como os denominavam os romanos, com o nome específico de direito fecial.[1248]

Podem ser encontrados vestígios deste desaparecido 'direito fecial', observava ZOUCH, nas obras jurídicas, como remissões por parte de autores latinos, de diferentes séculos. Tais autores, repetindo os mesmos princípios, evidenciam quanto era ampla a aceitação destes, e assim se revestiam de caráter geral e promanavam da própria natureza.

A essa homenagem ao direito 'natural', ZOUCH aduzia, logo a seguir, o direito resultante de tratados e do costume: o primeiro correspondia à sã dedução de princípios da justiça natural; enquanto o segundo era estabelecido mediante consentimento mútuo, constatado pelo uso geral das nações. A base do direito internacional moderno, em ZOUCH, é simultaneamente histórica e também decorrente da razão e do direito natural.

A concepção de conjunto de ZOUCH "mostra elevação e denota, ao mesmo tempo que a tendência à filosofia do direito, também a forte influência do direito natural".[1249] Assim, o direito das gentes em ZOUCH decorria de tripla fonte: direito fecial, tratado e costume.

Essa forte presença do direito natural em ZOUCH, merece ser enfatizada, em se tratando de autor muitas vezes considerado como marcado

codificação de JUSTINIANO. Em sentido afirmativo ao reconhecimento do direito fecial como direito internacional propriamente dito, Lucienne DAL RI, **Ius fetiale**: as origens do direito internacional no universalismo romano (Ijuí: Ed. Unijuí, 2011). Em sentido negativo ao reconhecimento de caráter equivalente ao do direito internacional moderno, P. CATALANO, **Linee del sistema sovrannazionale romano** (Torino: Giappichelli, 1965), por considerar que as premissas básicas do direito fecial e do direito das gentes moderno eram diversas.

1248 R. ZOUCH (op. cit., 1650, ed. 1651, Pars prima – *De iure inter gentes et de iure pacis*, sect. I, p. 1-2): "Quod naturalis ratio inter omnes homines constituit, id apud omnes peraeque custoditur, vocaturque jus gentium, quasi quo jure omnes gentes utuntur. [...] Deinde quod inter principes vel populos diversarium gentium communiter intercedit, cum ex hoc jure uti refert etiam jurisconsultus, gentes discretae sunt, regna condita, commercia instituta, et denique bella introducta. Quod est posterioris generis, jus inter gentes placet appellare quod apud Romanos speciali nomine, jus Feciale."

1249 G. SCELLE (cap. cit., 1904, p. 275).

pelo 'positivismo'.[1250] Essa dimensão conceitual, contudo, se vê limitada pelos condicionamentos do civilista, e as orientações norteadas pela prática. E, sobretudo, essencialmente diverso, no contexto do século XVII.[1251]

Da mesma forma, o método comum ao conjunto das obras de ZOUCH, consiste em separar o *jus*, enquanto direito recebido e adotado por todos – *quae sunt minus dubitati juris* – em relação ao *judicium*, que pode dar lugar a controvérsias – *ea quae videntur juris controversi*.[1252] Há que se reconhecer esse cuidado de ZOUCH em distinguir o que entendia estar consolidado como princípios e normas jurídicas, ao lado de matérias ainda em processo de consolidação normativa.

Essa distinção fundamental entre direito – *jus* – e a opinião – *judicium* –, faz assim que exista considerável diferença de extensão entre os 'princípios' expostos primeiramente, e as questões – *quaestionis* –, abordando os desenvolvimentos pontuais seguintes.[1253] Assim estudava ZOUCH cada uma de tais 'questões', como 'controvérsias' – e não deixava de mostrar a sua filiação, ao que se entende como escola jurídica inglesa. O que, segundo alguns, mostraria o viés 'positivista' da obra. Mas, entendo, deva tal catalogação ser aplicada com cautela – sobretudo em razão de ulteriores configurações do positivismo jurídico e todos os males por este causados, na compreensão do fenômeno jurídico.

De um lado, ZOUCH expunha com muita precisão e exprimia com concisão os conceitos de direito – *jus* –, enquanto apresentava sob a

[1250] Como mencionado, Éric MAULIN destaca o '*positivismo jurídico*' (no verbete '*positivismo*', in **Dictionnaire de la culture juridique** sous la direction de Denis ALLAND et Stéphane RIALS, Paris: PUF-Lamy, © 2003, impr. 2010, p. 1171-1177, cit. p. 1174), observando a ambiguidade que acompanha o uso do termo '*positivisme juridique*', visto este designar tanto um certo tipo de definição do direito como uma determinada concepção da ciência do direito: "Or ces deux ordres de signification ne sont ni nécessairement ni systématiquement liés entre eux".

[1251] Em relação, como referido, ao nosso contexto do século XXI, depois do peso descarregado sobre o termo 'positivismo' pelo legado comtiano, nos séculos XIX e XX, há certa dificuldade em avaliar o fenômeno cultural de maneira 'neutra'. Ver A. COMTE, **Discours sur l'ensemble du positivisme** (1848, présentation par Jean-François MATTEI, © 1998, Paris: Flammarion, 2008). Pesada herança, cuja carga se faz sentir até hoje em alguns quadrantes, como acontece ainda no Brasil.

[1252] R. ZOUCH, **Direito fecial ou direito entre os povos** (1650, ed. 1651, prefácio).

[1253] G. SCELLE (cap. cit., 1904, p. 275): "La forme même dans laquelle il traite ces deux parties les distingue très nettement".

forma de problemas as questões de opinião – *judicium*. Na sua exposição, por muitas vezes, ao apontar elementos do caso, citava autores antigos, gregos e latinos, bem como também a habitual profusão de referências bíblicas. Mas ZOUCH sempre dialoga com autores modernos.

Suas fontes mais frequentes são GRÓCIO e GENTILI, mas também cita com frequência autores como Baltazar AYALA, Jean BODIN e Conrad BRAUN. Mesmo se ZOUCH trata com especial atenção os historiadores antigos, como TÁCITO,[1254] TITO LÍVIO[1255] e POLÍBIO,[1256] são também frequentes as referências ao historiador renascentista italiano Francesco GUICCIARDINI.[1257]

Ao tratar do *judicium*, muitas vezes ZOUCH se abstinha de[1258] resolver as suas 'questões' – *quaestionum*. Sua opinião muitas vezes pode ser deduzida, mas se empenhava em expor as diversas opiniões, dar

[1254] TÁCITO, **História** e **Anais** (dentre outras, na edição TACITUS, **Histories**,edição bilingue, with an English translation by Clifford H. MOORE, Cambridge Ma./London: Harvard U.P., LCL 111, TACITUS II, 1st publ., 1925, reprinted 2006; e **Annals**, edição bilingue, with an English translation by John JACKSON, Cambridge Ma./London: Harvard U.P., LCL 312, TACITUS IV, 1st. publ., 1937, reprinted 2006; LCL 322, TACITUS V, 1st publ., 1937, reprinted 1999).

[1255] TITO LÍVIO (**Ab Urbe condita**, I.36, 38, 42), declaravam a guerra." Ver TITO LÍVIO, **História de Roma** (introdução, tradução e notas de Paulo Matos PEIXOTO, São Paulo: Paumape, 1989, 6 vols.); tb. citado por A. GENTILI, como por exemplo (op. cit., 1598, ed. 2004, II.I.3, p. 220): "Assim costumavam fazer os romanos. Tarde e com maturidade de conselho empreendiam as guerras, coisa que é elogiada por VARRÃO. Antes de tudo enviavam embaixadores para pedir satisfação e, quando não houvesse resultado, para desdizer a amizade. Depois, se ao término de trinta e três dias que eram solenemente estabelecidos, não houvesse resposta satisfatória, somente então, como se pode ler em TITO LÍVIO." Cf. se examina no precedente cap. 16.

[1256] POLÍBIO, **História** (dentre outras, POLYBE, **Histoire**, texte traduit, présenté et annoté par Denis ROUSSEL, Paris: Gallimard–Pléiade, 1970).

[1257] F. GUICCIARDINI (1473-1540), **Storia d'Italia** (orig. publ. Firenze: Lorenzo Torrentino, 1561, ed. a cura di Silvana Seidl MENCHI, saggio introduttivo di Felix GILBERT, Turim: Einaudi, © 1971, ristampa 2008, 3 vols.).

[1258] R. ZOUCH, **Direito fecial ou direito entre os povos** (1650, ed. 1651, *Ad lectorem*): "Author Elementorum jurisprudentiae pro ratione communiones humanae, iuris & judicii fundamenta exhibere instituens; primum pro communione in genere, iuris & judicii principia generalia; deinde pro ea, quae inter personas privatas, nec non quae privatis cum principibus intercedit; cum privati tam publici juris, & judicii regulas tradidit".

exemplos,[1259] e seguindo o método socrático – como expusera no prefácio – queria deixar ao leitor a possibilidade de decidir por si mesmo.[1260]

O direito e as opiniões – *jus et judicium* –, por sua vez, se subdividiam em direito da paz, este em primeiro lugar, seguido do direito a ser aplicado em tempo de guerra. Foi grande mérito de ZOUCH (1650) tratar em primeiro lugar do direito da paz: confere maior equilíbrio ao conjunto da obra. Esta tônica deve pautar o direito internacional, em todos os tempos: antes as normas voltadas para a paz, do que as da guerra.[1261]

1259 R. ZOUCH, **Direito fecial ou direito entre os povos** (1650, ed. 1651, prefácio '*Ad lectorem*'): "Alios etiam authores pro subjecta materia adhibuit, & propositis primum qua sunt minus dubitati juris, ea quae videbantur juris controversae ad quaestiones redegit".

1260 R. ZOUCH, **Direito fecial ou direito entre os povos** (1650, ed. 1651, prefácio '*Ad lectorem*'): "In quibus a statuendo quicquam ab sua sententia abstinuit; consultius academiae Socraticae institutum imitare ratus, quae post causas, & ratione allatas, & quid in unaquaque parte dici possit expositum, audientium judicium integrum atque liberum reliquit".

1261 Ver **Tratado** (tomo 4 – **Direito internacional no tempo medieval**, esp. cap. 11 sobre os tratadistas da guerra), e como notava, existe toda uma linha de reflexão internacionalista, sobretudo no período entre as duas guerras mundiais, na esteira do Pacto de Paris, de 1928, que proscreveu a guerra do direito internacional positivo, como meio válido de solução de controvérsias entre estados, e que merecem ser considerados, tais como: Jules BASDEVANT, **Règles générales du droit de la paix** (RCADI, 1936, t. 58, p. 471-692); Maurice BOURQUIN, **Règles générales du droit de la paix** (RCADI, 1931, t. 35, p. 1-232); James-Leslie BRIERLY, **Règles générales du droit de la paix** (RCADI, 1936, t. 58, p. 1-242); Arrigo CAVAGLIERI, **Règles générales du droit de la paix** (RCADI, 1929, t. 26, p. 311-585); Edouard-Eugène-François DESCAMPS, **Le droit international nouveau**: l'influence de la condamnation de la guerre sur l'évolution juridique internationale (RCADI, 1930, t. 31, p. 393-559); Charles DUPUIS, **Règles générales du droit de la paix** (RCADI, 1930, t. 32, p. 1-290); J.-P.-A. FRANÇOIS, **Règles générales du droit de la paix** (RCADI, 1938, t. 66, p. 1-294); Albert E. HINDMARSH, **Le Japon et la paix en Asie** (RCADI, 1936, t. 57, p. 97-199); J. van KAN, **Règles générales du droit de la paix**: l'idée de l'organisation internationale dans ses grandes phases, RCADI, 1938, t. 66, p. 295-601); Erich KAUFMANN, **Règles générales du droit de la paix** (RCADI, 1935, t. 54, p. 309-620); H. LAUTERPACHT, **Règles générales du droit de la paix** (RCADI, 1937, t. 62, p. 95-422); Louis Le FUR, **Règles générales du droit de la paix** (RCADI, 1935, t. 54, p. 1-307); Edgar MILHAUD, **L'organisation économique de la paix** (RCADI, 1926, t. 15, p. 277-431); Boris MIRKINE-GUETZÉVITCH, **Le droit constitutionnel et l'organisation de la paix** (droit constitutionnel de la paix) (RCADI, 1933, t. 45, p. 667-773); Joseph MULLER, **L'oeuvre de toutes les confessions chrétiennes (églises) pour la paix internationale** (RCADI, 1930, t. 31, p. 293-392); Ernest Minor PATTERSON, **Les bases économiques de la paix** (RCADI, 1931, t. 37, p. 413-525); H. RAUCHBERG, **Les obligations juridiques des membres de la Société des Nations pour le maintien de la paix** (RCADI, 1931, t. 37, p. 83-204); V. H. RUTGERS, **La mise en harmonie du pacte de la Société**

Até por razão de utilidade, visto qualquer tentativa de regulação jurídica dos conflitos armados ter, até hoje, mostrado eficácia limitada.

Ao dar o primeiro lugar à paz, ZOUCH inicia seu livro com o exame do direito das gentes e da paz – *de iure inter gentes et de iure pacis.* Ele define a paz, na linha de AGOSTINHO, como "convivência ordenada" entre os povos.[1262] Justamente ZOUCH assinala a escolha de critério diverso do que fizera GRÓCIO (1625) – a quem se pode imputar ter conferido excessivo destaque à guerra – a começar pelo título –, em relação ao conjunto da sua obra maior.[1263]

Como seu ilustre predecessor, contudo, ZOUCH considerava a paz o "estado normal das relações entre os homens e os povos".[1264] A justiça faz nascer e conserva a paz, e esta, por sua vez, engendra a segurança. Na mesma linha, também sustentará seu contemporâneo mais jovem, Samuel PUFENDORF, ser a paz e não a guerra o estado 'normal' das relações entre os povos.[1265] Contrariamente ao afirmado por HOBBES.[1266]

des Nations avec le pacte de Paris (RCADI, 1931, t. 38, p. 1-123); Gabriele SALVIOLI, **Les règles générales de la paix** (RCADI, 1933, t. 46, p. 1-164); Georges SCELLE, **Règles générales du droit de la paix** (RCADI, 1933, t. 46, p. 327-703); Stélio SÉFÉRIADES, **Principes généraux du droit international de la paix** (RCADI, 1930, t. 34, p. 177-492); Karl STRUPP, **Les règles générales du droit de la paix** (RCADI, 1934, t. 47, p. 259-595); A. VERDROSS, **Règles générales du droit international de la paix** (RCADI, 1929, t. 30, p. 271-517); Hans WEHBERG, **La contribution des conférences de la paix de La Haye au progrès du droit international** (RCADI, 1931, t. 37, p. 527-669).

1262 Sobre santo AGOSTINHO ver **Tratado** (tomo 4 – **Direito internacional no tempo medieval**, item 8.1).

1263 Sobre GRÓCIO, ver **Tratado** (tomo 7 – **Direito internacional no tempo de Hugo Grócio**, cap. 18). Este teria representado o perfazimento da linha secular de reflexões sobre a guerra e do possível direito aplicável a esta, na linha dos tratadistas da guerra, do final da era medieval e início da era moderna. A respeito, ver tb.**Tratado** (tomo 4 – **Direito internacional no tempo medieval**, cap. 11 – *tratadistas da guerra*). O próprio GRÓCIO se veria antes como continuador e marco final dessa evolução do que o inovador de um direito internacional 'moderno' – mesmo que se lhe atribua habitualmente esse papel.

1264 R. ZOUCH, **Direito fecial ou direito entre os povos** (1650, ed. 1651, pars prima, sectio III – *De dominio inter eos quibuscum pax est*).

1265 Como também considera Samuel PUFENDORF (1632-1694). Ver **Tratado** (tomo 9 – **Direito internacional no tempo de Samuel Pufendorf**, cap. 20).

1266 Ver **Tratado** (tomo 8 – **Direito internacional além do paradigma vestfaliano**, item – *sob o signo do Leviatã* e tomo 20 – **Direito internacional, história e cultura**, item 1.1 – *o Leviatã e suas transformações*).

Certas matérias continuam muito atuais; e justamente por esse motivo são feitos alguns paralelos entre menções feitas na obra de ZOUCH e desenvolvimentos de nosso tempo a respeito da regulação de questões como a alegada "intervenção humanitária". Isso ocorreu a respeito da licitude da ajuda prestada, primeiro pela então rainha ELIZABETH I da Inglaterra, e depois por seus sucessores, aos inssurretos 'belgas' das Províncias Unidas, revoltados contra o rei da Espanha, inimigo da Inglaterra.[1267]

Cuidou ZOUCH também de questões de imunidades diplomáticas, então presentes e que continuam a ser atuais, em nossos tempos.[1268] Como ilustra o seu já mencionado estudo sobre "solução de questões de competência de jurisdição sobre legado delinquente", ou no original, **Solutio quaestionis de legati delinquentis judice competente** (1657).[1269] Obra que recebeu reedições (como a de Colonia, 1669) e também tradução para o alemão (1717).[1270]

Exemplos conjunturais de seu tempo, são questões que se tornaram quase obsoletas ou ao menos curiosidades, em nossos tempos pós-

[1267] Questão também considerada por GRÓCIO. Ver a respeito **Tratado** (tomo 7 – **Direito internacional no tempo de Hugo Grócio**, esp. item 18.2 – *GRÓCIO na evolução da identidade nacional*). Violentamente contrário ao reconhecimento de qualquer direito aos 'inssurretos belgas' se mostrara Balthazar AYALA (1548-1584), cf. **Tratado** (tomo 4 – **Direito internacional no tempo medieval**, cap. 11, esp. item 11.6.1).

[1268] Nesse sentido, ver G. E. do NASCIMENTO E SILVA, P. B. CASELLA e Olavo de O. BITTENCOURT Neto, **Direito internacional diplomático** – a Convenção de Viena sobre relações diplomáticas na teoria e na prática (São Paulo: Saraiva, 4ª ed., revista, atualizada e ampliada, 2012); Jean-Paul PANCRACIO e Pierre-Henri GUIGNARD, **Protocole et cérémonial** – l'ordre de la Republique (Paris: Pedone, 2012).

[1269] Rich. ZOUCHAEI, **Solutio quaestionis veteris et novae sive de legati delinquentis judice competente dissertatio in qua Hug. Grotii de ea re. sententia explicatur expenditur et assertitur** (Oxf., 1657) já citado.

[1270] Rich. ZOUCHAEI, **Solutio quaestionis veteris et novae sive de legati delinquentis judice competente dissertatio in qua Hug. Grotii de ea re. sententia explicatur expenditur et assertitur** – cum notis & animadversionibus Christiani HENELII (Colonia: Impensis Rupert Völckeri, 1669); foi traduzida para o alemão, **Eines vornehmen englischen Iurisconsulti Gedanken von dem Tractment eines Ministri und dessen Domestiquen, welche an dem Orthe, wo selbige in Gesandschaft sich befinden, etwas verbrochen**, wegen derer Solidité anjetzo in teutscher Sprache mitgetheilet und mit Neuern Anmerckungen auch einer Vorrede vermehret (Jena: Johannes Bielcken, 1717) – e, como também já mencionado, no mesmo ano, essa obra de ZOUCH foi reeditada em Londres, 1717.

-modernos, tais como o minucioso estudo e tratamento de questões de legitimação dinástica e problemas sucessórios, deste ou daquele soberano da época; ou mesmo, o cuidado de ZOUCH em torno de questões bizarras, como saber se, em meio à guerra, pode um oficial de patente inferior desafiar outro, mais graduado, para lutar em duelo – hoje, com monitoramento a distância, aviões não tripulados, *drones* e armas teleguiadas não se colocam tais questões de personalidade e ordem hierárquica militar, em meio de campo de batalha, mas a violência e a estupidez da guerra continuam as mesmas, acentuadas pelos progressos tecnológicos.

Ainda expunha ZOUCH coisas não menos curiosas, tais como determinar se se pode deixar fornecer tabaco ao inimigo em guerra: se este fosse considerado 'alimento', logicamente a sua importação e distribuição ao inimigo seriam proibidas.[1271] O que parece, no mínimo, inusitado.

Questões incidentais parecem conturbar o quadro de conceitos e premissas basilares. Mas, ao mesmo tempo, integram a obra e faziam parte das preocupações do autor ao escrevê-la. Como se deu naquele tempo, com ZOUCH, ocorre também com outros internacionalistas de séculos passados e do presente. Por isso, é sempre preciso situar no tempo a elaboração do conhecimento, e contextualizar culturalmente no espaço a construção do discurso, que visa permitir a exposição da matéria no; sempre no contexto do tempo e do meio cultural do qual emane.[1272]

Antes de apontar o dedo e condenar todo o conjunto, em razão da 'interferência' causada por tais questões incidentais, lembremo-nos também estarmos sujeitos, nós mesmos, em nossos tempos pós-modernos, aos nossos respectivos temas 'conjunturais'. E quanto tempo e espaço podem tais temas incidentais e questões conjunturais ocupar: como ilustram as espúrias tentativas de justificação, perante o direito internacional pós-moderno, de possíveis ataques e guerras preventivas.[1273]

[1271] R. ZOUCH considera se é lícito deixar chegar tabaco ao inimigo (op. cit., 1650, ed. 1651, seção VIII, n. 12 – *utrum herbam Nicotianam, vulgo Tobacco, ad hostes transferre liceat*).

[1272] Ver **Tratado** (tomo 20 – **Direito internacional, história e cultura**, introdução e cap. 1 – direito internacional no tempo e seu papel na história).

[1273] Ver **Tratado** (tomo 2 – **Direito internacional dos espaços**, item 29.3 – dimensão humana do território como expressão da relação entre espacialidade e direitos fundamentais), sobre a absurda guerra de agressão da Rússia na Ucrânia.

Em suma, importa compreender, desta menção ao conjunto das matérias por ele tratadas, se e em que medida, do livro de ZOUCH se pode depreender um verdadeiro 'manual' de direito internacional? Começava ZOUCH com o que considerava seguro, e expresso como norma consolidada, para o estudo e o ensino do direito internacional –[1274] e afirmava ser este o exame do direito das gentes e da paz – *de iure inter gentes et de iure pacis*:

- na primeira parte, seção I, apresenta o conceito de direito das gentes e da paz – *de iure inter gentes et de iure pacis*;[1275]

Vale notar que ZOUCH enfatiza o papel do direito da paz – *iure pacis* –, ao mesmo tempo em que mantém a terminologia, criada por VITÓRIA, no sentido de designar o direito internacional como "direito entre povos" – *jus inter gentes* –, como mencionado. ZOUCH distinguia entre institutos e conceitos característicos de um direito internacional primário – *jus inter gentes prior* –, em relação a outro, direito internacional posterior ou secundário – *jus inter gentes posterior*.[1276]

Poderia haver elemento 'contratualista' nessa concepção de ZOUCH? Na linha de HOBBES?

A escolha de ZOUCH constitui mais do que mero indício de encadeamento conceitual e histórico entre ambos.[1277] ZOUCH também mencionava, entre outros autores: GENTILI, GRÓCIO e HOBBES.

Vale frisar, ZOUCH e HOBBES não foram somente conterrâneos e contemporâneos, mas, inclusive, coetâneos – tendo somente um par de anos de diferença de idade – e ambos passaram por vicissitudes durante o período da revolução de 1640, da abolição da monarquia e do regime

1274 Ver G. SCELLE (cap. cit., 1904, p. 278-292).

1275 R. ZOUCH (op. cit., 1650, ed. 1651, pars prima, sec. I, p. 1-5).

1276 R. ZOUCH, **De legati delinquentis judice competente dissertatio** (1657, ed. 1669, p. 52/265) faz a distinção entre direito internacional primário (*jus inter gentes prior*) e outro secundário (*jus inter gentes posterior*): "ex jure gentium priori Dominiorum distinctio, Contractus, obligationes sunt inventae. Ex posteriori, discretae gentes, commercia instituta, foedera inita, & bella etiam introducta. Quod posterius jus gentium magis proprie ius inter gentes appellare potest".

1277 Comparem-se: R. ZOUCH (op. cit., 1650, ed. 1651, I.I, p. 1-5); GENTILI, **Direito de guerra** (I.I.); GRÓCIO, **Direito da guerra e da paz** (*Prolegomena*); HOBBES, **De Cive** (cap. 6).

do *Commonwealth* na Inglaterra, tendo como líder CROMWELL.[1278] Mas com diferenças entre ambos: ZOUCH permaneceu em Oxford e continuou a lecionar na universidade. Por sua vez, HOBBES partiu para o exílio em 1640, e durante ao menos dois anos foi o tutor de matemática do filho do rei CARLOS I, o futuro CARLOS II (1630-1685).

HOBBES somente retornou à Inglaterra em 1651. Nessa altura, teria oferecido exemplar do **Leviatã** a CROMWELL.[1279]

Nessa geração que vive a herança dos acordos de paz de Vestfália, após 1648, a fé de GRÓCIO em direito das gentes, que seria válido tanto em tempo de guerra, como de paz, encontra réplica vigorosa, destinada a ter eco durável, na história do pensamento jurídico, com o ceticismo de HOBBES nessa matéria.[1280]

HOBBES foi o primeiro, ao lado de seu contemporâneo ZOUCH, a reservar a designação '*law of nations*' para designar as normas regendo as relações entre estados.[1281] Embora tenha se ocupado somente marginalmente do direito internacional, a visão de HOBBES acerca da matéria não deve ser negligenciada: um dos mais importantes filósofos do século XVII, também se ocupou de direito internacional.[1282]

Esse direito das gentes – ou *law of nations* – é, assim, segundo HOBBES, puramente direito natural – como o direito que, naturalmente,

[1278] C. HILL, **O mundo de ponta-cabeça** (originalmente publicado **The world turned upside down** © 1972 e 1975, trad. bras. R. J. RIBEIRO, 1987, *Apêndice 1: Hobbes e Winstanley: razão e política*, p. 368-375, cit. p. 368) observa: "HOBBES sentia grande admiração pelas realizações dessa mesma revolução que, em seu entender, nunca deveria ter acontecido"; André MAUROIS [pseudônimo de Émile HERZOG], **História de Inglaterra** (do original **Histoire d'Angleterre**, © 1957, trad. Maria Henriques OSSVALD, Lisboa: Aster, 1976, em 3 vols.: I. Época antiga e medieval; II. Época moderna; III. Época contemporânea); E. L. WOODWARD, **Uma história da Inglaterra** (do original **A History of England** © 1962, trad. Álvaro CABRAL, Rio de Janeiro: Zahar, 1964).

[1279] Bernard GERT, **Hobbes** (Cambridge, UK: Polity, 2010, cap. 1 – *Hobbes's Life, Times and General Philosophical Views*, p. 1-29, cit. p. 2).

[1280] Ver **Tratado** (tomo 7 – **Direito internacional no tempo de Hugo Grócio**, item 18.7 – *herança crítica e repercussão da obra de GRÓCIO*). Como elo intelectual, ambos, GRÓCIO e HOBBES, se põem em torno da concepção contratualista da sociedade e do direito.

[1281] Como notava A. TRUYOL Y SERRA, **Histoire du droit international public** (Paris: Economica, 1995, cap. IX – *La doctrine postgrotienne*, p. 81-95).

[1282] Ver **Tratado** (tomo 8 – **Direito internacional além do paradigma vestfaliano**, item – *sob o signo do Leviatã* e tomo 20 – **Direito internacional, história e cultura**, item 1.1 – *o Leviatã e suas transformações*).

se aplica às relações entre os estados. Os estados vivendo em estado de natureza, por não existir entre estes pacto fundador, equivalente ao que teria dado origem, entre os indivíduos, ao estado de sociedade, nacionalmente organizada, por meio do qual se criou poder superior comum.

Para HOBBES,[1283] o direito natural, próprio do estado de natureza, não passa de moral, que estabelece certos comportamentos que devem ser observados. Para HOBBES, o conteúdo do direito natural afirma que todos devem buscar a paz e viver em harmonia social, tanto quanto possível, "estipulando esse direito a todas as coisas e contentando-se com tanta liberdade, em relação a outros homens, como consentiriam outros homens em relação a nós".[1284]

Este direito das gentes – *law of nations* –, segundo a visão de HOBBES, não contaria com mecanismos coercitivos, o que somente o direito positivo tem condição de assegurar. O estado de natureza, foi ultrapassado no plano interno dos estados, mas seria ainda a realidade entre os estados. Realidade essa que, para HOBBES, parece impossível superar.

O que significa dizer que dada a inexistência de ordem jurídica entre os estados, faria entre estes reinar a insegurança radical, sob o signo da força. Como no hipotético 'estado de natureza' entre os homens, antes do advento da sociedade organizada. Contrariamente a autores, como ZOUCH e PUFENDORF, que apontavam ser normal o estado de paz entre os estados, e a guerra como exceção.[1285]

As gerações seguintes de autores, que se debruçam sobre o direito internacional, na segunda metade do século XVII e no seguinte século

[1283] HOBBES dialoga com GRÓCIO em suas principais obras. Ver T. HOBBES, **Elements of law natural and politic** (1650, boa edição francesa **Éléments du droit naturel et politique**, introduction, notes, bibliographie, index et traduction par Delphine THIVET, Paris: Vrin, 2010); T. HOBBES, **Leviatã** (1651, trad. de João Paulo MONTEIRO e Maria Beatriz Nizza da SILVA, São Paulo: Abril cult. – os Pensadores vol. XIV, 1974), Thomas HOBBES, **Leviathan** (1651, ed. by Richard TUCK, Cambridge: Univ. Press – col. Cambridge Texts in the History of Political Thought, 1991); T. HOBBES, **Do cidadão** (do original **De Cive**, trad., apres. e notas de Renato Janine RIBEIRO, São Paulo: Martins Fontes, 1ª ed., 1992, 3ª ed., 2002).

[1284] Thomas HOBBES, **Leviathan** (I.XIV, ed. TUCK, 1991, p. 91-92), **De Cive** (II.1-3), **Elementos de direito natural** (XIV.1-2).

[1285] Cf. referido, R. ZOUCH, **Direito fecial ou direito entre os povos** (1650, ed. 1651, pars prima, sectio III – *De dominio inter eos quibuscum pax est*); o que também considera Samuel PUFENDORF (1632-1694). Ver **Tratado** (tomo 9 – **Direito internacional no tempo de Samuel Pufendorf**, cap. 20).

XVIII, mais e mais tornam corrente o uso do termo *ius gentium*, até ser este, por sua vez, suplantado pelas expressões equivalentes, nas várias línguas – *droit des gens, Völkerrecht, diritto delle genti, derecho de gentes, direito das gentes*. Não são somente detalhes terminológicos: o foco e o conteúdo da matéria podem ser diversamente direcionados, conforme o rótulo aposto.

A partir de J. BENTHAM instaura-se a terminologia de uso mais corrente, direito internacional – *international law*.[1286] Que encontrou enorme aceitação, apesar dos reparos habitualmente opostos a tal denominação.

- na primeira parte, seção II. do estado entre estes, que é o da paz e onde trata do império civil, pactos e alianças – *de statu inter eos, quibuscum pax est, ubi de imperio civili, amicis et sociis*;[1287]

ZOUCH começava por tratar dos direitos pessoais no estado de paz.[1288] Considerava, em primeiro lugar, a condição dos cidadãos, em sua pátria, nas relações com o poder civil. Este poder, no contexto monárquico, pode ser absoluto ou (constitucionalmente) limitado, quando submetido ao controle de leis ou de magistrados. O poder civil pode, ainda, pertencer ao povo, sob forma aristocrática – hoje se diria, oligárquica – ou sob forma democrática.[1289]

ZOUCH não deixava de notar a desigualdade de fato, existente entre os estados, e a partir desse tópico, avançava para considerações a res-

[1286] Sobre o caráter inovador da formulação – *jus inter gentes* – de VITÓRIA ver **Tratado** (tomo 5 – **Direito internacional no tempo de Francisco de Vitória**, esp cap. 14). Sobre a específica contribuição de BENTHAM para a teoria das relações internacionais, ver Gunnhild HOOGENSEN, **International Relations, Security and Jeremy Bentham** (Londres e Nova York: Routledge, 2005).

[1287] R. ZOUCH (op. cit., 1650, ed. 1651, pars prima, sec. II, p. 6-12).

[1288] R. ZOUCH (op. cit., 1650, ed. 1651, pars prima, sec. I, p. 1-5).

[1289] R. ZOUCH (op. cit., 1650, ed. 1651, pars prima, sectio II – *De statu inter eos, quibuscum pax est, ubi de imperio civili, amicis et sociis*) distinguia entre as monarquias, nas quais o povo inteiro por assim dizer se encarnaria na pessoa do príncipe, e com este se estabeleceria a relação, e outros países, nos quais a nação conservava o poder legislativo, e onde uma minoria dissidente deveria ser considerada como não existente, do ponto de vista do direito dos tratados.

peito da paz entre as nações.[1290] Fundamenta a paz em relações de boa vizinhança, de comunidade de língua, da conveniência de prestação recíproca de serviços, de vínculos de hospitalidade e, sobretudo – insiste ZOUCH, em várias passagens – com especial ênfase quanto às relações de comércio.[1291]

- na primeira parte, seção III – sobre o domínio e a aquisição deste sobre bens móveis e imóveis – *de dominio inter eos, quibuscum pax est*;[1292]

Nesta seção,[1293] cuidava ZOUCH dos direitos reais, ou do direito de propriedade dos soberanos e dos povos. Existiria direito em favor dos soberanos, sobre os bens móveis, da mesma forma que, para os particulares, como sobre os bens imóveis, que são as cidades e o território. Mas, acrescem-se a esses direitos reais, um direito soberano sobre as pessoas, quando se fala em reinos e estados.

Considerava ZOUCH poder a posse ser adquirida mediante ocupação,[1294] em se tratando de território que jamais tivesse pertencido a alguém; ou mediante prescrição, caso o território tivesse sido previamente abandonado.[1295] Pode a posse ser igualmente adquirida mediante doação, ou mediante transmissão de direitos hereditários.

ZOUCH estudava extensamente os modos de transmissão dinástica. Esses tópicos não mais se revestem do interesse que poderiam ter à época em que as casas reinantes se empenhavam por meio de casamentos e alianças em multiplicar os laços, dos quais poderiam resultar direitos sucessórios, transmitindo populações e territórios inteiros como patrimônio pessoal de monarcas.

[1290] R. ZOUCH (op. cit., 1650, ed. 1651, I.II, p. 6-12). Compare-se a lição de ARISTÓTELES, **Política** (livro III, cap. XI e tb. livro III, cap. V).

[1291] R. ZOUCH (op. cit., 1650, ed. 1651, pars prima, sec. II).

[1292] R. ZOUCH (op. cit., 1650, ed. 1651, pars prima, sec. III – *de dominio inter eos, quibuscum pax est* ou ainda, *ubi de acquisitione civili mobilium et immobilium*, p. 12-19).

[1293] R. ZOUCH (op. cit., 1650, ed. 1651, pars prima, sec. III, p. 12-19).

[1294] Ver **Tratado** (tomo 1 – **Direito internacional dos espaços**, item 6.1 – ocupação, 6.4 – prescrição).

[1295] Compare-se GRÓCIO, **Direito da guerra e da paz** (1625, I.III.12; I.VII.12; II.III.7; II.VII.12-13).

- na primeira parte, seção IV – sobre o direito de legação e pactos civis – *de debito civili inter eos, quibuscum pax est, utpote de iure congressus, legationis et foederis civilis;*[1296]

A seção quarta[1297] cuida de direito das obrigações – *debitum* –, entre aqueles que se encontram em estado de paz. São também as manifestações de consideração devidas entre chefes de estado e povos amigos.

Existe dever geral de boa vizinhança. Os estados devem, reciprocamente, estabelecer entre si relações de cortesia, pessoalmente, ou por meio de enviados ou legados e embaixadores, para tratar digna e pacificamente de seus interesses recíprocos.[1298]

ZOUCH estabelece relação bastante estreita entre o direito de missões especiais –[1299] *jus congressus sive colloqui civilis* –, a ser exercitado por pessoas dignas de nota, como corolário implícito e aspecto do direito de comércio – que tinha fortemente enfatizado, antes. Apontava duas dimensões: a dignidade e a segurança, onde cada uma acarreta certo número de consequências obrigatórias, cuidadosamente enumeradas em seis incisos.[1300]

Continha, ainda,[1301] extensas considerações sobre questões de *precedência*, entre os diversos estados, em consonância com o espírito do tempo.[1302] O que em considerável medida, ficou superado pela adoção do princípio da "igualdade jurídica dos estados", vigente na Carta da ONU, desde 1945, mesmo que ainda nesta se conviva com a desigualdade em relação aos membros permanentes, com poder de veto, no Conselho de

[1296] R. ZOUCH (op. cit., 1650, ed. 1651, pars prima, sec. IV, p. 20-50).

[1297] R. ZOUCH (op. cit., 1650, ed. 1651, pars prima, sec. IV, p. 20-50).

[1298] Sob a rubrica da assim chamada *comitas gentium*, cf. **Manual** (26ª ed., 2023, item 3.6 – dentre os direitos e deveres dos estados, esp. 3.6.3 – direito ao respeito mútuo).

[1299] Compare-se com a regulação sobre a matéria, cf. **Manual** (26ª ed., 2023, item 2.3.5 – Convenção sobre missões especiais (1969)).

[1300] Compare-se GRÓCIO, **Direito da guerra e da paz** (1625, III.13); tb. Conrad BRAUN, **De Legationibus libri V** (orig. publ. 1548, disponível em edição recente, **Les cinq livres sur les Ambassades**: à destination de ceux qui sont totalement appliqués à la chose publique, ou très utile à ceux qui remplissent une quelconque magistrature, et agréables à la lecture, traduction, introduction et notes de Dominique GAURIER, Limoges: Presses Univ. de Limoges, 2008, livro III, cap. 14).

[1301] R. ZOUCH (op. cit., 1650, ed. 1651, pars prima, sec. IV, p. 20-50).

[1302] Ver **Tratado** (tomo 8 – **Direito internacional além do paradigma vestfaliano**, item – *sobre dignidade e precedência entre estados e povos*).

Segurança. As discussões sobre critérios de precedência entre os estados e os príncipes, como as questões dinásticas ficaram superadas pela evolução posterior da matéria, mas ocupavam lugar relevante no tratamento dos temas do direito internacional moderno.

Por sua vez, as eventuais questões de precedência entre representantes diplomáticos dos estados embora tenham deixado de ser matéria de controvérsia, foram a base para desenvolvimento relevante da disciplina, na medida em que foram codificadas pelo "direito internacional diplomático" e tais questionamentos ficaram consequentemente superados.[1303] Por sua vez, o direito diplomático é campo que permanece relevante e estudado.[1304]

ZOUCH regulava extensamente o direito de embaixada, ou direito de legação, como atualmente se denomina.[1305] O critério central é a obrigação de segurança devida aos enviados e às pessoas de sua comitiva.

ZOUCH ainda considerava outra categoria de direito de embaixada – *jus legationis civilis* –, distinto do precedente. Categoria que os gregos chamavam de 'ministério exterior' – ecdhmos politeia.

Chamava-se 'embaixada', em sentido estrito, a missão diplomática enviada entre dois detentores do pleno poder soberano. Impropria-

[1303] Como referido, ver **Tratado** (tomo 8 – **Direito internacional além do paradigma vestfaliano**, item – *sobre dignidade e precedência entre estados e povos*, bem como o item – *ensaio de balanço do direito internacional no século XVII*). Veja-se, tb., para situar o tema no contexto algo posterior, mas ainda bastante presente: Johann Ehrenfried ZSCHACKWIZ, seu estudo sobre direitos de precedência, **Einleitung zu denen vornehmsten Rechts--Ansprüchen, derer Gecrönten hohen Häupter und anderer Souverainen in Europa** (Frankfurt und Leipzig: Carl Friedrich Jungnicol, 1733, Erster Band) trata das alegações de precedência, que poderiam ser aplicadas nas relações intra e extra-europeias, dos soberanos do Sacro Império, da Áustria, da França, da Dinamarca, da Suécia, da Grã-Bretanha, da casa de Hannover, da Espanha, de Portugal, de Brandenburgo-Prússia, da Polônia da Rússia, da Saxônia, da Baviera, da casa do Margrave de Brandenburgo, bem como das então casas reinantes de Hessen, Hollstein, Lorena, Pfaltz, Anhalt, Baden, Württemberg e Mecklenburgo.

[1304] Como mostram, no caso de ZOUCH, as já mencionadas reedições de sua obra (1657) sobre as imunidades diplomáticas (Colonia, 1669; Londres 1717), e também, em tradução para o alemão (Jena, 1717) entre outras.

[1305] R. ZOUCH (op. cit., 1650, ed. 1651, pars prima, sec. IV, p. 20-50). Compare-se G. E. do NASCIMENTO E SILVA, P. B. CASELLA, O. de O. BITTENCOURT NETO, **Direito internacional diplomático** – a Convenção de Viena sobre relações diplomáticas na teoria e na prática (São Paulo: Saraiva, 4ª ed., 2012).

mente, quando enviada a uma metrópole, como representantes de uma colônia, município ou província. Observava que, em contexto de conflagração ou guerra civil, uma facção poderia enviar representantes para dialogar com a outra.[1306]

ZOUCH distinguia as embaixadas em distintas categorias: religiosas, oficiosas, permanentes ou extraordinárias. Indicava a seguir a composição, o papel preponderante atribuído ao chefe da missão, o direito de cada chefe de missão em contar com comitiva e auxiliares, com distinção entre membros da família – *familia* – e personalidades de nota, que acompanhassem a missão – *comites*.[1307]

A autoridade se configurava na "carta de missão" ou de plenos poderes, por meio da qual o príncipe, que enviava a missão, reconhecia o caráter oficial desta e o direito de falar em nome do soberano e de seu estado. O caráter do mandato seria aberto – *apertum* –, para permitir a inclusão de tópicos supervenientes, que se mostrassem necessários, para o bom andamento das relações entre as partes. Mas poderiam igualmente ser acrescidas instruções secretas ou sigilosas – *arcanum* –, contendo instruções específicas, mais precisas e detalhadas.

ZOUCH ainda especificava:[1308] as honras às quais pode fazer jus uma missão diplomática, bem como recepções e audiências adequadas; a segurança para os integrantes da missão e o pessoal de serviço desta, enquanto estivessem no território do príncipe ao qual foram enviados, no exercício de missão oficial.[1309]

Estes elementos constam da obra principal de ZOUCH (1650), sem esquecer outra sua obra específica, sobre as imunidades diplomáticas – **Solutio quaestionis veteris et novae sive de legati delinquentis judice competente dissertatio in qua Hug. Grotii de ea re. sententia explicatur expenditur et assertitur** (1657, ed. 1669).[1310]

[1306] R. ZOUCH (op. cit., 1650, ed. 1651, pars prima, sec. IV, p. 20-50).

[1307] R. ZOUCH (op. cit., 1650, ed. 1651, pars prima, sec. IV, p. 20-50).

[1308] R. ZOUCH (op. cit., 1650, ed. 1651, pars prima, sec. IV, p. 20-50).

[1309] Como mencionado, contraponha-se ao exame da matéria feito por ZOUCH (1650, ed. 1651) o estado atual da regulamentação vigente, cf. G. E. do NASCIMENTO E SILVA, P. B. CASELLA, O. de O. BITTENCOURT NETO, **Direito internacional diplomático** (São Paulo: Saraiva, 4ª ed., 2012).

[1310] Na já mencionada obra de Rich. ZOUCHAEI, **Solutio quaestionis veteris et novae sive de legati delinquentis judice competente dissertatio in qua Hug. Grotii de ea re. sententia explicatur expenditur et assertitur** – cum notis & animadversionibus Chris-

- na primeira parte, seção V – dos delitos e obrigações 'internacionais' –[1311] *de delicto inter eos, quibuscum pax est;*[1312]

O estudo do direito da paz comporta ainda o exame de delitos que podem destruir a harmonia das relações – *communio*.[1313] Como ponderava ZOUCH, ante a inexistência de caminhos equivalentes aos dos tribunais internos, para a solução de controvérsias entre particulares, tais discordâncias, entre príncipes e entre estados, podem ser causas de guerra.[1314]

A 'honra' e a independência das nações podem ser afetadas pelo tratamento dispensado aos seus respectivos soberanos. Nessa rubrica se inscrevem as ofensas feitas diretamente às pessoas – *injuria* –, e abrange não somente a recusa de um estado em tomar precauções antes, como também tomar medidas para reprimir tal gênero de incidente, depois de ocorrido.[1315]

Incluía ZOUCH dentre tais causas de ofensa, a recusa por parte de um estado em satisfazer as "obrigações impostas pela humanidade", por exemplo, o fato de impedir a passagem por seu território, para o exercício de atos de comércio.[1316] Ou quando se fizesse violência contra aliados, ou que se prestasse assistência aos inimigos.

tiani HENELII (Colonia: Impensis Rupert Völckeri, 1669, cit. p. 9): "Legationum utilitas praetenditur, ex altera utilitas poenae, in Legatos graviter delinquentes".

1311 R. ZOUCH (op. cit., 1650, ed. 1651, pars prima, sec. V, p. 51-61).

1312 R. ZOUCH (op. cit., 1650, ed. 1651, I.V – *de delicto inter eos, quibuscum pax est,* e se pode acrescentar – *utpote circa personas, res aut debita*, p. 51-61).

1313 R. ZOUCH (op. cit., 1650, ed. 1651, pars prima, sec. V, p. 51-61).

1314 Como a indagação se a ofensa feita a súdito afeta o príncipe e o povo inteiro – *utrum iniuria a subditis illatae principem vel populum afficiant.*

1315 Na jurisprudência da CIJ, caso do **pessoal diplomático e consular dos Estados Unidos em Teerã** (Estados Unidos v. Irã, julgamento de mérito em 24 de maio de 1980, b/c ordonnance de 12 de maio de 1981, icjcij.org > United States Diplomatic and Consular Staff in Teheran, Judgment, I. C. J. Reports 1980, p. 3) enfatiza o interesse de toda a comunidade internacional na observância e aplicação de instrumentos como a Convenção de Viena sobre relações diplomáticas de 1961.

1316 R. ZOUCH (op. cit., 1650, ed. 1651, I.V, p. 51-61). Compare-se a formulação da 'liberdade de comércio' e do *jus communicationis* em Francisco de VITÓRIA, como se examina no **Tratado** (tomo 5 – **Direito internacional no tempo de Francisco de Vitória**, cap. 14).

Mais graves que as ofensas, eram consideradas por ZOUCH as "vias de fato". Dentre tais "vias de fato", apontava práticas tais como a depredação de bens, ou a ocupação de território.

O delito em tempo de paz, também pode nascer de infração à livre comunicação entre os povos – *jus colloquii*. O que também se caracterizaria quando se cometesse violência contra representante diplomático, um enviado, ou qualquer lesão ao direito de embaixada – *jus legationis*. Tais lesões podem se dar não somente por parte do estado que recebe os representantes diplomáticos estrangeiros, e não os trata adequadamente; como também por parte dos embaixadores ou outros representantes que, em missão, se comportem de maneira insolente, ou violem as leis da hospitalidade, ou ainda por se imiscuírem nos assuntos internos ou agirem contra aqueles, junto aos quais são enviados.[1317]

Enfim, há ainda delito quando tratados e acordos não são observados. Ou quando se usa de falsidade ou de artimanhas fraudulentas.[1318]

ZOUCH vê na violação da boa fé e no descumprimento de juramentos e de promessas o delito mais pernicioso, em estado de paz. Considera tenha o estado não somente fundamento temporal, mas também moral e religioso. De onde advém o perigo de violar a boa fé.

A boa fé continua a ser base de todas as relações humanas, e também do direito internacional. A sua análise como princípio jurídico continua muito atual, com livros inteiros dedicados ao tema.[1319] Cabe assinalar: "o princípio fundamental das relações internacionais é o da boa fé".[1320]

[1317] Além de outras passagens da mesma obra (op. cit., 1650, ed. 1651) nas quais trata de matérias de direito diplomático, como mencionado, alguns anos mais tarde, ZOUCH voltará ao tema das imunidades diplomáticas, em seu **Solutio quaestionis veteris et novae sive de legati delinquentis judice competente dissertatio in qua Hug. Grotii de ea re. sententia explicatur expenditur et assertitur** (Oxford, 1657; edição de Colônia, 1669).

[1318] R. ZOUCH (op. cit., 1650, ed. 1651, pars prima, sec. V, p. 51-61).

[1319] Para exame da matéria à luz do direito internacional vigente: Robert KOLB, **La bonne foi en droit international public** – contribution à l'étude des principes généraux de droit (préf. de Georges ABI-SAAB, Paris: PUF – publications de l'Institut Universitaire de Hautes Études Internationales de Génève, 2000); Elizabeth ZOLLER, **La bonne foi en droit international public** (préface de Suzanne BASTID, Paris: Pedone, 1977).

[1320] A. von VERDROSS, **Règles générales du droit international de la paix** (RCADI, 1929, t. 30, § 56, p. 427): "Le principe fondamental des rapports internationaux est celui de la bonne foi".

Tema controvertido, e que permanece de grande atualidade, séculos depois de ter sido abordado por ZOUCH, é determinar se e em que extensão se pode fazer valer um 'direito de intervenção', inclusive para alegado propósito de 'intervenção humanitária'. A matéria tinha relevância direta, como mencionado, em razão da intervenção inglesa em apoio aos insurretos, em guerra contra a ocupação espanhola dos Países Baixos.

Para a Inglaterra interessava também lutar contra o inimigo comum, dado o estado de guerra com a Espanha. Mas tratava-se de caracterizar a licitude de tal intervenção armada e o fornecimento de meios e de equipamentos bélicos, pelos ingleses aos holandeses. O interesse era direto, mas camuflado por propósitos altruístas, o que não difere muito de frequentes casos recentes de alegado 'direito de intervenção', para alegado propósito de 'intervenção humanitária'.[1321] Que se podem ou não considerar válidos.[1322]

- na primeira parte, seção VI – da guerra e do direito da guerra –[1323] solene e menos solene – e das represálias – *de iure belli*;[1324]

Como a paz, a guerra também faz parte do direito das gentes o direito da guerra – *de jure belli*.[1325] A guerra pode ser luta justa, ou seja, pode ser empreendida por causa justa, exercida por autoridade legítima, que é o detentor do poder soberano. Aqui se vê relação direta de

1321 Em derrogação do princípio de não intervenção, as hipóteses de intervenção em nome do direito de defesa e de conservação, da intervenção para a proteção dos direitos humanos e da intervenção para a proteção de interesses de nacionais, cf. **Manual** (26ª ed., 2023, item 3.6.7 e 3.6.7.1, 3.6.7.2 e 3.6.7.3).

1322 Como expunha ZOUCH se foi lícita a colaboração dada pela rainha ELIZABETH I da Inglaterra aos belgas, em guerra contra o rei da Espanha (op. cit., 1650, ed., 1651, seção VI, item 5 – *utrum Elisabetha, Regina Angliae, Belgarum contra Regem Hispanum patrocinium iuste susceperit*) e tb. o item seguinte, onde ZOUCH considera se os súditos podem se revoltar contra o legítimo sucessor do reino, por causa de religião (op. cit., 1650, ed. 1651, seção VI, item 6 – *utrum subditis contra legitimum regni successorem religiones causa coniurare liceat*).

1323 R. ZOUCH (op. cit., 1650, ed. 1651, pars prima, sec. VI, p. 61-64).

1324 R. ZOUCH (op. cit., 1650, ed. 1651, I.VI – *de iure belli solemnis et minus solemnis, ut repressaliarum*, p. 61-64).

1325 R. ZOUCH (op. cit., 1650, ed. 1651, pars prima, sec. VI, p. 61-64).

ZOUCH com o pensamento de AGOSTINHO e de SUAREZ.[1326] E também de GRÓCIO e de AYALA.[1327]

A guerra deve ser solene – *bellum solene* –, no sentido de ter sido previa e formalmente declarada.[1328] Daí decorre mudança de status,[1329] por exemplo nas relações internacionais.[1330]

- na primeira parte, seção VII – sobre as relações em tempo de guerra, e tratamento de inimigos –[1331] *de statu inter eos, quibuscum bellum est*;[1332]

Uma vez declarada a guerra, ZOUCH enquadra nas relações internacionais a situação dos vencidos em relação ao poder militar, adquirido pela força das armas – *dominatio*.[1333] As relações de poder militar criam *status* original, distinto do *status* civil, ao qual os povos se tivessem espontaneamente submetido.[1334]

Distinguia ainda ZOUCH a *prepotentia*, como categoria jurídica que mantém os vencidos sob a autoridade do vencedor. Considerava, igualmente, o *patrocinium*, ou a obrigação militar dos vassalos em relação ao soberano, do qual receberam feudos.[1335]

[1326] A respeito de Francisco SUAREZ e sua contribuição para o direito internacional ver, neste tomo (cap. 15); a respeito de AGOSTINHO ver **Tratado** (tomo 4 – **Direito internacional no tempo medieval**, item 8.1).

[1327] GRÓCIO, **Direito da guerra e da paz** (1625, III.VIII); AYALA, **De juris et officiis bellicis et disciplina militari libri III** (1582) – sobre Balthazar AYALA e sua obra ver **Tratado** (tomo 4 – **Direito internacional no tempo medieval**, item 11.6.1).

[1328] R. ZOUCH (op. cit., 1650, ed. 1651, pars prima, sec. VI, p. 61-64).

[1329] Compare-se a situação no direito internacional vigente, cf. **Manual** (26ª ed., 2023, cap. 9 – uso da força e guerra no direito internacional).

[1330] Como ZOUCH passa a considerar (op. cit., 1650, ed. 1651, seções VII e VIII).

[1331] R. ZOUCH (op. cit., 1650, ed. 1651, pars prima, sec. VII, p. 65-74).

[1332] R. ZOUCH (op. cit., 1650, ed. 1651, pars prima, sec. VII, '*de statu inter eos, quibuscum bellum est, ubi de imperio militari, inimicis et hostibus*', p. 65-74).

[1333] R. ZOUCH (op. cit., 1650, ed. 1651, I.VII, p. 65-74).

[1334] Compare-se a lição de GRÓCIO, **Direito da guerra e da paz** (1625, III.XV; III.III.1); e B. AYALA, **De juris et officiis bellicis et disciplina militari** (1582, I.II).

[1335] R. ZOUCH (op. cit., 1650, ed. 1651, pars prima, sec. VII, p. 65-74). A respeito das relações 'feudais' e o conjunto de obrigações de lealdade e assistência militar daí decorrentes, ver **Tratado** (tomo 4 – **Direito internacional no tempo medieval**).

Em litígio existente entre soberanos, uns podem ser *inimici*; outros podem ser *adversarii*; outros ainda podem ser *hostes*. Cada uma das quais merece ser apontada.

A primeira categoria, *inimici*, aplicar-se-ia quando não houvesse qualquer relação de direito entre os combatentes, nenhum vínculo, nenhum tratado de amizade – como se dera quanto aos bárbaros, para os antigos gregos, ou em relação aos *peregrini* para os latinos. Em relação a estes, nada faz atenuar os males da guerra, e suas propriedades não precisam ser respeitadas.[1336] Mas ZOUCH ponderava que o direito natural impede de usar de tais prerrogativas até o seu limite extremo.

A segunda categoria, *adversarii*, quando existissem relações de direito, que a guerra tivesse rompido. A terceira categoria, *hostes*, são aqueles que podem ser feridos ou destruídos completamente. Alguns dentre estes poderiam ser enquadrados em ainda pior condição, visto sequer se lhes reconhecer a aplicação do direito da guerra, tal como em relação aos piratas, no mar, ou em terra, os salteadores, os inimigos públicos, os traidores e os rebeldes.

Ressaltava, ainda ZOUCH a categoria dos *justi-hostes*, como aqueles em relação aos quais devem ser respeitadas as normas do direito da guerra.[1337]

- na primeira parte, seção VIII –sobre o domínio e a aquisição deste sobre bens móveis e imóveis, em tempo de guerra –[1338] *de dominio inter eos, quibuscum bellum*;[1339]

Estuda ZOUCH[1340] o direito de propriedade, em tempos de guerra. Cuida de matérias como a aquisição e a perda de domínio. E dialogava com a lição de GRÓCIO.[1341]

1336 A respeito, ver **Tratado** (tomo 3 B – **Gregos, romanos, chineses, indianos**, cap. 5 – as cidades-estado gregas e o mundo helenístico e cap. 6 – na formação e no desenvolvimento de Roma).

1337 R. ZOUCH (op. cit., 1650, ed. 1651, I.VII).

1338 R. ZOUCH (op. cit., 1650, ed. 1651, pars prima, sec. VIII, p. 75-86).

1339 R. ZOUCH (op. cit., 1650, ed. 1651, pars prima, sec. VIII – *de dominio inter eos, quibuscum bellum, ubi de acquisitione militari mobilium et immobilium*, p. 75-86).

1340 R. ZOUCH (op. cit., 1650, ed. 1651, pars prima, sec. VIII, p. 75-86).

1341 H. GRÓCIO (op. cit., 1625, III.VI – *do direito de adquirir as coisas tomadas na guerra*, esp. n. 12).

ZOUCH partia da consideração de ARISTÓTELES quanto a se tomar como lei universal o direito de ter como pertencente ao vencedor tudo o que fosse tomado na guerra.[1342] Mas ZOUCH aduzia, que entre os cristãos, somente se poderiam reter as pessoas até que houvesse pagamento de resgate.[1343]

Aceitava ZOUCH, contudo, o direito de presa, em tempo de guerra, quer feito por indivíduos isolados, quer pelo conjunto do povo ou pelo soberano.[1344] Os primeiros, como despojos adquiridos em combate singular, ou em razão de fato de guerra espontâneo, ou encomendado – *corrariam*, diziam os italianos; ou *pilhagem*, diziam os franceses. São as partes dos despojos que os marinheiros tem o direito de reter, tais como roupas, dinheiros e ouro, até o montante de dez escudos, como ZOUCH apontava.[1345]

Os segundos, em decorrência de fato de guerra, apropriados em nome do estado inteiro, tais como as cidades, tomadas aos inimigos. Quer dessem os generais o sinal para o saque ou que fosse feita divisão, quer na proporção do soldo ou dos méritos de cada um.

Examinava ainda ZOUCH o postlimínio – *postliminium* –,[1346] ou o direito de recuperar, de estranhos, a coisa perdida, em seu estado primitivo.[1347] O que, segundo ULPIANO, somente existia nas relações entre *justes hostes*. Não em relação a bandidos. Aqui também comparece a referência a GRÓCIO.[1348]

O postlimínio não teria efeito em relação aos trânsfugas, que por sua conduta, se alinham com os inimigos – *hostes*. Não se aplicaria tampouco

[1342] Compare-se a lição de ARISTÓTELES, nesta passagem da **Política** considerando "é próprio que os gregos governem os bárbaros". ARISTÓTELES, **Política** (trad. Nestor Silveira CHAVES, Bauru: Edipro, 1995, 1252.b.4).

[1343] [ARISTÓTELES, sem referências adicionais]. Reportada por ZOUCH (I.VIII, p. 75): "Lex est, inquit ARISTOTELES, veluti pactum quodam commune, quo bello capta capientium siunt". Ver tb. GRÓCIO, **Direito da guerra e da paz** (1625, III.VI.12 e III.XV.3).

[1344] R. ZOUCH (op. cit., 1650, ed. 1651, pars prima, sec. VIII, p. 75-86).

[1345] R. ZOUCH (op. cit., 1650, ed. 1651, pars prima, sec. VIII, p. 75-86).

[1346] R. ZOUCH (op. cit., 1650, ed. 1651, I.VIII, p. 75-86) remetia ao **Digesto, Cod. de captivis & postlimini.**

[1347] R. ZOUCH (op. cit., 1650, ed. 1651, pars prima, sec. VIII, n. 2, p. 77-80): "postliminium est, uti definit PAULUS jurisconsultus, jus amissae rei recipiendae, ab extraneo et in statum pristinum restituendae".

[1348] H. GRÓCIO (op. cit., 1625, III.IX – *do postlimínio*).

o postlimínio em relação a tropas que se renderam, nem dos que permaneceram voluntariamente prisioneiros.

Segundo a lição de POMPONIO, pouco importaria de que maneira o prisioneiro recuperasse a sua liberdade, seja escapando por meio ardiloso ou violento, seja passando as fronteiras de seu estado, ou somente de estado aliado. Este recuperaria seu 'estado', escrevia POMPONIO, e os seus direitos.[1349]

Quanto aos bens, o efeito do postlimínio é, em relação aos imóveis, de os fazer recuperar por seus primeiros donos e não reverter ao domínio público. Se fossem bens religiosos, mesmo tendo perdido seu caráter sagrado, seriam devolvidos ao culto. As regras seriam as mesmas para certos bens móveis, mas não para as armas que somente podem ser perdidas de modo duvidoso – ainda seguindo a lição de POMPONIO.

Mencionava, ainda,[1350] o conceito – que em nossos tempos se tornou obsoleto – de "domínio eminente". Em que consistia? Por meio de rendição o vencedor adquiria, sobre os territórios e a população, os direitos que teria alcançado por meio do uso da força: desse modo, o vencedor teria sobre tal população e tais territórios a autoridade absoluta; e o direito de propriedade, respaldado pela força e pela guerra.

- na primeira parte, seção IX – conferências, direito de legação e pactos militares, em tempo de guerra – *de debito inter eos, quibuscum bellum, utpote de congressu, legatione et foedere militari*;[1351]

Considera desde a questão das dívidas daqueles que se encontram em guerra – *debitum inter eos quibuscum bellum* –, o direito de entrevistas – *congressus militaris* –, de embaixadas, de convenções e tratados militares. Esses 'direitos' eram, por vezes, garantidos por meio de reféns,[1352] ou de cauções reais.[1353]

1349 R. ZOUCH (op. cit., 1650, ed. 1651, I.VIII, p. 75-86) com ref. ao **Digesto, Cod. de captivis & postlimini.**

1350 R. ZOUCH (op. cit., 1650, ed. 1651, pars prima, sec. VIII, p. 75-86).

1351 R. ZOUCH (op. cit., 1650, ed. 1651, pars prima, sec. IX, p. 86-103).

1352 Para paralelo com o tratamento da matéria em GRÓCIO, ver o **Direito da guerra e da paz** (op. cit., 1625, ed. bras., 2004, III.XX.LII – *pessoas que podem e devem ser dadas como reféns*, p. 1415, b/c os seguintes III.XX.LIII a III.XX.LVIII, e ainda, III.IV.XIV e III.XI.XVIII).

1353 R. ZOUCH (op. cit., 1650, ed. 1651, pars prima, sec. IX, p. 86-103). Práticas como a tomada de reféns para garantir o cumprimento de tratados, especialmente após confli-

Ocorrem *congressus militaris* quando os soberanos ou os generais comandantes- chefes se reúnem para conferência ou para combate: conferência – *colloquium* – para solucionar, se for possível, a controvérsia; ou o combate, para a decidir. ZOUCH lembra alguns combates singulares – como o célebre caso romano antigo dos HORÁCIOS, que não poderiam deixar de ser mencionados; mais frequentemente os combates se faziam – como se fazem – pelo enfrentamento de exércitos inteiros.[1354]

Nos combates armados, não se trata somente de empregar força e coragem. ZOUCH considerava também lícito fazer uso de certa astúcia e de habilidade honesta.

As embaixadas militares são empregadas para tratar de coisas que digam respeito à guerra. São utilizados:

- arautos, para reclamar contra injustiças sofridas, proclamar a guerra, pleitear a liberdade de circular para outros embaixadores; bem como
- embaixadores extraordinários, para negociar tréguas e condições de paz, e estes são tratados de modo totalmente distinto dos embaixadores ordinários, não se lhes assegurando nem a cortesia habitual no trato com os civis, nem os deixando chegar demasiadamente perto das fortificações, e não os recebendo nem na cidade, nem no acampamento militar.[1355]

As convenções ou acordos militares entre os chefes dizem respeito: à circulação; às tréguas; à troca de prisioneiros; à rendição de praças fortes. A circulação de pessoas, durante as hostilidades, deve ser respeitada pelos soldados de quem concedeu tal liberdade.

Durante a trégua – seguindo a lição do romano antigo, Paulo VARRO – devem os combatentes se abster de qualquer hostilidade, e

tos armados, eram correntes na Antiguidade, como se examina no **Tratado** (tomo 3 A – **Direito internacional no tempo antigo** com destaque para cap. 4 – Império persa e tomo 3 B – **Gregos, romanos, chineses, indianos**).

1354 R. ZOUCH (op. cit., 1650, ed. 1651, pars prima, sec. IX, p. 86-103).

1355 A respeito das tréguas ver a lição de H. GRÓCIO, **Direito da guerra e da paz** (1625, ed. 2004, II.XVI.XX e tb. III.XXI – *das convenções durante a guerra, em que se trata da trégua, do livre trânsito, do resgate de prisioneiros*).

resguarda-se a possibilidade de circular sem aparato de guerra.[1356] O mesmo VARRO costumava dizer que "a trégua são as férias da guerra" – *Indutiae sunt belli feriae*.[1357]

A rendição de praças fortes se faz para evitar os inconvenientes de ser levado a cabo uma operação de assalto. E as condições pactuadas serão melhores do que as aplicáveis, quando se chega a tais situações limite, acompanhando as lições de GRÓCIO[1358] e de GENTILI.[1359]

Os tratados militares são pactuados pelo poder soberano quando se trata de tréguas mais longas, os armistícios.[1360] Ou quando se trata de pactuar as condições da paz definitiva.

O tratado de paz é aquele por meio do qual se estipula a abstenção futura de qualquer violência, se é da natureza da paz o fato de ser perpétua. Podem as duas partes, iguais na guerra, se unirem por meio de convenção igualitária. Se há um vencedor, este pode impor as condições que entenda.

Existe tratado a partir do momento em que os beligerantes se entendam sobre a cessação da guerra. Estipula-se, então, a reparação dos danos, o restabelecimento das fronteiras, as relações comerciais, etc.: tem-se, então, menos em vista fundar uma amizade sincera do que evitar as causas futuras de guerra. Não se pode dizer que exista tratado de paz, quando depois da vitória, os vencedores decidam unilateralmente as condições da paz futura.

1356 Ver POLÍBIO, **História** (ed. POLYBE, **Histoire**, texte traduit, présenté et annoté par Denis ROUSSEL, Paris: Gallimard–Pléiade, 1970, livro VI).

1357 PAULO VARRO citado por AULO GÉLIO, **Noites áticas** (I.XXV.1). Ver AULUS GELLIUS (ca. 123-170 d.C.), **Noctes Atticae** (with an English translation by John C. ROLFE, Cambridge, Ma./Londres: Harvard U. P., 3 vols., LCL 195 AULUS GELLIUS I, first publ., 1927, rev. and reprinted, 1946; LCL 200, AULUS GELLIUS II, first publ. 1927, rev. and reprinted 2006; LCL 212 AULUS GELLIUS III, first publ. 1927, rev. and reprinted 1952).

1358 Compare-se a lição de GRÓCIO, **Direito da guerra e da paz** (1625, II.XXIII – *sobre a devastação e o ato de incendiar*, esp. n 10; III.XX – *armas e exércitos*, esp. n. 43 e n. 52).

1359 Ver A. GENTILI, **Direito de guerra** (1598, II.I – *a guerra deve ser declarada*; II.XIX – *sobre os reféns*; III.XIV – *as convenções*; III.XV – *sobre as coisas pertinentes nos tratados e sobre o duelo*), e ainda A. GENTILI, **De legationibus libri tres** (1585, livro I, cap.VI).

1360 A respeito das tréguas ver ainda a lição de H. GRÓCIO, **Direito da guerra e da paz** (1625, ed. 2004, II.XVI.XX e tb. III.XXI – *das convenções durante a guerra, em que se trata da trégua, do livre trânsito, do resgate de prisioneiros*).

Os tratados são normalmente acompanhados da libertação de prisioneiros, como também da libertação de reféns,[1361] que garantiam o cumprimento da fé pública, ou de cauções tais como cidadelas ou praças fortes. As garantias exigidas seriam maiores quando se tratasse de paz ditada a vencidos.[1362]

- na primeira parte, seção X –[1363] sobre os limites do exercício da jurisdição e da execução –[1364] *de delicto inter eos, quibuscum bellum, utpote ex causa, prosecutione vel executione iniusta.*[1365]

O estudo do 'direito' – *jus* – termina com o exame do delito – *delictum* – entre aqueles que estão em guerra.[1366] Existe delito quando: a guerra tenha sido declarada injustamente, ou seja quando não exista motivo de guerra, além do humor belicoso – para retomar a expressão do historiador romano TÁCITO –[1367] ou que o motivo seja iníquo, ou ainda quando não tenha havido declaração de guerra. Acompanhando também GRÓCIO, GENTILI e AYALA sobre o mesmo tema.[1368]

[1361] Como mencionado, ver tb. GRÓCIO, **Direito da guerra e da paz** (op. cit., 1625, ed. bras., 2004, III.XX.LII – *pessoas que podem e devem ser dadas como reféns*, p. 1415, b/c III.XX.LIII até III.XX.LVIII, além de III.IV.XIV e III.XI.XVIII).

[1362] R. ZOUCH (op. cit., 1650, ed. 1651, pars prima, sec. IX, p. 86-103), como referido.

[1363] R. ZOUCH (op. cit., 1650, ed. 1651, pars prima, sec. X, p. 104-110).

[1364] Como mencionado, alguns anos mais tarde, ZOUCH voltará ao tema das imunidades diplomáticas, com seu já referido estudo, **Solutio quaestionis veteris et novae sive de legati delinquentis judice competente dissertatio in qua Hug. Grotii de ea re. sententia explicatur expenditur et assertitur** (Oxf., 1657).

[1365] R. ZOUCH (op. cit., 1650, ed. 1651, pars prima, sec. X, p. 104-110).

[1366] R. ZOUCH (op. cit., 1650, ed. 1651, pars prima, sec. X, p. 104-110), já ref.

[1367] Vejam-se de TÁCITO, **História** e **Anais** (dentre outras, na edição TACITUS, **Histories**,edição bilingue, with an English translation by Clifford H. MOORE, Cambridge Ma./London: Harvard U.P., LCL 111, TACITUS II, 1st publ., 1925, reprinted 2006; e **Annals**, edição bilingue, with an English translation by John JACKSON, Cambridge Ma./London: Harvard U.P., LCL 312, TACITUS IV, 1st. publ., 1937, reprinted 2006; LCL 322, TACITUS V, 1st publ., 1937, reprinted 1999).

[1368] Comparem-se GRÓCIO, **Direito da guerra e da paz** (1625, II.I – *das causas da guerra e da defesa de si mesmo e dos bens*); A. GENTILI, **Direito de guerra** (1598, I.VII – *as causas das guerras*; II.I – *a guerra deve ser declarada*; II.IV – *o dolo nas palavras*; II.XVI – *sobre os prisioneiros e como não é lícito matá-los* e II.XVII – *a respeito daqueles que se rendem*); B. AYALA, **De juris et officiis bellicis et disciplina militari libri III** (1582, I.XII).

ZOUCH apontava[1369] existir delito contra o direito – o *conventus militaris* – quando: fossem utilizadas armadilhas, sob aparência de conferência; quando fossem impostas mentiras aos inimigos; em encontros a mão armada, quando os combatentes fossem seduzidos mediante suborno – e relatava a lição de CÍCERO, quanto a ser isso uma indignidade. Como existiria delito contra o direito de embaixada, quando se maltratassem os embaixadores.[1370]

Não obstante a firmeza e a precisão dos conceitos enunciados, desta primeira parte, dedicada ao exame do exame do direito das gentes e da paz – *de iure inter gentes et de iure pacis* –[1371] fica o questionamento a respeito da adequação da base sobre a qual ZOUCH pretendia construir o seu sistema de direito internacional: até que ponto o 'direito fecial' dos antigos romanos poderia dar embasamento a este sistema de direito internacional 'moderno', que ZOUCH pretendia formular, em meados do século XVII? Não seria, ademais, um erro apontar o 'direito fecial' como a 'terceira fonte' do direito internacional, ao lado dos tratados e dos costumes? Até que ponto seria este categoria distinta? E fonte própria?

As opiniões se dividem a respeito dos méritos dessa concepção tripartite das fontes do direito internacional em ZOUCH: de um lado, em 1785, OMPTEDA louvava[1372] ter ZOUCH feito a divisão entre direito das gentes explícito e implícito, ou tácito. De outro lado, em 1904, G. SCELLE afirmava ser este "elogio que preferimos não lhe fazer, visto não parecer claro qual seja esse direito das gentes tácito".[1373]

1369 R. ZOUCH (op. cit., 1650, ed. 1651, pars prima, sec. X, p. 104-110).

1370 R. ZOUCH (op. cit., 1650, ed. 1651, pars prima, sec. X, p. 104-110).

1371 R. ZOUCH (op. cit., 1650, ed. 1651, pars prima, sec. I-X, p. 1-110).

1372 Dietrich Heinrich Ludwig Von OMPTEDA, **Literatur des gesamten natürlichen und positiven Völkerrechts** ("Neudruck der Ausgabe Regensburg 1785", Aalen: Scientia Verlag, 1963, § 64, p. 252-265).

1373 G. SCELLE (cap. cit., 1904, p. 281): "La vérité, c'est que ZOUCH est loin encore d'être dégagé des idées romaines. Toute son oeuvre s'inspire du droit romain, et sa conception du droit des gens ne tend point dans son esprit à s'opposer à celle des jurisconsultes de Rome; tout au plus vise-t-elle à les compléter, et c'est encore d'eux qu'il s'inspire dès le début, comme il s'en inspirera tout au long de son livre".

Depois de apontar o direito das gentes e da paz – *de iure inter gentes et de iure pacis* –,[1374] ZOUCH passava ao exame do juízo entre povos e das questões da paz – *de iudicio inter gentes et de quaestionibus pacis.*[1375] Existe considerável diferença de extensão entre a primeira parte normativa – cerca de um quarto do volume – em relação à segunda parte, de caráter opinativo – ocupando duzentas e setenta, do total de quase 400 páginas do volume.[1376]

Na perspectiva zouchiana, a 'lei' ocuparia um quarto de sua exposição; e a 'opinião' os restantes três quartos do conjunto do volume. O que diz muito a respeito dos fundamentos do direito internacional, na visão de ZOUCH: mesmo se parte relevante deste seria 'lei', e como tal revestindo-se de caráter vinculante para o conjunto da sociedade dos homens, a maior parte, contudo, do que expunha sob a rubrica de *iudicium*, constituiria assim 'opinião'.[1377]

Seguindo a mesma ordenação das matérias, observada na primeira parte, ZOUCH primeiro faz a divisão entre a paz e a guerra. E, depois, em relação a cada uma destas, a condição legal – *status* –, a propriedade, as dívidas, os delitos.[1378]

- na parte II, seção I –[1379] considera a questão do juízo entre povos e das questões da paz – *de iudicio inter gentes et de quaestionibus pacis.*[1380] A *quaestio* primeira: indaga se é lícito celebrar a paz com qualquer um – *an cum omnibus pacem habere liceat*;[1381] 2. quando a paz ou a guerra pode ser o maior inconveniente – *utrum a pace*

1374 R. ZOUCH (op. cit., 1650, ed. 1651, pars prima, sec. I-X, p. 1-110).
1375 R. ZOUCH (op. cit., 1650, ed. 1651, pars secunda, sec. I-X, p. 111-384).
1376 R. ZOUCH (op. cit., 1650, ed. 1651, pars secunda, sec. I-X, p. 111-384).
1377 R. ZOUCH (op. cit., 1650, ed. 1651, pars secunda, sec. I-X, p. 111-384).
1378 Ver G. SCELLE (cap. cit., 1904, p. 293-314).
1379 R. ZOUCH (op. cit., 1650, ed. 1651, pars secunda, sec. I, p. 111-117).
1380 R. ZOUCH (op. cit., 1650, ed. 1651, pars secunda, sec. I, p. 111-117).
1381 Compare-se a lição de GRÓCIO (op. cit., 1625, II.XXIII – *das causas duvidosas*, esp. II.XXIII.8.4): "seria útil, seria mesmo de algum modo necessário que haja certas assembleias das potências cristãs, onde as divergências de umas seriam eliminadas por aquelas que não teriam interesse no negócio e onde até medidas poderiam ser tomadas para forçar as partes a firmar a paz em condições justas".

an a bello aliquando maius sit incommodum;[1382] 3. se se deve preferir uma paz iníqua ou uma guerra justa – *utrum pax iniqua aequo bello sit praeferenda;*[1383] 4. sobre o uso de armas, em tempo de paz, entre vizinhos – *an inter vicinorum arma pax sit affectanda;*[1384]

Inicialmente ZOUCH considera, nesta segunda parte, o *judicium* em tempo de paz.[1385] E como este – julgamento ou opinião – se manifesta entre os povos. Ao lado da guerra, cujo resultado é sempre duvidoso e cujos efeitos são deploráveis, as diferenças entre os povos podem ser solucionadas pacificamente.

Entre povos vizinhos e livres, como os antigos gregos, poderia haver juízes permanentes, encarregados de solucionar os litígios – que era o papel das Ligas anfictiônicas.[1386] Ou também podem as controvérsias ser pacificamente solucionadas mediante arbitragem.[1387]

O *Judicium* entre as nações serve para solucionar as controvérsias que as dividem, ou a seus súditos, tais como quando: 1° tenham juízes determinados; 2° quando se remetam a árbitros; 3° quando se admita julgamento *ratione loci* – ou seja, determinado em razão do lugar, quando os cidadãos tenham de se submeter a tribunal estrangeiro; 4° quando exista sentença dada por sábios,[1388] que condene ou aprove a conduta dos príncipes ou dos povos.

[1382] Compare-se a lição de GENTILI (op. cit., 1598, I.XII – *se as guerras estão de acordo com a natureza*) e de GRÓCIO (op. cit., 1625, II.X – *da obrigação que decorre da propriedade*).

[1383] Compare-se a lição de AYALA (op. cit., 1582, I.XII) e de GRÓCIO (op. cit., 1625, I.IV.19).

[1384] R. ZOUCH (op. cit., 1650, ed. 1651, pars secunda, sec. I, p. 111-117) já mencionada. Compare-se a lição de AYALA (op. cit., 1582, I.XII).

[1385] R. ZOUCH (op. cit., 1650, ed. 1651, pars secunda, sec. I, p. 111-117).

[1386] Ver **Tratado** (tomo 3 B – **Gregos, romanos, chineses, indianos**, cap. 5 – *as cidades--estado gregas e mundo helenístico*) sobre o papel das Ligas Anfictiônicas; tb.David J. BEDERMAN (1961-2011), **International law in Antiquity** (© 2001, Cambridge: Univ. Press, 2006, p. 154-183).

[1387] Sobre a arbitragem entre os antigos gregos, ver **Tratado** (tomo 3 B – **Gregos, romanos, chineses, indianos**, cap. 5 – *as cidades-estado gregas e mundo helenístico*).

[1388] G. SCELLE (cap. cit., 1904, p. 293, nota 1): "Le *Judicium* entre les nations est celui qui sert à trancher les débats qui les divisent elles-mêmes, ou leurs sujets, comme: 1° lorsqu'elles ont des juges déterminés; 2° lorsqu'elles s'en remettent à des arbitres; 3° quand on admet le jugement *ratione loci*; 4° lorsqu'il y a sentence portée par des sages".

- na seção II, considera as questões das relações entre os estados, em tempo de paz – *de quaestionibus status inter eos, quibuscum pax est.*[1389] A *quaestio* primeira é: se se pode considerar romano o imperador germânico – *utrum Imperator germanicus etiam Romanus dici possit*; 2. se a dignidade imperial depende da coroação pelo papa – *utrum dignitas imperatoria pendeat a coronatione pontificia*; 3. se o imperador tem poder de império sobre outros reis e príncipes – *utrum Imperator in reges et principes alios imperium habeat*; 4. se tratados desiguais mudam a condição jurídica de príncipes e povos – *utrum princeps vel populus clientela vel inequali foedere statum mutet*; 5. se príncipes e povos podem delegar soberania – *utrum principis vel populi maiestati deroget, leges aliunde admittere*;[1390] 6. sobre a jurisdição extraterritorial – *utrum princeps in alium principem in suo territorio imperium habeat*;[1391] 7. se o povo permanece o mesmo quando muda o império – *utrum idem populus censendus sit mutato imperio*; 8. sobre as transferências de população – *an mutatione loci mutetur populus*;[1392] 9. se um príncipe pode conferir título de nobreza a súdito seu, em território estrangeiro – *an princeps subditum suum in territorio principis alterius nobilitare possit*; 10. se o súdito pode receber título ou honraria de príncipe estrangeiro – *utrum subditus, cui ab externo principe honor delatus est, eodem apud suos gaudere debeat*; 11. quando o mesmo soberano governa dois reinos, se o súdito nascido em um

[1389] R. ZOUCH (op. cit., 1650, ed. 1651, pars secunda, sec. II, p. 117-146).

[1390] A questão de possível delegação de soberania, ou de transferabilidade de competências soberanas, ainda permanece tema presente, em nosso contexto pós-moderno, sobretudo em relação ao direito da União Europeia e os seus desdobramentos na ordem interna dos estados-membros. Ainda há quem conteste esse fato.

[1391] A questão da extraterritorialidade da jurisdição, e dos limites para o exercício desta, permanecem temas objeto de controvérsias entre estados até os nossos tempos. A respeito, ver **Tratado** (tomo 2 – **Direito internacional dos espaços**, cap. 26 – *geografia e extraterritorialidade: projeções do poder do estado além dos seus limites territoriais*).

[1392] As questões de nacionalidade e de mudança coletiva de nacionalidade em caso de transferências de população se mantém temas relevantes e controvertidos no direito internacional pós-moderno. Atualmente tais práticas são consideradas inaceitáveis. Foram numerosos e complexos casos ocorridos após as duas guerras mundiais do século XX. Como brevemente se refere no **Manual** (26ª ed., 2023, item 5.3 – direito da nacionalidade); tb. P. B. CASELLA, *Nacionalidade – direito fundamental, direito público interno e direito internacional* (Revista da Fac. de Direito da USP, São Paulo, 2016, vol. 111, p. 301-309, https://www.revistas.usp.br> view).

goza dos direitos de súdito também no outro reino – *utrum cum idem princeps duobus regnis praeest, in altero regno natus in alio ius subditi obtineat*;[1393] 12. pode um cidadão ou súdito desertar a pátria sem permissão? – *an civi vel subdito civitatem aut patria venia non impetrata deferere liceat*;[1394] 13. sobre a dupla nacionalidade – *utrum idem duarum civitatum simul civis esse possit*;[1395] 14. tendo alguém permanecido longo tempo em reino estrangeiro, e lá fundado família, deve-se considerar como tendo ocorrido a renúncia de nacionalidade? – *utrum qui in regno externo diu moratus est, et familiam contraxit, patriae, in qua natus est, renunciasse censendus sit*;[1396] 15. sobre a aquisição de nacionalidade *jus sanguinis* – em decorrência da nacionalidade do pai – *an qui in regno externo natus est, a paterna origine ius subditi consequi debeat*;[1397] 16. sobre a perda de nacionalidade e a apatridia – *cuius subditos sit, qui a suo populo deditus ab altero receptus non est*;[1398] 17. sobre a aplicação da lei nacional, ao estrangeiro radicado em outra jurisdição – *utrum profugus, qui in alterius principis obsequium transiit, patriae legibus teneatur*.[1399]

A segunda seção[1400] considera o estatuto das pessoas, em tempo de paz. Primeiro as questões de estado, referentes aos soberanos – algumas

1393 R. ZOUCH (op. cit., 1650, ed. 1651, II.II.11) trazia solução afirmativa para tal indagação, e ademais, citava o exemplo de processo entre Robert CALIVIN, súdito escocês e John BINGLEY, súdito inglês, em relação a sucessão situada em Londres, na época em que JAIME I da Escócia sucedeu a ELIZABETH I.

1394 R. ZOUCH (op. cit., 1650, ed. 1651, pars secunda, sec. II, n. 12): mesmo se a mudança individual pudesse ser aceita, cumpria restringir os deslocamentos em massa, e as deserções coletivas. Seguindo-se a lição de GRÓCIO (op. cit., 1625, II.V.24).

1395 Observava G. SCELLE (cap. cit., 1904, p. 297): "On peut juger par cet ensemble de questions combien était pauvre encore à l'époque de ZOUCH, la doctrine de la nationalité".

1396 R. ZOUCH (op. cit., 1650, ed. 1651, pars secunda, sec. II, n. 14) entende que não, exceto se tiver havido naturalização.

1397 R. ZOUCH (op. cit., 1650, ed. 1651, pars secunda, sec. II, n. 15) indagava se aquele nascido em reino estrangeiro herdaria, por parte de pai, a qualidade de súdito do reino estrangeiro. Respondia afirmativamente, sobretudo em caso de retorno à pátria de origem.

1398 Compare-se B. AYALA (op. cit., 1582, I.XV).

1399 Compare-se GRÓCIO (op. cit., 1625, II.V.XXV – *o estado não tem nenhum direito sobre os banidos*).

1400 R. ZOUCH (op. cit., 1650, ed. 1651, pars secunda, sec. II, p. 117-146) já referida.

muitos precisas e pontuais,[1401] como a de determinar "se o imperador da Alemanha pode também ser chamado de rei dos romanos", o que acarretaria efeitos legais, como a pretensão de primazia do imperador, em relação aos demais reis do Ocidente, e ainda a discussão quanto a ser ou não necessário o coroamento pelo papa, para a atribuição da dignidade imperial.[1402]

Em seguida, em relação aos povos, questões clássicas como: se tratados desiguais mudam a condição jurídica dos povos,[1403] se um povo permanece o mesmo quando muda o império, ou a questão da identidade do povo, em caso de transferência de população.[1404]

Em sentido semelhante à lição de ARISTÓTELES, reconhecia ZOUCH que um povo permanece o mesmo, apesar das mudanças de regime político. Quando ARISTÓTELES examina a "constituição

[1401] R. ZOUCH (op. cit., 1650, ed. 1651, pars secunda, sec. II, n. 1, 2 e 3).

[1402] Questões como estas (II.II, 1, 2 e 3) eram objeto de vivas controvérsias, durante séculos da era medieval, e ainda se fazem presentes no tratamento de matéria internacional, em autor que se considera 'moderno', como ZOUCH. Para situar a grande controvérsia sobre o eixo central do sistema internacional medieval europeu, entre o papado e o império, ver **Tratado** (tomo 3 A – **Direito internacional no tempo antigo**, item 3.2 – conceito jurídico de império: I – da Antiguidade rumo à Idade média, e tomo 4 – **Direito internacional no tempo de Francisco de Vitória**, item 12.2 – conceito jurídico de império: II – da Idade média à era moderna); tb. Ronaldo R. B. POLETTI, **O conceito jurídico de império** (Brasília: Consulex, 2009); H. GRÓCIO (op. cit., 1625, II.IX.I) e P. B. CASELLA, *Empires, hegemony and cooperation* (in **Rravovie Aspekti Brics – Aspetti giuridici del BRICS – Legal aspects of BRICS**, ed. by T. A. ALEXEEVA & P. CATALANO, São Petersburgo: Univ. Nacional de Pesquisa, 2011, p. 27-48).

[1403] A prática dos tratados desiguais remonta à Antiguidade – já os romanos tinham ambas as categorias, na sua prática internacional: *foedus aequus* em oposição a *foedus iniquus*, para designar respectivamente acordos entre iguais, ou acordos que comportavam subordinação de um dos contratantes ao outro. Tratados desiguais foram impostos ao Japão e à China na metade do século XIX, e por ambos depois renegados e substituídos por tratados equitativos. Pelo Japão já ao final do século XIX, pela China foram sucessivamente abolidos e substituídos no curso da primeira metade do século XX. Ver exemplo de discussão a respeito da obrigatoriedade e do cumprimento de tratado desigual, na jurisprudência da C.P.J.I., **denúncia do tratado de 2 de novembro de 1865 entre China e Bélgica (denunciation of the treaty of 2 November 1865, between China and Belgium**, série A, n. 8, n. 14, n. 16, n. 18, n. 19, série C, n. 16/1). A respeito, considerações nos **Fundamentos** (2008, esp. item VIII – *questão e discurso do fundamento do direito internacional*).

[1404] R. ZOUCH (op. cit., 1650, ed. 1651, pars secunda, sec. II, n. 7 e 8).

ateniense",[1405] no sentido de "se administrar tudo segundo as leis, em todas as questões", seu entendimento se exprime no sentido daquilo que é materialmente essencial em relação à natureza da cidade politicamente organizada – *politeia*.[1406]

Questão mais delicada se colocava em relação a povo que emigrasse. Distinguia ZOUCH entre a emigração, decorrente de guerra ou de necessidade extrema, e os deslocamentos de população para a fundação de colônias ultramarinas.[1407]

Examinava também ZOUCH questões muito atuais, como a da apatridia,[1408] ou a de determinar se e em que extensão pode ocorrer delegação da soberania.[1409] Bem como a possibilidade e a extensão de

[1405] ARISTOTLE, **The Athenian Constitution** (with an English translation by H. RACKHAM, Cambridge, Ma./London: Harvard University Press/Loeb Classical Library, vol. 285, tomo XX das obras de ARISTÓTELES, © 1935, reprinted 2004, p. 1-188, cit. XVI.8).

[1406] Constituição, assim, era considerada por ARISTÓTELES não somente no sentido de instrumento jurídico formal, mas, antes, no sentido estrutural de conjunto de princípios ordenadores da vida política organizada, especificamente nas suas projeções externas, tais como a regulação das relações internacionais, e da relação entre direito internacional e direito interno.

[1407] Deslocamentos de população para a fundação de colônias ultramarinas foram extensamente praticados pelas antigas cidades-estado gregas – *poleis*, cf. **Tratado** (tomo 3 B – **Gregos, romanos, chineses, indianos**, cap. 5 – *as cidades-estado gregas e mundo helenístico* e tomos 14 a 17 – **Direito internacional no tempo do colonialismo**) e permite comparação com deslocamentos de população no contexto do colonialismo dos séculos XIX e XX.

[1408] A apatridia também continua a ser tema atual e presente no direito internacional pós-moderno. Como mostram, por exemplo a Convenção de Nova York de 28 de setembro de 1954, sobre o estatuto dos apátridas, e a Convenção do Conselho da Europa, sobre o mesmo tema, de 2006. Ver, ainda, do Instituto de direito internacional, a Resolução sobre a dualidade dos princípios de nacionalidade e de domicílio no direito internacional privado **La dualité des principes de nationalité et de domicile en droit international privé** (adotada na Sessão do Cairo, 1987, 15ª Comissão, Relator: Yvon LOUSSOUARN, esp. § 6).

[1409] Tema objeto de controvérsias até os nossos dias, em relação ao conteúdo e extensão de tais transferências de competências soberanas. Para situar alguns elementos da questão, ver por ex. P. B. CASELLA, **União Europeia** – instituições e ordenamento jurídico (São Paulo: LTr, 2002, item 4.1 – *a supranacionalidade*, p. 209-219); ver tb. vários capítulos do volume organizado por Celso de Albuquerque MELLO (coord.), **A soberania** (Anuário direito e globalização, vol. 1, do Programa Interdisciplinar Direito e Globalização, Rio de Janeiro: Renovar, 1999) e P. B. CASELLA, *Globalização e integração econômica* (in Anuário direito e globalização, vol. 1, coord. C. D. A. MELLO, op. cit., 1999, p. 71-97).

jurisdição extraterritorial.[1410] ZOUCH nos expunha o seu entendimento a respeito de uma *jurisdição voluntária*, como vínculo que poderia subsistir entre os súditos e o príncipe, mesmo quando os súditos estivessem em território estrangeiro.[1411]

- na seção III, trata das questões de domínio e jurisdição, em tempo de paz – *de quaestionibus dominii in eos, quibuscum pax est*.[1412] A *quaestio* primeira trata da aquisição de título sobre bem, em decorrência da posse – *utrum immissione iaculi rei possessio acquiri potest*; 2. se o mar pode ser objeto de ocupação [e apropriação] – *utrum mari occupari possit*;[1413] 3. sobre a ocupação de território – *utrum ad littus iecta principibus vel territorii dominis occupare liceat*; 4. das consequências legais sobre território, em caso de refundação de cidade – *an urbs de novo condita cedat regioni*;[1414] 5. sobre a jurisdição em caso de território objeto de controvérsia – *an de dominio et iure ex coniecturis statuere liceat*;[1415] 6. se título antigo pode assegurar posse nova – *an ex titulo antiquo possessio nova sit decernenda*;[1416] 7. sobre o reconhecimento de jurisdição – *an de dominio inter alios arbitri pro suo iure pronuntiare possint*;[1417] 8. se entre príncipes soberanos pode

[1410] R. ZOUCH (op. cit., 1650, ed. 1651, pars secunda, sec. II, n. 5 e 6).

[1411] R. ZOUCH (op. cit., 1650, ed. 1651, pars secunda, sec. II, 6).

[1412] R. ZOUCH (op. cit., 1650, ed. 1651, pars secunda, sec. III, p. 147-176).

[1413] Sobre o regime jurídico internacional vigente, ver **Tratado** (tomo 1 – **Direito internacional dos espaços**, segunda parte – domínio marítimo e aéreo, título I – domínio marítimo, cap. 9 – domínio marítimo: evolução conceitual, cap. 10 – águas e mares interiores, cap. 11 – mar territorial e zona contígua, cap. 12 – zona econômica exclusiva, cap. 13 – plataforma continental, cap. 14 – mares fechados ou semi-fechados, cap. 15 – estreitos e canais internacionais, cap. 16 – estados arquipélagos e tomo 2 – **Direito internacional dos espaços**, terceira parte – espaços internacionais e recorrências da espacialidade, esp. cap. 21 – *alto mar* e cap. 23 – *fundos oceânicos*).

[1414] R. ZOUCH (op. cit., 1650, ed. 1651, pars secunda, sec. III, n. 4) indagava se uma cidade recentemente fundada dependeria ou não da região na qual estava situada.

[1415] R. ZOUCH (op. cit., 1650, ed. 1651, pars secunda, sec. III, n. 5) literalmente considerava se seria possível estatuir por meio de conjecturas, ou seja, com base em pressuposição sobre a titularide de determinado território.

[1416] R. ZOUCH (op. cit., 1650, ed. 1651, pars secunda, sec. III, n. 6) questionava se posse nova poderia ser estabelecida com base em título antigo, ou se o ocupante deve ser considerado como titular da posse sobre referido território.

[1417] R. ZOUCH (op. cit., 1650, ed. 1651, pars secunda, sec. III, n. 7) especificamente propunha à consideração a questão se árbitros, escolhidos para julgar questão relativa a proprie-

ocorrer usucapião ou prescrição – *utrum inter diversos principes procedat usucapio vel praescriptio*;[1418] 9. se teria havido transferência de direitos no Ocidente,[1419] em favor do pontífice romano, em razão da [suposta] doação de CONSTANTINO – *utrum ius in regna Occidentis ad Romanum ponteficem ex donatione Constantini translatum sit* – fraude já denunciada, no século XV, por Lorenzo VALLA, e matéria à qual ZOUCH ainda parece necessário reportar-se;[1420] 10. se

dade, poderiam prolatar sentença em favor de suas próprias pretensões?

1418 Comparem-se: GRÓCIO, **Direito da guerra e da paz** (op. cit. 1625, II.IV.2-4) observava "a posse se verifica pelas conjecturas da vontade humana que são expressas não somente por palavras", "mas também por fatos", "e por aquilo que não se faz". Ver tb. GENTILI, **Direito de guerra** (1598, I.XXII – *como não devem ser reavivadas causas antigas*). A questão da prescrição no direito internacional foi objeto de resolução do Instituto de direito internacional, adotada na reunião da Haia, em 1925. E continua até hoje presente no direito internacional pós-moderno.

1419 Este tópico, ao qual ZOUCH volta mais adiante, serve para mostrar o impacto – ainda em meados do século XVII, quando ZOUCH publica seu livro – dos efeitos da fraude, perpetrada no século IX, possivelmente na chancelaria apostólica, por meio da qual se alegara que o imperador CONSTANTINO, no início do século IV, ao criar a capital oriental do Império romano, em Constantinopla, teria feito a doação das terras romanas do Ocidente e a outorga de poderes sobre estas ao papado. Ver a respeito **Tratado** (tomo 4 – **Direito internacional no tempo medieval**, item 8.3 – *caminhos da instauração medieval*).

1420 Em sua **Declamatio**, escrita por volta de 1440, mas somente publicada décadas mais tarde, Lorenzo VALLA (1407-1457) denunciava o caráter fraudulento da suposta *Doação de Constantino*. Algum tempo antes, também o cardeal NICOLAU DE CUSA (1401-1464) atacara a "doação" e a considerara espúria em seu tratado **De Concordantia catholica**. Ver edição do texto de Lorenzo VALLA, **On the Donation of Constantine** (translated by G. W. BOWERSOCK, Cambridge, Ma./London: Harvard Univ. Press– The I Tatti Renaissance Library, 2007): por meio da análise do conteúdo do documento, bem como do latim, usado na redação, Lorenzo VALLA mostrava que este documento, chamado a "Doação de Constantino", teria sido forjado, pela chancelaria papal, na época de PEPINO ou de CARLOS MAGNO, e nunca poderia ter sido redigido no século IV, a época de CONSTANTINO. Foi assim, antedatado em cerca de quatro ou cinco séculos – e por meio deste se pretendera fundamentar, primeiro a existência dos estados pontifícios, já no século IX, e depois, a primazia do poder pontifical, a partir do século XI. A respeito, ver **Tratado** (tomo 4 – **Direito internacional no tempo medieval**); Giovanni Maria VIAN, **La donazione di Costantino** (Bologna: Il Mulino, 2004); NICOLAU DE CUSA [NICHOLAS Cardinal], **The Catholic Concordance** (orig. publ. **De Concordantia catholica**, ed. and translated by Paul E. SIGMUND, Cambridge: Univ. Press – Cambridge Texts in the History of political thought, © 1991, paperback ed., 1995); ___, **La docta ignorancia** (orig. **De docta ignorantia**, 1440, trad., prólogo y notas de Manuel FUENTES Benot, © 1981, Aguilar Argentina S.A. de Ediciones, Buenos Aires: Hyspamerica eds. 1984).

somente o rei da Espanha tem competência sobre as terras das Índias – *utrum ius ad Indorum regiones regi Hispano soli competat*;[1421] 11 a 16. questões de sucessão real.[1422]

A seção III[1423] cuida das questões de propriedade em tempos de paz. E começa com a célebre questão quanto a ser ou não o mar passível de apropriação.

Grande debate em curso no século XVII, com manifestações contra e a favor a respeito da possibilidade do mar ser objeto de apropriação e de domínio por parte desta ou daquela potência,[1424] em GRÓCIO, em Serafim de FREITAS, em SELDEN, aqui mencionado em relação à obra de ZOUCH.[1425] E ainda no início do século XVIII, em BYNKERSHOEK.[1426]

1421 A respeito, ver **Tratado** (tomo 3 A – **Direito internacional no tempo antigo**, item 2.1 – *a controvérsia entre Hugo Grócio e Serafim de Freitas* e tomos 14 a 17 – **Direito internacional no tempo do colonialismo**).

1422 De menor interesse para visão contemporânea do direito internacional, ZOUCH dedicava os itens 11 a 15 ao exame de questões genéricas de sucessão real, e o item 16 a caso específico na matéria: 11. questões de sucessão real (*E regum filiis uter in sucessione praeferendus sit, qui ante adeptum regnum, an qui postea natus est*); 12. ainda questões de sucessão real (*an successione ad regnum nepos ex filio priore secundo filio sit praeferendus*); 13. ainda questões de sucessão real (*utrum nepotem ex forore defuncti patruelis a successione ad regnum excludere debeat*); 14. ainda questões de sucessão real (*an nepos ex forore patrui filio in successione ad regnum sit praeferendus*); 15. ainda questões de sucessão real (*utrum stirpe recta deficiente stirpis proximae princeps an grado proximior in regno succedere debeat*); 16. argumentos em caso concreto de sucessão real (*utrum Johanne Willielmo Duce Cliviae et Juliaci defuncto, Ducis Saxoniae, Marchionis Branderburgensis, vel Ducis Neoburgensis, ius succedendi potius fuerit*).

1423 R. ZOUCH (op. cit., 1650, ed. 1651, pars secunda, sec. III, p. 147-176).

1424 Compare-se o regime jurídico internacional vigente, cf. **Tratado** (tomo 1 – **Direito internacional dos espaços**, segunda parte – domínio marítimo e aéreo, título I – domínio marítimo, caps. 9 a 16; tomo 2 – **Direito internacional dos espaços**, terceira parte – espaços internacionais e recorrências da espacialidade, esp. cap. 21 – *alto mar* e cap. 23 – *fundos oceânicos*).

1425 Como se examina no **Tratado** (tomo 3 A – **Direito internacional no tempo antigo**, item 2.1 – *a controvérsia entre Hugo Grócio e Serafim de Freitas* e tomo 7 – **Direito internacional no tempo de Hugo Grócio**, item 18.4 – *Mare liberum*).

1426 A respeito, ver **Tratado** (tomo 10 – **Direito internacional no tempo de C. van Bynkershoek e Christian Wolff**, cap. 21 – Cornelius van BYNKERSHOEK (1673-1743), bem como tomo 2 – **Direito internacional dos espaços**, esp. cap. 20 – espaços internacionais: de *res nullius* a patrimônio comum da humanidade).

ZOUCH se alinha com a concepção de GRÓCIO,[1427] no sentido de admitir a soberania do estado territorial sobre faixa litorânea de mar,[1428] que hoje chamamos "mar territorial".[1429] Com base em tal linha de argumentação, o rei da Inglaterra teria sido senhor do canal da Mancha, quando possuíra domínios também no lado do continente.[1430]

ZOUCH constata o direito dos ribeirinhos sobre os despojos oriundos de naufrágios. Embora deplore a situação.

Indagava ZOUCH[1431] se poderia existir entre soberanos outros modos de aquisição da propriedade além do usucapião e da prescrição. Seriam estes os únicos meios, ou somente dois entre outros?

Questionava ZOUCH[1432] a atribuição de domínio aos hispânicos sobre as terras do Novo mundo.[1433] Mencionava a circunavegação – *orbe circumnavigato* – feita pelo inglês Francis DRAKE, completada no ano

[1427] A respeito, GRÓCIO, **Mare liberum** (1609, ed. 1633). Compare-se a lição de GRÓCIO, tb. no **Direito da guerra e da paz** (1625, op. cit., II.III.13 – *pode-se adquirir a soberania por ocupação sobre uma parte do mar; de que maneira isso se dá*): "Não creio que o direito das gentes, do qual falamos, se oponha a isso". **Mare liberum** (original Latin text, 1609, and modern English translation, ed. and annotated by R. FEENSTRA, Introduction J. VERVLIET, Leiden/Boston: Brill, 2009); tb **De Mari libero** (edição com quatro textos: 1 – Hvgonis GROTII, **Mari liberum sive de jure quod Batavis competit ad Indicana commercia**, Dissertatio, p. 1-83; 2 – Paulus MERULA (1558-1607), **Dissertatio de Maribus**, p. 84-182; 3 – Markus Zuerius BOXHORN (1612-1563), **Apologia por navigationibus Hollandorum, adversus Pontum Heuterum**, p. 183-213; 4 – "Tractatus pacis, mutui commercii, sive intercursus navigationum, confirmatus Londini anno [1495], inter Henricum Septimum Angliae regem e Philippum Archiducem Austriae, Burgundiae, &c.", p. 214-267, Lugd. Batavorum: ex Officina Elzeviriana, 1633).

[1428] A respeito, uma vez mais, veja-se **Tratado** (tomo 7 – **Direito internacional no tempo de Hugo Grócio**, item 18.4 – *Mare liberum*, bem como tomo 3 A – **Direito internacional no tempo antigo**, item 2.1 – *a controvérsia entre Hugo GRÓCIO e Serafim de FREITAS*).

[1429] Ver **Tratado** (tomo 1 – **Direito internacional dos espaços**, cap. 11 – mar territorial e zona contígua).

[1430] A respeito dos extensos territórios controlados pelos ingleses no continente, ver **Tratado** (tomo 4 – **Direito internacional no tempo medieval**), em torno dos quais se trava parte da guerra dos Cem anos (1337-1453).

[1431] R. ZOUCH (op. cit., 1650, ed. 1651, II.III.8).

[1432] R. ZOUCH (op. cit., 1650, ed. 1651, II.III.X, p. 160-161). Ver tb. GRÓCIO, **Mare liberum** (cap. 13).

[1433] A questão da aquisição de título e do direito de ocupação das terrras do Novo Mundo ainda constituía tópico para discussão, no 'manual' de ZOUCH, em meados do século XVII. A respeito, ver **Ttratado** (tomo 2 – **Direito internacional dos espaços**, esp. cap. 20), bem como para contextualização do que chamou de 'início e fim' da aplicação do

de 1580, e argumentava que o Oceano Índico tinha assim sido conquistado pelos ingleses – *Oceanum Indicum, ab Anglis navigari, conquestus est.*[1434] Nesse debate sobre a livre navegação, trazia ZOUCH a sua defesa dos direitos – e interesses – de seus compatriotas.[1435] Tanto mais, não esqueçamos, por ter sido ZOUCH juiz da corte do Almirantado inglês.[1436]

Daí passava ZOUCH, uma vez mais, a questões de sucessão real.[1437] De interesse praticamente nulo atualmente, é preciso contudo entender o papel de tais questões e situá-las no contexto da época. As alianças dinásticas por meio de casamentos eram questões objeto de grandes jogos estratégicos e de complexas negociações entre as dinastias reinantes. O que pode explicar as páginas dedicadas por ZOUCH ao tema, em sua obra de 1650.[1438]

– a seção IV considerava questões de obrigações relacionadas com a paz – *de quaestionibus debiti inter eos quibuscum pax est.*[1439] A *quaestio* primeira: se é lícito aos príncipes arguirem questões de protocolo e precedência – *utrum princeps de loco et praecedentia contendere deceat*; com questões relativas ao direito de legação –[1440] pros-

'direito' de ocupação, Vaios KOUTROULIS, **Le début et la fin de l'application du droit de l'occupation** (Paris: Pédone, 2010).

1434 R. ZOUCH (op. cit., 1650, ed. 1651, II.III.X, p. 161). GRÓCIO, no **Mare liberum** (1609, ed. 1633) se empenhava em derrubar a tese da 'reserva de mercado' em favor dos hispânicos, pelo simples fato de terem sido os primeiros a navegarem tais mares.

1435 Ver Peter PADFIELD, **Maritime supremacy and the opening of the Western mind:** naval campaigns that shaped the modern world 1588-1782 (Londres : Random House, © 1999, publ. 2000); e A. PAGDEN, **Lords of all the world: ideologies of empire in Spain, Britain and France, c. 1500- c. 1800** (New Haven: Yale Univ. Press, 1995).

1436 E que escreveu sobre a jurisdição do mesmo. Veja-se Rich. ZOUCHAEI, **The jurisdiction of the Admiralty of England, asserted against sir E. COKE's *Articuli Admiraltis*, in the 22 d. chap. of his, juridction of Courts** (Londres, 1663).

1437 R. ZOUCH (op. cit., 1650, ed. 1651, pars secunda, sec. III, n. 11-16).

1438 R. ZOUCH (op. cit., 1650, ed. 1651, II.III, n. 11-16, p. 162-176).

1439 R. ZOUCH (op. cit., 1650, ed. 1651, pars secunda, sec. IV, p. 177-218).

1440 Apesar da igualdade jurídica dos estados como premissa de ordenação do sistema institucional e normativo internacional, essas matérias permanecem até hoje objeto de estudo e de aplicação, pelos governos republicanos, da mesma forma que antes, junto às cortes principescas, por vezes com excessos. Ver, por ex., Lucien BÉLY, **La France au XVIIe siècle** – puissance de l'état, contrôle de la société (Paris: PUF, 2009); Jean-François SOLMON, **Histoire de Versailles** (Paris: Perrin-tempus, 2003). A respeito de questão de alegada precedência entre os estados, ver **Tratado** (tomo 8 – **Direito internacional além do para-**

segue a mesma temática nos itens 2 até 13;[1441] 14. se legado pode atuar além do seu mandato, por razão de utilidade pública – *an legatos pro utilitate publica praeter mandatum aliquid agere possit*; 15. a responsabilidade do príncipe, ante tal ação do legado – *an princeps ex eo teneatur, quod legatus agit praeter mandatum arcanum*;[1442] 16 a 20 – questões conexas, relativas às imunidades e competências

digma vestfaliano, o item específico – *sobre dignidade e precedência entre estados e povos*, bem como *ensaio de balanço do direito internacional no século XVII*). Sobre o estado atual da matéria, neste ramo que conta publicações específicas, como por exemplo: Jean-Paul PANCRACIO et Pierre-Henri GUIGNARD, **Protocole et Cérémonial** com o sugestivo subtítulo – *L'ordre de la République* (Paris: Pedone, 2012, *Avant-propos*, p. 3-4), onde a lógica é simples, embora nem sempre o seja a sua aplicação: "Le protocole comme le cérémonial ont dans l'ensemble pour finalité essentielle de rendre la relation plus simple en la codifiant".

[1441] As questões de protocolo e precedência entre diferentes príncipes, bem como entre seus legados (embaixadores) como exemplificam estas menções, onde ZOUCH considera, respectivamente: 2. se deve prevalecer o número de integrantes ou a dignidade destes, para atribuição de precedência (*utrum locus potior de numero an pro praestantia dignatatum debeatur*); 3. se se deve adotar como critério de precedência a antiguidade ou a titulação (*an locus potior ei qui ampliorem, an ei, qui antiquiorem dignitatem obtinet, sit concedendus*); 4. se se deve atribuir precedência ao legado de príncipe superior ausente ou a príncipe inferior presente (*utrum legatum principis superioris absentis princeps inferior praesens praeferendus sit*); 5. se deve ter precedência superior eleito, mas não confirmado, em relação a rei inferior (*utrum superiori electo nondum confirmato rex inferior cedet debeat*); 6. se deve ser usado, em conversa e em correspondência escrita o título '*Sereníssimo*' para quem não seja rei (*an in colloquiis et litteris* 'Serenissimi' *titulus iis adhibendus sit, qui non sunt reges*); 7. se quem não detém o poder soberano pode enviar legados (*an qui imperium summum non habet, legatos mittere possint*); 8. se religiosos e clérigos podem ser integrantes de legações civis (*utrum religiosi et clerici ad legationes civiles sint habendi*); 9. se mulheres podem fazer parte de legações (*an foeminis legationes mandari possint*); 10. se legação pode ter como objeto causa privada (*an legatio ex causa privata sit decernenda*); 11. se legado pode levar consigo sua cônjuge (*an legatis permittendum uxores secum ducere*); 12. se legação pode atuar com somente parte de seus integrantes (*an per partem legatorum legatio peragi possit*); 13. quando é lícito não admitir um legado (*an legato aliquando non admittere liceat*) – guardadas algumas mudanças, conceituais e operacionais, como exemplificam as menções acima, cabe considerar o estado atual da regulação da matéria no direito internacional vigente, tal como se encontra, por exemplo, na Convenção de Viena sobre relações diplomáticas, de 1961. Ver a respeito, comentários, artigo por artigo e ulteriores referências in NASCIMENTO E SILVA – CASELLA – BITTENCOURT NETO, **Direito internacional diplomático** (São Paulo: Saraiva, 4ª ed., 2012). Ver tb. **Tratado** (tomo 8 – **Direito internacional além do paradigma vestfaliano**, item – *sobre dignidade e precedência entre estados e povos*).

[1442] R. ZOUCH (op. cit., 1650, ed. 1651, II.IV.15) apreciava até que ponto um embaixador fica vinculado pelo conteúdo de seu mandato. E até que ponto pode este embaixador obrigar o soberano que representa, caso atue contrariamente às instruções recebidas.

dos legados;[1443] 21. se é possível retirar da casa de legado um réu ali refugiado – *an ex domo legati delicti reos extrahere liceat*;[1444] 22. se legado delinquente deve ser devolvido ao seu príncipe – *an legatus delinquens ad suum principem remittendus sit*;[1445] 23. se um príncipe

[1443] Questões conexas às imunidades e competências dos legados em ZOUCH (op. cit., 1650, ed. 1651, pars secunda, seção IV, n. 16-20): 16. se se admitir que o legado se ocupe de questões de interesse de súditos do seu rei (*an legatus admittendus sit ad procurandum causas subditorum reges sui*); 17. sobre os limites do bom comportamento de legado (*an legato mendaciis uti liceat*); 18. sobre os cuidados e critérios com a segurança de legado (*an legatis securitas debeatur ab aliis, quam ad quos missi sunt*); 19. questão específica, relativa a cuidados e critérios com a segurança de legado (*an exuli ad principe sumum legato securitas debeatur*); inclusive n. 20. sobre a abertura de sucessão de legado, que falece no exercício da função (*an legatus in loco ubi legationem obit, actione civili conveniri possit*).

[1444] As questões de refúgio, bem como de asilo, diplomático e territorial, são temas tradicionais, que continuam a ser necessários e são habitualmente tratados nos manuais de direito internacional e diplomático. Sobre a definição legal e requisitos ver, por ex., Alexander BETTS e Paul COLLIER, **Refuge** – Transforming a broken refugee system (orig. publ. 2017, London: Penguin, 2018); Florian François HÖPFNER, **L'évolution de la notion de refuge** (Paris: Pedone, 2014); Stefan LUFT, **Die Flüchtlingskrise** – Ursachen, Konflikte, Folgen (Munique: Beck, 2016); Helisane MAHLKE, **Direito internacional dos refugiados** – novo paradigma jurídico (Belo Horizonte: Arraes, 2017); André de Carvalho RAMOS, Carolina A. B. CLARO, Gilberto M. A. RODRIGUES, Guilherme A. de ALMEIDA (orgs.), **25 anos da lei brasileira de refúgio** (Brasília: ACNUR – Agência da ONU para refugiados, 2022); E. REALE, **Le droit d'asile** (RCADI, 1938, t. 63, p. 469-602); Société française pour le droit international, **Droit d'asile et des réfugiés** ('Colloque de Caen, les 30, 31 mai et 1er juin 1996', Paris: Pedone, 1997); . Na jurisprudência da CIJ, Colômbia c. Peru, caso **HAYA DE LA TORRE** (julgamentos de 20 e 27 de novembro de 1950 e de 13 de maio de 1951), além da qualificação e da distinção entre o asilo territorial e o asilo diplomático, este caso ensejou esclarecimentos a respeito do procedimento em vigor perante a CIJ, bem como oportunidade de declaração da Corte a respeito da aplicação das decisões desta. Cfr. icjcij.org

[1445] Na **Convenção de Viena sobre relações diplomáticas**, de 1961, o art. 9º confere ao Estado acreditado o direito de declarar, em qualquer momento e sem ser obrigado a justificar a sua atitude, que um membro da Missão é *persona non grata* ou inaceitável (*Pessoas Declaradas Non Gratae ou Inaceitáveis*): *"1º. O Estado acreditado poderá a qualquer momento, e sem ser obrigado a justificar a sua decisão, notificar ao Estado acreditante que o Chefe da Missão ou qualquer membro do pessoal diplomático da Missão é persona non grata ou que outro membro do pessoal da Missão não é aceitável. O Estado acreditante, conforme o caso, retirará a pessoa em questão ou dará por terminadas as suas funções na Missão. Uma pessoa poderá ser declarada non grata ou não aceitável mesmo antes de chegar ao território do Estado acreditado./ 2º. Se o Estado acreditante se recusar a cumprir, ou não cumprir dentro de um prazo razoável, as obrigações que lhe incumbem, nos termos do § 1º deste Artigo, o Estado acreditado poderá recusar-se a reconhecer tal pessoa como membro da Missão."* Ver comentários ao artigo e ulteriores referências in NASCIMENTO E SILVA –

pode contrair casamento por meio de procurador – *utrum princeps per interpositam personam matrimonium valide contrahat*; 24. se é possível celebrar tratados com fieis de outras religiões – *an foedus inire liceat cum iis, qui alieni sunt a religione*;[1446] 25. se o príncipe que prometeu ajuda e não a pode prestar a tanto continua obrigado – *an princeps, qui promisit auxilia, cum commode praestare non possit, teneatur*; 26. se acordos comerciais podem ser revogados – *an commercii sive negotiationis privilegia, de quibus cum exteris convenit, revocare liceat*; 27. se pacto deve ter seus efeitos estendidos a novos contratantes – *utrum foedus, quo cautum est de sociis, ad futuros socios sit extendendum*;[1447] 28. sobre a prestação de assistência a aliado que conduz operações de guerra – *si socii bellum gerant, utri potius auxilium sit ferendum*; 29. se pacto ou aliança vincula sucessores – *an ex foedere teneantur successores*; 30. sobre a interpretação, estrita ou por equidade, de tratados e pactos – *an conventiones et foedera inter principes strictam an ex aequo et bono interpretationem accipiant*; 31. sobre a validade de promessa feita com dolo – *an iuramentum dolo elicitum obliget*;[1448] 32. sobre a validade de promessa feita sob coerção – *an iuramentum metu extortu obliget*;[1449]

CASELLA – BITTENCOURT NETO, **Direito internacional diplomático** (São Paulo: Saraiva, 4ª ed., 2012).

1446 Matéria longamente discutida, durante séculos na Idade média, inclusive durante o Concílio de Constança, de 1414 a 1418, ainda se faz presente no 'manual' de ZOUCH, no século XVII. Ver a respeito, **Tratado** (tomo 5 – **Direito internacional no tempo de Francisco de Vitória**, esp. item – *relação entre comunidades cristãs e não-cristãs no contexto medieval*).

1447 A relação entre 'tratados e terceiros estados' é matéria regulada pela **Convenção de Viena sobre direito dos tratados** (1969, em vigor desde 1980), tendo como regra geral o art. 34 – "um tratado não cria obrigações nem direitos para um terceiro estado sem o seu consentimento" – e nos arts. 35 a 38 as hipóteses de tratados que criam obrigações ou direitos para terceiros estados, inclusive em decorrência de modificação de costume internacional.

1448 Ver tb. GENTILI, **Direito de guerra** (1598, II.III – *dolo e estratagemas* e II.IV – *o dolo nas palavras*). GRÓCIO, **Direito da guerra e da paz** (1625, II.XIII – *do juramento*).

1449 Para ilustrar a atualidade da matéria, basta lembrar que esta questão da 'coação' e seu impacto sobre a validade do tratado desta resultante é matéria regulada pela já mencionada **Convenção de Viena sobre direito dos tratados** (1969, em vigor desde 1980), esp. arts. 51 – coação de representante de um estado e 52 – coação de um estado pela ameaça ou emprego da força. Ver tb. GRÓCIO, **Direito da guerra e da paz** (1625, II.XIII.4).

A seção IV, dedicada ao exame das obrigações daqueles que estão em paz, se ocupa das relações diplomáticas e dos tratados.[1450] Ainda vinham, no espírito do tempo, questões relativas a precedência.[1451]

Nessa linha, ZOUCH também examinava questões relacionadas com o direito de legação.[1452] Especificamente considerava matérias como a possibilidade de quem não detém o poder soberano enviar legados.[1453]

Vários aspectos dessa temática também são considerados na obra de ZOUCH sobre as imunidades diplomáticas, **Solutio quaestionis veteris et novae sive de legati delinquentis judice competente dissertatio in qua Hug. Grotii de ea re. sententia explicatur expenditur et assertitur**, de 1657, ed. 1669.[1454] Onde enfatizava ZOUCH que "toda comunhão humana tende à justiça e deve se fazer norteada pelo sentido da justiça".[1455] Máxima que permanece válida.

Questionava ZOUCH se seria possível não receber legados estrangeiros em determinadas situações.[1456] A respeito dessa matéria, segundo GENTILI, sempre se poderia proibir a um estrangeiro a permanência no território, mesmo em se tratando de um embaixador.[1457] Por sua vez, GRÓCIO interpunha a consideração: mesmo se o direito das gentes não prescreve a obrigação de receber todos os legados, a recusa deve, contudo, ser motivada.[1458]

[1450] R. ZOUCH (op. cit., 1650, ed. 1651, pars secunda, sec. IV, p. 177-218).

[1451] R. ZOUCH (op. cit., 1650, ed. 1651, pars secunda, sec. IV, n. 1 a 13).

[1452] R. ZOUCH (op. cit., 1650, ed. 1651, pars secunda, sec. IV, n. 7 a 13).

[1453] R. ZOUCH (op. cit., 1650, ed. 1651, pars secunda, sec. IV, n. 7).

[1454] Rich. ZOUCHAEI, **Solutio quaestionis veteris et novae sive de legati delinquentis judice competente dissertatio in qua Hug. Grotii de ea re. sententia explicatur expenditur et assertitur** – cum notis & animadversionibus Christiani HENELII (Colonia: Impensis Rupert Völckeri, 1669).

[1455] R. ZOUCHAEI, **Solutio quaestionis veteris et novae sive de legati delinquentis judice competente** (op. cit., 1657, ed. 1669, cap. I, p. 2): "Cum omnis communio humana a justitia pendeat et ad justitiam tuendam, judicia plerumque sint comparata, inter eos qui superiores habent, penes superiores est judicium".

[1456] R. ZOUCH (op. cit., 1650, ed. 1651, pars secunda, sec. IV, n. 13).

[1457] GENTILI, **Direito de guerra** (1598, II.V). Sobre Alberico GENTILI, ver cap. 16, neste tomo.

[1458] GRÓCIO, **Direito da guerra e da paz** (1625, op. cit., II.XVIII.3). Sobre Hugo GRÓCIO, ver **Tratado** (tomo 7 – **Direito internacional no tempo de Hugo Grócio**, cap. 18).

A extensão da atuação e os limites ao comportamento dos legados eram considerados por ZOUCH.[1459] Que se pode contrapor às lições de GUICCIARDINI,[1460] GENTILI e GRÓCIO,[1461] sobre a mesma matéria.

Dessa vertente de exame das atribuições de um legado, se punha consideração curiosa, como a de examinar ZOUCH se um legado poderia mentir?[1462] Afinal, expunha: *legatus est vir bonus* – o legado é um bom homem,[1463] mas poderia ser levado a tanto em razão das obrigações da profissão – *preregre missus ad mentiendum Reipublicae causa*! Afirma ZOUCH que a mentira diplomática seria, assim, admissível, quando se tratasse de proteger o interesse público.[1464]

ZOUCH se debruçava até mesmo sobre questão como a possibilidade de se admitir que o legado pudesse se ocupar de questões particulares, do interesse de súditos do seu rei.[1465] Na falta de direito internacional positivo a seu tempo, esta se punha como matéria de opinião – ou *judicium* – e por isso suscitava a consideração nesta passagem da obra. O conjunto de tais atribuições em nosso vigente sistema internacional está abrangido pelo campo específico do direito consular, regido por

[1459] R. ZOUCH (op. cit., 1650, ed. 1651, pars secunda, sec. IV, n. 16 a 22).

[1460] F. GUICCIARDINI, **Storia d'Italia** (a cura di Silvana Seidl MENCHI, saggio introduttivo di Felix GILBERT, Turim: Einaudi, © 1971, ristampa 2008, vol. I, livro VI, p. 537-630, cap. I, p. 539-545, cit. p. 540): "nondimeno non negando, anzi sempre dando speranza di ratificare ma differendo, si avevano riservato libero, più tempo potevano, il pigliare consiglio secondo i successi delle cose. Ma intesa la vittoria dei suoi, deliberati di disprezzare la pace fatta, allungavano nondimeno il dichiarare all'arciduca la loro intenzione" [...] "vi mandarono nuovi imbasciatori; i quali, dopo avere trattato qualche giorno, manifestorono finalmente non essere la intenzione de' loro re di ratificare quella pace, la quale non era stata fatta in modo che fusse per loro né onorevole né sicura: anzi, venuti in controversia con l'arciduca, gli dicevano essersi i suoceri maravigliati assai che egli nelle condizioni della pace la volontà loro traspassata avesse; perché, benché per onore il suo mandato fusse stato libero e amplissimo, che egli si aveva a riferire alle istruzioni, che erano state limitate."

[1461] GENTILI, **Direito de guerra** (1598, III.XIV – *as convenções*). GRÓCIO, **Direito da guerra e da paz** (1625, op. cit., II.XI.12 – *maneira de prometer por modo válido, por meio de outros. trata-se também dos embaixadores que excedem seus poderes*).

[1462] R. ZOUCH (op. cit., 1650, ed. 1651, pars secunda, sec. IV, n. 17).

[1463] R. ZOUCH (op. cit., 1650, ed. 1651, II.IV.17, p. 199-201).

[1464] R. ZOUCH (op. cit., 1650, ed. 1651, II.IV.17, p. 199-201) merece ser literalmente citada a curiosa passagem: "*legatus est vir bonus preregre missus ad mentiendum Reip. causa*".

[1465] R. ZOUCH (op. cit., 1650, ed. 1651, pars secunda, sec. IV, n. 16).

regime legal próprio – da Convenção de Viena sobre relações consulares de 1963 – e, assim, não o seria pelo direito internacional diplomático.

A questão da proteção, dos cuidados e dos critérios com a segurança de legado era igualmente considerada por ZOUCH.[1466] Nessa mesma linha, também GENTILI e GRÓCIO.[1467]

No tocante à questão específica, relativa a cuidados e critérios com a segurança de legado, observava ZOUCH que as ofensas feitas a um embaixador atingiam tanto o estado que o enviava como o estado ao qual era enviado.[1468] Também GENTILI cuidou do tema.[1469]

O embaixador deveria gozar de imunidade no território onde exerce as suas funções:[1470] excluindo, por exemplo, que sofresse este ação civil contra ele.[1471] Matéria também considerada por GRÓCIO.[1472] Não poderia nem deveria, contudo, o embaixador se valer de suas imunidades para acolher em seu domicílio delinquente, buscado pela justiça e pela polícia locais.[1473]

[1466] R. ZOUCH (op. cit., 1650, ed. 1651, pars secunda, sec. IV, n. 18).

[1467] GENTILI, **Direito de guerra** (1598, II.III – *dolo e estratagemas*); GRÓCIO, **Direito da guerra e da paz** (1625, op. cit., II.XVIII.V – *aquele a quem o embaixador não é enviado não é obrigado pelo direito de embaixada*).

[1468] R. ZOUCH (op. cit., 1650, ed. 1651, pars secunda, sec. IV, n. 19).

[1469] GENTILI, **De Legationibus** (1585) e GENTILI, **Direito de guerra** (1598, II.X, cita-se II.X.1, p. 280): "Em todas as guerras, muitas coisas são feitas com as armas, mas não poucas com pactos e convenções". Mostrava não se tratar na guerra somente de feitos de armas, mas que a diplomacia e as convenções também tem papel a desempenhar. Inclusive para consolidar resultados.

[1470] R. ZOUCH (op. cit., 1650, ed. 1651, pars secunda, sec. IV, n. 21 e 22).

[1471] GENTILI, **Direito de guerra** (1598, ed. bras. 2004, II.XVI, cit. p. 323, e ver tb. II.XVII): "as coisas que se conquistam pelo direito das gentes não podem ser adquiridas de outra forma, senão com a apreensão verdadeira e própria" [...] "O direito das gentes, simples como é e segundo a natureza, não gosta de simulações mas de fatos". Ver tb. GRÓCIO, **Direito da guerra e da paz** (1625, op. cit., II.XVIII – *do direito das embaixadas*, e especificamente II.XVIII.IX-X).

[1472] GRÓCIO, **Direito da guerra e da paz** (1625, op. cit., II.XVIII – *do direito das embaixadas*, e especificamente II.XVIII.VIII).

[1473] Assim expunha ZOUCH (1650, ed. 1651, II.IV.21 e II.IV.22) e o mesmo voltaria a outros aspectos do tema, alguns anos mais tarde, com seu estudo sobre **Solutio quaestionis veteris et novae sive de legati delinquentis judice competente dissertatio in qua Hug. Grotii de ea re. sententia explicatur expenditur et assertitur** (Oxford, 1657; Londres, 1717), a respeito do irmão do embaixador português em Londres, que se envolvera em caso de homicídio, em 1653, e este foi julgado, condenado e executado em Londres, em 1654.

O embaixador que se envolvesse em crime, na jurisdição junto à qual exercia as suas atribuições deveria ser mandado de volta ao seu soberano. E caso se tornasse culpado de atentado a mão armada poderia mesmo ser morto, não com a pretensão de o julgar, mas como exercício de legítima defesa.[1474] Tema também tratado por GENTILI.[1475]

Nessa linha deve ser situada e compreendida também a obra de ZOUCH sobre as imunidades diplomáticas, **Solutio quaestionis veteris et novae sive de legati delinquentis judice competente dissertatio in qua Hug. Grotii de ea re. sententia explicatur expenditur et assertitur** (1657, ed. 1669).[1476]

Nesta, a todos os argumentos, pelos quais o direito das gentes torna a pessoa do embaixador inviolável e sagrada, por estar sob a proteção da fé pública, e por representar a majestade de seu mestre, não se submete às jurisdições do território no qual exerce as suas funções,[1477] contrapunha a seguir ZOUCH as razões contrárias ao reconhecimento de tal imunidade:[1478] a inviolabilidade da pessoa do embaixador não pode ter como resultado proteger os seus crimes, a fé pública não pode encobrir a fraude nem a perfídia, e a pessoa do soberano, representado pelo embaixador, não o pode colocar ao abrigo da punição, e ademais, considerava necessário fosse o crime punido no local em que foi cometido. O que até hoje se exprime com o princípio, *lex loci delicti commissi*, de aplicação frequente no direito internacional. Não, contudo, em relação a agentes diplomáticos e consulares, que devem ser julgados e, se for o

[1474] R. ZOUCH (1650, ed. 1651, II.IV.22) e tb. R. ZOUCH, **Solutio quaestionis veteris et novae sive de legati delinquentis judice competente dissertatio in qua Hug. Grotii de ea re. sententia explicatur expenditur et assertitur** (Oxford, 1657; Londres, 1717), já mencionada, na qual ZOUCH volta a essas questões.

[1475] GENTILI, **De Legationibus** (II.XVIII e XIX).

[1476] Rich. ZOUCHAEI, **Solutio quaestionis veteris et novae sive de legati delinquentis judice competente dissertatio in qua Hug. Grotii de ea re. sententia explicatur expenditur et assertitur** – cum notis & animadversionibus Christiani HENELII (Colonia: Impensis Rupert Völckeri, 1669).

[1477] R. ZOUCH, **De legati delinquentis judice competente** (1657, ed. 1669, cap. II). Muitos exemplos históricos, em favor do reconhecimento da imunidade dos embaixadores são apresentados por ZOUCH (no cap. V).

[1478] R. ZOUCH, **De legati delinquentis judice competente** (1657, ed. 1669, cap. III). Os exemplos históricos, contrários à imunidade, são enumerados mais adiante por ZOUCH (cap. VI).

caso, condenados pelos tribunais do estado de nacionalidade e de origem do agente.

Depois de apresentar argumentos teóricos e exemplos históricos a favor do reconhecimento e contrários ao reconhecimento da imunidade do embaixador, ZOUCH discutia o valor dos exemplos e das opiniões de HOTTMAN e de GENTILI sobre o célebre caso do embaixador espanhol MENDOZA, que se valera de sua condição de imunidade para se envolver em complô contra a vida da rainha ELIZABETH I da Inglaterra.[1479]

Com amparo no **Digesto** – *o pretor, diz ULPIANO, não tem qualquer direito sobre o pretor, nem o cônsul sobre o cônsul* – ZOUCH manifestava[1480] "o titular da cadeira de direito romano reaparecia, para expor cuidadosamente todos os argumentos tirados do direito civil, em favor da imunidade", mas "os argumentos tirados do mesmo direito civil contra tal imunidade seguem-se da mesma maneira".[1481] Da mesma forma que os exemplos históricos contrários à imunidade tinham sido objeto de exame e refutação, assim também os textos do direito romano, favoráveis ao reconhecimento da imunidade são criticados.[1482]

Enfatiza ZOUCH, nesse mesmo capítulo,[1483] quanto, na verdade, para a comunidade internacional, importa que os crimes dos embaixadores sejam punidos, como importa aos estados punir os crimes de seus cidadãos; mas, da mesma forma como é preciso utilizar os parâmetros do direito, para a repressão aos crimes, no âmbito interno dos estados,

1479 R. ZOUCH, **De legati delinquentis judice competente** (1657, ed. 1669, cap. VII). A seguir (cap. VIII) ZOUCH resumia o livro **Le parfait ambassadeur**, traduzido do espanhol para o francês por LANCELOR, e impresso em Paris, em 1642. Diversos 'manuais' sobre os embaixadores, suas qualidades e prerrogativas foram escritos nos séculos XVI a XVIII. A respeito, ver Heidrun R. I. KUGELER, **'Le parfait ambassadeur' – the theory and practice of diplomacy in the century following the Peace of Westphalia** (Oxford: Magdalen College, submitted for the degree of D. Phil. at the University of Oxford, Trinity Term 2006, on line: D. Phil. Kugeler.finalised(1)).

1480 G. SCELLE (cap. cit., 1904, p. 318-319, e nota 2, p. 319) depois de reproduzir de ZOUCH a passagem do **Digesto**: "*O pretor, diz ULPIANO, não tem qualquer direito sobre o pretor, nem o cônsul sobre o cônsul*" (**Digesto**, I.1354), comentava: "Comme s'il y avait un argument d'analogie à tirer de ce fait, et comme si l'on pouvait comparer avec exactitude les rapports de deux fonctionnaires d'un même empire à ceux de deux princes indépendants".

1481 R. ZOUCH, **De legati delinquentis judice competente** (1657, ed. 1669, cap. IX).

1482 R. ZOUCH, **De legati delinquentis judice competente** (1657, ed. 1669, cap. X).

1483 R. ZOUCH, **De legati delinquentis judice competente** (1657, ed. 1669, cap. X).

assim também tem de ser observado o direito internacional, na repressão aos crimes cometidos pelos embaixadores.[1484]

Esgotados os dados históricos da matéria, ZOUCH passava a enumerar o estado da doutrina a respeito da questão.[1485] Reunia, em único grupo, os autores cujas opiniões mais se aproximavam daquela de GRÓCIO, tais como GENTILI,[1486] e PASCHALIUS, conselheiro do rei da França no sagrado Consistório de 1600 e outros.

A seguir,[1487] ZOUCH apresentava as opiniões dos autores contrários à opinião de GRÓCIO, tais como Conrad BRAUN,[1488] e outros. De maneira leal, ZOUCH expunha, ainda,[1489] as objeções e críticas de GRÓCIO, a respeito das doutrinas divergentes.

A obra de ZOUCH sobre 'direito diplomático' se encerra[1490] com o exame do caso que a suscitou: qual é o juiz competente para os delitos cometidos pelos acompanhantes do séquito do embaixador? E sempre a opinião de GRÓCIO é colocada na base da discussão: a inviolabiliadde do séquito do embaixador é de gênero especial; somente são invioláveis acessoriamente e, como diz GRÓCIO, segundo a vontade do próprio embaixador. Se houve delito, cabe pedir a este para entregar os culpados, e ante a recusa do embaixador, pedir a mesma coisa ao soberano que o enviou, e do qual depende o embaixador.

ZOUCH opõe a esta opinião a teoria que aplica ao caso de dom PANTALEÃO SÁ: para ele, o que submete os membros de uma embaixada à jurisdição do território, onde foi cometido o delito, é o fato de que estes não participam das qualidades que conferem a imunidade, da mesma

1484 R. ZOUCH, **De legati delinquentis judice competente** (1657, ed. 1669, cap. X).

1485 R. ZOUCH, **De legati delinquentis judice competente** (1657, ed. 1669, cap. XI).

1486 Alberici GENTILIS, **De legationibus libri III** (Londini.: Vautrollerius 1583 et 1585; outras edições: Hanoviae, 1594. 1607. et 1612).

1487 R. ZOUCH, **De legati delinquentis judice competente** (1657, ed. 1669, cap. XII).

1488 Conrad BRAUN, **Les cinq livres sur les Ambassades**: à destination de ceux qui sont totalement appliqués à la chose publique, ou très utile à ceux qui remplissent une quelconque magistrature, et agréables à la lecture (do original **De Legationibus libri V**, 1548, traduction, introduction et notes de Dominique GAURIER, Limoges: Pulim – Presses Univ. de Limoges, 2008). Como antes mencionado, a respeito da obra de Conrad BRAUN (1548) ver G. E. do NASCIMENTO E SILVA, P. B. CASELLA e O. BITTENCOURT Neto, **Direito internacional diplomático** (São Paulo: Saraiva, 4ª ed., 2012, *'conceito de diplomacia'*, p. 60-69).

1489 R. ZOUCH, **De legati delinquentis judice competente** (1657, ed. 1669, cap. XIII).

1490 R. ZOUCH, **De legati delinquentis judice competente** (1657, ed. 1669, cap. XIV).

maneira que ao embaixador, de tal modo que o embaixador inspira muito mais confiança do que as pessoas do seu séquito. Com base em tais argumentos, veio o autor do delito a ser julgado, condenado e executado em Londres.

Apesar dos tratados de Vestfália, de 1648, e de longos debates que remontavam ao Concílio de Constança, de 1414 a 1418, ZOUCH (1650, ed. 1651) ainda estimava necessário voltar a considerar a possibilidade de se concluir tratado com fieis de outra religião.[1491] Contra quem pretenda negar a influência da doutrina e de temas tradicionais sobre a obra deste internacionalista inglês do século XVII: o encadeamento histórico e cultural é inexorável. Este tema também tratado por GENTILI[1492] e GRÓCIO.[1493]

Interessante o tratamento dado por ZOUCH à questão da cláusula *rebus sic stantibus* – 'mantidas as coisas como estão'.[1494] Ao considerar a questão "se o soberano que prometeu socorro tem a obrigação de o prestar, mesmo não o podendo, e se a tanto continuaria obrigado,[1495] se punha a indagação dos limites de aplicação da palavra dada: mesmo a palavra real deveria se submeter aos interesses do reino.

O pano de fundo de precedente histórico pode ser claramente sentido: em 1585, a rainha ELIZABETH I prometeu aos issurretos dos Países Baixos a ajuda inglesa, tanto em homens, como em dinheiro, e assim, diante da dificuldade em cumprimento de tal promessa, a rainha se fez exculpar, mediante pareceres de juristas que tinham declarado esse

1491 R. ZOUCH (1650, ed. 1651, II.IV.24). Cfr., a respeito, **Tratado** (tomo 5 – **Direito internacional no tempo de Francisco de Vitória**, item – *relação entre comunidades cristãs e não-cristãs no contexto medieval*).

1492 GENTILI, **Direito de guerra** (1598, I.IX – *se é justo mover guerra por causa religiosa*, I.X – *se o príncipe pode de modo justo defender a religião em seus estados por meio da guerra*, e I.XI – *se os súditos podem mover guerra ao príncipe por causa da religião*).

1493 GRÓCIO, **Direito da guerra e da paz** (1625, op. cit., II.XV.VIII – *os tratados com aqueles que são estranhos à verdadeira religião são lícitos de acordo com o direito de natureza*; ver tb. II.XV.IX e II.XV.X).

1494 R. ZOUCH (1650, ed. 1651, II.IV.25).

1495 R. ZOUCH (1650, ed. 1651, II.IV.25).

limite: mesmo em se tratando da palavra real, esta deveria se submeter aos interesses do reino.[1496]

Ao considerar se acordos comerciais podem ser revogados,[1497] ZOUCH aponta também o critério do interesse público, como norteador da conduta dos soberanos: não se admitir privilégios que possam favorecer estrangeiros, em detrimento dos nacionais.[1498] Lembrava ZOUCH o precedente dos entendimentos de 1595 entre a rainha ELIZABETH I com as cidades da Liga Hanseática.[1499] Também cuidaram do tema GENTILI[1500] e GRÓCIO.[1501]

A seguir considerava ZOUCH[1502] a questão da determinação da duração de pactos entre soberanos, quando não houvesse estipulação de prazo para tais obrigações, sobretudo em caso de superveniente subs-

1496 R. ZOUCH (1650, ed. 1651, II.IV.25). Sobre esta passagem da obra de ZOUCH, observava G. SCELLE (cap. cit., 1904, p. 301) ser esta uma questão "de portée plus générale que son énoncé" e ponderava: "notre auteur expose ici une application hardie de la clause *rebus sic stantibus*".

1497 Matéria até hoje extensamente discutida, por exemplo, no âmbito da Organização Mundial do Comércio, e outras instâncias de regulação do direito internacional do comércio, quer nos planos bilaterais, como multilaterais do comércio internacional. A evolução da matéria caminhou no sentido da multilateralização e da institucionalização dos acordos comerciais. E da instauração de mecanismos institucionais e normativos para a gestão de tais interesses e a minimização dos conflitos entre os estados.

1498 R. ZOUCH (1650, ed. 1651, II.IV.26).

1499 R. ZOUCH (1650, ed. 1651, II.IV.26): "Hanseaticae civitates apud Imperatorem, & ordines imperii anno 1595 conquerebantur, Privilegia, olim ab Angliae Regibus indulta, antiquata esse".

1500 GENTILI, **Direito de guerra** (1598, ed. bras., 2004, III.XVI – *leis e liberdade*, cit.p. 548): "As leis costumeiramente são estabelecidas de forma que cada um viva com as suas".

1501 GRÓCIO, **Direito da guerra e da paz** (1625, II.XV.13 – *a quem levar socorro de preferência, quando vários aliados estão em guerra*).

1502 R. ZOUCH (1650, ed. 1651, II.IV.27). Quando, segundo os termos de tratado de assistência recíproca, celebrado em 1542, com o rei HENRIQUE VIII, o imperador CARLOS V demandou, ao rei EDUARDO VI da Inglaterra, tropas para socorrer os Países Baixos, ameaçados pelo rei da França, este não se sentiu obrigado a tanto, alegando que se tratava de vínculo pessoal com o antigo soberano, que não obrigaria perpetuamente o reino.

tituição do rei por sucessor.[1503] Concretamente, se e em que medida, pacto deve ter seus efeitos estendidos a novos contratantes.[1504]

Como também considera ZOUCH questões de interpretação de tratados.[1505] Também cuidadas por GENTILI,[1506] e por GRÓCIO.[1507] Ademais, GRÓCIO também admitia a distinção entre o vínculo pessoal entre soberanos, ou o tratado real, concluído para o bem do reino.[1508]

- a seção V cuida de questões penais em tempo de paz – *de quaestionibus delicti inter eos, quibuscum pax est*.[1509] A *quaestio* primeira indaga se a ofensa feita a súdito afeta o príncipe e o povo inteiro – *utrum iniuria a subditis illatae principem vel populum afficiant* – ou seja, cuida da natureza jurídica e dos limites do que vem depois a ser cha-

1503 A matéria continua atual e controvertida. Ver, por exemplo, A **Convenção de Viena sobre sucessão de estados em matéria de tratados**, assinada em 23 de agosto de 1978. Somente em 1996 entrou em vigor.

1504 Termo corrente no direito internacional vigente é a *adesão* a tratados multilaterais, para a vinculação de estado que não tenha sido negociador do texto e parte contratante desde o incío de tratado multilateral. Por exemplo, na **Convenção de Viena sobre relações diplomáticas**, de 1961, art. 50, regula *Adesões à Convenção*: *"A presente Convenção permanecerá aberta à adesão de todo estado pertencente a qualquer das quatro categorias mencionadas no Artigo 48. Os instrumentos de adesão serão depositados perante o Secretário-Geral das Nações Unidas."* Cf. se considera in in NASCIMENTO E SILVA – CASELLA – BITTENCOURT NETO, **Direito internacional diplomático** (São Paulo: Saraiva, 4ª ed., 2012, comentários ao art. 50): a partir de 13 de março de 1962, os Estados desejosos de se vincularem à Convenção de Viena sobre Relações Diplomáticas, e que não a haviam assinado antes daquela data, só puderam fazê-lo mediante a adesão nos termos do art. 50, que é de efeito temporal ilimitado, ao contrário do art. 48, que era de efeito transitório. Ao passo que as Convenções de 1958 falavam nos Estados pertencentes a quaisquer das categorias mencionadas no Artigo sobre assinatura, a Convenção de 1961 estipula claramente que se trata de **quatro categorias**, ou sejam: a) Estados-membros das Nações Unidas; b) Estados-membros de organizações especializadas; c) Estados Partes no Estatuto da Corte Internacional de Justiça; d) Estados convidados pela Assembleia Geral das Nações Unidas a aderirem à Convenção.

1505 R. ZOUCH (1650, ed. 1651, II.IV.27)

1506 Ver GENTILI, **Direito de guerra** (1598, I.XXII – *como não devem ser reavivadas causas antigas*).

1507 Normas e critérios para a interpretação de tratados estão contidos na **Convenção de Viena sobre direito dos tratados** (1969, em vigor internacionalmente desde 1980, ratificada pelo Brasil em 2009).

1508 GRÓCIO, **Direito da guerra e da paz** (1625, op. cit., II.XVI – *da interpretação*).

1509 R. ZOUCH (op. cit., 1650, ed. 1651, pars secunda, sec. V, p. 219-232).

mada a "proteção diplomática", e matérias conexas – cujo exame prossegue, nos itens 2 a 10;[1510] a seguir, no item 11 – se pode ser lícito invadir território alheio – *utrum exteris aliquando territorium alienum invadere liceat*; 12. sobre a licitude de intervenção para proteção de estrangeiros oprimidos – *utrum exteriis opressis contra socios auxilium ferre liceat*;[1511] 13. se, em determinadas circunstâncias, pode ser lícito descumprir obrigação pactuada em tratado – *an promissa in foedere aliquando non liceat observare*;[1512]

A seção quinta completa o exame das controvérsias em matéria de *judicium*, relacionadas com os 'delitos', em tempos de paz.[1513] Sobre a questão da extensão da repercussão das ofensas, tal como é considerada

1510 R. ZOUCH (op. cit., 1650), seção V, itens 2 a 10: 2. se delito do príncipe pode ser imputado (*utrum delictu principi sit imputandum, qui alibi delinquentes recipit*); 3. se existe a obrigação de extraditar o autor de delito, que se refugia a seguir em outro território (*utrum profugum delicti in patria reum princeps territorii, in quo repertus est, remittere teneatur*); 4. sobre os limites da responsabilidade dos sucessores por delito cometido (*utrum pro delicto universitatis successores teneantur*); 5. se a injúria contra particulares atinge o príncipe e os demais súditos (*utrum a principe ulciscendae sint iniuriae, quas, cum privatus esset, a subditis sustinuit*); 6. se age contra a amizade quem arma seu território (*utrum contra amicitiam committat, qui vires auget, aut in suo territorio arcem facit*); 7. se pode ser ato inamistoso recusar-se a receber súditos estrangeiros (*an sit contra amicitiam, subditos alienos recipere*); 8. se pode ser ato inamistoso denegar o direito de passagem (*an iis, quibuscum est amicitia, transitus sit denegandus*); 9. se pode ser ato inamistoso denegar o direito de comércio (*an iis, quibuscum est amicitia, commercium interdicere liceat*); 10. sobre a utilização temporária e apropriação de bem alheio (*an res alienas aliquando invitis dominis capere liceat*).

1511 Pode ser feita comparação entre o que expunha ZOUCH (op. cit., 1650, ed. 1651, pars secunda, sec. V, p. 219-232), com a possibilidade, no direito internacional atual, de derrogação ao princípio de não intervenção, em caso de 'intervenção para a proteção dos direitos humanos', como se examina em ACCIOLY – NASCIMENTO E SILVA – CASELLA, **Manual** (São Paulo: Saraiva, 26ª ed., 2023, item 3.6.7.2 – intervenção para a proteção dos direitos humanos).

1512 R. ZOUCH (op. cit., 1650, ed. 1651, pars secunda, sec. V, p. 219-232).

1513 R. ZOUCH (op. cit., 1650, ed. 1651, pars secunda, sec. V, p. 219-232).

por ZOUCH,[1514] também tinham se debruçado GENTILI[1515] e GRÓCIO.[1516] Inclusive quanto a determinar a extensão na qual as ofensas cometidas poderiam repercutir sobre sucessores.[1517]

Também considerou ZOUCH se pode ser inamistoso recusar-se a receber súditos estrangeiros, ou proibir o direito de passagem, com ênfase no direito de livre comércio.[1518] Enfoque caracteristicamente inglês, essa ênfase no livre comércio, como premissa ordenadora do sistema internacional.[1519]

Matérias essas consentâneas com a visão de ZOUCH do livre comércio dado ordenador da convivência entre poderes soberanos no plano

1514 R. ZOUCH (op. cit., 1650, ed. 1651, pars secunda, sec. V, n. 1, p. 219-220) examinava se ofensas feitas a particulares atingem também o príncipe e o estado do qual são súditos, ponderava que "ofensas comuns, não ofensas privadas devem ser punidas" – *Iis visum est, ut communem non ut privatam iniuriam vindicandam* – e além de citar vários exemplos, reportava precedente entre Pomeranianos e Belgas, ao qual GRÓCIO (1625, II.I – *das causas da guerra e primeiramente da defesa de si mesmo e dos bens*) dera resposta negativa.

1515 Ver GENTILI, **Direito de guerra** (1598, I.XXI – *culpas dos cidadãos privados*).

1516 GRÓCIO, **Direito da guerra e da paz** (1625, op. cit., II.XIII – *do juramento*).

1517 ZOUCH (op. cit., 1650, ed. 1651, II.V.4); tb. GENTILI, **Direito de guerra** (1598, I.XXIV – *se a guerra contras os sucessores é lícita*); e GRÓCIO, **Direito da guerra e da paz** (1625, op. cit., II.XXI – *da comunicação das penas*).

1518 R. ZOUCH (op. cit., 1650), seção V, itens 7 a 9: 7. se pode ser ato inamistoso recusar-se a receber súditos estrangeiros (*an sit contra amicitiam, subditos alienos recipere*); 8. se pode ser ato inamistoso denegar o direito de passagem (*an iis, quibuscum est amicitia, transitus sit denegandus*); 9. se pode ser ato inamistoso denegar o direito de comércio (*an iis, quibuscum est amicitia, commercium interdicere liceat*).

1519 O romancista argentino Juan José SAER (1937-2005), que viveu muitos anos e faleceu na França, em seu romance **As nuvens** (do original **Las nubes**, © 1997, trad. Heloísa JAHN, São Paulo: Companhia das Letras, 2008, cit. p. 48) faz o protagonista e narrador ponderar a certa altura, na década de 1830, rememorando acontecimentos do início do século, de 1804 em diante, onde fala da "grande nação insular que possui a hegemonia inconteste dos mares e que como outros a peste negra, dissemina o livre comércio por onde passa". Este também notava (p. 11-12): "O que é válido para um lugar, é válido para o espaço inteiro, e já sabemos que se o todo contém a parte, a parte, por sua vez, contém o todo. [...] O que percebemos como verdadeiro do passado não é a história, mas nosso próprio presente, que se projeta e olha para si mesmo no exterior".

internacional. Sobre o mesmo tema, não discrepavam GRÓCIO[1520] e GENTILI.[1521]

O tema da 'proteção diplomática' também figura na obra de ZOUCH.[1522] Esta temática será paradigmaticamente tratada e desenvolvida pelos autores do direito internacional clássico,[1523] o que se compreendia como manifestação do poder do estado, mesmo em se tratando de interesse particular lesado. Fenômeno consentâneo com a visão de estado que exerce controle sobre a sociedade, no plano interno, e que pretende monopolizar a atuação internacional às relações com os seus pares. Mas continua a ser estudado e praticado até hoje,[1524] como prerrogativa estatal de tomar para si a titularidade da reclamação, oriunda de dano causado a particular, para a exercer em relação a outro estado.

Ao lado de outros temas, interessa reportar a lição de ZOUCH em matéria da extradição. Ao ponderar se existe a obrigação de extraditar o autor de delito, que se refugia a seguir em outro território,[1525] ZOUCH concluía não ser esta – àquele tempo – matéria consolidada de direito,

[1520] GRÓCIO, **Direito da guerra e da paz** (1625, ed. bras., 2004, III.II, e especificamente o item VII – *distinção do que é de direito civil nesse assunto e do que é de direito das gentes*). Sobre o direito de livre trânsito, GRÓCIO (II.II.XI – *os homens tem direito, para seu uso, sobre as coisas que se tornaram propriedade de outrem, se o proprietário não sofrer nenhum dano*; II.II.XII – *disso provém o direito sobre a água corrente* e II.II.XIII – *disso provém o direito de passagem por terra e por água*).

[1521] GENTILI, **Direito de guerra** (1598, I.XIX – *quando se diz que a guerra é feita por causas naturais*).

[1522] R. ZOUCH (op. cit., 1650, ed. 1651, pars secunda, sec. V, n. 2, 5, 6).

[1523] Ver **Tratado** (tomo 12 – **Direito internacional no tempo de Vattel e von Martens**, esp. cap. 24 – *Emer de VATTEL (1714-1767)*) a respeito do tratamento dado por VATTEL ao tema; e tb. a já referida obra de ZOUCH **Solutio quaestionis veteris et novae sive de legati delinquentis judice competente dissertatio in qua Hug. Grotii de ea re. sententia explicatur expenditur et assertitur** – cum notis & animadversionibus Christiani HENELII (Colonia: Impensis Rupert Völckeri, 1669).

[1524] Para contrapor a estes, veja-se estudo recente, ainda a respeito da mesma matéria, de Helena TORROJA Mateu, **El derecho del estado a ejercer la protección diplomática** (pres. Victoria ABELLÁN HONRUBIA, Barcelona: Bosch, 2007, *Introducción*, p. 11-14, cit. p. 14): "Justifican el interés y la oportunidad de este estúdio la reciente codificación de la materia y la potencialidad del ejercicio de este derecho en la realidad social contemporánea, donde la presencia de personas extranjeras así como de sus bienes, es un factor característico del mundo globalizado y cosmopolita en que vivimos".

[1525] R. ZOUCH (op. cit., 1650, ed. 1651, pars secunda, sec. V, n. 3 – *utrum profugum delicti in patria reum, princeps territorio in quo repertus est, remittere teneatur?*).

mas observava que numerosos tratados, a seu tempo, já incluíam tal obrigação entre os contratantes. Essa tendência de regulação de regime interestatal de cooperação, civil e penal, inclusive extradição, somente se desenvolveu e se reforçou desde então, de modo a se poder falar em dever geral de cooperação entre os estados, para a administração da justiça.[1526]

A militarização de território vizinho e o reforço de contingentes militares por estado vizinho é descrita por ZOUCH como prática inamistosa – *contra amicitiam.*[1527] O que, certamente, deve induzir a dever de vigilância, mas contudo, não permite desencadear automaticamente uma alegada 'guerra preventiva'.[1528] Mesmo em tempos passados, a pretensão de deflagrar 'guerras preventivas' encontrava limites,[1529] como também, dentre os autores do direito internacional moderno, sustentaram GENTILI[1530] e GRÓCIO,[1531] segundo o qual "o temor de uma coisa incerta não pode dar direito a executar atos de violência".[1532]

Com esta questão se relacionam as indagações de ZOUCH sobre a possibilidade de utilização temporária de bem alheio,[1533] sem caráter de

1526 R. ZOUCH (op. cit., 1650, ed. 1651, pars secunda, sec. V, n. 3) e relacionam-se com este os seguintes itens 4, 5 e 6: sobre os limites da responsabilidade dos sucessores por delito cometido; sobre a responsabilidade penal por injúria contra o príncipe, em relação ao mesmo delito contra súdito; e se age contra a amizade.

1527 R. ZOUCH (op. cit., 1650, ed. 1651, pars secunda, sec. V, n. 3 e, a seguir, n. 6, p. 225): "quidam tradunt iure gentium arma recte sumi ad minuendam potentiam crescentem, quae nimium aucta nocere possit".

1528 R. ZOUCH (op. cit., 1650, ed. 1651, pars secunda, sec. V, n. 6) aduzia limites: "ab Aequitatis ratione abhorrere, ut vim pati posse ad vim inferenda jus tribuat, & ideo contrariae in suo munitiones, & si quae sunt similia remedia, quaerenda, non vim bellicam".

1529 R. ZOUCH (op. cit., 1650, ed. 1651, pars secunda, sec. V, n. 6).

1530 GENTILI, **Direito da guerra** (I.XIV – *a defesa útil*).

1531 GRÓCIO, **Direito da guerra e da paz** (1625, II.I.17 – *a defesa não é permitida somente quando pretende diminuir o poder de um vizinho*, c/c III.20.40 – *o que recai sob a denominação de amizade*).

1532 H. GRÓCIO, **Direito da guerra e da paz** (1625, ed. 2004, II.I.XVIII – *não é também ao que deu motivo justo para que lhe seja movida guerra*, n. 1, p. 305; compare-se a diferença apontada em II.I.XVI – *da defesa numa guerra pública*, p. 304): "é permitido prevenir um ataque que não é atual, mas que parece uma ameaça, mesmo distante; não diretamente, pois já falamos anteriormente que isso seria um ato injusto, mas indiretamente, punindo um crime que apenas começou, mas não se consumou ainda."

1533 R. ZOUCH (op. cit., 1650, seção V, item 10. sobre a utilização temporária e apropriação de bem alheio – *an res alienas aliquando invitis dominis capere liceat*).

apropriação,[1534] ou a respeito de ocupação de território. O que admitia, se o território estivesse deserto.[1535] E pode ser interessante contrapor as lições de GRÓCIO[1536] e GENTILI.[1537]

Ainda nesta seção, ZOUCH considerava duas questões que permanecem atualíssimas:[1538] retoma a discussão sobre a licitude de intervenção para proteção de estrangeiros oprimidos.[1539] Tema também considerado por GENTILI[1540] e GRÓCIO.[1541]

Retomava, ainda, ZOUCH a indagação a respeito de quais circunstâncias podem tornar lícito descumprir obrigação pactuada em tratado.[1542] Sobre esta última, concebe que o descumprimento de uma cláusula de tratado possa eximir a outra parte contratante do cumprimento das demais, pois cada cláusula conteria uma condição.[1543] Sobre este

[1534] R. ZOUCH (op. cit., 1650, ed. 1651, pars secunda, sec. V, n. 10, p. 228-229): "Deinde quod promissio de praestandu casu in actu bellico, non excludat casum verissimilem, maxime in contractu bonae fidei".

[1535] R. ZOUCH (op. cit., 1650, ed. 1651, pars secunda, sec. V, n. 11).

[1536] GRÓCIO, **Direito da guerra e da paz** (1625, ed. bras., 2004, II.II.XV – *direito de residência por tempo limitado*, p. 332), mencionava essa permanência como "compreendida entre os usos inocentes ou inofensivos".

[1537] GENTILI, **Direito de guerra** (1598, II.XVII – *a respeito daqueles que se rendem*).

[1538] R. ZOUCH (op. cit., 1650, ed. 1651, pars secunda, sec. V, n. 12 e 13).

[1539] R. ZOUCH (op. cit., 1650, ed. 1651, pars secunda, sec. V, n. 12), seria, em nosso direito internacional pós-moderno abrangida sob a rubrica de 'intervenção humanitária'. O que continua a suscitar candentes controvérsias em torno da possibilidade, no direito internacional atual, de derrogação ao princípio de não intervenção, visando 'intervenção para a proteção dos direitos humanos', cf. ACCIOLY – NASCIMENTO E SILVA – CASELLA, **Manual** (São Paulo: Saraiva, 26ª ed., 2023, item 3.6.7.2 – intervenção para a proteção dos direitos humanos).

[1540] GENTILI, **Direito da guerra** (I.XV – *a defesa honesta*).

[1541] GRÓCIO, **Direito da guerra e da paz** (1625, II.XXV – *das causas de empreender uma guerra em favor dous outros*, esp. II.XXV.IV – *do mesmo modo as guerras são empreendidas de maneira justa em favor de aliados iguais ou desiguais*).

[1542] Cf. R. ZOUCH (op. cit., 1650, ed. 1651, pars secunda, sec. V, p. 219-232).

[1543] R. ZOUCH (op. cit., 1650, ed. 1651, pars secunda, sec. V, n. 13, p. 232): "Si pars altera in foedere fefellerit, potest altera discedere: quia capita singula foederis conditiones vim habet".

tema candente também escreveram AYALA,[1544] GENTILI[1545] e GRÓCIO.[1546]

– a seção VI cuida de questões bélicas – *de quaestionibus belli*.[1547] A *quaestio* primeira considera quando a guerra pode ser lícita – *an bello aliquod sit licitum*;[1548] 2. se a guerra pode ser justa – *an bellum utrinque iustum esse possit*; 3 a 6 – outras questões relacionadas com o direito de guerra;[1549] 7. se as represálias são lícitas – *an repressaliae sint licitae*;

A breve seção sexta passa à regulação do *judicium* relacionado com tempos e questões de guerra.[1550] ZOUCH ponderava quando a guerra poderia ser lícita e quando poderia ser justa.[1551] Sobre este tópico, também AYALA,[1552] GENTILI[1553] e GRÓCIO.[1554]

1544 Balthazar AYALA, **De Jure et Officiis Bellicis et Disciplina Militari Libri III** (1582, edição cit., introduction John WESTLAKE, translated by John Pawley BATE, Washington: Carnegie Institution, 1912, I.VI.17). A respeito de AYALA, ver **Tratado** (tomo 4 – **Direito internacional no tempo medieval**, item 11.6.1).

1545 GENTILI, **Direito da guerra** (III.XXIV – *quando são violadas as convenções*).

1546 GRÓCIO, **Direito da guerra e da paz** (1625, II.XV – *dos tratados, das alianças e das garantias*, esp. II.XV.XV – *se a perfídia de uma das partes libera a outra*).

1547 R. ZOUCH (op. cit., 1650, ed. 1651, pars secunda, sec. VI, p. 233-241).

1548 Temas medievais, sobre a licitude e a justiça da guerra, há séculos discutidos, desde AGOSTINHO e outros teólogos eclesiásticos, e permanecem presentes nas preocupações de ZOUCH, por este discutidos em seu 'manual'. A respeito, ver **Tratado** (tomo 4 – **Direito internacional no tempo medieval**, cap. 11 – *tratadistas da guerra* e tb. item 8.1 – AGOSTINHO DE HIPONA).

1549 Considera, ZOUCH (op. cit., 1650, ed. 1651) a seguir, nesta mesma seção VI, itens 3 a 6: 3. se a guerra pode ser declarada por quem não seja o detentor do poder soberano (*an bello moveri possit ab eo, qui supremam potestate non habet*); 4. se uma velha causa pode justificar uma nova guerra (*an ex causa vetusta bellum movere liceat*); 5. se foi lícita a colaboração dada pela rainha ELIZABETH I da Inglaterra aos belgas, em guerra contra o rei da Espanha (*utrum Elisabetha, Regina Angliae, Belgarum contra Regem Hispanum patrocinium iuste susceperit*); 6. se os súditos podem se revoltar contra o legítimo sucessor do reino, por causa de religião (*utrum subditis contra legitimum regni successorem religiones causa coniurare liceat*).

1550 R. ZOUCH (op. cit., 1650, ed. 1651, pars secunda, sec. VI, p. 233-241).

1551 R. ZOUCH (op. cit., 1650, ed. 1651, pars secunda, sec. VI, n. 1 e 2).

1552 B. AYALA, **De Jure et Officiis Bellicis et Disciplina Militari Libri III** (1582, edição 1912, *in Prefationem*).

1553 GENTILI, **Direito da guerra** (I.XV – *a defesa honesta*).

1554 GRÓCIO, **Direito da guerra e da paz** (1625, I.II – *se às vezes a guerra pode ser justa*).

Questionava ZOUCH se pode ser justa a guerra para ambos os beligerantes e se poderia a guerra ser declarada por quem não detinha o poder soberano.[1555] O que também tinham, antes dele, considerado GENTILI[1556] e GRÓCIO.[1557]

A opinião de ZOUCH, apresentada na parte primeira – dedicada ao exame do quadro normativo (*jus*) – já mostrara a linha mestra do seu ensinamento: é dever do estado tentar por todos os meios obter satisfação, antes de recorrer à guerra.[1558] A partir dessa diretriz geral de orientação de política externa, retomava a questão específica: determinar se a guerra pode ser declarada por quem não seja o detentor do poder soberano.[1559] Como também tinham considerado AYALA,[1560] além de GENTILI[1561] e GRÓCIO.[1562]

Ou se uma velha causa poderia servir de pretexto para nova guerra.[1563] Ainda sobre este tópico pode ser contraposta a lição de GENTILI, quando este afirmava "como não devem ser reavidas causas antigas".[1564]

Indagava ainda ZOUCH se a religião pode ser causa de guerra. Colocava a questão concretamente, "se os súditos podem se revoltar contra o

1555 R. ZOUCH (op. cit., 1650, ed. 1651, pars secunda, sec. VI, n. 3).

1556 GENTILI, **Direito da guerra** (I.VI – *a guerra pode ser justa para ambas as partes*).

1557 GRÓCIO, **Direito da guerra e da paz** (1625, II.XXIII.XIII – *explica-se, por várias distinções, se pode haver uma guerra justa de parte e de outra*).

1558 R. ZOUCH (op. cit., 1650, ed. 1651, pars prima, sec. I-X, p. 1-110) acima considerado, neste capítulo.

1559 R. ZOUCH (op. cit., 1650, ed. 1651, II.VI.3, – *an bello moveri possit ab eo, qui supremam potestate non habet*).

1560 B. AYALA, **De Jure et Officiis Bellicis et Disciplina Militari Libri III** (1582, edição 1912, I.II.7).

1561 GENTILI, **Direito da guerra** (I.III – *a guerra é feita pelos soberanos*).

1562 GRÓCIO, **Direito da guerra e da paz** (1625, I.III – *divisão da guerra em pública e privada. explicação da soberania*, e especificamente I.III.V – *guerra feita, sob a autoridade de um chefe que não tem poder soberano, é pública e quando o é*).

1563 R. ZOUCH (op. cit., 1650, ed. 1651, II.VI.4, se uma velha causa pode justificar uma nova guerra – *an ex causa vetusta bellum movere liceat*).

1564 GENTILI, **Direito da guerra** (I.XXII – *como não devem ser reavivadas causas antigas*).

legítimo sucessor do reino, por causa de religião".[1565] O que, antes dele, também considerou GRÓCIO.[1566] De maneira bastante restritiva.[1567]

Basta pensar quanto era recente, no momento em que ZOUCH publica sua obra principal, em 1650, o fim de décadas de guerras de religião – entre confissões cristãs – na guerra dos Trinta anos (1618-1648), e a tentativa de por termo a tais conflitos, que tinham profundamente abalado e marcado as sociedades daquele tempo.[1568]

Mesmo se ZOUCH busca imprimir caráter 'moderno' ao seu manual, e conferir tratamento sistemático à disciplina, como várias vezes referido, este contudo acaba por recair em debates seculares como a questão da 'guerra justa', e dos requisitos para a configuração desta. O que remonta ao direito romano e aos padres apostólicos, também tratado por AGOSTINHO, no século V,[1569] e se prolonga nos tratadistas medievais sobre a guerra.[1570]

Ou ainda, outro forte resquício medieval reaparece na obra de ZOUCH, se teria havido suposta transferência de direitos soberanos sobre o conjunto do Ocidente, em favor do pontífice romano,[1571] em razão da – suposta – 'doação de CONSTANTINO' – *donatione Constantini*. A fraude já tinha sido denunciada, no século XV, por Lorenzo

[1565] R. ZOUCH (op. cit., 1650, ed. 1651, II.VI.6. *utrum subditis contra legitimum regni successorem religiones causa coniurare liceat*).

[1566] GRÓCIO, **Direito da guerra e da paz** (1625, I.IV – *da guerra dos súditos contra os detentores do poder*, e especificamente I.IV.II a I.IV.V) considerava – *a guerra contra os detentores do poder, considerados como tais, não é ordinariamente lícita, segundo o direito de natureza*.

[1567] Contraponha-se a situação no direito internacional pós-moderno, cf. **Tratado** (tomo 4 – **Direito internacional no tempo medieval**, esp. item 11.7 – *guerrilha e direito internacional*) bem como as referências ali apontadas.

[1568] Cfr. **Tratado** (tomo 8 – **Direito internacional além do paradigma vestfaliano**); sem esquecer a sensata ponderação de GENTILI, escrevendo antes da eclosão dessa guerra de Trinta anos, em seu **Direito da guerra** (I.XXII – *como não devem ser reavivadas causas antigas*).

[1569] Sobre AGOSTINHO, ver **Tratado** (tomo 4 – **Direito internacional no tempo medieval**, item 8.1).

[1570] Ver **Tratado** (tomo 4 – **Direito internacional no tempo medieval**, cap. 11 – *tratadistas da guerra*).

[1571] R. ZOUCH (op. cit., 1650, ed. 1651, pars secunda, sec. III, p. 147-176), em razão da [suposta] doação de CONSTANTINO – *utrum ius in regna Occidentis ad Romanum ponteficem ex donatione Constantini translatum sit*.

VALLA, mas parece ser matéria à qual ZOUCH ainda entendeu necessário reportar-se?[1572]

A respeito da licitude ou não das represálias, ZOUCH ponderava, com exemplos antigos,[1573] se não seria "contrário à equidade causar dano a uns, por dívida de outros – *ut pro alieno debito alii molestentur*?[1574] AYALA,[1575] GENTILI[1576] e GRÓCIO,[1577] tinham também, cada um a seu modo, considerado a mesma temática das represálias.

Até hoje se questiona a extensão lícita de aplicação de *represálias* no direito internacional, dentre os mecanismos de solução de controvérsias,[1578] bem como, em matéria de direito internacional do comércio, no âmbito da OMC. Para tais situações, nas atuais condições do direito internacional pós-moderno, prevalece o uso do termo politicamente correto de '*contramedidas*' – que basicamente designa o mesmo fenômeno.[1579]

– a seção VII prossegue no exame de questões das relações interestatais, relacionadas à guerra – *de quaestionibus status inter eos quibus-*

[1572] Cf. trata R. ZOUCH (op. cit., 1650, ed. 1651, II.III.9 – *utrum ius in regna Occidentis ad Romanum ponteficem ex donatione Constantini translatum sit*). Ver supra, neste capítulo.
[1573] R. ZOUCH (op. cit., 1650, ed. 1651, pars secunda, sec. VI, n. 7).
[1574] R. ZOUCH (op. cit., 1650, ed. 1651, pars secunda, sec. VI, n. 7, p. 241-242).
[1575] B. AYALA, **De Jure et Officiis Bellicis et Disciplina Militari Libri III** (1582, edição 1912, I.IV).
[1576] GENTILI, **Direito da guerra** (I.XXI – *culpas dos cidadãos privados*).
[1577] GRÓCIO, **Direito da guerra e da paz** (1625, III.II – *como, segundo o direito das gentes, os bens dos súditos são requeridos para cobrir a dívida dos soberanos. trata-se também das represálias*).
[1578] Como em todos os manuais de direito internacional, ver H. ACCIOLY, G. E. do NASCIMENTO E SILVA e P. B. CASELLA, **Manual** (São Paulo: Saraiva, 26ª ed., 2023, 8.1 – *solução pacífica de controvérsias* e 8.2 – *solução não pacífica de controvérsias*, esp. 8.2.2 – *represálias*).
[1579] Muitas vezes pode ocorrer que as represálias ou 'contramedidas' tecnicamente aprovadas e com limites estabelecidos, em proporção aos danos causados, deixem de ser aplicadas, por conta dos efeitos colaterais desse gênero de medidas, que pode afetar inúmeros outros setores do comércio, além do campo específico, no qual a controvérsia se tenha verificado. Esse caráter 'difuso' e a amplitude dos prejuízos possíveis para o comércio entre dois ou mais estados acaba por levar a renegociações – que, de qualquer maneira, cumprem o propósito de solução de controvérsias, se não totalmente pacíficas, ao menos negociadas.

cum bellum –[1580] e nos itens 1. a 7. cuida do tratamento de inimigos e presos de guerra;[1581]

A também breve seção sétima seguia o plano estabelecido, e considerava se poderiam ser considerados inimigos e se poderia lhes ser declarada a guerra,[1582] por violação do direito natural.[1583] Especificava não se tratar de punir somente ofensas em si – *non solum ob iniurias in se* –, mas por violação do direito natural e das gentes – *quae in quibusvis personis jus naturae aut gentium immaniter violant.*[1584] Em nossos tempos diríamos, aqueles que tivessem cometido "crimes de guerra" ou "crimes contra a humanidade": em que medida podem determinados atos suscitar reação internacional coletiva,[1585] com amparo no direito internacional pós-moderno? Na categoria de "reações por estado não diretamente afetado, em razão de violações do direito internacional público".[1586] Isso

[1580] R. ZOUCH (op. cit., 1650, ed. 1651, pars secunda, sec. VII, p. 241-249).

[1581] Considerava ZOUCH (op. cit., 1650) nesta seção VII, itens 1 a 7: 1. com relação a inimigos que tenham cometido delitos contra a natureza (*an hostes habendi sint, qui contra naturam delinquunt*); 2. como tratar inimigos de outra religião (*an hostes habendi sint, qui alieni sunt a religione*); 3. sobre quem originalmente foi súdito inimigo, encontrado em território aliado (*an qui ab origine subditus fuit inimici, apud amicos degens amicus censendus sit*); 4. sobre quem originalmente foi súdito aliado, e que tenha estabelecido domicílio em território inimigo (*an qui ab origine amici fuit subditus apud inimicos domicilium habens inimicorum subditus sit habendus*); 5. sobre o tratamento a ser dado a elementos oriundos de forças armadas inimigas (*utrum ad militiam hostium proficiscentes tanquam hostes tractare liceat*); 6. se devem ser considerados rebeldes aqueles que lutem externamente contra o príncipe (*utrum exteri qui cum subditus contra principem militant, rebelles sint habendi*); 7. sobre a relação com e os poderes dos súditos belgas, revoltados contra o rei da Espanha (*utrum Belgae subditi, cum quibus Rex Hispaniae tanquam liberis tractare consentiit, a dominio eius immunitatem consecuti sint*).

[1582] R. ZOUCH (op. cit., 1650, ed. 1651, pars secunda, sec. VII, p. 241-249).

[1583] R. ZOUCH (op. cit., 1650, ed. 1651, pars secunda, sec. VII, n. 1).

[1584] R. ZOUCH (op. cit., 1650, ed. 1651, pars secunda, sec. VII, n. 1).

[1585] Ver, por exemplo, Jochen Abr. FROWEIN, **Reactions by not directly affected states to breaches of public international law** (RCADI, 1994, t. 248, p. 345-438).

[1586] J. A. FROWEIN (op. cit., 1994, Introduction, p. 353-354): "up to about 1970 there was hardly any disagreement that international law, as far as violations or countermeasures were concerned, operated in a bilateral relationship between a state violating international law and a victim-state, this view started to alter around 1970. We shall be concerned with the possibilities for states not directly the victims of a violation to take some reaction against it. [...] With notions such as the 'community of states' or 'obligation existing *erga omnes*', in other words against the community of states and all states being members of that community, it is possible to widen what used to be the bilateral relationship into a rela-

ainda está por ser consolidado como categoria legal – e, cabe o paralelo, com a situação em meados do século XVII, justamente por isso, ZOUCH tratava dessa matéria na sua parte opinativa – *judicium* – e não na parte normativa – *jus* – do seu livro.

Com relação a inimigos que tenham cometido delitos contra a natureza – *an hostes habendi sint, qui contra naturam delinquunt* –[1587] apontava ZOUCH, como exemplo, quem comesse carne humana. E escrevia ser fácil justificar a guerra contra tais tipos de inimigos:[1588] "de tal modo, da guerra, que exige falta a ser punida, facilmente pode ser arguida a injustiça, pois as faltas são graves e totalmente manifestas – *scelera sint atrocissima & manifestissima*". O que continua a ser feito e pode, sob alegação de diferenças de valores, ou de diferenças culturais, dar respaldo a ataques, mais ou menos injustificados. Também tinham antes se reportado ao tema GENTILI[1589] e GRÓCIO.[1590]

tionship between the violator and all other states. In our context we shall use the notion 'not directly affected states' to circumscribe first of all those states which are not the ones against whose territory, citizens or other rights and interests the act by the violator is directed. Where the violator does not act against any state at all but against what may be considered a right of the community of states or a common interest, but also where individual human rights are violated we shall also use the notion 'not directly affected states'. / We prefer the notion of 'reaction' to the more technical notion of 'countermeasures'. We shall include reactions below the threshold of real countermeasures and will also deal with the reaction to the use of force, particularly self-defence, which is not normally seem as a countermeasure. As far as countermeasures are concerned we shall deal with retortions as well as with reprisals".

[1587] R. ZOUCH (op. cit., 1650, ed. 1651, pars secunda, sec. VII, n. 1).

[1588] R. ZOUCH (op. cit., 1650, ed. 1651, II.VII.1): "Hujusmodi vero bella, quae ad poenam exigendam suscipiuntur, facili iniustitiae argui possunt, nisi scelera sint atrocissima & manifestissima".

[1589] GENTILI, **Direito da guerra** (1598, II.II – *casos em que não se faz declaração de guerra*).

[1590] GRÓCIO, **Direito da guerra e da paz** (1625, II.XX.XL – *explica-se se reis e povos podem fazer de modo justo a guerra para vingar injúrias cometidas contra o direito de natureza, embora essas injúrias não se dirijam a eles, nem a seus súditos; rejeita-se a opinião, segundo a qual, de acordo com o direito natural, para inflingir uma pena é requerido o direito de jurisdição*, e tb. II.XX.XLI – *deve-se distinguir o direito de natureza dos costumes civis geralmente aceitos*).

Igualmente considerava ZOUCH a questão de como tratar inimigos de outra religião.[1591] Aqui também tinham antes dele se debruçado GENTILI[1592] e GRÓCIO.[1593]

ZOUCH também considerava como se haveria de tratar quem originalmente era súdito inimigo, mas foi encontrado em território aliado. E, sucessivamente, a questão reversa, quanto ao tratamento a ser dispensado a quem originalmente foi súdito aliado, mas tenha estabelecido domicílio em território inimigo.[1594] Indagava, ainda, se devem ser considerados rebeldes aqueles que lutem externamente contra o príncipe:[1595] entendia não se dever manter entendimentos com estes – *quibuscum non decuit colloquium admittere*.[1596]

Considerava ainda ZOUCH a relação com e os poderes dos súditos 'belgas', revoltados contra o rei da Espanha:[1597] a situação destes não se caracterizava pela plenitude de poderes soberanos – *verborum formula non absolutam libertatem provinciis adseti, sed personis tractantibus certam ad tractandum qualitatem tribui*,[1598] ao menos até a consecução formal da independência.[1599]

Não obstante tivesse a Inglaterra, em várias ocasiões, auxiliado os revoltosos holandeses, não por virtude, em defesa de povo oprimido por colonizador estrangeiro, mas visando seu próprio interesse, visto estarem os ingleses também em guerra contra a Espanha. Tanto mais que, logo depois da independência dos Países Baixos, os ingleses travam

1591 R. ZOUCH (op. cit., 1650, ed. 1651, pars secunda, sec. VII, n. 2).

1592 GENTILI, **Direito da guerra** (1598, I.VIII – *as causas divinas de guerra*; I.IX – *se é justo mover guerra por causa religiosa*; e I.X – *se o príncipe pode de modo justo defender a religião em seus estados por meio da guerra*).

1593 GRÓCIO, **Direito da guerra e da paz** (1625, II.XX.XLIV – *se a guerra pode ser movida por causa de crimes cometidos contra Deus* e II.XX.XLV – *quais são as ideias mais gerais a respeito de Deus e como elas estão contidas nos primeiros mandamentos do Decálogo*).

1594 R. ZOUCH (op. cit., 1650, ed. 1651, pars secunda, sec. VII, n. 3 e 4).

1595 R. ZOUCH (op. cit., 1650, ed. 1651, pars secunda, sec. VII, n. 6).

1596 R. ZOUCH (op. cit., 1650, ed. 1651, pars secunda, sec. VII, n. 6, p. 247): "sunt tamen qui censent neminem rebellem habendum, nisi qui subditus fuerit".

1597 R. ZOUCH (op. cit., 1650, ed. 1651, pars secunda, sec. VII, n. 7).

1598 R. ZOUCH (op. cit., 1650, ed. 1651, pars secunda, sec. VII, n. 7, p. 248).

1599 Ver ACCIOLY – NASCIMENTO E SILVA – CASELLA, **Manual** (26ª ed., 2023, item 9.2.2.1 – forças armadas dos beligerantes).

sucessivas guerras contra os holandeses,[1600] por questões de hegemonia no comércio internacional e avanços coloniais de ambas as potências.[1601]

- a seção VIII considera questões de domínio em tempo de guerra – *de quaestionibus dominii inter eos, quibuscum bellum est* –[1602] e 1. a 11. sobre o tratamento a ser dispensado a bens inimigos;[1603] 12. se é

[1600] Paul ARBLASTER, **A History of the Low Countries** (orig. publ. 2006, New York: Palgrave-Macmillan, 2012, esp. chap. 3 – *The Low Countries United and divided, 1384-1609*, p.95-130 e chap. 4 – *From Delftware to Porcelain, 1609-1780*, p. 131-166); Catherine DENYS e Isabelle PARESYS, **Les anciens Pays-Bas à l'époque moderne** (1404-1815) – Belgique, France du Nord, Pays-Bas (Paris: Ellipses, 2007, chap. 3 – *de la rébellion à la scission des Dix--sept provinces (1555-1609)*, p. 55-78; chap. 4 – *les Pays-Bas, enjeu international (1609-1713)*, p. 79-95; chap. 5 – *les Pays-Bas du Nord: l'expérience républicaine (1581-1702)*, p. 97-116; chap. 7 – *un siècle de malheurs aux Pays-Bas méridionaux (1609-1715)*, p. 141-158, cit. p. 81-82): "la rivalité maritime croissante entre l'Angleterre de CROMWELL et les Provinces Unies a conduit à une courte guerre navale" – a primeira guerra anglo-holandesa. Pelo tratado de Westminster, de 1654, os holandeses se veem compelidos a aceitar o *Navigation Act*, de 1651, que obrigava todas as importações provenientes das colônias ou do sul da Europa a serem transportadas em navios ingleses – ameaçando diretamente a atividade de redistribuição da frota holandesa na Inglaterra. Apesar da paz de 1654, a preponderância marítima dos holandeses, então em seu apogeu, mais do que nunca incomoda a expansão colonial inglesa. O novo *Navigation Act* inglês, de 1660, numerosas capturas de navios holandeses e também avanços recíprocos em posições coloniais, na África e na América – em maio de 1664, Nova Amsterdã, conquistada pelos ingleses, se torna Nova York – parecem levar inexoravelmente a uma nova confrontação. A segunda guerra anglo-holandesa ocorre de 1665 a 1667. A paz é assinada em Breda, em julho de 1667. O rei CHARLES II aceita limitar o âmbito de aplicação do Navigation Act e se faz divisão das zonas de colonização, permitindo aos ingleses se concentrarem na América do Norte, enquanto os holandeses reforçam suas posições na América do Sul – Suriname – e na Indonésia.

[1601] Ver **Tratado** (tomos 14 a 17 – **Direito internacional no tempo do colonialismo**, cap. 1 – a colonização britânica e cap. 3 – a colonização holandesa).

[1602] R. ZOUCH (op. cit., 1650, ed. 1651, pars secunda, sec. VIII, p. 249-291).

[1603] Considerava ZOUCH (op. cit., 1650) nesta seção VIII, itens 1 a 11: 1. se bens capturados de inimigos podem ser apropriados pelo captor (*an res ab hosibus captae capientium siant, antequam deductae sunt intra praesidia*); 2. como tratar bens de inimigos capturados em território de aliados (*an res ab hostibus captae in amicum territorium delatae prioribus dominus sint restituendae*); 3. sobre o destino de bens capturados de súdito inimigo (*an res captae habendae sint, quae a persequentibus evadere non potuerunt*); 4. se é lícito depredar bens imóveis e instalações agrícolas, durante ocupação em território inimigo (*utrum eorum bona, quorum oppida aut agri ab hostibus occupantur, depraedari liceat*); 5. se pode ser lícita a apropriação de bens de aliados, encontrados em navios inimigos (*an amicorum bona in nave hostibus capere liceat*); 6. sobre a apropriação de bens inimigos, encontrados em navios aliados (*an amicorum naves inimicorum bona deferentes praedae cedant*); 7. se é lícito impedir a transferência de bens aliados a inimi-

lícito deixar chegar tabaco ao inimigo – *utrum herbam Nicotianam, vulgo Tobacco, ad hostes transferre liceat*;[1604] 13. sobre lícito e ilícito em matéria de comissões – *utrum licitum propter illicitum incidat in commissum*; 14. se navio inimigo que não se submeta pode ser capturado como presa – *utrum quod nautae principis alterius navi bellicae vela non submittant, navis pro praeda capi possit*; 15. a 18. questões de captura de cidades e bens em tempo de guerra;[1605] 19. se príncipe, capturado por simples soldado, pode ser por este detido – *an princeps a milite privato captus ab eo detineri possit*; 20. sobre os direitos de cidade capturada na guerra – *an civitas bello capta amittat iura*; 21. a 26. casos específicos de ocupação e de incidentes de guerra;[1606]

gos (*an res amicorum ad hostes transeuntes intercipere liceat*); 8. se é lícito interceptar a transferência de bens proibidos para o inimigo (*utrum prohibita specie, ne ad hostes deferatur, materiam ex qua consicitur species, intercepire liceat*); 9. se é lícito capturar bens acessórios, ao interceptar a transferência de bens proibidos ao inimigo (*an cum prohibetur qui deferri ad hostes, si rei prohibitae accessorium deferatur, capere liceat*); 10. se bens proibidos podem ser capturados, quando em expedição para territótio inimigo ou destinada ao inimigo (*utrum bona prohibita deprehensa in via ad locum hostilem, prout destinata ad hostes, capi possint*); 11. outras questões sobre a licitude de captura de bens de inimigos (*utrum iis, quibus concessum est capere transeuntes ad hostes, capere liceat ad hostibus redeuntes*).

1604 Como observado supra, questões incidentais, de caráter quase anedótico, ocorreram no passado, como continuam a acontecer em nossos tempos. É mais fácil condenar nos outros, do que encontrar o caráter pitoresco de nossas próprias idiossincrasias.

1605 R. ZOUCH (op. cit., 1650) seção VIII, 15 a 18: 15. se coisas capturadas devem ser restituídas a seu antigo dono (*utrum res a iuratis recuperatae prioribus dominis sint restituendae*); 16. se na tomada de cidade, aquele que primeiro invade uma casa, pode fazer valer essa prerrogativa (*utrum in direptione urbis ei, qui primus domum invasit, an ei qui postea in domo latentem cepit, redemtionis pretium debeatur*); 17. sobre a participação de soldado na divisão de presas de guerra (*an qui militi equum praebuit, praedae ab eo captae particeps esse debeat*); 18. se o que é capturado na guerra, ao ser devolvido, deve ser indenizado (*si captus in praelio denuo capiatur, cuinam redemtionis praetium debeatur*);

1606 R. ZOUCH (op. cit., 1650) seção VIII, 21 a 26: 21. se Fernando, rei da Espanha, ocupara justamente o reino de Navarra (*utrum Ferdinandum Rex Hispaniae regnum Navarrae pulso Iohanne Albretano Rege iuste occupaverit*); 22. FELIPE II, rei de Castilha, em relação a Portugal (*utrum Philippus II. Rex Castellae Antoniuna Regem regno Portugalliae iuste eiecerit*); 23. se a transferência do reino de Portugal de FELIPE IV da Espanha, a JOÃO, duque de Bragança foi justa (*utrum Lusitani regnum Portugalliae a Philippo IV. Hispaniae Regge ad Iohannem ducem Bragantiae iuste transtulerint*); 24. se FERNANDO licitamente ocupara militarmente o reino da Boêmia (*utrum Ferdinandus a Bohemicis abdicatus regnum armis iuste occupaverit*); 25. sobre a conduta do imperador FERDINANDO em relação ao eleitor palatino FREDERICO (*utrum Ferdinandus Imperator Fredericum Palatinum et liberos Electoratu et ditionibus iuste eiecerit*); 26. se

A seção oitava, consideravelmente mais longa que as duas precedentes, trata das questões de propriedade.[1607] ZOUCH considerava necessário distinguir duas categorias: umas relacionadas com a ação de soldados, de piratas e de particulares em geral – *de acquisitione particular* –, e outras, as aquisições de territórios ou de reinos invadidos ou submetidos – *de acquisitione universali* –, distinção já conhecida e praticada.[1608]

A matéria de suposto 'direito de ocupação', também era considerada por GRÓCIO (1625).[1609] É preciso situar a ocupação, como algo temporal[1610] e contextualmente condicionado.[1611]

ZOUCH ainda voltaria ao tema, em sua última obra, publicada três anos após a morte do autor, na qual cuidava da polémica sobre a jurisdição da corte do Almirantado, **The jurisdiction of the Admiralty of England.**[1612]

Vários temas relacionados com bens a bordo de navios em tempos de guerra são também cuidados por ZOUCH nesta seção.[1613] Estes tam-

o rei da Suécia licitamente tinha invadido a Alemanha com suas tropas (*utrum Rex Sueciae cum exercitu Germaniam iuste invaserit*).

1607 R. ZOUCH (op. cit., 1650, ed. 1651, pars secunda, sec. VIII, p. 249-291).

1608 A respeito do tratamento da matéria por ZOUCH (1650), observava G. SCELLE (cap. cit., 1904, p. 305): "Ses préoccupations sous ce point de vue sont de ce genre: Les choses prises par l'ennemi et transportés par celui-ci sur un territoire ami, doivent-elles être rendues à leurs premiers maîtres. Ainsi des navires espagnols pris par les Hollandais, ayant été menés dans un port anglais, les Espagnols en demandèrent restitution au tribunal de l'Amirauté qui l'accorda."

1609 Hugo GRÓCIO, **O direito da guerra e da paz** (op. cit., 1625, ed. bras., 2004, II.II. XVII). A respeito da questão em GRÓCIO, ver, **Tratado**, tomo 7, cap. 18.

1610 Ver **Tratado** (tomo 1 – **Direito internacional dos espaços**, item 6.1 – ocupação); V. KOUTROULIS, **Le début et la fin de l'application du droit de l'occupation** (Paris: Pédone, 2010).

1611 Teve e tem grande relevância o parecer da C.I.J., **Legal consequences of the construction of a wall in the occupied Palestinian territory** (advisory opinion 9 July 2004) dentre outros aspectos por consolidar o entendimento da Corte, e do direito internacional vigente, no sentido de que a ocupação militar não cria título sobre território.

1612 Rich. ZOUCHAEI, **The jurisdiction of the Admiralty of England, asserted against sir E. COKE's *Articuli Admiraltis*, in the 22 d. chap. of his, juridction of Courts** (orig. publ. em Londres, 1663); ___ , **The jurisdiction of the Admiralty of England asserted** (Londres: printed for Tho. Basset, 1686).

1613 ZOUCH (op. cit., 1650, ed. 1651, pars secunda, seção VIII): 5. se pode ser lícita a apropriação de bens de aliados, encontrados em navios inimigos (*an amicorum bona in nave hostibus capere liceat*); 6. sobre a apropriação de bens inimigos, encontrados em navios aliados (*an*

bém mostrariam a repercussão da experiência de ZOUCH, como juiz da corte do Almirantado, em matérias como as presas marítimas e contrabando em tempo de guerra.[1614]

Dentre as questões relacionadas com os bens inimigos em tempo guerra, analisadas por ZOUCH, nesta seção de sua obra de 1650, cuidava de determinar se seria permitido pilhar bens, daqueles cujas praças fortes e campos tinham sido ocupados pelo inimigo. O que faz supor se admita a afirmativa, ao menos em relação aos bens inimigos.[1615]

Mesmo se o direito internacional vigente restringe tais práticas, a verdade da guerra põe limites muito reduzidos a tais tentativas de regulação. Como se vê, em passado recente, os descalabros continuam a ser praticados, como a pilhagem feita nos museus do Kuwait, durante a ocupação pelo Iraque, no início dos anos 1990. Não menos escandalosa a destruição, sistemática e impiedosa, de infraestrutura civil, estações de geração de energia, hospitais, escolas, áreas residenciais pelas tropas russas de ocupação na Ucrânia, desde fevereiro de 2022.[1616]

Dentre as questões de presas marítimas, ainda ZOUCH considerava o incidente, ocorrido ao tempo da guerra entre os espanhóis e os 'rebeldes confederados holandeses',[1617] quando mercadores ingleses destinavam carga de tabaco – *herba Nicotiana, vulgo Tobacco* – a porto das Pro-

amicorum naves inimicorum bona deferentes praedae cedant); 7. se é lícito impedir a transferência de bens aliados a inimigos (*an res amicorum ad hostes transeuntes intercipere liceat*).

1614 A respeito, observava G. SCELLE (cap. cit., 1904, p. 306): "La formule courante au temps de ZOUCH c'est que, si le navire est de bonne prise, la marchandise l'est aussi. D'après GROTIUS ce n'est là, cependant, qu'une simple présomption qui peut être détruite par des preuves contraires; c'est ainsi du moins que, dès 1338, le Sénat de Hollande envisageait la question dans une guerre avec les villes Hanséatiques."

1615 Cf. ZOUCH (op. cit., 1650, ed. 1651, pars secunda, seção VIII): 1. se bens capturados de inimigos podem ser apropriados pelo captor (*an res ab hostibus captae capientium siant, antequam deductae sunt intra praesidia*); 2. como tratar bens de inimigos capturados em território de aliados (*an res ab hostibus captae in amicum territorium delatae prioribus dominus sint restituendae*); 3. sobre o destino de bens capturados de súdito inimigo (*an res captae habendae sint, quae a persequentibus evadere non potuerunt*); 4. se é lícito depredar bens imóveis e instalações agrícolas, durante ocupação em território inimigo (*utrum eorum bona, quorum oppida aut agri ab hostibus occupantur, depraedari liceat*).

1616 Ver **Tratado** (tomo 2 – **Direito internacional dos espaços**, item 29.3 – dimensão humana do território como expressão da relação entre espacialidade e direitos fundamentais).

1617 R. ZOUCH (op. cit., 1650, ed. 1651, pars secunda, sec. VIII, n. 12, p. 262-263).

víncias Unidas. Antes de chegar ao seu destino, referido navio inglês foi interceptado por súditos da Espanha, por considerarem haveria a bordo bens cuja transferência ao inimigo estava proibida. Os mercadores ingleses ingressaram com ação perante o tribunal marítimo do rei da Espanha, pleiteando a restituição do navio e dos bens nele contidos. Perante tal jurisdição, ponderaram os súditos da Espanha que o tabaco deveria ser considerado alimento – *Herbam Nicotianam inter victualia censendam* – e, como tal, sua entrega ao inimigo estaria proibida. Os ingleses, perante a mesma jurisdição, trouxeram testemunhos médicos, atestando que o tabaco não poderia ser considerado alimento – *Herbae Nicotianae non nutrire confirmabatur* –, e portanto, sua comercialização não estaria proibida, mesmo em tempo de guerra. E assim, em se tratando de bem, cuja comercialização não estava especificamente proibida, sua confiscação seria abusiva e ilegal – *nisi verbis expressis interdicta sint, Confiscationi non esse obnoxia.*[1618] Em vários aspectos, oportuno e relevante contrapor este precedente do tribunal marítimo espanhol, julgado no século XVII, ao **caso do navio Winbledon**, perante a Corte permanente de justiça internacional, em 1923.[1619]

Em ZOUCH, nesta passagem, se poderia ver[1620] esboço da formulação de direito de visita de navios. O que vem a ser regulado, em nossos

[1618] R. ZOUCH (op. cit., 1650, ed. 1651, II.VIII.12, cit. p. 263): "Pro subditis regis Hispaniae, in ipsius tribunali maritimo sententia lata est, de qua Angli ad regem suo conqueruntur, qui habitâ causae examinatione & consultis in jure peritis, mercatoribus anglis contra subditos reges Hispaniae, ad recuperandum & ressarciendum damna que passi sunt, literas repraesaliarum concessit".

[1619] O assunto tratado por ZOUCH (op. cit., 1650, ed. 1651, neste item II.VIII.10), foi justamente parte do objeto do caso do **navio Winbledon**, julgado em 17 de agosto de 1923, pela C.P.J.I., envolvendo participação da França, Reino Unido, Alemanha, com intervenção da Polônia, e outros (Série C, n. 3). Ilustrativo e instrutivo contrapor os dois casos.

[1620] G. SCELLE (cap. cit., 1904, p. 307): "Il y a là une ébauche de la théorie du droit de visite, sous l'aspect d'une question de cérémonial maritime. Pour ZOUCH, ce cérémonial sur la mer libre, non soumise à la domination d'un état, dépend de l'agrément mutuel du *Comity*" – ou seja, a *comitas gentium*. Ou seja, ante a então ainda inexistente regulação da matéria por norma vinculante, haveria prática de 'cortesia' ou de 'boa vizinhança' entre as nações, para orientar condutas a respeito de matéria, todavia ainda carente de regulação pelo direito internacional positivo.

tempos,[1621] pela Convenção das Nações Unidas sobre o direito do mar, de 1982.

Tudo isso ao lado de matérias que se reduzem a curiosidades de interesse histórico.[1622] E ZOUCH passava ainda nesta seção a considerar questões de presas de guerras terrestres.[1623] Embora, algumas tenham caráter incidental ou anedótico.[1624]

1621 Matéria que se encontra no direito internacional vigente, regulada pela Convenção das Nações Unidas sobre o direito do mar, de 1982 (no Brasil, Dec. 99.165, de 12 de março de 1990), art. 110.1 – *direito de visita*: "Salvo nos casos em que os atos de ingerência são baseados em poderes conferidos por tratados, um navio de guerra que encontre no alto mar um navio estrangeiro, que não goze de completa imunidade, de conformidade com os arts. 95 e 96 não terá o direito de visita, a menos que exista motivo razoável para suspeitar que: (a) o navio se dedica a pirataria; (b) o navio se dedica ao tráfico de escravos; (c) o navio é utilizado para efetuar transmissões não autorizadas e o estado de bandeira do navio de guerra tem jurisdição nos termos do art. 109; (d) o navio não tem nacionalidade; ou (e) o navio tem, na realidade, a mesma nacionalidade que o navio de guerra, embora arvore uma bandeira estrangeira ou se recuse a içar a sua bandeira"; aduz 110.2 "Nos casos previstos no parágrafo 1º, o navio de guerra pode proceder à verificação dos documentos que autorizem o uso da bandeira. Para isso, pode enviar uma embarcação ao navio suspeito, sob o comando de um oficial. Se, após a verificação dos documentos, as suspeitas persistem, pode proceder a bordo do navio a um exame ulterior, que deverá ser efetuado com toda a consideração possível." Especificando o seguinte 110.3, "se as suspeitas se revelarem infundadas e o navio visitado não tiver cometido qualquer ato que as justifique, esse navio deve ser indenizado por qualquer perda ou dano que possa ter sofrido."

1622 A respeito destas passagens da obra de ZOUCH (op. cit., 1650, II.VIII), observava G. SCELLE (cap. cit., 1904, p. 306, e nota 1 da mesma página): "Quelles sont les choses dont on peut intercepter le passage chez l'ennemi? Ce sont, d'après GROTIUS, celles qui ne servent qu'à la guerre, ou peuvent y être utilisés: comme les armes, l'argent, les vivres. / Mais peut-on également intercepter la matière dont sont faites ces choses prohibées? Le fer, qui sert à fabriquer les armes, le bois dont on construit les navires? ZOUCH l'affirme" e completava em nota: "BYNKERSHOEK est d'avis contraire".

1623 Como referido, cuidava de tais tópicos R. ZOUCH (op. cit., 1650) seção VIII, 15 a 18: 15. se coisas capturadas devem ser restituídas a seu antigo dono (*utrum res a iuratis recuperatae prioribus dominis sint restituendae*); 16. se na tomada de cidade, aquele que primeiro invade uma casa, pode fazer valer essa prerrogativa (*utrum in direptione urbis ei, qui primus domum invasit, an ei qui postea in domo latentem cepit, redemtionis pretium debeatur*); 17. sobre a participação de soldado na divisão de presas de guerra (*an qui militi equum praebuit, praedae ab eo captae particeps esse debeat*); 18. se o que é capturado na guerra, ao ser devolvido, deve ser indenizado (*si captus in praelio denuo capiatur, cuinam redemtionis praetium debeatur*).

1624 Como a questão de determinar "se príncipe, capturado por simples soldado, pode ser por este detido", cf. examinava R. ZOUCH (op. cit., 1650, ed. 1651, pars secunda, seção VIII, n. 19 – *an princeps a milite privato captus ab eo detineri possit*, p. 272-273).

Ao considerar questão relativa à guerra, entre FERNANDO de Aragão, rei da Espanha, decorrente da ocupação da região de Navarra, com LUIS XII da França e HENRIQUE VIII da Inglaterra, ZOUCH se insurgia[1625] contra a atuação do então papa JÚLIO II. Considerava ZOUCH a intervenção papal, tomando partido nesse conflito, tão descabida como fora algumas décadas antes, a decisão de outro papa, ALEXANDRE VI, quando este 'dividira o mundo' entre Portugal e Espanha, dando respaldo papal aos interesses coloniais de ambos, nas terras então recentemente 'descobertas' pelos europeus:

> Deve-se censurar a medida tomada pelo Pontífice romano, não somente por ser a causa injusta, como [também porque] a translação de reino, sem autoridade, fosse inepta. Da mesma forma, quando o pontífice ALEXANDRE VI concedeu as Índias ocidentais aos Hispanos: ATTABALIBA, rei peruano disse, que era insigne impudência o fato de fazer tal liberalidade, com bem alheio.[1626]

ZOUCH ainda se debruçava, nesta mesma seção, sobre incidentes dinásticos da história recente da Europa: se, em 1580, agira corretamente FELIPE II, rei de Castilha, declarando-se rei, em relação à sucessão em Portugal.[1627] Este foi o incidente do qual resultou a união das coroas ibéricas, que se estenderia por sessenta anos.

Indagava ZOUCH, também, se os portugueses tinham agido corretamente ao se rebelarem contra FELIPE IV da Espanha, e instalarem no trono de Portugal o duque de Bragança, em 1640.[1628] Quando se dá a restauração da monarquia portuguesa, e a retomada da independência

[1625] R. ZOUCH (op. cit., 1650, ed. 1651, II.VIII.21, se FERNANDO, rei da Espanha, ocupara justamente o reino de Navarra – *utrum Ferdinandum Rex Hispaniae regnum Navarrae pulso Iohanne Albretano Rege iuste occupaverit*, p. 274-276).

[1626] R. ZOUCH (op. cit., 1650, ed. 1651, II.VIII.21, cit. p. 275): "Pontificis romani censuram, non minus quod sine causa iniustam, quam translationem regni, sine authoritate inepta fuisse. Quemadmodum, cum ALEXANDER VI pontifex Indiam occidentalem Hispano donasset: ATTABALIBA, rex peruanos dixit, eum insigniter fatumm et impudentem esse, qui aliena tam liberaliter largiretur".

[1627] R. ZOUCH (op. cit., 1650, ed. 1651, II.VIII.22 – *utrum Philippus II. Rex Castellae Antoniuna Regem regno Portugalliae iuste eiecerit*, p. 276-278).

[1628] R. ZOUCH (op. cit., 1650, ed. 1651, II.VIII.23, se foi justa a transferência do reino de Portugal de FELIPE IV da Espanha, a JOÃO, duque de Bragança – *utrum Lusitani regnum*

de Portugal,[1629] depois das seis décadas de regime de união das coroas ibéricas.[1630]

Considerava ainda ZOUCH, nessa mesma linha de apreciação jurídica de eventos históricos recentes – espécie de comentarista internacional, da época: se o imperador FERDINANDO licitamente ocupara militarmente o reino da Boêmia;[1631] sobre a conduta do imperador FERDINANDO, em relação ao eleitor palatino FREDERICO;[1632] e se o rei da Suécia licitamente tinha invadido a Alemanha com suas tropas.[1633]

– a muito extensa seção IX,[1634] subdividida em 56 questões,[1635] ainda considera numerosas questões e obrigações relacionadas com a

Portugalliae a Philippo IV. Hispaniae Regge ad Iohannem ducem Bragantiae iuste transtulerint, p. 278-281).

1629 Ver João Paulo de OLIVEIRA E COSTA, **Portugal na História** – uma identidade (Lisboa: Temas e debates – Bertrand, 2022, cap. 10 – a definição de uma nação (1455-1668), esp. itens 10.2 – *'nunca o povo português e o castelhano couberam em um saco que não se rompesse'* (1498-1642) e 10.4 – a Restauração (1640-1668), p. 409-424 e 435-446); Rafael VALLADARES, **A independência de Portugal** – guerra e restauração 1640-1680 (orig. publ. **La rebelión de Portugal 1640-1680**, 1998, trad. Pedro CARDIM, Lisboa: A esfera dos livros, 2006, Prefácio de J. Romero MAGALHÃES, p. 15-18, cit. p. 15): "A ruptura da ligação entre as duas coroas peninsulares nem sempre é apresentada de modo que permita compreender e explicar o acontecido. Porque uma secessão de um reino no século XVII não acontecia nem era facilmente aceite. Retirar do trono FELIPE IV e substitui-lo por D. JOÃO IV era obra que necessitava de muita convicção".

1630 O período de união das coroas ibéricas (1580-1640) teve grande impacto sobre o Brasil, como se considera, no **Tratado** (tomo 7 – **Direito internacional no tempo de Hugo Grócio**, item 18.1 – *conflitos metropolitanos e aventuras coloniais holandesas: interlúdio no Brasil*).

1631 R. ZOUCH (op. cit., 1650, ed. 1651, II.VIII.24 – *utrum Ferdinandus a Bohemicis abdicatus regnum armis iuste occupaverit*, p. 281-283).

1632 R. ZOUCH (op. cit., 1650, ed. 1651, II.VIII.25 – *utrum Ferdinandus Imperator, Fredericum Palatinum et liberos Electoratu etditionibus iuste eiecerit*, p. 283-286).

1633 R. ZOUCH (op. cit., 1650, ed. 1651, II.VIII.26 – *utrum Rex Sueciae cum exercitu Germaniam iuste invaserit*, p. 286-291), o que logicamente o rei GUSTAVO da Suécia tentava qualificar como causa justa: "GUSTAVUS vero rex Sueciae, ut justae causae protectionis innotescerent, Libellum latino et germanico sermone edidit, in quo refert injurias, sibi et confoederatis suis".

1634 R. ZOUCH (op. cit., 1650, ed. 1651, pars secunda, sec. IX, p. 291-359).

1635 Como observava G. SCELLE (cap. cit., 1904, p. 308-312) a respeito das cinquenta e seis questões tratadas na seção nona: "Bien qu'elles traitent des obligations en temps de guerre, et par suite des rencontres, ambassades et traités militaires, très peu méritent de nous retenir".

guerra – *de quaestionibus debiti inter eos, quibuscum bellum est.* A *quaestio* primeira considera se é lícito decidir controvérsia entre príncipes mediante combate singular – *utrum singulari certamine controversias inter principes dirimere liceat*;[1636] 2. a 6. consideram questões de combates;[1637] 7. se é lícito perseguir soldado inimigo em território aliado – *an hostes persequi liceat in amici territorio*;[1638] 8. se é lícito

[1636] A utilização de combate singular para a solução de controvérsia pública internacional era considerada e discutida, antes de ZOUCH, também pelos tratadistas da guerra, AYALA e BELLI, como apresentado no **Tratado** (tomo 4 – **Direito internacional no tempo medieval**, cap. 11 – *tratadistas da guerra*); ver GENTILI (op. cit., 1598, III.XV – *sobre as coisas pertinentes nos tratados e sobre o duelo*) e GRÓCIO (op. cit., 1625, II.XXIII.X – *se o combate individual pode ser permitido para evitar a guerra* e III.XX.XLII-XLIII – *como se termina a guerra por sorte* e *como, por um combate combinado e se é lícito*).

[1637] R. ZOUCH (op. cit., 1650) seção IX, 2 a 6: 2. se rei, em posse do trono, pode ser provocado por pretendente (*an rex in possessione regni ab eo qui ius ad regnum praetendit, provocari potest*); 3. se comandante de exército, provocado pelo inimigo, pode honrosamente declinar o desafio para duelar (*an dux excercitus ab hoste provocatus duellum cum honore declinare possit*); 4. se soldado de patente inferior pode provocar oficial superior para duelar (*an miles inferiores gradus militem superioris ad duellum provocare possit*); 5. se, em guerra pública, pode aquele, provocado a combater, declinar em razão de amizade particular (*an in bello publico provocatus ad duellum privatae amicitiae causa declinare possit*); 6. se está errado quem chega atrasado ao campo de combate para um duelo (*an qui die ad duellum constitutum sero in campum prodiit, causa cecidisse iudicandus sit*).

[1638] Matéria até nossos dias atual e objeto de regulação, por exemplo, na **Convenção das Nações Unidas sobre o direito do mar**, de 1982, quando esta estipula como pode ser feita a perseguição de navio (*hot porsuit*). Ver **Tratado** (tomo 1 – **Direito internacional dos espaços**, item 11.2 – *direito de passagem inocente*): Se navio estrangeiro viola as leis ou regulamentos do estado costeiro, qualquer navio de guerra desse estado pode persegui-lo, isto é, exercer contra ele o chamado direito de perseguição (*hot pursuit*), realizado obrigatoriamente por navio de guerra ou aeronave militar. Tal direito só poderá ter início de execução quando o navio culpado se encontre nas águas internas, no mar territorial ou na zona contígua – pode aplicar-se, caso a caso, também a infrações, ocorridas na zona econômica exclusiva ou na plataforma continental, conforme previsto no parágrafo 2º do art. 111 da Convenção do mar (1982) — embora possa continuar e inclusive culminar na captura do navio no alto mar, contanto que a perseguição não se tenha interrompido. Mas cessará, desde que o navio perseguido entre no mar territorial do próprio país ou no de terceiro estado. Ainda no tocante ao direito de perseguição, admite-se que a perseguição iniciada por navio do estado costeiro seja continuada por outro, do mesmo estado, contanto que não haja interrupção. Entretanto, o direito de perseguição não vai além da autorização para apresamento e investigações do navio sob suspeita, devendo a hipótese de seu afundamento ser considerada abuso do direito de perseguição, a não ser que tal afundamento ocorra de forma acidental, mediante uso razoável da força para deter a embarcação perseguida.

conduzir inimigo capturado através de território aliado – *utrum in hostili solo captum ducere liceat per amici territorium*; 9. a 15. sobre prisioneiros;[1639] 16. se existe direito de legação junto a quem não é inimigo em guerra oficial – *utrum cum iis, qui non sunt iusti hostis, sit ius legationis*;[1640] 17. se legados inimigos podem ser admitidos em instalações militares – *an in castra et loca obsessa legati hostium admittendi sint*; 18. se legado em trânsito pode ser capturado como prisioneiro de guerra – *an legatum ad hostem transeuntem intercipere liceat*;[1641] 19. concedido o direito de passagem, ou salvo conduto como deve ser aplicado – *an securitas itinerandi concessa paranti se ad iter debeatur*;[1642] 20. a 22. – prossegue a mesma matéria;[1643] 23. se concedida a segurança de salvo conduto, em tempo de paz, pode este ser violado em razão de irrupção de estado de guerra – *utrum securitatem in pace datam bello erumpente violare liceat*; 24. situação de prisioneiro, libertado com a promessa de voltar, se deve ser

[1639] R. ZOUCH (op. cit., 1650) seção IX, itens 9 a 15: 9. se é lícito ofender estrangeiros, detidos em território inimigo (*an exteros in hostili solo deprehensos offendere liceat*); 10. se se pode caracterizar a vitória, pela persistência em local de combate (*an ex persistendo in loco pugnae de victoria statuendum sit*); 11. ou pela qualidade e pela quantidade dos prisioneiros, cujo número permita proclamar a vitória (*an pro qualitate eorum, qui casei vel capti sunt, an pro numero victoria habenda sit*); 12. se os que se retiram, quando chegam reforços, devem ser considerados vencidos (*an qui novis copiis supervenientibus cesserint, victi censendi sint*); 13. ou se a vitória deve ser reconhecida e o preço do combate pago por prisioneiros mortos ou pelos outros que fogem (*an praemium ei constitutum, qui alterum occiderit, et ei qui alterum in fugam egit, debeatur*); 14. se uma recompensa tivesse sido prometida a quem primeiro escalasse os muros de uma cidade, e dois o fizerem, a quem esta é devida (*an si praemium ei propositum sit, qui primus urbis muros conscederit, si duo simul conscedant, utrique debeatur*); 15. se um arauto deve pedir permissão para passar por território estrangeiro (*an fecialis ad exteras regiones transiens veniam impetrare teneatur*).

[1640] Ou seja, quem faz guerra injusta – *injusti hostes* –, pode se prevalecer do direito de embaixada?

[1641] Isso é admitido, caso se suspeite que esse legado trame algo, contra aqueles, cujo território ele atravessa.

[1642] Concedido salvo conduto para viajar, a segurança que este assegura pode ser devida a quem seus preparativos para partir?

[1643] O tratamento da matéria prossegue, R. ZOUCH (op. cit., 1650) nos itens 20 a 22 da mesma seção IX: 20. se concedido o direito de passagem, deve-se presumir que este abrange o direito de voltar (*an cum securitas eundi data est, etiam redeundi concessa intelligatur*); 21. se após a concessão, pode o direito de passagem ser restringido (*an securitas eundi data ad primum duntaxat eundi actum sit restringenda*); 22. se concedido o direito de passagem, se podem neste incluir outros (*an securitate eundi alicui data is possit alium mittere*).

substituído por outro, em caso de morte – *an dimissus sub conditione revertendi, si alter pro ipso non reddatur, teneatur reverti, si alter interim moriatur*; 25. a 27. prossegue a matéria;[1644] 28. se mulheres capturadas podem ser objeto de pagamento de resgate – *an mulieres captae pretio sint redimendae*; 29. sobre o cálculo de pagamento de resgates por prisioneiros, capturados em guerra justa ou não – *an qui in iusto praelio capti sunt, maiori pretio quam in alias in bello capti, redimendi sint*;[1645] 30. se soldado raso pode ser obrigado a pagar ao inimigo o preço estipulado como seu resgate – *an miles privatus id quod hostis ob redemptionem pactus est, praestare teneatur*; 31. se as condições de rendição, estipuladas por chefe militar, devem ser cumpridas pela autoridade suprema – *an conditiones deditionis in duce concessae a suprema potestate praestandae sint*;[1646] 32. como aceitar rendição tardia – *an serios se dedentes sit recipiendi*;[1647] 33. se tendo sido concedida a liberdade aos soldados pode ser detido o chefe militar – *an qui militibus libertatem pactus est, ducem detinere possit*;[1648] 34. se concedido o direito de passagem de tropas, pode ser detido súdito incorporado ao exército [estrangeiro] – *an qui pactus est exercitus*

[1644] R. ZOUCH (op. cit., 1650) na mesma seção IX, itens 25 a 27: 25. como calcular o tempo das tréguas, no dia ou no momento em que foram concedidas – *utrum tempus induciarum a momento vel a die sit computandum* – a questão se colocou, em 5 de fevereiro de 1555, na tomada de Vignal, pelo general DE BISSAC, por ocasião da trégua dos Pirineus, concluída entre os reis FELIPE da Espanha e HENRIQUE da França; 26. condição daquele que permanece, por motivo de necessidade, no território inimigo, após o término da trégua (*an qui post tempus induciis praestitutum ex necessitate in loco hostili repertus est, belli incommodis sit obnoxius*); 27. se, em caso de violação de trégua, é lícito matar, ainda durante o tempo de vigência desta (*utrum inducias violatas intra tempus induciarum ulcisci liceat*).

[1645] Os prisioneiros feitos em batalha organizada devem pagar mais por seu resgate, do que os capturados de outros modos?

[1646] As condições de capitulação concedida por um general devem ser ratificadas pelo poder soberano? Segundo entendia GRÓCIO, **Direito da guerra e da paz** (1625, III.XX.9), os generais não tem o direito de dispor das conquistas, depois que estas foram alcançadas, mas tem, contudo, a prerrogativa de tratar das condições de rendição, o que se inscreve na condução da guerra, tanto mais por ser muitas vezes impossível consultar o governo.

[1647] ZOUCH (op. cit., 1650, ed. 1651, II.IX.32, p. 328-329) considerava se era preciso aceitar a rendição feita tardiamente: "*spe sua frustratus*".

[1648] Sutileza absurda, considerava GENTILI, **Direito de guerra** (1598, II.XV) pois tendo sido concedida a liberdade aos soldados, o general deve ser considerado como compreendido no acordo, como o pai integra a família. A respeito, ver tb. GRÓCIO, **Direito da guerra e da paz** (1625, III.XXI.5).

abire, subditos suos in exercitu militantes detinere possit;[1649] 35. se se deve conservar a vida de quem se submeteu à fé e à clemência – *an iis, qui fidei et clementiae sese dedunt, vita sint praestanda*;[1650] 36. se a quem foram prometidas a vida e a integridade física pode ser detido – *an dedentes se, pacti de vita vel incolumitate, servi fieri vel captivi detineri possint*;[1651] 37. se a mulheres, a quem se permitiu levarem consigo, o que pudessem carregar, é lícito levarem consigo homens [nas costas] – *an mulieribus, quibus permissum, secum portare quod possent, viros exportare licuerit*; 38. se acordo para se retirar com os trajes pode incluir o porte de armas – *an pacti cum vestibus exire, cum armis exire possint*;[1652] 39. se a permissão concedida a pessoas inclui os bens – *an licentia personis concessa ad bona extendatur*;[1653] 40. a 43. – condições de rendição;[1654] 44. se pactos e promessas, feitas por chefe

[1649] Depois de permitida a livre retirada de um exército, pode-se deter, dentre os que combatiam, aqueles que são seus próprios súditos? GENTILI, **Direito de guerra** (1598, II.XVIII) admitia essa hipótese como válida. A respeito, ver tb. Francesco GUICCIARDINI, **Storia d'Italia** (a cura di Silvana Seidl MENCHI, saggio introduttivo di Felix GILBERT, Turim: Einaudi, © 1971, ristampa 2008, vol. I, livro VI, p. 537-630).

[1650] Deve-se preservar a vida daqueles que se renderam lealmente e se confiaram à clemência do adversário, defende ZOUCH (op. cit., 1650, ed. 1651, II.IX.35, p. 331-334): "si quis se remittat bonae gratiae alterius, non poterit corporaliter offendi". No mesmo sentido, GENTILI, **Direito de guerra** (1598, II.XVII); GRÓCIO, **Direito da guerra e da paz** (1625, ed. 2004, III.XX.50 – *o dever do vencedor para aqueles que assim se rendem*, p. 1412-1414) fala em dever do vencedor "pender, tanto quanto o permitir a segurança, para o lado da clemência e da liberalidade".

[1651] Se a promessa feita dizia respeito tão somente à conservação da vida, quem foi aprisionado poderia ser mantido como escravo ou preso. A respeito, GENTILI, **Direito de guerra** (1598, II.XVII). Por sua vez, G. SCELLE (cap. cit., 1904, p. 311) fazia ressalva sobre esta passagem: "attendu que ce n'est qu'une subtilité de droit civil qui assimile les esclaves aux morts".

[1652] GENTILI, **Direito de guerra** (1598, II.XVII) argumentava que as roupas e as armas não poderiam ser confundidas: são coisas distintas.

[1653] R. ZOUCH (op. cit., 1650, ed. 1651, II.IX.39, p. 338): "Illi itaque videtur verbum cum suis bonis sic capiendum, cum suis quisque bonis". Nessa linha de indagação, também a lição de GENTILI (1598, II.XIV).

[1654] R. ZOUCH (op. cit., 1650) seção IX, itens 40 a 43: 40. sobre condições de rendição (*an deditio partis prosit reliquis*); 41. se, no caso de mensageiro que pactou rendição, ter omitido condições, devem estas ser observadas (*an missus, ut de deditione ageret, conditionibus eo absente factis teneatur*); 42. se erro na execução da rendição torna esta írrita [e nula] (*an error circa executionem deditionis ipsam irritam faciat*); 43. se podem ser punidos aqueles que se renderam como traidores (*an deditos tanquam proditores is, cui deditio facta est, punire possit*).

militar, obrigam o príncipe e o povo – *an foedera vel sponsiones, qua a ducibus fiunt, principem vel populum obligent*; 45. se é possível, caso a promessa do chefe militar desagrade à autoridade suprema, reverter à situação anterior – *an si sponsio ducis summae potestate displiceat, ii, quibus facta est, in eundem statum sint restituendi*; 46. se prisioneiros postos em liberdade devem cumprir o prometido – *an quae captivi pasciscuntur, in libertati positi praestare teneantur*; 47. sobre como deve ser entendido, o que foi prometido, em tempo de paz, em caso de início ou retomada de guerra – *an cum convenit in pace, id alicui restituendum, quod ante bellum possedit, de bello incepto, an de bello renovato intelligendum sit*; 48. se, ao se pactuar, para o tempo de paz, controlar o que se detinha, durante a guerra, devem ser incluídas terras e vilas próximas – *utrum cum convenit, ut in pace loca possiderentur, quae in bello possidebantur, pagi et villae oppidis vicinae includantur*;[1655] 49. se, na paz, quando se pactua restituir lugares capturados em combate, devem ser excluídas localidades, antigamente pertencentes ao reino – *utrum cum convenit in pace de locis captis restituendis, oppidi, quod antiquitus ad regnum capientis pertinuit, restitutio sit deneganda*;[1656] 50. se ao se pactuar a devolução de bens ou os respectivos valores, é suficiente a restituição do valor, correspondente a bens existentes – *utrum cum convenit de bonis et eorum valore restituendis, sufficiat, cum bona, quae extant, vindicantur, valorem eorum offerre*; 51. se, em caso de bens, destruídos por caso fortuito, deve ser restituído o preço – *utrum bonorum, quae casu fortuito, quem praecessit iniuria, perierunt, pretium sit restituendum*;[1657] 52. se quem fez a promessa de salvar uma cidade pode destruí-la – *an qui civitatem salvam fore promiserunt, urbem destruere possint*; 53. se se pode derrogar acordo

[1655] Interessante comparar o estado da matéria, tal como expunha ZOUCH, em meados do século XVII em relação ao relevante e oportuno entendimento da C.I.J., **Legal Consequences of the Construction of a Wall in the Occupied Palestinian Territory** (*Advisory Opinion, I.C.J. Reports 2004*). Nessa linha, também o entendimento de GENTILI, **Direito de guerra** (1598, II.XII), no sentido de restaurar da maneira mais ampla a situação existente antes da guerra – *statu quo ante bellum*. E também GRÓCIO, **Direito da guerra e da paz** (III.XX.13 e 21).

[1656] Nessa linha, também o entendimento de GENTILI, **Direito de guerra** (1598, II.XVI

[1657] Questionava se deveria ser restituído o valor de bens perdidos, por acidente ou por negligência. R. ZOUCH (op. cit., 1650, ed. 1651, II.IX.51, p. 351-352): "Et quod bonora restitutioni subjicerentur, quae ad partem alterutram in effectu pervenissent".

de paz, e em que casos – *an provocato pacto pacis contravenire liceat*; 54. se a entrega de reféns libera do cumprimento de anterior promessa solene – *an obsides dati liberent a fide iureiurando praestita*;[1658] 55. e 56. – prossegue a matéria;[1659]

As relações entre beligerantes são objeto de estudo da extensa nona seção da obra de ZOUCH.[1660] Até mesmo matérias como determinar "se está errado quem chega atrasado ao campo de combate para um duelo" foram consideradas por ZOUCH.[1661] Também discorre ZOUCH sobre condições de rendição,[1662] e indagava se a rendição de uma parte da população[1663] poderia ser aplicada a toda a população.[1664]

Questões como as de determinar se quem fez a promessa de salvar uma cidade pode destrui-la, ou se se pode deixar de cumprir acordo de paz, depois de o ter celebrado – *an provocato pacto pacis contravenire liceat* –,[1665] podem ser vistas sob prisma de curiosidade histórica – veja de que tipo de coisa então se ocupavam – ou podem e devem ser entendidas como questões eternas das relações humanas: deve-se honrar a palavra dada, e até onde deve ser levado a cabo tal cumprimento? Até onde a promessa feita constitui obrigação?

Não por acaso, a questão da boa-fé tem papel crucial no direito em geral, e muito especialmente no direito internacional, e a aplicação do princípio de que os acordos tem de ser cumpridos – *pacta sunt ser-*

[1658] Compare-se GRÓCIO, **Direito da guerra e da paz** (op. cit., 1625, ed. bras., 2004, III.XX.LII, '*pessoas que podem e devem ser dadas como reféns*', p. 1415, b/c os seguintes III.XX.LIII a III.XX.LVIII, e ainda, III.IV.XIV e III.XI.XVIII).

[1659] R. ZOUCH (op. cit., 1650, encerra a seção IX, itens 55 – se se podem conservar os reféns, morto aquele por quem foram oferecidos – *an obses detineri possit mortuo eo, pro quo datus est* e 56 – se quem ofereceu reféns os pode aceitar como fugitivos – *an qui dederunt obsides, fugientes recipere possint*).

[1660] R. ZOUCH (op. cit., 1650, ed. 1651, pars secunda, sec. IX, p. 291-359).

[1661] R. ZOUCH (op. cit., 1650, ed. 1651, II.IX.6 – *an qui die ad duellum constitutum sero in campum prodiit, causa cecidisse iudicandus sit*, p. 298-299).

[1662] R. ZOUCH (op. cit., 1650, pars secunda, seção IX, itens 40 a 43).

[1663] R. ZOUCH (op. cit., 1650, ed. 1651, II.IX.40).

[1664] Na mesma linha, GENTILI (1598, II.XVII) aceitava tal possibilidade, sobretudo quando tivesse havido consulta popular antes de ser efetuada a rendição.

[1665] R. ZOUCH (op. cit., 1650, pars secunda, seção IX, itens 52 e 53).

vanda –[1666] considerado o axioma basilar da matéria.[1667] Tema do fundamento do direito internacional foi sistematicamente considerado,[1668] também apontado como basilar.[1669] A temática dos fundamentos do direito internacional é diuturnamente retomada.[1670]

[1666] Nesse sentido a Convenção de Viena sobre direito dos tratados (1969, em vigor internacionalmente 1980 e no Brasil, 2009), art. 26 – *Pacta sunt servanda*: "Todo tratado em vigor obriga as partes e deve ser cumprido de boa-fé."

[1667] Hans KELSEN, **O problema da justiça** (orig. publ. **Das Problem der Gerechtigkeit**, 1960, trad. João Baptista MACHADO, São Paulo: Martins Fontes, 2ª ed., 1996); KELSEN, **Théorie du droit international public** (RCADI, 1953, t. 84, p. 1-203); KELSEN, **Introduction to the problems of legal theory** (orig. publ. **Reine Rechtslehre**: Einleitung in die rechtswissenschaftliche Problematik, Viena: Franz Deuticke, 1934, reimpr. Aalen: Scientia, 1985, translated by Bonnie L. PAULSON and Stanley L. PAULSON, with an introduction by Stanley L. PAULSON, Oxford: Clarendon Press, 1992); KELSEN, **Théorie générale du droit international public**: problèmes choisis (RCADI, 1932, t. 42, p. 117-352); KELSEN, **Les rapports de système entre le droit interne et le droit international public** (RCADI, 1926, t. 14, p. 227-331); KELSEN, **Il problema della sovranità e la teoria del diritto internazionale**: contributo per uma dottrina pura del diritto (orig. publ. **Das Problem der Souveränität und die Theorie des Völkerrechts**: Beitrag zu einer Reinen Rechtslehre, Tübingen: Mohr, 1920, trad. Agostino CARRINO, Milão: Giuffrè, 1989).

[1668] P. B. CASELLA, **Fundamentos do direito internacional pós-moderno** (prólogo de Hugo CAMINOS, São Paulo: Quartier Latin, 2008).

[1669] J. L. BRIERLY, **Le fondement du caractère obligatoire du droit international** (RCADI, 1928, t. 23, p. 463-552); Rolando QUADRI, **Cours général de droit international public** (RCADI, 1964, t. 113, p. 237-483); ___, **Le fondement du caractère obligatoire du droit international public** (RCADI, 1952, t. 80, p.579-633).

[1670] Paul REUTER, *Quelques remarques sur la situation juridique des particuliers en droit internacional public* (1950, in **Le développment de l'ordre juridique international** : écrits de droit international, Paris: Economica, 1995, p. 51-64, cit. p. 51-52) ponderava: "em nenhum ramo do direito, as grandes sínteses doutrinais tem lugar tão importante quanto em direito internacional público. Isso se deve não somente à gravidade e complexidade dos problemas, às imperfeições de disciplina relativamente nova, e ao caráter anárquico da sociedade internacional, mais ainda à ausência de base formal fundamental, análoga à constituição, tal como existe na maioria dos sistemas internos". [...] "Sem dúvida a parte da construção teórica pode ser maior ou menor, mas mesmo o trabalho que se pretenda o mais impessoal não o poderia dispensar". E prosseguia: "Sans grand arbitraire, on peut dire que le sort et le rôle assignés aux particuliers, leurs droits et leur personnalité par rapport à l'état soulèvent des problèmes décisifs, sur lesquels se partagent les systèmes et les esprits. [...] Les constructions systématiques du droit international de ces dernières années qui ont visé à la plus grande rigueur, qui ont voulu ordonner l'ensemble des règles de droit en un tout parfaitement cohérent pour constituer ce que nos anciens auteurs appellaient justement 'un corps de droit' sont nécessairement celles qui sont applées à prendre les positions les plus radicales sur la situation des particuliers en droit international public."

Quais são as fontes do direito internacional? Quais são os órgãos competentes para dizer o direito e aplicá-lo? Não é possível responder a essas questões fundamentais, sem operar opções doutrinais. o debate sobre estas grandes questões de fundo do sistema institucional e normativo internacional tem de ser colocadas.[1671] E recolocadas, ao menos a cada geração, como parece inexorável acontecer no direito internacional pós-moderno.

Nessa linha de reflexão, as questões que formulava ZOUCH,[1672] deixam de ter caráter incidental.[1673] Estas mesmas questões do tempo de ZOUCH se põem na perspectiva da eternidade – *sub specie aeternitatis* – e mostram a inexorável busca de parâmetros civilizados de regulação da convivência entre os homens e os povos.

- a seção X prossegue no exame da matéria de delitos e obrigações, em tempo de guerra – *de quaestionibus delicti inter eos, quibuscum bellum est.*[1674] A *quaestio* primeira considera se é lícito desencadear a guerra, tendo omitido a [prévia] declaração – *an bellum aliquando omissa indictione movere liceat*; 2. se após a declaração, a guerra pode ser imediatamente desencadeada – *an post denuntiationem bellum statim movere liceat*; 3. se é lícito o dolo na guerra – *an in bello dolo*

[1671] Mesmo sem concordar com as posições doutrinárias de Paul GUGGENHEIM (1958, 1952, 1949, 1932): ___, **Contribution à l'histoire des sources du droit des gens** (RCADI, 1958, t. 94, p. 1-84); ___, **Les principes de droit international public** (RCADI, 1952, t. 80, p. 1-190); ___, **La validité et la nullité des actes juridiques internationaux** (RCADI, 1949, t. 74, p. 191-268); ___, **Les mesures conservatoires dans la procédure arbitrale et judiciaire** (RCADI, 1932, t. 40, p. 645-764).

[1672] R. ZOUCH (op. cit., 1650, ed. 1651, seção IX, itens 54 a 56): 54. se a entrega de reféns libera do cumprimento de anterior promessa solene (*an obsides dati liberent a fide iureiurando praestita*); 55. se podem ser conservados os reféns, morto aquele por quem foram oferecidos (*an obses detineri possit mortuo eo, pro quo datus est*); 56. se quem ofereceu reféns os pode aceitar como fugitivos (*an qui dederunt obsides, fugientes recipere possint*).

[1673] G. SCELLE (cap. cit., 1904, p. 312-313): "Enfin quelques questions relatives aux ôtages complètent cette longue suite de controverses sur la conduite de la guerre, où nous avons vu passer successivement sous nos yeux les combats singuliers, le droit des territoires neutres, la détermination de la victoire, les assauts, les parlementaires, les conventions militaires, trêves et armistices, les sauf conduits, le droit des prisonniers et la rançon, les règles de la capitulation et du traité de paix. Lorsque les raisons de guerre ont cessé, nous dit l'auteur, la paix doit être rétablie."

[1674] R. ZOUCH (op. cit., 1650, ed. 1651, pars secunda, sec. X, p. 360-384).

uti liceat; 4. se é lícito mentir na guerra – *an apud hostes falsiloquio uti liceat*; 5. a 7. – uso de outros meios, tais como venenos e propaganda adversa, em tempo de guerra;[1675] 8. se a lei de talião deve ser aplicada entre inimigos – *an ius talionis inter hostes locum habeat*; 9. até onde se poderia agir, após a capitulação, contra combatentes que tinham demonstrado excesso de zelo, e causado danos adicionais e inúteis – *an in deditos, qui inutili defensione hosti negotium facesserunt, saevire liceat*; 10. se é lícito tomar medidas extremas contra agentes negociadores, que praticam atos hostis – *an in eos, qui de deditione agentes interim munitiones parant, et hostilia agunt, severius tractare liceat*; 11. se contra o inimigo, infiel e que descumpriu promessa, podem ser tomadas medidas extremas, quando este se entrega – *an cum hoste, qui se deditit, infido et inconstante severius agi possit*; 12. se é lícito executar prisioneiros, que não possam ser mantidos em cárcere – *an captos, qui coerceri non possunt, interficere liceat*; 13. e 14. – prossegue a matéria;[1676] 15. se pode ser lícito fazer mulheres e crianças sofrerem as consequências de derrota na guerra – *an in foeminas et pueros bello victos saevire liceat*; 16. como tratar mulheres que, armadas, tenham lutado como homens – *an foeminis, quae armatae virorum munia obierunt, sit parcendum*; 17. se pode ser admitido estruprar mulheres derrotadas na guerra – *an stupra in foeminas bello victas admittere liceat*; 18. se sacerdotes capturados na guerra podem ser tratados com mais severidade – *an sacerdotes in bello captos durius tractare liceat*; 19. se é lícito violar objetos sacros e destinados ao culto religioso – *an res sacras et religiosas in bello violare liceat.*[1677]

Nesta seção décima, prossegue ZOUCH com o exame de questões práticas, concernentes ao 'delito', entre aqueles que se encontram em

[1675] R. ZOUCH (op. cit., 1650), seção X: 5. se é lícito usar veneno contra inimigos (*an veneno hostes tollere liceat*); 6. quando é lícito matar inimigo (*an hostem immisso percurssore interficere liceat*); 7. se se pode fazer propaganda enganosa sobre os perigos da guerra (*an hostium superstitione ad eorum periculum abuti liceat*).

[1676] R. ZOUCH (op. cit., 1650), seção X: 13. qual partido tomar em relação aos que são feitos prisioneiros uma segunda vez (*an bis captis parcendum sit*); 14. podem ser mortos reféns por delito cometido por aquele que os entregou (*an obsides ob delictum eorum, a quibus dati sunt, interimere liceat*).

[1677] R. ZOUCH (op. cit., 1650, ed. 1651, pars secunda, sec. X, p. 360-384).

estado de guerra.[1678] Nesta se consideram os beligerantes em três situações: no início, no curso da guerra e depois da vitória.

Começa com a célebre pergunta se é lícito desencadear a guerra, tendo sido omitida prévia declaração – *an bellum aliquando omissa indictione movere liceat.*[1679] E apontava o precedende da falta de declaração prévia – *bello non indicto* –,[1680] quando o rei da Suécia invadiu território[1681] do Sacro império romano da nação alemã,[1682] na guerra dos trinta anos (1618-1648).[1683]

Admitia ZOUCH pudesse ser omitida a declaração de guerra, caso houvesse justa causa – *ita in bello denunciato aliquando ex justa causa*

1678 R. ZOUCH (op. cit., 1650, ed. 1651, pars secunda, sec. X, n. 1 a 19, p. 360-384).

1679 R. ZOUCH (op. cit., 1650, ed. 1651, pars secunda, sec. X, n. 1, p. 360-362).

1680 Ou como se deu com o ataque japonês a Pearl Harbor, no início da segunda guerra mundial.

1681 A participação na guerra dos trinta anos custou à Suécia a pretensão de manter-se como potência protagonista na Europa, a partir daquela época. Para a apresentação do ponto de vista sueco a respeito da guerra dos trinta anos, ver, por exemplo: Herman LINDQVIST, **A History of Sweden** – from Ice Age to our Age (orig. publ. 2002, transl. by Rod BRADBURY, Estocolmo: Norstedts Förlag, 2006); Neil KENT, **A concise History of Sweden** (orig. publ. 2008, Cambridge: Univ. Press, reprinted, 2010).

1682 Ver tb. **Tratado** (tomo 8 – **Direito internacional além do paradigma vestfaliano**, título II – *da construção de sistemas coesos: de Vestfália (1648) até a guerra dos sete anos (1756-1763)*; Francis RAPP, **Le saint empire romain germanique** – d'OTTON le grand à CHARLES QUINT (Paris: Tallandier, 2000, impr. 2003); Fred E. SCHRADER, **L'Allemagne avant l'État-nation**: le 'corps germanique' (1648-1806) (Paris: PUF, 1998); Henry BOGDAN, **Histoire des Habsbourg** – des origines à nos jours (Paris: Perrin-tempus, 2002, impr. 2005); ___, **Histoire de l'Allemagne** – de la Germanie à nos jours (orig. publ. 1999, Paris: Perrin-tempus, 2003, impr. 2010); Michel KERAUTRET, **Histoire de la Prusse** (Paris: Seuil, 2005); Joseph ROVAN (1918-2004), **Geschichte der Deutschen** – Von ihren Ursprungen bis heute (orig. publ. **Histoire de l'Allemagne** – des origines à nos jours, Paris: Seuil, 1994, reimpr. 1999, aus dem Französischen von Enrico HEINEMANN, Reiner PFLEIDERER u. Reinhard TIFFERT, Munique: DTV, 3. Auflage, 2001).

1683 Henry BOGDAN, **La guerre de trente ans 1618-1648** (Paris: Perrin-tempus, © 1997, ed. 2006, impr. 2010); Johannes BURKHARDT, **Der Dreissigjährige Krieg** (Frankfurt-Main: Suhrkamp, 1992); Heinz Dieter KITTSTEINER (1942-2008), **Die Stabilisierungsmoderne** – Deutschland und Europa 1618-1715 (Munique: Carl Hanser, 2010); Dietmar PIEPER e Johannes SALTZWEDEL (Hg.), **Der Dreissigjährige Krieg** – Europa im Kampf um Glaube und Macht 1618-1648 (Munique: Deutsche Verlags-Anstalt, 2012), Bernd ROECK (herausgegeben von), **Deutsche Geschichte in Quellen und Darstellung** Band 4: **Gegenreformation und Dreissigjähriger Krieg 1555-1648** (Stuttgart: Reclam – Univ. Bibl. Nr. 17004, (c) 1996, impr. 2002).

ommitti potest.[1684] Seriam quatro hipóteses de desencadeamento da guerra, sem prévia declaração: quando a guerra é feita em legítima defesa; quando se faz a guerra em território já considerado como inimigo – *hostes*; quando se tomam armas contra rebeldes ou traidores, porque o direito das gentes não se aplica em relação a eles; e, enfim, quando embaixadores enviados para obter satisfação de reclamação não a alcançaram.[1685]

ZOUCH prosseguia, com as indagações se após a declaração, a guerra pode ser imediatamente desencadeada,[1686] se pode ser lícito o dolo na guerra, ou ainda se é lícito mentir na guerra.[1687] Bem como sobre o possível uso de outros meios, tais como venenos e propaganda adversa, em tempo de guerra.[1688]

São estas eternas e complexas questões, que exprimem a dificuldade de regular, de modo juridicamente eficaz, a violência e a estupidez da guerra. Algumas considerações, a respeito da relação entre a guerra e as tentativas de regulação desta pelo direito internacional,[1689] não se restringem ao tempo histórico e ao contexto cultural de ZOUCH, mas podem ser estendidas a todas as eras e civilizações.

1684 Na linha de ZOUCH, não deixa de criticar a orientação dos internacionalistas ingleses G. SCELLE (cap. cit., 1904, p. 313): "On sait que les jurisconsultes anglais ont toujours admis que parfois la déclaration peut être omise, et que la pratique anglaise en a souvent sur ce point pris à son aise avec le droit des gens."

1685 R. ZOUCH (op. cit., 1650, ed. 1651, II.X.1, p. 361).

1686 R. ZOUCH (op. cit., 1650, II.X.2) quanto a saber se a guerra pode começar logo depois de declarada, considerava que a razão natural admitiria que determinado lapso de tempo fosse observado, mas prosseguia: "GROTIUS vero affirmat, iure gentium nullum tempus post indictionem requiri". Exatamente nesse sentido, GRÓCIO (op. cit., 1625, III.III.13) entendia que o início poderia ser imediato. Por sua vez, opinava GENTILI (op. cit., 1598, II.I), dever-se-ia esperar trinta e três dias, entre a declaração de guerra e o efetivo início das hostilidades – o prazo habitualmente observado pelos antigos romanos.

1687 R. ZOUCH (op. cit., 1650, ed. 1651, pars secunda, sec. X, n. 3 e 4).

1688 R. ZOUCH (op. cit., 1650), seção X: 5. se é lícito usar veneno contra inimigos (*an veneno hostes tollere liceat*); 6. quando é lícito matar inimigo (*an hostem immisso percurssore interficere liceat*); 7. se se pode fazer propaganda enganosa sobre os perigos da guerra (*an hostium superstitione ad eorum periculum abuti liceat*).

1689 Ver **Tratado** (tomo 4 – **Direito internacional no tempo medieval**, cap. 11 – *tratadistas da guerra*).

Após ter sido alcançada a vitória igualmente existiam limites a serem observados. ZOUCH considera se a lei de talião – *ius talionis* – poderia ser aplicada entre inimigos.[1690]

Esta indagação se conjugava com outras, quanto a ser lícito tomar medidas extremas contra agentes negociadores, que praticaram atos hostis: ou seja, como tratar aqueles que se valeram das negociações em curso, em vista de capitulação, para reparar as suas trincheiras e comenter atos hostis. E, ainda, se contra o inimigo, infiel e que descumpriu promessa, poderiam ser tomadas medidas extremas, quando este se entregasse.[1691]

Questionava também ZOUCH até onde se poderia agir, após a capitulação, contra combatentes que tivessem demonstrado excesso de zelo, e causado danos adicionais e inúteis.[1692] E também traz questões práticas, de caráter operacional, mas que podem ser enormidades perpetradas contra outros seres humanos: o que fazer com reféns,[1693] que se tornaram supérfluos, ou se é lícito executar prisioneiros, que não possam ser mantidos em cárcere.[1694] E coisas circunstanciais, tais como: qual partido tomar em relação aos que são feitos prisioneiros uma segunda vez?[1695] Ou ainda, se podem ser mortos reféns por delito cometido por aquele que os entregou?[1696]

E os usos da guerra também se reportariam a categorias normalmente protegidas, como não combatentes,[1697] indagando ZOUCH: se pode ser lícito fazer mulheres e crianças sofrerem as consequências de derrota na guerra, ou como tratar mulheres que, armadas, tenham

[1690] R. ZOUCH (op. cit., 1650, ed. 1651, II.X.8).

[1691] R. ZOUCH (op. cit., 1650, ed. 1651, II.X.10-11).

[1692] R. ZOUCH (op. cit., 1650, ed. 1651, II.X.9 – *an in deditos, qui inutili defensione hosti negotium facesserunt, saevire liceat*).

[1693] Como mencionado, cabe paralelo com o tratamento da mesma matéria em GRÓCIO, **Direito da guerra e da paz** (op. cit., 1625, ed. bras., 2004, III.XX.LII – *pessoas que podem e devem ser dadas como reféns*, p. 1415, b/c III.XX.LIII a III.XX.LVIII, III.IV.XIV e III.XI.XVIII).

[1694] R. ZOUCH (op. cit., 1650, ed. 1651, II.X.12).

[1695] R. ZOUCH (op. cit., 1650, II.X.13 – *an bis captis parcendum sit*).

[1696] R. ZOUCH (op. cit., 1650, II.X.14 – *an obsides ob delictum eorum, a quibus dati sunt, interimere liceat*).

[1697] G. SCELLE (cap. cit., 1904, p. 314): "Les mauvais traitements envers les vaincus, les violences envers les femmes, et la profanation des lieux saints, sont les préoccupations par lesquelles s'achève le **De jure fecialis**."

lutado como homens, ou se pode ser admitido estuprar mulheres derrotadas na guerra.[1698] Perguntava ainda ZOUCH se sacerdotes capturados na guerra podem ser tratados com mais severidade, e, por último, se é lícito violar objetos sacros e destinados ao culto religioso.[1699]

Na ordenação de sua obra principal sobre o direito internacional – *ius inter gentes* –, primeiro ZOUCH considerava o direito – *jus* –, e depois passava a considerar a opinião – *judicium* –, no sentido de matérias em relação às quais não haveria normas consolidadas. Seguia, contudo, a mesma divisão de matérias, observada na primeira parte de sua obra: primeiramente as normas ou juízos em tempos de paz, e a seguir, os mesmos, mas em tempos de guerra.

Este seria mérito da exposição de ZOUCH – consentâneo com o caráter de 'manual', para o ensino e o estudo do direito internacional – o cuidado em separar a parte 'normativa' – *jus* – da parte 'opinativa' – *judicium* –, em sua exposição do conjunto da matéria. Exatamente a mesma divisão, que suscita reparos, como causadora de rupturas no conjunto da exposição. Apesar do mérito de ZOUCH por enfatizar e colocar à frente a paz, em relação à guerra, como mencionado.

17. 1. Herança crítica e recepção da obra de ZOUCH

> Não é por certo obra perdida nem sem prêmio considerar a variedade dos tempos e das coisas do mundo.
>
> F. GUICCIARDINI (1561, ed. 2008)[1700]

A respeito da obra de ZOUCH, seu contemporâneo mais jovem, Samuel RACHEL (1628-1691), na sua dissertação sobre o direito natural e das

[1698] R. ZOUCH (op. cit., 1650, ed. 1651, II.X.15-17).

[1699] R. ZOUCH (op. cit., 1650, ed. 1651, II.X.18 e 19). Por sua vez, GENTILI, **Direito de guerra** (1598, I.XXII) admitia que em alguns casos mesmo os templos pudessem não ser poupados, quando tivessem sido empregados na guerra, ou quando se tratasse de exercer represálias contra os inimigos vencidos.

[1700] F. GUICCIARDINI, **Storia d'Italia** (a cura di Silvana Seidl MENCHI, saggio introduttivo di Felix GILBERT, Turim: Einaudi, © 1971, ristampa 2008, vol. I, libro I, cap. IV, p. 36): "Non è certo opera perduta o senza premio il considerare la varietà dei tempi e delle cose del mondo."

gentes, **De jure naturae et gentium dissertationes** –[1701] ainda no mesmo século XVII – fazia acerba crítica de certas passagens. Considerava a definição de direito internacional, enunciada por ZOUCH,[1702] e ponderava:

> nada aí se distingue, nada aí se demonstra de modo claro – *nihil hic distincte, nihil accurate demonstratur* – e tudo aí se confunde e se vê colocado de modo intrincado. Assim, se usos e costumes podem conter algo de útil, e destes se pode deduzir algo adequado para muitas nações, e para alcançar tal fim uma norma de conduta universal é colocada, como se fosse norma jurídica, ou texto de lei, isto não pode ser alcançado sem a reflexão – *ratiocinatio* –, mas a prudência do legislador – *prudentia nomothetica* – deverá conceder a sua ajuda, para tanto.[1703]

Explicava Samuel RACHEL o que entendia por *prudentia*: "a prudência é uma atitude do espírito, que conjugada com a verdadeira razão ou reflexão, permite que um homem delibere corretamente e decida a respeito das coisas adequadas para uma vida boa e feliz".[1704] Aduzia:

[1701] Samuel RACHEL, **De jure naturae et gentium dissertationes** (orig. publ.em Kiel, 1676, edited by Ludwig von BAR, transl. into English by John Pawley BATE, Washington: publ. by the Carnegie Institution, 1916, 2 vols., dividindo-se em **Dissertatio prima – de jure naturae** e a **Dissertatio altera – de jure gentium**). Sobre Samuel RACHEL (1628-1691) e sua obra ver **Tratado** (tomo 9 – **Direito internacional no tempo de Samuel Pufendorf**, cap. 19).

[1702] Ver **Tratado** (tomo 9 – **Direito internacional no tempo de Samuel Pufendorf**, cap. 19 – *Samuel RACHEL (1628-1691)*).

[1703] S. RACHEL (op. cit., 1676, ed. 1916, **Dissertatio altera**, XXXIV), "como se pode ser ver pelos textos de direito romano que o autor aduz e comenta [...] nos quais o direito das gentes e o direito natural são jogados no mesmo saco", ou "embolados na mesma farinha". Na formulação original de Samuel RACHEL: "quibus Jus naturae et gentium, uti supra vidimus, in unum kukewna conjicitur." O termo se reporta a HOMERO, quando este, na **Ilíada** (canto XI, vv. 621-624) explica a composição do kukewn – literalmente composto de farinha, queijo ralado e vinho de Prammos, aos quais a feiticeira Circé agregava mel e drogas mágicas; em sentido figurado, designa algo conturbado, pautado por desordem e confusão.

[1704] Reporta RACHEL a lição de ARISTÓTELES, que na **Ética a Nicômaco** (VI, 4, §10) descreve a prudencia como meta logou alhqous. Ou seja, a verdade essencial, aquela que se situa além do discurso.

E a experiência, ocupada com a prática das coisas, em detalhe, torna a mente apta a distinguir e a definir princípios, ou seja, proposições que desenvolvemos, a partir de detalhes que descobrimos, em certo número de atos isolados. Ajuda a prudência, proporcionando-lhe os parâmetros concretos, para a avaliação de casos isolados.[1705]

Concluia Samuel RACHEL a respeito de seu predecessor:

Receio que ZOUCH tenha se dedicado a esta tarefa para render homenagem aos textos dos juristas romanos, e para dar apoio adicional à divisão recebida, entre o direito das gentes primitivo e secundário. Porque os comentadores parecem estar totalmente dominados pelos antigos autores, a ponto de dizer que o conhecimento do direito natural é alcançado pela razão – *ut Naturae jus per Rationem* –, e que o conhecimento do direito das gentes se faz pela reflexão – *Gentium jus per Ratiocinationem.*[1706]

Embora não seja absurdo afirmar que se alcance o conhecimento do direito natural, por meio do uso da razão, da mesma forma se constrói o conhecimento dos primeiros princípios e destes se tiram as conclusões por meio da reflexão. E, portanto, a distinção pretendida por ZOUCH, segundo argumentava RACHEL, não se sustentaria.

No século XVIII, OMPTEDA criticava, em ZOUCH, a divisão das matérias e o tratamento destas "muito segundo o particular gosto daqueles tempos, e cujo tratamento nem sempre se faz com adequado detalhamento".[1707] Considerava que, em ZOUCH, sempre se atende ao que seria propriamente direito internacional, mas mesclando questões de direito do estado e de outras matérias.

[1705] S. RACHEL (op. cit., 1676, ed., 1916, **Dissertatio altera – de jure gentium**, XXXV).

[1706] S. RACHEL (op. cit., 1676, ed., 1916, **Dissertatio altera – de jure gentium**, XXXV).

[1707] Assim, Dietrich Heinrich Ludwig Von OMPTEDA, **Literatur des gesamten natürlichen und positiven Völkerrechts** ("Neudruck der Ausgabe Regensburg 1785", Aalen: Scientia Verlag, 1963, p. 264) notava que a ordem da exposição nem sempre era a mais adequada e que por vezes ZOUCH mesclava questões de direito do estado com matérias de outras ciências, além de direito internacional: "die Ordnung im Buch nicht die beste, auch manches überflüssige, das zum Theil ins allgemeine, theils in besondere teutsche Staatsrecht, zum Theil zu anderen Wissenschaften gehöret, herben gezogen, nicht weniger vieles nach dem besondern Geschmack der damaligen Zeiten und nicht immer mit gehöriger Gründlichkeit abgehandelt ist."

Mesmo se, logo a seguir, OMPTEDA volta a afirmar o mérito de ZOUCH ter sido o primeiro autor de livro sistemático sobre o direito internacional: "este é o primeiro no seu gênero, o que o torna valioso, e mesmo em certa medida, ainda pode ser utilizado".[1708] Com o mérito adicional de utilizar não somente exemplos antigos, mas também casos recentes.

Já naquela altura, OMPTEDA observava que merecia ser referida a obra de ZOUCH, pois esta já se tornara bastante rara. Isso no final do século XVIII.

No início do século XX, Georges SCELLE fez extenso estudo a respeito de Richard ZOUCH e dos elementos da vida e da obra deste.[1709] E apontava o paradoxo, relacionado com a recepção da contribuição de ZOUCH, ante a curiosa situação deste internacionalista inglês, para a evolução do direito internacional:

> Dentre os internacionalistas do século XVII, o inglês ZOUCH é um dos mais e um dos menos conhecidos. Dos mais conhecidos, se o é, por ver o seu nome citado sempre, tanto nos manuais como nos livros de vulgarização, como um dos pais da ciência do direito das gentes; e também, um dos menos conhecidos, se se exigirem informações mais precisas sobre a sua obra, sobre a influência de seus escritos, sobre a natureza de seu talento e sobre as razões de sua celebridade.[1710]

[1708] D. von OMPTEDA (op. cit., 1785, reed. 1963, p. 264): "dass es das erste in seiner Art ist, ungemein schatzbar, auch noch jetzt einigermassen brauchbar." E aduz duas observações: a primeira, quanto a adotar ZOUCH tom antes de relato do que de ensino, e isso como vantagem, em relação à maioria dos livros de direito internacional, e a segunda, que ZOUCH se serve com extrema parcimônia a expressão *ius inter gentes* e prefere empregar *iuri gentium*, na medida em que entende tratar-se propriamente de direito das gentes – *Völkerrecht*.

[1709] Georges SCELLE (1878-1961), *Richard Zouch (1590-1660)* (in **Les fondateurs du droit international public: leurs oeuvres, leurs doctrines** (introduction de Antoine PILLET, Paris: V. Giard & E. Brière, 1904, p. 269-330, cit. p. 330), já referido, via "o conjunto da obra internacional de Richard ZOUCH nos parece hoje como um dos monumentos importantes de nossa ciência".

[1710] G. SCELLE, a respeito de Richard ZOUCH (op. cit., 1904, p. 269): "Parmi les internationalistes du XVIIe siècle, l'anglais ZOUCH est l'un des plus et l'un des moins connus. Des plus connus, si c'est l'être que d'avoir son nom partout cité, dans les manuels et dans les livres de vulgarisation, comme celui d'un des pères de la science du droit des gens ; et des

Quanto este tão frequentemente citado e tão pouco lido internacionalista inglês do século XVII pode ser chamado de 'celebridade' seria cabível, com efeito, por tudo o que tal termo comporta de superficialidade. Como escrevia SCELLE, "ZOUCH sempre recebeu imprensa favorável".[1711]

Há que se descontar a crítica de Samuel RACHEL à obra de ZOUCH. Mas, no conjunto, desde OMPTEDA,[1712] todos os críticos celebraram as reais qualidades de ZOUCH, sem as atenuar pela busca dos defeitos que seguem paralelamente às primeiras. A única exceção, no sentido de ousar formular crítica mais severa, teria sido KALTENBORN (1847).[1713]

Joga a favor de ZOUCH sobretudo a feliz expressão do *jus inter gentes*,[1714] que faz ZOUCH figurar no início de todos os manuais que tratam da disciplina. Mas, indagava SCELLE, "podemos nos perguntar se ele atribuía aos termos ius inter gentes um conteúdo tão revolucionário como o que se lhe confere por vezes".[1715]

E a obra de ZOUCH, embora muito em voga junto aos seus concidadãos ingleses, deveria empalidecer, frente a outras de maior envergadura, ou de personalidade mais marcada, e empalidece mais ainda junto a GENTILI e GRÓCIO. Ao lado de GRÓCIO, sobretudo, considerava SCELLE: "ZOUCH parece singularmente frio e pouco considerável a sua contribuição pessoal à ciência [do direito internacional]".[1716] E não poupava críticas: "a impressão dominante da leitura de ZOUCH

moins connus si l'on exige des renseignements plus précis sur son oeuvre, l'influence de ses écrits, la nature de son talent et les raisons de sa célébrité."

1711 G. SCELLE (cap. cit., 1904, p. 269): "si l'on veut nous passer une expression un peu moderne, ZOUCH a toujours eu une bonne presse".

1712 D. von OMPTEDA (op. cit., 1785, reed. 1963, p. 252-265), já referido.

1713 Carl Baron KALTENBORN von STACHAU, **Kritik des Völkerrechts nach dem jetzigen Standpunkte der Wissenschaft** (orig. publ. Ed. Mayer, 1847, reprinted by Nabu Press, 2011, tb. disponível on line: books.google.com.br, cit. p. 53) e como observava G. SCELLE, cap. cit., 1904, p. 269-270): "Certes son mérite n'est pas mince d'avoir pressenti la portée d'une science encore à ses débuts et d'en avoir d'un mot précisé les contours".

1714 Sem esquecer que referida denominação – *jus inter gentes* – foi criada e utilizada por Francisco de VITÓRIA (1480-1546) – mais de um século antes de Richard ZOUCH (1590-1660). A respeito de VITÓRIA e sua obra, ver **Tratado** (tomo 5 – **Direito internacional no tempo de Francisco de Vitória**, cap. 14).

1715 G. SCELLE (cap. cit., 1904, p. 270).

1716 G. SCELLE (cap. cit., 1904, p. 270).

é a de ausência completa de originalidade: ele serviu-se – e ele próprio o admite – de seus predecessores, e particularmente de GENTILI e de GRÓCIO – *historico jure peritos*".[1717] Ao mesmo tempo,

> Ele foi talvez, em direito internacional como em direito civil, o homem mais sábio de seu tempo, 'as pandectas vivas da lei', mas ele quase não ensinou o que tinha aprendido, e a sua obra se reduz a pouca coisa, despojada dos empréstimos feitos a seus predecessores.[1718]
> Se podemos lamentar que ZOUCH nada tenha inovado quanto às doutrinas, podemos reconhecer ter sido ele o primeiro divulgador – *vulgarisateur* – de nossa ciência. Pela primeira vez, temos um conjunto, um todo coordenado de dimensões abordáveis.[1719] [...] Mesmo reconhecendo que ele fez um esforço louvável para atingir esse objetivo, não podemos nos impedir de reconhecer, ao ler a análise feita, que não alcançou plenamente o resultado.[1720]

[1717] G. SCELLE (cap. cit., 1904, p. 321): "C'est en effet, pour employer une métaphore dont il use lui-même, à leur balance qu'il pèse ses opinions": *'Ille [GROTIUS] ad juris [positivi] hic [GENTILIS] ad rationis trutinam quae tradit expendit'*." E completava (mesma pág. 321, nota 1): "En ce qui concerne plus particulierement GENTILIS, on pourra peut être trouver qu'il avait dévancé ZOUCH sur bien des points où nous faisons de ce dernier un précurseur (en ce qui concerne, par exemple, l'importance donnée au droit de la paix), mais il n'avait point agi avec le même parti pris ni aussi nettement. Il est plus personnel de beaucoup mais moins méthodique".

[1718] G. SCELLE (cap. cit., 1904, p. 321-322): "WHEATON dit quelque part que son oeuvre est un résumé de GROTIUS. Elle n'est pas que cela, mais évidemment GROTIUS et GENTILIS lui ont fourni la matière qu'il s'est merveilleusement assimilée. On ne peut nier qu'il la fasse sienne et rien ne serait plus injuste que l'accuser de plagiat; la leçon honnête et franche dont, à chaque instant il se réfère aux enseignements de ses prédécesseurs en est une preuve suffisante".

[1719] G. SCELLE (cap. cit., 1904, p. 322) observava "C'est un manuel, mais n'est-ce pas un titre d'avoir donné le premier manuel de droit international, d'autant plus que ZOUCH, que fut un professeur, le demeure dans ses écrits, et que non content d'avoir acquis la science par lui-même, il la répand à profusion. On a pu critiquer l'ordonnance de ce manuel, mais on ne peut nier qu'elle soit simple et nette; on y peut trouver immédiatement le point à éclaircir, le cas qui préoccupe; le style est d'une concision relative, remarquable cependant pour l'époque; il est clair, bien que le latin qu'il emploie n'ait avec celui des classiques qu'une parenté fort lointaine. Ce sont là des qualités très appréciables. Certains commentateurs les ont à plaisir exagérées; pour beaucoup, ce qui met l'oeuvre de ZOUCH hors de pair, c'est qu'elle est un exposé complet du droit international".

[1720] G. SCELLE (cap. cit., 1904, p. 322-323) menciona vários tópicos do direito internacional que ZOUCH teria omitido, como o direito de nacionalidade, e quando falou de

> Ele cuidou de anexação, de direito dos estados e da intervenção. É preciso louvá-lo ter colocado de maneira formal o direito ao comércio, e nele ver um direito essencial, o direito à existência, ao qual volta em muitas passagens.[1721] [...] Alguns capítulos são traçados com amplitude e com admirável segurança: o direito de representação, por exemplo, e tudo o que se relaciona com as embaixadas e as missões diplomáticas.[1722]
> ZOUCH cuidou dos direitos dos soberanos, dos direitos de seus súditos, da extradição, do território terrestre e marítimo, dos tratados em geral, da declaração de guerra, do tratamento dos prisioneiros; em suma, de tudo o que correspondia às preocupações dominantes de sua época.[1723]

Da mesma forma, seria inadequado criticar em ZOUCH a influência talvez excessiva e persistente do direito romano: pode-se constatá-la, mas não se deve criticá-lo por isso. É preciso prestar homenagem por esse caminho, escolhido por ZOUCH. Enquanto seus predecessores – inclusive GRÓCIO – multiplicaram os exemplos, para ilustrar as suas demonstrações, tirados da história romana, ZOUCH procurou, sobretudo, entre seus contemporâneos, dos fatos e gestos dos soberanos da Europa os seus precedentes. Essa foi inovação relevante e fonte de pre-

mar, esqueceu os rios, como ao cuidar dos meios violentos de solução de conflitos internacionais, além da guerra, somente menciona as represálias, mas nada fala a respeito do bloqueio, que era contudo prática corrente a seu tempo, e completa: "D'un autre côté, il est plusieurs autres sujets qu'il n'a point omis sans doute, mais dont il serait difficile de dire qu'il les a traités. Ils se trouvent disséminés parmi ses innombrables sections, au lieu d'avoir leur individualité propre et venir se grouper autour d'une formule, d'un titre, qui en personnifie la théorie".

[1721] G. SCELLE (cap. cit., 1904, p. 323): "On ne trouve pas non plus la théorie spéciale de l'occupation militaire, des clauses et de l'exécution des traités, de la guerre maritime qu'il ne traite point à part de la guerre terrestre".

[1722] G. SCELLE (cap. cit., 1904, p. 323): "Le luxe des détails s'y change parfois même en prolixité". E que esta por vezes se estenderia quase até a puerilidade, como quando ZOUCH faz as suas considerações sobre os inconvenientes de casamento por meio de representante, ou quanto a saber se as mulheres às quais os inimigos tinham permitido levar o que conseguissem carregar consigo tinham direito de carregar nas costas os maridos, ou ainda quanto a determinar se o tabaco poderia ser objeto de contrabando de guerra.

[1723] G. SCELLE (cap. cit., 1904, p. 323-324): "Telle est la façon dont il faut entendre le 'complet' de son oeuvre, et l'on doit se garder d'une tendance fréquente qui consiste à la moderniser outre mesure. Le **Ius inter gentes** fut écrit en 1650, il serait injuste de lui demander d'affecter la forme d'un *Handbuch* du XIXe siècle".

cedentes proveitosos, embora também aqui tenha ZOUCH procedido como GENTILI, mas o discípulo levou adiante a lição do mestre.

O direito internacional adquire, à luz de fatos recentes e de opiniões atuais, uma vida que até então não tivera, e descendo de abstrações, passa a circular em meio a realidade que nos interessa em maior grau. Além disso, liberando o direito internacional da história antiga, ZOUCH deu passo considerável para a sua libertação das antigas doutrinas e dos velhos jurisconsultos.[1724]

Haveria na obra de ZOUCH uma "inconcebível fraqueza teórica" segundo a crítica de SCELLE:[1725]

> os indícios mais aparentes são esse modo escolástico de tratar as questões em prós e contras, com a exposição de doutrinas diversas, que ele emprega em todo o *judicium* do **Jus feciale**, e retoma na sua **Solutio**,[1726] e essa repugnância extrema em se pronunciar ele próprio. Essa fraqueza se revela, ainda mais, no modo como é tratada a primeira parte, a parte puramente teórica do **Jus inter gentes**. Ele não parece ter distinguido o elemento natural do elemento positivo, se não para inverter a importância respectiva destes, e o único volume material de toda essa primeira parte mostra que ele não se interessava pela relação destes com a realidade. Esses princípios do direito das gentes aí se encontram antes parafraseados do que cientificamente desenvolvidos, e mesmo aí, exemplos absorvem a melhor parte do texto. Reconhece-se por esse sinal um dos representantes da escola positiva.[1727]

Ponderava, ainda, SCELLE qual seria o lugar de ZOUCH na escola inglesa do direito das gentes: "a doutrina positiva teve a sua fonte no direito da guerra de GRÓCIO, mas longe de seguir docilmente o

[1724] G. SCELLE (cap. cit., 1904, p. 324): "ZOUCH a, par là, rendu un inappréciable service à ses successeurs".

[1725] G. SCELLE (cap. cit., 1904, p. 324): "une inconcevable faiblesse théorique".

[1726] Rich. ZOUCHAEI, **Solutio quaestionis veteris et novae sive de legati delinquentis judice competente dissertatio in qua Hug. Grotii de ea re. sententia explicatur expenditur et assertitur** (Oxf., 1657) já citado.

[1727] G. SCELLE (cap. cit., 1904, p. 324-325), concluía esta passagem: "Cependant, n'est-il pas le plus ardent et l'avons-nous vu plusieurs fois attester l'influence de la *rationis communis humanae*".

impulso deste, esta pareceu, na Inglaterra, tomar o contra-pé de suas doutrinas":[1728]

> Parece bem de acordo com a natureza do gênio dos ingleses de assimilar, desde o início, as doutrinas positivas: seu destino político os tinha há muito tempo habituado a se preocuparem com os problemas de direito público, mas a independência natural deles os impedia de reproduzir servilmente as ideias do continente.
> Pode-se sentir a mesma corrente – *un même courant* – que se manifesta nas obras de BACON, de LOCKE, de HOBBES, embora essas obras tenham inspirações, por vezes, bem divergentes. Em HOBBES, particularmente, se vê reaparecer o elemento teórico e de direito natural. Em GENTILI e em SELDEN, mas sobretudo em ZOUCH, é o elemento prático que se vê predominar. A escola internacional inglesa foi, na verdade, eminentemente prática.[1729]

Em Oxford, graças à presença e atuação de GENTILI, se forma centro de cultura do direito das gentes, já no final do século XVI e início do século XVII. Em torno e a partir dele, outros nomes se inscrevem, tais como Valentin DALE, William WELWOOD e W. FULBECKE. Jan HOTMAN tinha sido incorporado à velha universidade. Nesse conjunto, assim,

> a obra de ZOUCH se inscreve como o perfazimento e o coroamento dessa tradição, desse amplo conjunto de ideias e de doutrinas, que ele canaliza, e graças a ele, esse rio passa a correr de maneira mais regular e mais majestosa. Ele atenua, ademais, o movimento de oposição às ideias de GRÓCIO, e a sua obra tem caráter de ecletismo, e sua grande boa fé busca a imparcialidade.[1730]

[1728] G. SCELLE (cap. cit., 1904, p. 326-327).

[1729] G. SCELLE (cap. cit., 1904, p. 327-328); citava tb. E. NYS, **Notes pour servir à l'histoire littéraire et dogmatique du droit international en Angleterre** (Bruxelles, 1888).

[1730] G. SCELLE (cap. cit., 1904, p. 328-329) explicava o papel desempenhado por ZOUCH no sentido de tornar conhecida a obra de GRÓCIO na Inglaterra e na Escócia: "C'est par le **Jus inter gentes** que GROTIUS conquit les Anglais, d'une façon indirecte et comme sous un jour particulier, mais d'abord plus aisément que le livre de ZOUCH était d'une vulgari-

Não somente a feliz definição do *jus inter gentes*, teria valido a ZOUCH a estima de seus contemporâneos, mas sua erudição e sua clareza, observava SCELLE. E aduzia: "não faz muito tempo que se lhe reconheceu o mérito de ter sido o primeiro a falar do direito internacional no sentido moderno do termo. Não foi ele, ademais, que o fez passar à prática".[1731]

Antes de BENTHAM, não se fala em *international law* – nem *direito internacional*, nem *Völkerrecht*. GROTIUS já tinha, contudo, falado em *jus inter civitates*. Mas ninguém teria, naquela altura, reconhecido a importância de tal formulação, como se atribui hoje em dia: "os inovadores raramente tem a consciência exata dos progressos dos quais são o instrumento".[1732]

ZOUCH trata de questões de direito internacional em outras de suas obras. Podem ser colocadas em paralelo as considerações feitas no **Jus inter gentes**, e a sua obra **Descriptio juris et judicii sacri** (1640), relativo "à religião e às causas pias".[1733] Como também, na parte dedicada ao *judicium*, em suas obras sobre o direito militar e o direito marítimo **Descriptio juris et judicii militaris** (1640),[1734] e a **Descriptio juris et judicii maritimi** (1640).[1735] Esse conjunto[1736] guarda certa coerência temática e quanto ao modo de tratar as matérias, com a percepção da dimensão atinente às relações entre os povos, nos vários campos do direito, por seus respectivos desdobramentos internacionais.

ZOUCH (1663, ed. 1686) também trata de direito internacional, na sua defesa da jurisdição do almirantado, embora tivesse como foco principal a navegação inglesa.[1737] Ao tratar de direito do mar, mencio-

sation plus facile. En retour, ZOUCH reçut un gros bénéfice de l'association, car la propagation des théories de GROTIUS fut pour beaucoup dans sa célébrité".

1731 G. SCELLE (cap. cit., 1904, p. 269-330, loc. cit.).

1732 Ver **Tratado** (tomo 7 – **Direito internacional no tempo de Hugo Grócio**, cap. 18); G. SCELLE (cap. cit., 1904, p. 269-330, cit. p. 329): "Les novateurs n'ont que rarement la conscience exacte des progrès dont ils sont l'instrument".

1733 Rich. ZOUCHAEI, **Descriptio juris et judicii sacri, ad quam leges, quae Religionem et piam causam respiciunt, referuntur** (Oxon., 1640; Lug. Bat. et Amstel., 1652).

1734 Rich. ZOUCHAEI, **Descriptionis juris et judicii militaris, ad quam leges quae rem militarem et ordinem personarum respiciunt, referuntur** (Oxon., 1640).

1735 Rich. ZOUCHAEI, **Descriptionis juris et judicii maritimi** (Oxon., 1640).

1736 Essas três obras de ZOUCH também foram publicadas em volume conjunto, **Descriptio juris et judicii sacris, militaris et maritimi** (Oxon., 1640; Lug. Bat. et Amstel., 1652).

1737 Rich. ZOUCHAEI, **The jurisdiction of the Admiralty of England, asserted against sir E. COKE's *Articuli Admiraltis*, in the 22 d. chap. of his, juridction of Courts** (Lon-

nava a obra de SELDEN (1635),[1738] as **leis de Rodes**, as **Sete partidas** de ALFONSO IX e as normas do **Consolato del Mare**.[1739]

Observava ZOUCH (1663, ed. 1686) a respeito da jurisdição do Almirantado da Inglaterra, "que em todos os lugares em que navegação e comércio marítimo estiveram em uso e estima, e particularmente na Inglaterra, leis especiais foram promulgadas para a regulação dos mesmos". E ainda "que em todos os lugares em que leis foram promulgadas para os negócios concernentes ao mar, como também na Inglaterra, juízes especiais foram nomeados, para solucionar controvérsias e para reparar danos causados aos mesmos".[1740]

Dessa maneira, a especificidade da matéria justificava, segundo ZOUCH, não somente a existência de normas específicas, como de jurisdição especificamente constituída para o julgamento de controvérsias relativas ao tema. E que tais normas, voltadas à regulação da matéria marítima, poderiam conflitar com as leis civis do reino.[1741]

dres, 1663); ___, **The jurisdiction of the Admiralty of England asserted** (Londres: printed for Tho. Basset, 1686).

1738 Ioh. SELDENI, **Mare clausum, sive de dominio maris Libri II** *Primo*, mare ex iure naturae sive gentium omnium hominum non esse commune, sed dominii privati sive proprietaris capax pariter ac tellurem esse demonstratur; *Secundo* Serenissimum Magnae Britanniae Regem maris circumstui ut individuae atque perpetuae Imperii Britannici appendicis dominum esse, asseritur (Lond. 1635; 1636; Lugd. Bat. 1637; 1665; tb. republicado na edição completa das obras de SELDEN, **Opera**, tomo II, Londres, 1726).

1739 Ver **Tratado** (tomo 7 – **Direito internacional no tempo de Hugo Grócio**, item 18.4, sobre o **Mare liberum**; tomo 5 – **Direito internacional no tempo de Francisco de Vitória**, item 12.1, sobre *Rodes e a lei do mar*; e tomo 3 A – **Direito internacional no tempo antigo**, item 2.1, sobre *a controvérsia entre Hugo GRÓCIO e Serafim de FREITAS*), para exame de alguns aspectos do debate sobre a liberdade de navegação; e tb. a coletânea, Guy MIEGE, **The Ancient Sea-Laws of Oleron, Wisby, and the Hanse-towns, still in force** ("taken out of a French book, intitled **Les us & coutumes de la mer** and rendered into English, for the use of navigation", Londres: printed by J. Redmayne, for T. Basset, MCDLXXXVI).

1740 R. ZOUCH, **The jurisdiction of the Admiralty of England asserted** (op. cit., 1663, ed. 1686, *Assertions concerning the jurisdiction of the Admiralty of England*, n. 1, p. 87-90 e n. 2, p. 90-93, e a seguir n. 3, p. 93-97) prosseguia com a ideia central do seu estudo: "That in all places where special Judges have been appointed for sea-affairs, as also in England, certain causes, *viz.* all such as have relation to navigation and negotiation by sea, have been held proper for their conusance".

1741 R. ZOUCH, **The jurisdiction of the Admiralty of England asserted** (op. cit., 1663, ed. 1686, *Assertions concerning the jurisdiction of the Admiralty of England*, n. 4, p. 98-101).

Poderia, ainda, ocorrer que as cortes e juízes de direito comum – *courts and judges of the common law* – se imiscuíssem em questões e interrompessem julgamentos da Corte do Almirantado, em causas propriamente pertencentes à jurisdição daquela Corte.[1742] Mas, o julgamento de causas pertinentes a navegação e comércio, na Corte do Almirantado, seria mais adequada, para o reino, como para os súditos, do que nas Cortes de direito comum – *courts of common law*.[1743]

Como situar ZOUCH em relação ao conjunto da evolução do direito internacional moderno? O próprio ZOUCH não se furtava a reconhecer os méritos de seus predecessores. Diligentemente apontava ZOUCH o especial destaque merecido por GENTILI e GRÓCIO como os seus 'corifeus' – *Albericum GENTILI et Hugonem GROTIUS pro corypheis habendo duxit*.[1744]

O encadeamento de temas e de conceitos era por este reconhecido em relação a seus predecessores. Mas ZOUCH poderia ter também reconhecido a autoria da expressão *ius inter gentes*, que retoma de VITÓRIA.[1745]

Outra questão é saber se e em que medida ZOUCH possa ser chamado de 'positivista'. O que também permanece matéria aberta para debate entre os interessados.

E, considerando os vários sentidos em que o termo 'positivismo' e especificamente 'positivismo jurídico' podem ser compreendidos – nas diferentes épocas, entre os séculos XVII e XIX – querer enquadrar ZOUCH, em meados do século XVII, em relação aos desenvolvimentos futuros do 'positivismo' e especificamente do 'positivismo jurídico', em boa medida distorce a questão.[1746] Em certos países, o positivismo jurí-

1742 R. ZOUCH, **The jurisdiction of the Admiralty of England asserted** (op. cit., 1663, ed. 1686, *Assertions concerning the jurisdiction of the Admiralty of England*, n. 8, p. 124-126 e a seguir, n. 7, p. 118-123): "That the Admiral of England may hold plea of contracts, and other things done beyond the sea, relating to navigation and trade by sea".

1743 R. ZOUCH, **The jurisdiction of the Admiralty of England asserted** (op. cit., 1663, ed. 1686, *Assertions concerning the jurisdiction of the Admiralty of England*, n. 9, p. 127-130).

1744 R. ZOUCH (op. cit., 1650, ed. 1651, *Ad lectorem*).

1745 Cf. **Tratado** (tomo 5 – **Direito internacional no tempo de Francisco de Vitória**, cap. 14).

1746 O que teria levado, segundo LE FUR, a partir do final do século XIX, à renovação dos estudos de direito natural, direito racional, ou direito objetivo, "pouco importando a deno-

dico[1747] parece ter predominado como corrente dominante de pensamento jurídico.[1748]

Camilo BARCIA TRELLES (1927) mencionava "encontra-se o nome do inglês Richard ZOUCH em todos os manuais. Cita-se invariavelmente a sua obra publicada em 1650":[1749]

> Pode-se dizer que os mentores acreditam ter cumprido a sua missão, depois de ter citado o título dessa publicação e daí deduzido ter sido ZOUCH o primeiro a dar ao direito internacional o seu verdadeiro título, ao falar assim no *jus inter gentes*, e transformar desse modo a definição legada por GAIO do *jus gentium*.[1750]
> Ora, sua obra data de 1650; mais de um século antes – não nos esqueçamos que VITÓRIA morre em 1546 – e ter a expressão *jus inter gentes* sido empre-

minação, desde que se guarde a ideia". A respeito, ver Louis LE FUR, **La théorie du droit naturel depuis le XVIIe siècle et la doctrine moderne** (RCADI, 1927, t. 18, p. 259-442, cit. p. 263): "Il existe en droit des principes directeurs qui commandent tout le reste; il est donc essentiel de les connaître. C'est précisément l'objet des études de droit naturel, pour employer un terme traditionnel longtemps admis par tous, mais depuis le milieu du XIXe combattu au nom d'un étroit positivisme juridique."

[1747] No já mencionado verbete *'positivismo'*, Éric MAULIN destaca o *'positivismo jurídico'* (in **Dictionnaire de la culture juridique** sous la direction de Denis ALLAND et Stéphane RIALS, Paris: PUF-Lamy, © 2003, impr. 2010, p. 1171-1177, cit. p. 1174) e observa a ambiguidade que acompanha o uso do termo *'positivisme juridique'*, visto este designar tanto um certo tipo de definição do direito como uma determinada concepção da ciência do direito: "Or ces deux ordres de signification ne sont ni nécessairement ni systématiquement liés entre eux".

[1748] Parecem ter durado os efeitos do positivismo jurídico ainda mais no Brasil, apesar dos riscos decorrentes de tal concepção, adentrando boa parte do século XX. Mas esta é uma outra história.

[1749] Camilo BARCIA TRELLES, **Francisco de Vitória et l'école moderne du droit international** (RCADI, 1927, t. 17, p. 109-342, Seconde partie – Droits fondamentaux des états, chapitre premier – *Le droit de communication*, p. 195-205, cit. p. 197-198): "Le nom de l'anglais Richard ZOUCH est dans tous les manuels."

[1750] C. BARCIA TRELLES (op. cit., 1927, p. 198): "En répetant cette citation à propos d'un titre à donner à une branche du droit, on pérpetue une double erreur: 1. on ne fait pas remarquer que chez ZOUCH le contenu de l'ouvrage offre beaucoup plus d'intérêt que son habileté à définir; 2. on propage sans preuve l'opinion qu'il fut le premier à baptiser convenablement le droit international."

gada de modo criterioso por Francisco de VITÓRIA, na terceira parte da sua lição sobre os índios.[1751]

A respeito do direito de comércio – também antes enunciado por VITÓRIA – este, igualmente é formulado por Richard ZOUCH, no seu **Juris et judiciis fecialis** (1650), na primeira parte, relativa ao *Jus*, cujas referências históricas, citadas por ZOUCH, poderiam caracterizar a obrigatoriedade do direito de comércio. Mais adiante, na segunda parte de sua obra, intitulada *Judicium*, ZOUCH cita um tal número de exceções ao direito de comércio, que na realidade nada resta da afirmação inicial.[1752]

Como notava A. TRUYOL Y SERRA,[1753] após GRÓCIO os internacionalistas poderiam ser agrupados em três correntes de pensamento, segundo mantenham a síntese grociana entre direito natural e direito positivo, ou se atenham predominantemente a um ou a outro de tais elementos, onde a primeira dessas correntes é normalmente designada como 'naturalista', e a última é mais frequentemente qualificada de 'positivista':

> preferimos, para a primeira, a denominação de 'jusnaturalismo'; e para esta última, a qualificação 'positivista' deve ser aplicada em sentido amplo, visto que em geral seus representantes não afastam completamente o direito natural, como o farão os positivistas do século XIX, mas se limitam a minimizar o alcance deste. Em alguns casos, essa classificação é somente aproximativa, e isso explica porque um autor possa ser – e tenha sido – incluído em uma ou outra corrente, indistintamente. Por outro lado, os membros das diversas tendências tem em comum relegar a plano de fundo a doutrina

[1751] C. BARCIA TRELLES (op. cit., 1927, p. 200-201): "Que l'on veuille bien se rappeler la conception de VITORIA relative au droit de communication comme un élément essentiel du droit des gens ainsi que ses doctrines rélatives à la liberté de communication. Que l'on compare ensuite ses théories avec les pratiques actuelles et l'on pourra aprécier le contraste suivant: le monde semble revenir en arrière, en s'écartant chaque jour davantage du droit naturel de communication, s'éloignant d'autant de la compénétration mutuelle."

[1752] Camilo BARCIA TRELLES, **Francisco de Vitória et l'école moderne du droit international** (RCADI, 1927, t. 17., p. 109-342, Seconde partie, chap. II – *Le droit de commerce*, p. 206-218, cit. p. 207).

[1753] A. TRUYOL Y SERRA, **Histoire du droit international public** (Paris: Economica, 1995, cap. IX – *La doctrine postgrotienne*, p. 81-95).

da guerra justa, e de compartilhar visão não discriminatória da guerra, que se torna duelo entre partes, moral e juridicamente iguais, submetidas a regulamentação puramente formal.[1754]
Na exposição das diversas matérias, ZOUCH recorre à distinção, na verdade pouco esclarecedora, entre direito – *jus* – e procedimento – *judicium* –, o que significa tratar separadamente do que ele tem como normas bem estabelecidas, em relação a questões controvertidas. Essa disposição da matéria, por mais artificial que seja, não impede ZOUCH de oferecer conjunto doutrinal estimável, com admirável espírito de honestidade intelectual. Baseando-se principalmente em precedentes, teve o mérito, contrariamente a seus grandes antecessores, de os buscar antes na história recente do que na antiga.[1755]

Celso Albuquerque MELLO referia[1756] ter sido R. ZOUCH divulgador da obra de GRÓCIO, com insistência na divisão entre "paz e guerra", em lugar de "guerra e paz". Ou seja, constrói-se o direito internacional pela paz e com a paz, e mesmo com a incidência da guerra, não pode esta ser colocada como o elemento central do sistema.

Ao enfatizar o valor da prática dos estados, como elemento formador do sistema internacional, ZOUCH inaugurou linha nova na disciplina. O que vem a se tornar dado marcante nos séculos seguintes. Se e quanto este dado pode ensejar caracterizá-lo como 'positivista' permanece matéria aberta para debate entre os interessados.

Sem dúvida, ZOUCH enfatizou o papel da prática –[1757] e este é dado que se pode tomar como base para aqueles que o inserem dentre os positivistas. Como pondera a respeito M. SHAW.[1758]

1754 A. TRUYOL Y SERRA (op. cit., 1995, p. 82-83): "Autre trait digne de mention: la plupart de ces juristes sont de confession protestante". Observava que esses autores se vinculam em realidade a GENTILI, e três nomes mereceriam especial atenção: o inglês Richard ZOUCH, o holandês Cornelius van BYNKERSHOEK e o alemão Johann Jakob MOSER.
1755 A. TRUYOL Y SERRA (op. cit., 1995, p. 83-84): "il se recommende non seulement pour avoir embrassé en gros l'ensemble du droit des gens, mais encore pour donner au droit de la paix une plus grande place qu'au droit de la guerre".
1756 Celso D. de A. MELLO, **Curso de direito internacional público** (Rio de Janeiro: Renovar, 15ª ed., 2004, vol. I, p. 178).
1757 C. D. de A. MELLO (op. cit., 2004, vol. I, p. 178).
1758 Malcolm N. SHAW (op. cit., 5th ed., 2003, loc. cit., p. 24), cf. trecho reproduzido na epígrafe deste capítulo: "One of the principal initiators of the positivist school was Richard

É, contudo, necessário sustentar que, no entendimento de ZOUCH, a prática estaria,[1759] antes como *evidência* de legitimação, e não como *fundamento* legitimador da norma. O que não é exatamente 'positivista', no sentido estrito do termo.

E, sem esquecer que o conceito de 'positivismo' hoje tem, para nós, a carga que lhe foi acrescentada pelo século XIX, com ecos do positivismo de COMTE, como mencionado. O termo nada disso sugeria aos homens do século XVII, quando empregavam tal conceito.

Ao definir direito internacional como o direito "aceito pelo costume, *conforme a razão*, entre o maior número de estados", ZOUCH parece sugerir a ponte entre o direito natural e o direito positivo, onde este se baseava no primeiro. Na verdade, pode-se ver ZOUCH mais próximo da visão mais moderna, no sentido de ser o direito positivo simplesmente a parcela do direito natural que os homens descobriram e "re-legislaram". Mas não esgotaria o conjunto da disciplina.

A respeito de ZOUCH, assim se manifestava, por sua vez, Urban WHITAKER, que também reportava a opinião de outros autores:[1760]

> Se e em que medida ZOUCH pode ser chamado 'positivista' é matéria objeto de alguma controvérsia entre autores modernos. Afirma NUSSBAUM que a 'caracterização como positivista pode sem hesitação ser-lhe aplicada'. Por sua vez, BRIERLY diz que ZOUCH é 'por vezes apontado como precursor da escola positiva – *positive school*'. GOULD observa ter ele sempre sido considerado como o primeiro positivista.

ZOUCH (1590-1660), who lived at the same time as PUFENDORF, but in England. While completely dismissing Natural Law he paid scant regard to the traditional doctrines. His concern was with specific situations and his book contains many examples from the recent past. He elevated the law of peace above a systematic consideration of the law of war and eschewed theoretical expositions."

[1759] Como, ademais, ocorrerá, também, em relação a Cornelis van BYNKERSHOEK e Emer de VATTEL, questionando-se quanto tinha de positivista cada um deles, ou antes, por enfatizarem os precedentes e o papel da prática, como evidência de observância e cumprimento das normas e não como fundamento desta, somente em decorrência da prática dos estados. A respeito de BYNKERSHOEK e de VATTEL ver **Tratado** (tomo 10 – **Direito internacional no tempo de C. van Bynkershoek e Christian Wolff**, cap. 21 e tomo 12 – **Direito internacional no tempo de Vattel e von Martens**, cap. 25).

[1760] Urban G. WHITAKER Jr., **Politics and Power**: a text in international law (New York: Harper & Row, 1964).

NUSSBAUM ainda acrescenta, 'da doutrina tradicional do direito natural o livro de ZOUCH praticamente não tem qualquer traço'. Mas SVARLIEN nota que 'embora ZOUCH não tenha abandonado o direito natural como base do direito internacional, contudo enfatiza os precedentes, tal como tinham sido estabelecidos, nas relações entre estados, e via nestes o material com o qual se faz o direito internacional'.[1761]

A base da argumentação é correta, com relação ao papel dos precedentes, deduzidos da prática das relações entre estados, como material para a formação e a afirmação do direito internacional. A conclusão, por sua vez, me parece, no mínimo, duvidosa, quando afirmava WHITAKER: "se situarmos ZOUCH em relação a este argumento moderno, fica claro que a sua ênfase no papel da prática como indicação do direito o marca como um importante pensador positivista".[1762]

Distinto será buscar o direito internacional em elementos de prática dos estados, como elemento positivo – ou seja, o direito, como um todo, e especificamente o direito internacional, não se perfaz na teoria. Outra coisa é a afirmação do positivismo como categoria jurídica única para a afirmação do conteúdo da disciplina.

Num sistema positivista de direito internacional, o poder supremo será aquele do grupo de estados, enquanto unidades políticas, detentores da condição de sujeitos de direito, onde na medida em que inexista poder superior, em decorrência da natureza desse sistema coordenado, decidirão entre si os estados o que seja o direito. Este poderá variar con-

[1761] U. G. WHITAKER Jr. (op. cit., 1964, p. 32-33): "Whether ZOUCH can be called a positivist is a matter of some dispute among modern writers. NUSSBAUM says that 'the characterization as a positivist can unhesitatingly be applied' to him. BRIERLY says that ZOUCH is 'sometimes regarded as a precursor of the *positive school*'. GOULD remarks that he has always been regarded as the first positivist'. NUSSBAUM further says that, 'of the traditional natural law doctrine his [ZOUCH's] book shows practically no mark'. But SVARLIEN notes that 'though ZOUCH did not abandon the law of nature as a basis for international law, he nevertheless emphasized the precedents which had been established in the intercourse of states and saw in these the stuff of which the law of nations is made'." [...] "Wherever we place ZOUCH in relation to this modern argument, it is clear that his emphasis on the role of practice as an indication of law marks him as an important positivist thinker."

[1762] U. G. WHITAKER Jr. (op. cit., 1964, p. 32-33).

forme o tempo histórico e o lugar ou contexto cultural,[1763] no qual se insira,[1764] assim como variam os atos e costumes dos estados.[1765]

De modo que não me parece adequado o enquadramento de ZOUCH como 'positivista' do direito internacional. Mesmo sem a carga que o termo recebe a partir de COMTE, no século XIX.

Seria, antes, característica de ZOUCH a sua abordagem pragmática – alinhada com seus conterrâneos ingleses – com ênfase na prática e atenção para casos concretos: tanto que a parte opinativa e de análise de casos – *judicium* – recebe desenvolvimento muito mais extenso do que a parte conceitual – *jus*.

Sob muitos aspectos é duvidosa e questionável a afirmação de NUSSBAUM, de que 'não exista traço da doutrina tradicional de direito natural na obra de ZOUCH'.[1766] Isso se pode sobejamente constatar, pelo constante diálogo de ZOUCH com seus predecessores, sobretudo GRÓCIO e GENTILI, mas também com AYALA e BODIN, além de autores gregos e latinos antigos, extensamente referidos em suas obras, como se teve neste capítulo ocasião de examinar. Que ZOUCH tenha sido influenciado por SUAREZ e por VITORIA é facilmente demonstrável, tanto mais que a própria formulação do *ius inter gentes*, adotada por ZOUCH, provém de VITORIA.

Depois destas considerações sobre ZOUCH, se passa às conclusões do presente tomo. Além da introdução, considerou-se a transição do direito internacional moderno ao clássico, foram lembradas outras

[1763] Cf. **Tratado** (tomo 20 – **Direito internacional, história e cultura**).

[1764] No caso do **Paquete Habana**, a Corte Suprema dos Estados Unidos da América decide (*The Paquete Habana, The Lola,* United States Supreme Court, 1900, 175 U.S. 677): "It is of force not because it was prescribed by any supreme power, but because it has been generally accepted as a rule of conduct".

[1765] Texto caso (*The Paquete Habana, The Lola,* United States Supreme Court, 1900, 175 U.S. 677). A respeito do caso, U. WHITAKER, **Politics and Power** (op. cit., 1964, p. 77-94, cit. p. 77) observa, em nota introdutória, ser esta a referência clássica, sobre o desenvolvimento do costume como direito internacional – "it is the classic statement on the development of *custom* as international law". A respeito do papel do costume no direito internacional, v. tb. Maurice MENDELSON, **The formation of customary international law** (RCADI, 1998, t. 272, p. 155-410).

[1766] Arthur NUSSBAUM, no seu **A concise history of the law of nations** (New York: The Macmillan Co., 1954).

vozes no direito internacional – Domingo de SOTO e VAZQUEZ DE MENCHACA, apontam-se elementos do debate a respeito da existência e conteúdo do direito internacional moderno, a maior parte deste tomo é dedicada ao exame das contribuições para o direito internacional de SUÁREZ, GENTILI e ZOUCH.

Ao contemporâneo destes, Hugo GRÓCIO, é dedicado o tomo seguinte.[1767] Alguns anos mais velho que ZOUCH, algumas décadas mais novo que SUÁREZ e GENTILI. Considerando serem insolúveis as controvérsias a respeito da 'paternidade' do direito internacional moderno,[1768] cabe colocar em paralelo as respectivas contribuições: no tomo precedente, VITÓRIA; neste, SUÁREZ, GENTILI e ZOUCH; e, no seguinte, GRÓCIO.[1769]

A herança de Hugo GRÓCIO se estende sobre todo o direito internacional, desde então e prossegue em nossos tempos: como mencionado, o próprio ZOUCH nunca se furtou a reconhecer a importância

[1767] Embora cronologicamente pudesse GRÓCIO (1583-1646) ser referido antes de ZOUCH (1590-1660), a ordenação da matéria aqui se fez nesta ordem por questão metodológica, para enfatizar a continuidade entre GENTILI e ZOUCH. Desse modo se põem em paralelo SUAREZ – GENTILI – ZOUCH. Os dois primeiros, SUAREZ e GENTILI, são contemporâneos, e integram a mesma geração. Assim como, na geração seguinte, ZOUCH sete anos mais novo que GRÓCIO, e falecido quatorze anos depois, mas conceitualmente, não se deixa de colocar o mestre inglês como mais um, dentre os predecessores do grande internacionalista holandês. Cuja contribuição para o direito internacional se considera no **Tratado** (tomo 7 – **Direito internacional no tempo de Hugo Grócio**).

[1768] Como mencionado no item – outras vozes no direito internacional: Domingo de SOTO e VAZQUEZ DE MENCHACA – aponta Paulo Emílio V. B. de MACEDO, **O nascimento do direito internacional** (São Leopoldo: Unisinos – col. Díke, 2009, cap. I – o direito das gentes entre o direito natural e o direito positivo, p. 23-81, cit. p. 32): "A controvérsia sobre a paternidade do direito internacional resta hoje indefinida. Outros autores, além de Francisco de VITÓRIA e de Hugo GRÓCIO, como o próprio Francisco SUÁREZ, Fernando VAZQUEZ DE MENCHACA e Alberico GENTILI, também disputam o título, porém com menos intensidade. [...] O debate sobre o primeiro fundador mostra-se insolvível. Qualquer trabalho que defenda um nome em detrimento de outro será ideológico."

[1769] Cfr. o presente tomo, bem como **Tratado** (tomo 5 – **Direito internacional no tempo de Francisco de Vitória** e 7 – **Direito internacional no tempo de Hugo Grócio**). O várias vezes referido Yasuaki ONUMA (edited by), **A normative approach to war**: peace, war and justice in Hugo Grotius (Oxford: Clarendon Press, 1993, Y. ONUMA, *Introduction*, p. 1-10, cit. p. 1) adverte para a necessidade de contextualização, para adequadamente situar a vida e a obra dos clássicos do direito internacional, inclusive GRÓCIO: "The fundamental problem is not whether GROTIUS is the father of international law. Such expressions are misleading and inappropriate."

de GRÓCIO e de GENTILI, que extensamente refere em sua obra mais relevante para o direito internacional.[1770]

Mesmo se a atribuição de paternidade a GRÓCIO do direito internacional moderno pode ser descartada como simplista, tanto mais à luz da herança de seus predecessores e contemporâneos, e reducionista da variedade de correntes e influências que formaram o direito internacional moderno, mas, como não se pode deixar de notar, com razão ou sem ela, para tanto, o direito internacional costuma ser dividido em *antes* e *depois* de Hugo GRÓCIO. Assim, importa avaliar o significado e o impacto da obra de certo autor, enquanto se esclarecem as suas limitações, em termos do período, região, e da cultura, na qual este se insere, e avaliar sua relevância e sua influência em seu próprio tempo, é inexorável concentrar atenção em GRÓCIO.[1771]

[1770] R. ZOUCH (op. cit., 1650, ed. 1651, no prólogo, *Ad lectorem*): "*Albericum GENTILI et Hugonem GROTIUS pro corypheis habendo duxit*" – citado supra.
[1771] Cfr. **Tratado** (tomo 7 – **Direito internacional no tempo de Hugo Grócio**, cap. 18).

CONCLUSÕES

Quando se tenta designar o mundo, como um todo, não se encontra objeto para essa designação. O todo não é, por definição, designável, e contudo, todas as partes deste o são.

Anne CHENG (1997, ed. 2002)[1772]

Como qualquer outro sistema, o direito internacional tem a sua própria história, e esta é tanto intrínseca como extrínseca. É *intrínseca* a história do desenvolvimento de suas estruturas e sistemas (personalidade, processo de criação normativa, tratados, arbitragem, diplomacia permanente, instituição intergovernamental), a história de seu conteúdo (direito do mar, direito diplomático, direito humanitário, direito dos direitos humanos), e a história de sua ideia de si mesmo (filosofia do direito). E a história *extrínseca* de sua relação com os demais fenônemos sociais, outras estruturas sociais e sistemas (tais como costume, religião, moral, sistemas legais subordinados), e a sua relação com os fenômenos da história geral, com as coisas sobre as quais escrevem os historiadores (guerra e paz, a ascensão e a queda de impérios, revoluções, mudança sócio-econômica, a psicologia

1772 Anne CHENG, **Histoire de la pensée chinoise** (Paris: Seuil, 1997, impr. 2002, cit. p. 156): "quand on cherche à désigner le monde, dans son entier, on ne trouve pas d'objet à sa désignation. Le tout n'est, par définition, pas désignable, et pourtant toutes les parties le sont."

de indivíduos de relevância histórica mundial, o desenvolvimento de ideias e ideologias).

Philip ALLOTT (2002)[1773]

A construção do direito internacional se faz no tempo e na interação entre sociedades organizadas, tais como estas 'relações internacionais' se modificam ao longo do tempo, enquanto também se modificam as suas modalidades de regulação legal e institucionalmente internacional. O direito não existe sem sociedade humana, e o direito internacional sem sociedades, assim como as sociedades não existem (bem) sem o direito: a relação não é exatamente paralela, mas a interação entre ambos é indispensável; e inexorável.

O exame da evolução do direito internacional no tempo 'moderno' suscita o paradoxo do universal e do específico: à medida que avança no tempo, o direito internacional se aperfeiçoa tecnicamente, mas perde a sua dimensão de universalidade. Para o compreender, não podemos deixar de pensar o direito internacional como conjunto – cuja vocação era ao menos universal, embora nem sempre o fosse a sua prática – e ao mesmo tempo, este se exprime na sua concreta condição: como parte do meio histórico e do contexto cultural no qual se inseriu e como se deu a sua expressão. Especialmente ao tratar do direito internacional 'moderno', depois de VITÓRIA, especificamente no tempo de autores, que o marcaram naquela conjuntura, tais como SUAREZ, GENTILI,

[1773] Philip ALLOTT, **The Health of Nations** – Society and Law beyond the State (Cambridge: Univ. Press, 2002, cap. 11, *'International law and the idea of history'*, p. 316-341, cit. p. 317): "Like any legal system, international law has its own history, a history which is both intrinsic and extrinsic. It has an *intrinsic* history of the development of its structures and systems (personality, law-making, treaty, arbitration, permanent diplomacy, intergovernmental institution), a history of its legal substance (law of the sea, diplomatic law, humanitarian law, human rights law), and a history of its idea of itself (legal philosophy). It has an *extrinsic* history of its relationship to all other social phenomena, other social structures and systems (custom, religion, morality, subordinate legal systems), and its relationship to the phenomena of general history, to the things that historians write about (war and peace, the rise and fall of empires, revolutions, socio-economic change, the psychology of world--historical individuals, the development of ideas and ideologies)."

ZOUCH e GRÓCIO. E destes, prosseguir com RACHEL e PUFENDORF.[1774]

A relação entre o universal e o específico se coloca de modo particularmente presente: temos – ainda bastante próxima e presente – a herança medieval e do renascimento, como fenômenos característicos do início da era moderna, mas estes também se pautam pelo diálogo com as fontes antigas – esse suposto 'renascimento' da antiguidade, foi antes uma 'releitura' desta – como exprime, em síntese, o pensamento de VITÓRIA. A formulação do direito internacional como *jus inter gentes* decorre diretamente do direito romano, aplicado a novo contexto, como VITÓRIA tinha diante de si, depois do 'descobrimento' do continente americano; e deste passa a ZOUCH. E a partir destes fluem as correntes, que formarão as várias doutrinas e modos de compreender o direito internacional enquanto sistema 'moderno', junto às gerações seguintes.

A herança renascentista e da era moderna se reporta a conjunto herdado da Antiguidade e da era medieval,[1775]que se diversifica e se tornara mais complexo, no contexto da era 'moderna'. E se abrirá, ulteriormente, na configuração do direito internacional clássico – nas sucessivas linhas, que vão de PUFENDORF a BYNKERSHOEK, e de VATTEL a VON MARTENS.[1776]

Ao mesmo tempo, exatamente nessa fase, ocorre o paradoxo do direito internacional deixar de ser universal; este se desenvolve, se estrutura, consolida institutos, delimita âmbito de aplicação. Mas também muda de alma; passa a ter espírito 'europeu', ou mais ainda, passa a ser entendido, estudado e operado, como conjunto de práticas 'nacionais' de direito internacional.

Sintomaticamente se dá nessa altura, ou logo adiante, o abandono do latim, como língua culta comum ao conjunto do Ocidente, e a este se substituem as línguas vernáculas – progressivamente o francês e as

[1774] Cfr. o presente tomo, bem como **Tratado** (tomo 5 – **Direito internacional no tempo de Francisco de Vitória**, tomo 7 – **Direito internacional no tempo de Hugo Grócio** e tomo 9 – **Direito internacional no tempo de Samuel Pufendorf**).

[1775] Cf. **Tratado** (tomos 3 A – **Direito internacional no tempo antigo**, 3 B – **Gregos, romanos, chineses, indianos** e 4 – **Direito internacional no tempo medieval**).

[1776] Cf. **Tratado** (tomos 9 – **Direito internacional no tempo de Samuel Pufendorf**, 10 – **Direito internacional no tempo de C. van Bynkershoek e Christian Wolff**, 11 – **Direito internacional no tempo do Iluminismo** e 12 – **Direito internacional no tempo de Vattel e von Martens**).

demais línguas 'nacionais' europeias, como veículo de comunicação e de expressão das ideias. Língua é veículo, mas também modelo intelectual, no qual se inscreve conjunto de mecanismos de comunicação intelectual. O que mais do simples detalhe técnico ou de caráter instrumental, também mostra mudança de paradigma.

A contradição entre 'universal' e 'nacional' é patente, e esta se verá exacerbada na fase seguinte – quando se cuida do direito internacional dito 'clássico'. No sentido estrito do termo, como se fala em direito internacional clássico – no século XVIII e primeira metade do século XIX – e se pode, também, falar em literatura 'clássica', música 'clássica' – na expressão específica dos grandes compositores contemporâneos HAYDN, MOZART, BEETHOVEN, como também em arquitetura 'clássica', e também o classicismo, como fenômeno que se manifesta nas artes plásticas, e sobretudo na escultura. O paralelo existe e opera de modo claro.

Existe e opera, a partir do contexto 'moderno', esse direito internacional 'clássico' até que, por sua vez, comecem a se manifestar indícios de reversão dessa tendência, e este se põe na história e na literatura, como o movimento romântico, que vai buscar a 'alma', as identidades nacionais – e a afirmação das nacionalidades, por vezes com efeitos desastrosos na história e na convivência organizada entre as nações – e se reflete, concomitantemente, na ruptura do modelo interestatal de mútua abstenção e de convivência pontualmente ordenada. Começa a percepção da falência do modelo anterior com a fase atual de vivência e reflexão do direito internacional – caracterizada pela modernidade, e nesta mais uma vez, parece que se acredita, que tudo se cria e tudo se renova.

Esse excessivo otimismo 'moderno' poderia ser ilustrado pelas transformações e experimentações feitas nas artes e nas letras, sob a rubrica do 'modernismo', das duas ou três primeiras décadas do século XX. E no direito internacional, pelas experimentações posteriores à primeira guerra mundial. Pretendeu-se muito e em muito pouco tempo. Inovações importantes foram alcançadas, mas o peso dos nacionalismos – e outros -ismos – foi avassalador sobre tal experimento institucional, todavia ainda frágil, e que soçobrou com a segunda guerra mundial.

Esse modelo que pretendeu inovar tanto, logo se viu confrontado pelas forças do passado: as identidades nacionais, as correntes políticas e ideológicas negadoras da boa convivência internacional institucionalmente organizada, para mostrar quantos danos puderam causar os nacionalismos exacerbados, os fascismos – de Portugal com SALAZAR, da Espanha de FRANCO, da Itália de MUSSOLINI, da Alemanha de HITLER, como outras ditaduras, e também a União soviética de STALIN – derrubaram as tentativas de nova ordenação das sociedades e do mundo. Para ficar somente em único exemplo, sobremodo ilustrativo – o pacto de Paris, de 1928, para a proscrição da guerra nas relações internacionais, uma década depois de celebrado, se vê coarctado pela catástrofe ainda maior, mais extensa e mais longa da segunda guerra mundial.

Depois destes cataclismas da primeira metade do século XX, comparece a pós-modernidade, no sentido de resgatar o diálogo com as fontes, de buscar as concepções inspiradoras da disciplina e compatibilizar o legado anterior, com os desafios do tempo presente. É a conscientização da necessidade desse diálogo com fases anteriores da história, para compreensão do passado e edificação do futuro. A partir das experiências e dos exemplos.

Esta fase, de SUAREZ, GENTILI e ZOUCH – até GRÓCIO – vê consolidar-se o direito internacional, como disciplina autônoma universitária, como conjunto de práticas dos estados, como modo de ordenação da convivência entre sociedades. Para isso contribuíram também tantos outros autores da mesma época, dos quais alguns são aqui lembrados. Foram muitos autores que tratam, mais ou menos extensa e diretamente, de temas de direito das gentes, que passam a chamar de direito internacional – o que também é indício de perda desse sentido de universalidade, da era anterior: de direito das gentes, ou seja, dos povos, se passa a um direito internacional, no sentido reducionista deste, de direito interestatal, de convivência pontual entre unidades políticas, soberanas e independentes, os estados modernos e clássicos, absolutistas e voltados para o predomínio dos seus interesses 'nacionais'.

Se, no conjunto, essas mutações são necessárias e positivas, foi também nessa fase histórica que se perde algo da alma universal, do anseio de abranger o conjunto da humanidade, que pauta em época anterior o direito das gentes – como direito *dos* povos, *do conjunto dos* povos. E não somente direito que doravante se punha *entre* as nações – com a interferência crescente dos estados soberanos da era moderna. Como instância última.

O paralelo com a reflexão de Anne CHENG, referido em epígrafe, me pareceu oportuno. Esta cuidava de explicar, nessa passagem, a configuração das correntes da lógica chinesa, no período dito dos "Reinos combatentes" – anteriormente à consolidação da unidade do império em 221 a.C. Os aparentes paradoxos, por vezes, não passam do efeito de condicionamentos culturais, que podem e devem ser afastados, para se poderem alcançar patamares mais altos de compreensão do mundo.

Esta reflexão cabe perfeitamente para explicar o paradoxo do direito internacional na era moderna, pois "quando se tenta designar o mundo, como um todo, não se encontra objeto para essa designação. O todo não é, por definição, designável, e contudo, todas as partes deste o são".

Ao cuidar do direito internacional na era moderna – basicamente de meados do século XVI ao final do século XVII – nos vemos diante dessa mesma contraposição: ao tentar designar um direito internacional para o mundo, não se encontra objeto para essa designação. É preciso examinar manifestações concretas deste, como se buscou no presente tomo, de SUAREZ, passando por GENTILI, até ZOUCH, para o encontrar, nas expressões concretas, dos autores, dos temas e dos contextos, nos quais cada um deles operou.

Ao lado destes (principais) nomes, tantos outros autores também se ocuparam do direito internacional: o fenômeno não é isolado, nem no tempo, nem no espaço. E várias áreas do conhecimento passam por questões também relevantes para a nossa disciplina.

Colocados diante da percepção de quanto cada um destes capítulos individualmente considerados, nas suas especificidades, reflete cada uma das partes do conjunto do mundo, exprime realidades, cada uma das quais pode ser nomeada. Estas poderão, a seguir, nos levar para a compreensão e a visão do que pode ser universal. Houve, assim, a necessidade de ir até o específico, para se poder, a partir destes e com estes, vislumbrar o universal: e essa convivência e conjunção entre o universal e o específico pautam sempre o direito internacional.

A História é ferramenta para a compreensão do mundo.[1777] A perspectiva do tempo histórico permite captar a formação e a evolução dos

[1777] Este campo do conhecimento, a história, ou História – se se preferir o 'h', maiúsculo – nem é *hobby*, mero passatempo, nem tampouco pode se limitar ao exclusivo exercício profissional dos historiadores, mas nos interessa a todos. Direito e história, ademais, se inscrevem no campo das assim chamadas 'ciências humanas'. O que pode parecer curioso

fenômenos culturais. E o direito internacional precisa dessa contextualização, para ser adequadamente situado e compreendido, como fenômeno jurídico internacional, mas também como parte de fenômeno humano e social mais amplo, que se insere no conjunto das transformações do seu tempo.

O direito internacional, como outros ramos do conhecimento, é parte de processo civilizacional. Para ser compreendido não pode ser isolado do processo temporal no qual se constitui, e por meio do qual evolui, não deve ser tomado somente pela sua configuração como produto final: o que aparece, legislado e codificado, no momento presente.

Esta perspectiva temporal e cultural do direito internacional teve e tem como propósito não a história em, ou a perspectiva da história cultural, mas a compreensão do direito internacional através do seu exame no tempo.

Como várias vezes mais, estes séculos põem o mundo, em completa transformação. As transformações terão múltiplos desdobramentos. Inclusive no direito internacional e na evolução da ideia e dos modos de implementação de sistema internacional.

Esta fase, aqui considerada, de SUAREZ a ZOUCH, basicamente nos traz o direito internacional da história para o quadro da era moderna, com três dos grandes autores do século XVII, na esteira da contribuição inovadora de VITÓRIA, no século precedente. A partir destes, com GRÓCIO, PUFENDORF e outros, o direito internacional moderno se desdobra em escolas e floresce em vários caminhos, até os séculos XVIII e XIX.[1778]

– como se não fossem humanas as 'naturais' e as 'exatas', mas enfim, é termo de uso corrente, para o que se pode também chamar de 'ciências sociais aplicadas', o que diz muito e, simultaneamente, muito pouco, para esclarecer o conteúdo de tais disciplinas – e tem interações que são úteis e necessárias para a compreensão de cada um dos ramos e de ambos, na perspectiva interdisciplinar e comparada. E que devem ser entendidos tanto em relação às suas premissas básicas, como aos seus respectivos propósitos: de onde vem, como se fundamentam, como operam e para que se destinam. Como se considera no **Tratado** (tomo 20 – **Direito internacional, história e cultura**).

[1778] Cf. **Tratado** (tomos 7 – **Direito internacional no tempo de Hugo Grócio**, 8 – **Direito internacional além do paradigma vestfaliano**, 9 – **Direito internacional no tempo de Samuel Pufendorf**, 10 – **Direito internacional no tempo de c. van Bynkershoek e Christian Wolff**, 11 – **Direito internacional no tempo do Iluminismo**, 12 – **Direito**

Cada um destes séculos traz grandes transformações para o sistema do mundo. E as formas de ordenar e desenvolver o conhecimento.

O século XVII traz padrão 'moderno' de instauração e desenvolvimento das ciências. Se isso se faz sentir, sobretudo, nas ciências ditas 'naturais' e 'exatas', não terá, contudo, menor impacto na construção das ciências ditas 'humanas'. E nas "ciências sociais aplicadas" – se comprazem em agrupar os burocratas universitários – tais como o direito, e especificamente, o direito internacional.

Faz-se, nesse tempo 'moderno', o modelo de tratamento científico das matérias. E mesmo se isso pode e gerou distorções, que foram algumas corrigidas e outras não, criou-se instrumental de trabalho com o mundo do conhecimento humano. E esse legado foi transferido e aproveitado pelos séculos seguintes.[1779] No conjunto do conhecimento humano e também no direito internacional: de SUAREZ e GENTILI, para ZOUCH e GRÓCIO, e destes para Samuel RACHEL e Samuel PUFENDORF.

Na esteira do legado de séculos anteriores, inclusive de outras tradições culturais não ocidentais, no século XIX se consolida a história como disciplina autônoma, com objeto e método próprios. Não por acaso, nesta mesma época, também se põe a assim chamada "escola histórica do direito internacional", que tem como marco a contribuição de VON MARTENS, e em torno deste, vários outros autores se inscrevem, tais como HEFFTER, MOSER e outros.[1780]

internacional no tempo de Vattel e von Martens e 13 – **Direito internacional no tempo do concerto europeu**).

1779 Como se examina no **Tratado** (tomos 10 – **Direito internacional no tempo de C. van Bynkershoek e Christian Wolff**, 11 – **Direito internacional no tempo do Iluminismmo** e 12 – **Direito internacional no tempo de Vattel e von Martens**), o século XVIII, dito "das luzes", vive não menores transformações. Históricas, políticas, jurídicas. E também no direito internacional, como mostram os expoentes da época – BYNKERSHOEK, WOLFF, BURLAMAQUI, VATTEL e VON MARTENS. O século XIX, que por sua vez traz mutações impressionantes de todo o sistema do mundo e também do direito internacional – basta ver o estado deste, entre o início e o final do século: basta pensar, por exemplo, em 1801 e comparar com o estado do direito internacional, em 1899, quando da primeira Conferência de Paz da Haia (1899). E, a seguir, considerar todos os desdobramentos desde então ocorridos, nos tomos seguintes.

1780 Ver **Tratado** (tomos 12 – **Direito internacional no tempo de Vattel e von Martens** e 13 – **Direito internacional no tempo do concerto europeu**).

A escola histórica do direito internacional deve ser vista como produto de seu tempo e seu meio; mas teve papel relevante na construção histórica do direito internacional. A evolução da disciplina teve marco relevante com essa fase: mesmo se não se pautou tanto pela inovação. Antes pela consolidação de legados. De outras fases e da própria época.

Pode-se dizer que, de certo modo, a "escola histórica do direito internacional", de modo comparável aos historiadores e os filósofos (menores) da era Alexandrina, não contribuíram tanto pela criação de novas concepções do mundo, mas pela interpretação deste, e foram relevantes como pontos de passagem histórica,[1781] como elos entre momentos distintos da evolução do conhecimento humano. Da mesma forma, pode a escola histórica do direito internacional, ser comparada com o papel da "escola platônica de Cambridge" – com SHAFTESBURY e outros: esta teve e tem o seu papel histórico a ser assinalado, e representou elo que permite compreender como se deu a passagem do renascimento, sobretudo italiano, e seus desdobramentos em outras praças, para o mundo do século romântico, sobretudo alemão.

Existem elos e pontes, no tempo como no espaço: em si, podem não se apresentar de modo tão excepcional e grandioso, mas permitiram a continuidade histórica, e a transição, entre momentos aparentemente isolados. E cada um destes, em si, pode parecer incompreensível, sem que se enxergue, não somente o que veio antes e o que veio depois; mas, sobretudo, o que ocorria simultaneamente, por vezes muito perto, mas já em contexto diverso. E por vezes, muito longe, mas acaba por interagir com aquilo que sequer se suspeitaria tivesse interconexões.

Esta fase do direito internacional no tempo moderno, aqui considerado, cujo término se fez ao tempo da morte de Richard ZOUCH (1660) não é somente uma data, escolhida ao acaso, mas corresponde ao fim de modelo e de fase histórica. Entre os séculos XVI e XVII, de um lado, e, de outro, os séculos XVIII e XIX, existe mudança de padrão histórico e de orientação geral das ideias, que inexoravelmente não somente se refletem no direito internacional da época, como se espelham neste e são por este, a seu turno, espelhados.

[1781] Ver **Tratado** (tomo 3 B – **Gregos, romanos, chineses, indianos**, itens 5.2 – mundo helenístico e 5.3 – avaliação da contribuição grega e helenística para o direito internacional).

Aos poucos, esse tempo 'moderno' dará lugar ao tempo 'clássico'. Como se dera em relação a épocas anteriores, percebem-se progressivamente mutações e novas tendências, que levam à caracterização de nova 'fase' na história.

Este tempo dito 'clássico' terá os seus elementos marcantes, e os seus dados característicos. Assim ocorrerão transformações no direito internacional, como sistema institucional e normativo.

Como se assinalou a respeito da Roma barroca, de 1630:[1782]

> Deter-se em um momento da história, suspender em espírito o processo, para considerar as forças que nesta se afrontam, as tensões que nela estão escondidas, o jogo da necessidade com o acaso: qual ponto de vista pode melhor convir ao estudo da arte romana, particularmente do século XVII? Porque Roma nunca foi, como Florença ou Veneza, neste ou naquele período, um mundo mais ou menos fechado, e por conseguinte, de maturação bastante simples. Ela sempre foi, e isso de um a outro extremo de sua história, uma espécie de entroncamento de inumeráveis passantes, de encontros imprevisíveis, e daí resultou, sobretudo talvez na pintura, uma tão grande riqueza, nas contradições não ultrapassadas do instante se não na ordenação, que opera ao tornar-se ...[1783]

Cabe paralelo com relação a qualquer tentativa de fazer cortes de períodos históricos, em geral, e especificamente em relação ao direito internacional: sempre existe algum grau de arbitrariedade, ou ao menos de seletividade em tal escolha. E se isso, de um lado, é inexorável – pois não se pode alcançar tudo a respeito de tudo, simultaneamente – por outro lado é igualmente necessário ter consciência de que tais cortes e escolhas introduzem cisões que podem não necessariamente corresponder à realidade. Úteis, apesar dos riscos que acarretam, períodos e fases de determinado processo histórico e cultural, serão sempre somente um modo e uma escolha, para se buscar alcançar a compreensão de determinado fenômeno, em determinada época. A seguir, se há de fazer o processo inverso: o de tentar reagrupar essas tendências e elementos, para vislumbrar a compreensão do todo.

[1782] Yves BONNEFOY, **Rome, 1630** – L'horizon du premier baroque *suivi de* Un des siècles du culte des images (orig. publ. 1994, Paris: Flammarion, 2012).
[1783] Y. BONNEFOY (op. cit., ed. 2012, p. 5).

REFERÊNCIAS

Desinant ergo, desinant homines querere que supra eos sunt, et querant usque quo possunt, ut trahant se ad immortalia et divina pro posse, ac maiora se relinquant.

DANTES ALAGHERI DE FLORENTIA,
Questio de aqua et terra[1784] (século XIV)

Dicere enim solebat nullum esse librum tam malum ut non aliqua parte prodesset

PLÍNIO (século I d. C.), **Epistolae** (III.5.10)[1785]

ACCIOLY, H.; NASCIMENTO E SILVA, G. E. do; CASELLA, P. B., **Manual de direito internacional público** (São Paulo: Saraiva, 26ª ed., 2023)

ACHENWALL, Gottfried, **Iuris gentium Europaearum practici primae lineae, fragmentum libelli ob b. auctoris mortem adiecti nunc tandem in lucem editum** (Göttingen, 1775)

____, **Elementa iuris naturae** (Göttingen, 1750; na edição de 1752, publicada conjuntamente, com os nomes de ACHENWALL e PÜTTERS; a partir de 1757, somente com o nome de ACHENWALL; edições posteriores, em 1758, 1763, 1767, 1774, 1781;

[1784] DANTE ALIGHIERI, **Questio de aqua et terra** (in **Tutte le opere** a cura di Luigi BLASUCCI, Firenze : Sansoni, primeira edição, 1965, quarta edição, 1989, p. 369-386, cit. XXII, p. 384), que em vernáculo poderia ser: Deixem, assim, deixem os homens, de uma vez por todas, de indagar as coisas que estão fora de seu alcance, e indaguem até onde podem, que se contentem em aspirar às coisas imortais e divinas, deixando de buscar as coisas que excedem a sua inteligência.

[1785] PLÍNIO "o jovem", **Cartas** (III.5.10) refere comentário de seu tio, PLÍNIO, "o velho", segundo o qual não existiria livro tão ruim que deste não se pudesse aproveitar algo de útil.

a partir da quarta edição e seguintes, **Prolegomena iuris naturalis**, publicados em volume separado)

___ e Johann Stephan PÜTTER, **Elementa iuris naturae, additis iuris gentium europaearum practici primis lineis** (sumtibus Bibliopoli Academici Privileg, 1753 – disponível on line: books.google.com.br Elementa_iuris_naturae...)

AGAMBEN, Giorgio, **O que é o contemporâneo? e outros ensaios** (orig. publ. **Che cos'è il contemporaneo?**, 2008, trad. Vinicius N. HONESKO, Chapecó: Argos, 2009, 3ª reimpr., 2012)

AGOSTINHO DE HIPONA, **Confissões** (orig. **Confessionum libri tredecim**, trad. J. Oliveira SANTOS e A. Ambrósio de PINA, São Paulo: Abril – os Pensadores, vol. VI, 1973, p. 9-316)

___, **Las Confesiones** (edicion bilingue, trad. Angel CUSTODIO Vega, in **Obras de San Agustín**, vol. II, Madri: Biblioteca de Autores Cristianos, vol. 11 da coleção, 7ª ed. (8ª do autor), 1979)

___, **A cidade de Deus** (orig. **De civitate Dei**, trad. Oscar PAES LEME, introdução Pe. Riolando AZZI, São Paulo: Edameris, 1964, 3 vols.)

___, **De civitate Dei / La ciudad de Diós** (ed. bilingue, trad. Santos SANTAMARTA del Rio y Miguel FUERTES Lanero, intr. y notas Victorino CAPANAGA, in **Obras de San Agustin**, vols. XVI e XVII, Madri: Biblioteca de autores cristianos, vols. 171 e 172, 3ª ed., 1977)

___, **Cartas** (edición bilingue, por Lope CILLERUELO, in **Obras de San Agustín**, vol. VIII, 2ª ed., vol. XIa, 2ª ed., 1972, vol. XIb, 2ª ed., 1972, Madri: Biblioteca de Autores Cristianos, vols. 69, 99A e 99B)

AIRLIE, Shiona, **Thistle and Bamboo** – The Life and Times of Sir James Stewart LOCKHART (Hong Kong: Univ. Press, 2010)

ALEXANDROWICZ, C.-H., **The law of nations in global history**, ed. by David ARMITAGE and Jennifer PITTS, Oxford: Univ. Press, 2017)

___, **The European-African confrontation: a study in treaty-making** (Leiden: Sijthoff, 1973)

___, **The Afro-Asian world and the law of nations: historical aspects** (RCADI, 1968, t. 123, p. 117-214)

___, **An introduction to the history of the law of nations in the East Indies** (Oxford: Clarendon Press, 1967)

___, **Treaty and diplomatic relations between European and South Asian powers in the seventeenth and eighteenth centuries** (RCADI, 1960, t. 100, p. 203-322)

ALLOTT, Philip, **The Health of Nations** – Society and Law beyond the State (Cambridge: Univ. Press, 2002)

ALONSO GETTINO, Luís G., **Releciones teológicas del Maestro Fray Francisco de Vitoria** (Madri: Imprenta La Rafa, 1935)

AMARAL, Sylvino Gurgel do, **Ensaio sobre a vida e obras de Hugo de Groot (Grotius)** (Rio de Janeiro / Paris: Garnier, 1903)

AMBRÓSIO [AMBROSE], **De officiis** (ed. with an introduction, translation and commentary Ivor J. DAVIDSON, Oxford: Univ. Press, 2002 – Early Christianity – collection: Oxford Scholarship on line – https://doi.org/10.1093/0199245789.003.0010)

ANAND, R. P., **Development of modern international law and India** (Baden-Baden: Nomos, 2005)

___, **Studies in International Law and History** – an Asian perspective (Leiden: Brill Academic Publ. – M. Nijhoff, 2004)

ANDRÉ-VINCENT, G.-P., *La notion moderne de droit naturel et de volontarisme (de VITORIA et SUAREZ à ROUSSEAU)* (Paris: Archives de philosophie du droit, 1963, p. 237-259, disponível on line – hitoiredudroit-ifg.univ-lorraine.fr – base: 111509 – Université de Lorraine – bibliographie d'histoire du droit en langue française – 13 mai 2023)

ANÔNIMO, **De vi ac potestate, quam iuris gentium conventiones iure populi Romani habent** (Lugd. Batavorum = Leiden, 1640)

APPEL, I.; HERMES, G.; SCHÖNBERGER, C. (hrsg.), **Öffentliches Recht in offenem Staaten** – Festschrift für Rainer WAHL zum 70. Geburtstag, Berlin: Dunclker & Humblot, 2011)

ARABEYRE, Patrick; HALPÉRIN, Jean-Louis; KRYNEN, Jacques (direction de), **Dictionnaire historique des juristes français (XIIe – XXe siècle)** (Paris: PUF, 2007, 2ª tiragem, 2008)

ARBLASTER, Paul, **A History of the Low Countries** (orig. publ. 2006, New York: Palgrave-Macmillan, 2012)

ARISTÓTELES, **Ética a Nicômaco** (trad. Leonel VALLANDRO e Gerd BORNHEIM da versão inglesa de W. D. ROSÁ, São Paulo: Abril – os Pensadores, 1973)

___, **Política** (trad. Nestor Silveira CHAVES, Bauru: Edipro, 1995)

___ , **The Athenian Constitution** (with an English translation by H. RACKHAM, Cambridge, Ma./London: Harvard University Press/Loeb Classical Library, vol. 285, tomo XX das obras de ARISTÓTELES, © 1935, reprinted 2004, p. 1-188)

ARUMAEUS [ou ARUMÄUS], Dominicus, **Discursus academici de iure publico** (Jena: vol. I, 1616; vol. II, 1620; vol. III, 1621; vol. IV, 1623; vol. V, 1632)

ASTON, Margaret (ed. by), **The Panorama of the Renaissance** (Londres: Thames & Hudson, 1996)

AULO GÉLIO [AULUS GELLIUS], **Noctes Atticae** (with an English translation by John C. ROLFE, Cambridge, Ma./Londres: Harvard U. P., 3 vols., LCL 195 AULUS GELLIUS I, © 1927, rev. and reprinted, 1946; LCL 200 AULUS GELLIUS II, © 1927, rev. and reprinted 2006; LCL 212 AULUS GELLIUS III, © 1927, rev. and reprinted 1952)

AYALA, Balthazar, **De Jure et Officiis Bellicis et Disciplina Militari Libri III** (1582, introduction John WESTLAKE, translated by John Pawley BATE, Washington: Carnegie Institution, 1912)

BADRINATH, Chaturvedi, **Mahabharata** – an inquiry in the human condition (Hyderabad, India: Orient Longman P.L., 2007)

BAKEWELL, Sarah, **Como viver** ou uma biografia de Montaigne em uma pergunta e vinte tentativas de resposta (orig. publ. **How to live**, 2010, trad. Clóvis MARQUES, Rio de Janeiro: Objetiva, 2012)

BARBIER-MUELLER, Jean-Paul, **La parole et les armes**: Chronique des guerres de religion en France 1562-1598 (Genebra: Musée international de la Réforme/Hazan, 2006)

BARCIA TRELLES, C., **Fernando Vazquez de Menchaca (1512-1569) – L'école espagnole du droit international du XVIe siècle** (RCADI, 1939, t. 67, p. 429-534)

___, **Francisco Suarez (1548-1617): les théologiens espagnols du XVIe siècle et l'école moderne du droit international** (RCADI, 1933, t. 43, p. 385-554)

___, **Francisco de Vitória et l'école moderne du droit international** (RCADI, 1927, t. 17., p. 109-342)

BARTELSON, Jens, **A genealogy of sovereignty** (orig. publ. 1995, Cambridge: Univ. Press, Cambridge studies in international relations, vol. 39, reprinted 1996)

BARTOLO DI SASSOFERRATO, **De Insula** (prólogo de Antonio TRUYOL Y SERRA, trad., comentário y notas por Prometeo CEREZO de Diego, Madri: Centro de Estudios Constitucionales, 1979)

BASDEVANT, Jules, **Règles générales du droit de la paix** (RCADI, 1936, t. 58, p. 471-692)

___, *Hugo Grotius* (in **Les fondateurs du droit international public**: leurs oeuvres, leurs doctrines, introduction de A. PILLET, Paris: V. Giard & E. Brière, 1904, p. 125-267)

BECKER, Jean-Jacques, **O tratado de Versalhes** (trad. Constancia EGREJAS, São Paulo: Ed. Unesp, 2011)

BECKER-LORCA, Arnulf, **Mestizo International Law** – a global intelectual history 1842-1933 (orig. publ. 2014, Cambridge: Univv. Press, 2016)

___, *Eurocentrism in the history of international law* (in **The Oxford Handbook of the History of International Law**, edited by Bardo FASSBENDER e Anne PETERS, Oxford: Univ. Press, 2012, chap. 43, p. 1034-1057)

BEDERMAN, David J., **International law in Antiquity** (orig. publ. 2001, Cambridge: Univ. Press, 2006)

BEDIN, Gilmar Antonio, **A idade média e o nascimento do estado moderno** – Aspectos históricos e teóricos (Ijuí: Ed. Unijuí, 2008, reimpr. 2012)

BEDJAOUI, M. (dir. de), **Droit international**: bilan et perspectives (Paris: Pedone / UNESCO, 1991, 2 vols.)

BELENGUER, Ernest, **História de la España moderna** – desde los Reyes católicos hasta Felipe II (Madri: Gredos, 2011)

BELLERS, Fettiplace, **A Delineation of universal law** (replication of the edition of the book published before 1754, Book on demand Ltd., 2015)

BEHRINGER, Wolfgang, *Wissenschaft im Kampf gegen den Aberglauben: Die Debatte über Wunder, Besessenheit und Hexerei* (in **Macht des Wissens**: die Entstehung der modernen Wissensgesellschaft, Hg. Richard van DÜLMEN e Sina RAUSCHENBACH, Köln-Weimar-Wien, 2004, p. 365-389)

BÉLY, Lucien, **La France au XVIIe siècle** – puissance de l'état, contrôle de la société (Paris: PUF, 2009)

BENEDICTIS, Angela De, *Vivere in guerra e scrivere sulla guerra, per venti anni, al tempo della guerra dei Trent'anni* (Società italiana per la storia dell'età moderna, giugno 2022 – on line: lasisem.it)

___ , *Gentili, Alberico* (in **Dizionario biografico degli italiani**, ed. Mario CARAVALE, Roma: Istituto dell'Enciclopedia Italiana, 1999, vol. 53, p. 245-251)

BENTELE, Günther, **Die Neuzeit** (Munique: cbj, 2007)

BERTLING, Ernst August, **De iure gentium voluntario** (Göttingen, 1745)

BETHENCOURT, Francisco; CURTO, Diogo Ramada (dir.), **A expansão marítima portuguesa, 1400-1800** (orig. publ. **Portuguese oceanic expansion**, 2007, trad. Miguel MAIA, Lisboa: Ed. 70 – Lugar da história, 2021)

BETTS, Alexander; COLLIER, Paul, **Refuge** – Transforming a broken refugee system (orig. publ. 2017, London: Penguin, 2018)

Biblia Sacra iuxta **Vulgatam clementinam** (logicis partitionibus aliisque subsidiis ornata a Alberto COLUNGA et Laurentio TURRADO, Madrid: Biblioteca de autores cristianos, quinta editio, 1977, *Liber Deuteronomium*, p. 140-172)

BIRMINGHAM, David, **A concise history of Portugal** (orig. publ. 1993, Cambridge: Univ. Press, 8th printing, 2011)

BITTREMIEUX, Joseph, **Lessius et le droit de la guerre** – Contribution à l'histoire des doctrines théologiques sur la guerre (Louvain: A. Dewitt, 1920 – on line https://books.google,com > about)

BLACK, C. F.; GREENGRASS, Mark; HOWARTH, David; LAWRANCE, Jeremy; MACKENNEY, Richard; RADY, Martin; WELCH, Evelyn, **Cultural Atlas of the Renaissance** (New York: Prentice-Hall, 1993)

BLACK, Jeremy, **The rise of the European powers 1679-1793** (Londres: Edward Arnold – a division of Hodder & Stoughton, 1990)

BLASCO Soto, Maria del Carmen, *Francisco Suárez: su influencia jurídica en el nuevo mundo* (in, **Culturalismo jurídico** – São Paulo 450 anos: Seminário Brasil-Espanha, coord. Claudio LEMBO, org. João Bosco COELHO Pasin, Pilar JIMÉNEZ Tello e Mônica Herman Salem CAGGIANO, Barueri, SP: Manole/ Brasília, DF: Instituto Tancredo Neves, 2004, p. 167-190)

BLEW, Iac. le, **Dissertatio de foederibus** (in I. le BLEW, **Diss. Polit.**, Giessen, 1660)

BLUNTSCHLI, Johan Kaspar [Jean-Gaspard], **Le droit international codifié** (orig. publ. **Das moderne Voelkerrecht der civilisirten Staaten als Rechtsbuch dargestellt**, 1868, trad. C. LARDY, Paris: Guillaumin & Cie., 5ª ed., 1895)

BODIN, Jean, **Les six livres de la République** (ed. orig. Paris: Jacques Du Puys, 1576, esta edição segue a 10ª ed., publicada em Lyon: Gabriel Cartier, em 1593, reimpressa em 1594, Corpus des oeuvres de philosophie en langue française, Paris: Fayard, 1986, 6 vols)

___, **De la démonomanie des sorciers** (orig. publ. Paris: I. Du Puys, 1580, trad. R. A. SCOTT, Toronto: Centre for Reformation and Renaissance Studies, 1995)

BODINUS, Henricus, **Dissertatio de contractibus summarum potestatum** (Halle, 1696)

BOEGNER, M., **L'influence de la Réforme sur le développement du droit international** (RCADI, 1925, t. 6, p. 241-324)

BOGDAN, Henry **La guerre de trente ans 1618-16148** (Paris: Perrin-tempus, © 1997, ed. 2006, impr. 2010)

___, **Histoire de l'Allemagne** – de la Germanie à nos jours (orig. publ. 1999, Paris: Perrin-tempus, 2003, impr. 2010)

___, **Histoire des Habsbourg** – des origines à nos jours (Paris: Perrin-tempus, 2002, impr. 2005)

BONNEFOUS, Edouard, **La construction de l'Europe** par un de ses initiateurs (pref. de Henri AMOUROUX, propos recueillis par Pascal BINCZAK, Paris: PUF, 2002)

BONNEFOY, Yves, **Rome, 1630** – L'horizon du premier baroque *suivi de* Un des siècles du culte des images (orig. publ. 1994, Paris: Flammarion, 2012)

BOSSUET, Jacques-Bénigne, **Discours sur l'histoire universelle** (orig. publ. 1681, textes établis et annotés par l'Abbé VELAT et Yvonne CHAMPAILLER, Paris: Gallimard – Pleiade, ed. 1961, impr. 2006, p. 657-1027 + notas e variantes, p. 1471--1524)

BOSWELL, James, **Boswell's Life of Johnson** (London, New York, Toronto, 1953)

BOURDIEU, Pierre, **Sur l'état** ('cours au Collège de France' (1989-1992), éd. établie par P. CHAMPAGNE, R. LENOIR, F. POUPEAU et M.-C. RIVIÈRE, Paris: Seuil-raisons d'agir, 2012)

BOURQUIN, Maurice, **Règles générales du droit de la paix** (RCADI, 1931, t. 35, p. 1-232)

___, *Grotius et les tendances actuelles du droit international* (7 Revue de droit international et de législation comparée, 1926, 3e série, 86)

BOZEMAN, Adda, **Politics & Culture in International History** – from the Ancient East to the opening of the Modern Age (orig. publ. 1960, New Brunswick, N.J.: Transaction Publishers, 2nd ed., 4th printing, 2010)

BRAUDEL, Fernand, **Grammaire des civilisations** (orig. publ.1963, Paris: Flammarion – Coll. Champs – vol. 795, 1993, impr. 2008)

___, **O modelo italiano** (do original **Le modèle italien**, publicado em 1989, trad. Franklin de MATTOS, São Paulo: Companhia das Letras, 2007)

___, *Histoire et sciences sociales. La longue durée* (orig. publ. em 1958, republicado in **Écrits sur l'histoire**, Paris: Flammarion/Champs, 1969, nova impr. 1989, p. 15-38)

___, *História e ciências sociais: a longa duração* (orig. publ. 1958, trad. Flávia NASCIMENTO, in **Nova história em perspectiva**, org. e intr. Fernando A. NOVAIS e Rogério F. da SILVA, São Paulo: Cosac & Naify, 2011, p. 86-121)

___, **La méditerranée et le monde méditerranéen à l'époque de Philippe II** (Paris: Armand Colin, © 1966, impr. 1987, 2 vols.)

___, **Écrits sur l'histoire** (Paris: Flammarion / Champs, © 1969, impr. 1984)

___ (coord.), **La méditerranée**: espace et histoire (Paris: Flammarion/Champs, 1ª ed., 1977, impr. 1985)

___, **Les ambitions de l'Histoire** (préf. de Maurice AYMARD, éd. établie et présentée par Roselyne de AYALA et Paule BRAUDEL, Paris: Éd. de Fallois, 1997)

___, **Civilisation matérielle, économie et capitalisme XVe-XVIIIe siècle** vol. I – **Les structures du quotidien: le possible et l'impossible** (Paris: Armand Colin 1979)

___, ___ vol. II – **Les jeux de l'échange**, Paris: Armand Colin, 1979)

___, ___ vol. III – **Le temps du monde**, (Paris: Armand Colin, 1979)

___, **Civilization and capitalism (15th.-18th. century)** vol. **I: The structures of everyday life**: the limits of the possible (© 1979, translation revised by Sián REYNOLDS, New York: Harper & Row, 1981)

___, ___ vol. **II: The wheels of commerce** (translation by Sián REYNOLDS, New York: Harper & Row, 1982)

___, ___ vol. **III: The perspective of the world** (translation by Sián REYNOLDS, New York: Harper & Row, 1984)

___ e DUBY, Georges (dir. de), **La méditerranée**: les hommes et l'héritage (Paris: Flammarion/Champs, 1ª ed., 1977, impr. 1986)

BRAUN, Conrad, **Les cinq livres sur les Ambassades**: à destination de ceux qui sont totalement appliqués à la chose publique, ou très utile à ceux qui remplissent une quelconque magistrature, et agréables à la lecture (do original **De Legationibus libri V**, 1548, traduction, introduction et notes de Dominique GAURIER, Limoges: Pulim – Presses Univ. de Limoges, 2008)

BREUNING, Chr. Henr., **Delineatio philosophiae iusti, seu iuris naturae et gentium** – accedit oratio de causis neglectus iniustitiae in negotiis liberarum gentium (Leipzig, 1768)

BRETT, Annabel, *Francisco de Vitoria (1483-1546) and Francisco Suarez (1548-1617)* (in **The Oxford Handbook of the History of International Law**, ed. by B. FASSBENDER e A. PETERS, Oxford: Univ. Press, 2012, chap. 46, p. 1086-1091)

BRIERLY, James-Leslie, **Règles générales du droit de la paix** (RCADI, 1936, t. 58, p. 1-242)

___, **Le fondement du caractère obligatoire du droit international** (RCADI, 1928, t. 23, p. 463-552)

BRING, Suen., **De foederibus cum infidelibus et barbaris** (Lund Scan., 1744)

BRUNO [Nolano], Giordano, **Le Procès** – Documents (introduction et texte L. FIRPO, trad. et notes de A.-Ph. SEGONDS, **Oeuvres complètes de Giordano Bruno**, "publiés sous le patronage de l'Istituto Italiano per gli Studi Filosofici – Centro Internazionale di Studi Bruniani", ed. bilingue, vol. I, Paris: Les Belles Lettres, 2000)

___, **Le Souper des Cendres** (texte établi et notes par Giovanni AQUILECCHIA, préface Adi OPHIR, trad. de Yves HERSANT, **Oeuvres complètes**, ed. cit., vol. II, Paris: Les Belles Lettres, 1994)

___, **De la causa, principio et uno** (texte établi par Giovanni AQUILECCHIA, notes Giovanni AQUILECCHIA, intr. Michele CILIBERTO, trad. fr. de Luc HERSANT, **Oeuvres complètes**, ed. cit., vol. III Paris: Les Belles Lettres, 1996)

___, **De l'infini, de l'univers et des mondes** (texte établi par Giovanni AQUILECCHIA, notes Jean SEIDENGART, intr. Miguel Angel GRANADA, trad. de Jean-Pierre CAVAILLÉ, **Oeuvres complètes**, ed. cit., vol. IV, Paris: Les Belles Lettres, 1995)

___, **Expulsion de la bête triomphante** – Dialogue 1 (texte établi par Giovanni AQUILECCHIA, notes Maria Pia ELLERO, intr. Nuccio ORDINE, trad. de Jean BALSAMO, **Oeuvres complètes**, ed. cit., vol. V – tome I, Paris: Les Belles Lettres, 1999)

___, **Expulsion de la bête triomphante** – Dialogues 2 et 3 (texte établi par Giovanni AQUILECCHIA, notes Maria Pia ELLERO, intr. Nuccio ORDINE, trad. de Jean BALSAMO, **Oeuvres complètes**, ed. cit., vol. V – tome II, Paris: Les Belles Lettres, 1999)

___, **Cabale du cheval pégaséen** (texte établi par Giovanni AQUILECCHIA, préface et notes Nicola BADALONI, trad. de Tristan DRAGON, **Oeuvres complètes**, ed. cit., vol. VI, Paris: Les Belles Lettres, 1994)

___, **Des fureurs héroïques** (texte établi par Giovanni AQUILECCHIA, intr. et notes Miguel Angel GRANADA, trad. de Paul-Henri MICHEL, revue par Yves HERSANT, **Oeuvres complètes**, ed. cit., vol. VII, Paris: Les Belles Lettres, 1999)

BUDDEI, Ioh. Franc., **Philosophia practica** (Halle, 1697, 1702, 1712)

___, **Dissertatio de ratione status circa foedera** (Halle, 1696)

___, **Dissertatio de contraventionibus foederum** (Halle, 1701)

BURCKHARDT, Jacob, **Das Zeitalter Friedrichs des Grossen** (hrsg. von Ernst ZIEGLER, mit einem Essay von Hans PLESCHINSKI, Munique: Beck, 2012)

___, **O estado como forma de arte** (orig. publ. **Der Staat als Kunstwerk**, capítulo do livro **Die Kultur der Renaissance in Italien**, 1860, trad. Sérgio TELLAROLI, São Paulo: Penguin Classics / Companhia das Letras – Grandes Ideias, 2012)

___, **The civilization of the Renaissance in Italy**: an essay (orig. publ. **Die Kultur der Renaissance in Italien**: ein Versuch, 1860, trad. C. S. G. MIDDLEMORE, de 1878, "Introduction" by Hajo HOLBORN, New York: The Modern Library, © 1954, reimpressão sem data)

BURKHARDT, Johannes, **Der Dreissigjährige Krieg** (Frankfurt-Main: Suhrkamp, 1992)

BURLAMAQUI, J. J., **Principes du droit naturel** (II Parties. orig. publ. Genève, 1747)

___, **Principes du droit de la nature et des gens** ('par J. J. BURLAMAQUI, avec la suite du droit de la nature augmentée par Mr. de FELICE', tomes VIII, orig. publ. em Yverdon, 1766)

BRUFAU PRATS, J., **El pensamiento político de Domingo de Soto y su concepción del poder** (Salamanca: Acta Salmanticensis – Univ. de Salamanca, 1960)

CACHERANI, Octavianni, **Disp. an principi Christiano fas sit, foedus inire cum infidelibus** (Taurini, 1569)

CALENUS, Fried., **Diss. de foederibus fidelium cum infidelibus adversus fideles** (Wittbenberg, 1687)

CAMÕES, Luís de, **Os Lusíadas** (1572, com ilustrações de LIMA DE FREITAS, prefácio e notas de Hernani CIDADE, Lisboa: Círculo de Leitores Lda., 1972 – edição comemorativa do IV centenário)

CAMPANELLA, Tommaso, **Dell'altro emisfero, cioè del Mondo Novo** (no volume **Monarchie d'Espagne et monarchie de France**, org. por Germana ERNST, Paris: PUF, 1997, cap. XXXI)

___, **Aphorismes politiques** (trad. Pierre CAYE et Claude MONET, Caen: Centre de philosophie politique et juridique – Univ. de Caen, 1993)

___, **Cidade do Sol** (1602, trad. e notas de Aristides LOBO, São Paulo: Abril – os Pensadores, vol. XII, 1973, p. 239-291)

CARILE, Antonio; SACHAROV, Andrej N. (a cura di), **I trattati dell'antica Russia con l'Impero romano d'Oriente** (Roma: L'Erma di Bretschneider, 2011, col. Da Roma alla Terza Roma – Documenti e Studi, Roma-Mosca, Documenti – vol. II)

CARRILLO SALCEDO, Juan-Antonio, **Droit international et souveraineté des états**: cours général de droit international public (RCADI, 1996, t. 257, p. 35-221)

CASELLA, Paulo Borba, **Tratado de direito internacional** (tomo 1 – **Direito internacional dos espaços**, São Paulo: Almedina, 2ª ed., revista, ampliada e atualizada, 2022)

___, ___ (tomo 2 – **Direito internacional dos espaços**, São Paulo: Almedina, 2ª ed., revista, ampliada e atualizada, 2022)

___, ___ (tomo 3 A – **Direito internacional no tempo antigo**, São Paulo: Almedina, 2ª ed., 2022)

___, ___ (tomo 3 B – **Gregos, romanos, chineses, indianos**, São Paulo: Almedina, 2ª ed., 2023)

___, ___ (tomo 4 – **Direito internacional no tempo medieval**, São Paulo: Almedina, 2ª ed., 2023)

___, ___ (tomo 5 – **Direito internacional no tempo de Francisco de Vitória**, São Paulo: Almedina, 2ª ed., 2023)

___, ___ (tomo 7 – **Direito internacional no tempo de Hugo Grócio**)

___, ___(tomo 8 – **Direito internacional além do paradigma vestfaliano**)

___, ___ (tomo 9 – **Direito internacional no tempo de Samuel Pufendorf**)

___, ___ (tomo 10 – **Direito internacional no tempo de C. van Bynkershoek e Christian Wolff**)

___, ___ (tomo 11 – **Direito internacional no tempo do Iluminismmo**)

___, ___ (tomo 12 – **Direito internacional no tempo de Vattel e von Martens**)

___, ___ (tomo 13 – **Direito internacional no tempo do concerto europeu**)

___, ___ (tomos 14 a 17 – **Direito internacional no tempo do colonialismo**)

___, ___ (tomo 20 – **Direito internacional, história e cultura**)

___, *Soberania por dentro e por fora* (in **Estudos em homenagem a Enrique R. Lewandowski**, org. Nina B. S. RANIERI, São Paulo, 2023, no prelo)

___, *Negociação e conflito no direito internacional: cinco mil anos de registro da história* (in Revista da Faculdade de Direito da USP, São Paulo, 2019, vol. 114, p. 185-230)

___, *Nacionalidade – direito fundamental, direito público interno e direito internacional* (Revista da Fac. de Direito da USP, São Paulo, 2016, vol. 111, p. 301-309)

___, *Empires, hegemony and cooperation* (in **Pravovie Aspeekti Brics – Aspetti giuridici del Brics – Legal Aspects of Brics**, ed. by T. A. ALEXEEVA & P. CATALANO, São Petersburgo: Univ. Nacional de Pesquisa, 2011, p. 27-48)

___, *400 anos do De Legibus (1612) de Francisco SUAREZ* (São Paulo: Rev. da Faculdade de Direito da USP, 2011-2012, vol. 106-107, p. 25-33)

___, *International Law: the post-modern approach to the classics and the new challenges* (curso ministrado no Rio de Janeiro, em agosto de 2009, publ. **XXXVI Curso de derecho internacional**, org. Comité jurídico interamericano da OEA, realizado, Washington: OEA – Secretaria general, 2010, p. 3-46)

___, *Il Foedus tra Plebe e Senato ed il problema del diritto internazionale. Dalla secessione della plebe all'autodeterminazione dei popoli* (conferência de abertura do III Seminário sulla tradizione repubblicana romana, realizado pela Universidade de Roma I – La Sapienza, em Roma, de 15 a 17 de dezembro de 2009, publ. in **Diritto@Storia – Rivista internazionale di scienze giuridiche e tradizione romana**, N. 9 – 2011, p. 1-18, ISSN 1825-0300)

___, **Fundamentos do direito internacional pós-moderno** (São Paulo: Quartier Latin, 2008)

___, **Tratado de Versalhes na história do direito internacional** (São Paulo: Quartier Latin, 2007)

___, **Direito internacional, terrorismo e aviação civil** (São Paulo: Quartier Latin, 2006)

___, **União europeia: instituições e ordenamento jurídico** (São Paulo: LTr, 2002)

___, *Pax perpetua – a review of the concept from the perspective of economic integration* (in **Dimensão internacional do direito**: estudos em homenagem a G.E. do NASCIMENTO E SILVA, São Paulo: LTr, 2000, p. 69-88)

___, *Globalização e integração econômica* (in **A soberania** – Anuário direito e globalização, coord. Celso D. A. MELLO, Rio de Janeiro: Renovar – Programa Interdisciplinar Direito e Globalização, vol. 1, 1999, p. 71-97)

___, *Pirataria aérea e o papel do direito internacional* (São Paulo: Rev. de Direito – FMU, 1986, vol. I, p. 47-54)

CASTAÑON, C. G. F., **Les problèmes coloniaux et les classiques espagnols du droit des gens** (RCADI, 1954, t. 86, p. 557-700)

CASTRO, Alfonso de, **De potestate legis penalis** (Lyon, 1556)

CATALANO, Pierangelo, **Linee del sistema sovrannazionale romano** (Torino: Giappichelli, 1965)

CAVAGLIERI, Arrigo, **Règles générales du droit de la paix** (RCADI, 1929, t. 26, p. 311-585)

CELLARIUS, Christophorus, **Historia universalis in antiquam et medii aevi ac novam divisa** (Jena, 1704-1708)

CERVANTES Saavedra, Miguel de, **El ingenioso caballero Don quijote de la Mancha** (1615, intr. y notas de Joaquín CASALDUERO, Madri: Alianza, ed. 1984, 3ª reimpr., 1992)

___, **El ingenioso hidalgo Don quijote de la Mancha** (1605, intr. y notas de Joaquín CASALDUERO, Madri: Alianza, ed. 1984, 3ª reimpr., 1992)

CHACKO, Joseph, **India's contribution to the field of international law concepts** (RCADI, 1958, t. 93, p. 117-222)

CHACON, Vamireh, **A grande Ibéria** – convergências e divergências de uma tendência (São Paulo: Ed. Unesp / Brasília: Paralelo 15, 2005)

CHANET, Jean-François; WINDLER, Christian, **Les ressources des faibles** – Neutralités, sauvegardes et accomodements en temps de guerre (XVIe-XVIIIe siècle) (Rennes: Presses univ. de Rennes, 2009)

CHANG, Iris, **The rape of Nanking** – The forgotten Holocaust of World War II (orig. publ.1997, London: Penguin 1998)

CHASTEL, André, **Arte e humanismo em Florença na época de Lourenço, o magnífico** – estudos sobre o Renascimento e o humanismo platônico (orig. publ. 1959, **Art et humanisme à Florence au temps de Laurent le magnifique** – études sur la Renaissance et l'humanisme platonicien, trad. Dorothée de BRUCHARD, São Paulo: Cosac & Naify, 2012)

CHASTEL, Charles-Irénée, v. SAINT-PIERRE, Abbé de,

CHENG, Anne, **Histoire de la pensée chinoise** (Paris: Seuil, 1997, impr. 2002)

CHEVALIER, J., **La pensée chrétienne** (Paris: Flammarion, 1956)

CÍCERO, **De re publica** (with an English translation by Clinton Walker KEYES, Cambridge, Ma. / London: Harvard Univ. Press – LCL 213, tomo XVI das obras de CÍCERO, © 1928, reprinted 2006)

CÍCERO, **De officiis** (with an English translation by Walter MILLER, Cambridge, Ma. / London: Harvard Univ. Press – LCL 30 – CICERO XXI, © 1913, reprinted 2005)

___, **De Finibus bonorum et malorum** (with an English translation by H. RACKAM, Cambridge, Ma. / London: Harvard Univ. Press – LCL 40 – CICERO XVII, © 1914, reprinted 2006)

C.I.J., **Legal consequences of the construction of a wall in the occupied Palestinian territory** (advisory opinion 9 July 2004, I.C.J. **Reports** 2004)

___ , caso do **pessoal diplomático e consular dos Estados Unidos em Teerã** (Estados Unidos v. Irã, julgamento de mérito em 24 de maio de 1980; ordonnance de 12 de maio de 1981, icjcij.org > United States Diplomatic and Consular Staff in Teheran, Judgment, I. C. J. **Reports** 1980, p. 3)

___, caso **HAYA DE LA TORRE** (Colômbia c. Peru) (julgamentos de 20 e 27 de novembro de 1950 e de 13 de maio de 1951)

COCCEJI, Samuelis L. B. de, **Introductio ad Henrici L. B. de COCCEJI ... Grotium illustratum, continens dissertationes proemialis XII in quibus principia Grotiana circa jus naturae, per totum opus dispersa, ad justam methodum revocantur, mens Grotii, obscura saepius, ex ipso Grotio illustratur, et defectus circa ejus principia notantur, duodecima dissertativo exhibet auctores novum systema iustitiae naturalis et Romanae in quo Universum jus Romanum nova methodo ad artem redigitur** (esp. *De iure gentium voluntario, ubi simul probatur, tale ius non existere, et monstrum hoc ex errore Triboniani ortum esse expositur*, na quarta dissertação preliminar, *Dissert. proemialis*, Halle: In officina Orphanotrophei libraria, 1748 – exemplar da Universidade de Ghent, digitalizado em 17 maio 2010, on line: books.google.com.br >)

COELHO Pasin, João Bosco; JIMENEZ Tello, Pilar, *Humanistas maiores da Universidade de Salamanca* (in **Culturalismo jurídico** – São Paulo 450 anos: Seminário Brasil-Espanha, op. cit., 2004, p. 101-106)

COHN, Bernard S., *A representação da autoridade na Índia* (in Eric HOBSBAWM e Terence RANGER (orgs.), **A invenção das tradições** (do original **The invention of tradition**, trad. Celina C. CAVALCANTE, São Paulo: Paz e Terra, 1997, 6ª ed., 2008, p. 175-217)

COLLET, Éva, *Enjeux géopolitiques, externes et internes* (in Sylvie DENOIX et Hélène RENEL (dir. de), **Atlas des mondes musulmans médiévaux**, Paris: CNRS éditions, 2022, chap. 7, p. 291-323)

COMTE, Auguste, **Cours de philosophie positive** (Paris: Rouen Frères libr. éds, 1830 a 1842, 6 vols.)

___, **Discours sur l'ensemble du positivisme** (1848, présentation par Jean-François MATTEI, © 1998, Paris: Flammarion, 2008)

CONCINAE, Nic., **Iuris naturalis et gentium doctrina metaphysice asserta** (Veneza, 1736)

CONFUCIUS, **Entretiens** (trad. du chinois et présentation Anne CHENG, Paris: Seuil, 1981)

CONRADI, Franciscus Conradus, **De fecialibus et iure feciali populi Romani** (Helmstaedt, 1734)

CONRING, Herm., **De foederibus** (Helmst., 1659)

C.P.J.I., caso do **navio Winbledon**, julgado em 17 de agosto de 1923, (França, Reino Unido, Alemanha, com intervenção da Polônia e outros) (CPJI, **Recueil**, Série C, n. 3)

___, **denúncia do tratado de 2 de novembro de 1865 entre China e Bélgica** (**denunciation of the treaty of 2 November 1865, between China and Belgium**, série A, n. 8, n. 14, n. 16, n. 18, n. 19, série C, n. 16/1)

CREVELD, Martin van, **Ascensão e declínio do estado** (orig. publ. **The rise and decline of the state**, 1999, trad. Silvana VIEIRA, São Paulo: Martins Fontes, 2004)

CROUZET-PAVAN, É., **Renaissances italiennes 1380-1500** (Paris: Albin Michel, 2007)

CROWLEY, Roger, **Conquerors** – how Portugal seized the Indian Ocean and forged the first global empire (London: Faber and Faber, 2015)

D'ALEMBERT, *Éloge de l'Abbé de Saint-Pierre* (1775, extrait de D'ALEMBERT, **Histoire des membres de l'Académie française**, Paris: chez Moutard Imprimeur-Libraire, MDCCLXXVII, tome premier, p. 95-131, Avant-propos Simone GOYARD-FABRE, Caen: Univ. de Caen – Centre de philosophie politique et juridique – Bibliothèque de philosophie politique et juridique – Textes et documents, 1993)

DAL RI, Lucienne, **Ius fetiale**: as origens do direito internacional no universalismo romano (Ijuí: Ed. Unijuí, 2011)

DANTE ALIGHIERI, **Questio de aqua et terra** (in **Tutte le opere** a cura di Luigi BLASUCCI, Firenze: Sansoni, primeira edição, 1965, quarta edição, 1989, p. 369--386)

DARIES, Ioach. Ge., **Institutiones iurisprudentiae universalis, in quibus omnia iuris naturae et gentium capita methodo scientifica explanantur** (Iena, 1740, 1745, 1748, *auctior* 1751, 1757, 1764)

D'AUBE, François Richer, **Essai sur les principes du droit et de la morale** (Paris: chez Bernard Brunet, 1743)

DELANNOI, Gil; TAGUIEFF, Pierre-André (direction de), **Nationalismes en perspective** (Paris: Berg International Eds., 2001)

DELMAS-MARTY, Mireille, **Libertés et sûreté dans un monde dangereux** (Paris : Seuil, 2010)

DELOS, J.-T., **La société internationale et les principes de droit public** (Paris: Pedone, 1929)

DELSOL, Chantal; MATTÉI, Jean-François (direction de), **L'identité de l'Europe** (Paris: PUF, 2010);

DENOIX, Sylvie; RENEL, Hélène (dir. de), **Atlas des mondes musulmans médiévaux** (Paris: CNRS éditions, 2022)

DENYS, Catherine; PARESYS, Isabelle, **Les anciens Pays-Bas à l'époque moderne** (1404-1815) – Belgique, France du Nord, Pays-Bas (Paris: Ellipses, 2007)

DESCAMPS, Edouard-Eugène-François, **Le droit international nouveau**: l'influence de la condamnation de la guerre sur l'évolution juridique internationale (RCADI, 1930, t. 31, p. 393-559)

DIBON, Paul, **La philosophie néerlandaise au siècle d'or** (Paris/Amsterdam: Elsevier, t. I, 1954)

DIGGELMANN, Oliver, *The periodization of the history of international law* (in **The Oxford Handbook of the History of International Law**, ed. by B. FASSBENDER e A. PETERS, Oxford: Univ. Press, 2012, cap. 41, p. 997-1011)

DITHMARI, Iust. Chr., **Dissertatio de foederibus cum diversae atque nullius religionibus populis** (Frcf. ad Viadr., 1716)

DOERING-MANTEUFFEL, Sabine, **Das Okkulte** – Eine Erfolgsgeschichte im Schatten der Aufklärung – von GUTENBERG bis zum World Wide Web (Munique: Siedler, 2008)

DONAUER, Ioh. Christ., **Dissertatio de conventionibus publicis** (Altdorf, 1698)

DOUSSE, Michel, **Dieu en guerre** – la violence au coeur des trois monothéismes (Paris: Albin Michel, 2002)

DOYLE, John P., *Francisco SUAREZ on the Law of Nations* (in **Religion and International Law**, ed. by M. W. JANIS e C. EVANS, Leiden/Boston: M. Nijhoff, 1st. publ., 1999, new ed., 2004, p. 103-120)

___, **Collected Studies on Francisco Suarez, S. J.** (ed. by Victor SALAS, Leuven: Univ. Press Leuven, 2011)

DROYSEN, Johann Gustav, **Histoire de l'Hellénisme (édition intégrale)**, trad. sous la direction d'Auguste BOUCHÉ-LECLERCQ, préface, note sur la traduction, bibliographie Pascal PAYEN, Grenoble: Éd. Jerôme Millon, 2005, 2 vols.)

DUCELLIER, A., **Les Byzantins**: histoire et culture (orig. publ. 1988, Paris: Seuil, 2002)

___, **Le drame de Byzance**: idéal et échec d'une société chrétienne (Paris: Hachette – littératures, 1997)

DUCELLIER, A.; BALARD, Michel (direction de), **Constantinople 1054-1261** (Paris: Autrement, 1996)

DUPUIS, Charles, **Règles générales du droit de la paix** (RCADI, 1930, t. 32, p. 1-290)

DUPUIS, R., **Aperçu des relations internationales en Europe de Charlemagne à nos jours** (RCADI, 1939, t. 68, p. 1-94)

DURRIUS, Iohan Conrad, **De iuris gentium cum iure naturae consensu** (Altdorf, 1671)

DUROSELLE, Jean Baptiste, **A Europa de 1815 aos nossos dias** – Vida política e relações internacionais (orig. publ. **L'Europe de 1815 à nos jours** – vie politique et relations internationales, 1970, trad. Olívia KRÄHENBÜHL, São Paulo: Pioneira – Nova Clio, 1976)

DYKE, Paul A. van, **Merchants of Canton and Macao** – Politics and Strategies in eighteenth-century Chinese trade (Hong Kong/Kyoto: HK Univ. Press/Kyoto Univ. Press, 2011)

EINNECIO, Johann Gottlieb [também grafado EINECCIUS, EINNECIUS, HEINECCIUS ou HEINECCII], **Antiquitatum romanarum syntagma** (Halle, 1719)

___, **Elementa juris civilis secundum ordinem Institutionem** (orig. publ. 1725, tb. ed. Amsterdam, 1733)

___, **Elementa juris civilis secundum ordinem Pandectarum** (orig. publ. 1727, ed. Amsterdam, 1733)

___, **Elementa juris germanici tum veteris tum hodierni** (Halle, 1735-1736, 2 vols.)

___, **Elementa juris naturae et gentium** (Halle, 1737-1738)

___, **Elementi del diritto di natura e delle genti** (orig. publ. 1737-1738, "versione italiana e correzione" del sacerdote Andrea Cantore AMATO, Napoli: dalla tipografia di Domenico Sangiacomo, ed. seconda, "riveduta e ricorretta dal Vertitore", 1828)

EISENHART, August Ritter von, *Steck, Johann Christoph Wilhelm von* (in **Allgemeine Deutsche Biographie**, 35 (1893), p. 541-542, on line version – URL: https://www.deutsche-biographie.de/pnd100340520.html#adbcontent)

EISENHART, Christ. Silemann., **Dissertatio de pactis inter reges victores et captivos** (Helmst. 1710)

ELIAS, Norbert, **La civilisation des moeurs** (orig. publ. **Über den Prozess der Zivilisation**, 1969, trad. Pierrre KAMNITZER, éd. 1975, Paris: Agora, reimpr. 1999)

ENQUIST, Per Olov, **A visita do médico real** (orig. publ. **Livläkarens besök**, 1999, trad. Mário SEMIÃO e Maria João F. de ANDRADE, Porto: Ahab, 2011)

ERALY, Abraham, **The Mughal throne**: the Saga of India's great emperors (orig. publ.1997, Londres: Phoenix, 2004)

ERASMO [ÉRASME] DE ROTTERDAM, **Les Adages** (sous la direction de Jean-Christophe SALADIN, Paris: Les belles lettres, 2011, edição bilingue, em cinco volumes: I. Lettres préliminaires – Avant-propos – Adages 1 à 1000 – *Entre amis tout est commun*; II. Adages 1001 à 2000 – *Hâte-toi lentement*; III. Adages 2001 à 3000 – *Les travaux d'Hercule*; IV. Adages 3001 à 4151 – *La guerre paraît douce à ceux qui n'en ont pas l'expérience (Dulces bellum inexpertis)*; V. *La révolution humaniste* par J.-C. SALADIN – Index et tables)

___, **Liberté et unité dans l'église** (*Sur l'interdiction de manger de la viande/ /Contre de soi-disant évangéliques/ /Sur la concorde l'église/*, introduction, présentation des textes et bibliographie par J. M. de BUJANDA, trad. et notes par Roland GALIBOIS en collab. avec Pierre COLLINGE, Québec, Canadá: Ed. Cosmos/Centre d'Études de la Renaissance de l'Université de Sherbrooke, 1971)

___, **Elogio da loucura** (orig. publ. **Encomium, id est, Stultitiae Laus**, 1511, trad. e notas Paulo M. OLIVEIRA, São Paulo: Abril – os Pensadores, vol. X, 1972, p. 7-157)

ESCHWEILER, Karl, *Die Philosophie der spanischen Spätscholastik auf der Universitäten des 17. Jahrhunderts* (in **Spanische Forschungen der Gorresgesellschaft**, Munster: Aschendorff, 1928, p. 251-325)

FAIDUTTI, Bernard, **Copernic, Kepler, Galilée face aux pouvoirs** – Les scientifiques et la politique (Paris: L'Harmattan, 2010)

FASSBENDER, Bardo; PETERS, Anne (edited by, with Simone PETER and Daniel HÖGGER, assistant editors), **The Oxford Handbook of the History of International Law** (Oxford: Univ. Press, 2012)

FAVRE, Antoine, **Principes du droit des gens** (Fribourg: Libr. de droit et de jurisprudence / Éd. interuniv., 1974)

FEBVRE, Lucien, **Philippe II et la Franche-Comté** – Étude d'histoire politique, réligieuse et sociale (orig. publ. 1912, préface de Fernand BRAUDEL, Paris: Flammarions-Champs, 1970)

FEDERS, Johann Georg Heinrich, **Lehrbuch der practischen Philosophie** (Göttingen, 1770; 4ª ed., 1776, disponível on line – BIBTeX – Lehrbuch_der_praktischen_Philosophie books.google.com.br)

FERGUSON, Wallace K., **La Renaissance dans la pensée historique** (orig. publ. 1950, **The Renaissance in historical thought**, trad. Jacques MARTY, préf. Élisabeth CROUZET-PAVAN, Paris: Payot, 2009)

FERRATER MORA, José, *Suarez and modern philosophy* (Journal of the History of Ideas, vol. 14, no. 4 – Oct. 1953, p. 528-547, publ. by: University of Pennsylvania Press – stable URL: http://www.jstor.org/stable/2707700 - tb. on line https://www.ferratermora.org > The Espository Philosopher – The Essayist)

___, *Suarez et la philosophie moderne* (Paris: Revue de métaphysique et de morale, 1963, t. 68, p. 63)

FERRER, Aldo, **História de la globalización** – Orígenes del orden económico mundual (Buenos Aires: FCE de Argentina, 1996)

___, **História de la globalización II** – La Revolución industrial y el segundo orden mundual (Buenos Aires: FCE de Argentina, 1999)

FLORENZANO, Modesto, **Lições de história moderna** (São Paulo: Intermeios, 2021)

___, *Sobre as origens e o desenvolvimento do estado moderno no Ocidente* (Rev. Lua Nova, São Paulo, 2007, vol. 71, p. 11-39, republ. em **Lições de história moderna**, São Paulo: Intermeios, 2021, cap. II – Sobre a formação do estado moderno no Ocidente, p. 47-67)

FLORINI, Henr., **Disp. de confoederationibus gentium** (Abcae, 1691)

FORONDA, François (dir. de), **Avant le contrat social** – le contrat politique dans l'Occident médiéval XIIIe-XVe siècle (Paris: Publications de la Sorbonne, 2011)

___, *Du contrat ou de la structure proprement politique des sociétés politiques* (in **Avant le contrat social**, dir. de F. FORONDA, Paris: Publications de la Sorbonne, 2011, p. 5-13)

FOERSTER, Rolf Hellmut (hrsg.), **Die Idee Europa 1300-1946** – Quellen zur Geschichte der politischen Einigung (Munique: Deutscher Taschenbuch Verlag, 1963)

FRANCA, Leonel, S. J., *O método pedagógico dos Jesuítas* – ***Ratio Studiorum*** – introdução e tradução (in **Obras completas** do Pe. L. FRANCA, S. J., Rio de Janeiro: Agir, 1952)

FRANCI, Ioh., **Diss. de foederibus** (Frankfurt, 1682)

FRANÇOIS, J.-P.-A., **Règles générales du droit de la paix** (RCADI, 1938, t. 66, p. 1-294)

FREUDENSTEIN, Friedr. Ludw. Walther de, **Dissertatio de firmamentis conventionum publicarum** (Giess. 1709)

FRIDERICI, Val., **Diss. de foederibus** (Leipzig, 1616)

FRIEDELL, Egon, **Kulturgeschichte der Neuzeit** – Die Krise der Europäischer Seele von der Schwarzen Pest bis zum Ersten Weltkrieg (orig. publ. 1927-31, Munique: Beck, Sonderausgabe, 2007)

FROWEIN, Jochen Abr., **Reactions by not directly affected states to breaches of public international law** (RCADI, 1994, t. 248, p. 345-438)

GARCIA de Cortázar, Fernando; GONZALEZ Vesga, José Manuel, **Breve história de España** (orig. publ. 1994, Madri: Alianza edtrl., 4a. ed. 2009, reimpr. 2010)

GARIN, Eugenio (dir.), **O homem renascentista** (orig. publ. **L'uomo del Rinascimento**, 1988, trad. Maria J. V. de FIGUEIREDO, Lisboa: Presença, 1991)

GASCOIGNE, John, *Rutherforth, Thomas (1712-1771)* (in **Oxford Dictionary of National Biography**, Oxford: Univ. Press, 2004)

GAUDEMET, Jean, *Le miracle romain* (in F. BRAUDEL, G. DUBY, coord., **La méditerranée**: les hommes et l'héritage (Paris: Flammarion / Champs, 1ª ed., 1977, impr. 2009, p. 45-79)

GAURIER, Dominique, **Histoire du droit international** – de l'Antiquité à la creation de l'ONU (orig. publ. 2005, Rennes: Presses univ. de Rennes, 2e éd., 2014)

GEIST, Rainer (hrsg.), **Hexen, Teufel und Dämonen** (Zurique: Haffmanns, 1990)

GENTILI, Alberico, **Direito de guerra** (orig. publ. **De jure belli libri tres**, 1598, trad. Ciro MIORANZA, intr. Diego PANIZZA, Ijuí: Ed. Unijuí, 2004)

___, **De juris interpretibus dialogi sex** (Londres: Wolfius, 1582)

___, **Lectionum et epistolarum, quae ad ius civili pertinent, libri IV** (Londres: Wolfius, 1583 e 1584)

___, **Disputationum decas prima** (Londres: Wolfius, 1587)

___, **Ad titulum codicis De maleficiis et mathematicis et ceteris similibus commentarius** (Hanau: Antonius, 1604)

___, **De legationibus libri tres** (Londres: Vautrollerius, 1585)

___, **De jure belli libri tres** (orig. publ., 1589; ed. definitiva,1598; ed. Hanau: Antonius, 1612)

___, **De armis romanis libri duo** (Hanau: Antonius, 1599)

___, **Sobre o príncipe** (orig. publ. in **Disputationum decas prima**, Londres: Wolfius, 1587)

___, **Regales disputationes tres** – I. De potestate reges absoluta; II. De unione regnorum Britanniae; III. De vi civium in regem semper iniusta (Londres: Vautrollerius, 1605)

___, **Hispanicae advocationis Libri II** (Hanau: Antonius, 1613)

___, **In titulum Digestorum de verborum significatione commentarius** (Hanau: Aubrius, 1614)

GERBER, Gottfr., **De iure societatis armorum cum profanis** (Erfurt, 1711)

GERT, Bernard, **Hobbes** (Cambridge, UK: Polity – Classic thinkers, 2010)

GIERKE, Otto von, **Johannes Althusius und die Entwicklung der naturrechtlichen Staatstheorien** (orig. publ. 1880, Breslau: M. und H. Marcus, 1913 – disponível on line: https://books.google.com > about)

GINÉS DE SEPULVEDA, Juan, **De convenientia militaris disciplinae cum christiana religione** (orig. publ. Pozoblanco, 1560)

___, **Tratado sobre las justas causas de la guerra contra los indios** (con una advertencia de Marcelino MENÉNDEZ Y PELAYO, y un Estudio por Manuel GARCIA-PELAYO, Mexico: Fondo de cultura económica, ed. 1941, 3ª reimpr. 1996)

___, **Demócrates segundo o de las justas causas de la guera contra los indios** (orig. publ. **Democrates secundus, sive Dialogus de justis belli causis**, Madri, 1780, edición y traducción Angel LOSADA, Kindle Paperwhite International)

GLAFEY, Adam Friedrich, **Völkerrecht, worinn die Handlungen freyer Völker gegen einander zu Kriegs- und Friedenszeiten nach dem Rechte der Vernunft betrachtet, und aus denen neueren Geschichten mit denen darüber vorgefallenen Streitigkeiten erläutert werden** (Nürnberg, Frankfurt und Leipzig, 1752)

GLAHN, Gerhard von, **Law among the Nations**: an introduction to Public International Law (London: The Macmillan Co., 2nd ed., 1970)

GODWIN, Joscelyn, **The Pagan Dream of the Renaissance** (Londres: Thames & Hudson, 2002)

GONZALEZ Iglesias, Miguel Angel, *Domingo de Soto: su pensamiento político. Las dificultades planteadas com la conquista de América* (in **Culturalismo jurídico** – São Paulo 450 anos: Seminário Brasil-Espanha, coord. Claudio LEMBO, org. João Bosco COELHO Pasin, Pilar JIMÉNEZ Tello e Mônica Herman Salem CAGGIANO, Barueri, SP: Manole/ Brasília, DF: Instituto Tancredo Neves, 2004, p. 191-220)

GOODMAN, Bryna; GOODMAN, David S. (ed. by), **Twentieth century colonialism and China** (London: Routledge, 2012)

GOODY, Jack, **O roubo da história** – como os europeus se apropriaram das ideias e invenções do Oriente (orig. publ. **The theft of history**, 2006, trad. Luiz Sérgio Duarte da SILVA, São Paulo: Contexto, 2008)

GOYAU, G., **L'église catholique et le droit des gens** (RCADI, 1925, t. 6, p. 123-240)

GREGORIO XIII (dir. de), **Tractatus universi iuris, duce et auspice Gregorio XIII. Pontifice maximo in unum congesti; additis quam plurimis antea nunquam editis hac nota designatis XVIII. materias XXV. voluminibus comprehendentes** (Venet. apud Franc Ziletum bibliopolam, 1584, tomi XVIII – na verdade, 28 tomos *in folio*)

GREWE, Wilhelm, **Epochen der Völkerrechtsgeschichte** (Baden-Baden: Nomos, 1984)

GRIBNER, Michael Heinrich, **Principiorum iurisprudentiae naturalis Libri IV** (orig. publ. em Wittenberg, 1710, sucessivas edições, 1715, 1717, 1723, *auctior* 1727, 1733, 1748)

GRIMMELSHAUSEN, Hans Jakob Christoffel von, **Der abentuerliche Simplicissimus Teutsch** (primeira edição de 1668 desaparecida, conhecida a edição de 1669, Frankfurt e Hamburgo: Alfred Kelletat, 1962)

___, **Les aventures de Simplicissimus** – roman (trad. de l'allemand Jean AMSLER, préface Pascal QUIGNARD, Paris: Fayard, 1990)

GRÓCIO [GROTIUS], Hugo, **Mare liberum** (original Latin text, 1609, and modern English translation, ed. and annotated by R. FEENSTRA, Introduction J. VERVLIET, Leiden/Boston: Brill, 2009)

___, **De Mari libero** (edição com quatro textos: 1 – Hvgonis GROTII, **Mari liberum sive de jure quod Batavis competit ad Indicana commercia**, Dissertatio, p. 1-83; 2 – Paulus MERULA (1558-1607), **Dissertatio de Maribus**, p. 84-182; 3 – Markus Zuerius BOXHORN (1612-1563), **Apologia por navigationibus Hollandorum, adversus Pontum Heuterum**, p. 183-213; 4 – "Tractatus pacis, mutui commercii, sive intercursus navigationum, confirmatus Londini anno [1495], inter Henricum Septimum Angliae regem e Philippum Archiducem Austriae, Burgundiae, &c.", p. 214-267, Lugd. Batavorum: ex Officina Elzeviriana, 1633)

___, **O direito da guerra e da paz** (orig. publ. Hugonis GROTII, **De iure belli ac pacis libri tres, in quibus ius naturale et gentium, item iuris publici praecipua explicantur**, 1625, intr. Antonio Manuel HESPANHA, trad. de Ciro MIORANZA, col. clássicos do direito internacional, Ijuí: Ed. Unijuí, 2004)

___, **De jure belli ac pacis** (ed. facsimilar da tradução de Jean BARBEYRAC, "avec les notes de l'auteur même, qui n'avoient point encore paru en françois; & de nouvelles notes du traducteur", orig. publ. Amsterdã, chez Pierre DUCOUP, 1724, Caen: Publications de l'Univ. de Caen, 1984, 2 tomos)

___, **De Jure Praedae Commentarius** (ca. 1604, with translation by G. L. WILLIAMS and W. H. ZEYDEL, reprinted in Classics of International Law, Oxford, 1950, 2 vols.)

GRUZINSKI, Serge, **Las cuatro partes del mundo** – Historia de una mundialización (México: FCE, 2010)

GUARINI, Ioh. Rapt. Lascaris, **Ius naturae et gentium principia et officia ad christianae doctrinae regulam exacta et explicata** (Roma, 1778-1779, em dois tomos)

GUGGENHEIM, Paul, **Contribution à l'histoire des sources du droit des gens** (RCADI, 1958, t. 94, p. 1-84)

___, **Les principes de droit international public** (RCADI, 1952, t. 80, p. 1-190)

___, **La validité et la nullité des actes juridiques internationaux** (RCADI, 1949, t. 74, p. 191-268)

___, **Les mesures conservatoires dans la procédure arbitrale et judiciaire** (RCADI, 1932, t. 40, p. 645-764)

GUICCIARDINI, Francesco, **Storia d'Italia** (orig. publ. Firenze: Lorenzo Torrentino, 1561, ed. a cura di Silvana Seidl MENCHI, saggio introduttivo di Felix GILBERT, Turim: Einaudi, ed. 1971, ristampa 2008)

GÜNTHERS, Carl Gottlieb, **Grundriss eines europäischen Völkerrechts, nach Vernunft, Verträgen, Herkommen und Analogie** (Regensburg, 1777)

HAAKONSSEN, Knud, **Natural law and moral philosophy**: from Grotius to the Scottish Enlightenment (Cambridge: Univ. Press, 1st. publ., 1996, digital printing 2003)

HAGGENMACHER, Peter, *Hugo Grotius 1583-1645* (in **The History of International Law**, ed. by B. FASSBENDER e A. PETERS, Oxford: Univ. Press, 2012, cap. 48, p. 1098-1101)

___, *Grotius and Gentili – a Reassessment of of Thomas E. HOLLAND's inaugural lecture* (in Hedley BULL, Benedict KINGSBURY and Adam ROBERTS (eds.), **Hugo Grotius and international relations**, Oxford: Clarendon Press, 1990, p. 133-176)

HALE, John R., **The civilization of Europe in the Renaissance** (New York: Atheneum, 1994)

HARRIS, W. V. (edited by), **Rethinking the Mediterranean** (New York: Oxford Univ. Press, 2005)

HARTMANN, Ioh. Zac., **Progr. de variatione a pactis gentium ante ratificationes, quae vocari solent, illicita** (Kilon, 1736)

HASSE, Mart., **An princeps Christiano cum non-Christiano adversus Christianum foedus inire possit** (Wittenberg, 1711)

HAZARD, Paul, **La crise de la conscience européenne 1680-1715** (orig. publ. Paris: Boivin et Cie., 1935; nova ed. Paris: Fayard, © 1961, impr. 1994)

HEERS, Jacques, **Le Moyen Age, une imposture** (© 1992, Paris: Perrin, 2008)

HEFFTER, August, **Le droit international public de l'Europe** (orig. publ. **Das europäische Völkerrecht der Gegenwart auf den bisherigen Grundlagen**, Berlim,

1844, trad. francesa de Jules BERGSON, Berlim: Schroeder / Paris: Cotillon, 'nouvelle édition revue et augmentée, après le décès du traducteur, par l'auteur', 1866)

HÉLIE, Jérôme, **Les relations internationales dans l'Europe moderne** 1453-1789 (Paris: Armand Colin, 2008)

HELVÉTIUS, Claude Adrien, **De l'homme, de ses facultés intellectuelles et de son éducation** (Londres: chez la Société typographique, 1773, 2 vols.)

___, **De l'esprit** (Paris: chez Durand, 1758)

HERRERO RUBIO, A., **Le droit des gens dans l'Espagne du XVIII**[e] **siècle** (RCADI, 1952, t. 81, p. 309-450)

HERSANT, Yves; DURAND-BOGAERT, Fabienne, **Europes** – de l'Antiquité au XXe siècle (Paris: Robert Laffont, 2000)

HIGGINS, Alexander Pearce, **La contribution de quatre grands juristes britanniques au droit international (LORIMER, WESTLAKE, HALL et HOLLAND)** (RCADI, 1932, t. 40, p. 1-86)

HILBER, Wolfgang (Hrsg.), **Lexikon der Philosophie** (Düsseldorf: Tandem, 2009)

HILL, Christopher, **The world turned upside down** – Radical ideas during the English revolution (Londres: Penguin, 1972, reprint 1975)

___, **O mundo de ponta-cabeça** – ideias radicais durante a revolução inglesa de 1640 (trad., apres. e notas de Renato J. RIBEIRO, São Paulo: Companhia das Letras, 1987)

___, **The century of revolution 1603-1714** (orig. publ. 1961, London: Routledge, 2001)

HINDMARSH, Albert E., **Le Japon et la paix en Asie** (RCADI, 1936, t. 57, p. 97-199)

HOBBES, Thomas, **Éléments du droit naturel et politique** (orig. publ. **Elements of law natural and politic**, 1650, introduction, notes, bibliographie, index et traduction par Delphine THIVET, Paris: Vrin, 2010)

___, **Leviatã** (1651, trad. de João Paulo MONTEIRO e Maria Beatriz Nizza da SILVA, São Paulo: Abril – os Pensadores vol. XIV, 1974)

___, **Leviathan** (1651, ed. by Richard TUCK, Cambridge: Univ. Press – col. Cambridge Texts in the History of Political Thought, 1991)

___, **Do cidadão** (do original **De Cive**, trad., apres. e notas de Renato Janine RIBEIRO, São Paulo: Martins Fontes, 1ª ed., 1992, 3ª ed., 2002)

HOBSBAWM, Eric, **Nations et nationalisme depuis 1780** (Paris: Gallimard, 1992)

___, **A era das revoluções 1789-1848** (do original **The age of Revolution 1789-1848**, © 1977, trad. Maria Tereza TEIXEIRA e Marcos PENCHEL, São Paulo: Paz e Terra, 25ª ed., 2ª reimpr., 2010)

___, **A era do capital 1848-1875** (do original **The age of capital 1848-1875**, © 1977, trad. Luciano COSTA Neto, São Paulo: Paz e Terra, 15ª ed., 2ª reimpr., 2011)

___, **A era dos impérios 1875-1914** (do original **The age of empire 1875-1914**, © 1988, trad. Sieni Maria CAMPOS e Yolanda Steidel de TOLEDO, São Paulo: Paz e Terra, 13ª ed., 2ª reimpr., 2011)

___, **Pessoas extraordinárias**: resistência, rebelião e jazz (orig. publ. **Uncommun people**, 1998, trad. Irene HIRSCH e Lólio L. de OLIVEIRA, São Paulo: Paz e Terra, 3ª ed., 2005)

___ e RANGER, Terence (orgs.), **A invenção das tradições** (orig. publ. **The invention of tradition**, trad. Celina C. CAVALCANTE, São Paulo: Paz e Terra, 1997, 6ª ed., 2008)

HOLDSWORTH, William, **A History of English Law** (London: Methuen & Co., Sweet and Maxwell, 1938)

HOLLAND, Thomas Erskine, **Studies in International Law** (Oxford: at the Clarendon Press, 1898, "Alberico Gentili", p. 1-39)

HONNEFELDER, Ludger, *Rationalization and Natural Law – Max WEBER and Ernst TROELTSCH's interpretation of the medieval doctrine of natural law* (Porto Alegre: Veritas, vol. 40, no. 159, setembro de 1995, p. 493-507)

HOOGENSEN, Gunnhild, **International Relations, Security and Jeremy Bentham** (Londres e Nova York: Routledge, 2005)

HÖPFNER, Florian François, **L'évolution de la notion de refuge** (Paris: Pedone, 2014)

HÖPFNER, Ludwig Julius Friedrich, **Naturrecht des einzelnen Menschen, der Gesellschafter und der Völker** (Giessen, 1780; 2ª ed., 1783)

HOYER, Iohanes Wandalin, **De nomine et officio patris patrati** (Hafn, 1732)

HUBER, Ulrich [Ulrici HUBERI], **... de foederibus, testamentis, liberationibus, satisfactionibus, acceptilatione, jure crediti divini, aequitate, dispensatione et redemptione dissertationes jurídico-theologicae VII ... Accedit de Praetorio quod Paulus commemorat I. phil. 13 liber singularis** (H. Amana e Z. Taedama,1688 – on line: Ulrici_Huberi_de foederibus ... books.google.com.br);

HUIZINGA, Johan, **O outono da Idade média** – estudos sobre as formas de vida e de pensamento dos séculos XIV e XV na França e nos Países Baixos (orig. publ. **Herfstij der middeleeuwen**, 1919, trad. de Francis Petra JANSSEN, ensaios de Peter BURKE e Francis von der LEM, São Paulo: Cosac & Naify, 2010, 2ª reimpr., 2011)

HUNTER, William Wilson, **The Indian Empire**: its people, history and products (1886, reprinted New Delhi: Asian Educational Services, 2009)

HUNTINGTON, Samuel, **The clash of civilizations and the remaking of world order** (Londres: Simon & Schuster, 1998)

___, **O choque de civilizações e a recomposição da ordem mundial** (trad. M. H. C. CÔRTES, Rio de Janeiro: Objetiva, 1997)

___, *The clash of civilizations* (Foreign Affairs, 1993, 72, n. 3, p. 22 ss.)

___, *The West unique, not universal* (Foreign Affairs, 1996, 75, n. 6, p. 28 ss.)

IANNI, Octávio, **A sociedade global** (Rio de Janeiro: Civilização brasileira, 5ª ed., 1997)

IDI – Instituto de direito internacional, **La dualité des principes de nationalité et de domicile en droit international privé** (adotada na Sessão do Cairo, 1987, 15ª Comissão, Relator: Yvon LOUSSOUARN)

IDOYA ZORROZA, Mª., *La presencia de Domingo de Soto en la teoria del dominio de Martin de Ledesma* (Revista portuguesa de filosofia, t. 75, fasc. 2, 2019, p. 1219-1248 – Escola ibérica da paz – Direito natural e dignidade humana – DOI https://doi.org/10.17990/RPF/2019_75_2_2019)

IENSIUS, Iohanes, *De fecialibus populi Romani* (in **Ferculo litterar.**, Lyon, 1717)

ILSTROEM, Iohanes, **De fecialibus Romanis** (Upsala, 1728)

Index librorum prohibitorum cum regulis confectis per Patres a Tridentina Synodo delectos, auctoritate Sanctiss. D. N. PII IIII, Pont. Max. Comprobatus (Venetiis, MDLXIIII) – https://upload.wikimedia.org/v.on line Index_librorum_prohibitorum_...

IRRIARTE, J., *La proyección sobre Europa de una gran metafísica – o – Suarez en la filosofia de los días del Barroco* (Madri: Razón y Fé, numero extraordinario, 1948, p. 229-265)

ISOCRATES, **On the peace. Aeropagiticus. Against the Sophists. Antidosis. Panathenaicus** (with an English translation by George NORLIN, Cambridge, Ma. / London: Harvard Univ. Press – LCL 229 – ISOCRATES I, 1929)

JANIS, Mark W., *Religion and the literature of International Law: some standard texts* (in **Religion and International Law**, ed. by M. W. JANIS & C. EVANS, Leiden/Boston: M. Nijhoff, 2004, chap. 7, p. 121-143)

JANIS, Mark W.; EVANS, Carolyn (ed. by), **Religion and International Law** (orig. publ. 1999, Leiden/Boston: M. Nijhoff, 2004)

JOUANNET, Emmanuelle, v. TOURME-JOUANNET, E.

JUSTI, Johan Heinrich Gottlob von, **Historische und juristische Schriften** (Frankfurt und Lepizig: J. G. Garbe, 1760)

KALTENBORN von STACHAU, Carl Baron, **Kritik des Völkerrechts nach dem jetzigen Standpunkte der Wissenschaft** (orig. publ. Ed. Mayer, 1847, reprinted by Nabu Press, 2011, tb. disponível on line: books.google.com.br>)

KAN, J. van, **Règles générales du droit de la paix** – l'idée de l'organisation internationale dans ses grandes phases (RCADI, 1938, t. 66, p. 295-602)

KANT, Immanuel, **Über den Gemeinspruch**: Das mag in der Theorie richtig sein, taugt aber nicht für die Praxis. **Zum ewigen Frieden**: ein philosophischer Entwurf (mit Einleitung und Anmerkungen, Bibliographie und Registern kritisch herausgegeben von Heiner F. KLEMME, Hamburgo: Felix Meiner – Philosophische Bibliothek Band Nr. 443, 1992)

KANTOROWICZ, E., **Les deux corps du roi** (orig. publ. **The Kings two bodies**: a study in medieval political theology, © 1957, trad. Jean-Philippe GENET e Nicole GENET, Paris: Gallimard – Quarto, 2000, **Kantorowicz oeuvres**, p. 643-1222, postface de Alain BOUREAU, "Histoires d'un historien, Kantorowicz", p. 1223-1312)

___, **L'empereur Frédéric II** (orig. publ. **Kaiser Friedrich der Zweite**, 1927, trad. Albert KOHN, Paris: Gallimard – Quarto, 2000, in **Kantorowicz oeuvres**, ed. cit., 2000, p. 9-641)

___, *La royauté médiévale sous l'impact d'une conception scientifique du droit* (Paris : Philosophie – revue trimestrielle, n. 20, automne 1988, p. 48-72)

KAPPEINE, David Friedrich, **An et quatenus ius gentium a iure naturae differat?** (Leiden, 1741)

KAUFMANN, Erich, **Règles générales du droit de la paix** (RCADI, 1935, t. 54, p. 309-620)

KAUTILYA, **The Arthashastra** (edited, rearranged and translated by L. N. RANGAJARAN, New Delhi: Penguin Books India, 1992)

KAYE, Sir John; MALLESON, George B., **Kaye's and Malleson's History of the Indian Mutiny of 1857-8** (Londres, 2ª ed., 1892; Cambridge: Univ. Press - Cambridge Library Collection, 2010, 6 vols.)

KEAY, John, **China: a history** (London: Harper Press - Harper Collins India, 2008)

KELSEN, Hans, **O problema da justiça** (orig. publ. **Das Problem der Gerechtigkeit**, 1960, trad. João Baptista MACHADO, São Paulo: Martins Fontes, 2ª ed., 1996)

___, **Théorie du droit international public** (RCADI, 1953, t. 84, p. 1-203)

___, **Introduction to the problems of legal theory** (orig. publ. **Reine Rechtslehre**, 1934, translated by Bonnie L. PAULSON and Stanley L. PAULSON, introduction by Stanley L. PAULSON, Oxford: Clarendon Press, 1992)

___, **Reine Rechtslehre** - Einleitung in die rechtswissenschaftliche Problematik (Viena: Franz Deuticke, 1934, reimpr. Aalen: Scientia, 1985)

___, **Théorie générale du droit international public**: problèmes choisis (RCADI, 1932, t. 42, p. 117-352)

___, **Les rapports de système entre le droit interne et le droit international public** (RCADI, 1926, t. 14, p. 227-331)

___, **Il problema della sovranità e la teoria del diritto internazionale**: contributo per uma dottrina pura del diritto (orig. publ. **Das Problem der Souveränität und die Theorie des Völkerrechts**: Beitrag zu einer Reinen Rechtslehre, Tübingen: Mohr, 1920, trad. Agostino CARRINO, Milão: Giuffrè, 1989)

KENNEDY, David, *Images of Religion in International Legal Theory* (in **Religion and International Law**, ed. by Mark W. JANIS & Carolyn EVANS, 2004, cap 8, p. 145--153)

___, *Primitive legal scholarship* (Harvard Int'l. Law Journal, vol. 27, no. 1, 1986, p. 1-98)

KENT, Neil, **A concise History of Sweden** (orig. publ. 2008, Cambridge: Univ. Press, reprinted, 2010)

KEPPELER, Daniela, **Der Augsburger Religionsfrieden** - Modell für den Friedensprozess in Nahen Osten? - Studienarbeit (Haupt Seminar - *450 Jahre Augsburger Religionsfrieden*, Augsburg: Univ. Augsburg - Institut für Öffentliches Recht / Grin Verlag, 2a. ed., 2007)

KERAUTRET, Michel, **Histoire de la Prusse** (Paris: Seuil, 2005)

KEYSERLING, Hermann von, **Analyse spectrale de l'Europe** (orig. publ. **Das Spektrum Europas**, 1928, trad. Alzir HELLA e Olivier BOURNAC, ed. de 1930, Paris: Gonthier, reimpr. 1965)

KHALDUN, Ibn, **Discours sur l'histoire universelle** (do original **Al-Muqaddima**, ed. francesa, traduction nouvelle, préf. et. notes V. MONTEIL, Paris: Sindbad, 3 vols., 1978)

KINTZINGER, Martin, *From the Late Middle Ages to the peace of Westphalia* (in B. FASSBENDER e Anne PETERS, edited by, **The Oxford Handbook of the History of International Law**,Oxford: Univ. Press, 2012, cap. 25, p. 607-627)

KIRCHMAYER, Sebastian, **De iure foederum** (Ratisb., 1672)

KITTSTEINER, Heinz-Dieter, **Die Stabilisierungsmoderne** - Deutschland und Europa 1618-1715 (Munique: Carl Hanser, 2010)

___, **Weltgeist, Weltmarkt, Weltgericht** (Munique: Wilhelm Fink, 2008)

KNIGHT, W. S. M., **The life and work of Hugo Grotius** (London: Sweet & Maxwell,1925)

KÖHLER, Heinrich, **Iuris socialis et gentium ad ius naturae revocati specimina VII** (Jena, 1735-1736)

___, **Iuris socialis et gentium ad ius naturae revocati specimina** (Jena, 1735)

___, **Exercitationes iuris naturalis** (Jena, 1729)

KOLB, Robert, **La bonne foi en droit international public** – contribution à l'étude des principes généraux de droit (préf. de Georges ABI-SAAB, Paris: PUF – publications de l'Institut Universitaire de Hautes Études Internationales de Génève, 2000)

KONTLER, László, **Uma história da Hungria** (orig. publ. **A history of Hungary**, 2009, trad. Leila V. B. GOUVEIA, São Paulo: Edusp, 20210

KÖPF, Ulrich (hrsg.), **Deutsche Geschichte in Quellen und Darstellung** Band 3: **Reformationszeit 1495-1555** (Stuttgart: Reclam – Univ. Bibl. Nr. 17003, 2001)

KOSELLECK, Reinhart, **Vergangene Zukunft** – Zur Semantik geschichtlicher Zeiten (orig. publ. 1979, Frankfurt: Suhrkamp, 1989)

KOSKENNIEMI, Martti, **The gentle civilizer of nations**: the rise and fall of international law (1870-1960) ("Hersch Lauterpacht Memorial Lectures", Cambridge: University Press, 1st published 2001, reprinted 2005)

KOSTERS, Jan, **Les fondements du droit des gens** (Leiden: Bibliotheca Visseriana, vol. IV, 1925)

KOUTROULIS, Vaios, **Le début et la fin de l'application du droit de l'occupation** (Paris : Pédone, 2010)

KOYRÉ, Alexandre KOYRÉ, **Do mundo fechado ao universo infinito** (orig. publ. **From the closed world to the infinite universe**, 1957, trad. bras. de Donald M. GARSCHAGEN, Rio de Janeiro: Forense Univ. / São Paulo: Edusp, 1979)

KREMER, Markus, **Den Frieden verantworten – Politische Ethik bei Francisco Suarez** (1548-1617) (Stuttgart: Kohlhammer, 2008)

KUGELER, Heidrun R. I., **'Le parfait ambassadeur' – the theory and practice of diplomacy in the century following the Peace of Wedtphalia** (Oxford: Magdalen College, submitted for the degree of D. Phil. at the University of Oxford, Trinity Term 2006, on line: D. Phil. Kugeler.finalised(1))

KUNHOLD, Frid. Alex., **Dissertatio de statu naturali rerum publicarum** (Leipzig, 1723)

KUNISCH, Johannes, **Friedrich der Grosse** – Der König und seine Zeit (Munique: Beck, © 2011, 2ª ed. 2012)

LACTÂNCIO [LACTANTIUS], **Divine Institutes** (original **Divinarum institutionum**, translated with an Introduction and notes by Anthony BOWEN and Peter GARNSEY, Liverpool: Liverpool Univ. Press, 2004)

___, **De ira Dei** (in L. Caeli Firmiani LACTANTII, **Opera omnia**, recognoverunt Samuel BRANDT et Georgius LAVBMANN, Corpus Scriptorum Ecclesiasticorum Latinorum, editum consilio et impensis Academiae Litterarum Caesareae Vindobonensis – Viena: Österreichische Akademie der Wissenschaften, 2013)

LADURIE, Emmanuel Le Roy, **O estado monárquico** – França 1460-1610 (do original **L'état royal de Louis XI à Henri IV**, trad. Maria Lucia MACHADO, São Paulo: Companhia das Letras, 1994)

LANGENHOVE, F. van, **Le problème de la protection des populations aborigènes aux Nations Unies** (RCADI, 1956, t. 89, p. 321-436)

LARCA, Ioh. Bapt. de, **De foederibus Christiani principis** (Lugd. Bat. 1652)

LAURETTE, Philippe, **La construction européenne** (Paris: Syros-Alternatives, 1992)

LAUTERPACHT, H., **Règles générales du droit de la paix** (RCADI, 1937, t. 62, p. 95-422)

LE DOLLEY, Vincent; et al., **La cohésion territoriale en Europe** (Paris: La documentation française, 2010)

LEEUWENBURGH, B.; KROP, H. A.; RULER, J. A. van, WIELEMA, M. R.; SCHUURMAN, P. (ed. by), **The Dictionary of Seventeenth and Eighteenth-century Dutch Philosophers** (London: Routledge-Thoemmes Press, 2003, vol. 2 – K-Z)

LE FUR, Louis Érasme, **Règles générales du droit de la paix** (RCADI, 1935, t. 54, p. 1-307)

___, **Le développement historique du droit international** – de l'anarchie internationale à une communauté organisée (RCADI, 1932, t. 41, p. 501-602)

___, **La théorie du droit naturel depuis le XVIIe siècle et la doctrine moderne** (RCADI, 1927, t. 18, p. 259-442)

LEIBNIZ, G. W., *Observations sur le Projet de paix perpétuelle de l'Abbé de Saint-Pierre* (et *Lettre de Leibniz à l'Abbé de Saint-Pierre, Hanover, le 7 février 1715*, Avant-propos Simone GOYARD-FABRE, Caen: Univ. de Caen – Centre de philosophie politique et juridique – Bibliothèque de philosophie politique et juridique – Textes et documents, 1993)

LESSII, Leonardi, S.J., **De Justitia et Jure ceterisque virtutibus cardinalibus** (orig. publ. ex officina J. Masii, 1605, on line https://books.google,com > about – tb. ed. Brixiae: Dominici Grumi, 1696)

LEWALTER, Ernst, **Spanische-jesuitische und deutsch-lutherische Metaphysik des 17. Jahrhunderts** ("Sonderausgabe", Darmstadt: Wissenschaftliche Buchgesellschaft, 1967)

LINDQVIST, Herman, **A History of Sweden** – from Ice Age to our Age (orig. publ. 2002, transl. by Rod BRADBURY, Estocolmo: Norstedts Förlag, 2006)

LÓPEZ CARREIRA, Anselmo, **O reino medieval de Galícia** – contribución a unha história política (Vigo: Nosa terra – História de Galícia, vol. 5, 2ª ed., 2008)

LOPEZ S. LUPUS, Juan, **Tractatus dialogicus, de confoederatione principum et an et quando confoederationes hujus modisint licitae vel ilicitae** (Hagae Schaumb.: Ernest Reinekingius ap. Philippum Jacobi Wagnerum, 1626 – disponível on line: Moravska Zemská Knihovna – Historické Fondy – staré tisky – Výzdoba: Titulni list orámován, iniciály – Anm. (zusammen mit): Prívazek 2 k: Thesaurus sive speculum ... / A. KELLER, LEAD ER 0111nam a 22003137a 4500)

LORIMER, James, **The institutes of the law of nations**: a treatise (Edinburgh: Blackwood & Sons, 1883)

LUFT, Stefan, **Die Flüchtlingskrise** – Ursachen, Konflikte, Folgen (Munique: Beck, 2016)

LYSERI, Polycarp., **Dissertatio de foederibus fidelium cum infidelibus** (Leipzig, 1676)

MACEDO, Paulo Emílio V. B. de, **O nascimento do direito internacional** (São Leopoldo: Ed. Unisinos – col. Díke, 2009)

MAHLKE, Helisane, **Direito internacional dos refugiados** – novo paradigma jurídico (Belo Horizonte: Arraes, 2017)

MANRIQUE, Sebastião, **Breve relação dos Reinos de Pegu, Arracão, Brama e dos Impérios Calaminhã, Siammon e Grão Mogol** (orig. publ. **Breve Relatione dei Regni di Pegu, Arracan e Brama, e degli Imperi del Calaminan, Siamom e gran Mogor**, em Roma: Francesco Moneta, 1648, apres. e notas de Maria Ana Marques GUEDES, trad. Raffaella d'INTINO, Lisboa: Cotovia / Comissão nacional para as comemorações dos descobrimentos portugueses, 1997)

MARAÑON, Gregorio, **Olivares** – der Niedergang Spaniens als Weltmacht (orig. publ. **El Conde-Duque de Olivares – La pasión de mandar**, s/d, übersetzt und eingeleitet von Ludwig PFANDL, München: Hermann Rinn, s/d, *Published under Military Government Information Control License Nr. US-E-161*)

MARTIN, Gottfried, **Wilhelm von Ockham** – Untersuchungen zur Ontologie der Ordnungen (Berlin: Walter de Gruyter, 1949)

MARTIN-DESLIAS, Noël, **L'homme disloqué** à la recherche de lui-même (Genebra: Nagel, 1977)

MARTINEZ DE BUJANDA, Jesus, **Index de Rome** 1557 – 1559 – 1564 – les premiers index romains et l'index du Concile de Trente (Sherbrooke/Genebra: Éds. da Universidade de Sherbrooke/Droz, 1990)

MARTINI, Car. Ant. de, **Positiones de iure civitatis in usum auditorii Vindobonensis** (Viena: Trattner, 1768)

MATTHAEI, Ant., **De foederibus et foederum natura** (Groeningen, 1634)

MAURER, O.S.B., Armand A., **Medieval philosophy** (New York: Random House, 1962)

MAURO, Frédéric, **Portugal, o Brasil e o Atlântico 1570-1670** (orig. publ. **Le Portugal, le Brésil et l'Atlantique au XVIIe siècle (1570-1670)**, 1988, trad. Manuela BARRETO, Lisboa: Estampa, 1997, 2 vols.)

MAUROIS, André [pseudônimo de Émile HERZOG], **História de Inglaterra** (orig. publ. **Histoire d'Angleterre**, 1957, trad. Maria Henriques OSSVALD, Lisboa: Aster, 1976, em 3 vols.: I. Época antiga e medieval; II. Época moderna; III. Época contemporânea)

MAULIN, Éric, *Positivisme* (in **Dictionnaire de la culture juridique**, dir. Denis ALLAND et Stéphane RIALS, Paris: PUF-Lamy, © 2003, impr. 2010, p. 1171-1177)

McCOURBEY, Hilaire, *Natural Law, Religion and the development of international law* (in M. JANIS & C. EVANS (ed.), **Religion and International Law**, 2004, p. 177-189)

MEIJERS, E. M., **L'histoire des principes fondamentaux du droit international privé à partir du Moyen Âge spécialement dans l'Europe occidentale** (RCADI, 1934, t. 49, p. 543-686)

MENDELSON, Maurice, **The formation of customary international law** (RCADI, 1998, t. 272, p. 155-410)

MENJOT, Denis, *Les monarchies ibériques: la genèse de l'Espagne* (in **Histoire du monde au XVe siècle**, dir. de Patrick BOUCHERON, vol. 1 – Territoires et écritures du monde, Paris: Fayard, 2012, chap. V, p. 192-229)

MESNARD, Pierre, **L'essor de la philosophie politique au XVIe siècle** (Paris: Vrin, 1977)

MIAJA DE LA MUELA, Adolfo, **Internacionalistas españoles del siglo XVI – Fernando VAZQUEZ DE MENCHACA** (Valladolid: Universidad de Valladolid, 1932)

MIEGE, Guy, **The Ancient Sea-Laws of Oleron, Wisby, and the Hanse-towns, still in force** ("taken out of a French book, intitled **Les us & coutumes de la mer** and rendered into English, for the use of navigation", Londres: printed by J. Redmayne, for T. Basset, MCDLXXXVI)

MILHAUD, Edgar, **L'organisation économique de la paix** (RCADI, 1926, t. 15, p. 277-431)

MILLIOT, L., **La conception de l'état et de l'ordre légal dans l'Islam** (RCADI, 1949, t. 75, p. 591-688)

MINNUCCI, Giovanni, **Alberico Gentili tra *mos italicus* e *mos gallicus*** – L'inedito commentario *Ad Legem Juliam de adulteriis* (Bologna: Monduzzi, 2002)

MIRKINE-GUETZÉVITCH, Boris, **Le droit constitutionnel et l'organisation de la paix** (droit constitutionnel de la paix) (RCADI, 1933, t. 45, p. 667-773)

MITTERAUER, Michael, **Warum Europa?** – Mittelalterliche Grundlagen eines Sonderwegs (2003, Munique: Beck, 5a. ed. revista, 2009)

MOEGLIN, Jean-Marie, *Le Saint Empire: contrat politique et souveraineté partagée* (in **Avant le contrat social**, dir. de F. FORONDA, Paris: Publications de la Sorbonne, 2011, p. 173-191)

MOLEN, Gezina van der, **Alberico Gentili and the development of international law** – his life, work and times (Leiden: Sijthoff, 2nd ed., 1968)

MOLNAR, Miklós, **Histoire de la Hongrie** (orig. publ. 1980, Paris: Perrin, nova edição, 2004, reimpr., 2010)

MONTAIGNE, Michel de, **Essais** (in **Oeuvres complètes**, textes établis par Albert THIBAUDET et Maurice RAT, introduction et notes par Maurice RAT, Paris: Gallimard / Pléiade, (c) 1962, impr. 1992)

___, **Ensaios** (trad. Sérgio MILLIET, Sao Paulo: Abril – os Pensadores, 1972)

MOREAU-REIBEL, Jean, **Le droit de société interhumaine et le *jus gentium***: essai sur les origines et le développement des notions jusqu'à Grotius (RCADI, 1950, t. 77, p. 481-598)

MOSER, Friedrich Carl von, **Kleinen Schriften – zur Erläuterung des Staats- und Völckerrechts und auch des Hof und Canzley-Ceremoniels** (Sechster Band, Frankfurt-am-Main: bey Johann Benjamin Andreä, 1757 – exemplar da Biblioteca Nacional da República Tcheca – digitalizado 22 maio 2019 – on line: books.google.com.br)

MOSER, Johann Jacob, **Anfangsgründe der Wissenschaft von der gegenwärtigen Staatsverfassung von Europa, und dem unter denen europäischen Potenzien üblichen Völker- oder allgemeinen Staatsrechte 1ter. Theil** (Tübingen, 1732)

___, **Entwurf einer Einleitung zu dem allerneuesten europäischen Völkerrecht in Friedens- und Kriegszeiten** (nos **Vermischte Schriften** – 2. Theil, 1736, p. 89-102)

___, **Grundsätze des jetzt üblichen europäischen Völkerrechts in Friedenszeiten** (Hanau, 1750)

___, **Grundsätze des jetzt üblichen europäischen Völkerrechts in Kriegszeiten** (Tübingen, 1752)

___, **Grundlehren des jetzigen europäisches Völkerrechts in Friedens- und Kriegszeiten** (Nuremberg, 1778)

___, **Versuch des neuesten europäischen Völkerrechts in Friedens- und Kriegszeiten, vornehmlich aus denen Staatshandlungen derer europäischen Mächten, auch andere Begebenheiten, so sich seit dem Tode Kaiser Carls VI. im Jahre 1740 zugetragen haben** (1780)

MOUSNIER, Roland, **Os séculos XVI e XVII** – a grande mutação intelectual da humanidade (orig. publ. **Histoire générale des civilisations – Les siècles XVI et XVII**, trad. Vítor RAMOS, J. GUINSBURG e Geraldo G. de SOUZA, São Paulo: Difel, 4ª ed., 1973, tomo 9)

MÜLLER, Iohanes Iacobi, **De iure feciali** – occasione libri Grotiani III (Jena, 1693)

MULLER, Joseph, **L'oeuvre de toutes les confessions chrétiennes (églises) pour la paix internationale** (RCADI, 1930, t. 31, p. 293-392)

NAEVIUS, Ioh. Car., **Dissertatio de iure gentium Iustinianeo** (Wittenberg, 1676)

NAFZIGER, James A. R., *The functions of religion in the International legal system* (in M. JANIS & C. EVANS (ed.), **Religion and International Law**, 2004, p. 155-176)

NAHLIK, Stanislaw E., **Development of diplomatic law**: selected problems (RCADI, 1990, t. 222, p. 187-363)

NASCIMENTO E SILVA, G. E. do; CASELLA, P. B.; BITTENCOURT Neto, O. de O., **Direito internacional diplomático** (São Paulo: Saraiva, 4ª ed., 2012)

NETTELBLADT, Daniel, **Systema elementare universae iurisprudentiae naturalis, usui systematis iurisprudentiae positivae accomodatum** (Halle, 1749; Editio II, longe auctior et in tres partes divisa, Halle, 1757; 1758; Ed. III, ibid., 1767; Ed. IV, ibid., 1774)

___, **Erörterungen einiger einzelner Lehren des teutschen Staatsrechts** (Halle: Renger, 1773 – exemplar da Biblioteca estatal da Baviera, digitalizado em 22 de abril de 2022 – disponível on line: books.google.com.br Daniel_Nettelbladts_Erörterungen_e...).

NETTESHEIM, Agrippa von, **De occulta philosophia sive de magia** libri tres (1530--1531, ed. **Agrippa's Occult philosophy and natural magic**, Dover Publications, 2006)

___, **Three books of occult philosophy or magic** (Wentworth Press, 2016)

___, ___ (Aquarian Press, 1971)

___, **De incertitudine et vanitate omnium scientiarum** (1526, on line: Henr. Cornelii AGRIPPAE AB NETTESHEYM, **De incertitudine et vanitate omnium scientiarum**, Coloniae Agrippinae: apud Antonium Hierat., MDXCVIII – Henr. Cornelii Agrippa ... books.google.com.br)

NEUMAYR von RAMSLA, Johan Wilhelm, **Von der Neutralitet und Assitenz oder Unparteyligkeit und Parteyligkeit in KriegsZeiten sonderbarer Tractat oder Handlung** (Erfurt: J. Birckner, 1620, 183 p.; 2a. ed., 1625, 691 p.)

___, **Von Bündnüssen und Ligen in Kriegszeiten** (Jena, 1624)

___, **Sonderbarer Tractat von Friedenshandlungen und Verträgen** (Jena, 1624)

NIBOYET, J.-P., *Antoine Pillet 1857-1926* (Paris: Revue de droit international, 1927, p. 23-32)

NICOL, Donald M., **Les derniers siècles de Byzance 1261-1453** (orig. publ. **The last centuries of Byzantium, 1261-1453**, 1972, trad. Hughes DEFRANCE, Paris: Tallandier – coll. Texto, 2008)

NICOLAU DE CUSA [NICHOLAS Cardinal], **The Catholic Concordance** (orig. publ. **De Concordantia catholica**, ed. and translated by Paul E. SIGMUND, Cambridge: Univ. Press – Cambridge Texts in the History of political thought, © 1991, paperback ed., 1995)

___, **La docta ignorancia** (orig. **De docta ignorantia**, 1440, trad., prólogo y notas de Manuel FUENTES Benot, © 1981, Aguilar Argentina S.A. de Ediciones, Buenos Aires: Hyspamerica eds. 1984)

NIELD, Robert, **The China Coast** – trade and the first Treaty Ports (Hong Kong: Joint Publishing Co., 2010)

NIETZSCHE, Friedrich, **Also sprach Zarathustra** (in **Sämtliche werke**, Stuttgart: Kröner, 1964, vol. 6)

NORMA, Pierre, **Histoire de l'Europe** (Paris: Maxi Livres, 2002)

NORWICH, John Julius,, **Histoire de Byzance** 330-1453 (orig. publ. **A short History of Byzantium**, 1988, trad. Dominique PETERS, Paris: Perrin, 2009)

NOZICK, Robert, **Anarchy, State and Utopia** (New York: Basic Books – Harper Collins, 1974)

NUSSBAUM, Arthur, **A concise history of the law of nations** (New York: Macmillan, 1954)

NYS, Ernest, **Les origines du droit international** (Bruxelles: Alfred Chastaigne / Paris: Thorin & Fils, 1894)

___, **Le droit de la guerre et les précuseurs de Grotius** (Bruxelles, 1882)

___, **Notes pour servir à l'histoire littéraire et dogmatique du droit international en Angleterre** (Bruxelles, 1888)

___, **Le droit des gens et les anciens jurisconsultes espagnols** (Haia, 1914)

OLIVEIRA E COSTA, João Paulo de, **Portugal na História** – uma identidade (Lisboa: Temas e debates – Bertrand, 2022)

OLIVEIRA MARQUES, A. H. de, **Breve história de Portugal** (orig. publ. 1995, Lisboa: Presença, 11ª ed., 2019)

O'MALLEY, John W., **Os primeiros jesuítas** (orig. publ. **The first jesuits**, 1993, trad. Domingos Armando DONIDA, São Leopoldo, RS: Ed. Unisinos / Bauru, SP: Edusc, 2004)

OMPTEDA, Heinrich Ludwig Freiherr von, **Literatur des gesammten natürlichen und positiven Völkerrechts** ("Neudruck der Ausgabe Regensburg", 1785, republ. Aalen: Scientia Verlag, 1963 – on line: https://books.google.com.br)

ONFRAY, Michel, **Théorie du voyage** – poétique de la géographie (Paris: LGF-Le livre de poche, 2007)

ONUMA, Yasuaki, **International law in a transcivilizational world** (Cambridge: Univ. Press, 2017)

___, **Le droit international et le Japon** – une vision transcivilisationnelle du monde (préf. Mireille DELMAS-MARTY, présentation Frédéric MEGRET, Paris: Pedone, 2016)

___, **A Transcivilizational Perspective on International Law** (RCADI, 2009, vol. 342, tb. publ. Haia: Pocketbooks of the Hague Academy of International Law, 2010)

___, **Direito internacional em perspectiva transcivilizacional** – questionamento da estrutura cognitive predominante no emergente mundo multipolar e multicivilizacional do século XXI (trad. Alan de CARVALHO e outros, org. M. NINOMIYA e P. B. CASELLA, Belo Horizonte: Arraes, 2017)

___, **A normative approach to war: peace, war and justice in Hugo Grotius** (Oxford: Clarendon Press, 1993)

OSIANDRI, Ioh. Ad., **Dissertatio de moralitate foederum cum infidelibus** (Tübingen, 1736)

OSORIO, Jaime, **El estado en el centro de la mundialización** – La sociedad civil y el asunto del poder (México: FCE, 2004)

OSTERHAMMEL, Jürgen, **Die Verwandlung der Welt** – Eine Geschichte des 19. Jahrhunderts (orig. publ. 2009, Munique: Beck, Sonderausgabe, 2011)

___, **Die Entzauberung Asiens** – Europa und die asiatischen Reiche im 18. Jahrhundert (orig. publ. 1998, Munique: Beck, 2010)

PADFIELD, Peter, **Maritime supremacy and the opening of the Western Mind** – Naval campaigns that shaped the modern world 1588-1782 (orig. publ. 1999, London: Pimlico – Random House, 2000)

PAGDEN, A., **Lords of all the world: ideologies of empire in Spain, Britain and France, c. 1500- c. 1800** (New Haven: Yale Univ. Press, 1995)

PANCRACIO, Jean-Paul; GUIGNARD, Pierre-Henri, **Protocole et Cérémonial** – *L'ordre de la République* (Paris: Pedone, 2012)

PANIZZA, Diego (coord.), **Alberico Gentili** – Politica e religione nell'età delle guerre di religione (Milão: Giuffrè, 2002)

___, Introdução (in A. GENTILI, **Direito de guerra**, orig. publ. **De jure belli libri tres**, trad. Ciro MIORANZA, Ijuí: Ed. Unijuí, 2004, p. 15-45)

PATTERSON, Ernest Minor, **Les bases économiques de la paix** (RCADI, 1931, t. 37, p. 413-525)

PAYEN, Pascal, *Johann Gustav DROYSEN et l'histoire de l'Hellénisme: l'époque hellénistique entre ALEXANDRE et la Prusse* (in Johann Gustav DROYSEN, **Histoire de l'Hellénisme (édition intégrale)**, trad. de l'allemand sous la direction d'Auguste BOUCHÉ-LECLERCQ, préface, note sur la traduction, bibliographie Pascal PAYEN, Grenoble: Éd. Jerôme Millon, 2005, 2 vols., vol. I, p. 5-82)

PEREÑA, Luciano, *La génesis suareciana del jus gentium* (in Fr. SUAREZ, **De Legibus**, II.13-20 – *De iure gentium*, ed. crítica bilíngue por L. PEREÑA, V. ABRIL y C. BACIERO, Madri: Consejo Superior de Investigaciones Cientificas, 1973, p. XIX--LXXII)

PFEFFEL, Gottlieb Konrad, **Principes du droit naturel** – à l'usage de l'École militaire et académique de Colmar (Colmar: chez Neukirch Libraire , 1781 – disponível on line – Eberrhard Karls Universität Tübingen – Universitätsbibliothek – URN urn. nbn.de:bsz.21-dt-79193 – Signatur AG 286)

PICQ, Jean, **Une histoire de l'état en Europe** – Pouvoir, justice et droit du Moyen Âge à nos jours (Paris: Presses de la Fondation Nationale des Sciences Politiques, 2009)

PIEPER, Dietmar; SALTZWEDEL, Johannes (Hg.), **Der Dreissigjährige Krieg** – Europa im Kampf um Glaube und Macht 1618-1648 (Munique: Deutsche Verlags--Anstalt, 2012)

PILLET, A.; NIBOYET, J.-P., **Manuel de droit international privé** (Paris: Recueil Sirey, 1ere éd., 1924)

PILLET, Antoine, **Traité pratique de droit international privé** (Grenoble: J. Allier, 1923-1924, 2 vols.)

___, **Le traité de paix de Versailles** ("conférences faites au Collège libre des sciences sociales", Paris: Librairie des sciences politiques et sociales – Marcel Rivière et Cie.,1920)

___ (dir. et introduction), **Les fondateurs du droit international public**: leurs oeuvres, leurs doctrines (Paris: V. Giard & E. Brière, 1904)

___, **Principes de droit international privé** (Paris: Pedone / Grenoble: Allier Frères, 1903 – on line: gallica.bnf.fr)

PIMENTA, João Paulo, **O livro do tempo** – uma história social (São Paulo: Ed. 70, 2021)

PLOHMANN, Michael, **Ludwig Iulius Friedrich Höpfner (1743-1797)** – Naturrecht und positives Privatrecht am Ende des 18. Jahrhunderts (Berlin: Duncker & Humblot – Schriften zur Rechtsgeschichte, Heft Nr. 56, 1992)

PLUTARCO, **Vidas paralelas** (trad. do grego Gilson César CARDOSO, introdução e notas Paulo Matos PEIXOTO, São Paulo: Paumape, vols. I a III, 1991, vols. IV e V, 1992)

POIRIER, Philippe, **Les enjeux de l'histoire culturelle** (Paris: Seuil, 2004)

POLETTI, Ronaldo R. B., **O conceito jurídico de império** (Brasília: Consulex, 2009)

POLÍBIO [POLYBE], **Histoire**, texte traduit, présenté et annoté par Denis ROUSSEL, Paris: Gallimard–Pléiade, 1970)

POLITIS, N., **Le problème des limitations de la souveraineté et la théorie de l'abus des droits dans les rapports internationaux** (RCADI, 1925, t. 6, p. 1-122)

POMPEJI, Nicolas Andreas, **Dissertatio de existentia iuris gentium** (Altdorf, 1688)

POSER, Hans; LI Wenchao (Hg.), **Das Neueste über China** – G. W. LEIBNIZ **Novissima Sinica** von 1697 (Stuttgart: 2000)

POTT, Ioh. Henr., **Diss. de foederibus fidelium cum infidelibus** (Jena, 1686)

PREGITZER, Ioh. Ulr., **Dissertatio de foederibus** (Tübingen, 1655)

PROCOPE DE CESARÉE, **Guerres de Justinien** – livres I et II – **Guerres contre les perses** (trad. Jannick AUBERGER, notes de Geoffroy GREATREX, Paris: Les belles lettres, 2022)

PRZEWODOWSKI, Oscar, **O século XVII no seu sentido jurídico internacional** – o advento do direito das gentes GROTIUS (Rio de Janeiro: Jornal do Commercio / Rodrigues & Cia., 1941)

QUADRI, Rolando, **Cours général de droit international public** (RCADI, 1964, t. 113, p. 237-483)

___, **Le fondement du caractère obligatoire du droit international public** (RCADI, 1952, t. 80, p.579-633)

QUIDDE, L., **Histoire de la paix publique en Allemagne au Moyen Âge** (RCADI, 1929, t. 28, p. 449-598)

RACHEL, Samuel, **De jure naturae et gentium dissertationes** – vol. I – **Dissertatio prima – de jure naturae**; vol. II – **Dissertatio altera – de jure gentium** (orig. publ. em Kiel, 1676, edited by Ludwig von BAR, transl. into English by John Pawley BATE, Washington: publ. by the Carnegie Institution, 1916)

RAFFAELLI, Marcelo, **Guerras europeias, revoluções americanas** – Europa, Estados Unidos e a independência do Brasil e da América espanhola (São Paulo: Três estrelas, 2018)

RAMOS, André de Carvalho; CLARO, Carolina A. B.; RODRIGUES, Gilberto M. A.; ALMEIDA, Guilherme A. de (orgs.), **25 anos da lei brasileira de refúgio** (Brasília: ACNUR – Agência da ONU para refugiados, 2022)

RAPP, Francis, **Le saint empire romain germanique** – d'Otton le Grand à Charles Quint (Paris: Tallandier, 2000, reimpr. 2003)

RAUCHBERG, H., **Les obligations juridiques des membres de la Société des Nations pour le maintien de la paix** (RCADI, 1931, t. 37, p. 83-204)

REALE, E., **Le droit d'asile** (RCADI, 1938, t. 63, p. 469-602)

RECHID, **L'Islam et le droit des gens** (RCADI, 1937, t. 60, p. 371-506)

REIBSTEIN, Ernst, **Johannes Althusius als Fortsetzer der Schule von Salamanca** – Untersuchungen zur Ideengeschichte des Rechtstaates und zur protestantischen Naturrechtslehre (Karlsruhe: C. F. Müller – Freiburger Rechts- und Staatswissenschaftliche Abhandlungen, vol. V, 1955 – disponível on line: books.google.com.br)

REINHARD, Laurenz, **Einleitung zum Natur- und Völkerrecht** (Leipzig, 1736)

RENTSCH, Iohan Wolfgang, **Dissertatio de foederibus** (Baruth., 1667)

REUTER, Paul, **Le développment de l'ordre juridique international** – écrits de droit international (Paris: Economica, 1995)

___, *Quelques remarques sur la situation juridique des particuliers en droit internacional public* (orig. publ. 1950, in **Le développment de l'ordre juridique international**, Paris: Economica, 1995, p. 51-64)

RIBOT GARCIA, Luis, *Felipe II y la política europea* (in **Culturalismo jurídico** – São Paulo 450 anos: Seminário Brasil-Espanha, coord. Claudio LEMBO, org. João Bosco COELHO Pasin, Pilar JIMÉNEZ Tello e Mônica Herman Salem CAGGIANO, Barueri, SP: Manole/ Brasília, DF: Instituto Tancredo Neves, 2004, p. 107-114)

RICHELIEU, **Les papiers de Richelieu** – Section politique extérieure – Correspondance et papiers d'état: tome I – Empire allemand (1616-1629) par Adolf WILD (Paris: Pedone – publ. avec le concours de la Deutsche Forschungsgemeinschaft, **Monumenta Europae Historica** – Commission Internationale pour l'édition des sources de l'histoire européenne,1982)

___, tome II – Empire allemand (1630-1635) par Anja Victorine HARTMANN (Paris: Pedone – publ. avec le concours de la Deutsche Forschungsgemeinschaft, 1997)

___, tome III – Empire allemand (1636-1642) par Anja Victorine HARTMANN (Paris: Pedone – publ. avec le concours de la Deutsche Forschungsgemeinschaft, 1999)

___, Empire allemand (1616-11642) – Index des tomes I, II et III par Aurélia BERGER (Paris: Pedone – publ. avec le concours de la Deutsche Forschungsgemeinschaft, 2003)

___, **Les papiers de Richelieu** – Section politique intérieure – Correspondance et papiers d'état, par Pierre GRILLON: tome I (1624-1626) (préface Roland MOUSNIER, Paris: Pedone, 1975)

___, tome II (1627) (Paris: Pedone – avec le concours du CNRS, 1977)

___, tome III (1628) (Paris: Pedone – CNRS, 1979)

___, Index des tomes I, II et III, corrections et additions (1624-1628) (Paris: Pedone – CNRS, 1980)

___, tome IV (1629) (Paris: Pedone – CNRS, 1980)

___, tome V (1630) (Paris: Pedone – CNRS, 1982)

___, tome VI (1631) (Paris: Pedone – CNRS, 1985)

___, Index des tomes IV, V et VI, corrections et additions par Marie-Catherine VIGNAL avec la collaboration d'Eric de LABRIOLLE (Paris: Pedone – CNRS, 1997)

RICHONNIER, Michel, **As metamorfoses da Europa 1769-2001** (orig. publ. **Les métamorphoses de l'Europe**, 1985, trad. J. M. Vieira de LIMA, Lisboa: Dom Quixote, 1986)

RIEMENSCHNEIDER, Valent., **De eo, quod circa foedera et leges iustum est** (Marb. 1694)

RITTER, Iohan Daniel, **De fecialibus populi Romani** (Leipzig, 1732)

RODRIGO OCTÁVIO [LANGGAARD MENEZES], **Les sauvages américains devant le droit** (RCADI, 1930, t. 31, p. 177-292)

RODRIGUEZ SUAREZ, Pedro Manuel, **Hacia uma nueva Europa** – La integración de los países de Europa central y oriental en la Unión Europea (orig. publ. **The European Union's policy towards Central and Eastern Europe: Objectives, Instruments and Effects**, trad. de Carlo GIANERA, México: FCE – Univ. Iberoamericana, 2006)

ROECK, Bernd (hrsg. von), **Deutsche Geschichte in Quellen und Darstellung** – Band 4 – **Gegenreformation und Dreissigjähriger Krieg 1555-1648** (Stuttgart: Reclam – Univ. Bibl. Nr. 17004, (c) 1996, impr. 2002)

ROESER, Ioh. Ge., **De foederibus fidelium cum infidelibus adversus fideles** (Sedin., 1713)

ROLLAND, L., *Suarez* (in **Les fondateurs du droit international: leurs oeuvres, leurs doctrines**, introduction de A. PILLET, Paris: V. Giard & E. Brière, 1904, p. 95-124)

ROMMEN, Heinrich, **Die Staatslehre des Franz Suarez S. J.** (M. Gladbach: Volksvereins-Verlag, 1926)

___, **La teoría del estado y la comunidad internacional en Francisco Suarez** (trad. del alemán por V. GARCIA YEBRA, Madri-B. Aires: Instituto de derecho internacional, 1951)

ROTYER [ou tb. ROTGER], Andreas, **Dissertatio de non existentia iuris gentium** (Leiden, 1710)

ROUSSEAU, Jean-Jacques, *Écrits sur l'Abbé de Saint-Pierre* (Extrait du Projet de paix perpétuelle [Fragment], Jugement sur le Projet de paix perpétuelle, Que l'état de guerre naît de l'état social [Fragments sur la guerre], Polysynodie de l'Abbé de Saint-Pierre, Jugement sur la Polysynodie, [Fragments sur la Polysynodie en forme de dialogue], [Fragments divers], [Projet d'introduction à un ouvrage sur l'Abbé de Saint-Pierre], [Fragments et notes sur l'Abbé de Saint-Pierre] in J.-J. ROUSSEAU, **Oeuvres complètes**, vol. III – Du contrat social – Écrits politiques, éd. publiée sous la dir. de Bernard GAGNEBIN et Marcel RAYMOND, avec F. BOUCHARDY, J.-D. CANDAUX, R. DERATHÉ, J. FABRE, J. STAROBINSKI et S. STELLING-MICHAUD, Paris: Gallimard – Pleiade, 1964, impr. 1991, p. 561-682)

ROVAN, Joseph, **Geschichte der Deutschen** – Von ihren Ursprungen bis heute (orig. publ. **Histoire de l'Allemagne** – des origines à nos jours, © 1994, aus dem Französischen von Enrico HEINEMANN, Reiner PFLEIDERER u. Reinhard TIFFERT, Munique: DTV, 3. Auflage, 2001)

___, **Histoire de l'Allemagne** – des origines à nos jours ('édition revue et augmentée par l'auteur', Paris: Seuil, 1999)

RUSSELL-WOOD, John, **Histórias do Atlântico português** (org. Angela DOMINGUES e Denise A. S. de MOURA, São Paulo: Ed. Unesp, 2014)

RUTGERS, V. H., **La mise en harmonie du pacte de la Société des Nations avec le pacte de Paris** (RCADI, 1931, t. 38, p. 1-123)

RUTHERFORTH, Thomas, **Institutes of natural law, being the substance of a course of lectures on Grotius de iure belli ac pacis** (Cambridge: J. Bentham printer to the University, for W. Thurlbourn bookseller in Cambridge, 2 vols., 1754 e 1756, on line: lawlibrary.wm.edu Institutes of Natural Law... exemplar da Biblioteca Pública de New York, digital. 16 set. 2009 – Institutes_of_Natural_Law.bibtex books.google.com.br)

RYAN, Alan, **On Politics** – a History of political thought, from Herodotus to the present (New York: Norton, 2012, 2 vols.)

SAER, Juan José, **As nuvens** (orig. publ. **Las nubes**, 1997, trad. Heloísa JAHN, São Paulo: Companhia das Letras, 2008)

SAGITARII, Ioh. Christfried, **Dissertatio de foederibus** (Jena, 1645)

SAINT-PIERRE, Charles-Irénée CHASTEL, Abbé de, **Projeto para tornar perpétua a paz na Europa** (orig. publ. **Le projet de la paix perpétuelle**,1713, trad. Sérgio DUARTE, pref. Ricardo SEITENFUSS, São Paulo: Imprensa oficial do estado / Brasília: Ed. UnB – IPRI – Instituto de pesquisa de relações internacionais, 2003)

SAINT-SIMON, Claude Henri de ROUVROY, comte de, **De la réorganisation de la société européenne** ou de la nécessité de rassembler les peuples de l'Europe en un seul corps politique en conservant à chacun son indépendance nationale ('par mr. le Comte de SAINT-SIMON et par A. THIERRY, son élève', Octobre 1814, publ. avec une introduction et des notes par Alfred PEREIRE, préf. Henri de JOUVENEL, Paris: Les presses françaises, 1925)

SALADIN, Jean-Christophe, *La révolution humaniste* (in ÉRASME DE ROTTERDAM, **Les adages**, dir. de J.-C. SALADIN, Paris: Les belles lettres – Le miroir des humanistes, 2011, vol. I, p. 1-49)

SALLMANN, Jean-Michel, **Charles Quint** – l'empire éphémère (orig. publ. 2000, Paris: Payot, 2004)

SALVIOLI, Gabriele, **Les règles générales de la paix** (RCADI, 1933, t. 46, p. 1-164)

SANCHEZ AGESTA, Luis, *Los orígenes de la teoría del estado en el pensamiento español del siglo XVI* (1958, p. 85-109, cit. p. 86 – disponível on line – http://dialnet.unirioja.es > art... 2129239.pdf)

SAUPIN, Guy, **La France à l'époque moderne** (Paris: Armand Colin, © 2000, impr. 2004)

SCATOLA, Merio, *Alberico Gentili (1552-1608)* (in **The History of International Law**, ed. by B. FASSBENDER e A. PETERS, Oxford: Univ. Press, 2012, chap. 47, p. 1092-1097)

___, *Scientia iuris and ius naturae* – The Jurisprudence of the Holy Roman Empire in the Seventeenth and Eighteenth centuries (in **A treatise of legal philosophy and general jurisprudence**, ed. by Damiano CANALE, Paolo GROSSI and Hasso HOFMANN, Dordrecht: Springer, 2009, vol. 9 – **A History of the Philosophy of Law in the Civil Law World, 1600-1900**, p. 1-41)

SCELLE, Georges, **Règles générales du droit de la paix** (RCADI, 1933, t. 46, p. 327--703)

___, *Richard Zouch (1590-1660)* (in **Les fondateurs du droit international public**: leurs oeuvres, leurs doctrines (introduction de Antoine PILLET, Paris: V. Giard & E. Brière, 1904, p. 269-330)

SCHABAS, William A., **Genocide in international law** – The Crime of Crimes (Cambridge: Univ. Press, 2nd ed., 2009)

SCHALLER, Iac., **Diss. de foederis cum infidelibus contracto** (Argent., 1672)

SCHAMA, Simon, **The embarrassment of riches**: an interpretation of Dutch culture in the Golden Age (Berkeley and Los Angeles: Univ. of California Press, 1988)

SCHARFF, Dan., **Discursus de iure foederum** (Giessen, 1683)

SCHARFF, Iof. Frid., **De foederibus** (Wittenberg, 1683)

SCHEFFER, Iohannes, **De foederibus** (Upsal, 1654)

SCHEIDEMANTEL, Henr. Godofr., **Leges naturales systematicae pertractatae** (Jena, 1778)

SCHIEDER, Theodor, **Friedrich der Grosse** – Ein Königtum der Widersprüche (1983, Berlim – Munique: Propyläen, 2002)

SCHILLER, Friedrich, **Geschichte des dreissigjährigen Kriegs** (orig. publ. 1792, in F. SCHILLER, **Werke in drei Bänden**, unter Mitwirkung von Gerhard FRICKE, herausgegeben von Herbert G. GÖPFERT, Munique: Carl Hanser, 1966, vol. II, p. 34-320)

SCHLETTWEINS, Johann Aug., **Rechte der Menschheit** – oder wie der einzige wahre Grund aller Gesetze, Ordnungen und Verfassungen (Giessen: bey Justus Friedrich Krieger, 1784 – disponível on line: https://books.google.com.br > about tb. disponível em digitale-sammlungen.de ...)

SCHMIEDELIUS, Ioh., **De foederibus** (Jena, 1661)

SCHMIDT, Frank-Steffen, **Adam Friedrich Glafey und seine Bedeutung für das Völkerrecht im 18. Jahrhundert** (Frankfurt-am-Main: Univ. Frankfurt, Betreuer: Prof. Dr. Dres. h.c. Michael STOLLEIS, on line: Generic_58833657.pdf)

SCHOWART, Ant. Wilh., **Dissertatio an pacta ob necessitatem publicam inita sint servanda** (Frcf. ad Viadr., 1689)

SCHRADER, Fred E., **L'Allemagne avant l'État-nation**: le 'corps germanique' (1648-1806) (Paris: PUF, 1998)

SCHROEDER, Ludwig Conrad, **Elementa iuris naturalis, socialis et gentium** (Groeningen, 1775)

SCHUBART, Ge., **De iuribus gentium circa foedera** (Jena, 1689)

SCHUCKMANN, Conrad, **De foederibus** (Rostov, 1654)

SCHÜTZ, Iustus Sinold von, **Collegium publicum de statu rei romanae** (vol. I, Marpugi cattorum, 1640; volumen secundum: Weidmannus, 1683 – exemplar da Biblioteca estatal da Baviera, digitalizado 8 julho 2011)

SCHWERTNER, Iohan David, **De discrimine iuris gentium a iure naturae** (Leipzig, 1685)

SCORRAILLE, S.J., Raoul de, **François Suarez de la Compagnie de Jésus** (Paris: Letielleux, 1911)

SCOTT, James Brown, **The Spanish conception of international law and of sanctions** (Washington: Carnegie Endowment for international peace, 1934)

___ **El origen español del derecho internacional moderno** (pref. C. BARCIA TRELLES, Valladolid: Univ. de Valladolid – Sección de Estudios Americanistas, 1928)

SEELAND, Georg Christoph, **Plan eines Lehrbuchs der europäischen Staatsgelehrsamkeit** – mit einige Anmerkungen (Reval, 1773)

SÉFÉRIADES, Stélio, **Principes généraux du droit international de la paix** (RCADI, 1930, t. 34, p. 177-492)

SEIDEL-MENCHI, Silvana, **Érasme hérétique** (Paris: Gallimard, 1996)

SELDEN, John [Ioh. SELDENI], **Mare clausum, sive de dominio maris Libri II** *Primo*, mare ex iure naturae sive gentium omnium hominum non esse commune, sed dominii privati sive proprietaris capax pariter ac tellurem esse demonstratur; *Secundo* Serenissimum Magnae Britanniae Regem maris circumstui ut individuae atque perpetuae Imperii Britannici appendicis dominum esse, asseritur (Lond. 1635; 1636; Lugd. Bat. 1637; 1665; tb. ed. SELDEN, **Opera**, tomo II, Londres, 1726)

SENECA, **De Beneficiis** (with an English translation by John W. BASORE, Cambridge, Ma. / London: Harvard Univ. Press – LCL 310 – SENECA Moral Essays III, (c) 1935, reprinted 2001)

___, **Les bienfaits** (orig. **De Beneficiis**, texte établi et traduit par François PRÉCHAC, trad. revue par Paul VEYNE, introduction et notes par Paul VEYNE, in SÉNÈQUE, **Entretiens – Lettres à Lucilius**, éd. établie par Paul VEYNE, Paris: Robert Laffont, 1993, 3e réimpr. 1995, p. 389-584)

SFDI – Société française pour le droit international, **Droit d'asile et des réfugiés** ('Colloque de Caen, les 30, 31 mai et 1er juin 1996', Paris: Pedone, 1997)

SHAW, Malcolm N., **International Law** (Cambridge: University Press, 5th ed., 2003)

SILBERRAD, Iohan Iacob, **De iure foederum** (Altdorf 1701)

SILVA, Nelson Lehmann da, **A religião civil do estado moderno** (Brasília: Thesaurus, 1985)

SODER, Josef F., **Suarez und das Völkerrecht** – Grundgedanken zur Staat, Recht und Internationale Beziehungen (Frankfurt: Metzner, 1973)

SOESSINGII, Iust., **Dissertatio de foederibus** (Jena, 1649)

SOLMON, Jean-François, **Histoire de Versailles** (Paris: Perrin-tempus, 2003)

SOTO, Domingo de, **Fratris Dominici SOTO Segoviensis, Theologi, ordinis Praedicatorum ... De Iustitia & Iure** libri deccem (orig. publ. em Salamanca, 1553, ed. definitiva 1556-1557, da ed. 1569, Salamanca: Ioannes Baptista a Terranova, MDLXIX – disponível on line: books.google.com.br)

___, **De dominio** (disponível on line Domingo de SOTO – ediciones críticas de textos clásicos, vol. I, Granada: Univ. de Granada, 1964 – Relación_De_Dominio.bibtex)

SPEAR, Percival, **A History of India** (volume two: from the sixteenth century to the twentieth century, 1st. publ, 1965, New Delhi: Penguin Books India, reprinted with Epilogue, 1970, reprinted with revisions, 1973 and 1978, reprinted 1990)

STACHAU, v. KALTENBORN von STACHAU

STARKEY, Marion L., **The Devil in Massachusetts** – a Modern Enquiry into the Salem Witch Trials (originalmente publicado em 1949, New York: Doubleday – Anchor Books, 1989)

STEIGER, H., *Was heisst und zu welchem Ende studiert man Völkerrechtsgeschichte?* (in I. APPEL, G. HERMES e C. SCHÖNBERGER (hrsg.), **Öffentliches Recht in offenem Staaten** – Festschrift für Rainer WAHL zum 70. Geburtstag, Berlin: Dunclker & Humblot, 2011, p. 211-223)

STIERIUS, Matth., **De foederibus** (Hanover, 1661 et 1673)

STOETZER, Carlos O., **Las raíces escolásticas de la emancipación de la América española** (Madri: Centro de estudios constitucionales – Colección estudios politicos, 1982)

STRAUFF, Ioh. Mich., **De iure confoederationum** (Wittenberg, 1662)

STRICKII, **Dissertatio de foederibus** (Upsal. 1654)

STRUPP, Karl, **Les règles générales du droit de la paix** (RCADI, 1934, t. 47, p. 259-595)

STRUW, Ge. Ad., **Dissertatio de contratibus principum** (Jena, 1688)

STUSS, Johan Heinrich, **Gedanken von der Fecialien des altens Roms** (mit GESSNERS, *Vorrede*, Göttingen, 1757)

SUAREZ, Francisco, **Tractatus de legibus ac Deo legislatore** in decem libros distributus (Conimbricae: Didacum Gomez de Loureyro, 1612)

___, **Tractatus de legibus ac de Deo legislatore / Tratado de las leyes e de Dios legislador** en diez libros (facsimilar da editio princeps, Coimbra, 1612, com versão espanhola de J. R. EGUILOR Muñozguren (S.J.), intr. geral Luis VELA Sanchez (S.J.), Madri: Instituto de Estudios Políticos, 1967-68)

___ et VITORIA, **Contribution des théologiens au droit international moderne** (préface par James Brown SCOTT, Introduction par Yves de la BRIÈRE, Paris: Pedone, 1939, Deuxième partie: Conceptions majeures du droit des gens d'après Fr. Suarez S.J., p. 147-208, textos originais em latim e tradução francesa)

___, **Selections from three works** (contendo **De Legibus ac Deo legislatore**, 1612; **Defensio fidei catholicae et apostolicae adversus anglicanae sectae errores**, 1613; **De triplice virtute theologica, fide, spe, et charitate**, 1621, vol. I – A Photographic Reproduction of the Selections from the original Editions; vol. II – An English version of the texts, prepared by Gwladys L. WILLIAMS, Ammi BROWN, and John WALDRON, with certain revisions by Henry DAVIS, S.J.; together with an Introduction by James Brown SCOTT, an Analytical Table of Contents, Indexes and a Portrait of SUAREZ, Washington: Carnegie Endowment for International Peace – The Classics of International Law / Oxford: At the Clarendon Press / London: Humphrey Milford, 1944)

___, Doctoris Franciscis SUAREZ Granatensis, **Opus de triplice virtute theologica, Fides, Spe & Charitate,** in tres tractatus pro ipsarum virtutum numerum distributum (Conimbricae: Nicolai Carvalho, 1621, parcialmente reproduzido in Fr. SUAREZ, **Selections from three works**, ed. cit., 1944, contendo a *Disputatio* XVIII do tratado sobre a Fé, versando sobre "meios que podem ser usados para a conversão e coerção dos infieis que não sejam apóstatas", p. 737-795 e a *Disputatio* XIII do tratado sobre a caridade, **De charitate**, que discorre sobre a guerra – *de bello*, p. 800-865)

___, **Disputationes metaphysicae** – Universam Doctrinam duodecim librorum, Aristoteles comprehendentes (orig. publ. **Metaphysicarum disputationum, in quibus et universa naturalis theologia ordinate traditor, et quaestiones omnes ad duodecim Aristoles libros pertinentes accurate disputantur**, Salamanca, 1597, reimpr. Mogúncia, 1605; na ed. padrão de Charles BERTON foi adotado o título corrente, in **Opera omnia**, vols. 25 e 26; reimpr. Hildesheim: Georg Olms, 2009; ed. and translated by Shane DUARTE, Washington: Catholic Univ. of America – CUA Press – Early modern catholic sources vol. 2, 2021)

___, **Defensio fidei catholicae et apostolicae** adversus Anglicanae sectae errores, cum responsione, ad apologiam pro iuramento fidelitatis & praefationem monitoriam serenissimi IACOBI Angliae Regis, Authore P. D. Francisco SUARIO Granatensi è societate Jesu (Conimbricae: Gómez de Loureyro, 1613, tb. parcialmente reproduzido in Fr. SUAREZ, **Selections from three works**, ed. cit., 1944, p. 661-731, contendo, do Livro III, caps. V e XXIII e do Livro VI, o cap. IV)

___, R. p. **Francisci Suarez ... Opera omnia** (indices delineati cura et studio d. abbatis Caroli Berton, v. 27-28, editio nova, Parisiis: apud Ludovicum Vivés, 1856-1878, 28 vols. em 29 tomos, índices de Charles BERTON, Antoine Théophile DUVAL e Michel ANDRÉ – vols. 9-26 – editio nova ... innumeris ... veterum editionum mendis liberata [v. 14-26 expurgata] adnotationibusque in ultimum tomum relegatis illustrata ... – on line view HathiTrust MARC record – catalog.hathitrust.org – 185678)

TACHIAOS, Anthony-Emil N., **Cirillo e Metodio** – le radici cristiane della cultura slava (orig. publ. **Cyril and Methodius of Thessalonica** – the Acculturation of the Slavs, 2001, trad. Francesca ROMOLI, ed. italiana a cura di Marcello GARZANITI, Milão: Jaca Book, 2005)

TÁCITO [TACITUS], **Histories** (edição bilingue, with an English translation by Clifford H. MOORE, Cambridge Ma./London: Harvard U.P., LCL 111, TACITUS II, 1st publ., 1925, reprinted 2006)

___, **Annals** (edição bilingue, with an English translation by John JACKSON, Cambridge Ma./London: Harvard U.P., LCL 312, TACITUS IV, 1st. publ., 1937, reprinted 2006; LCL 322, TACITUS V, 1st publ., 1937, reprinted 1999)

TELÒ, Mario, **L'état et l'Europe** – Histoire des idées politiques et des institutions européennes (orig. publ. **Dallo stato all'Europa**, 2004, trad. Jean VOGEL, Bruxelas: Labor, 2005)

TERTULIANO [Q. Septimus Florens TERTULLIANUS], **Apologeticus. De Spetaculis** – MINUCIUS FELIX, **Octavius** (with an English translation by T. R. GLOVER, G. H. RENDALL, Cambridge, Ma. / London: Harvard Univ. Press – LCL 250, 1931)

THIERRY, Hubert, **L'évolution du droit international**: cours général de droit international public (RCADI, 1990, t. 222, p. 9-186)

___, **L'évolution du droit international**: Mélanges offerts à Hubert THIERRY, Paris: Pedone, 1998)

___ et BEDJAOUI, M., *Avenir du droit international* (in **Droit international**: bilan et perspectives, dir. M. BEDJAOUI, Paris: Pedone / UNESCO, 1991, chap. LVI, p. 1305--1317)

THIRLWAY, Hugh, **Concepts, principles, rules and analogies**: international and municipal legal reasoning (RCADI, 2002, t. 294, p. 265-406)

THOMAS, Werner; STOLS, Eddy (eds.), **Un mundo sobre papel** – libros y grabados flamencos en el império hispanoportugués (siglos XVI-XVIII) (Louvain e Haia: Acco, 2009)

THOMASIUS, Christian, **Von Laster der Zauberei**: Über die Hexenprozesse (Hg. Rolf LIEBERWIRTH, Munique: Beck, 1968)

THOMAZ, Luís Filipe, **L'expansion portugaise dans le monde** – XIVe-XVIIIe siècles – les multiplex facetes d'un prisme (orig. publ. 2018, trad. d'Émile VITEAU e Xavier de CASTRO, Paris: Chandeigne / Libr. portugaise et brésilienne, 2e éd., revue, 2022)

TIERNEY, Brian, **The idea of natural rights** – Studies on natural rights, natural law and church law, 1150-1625 (Atlanta: Scholars Press, 1997)

TITO LÍVIO, **História de Roma** (introdução, tradução e notas de Paulo Matos PEIXOTO, São Paulo: Paumape, 1989, 6 vols.)

TODOROV, Tzvetan, Viajantes e indígenas (in **O homem renascentista**, dir. Eugenio GARIN, orig. publ. **L'uomo del Rinascimento**, 1988, trad. Maria J. V. de FIGUEIREDO, Lisboa: Presença, 1991, cap. IX, p. 227-248)

TORROJA Mateu, Helena, **El derecho del estado a ejercer la protección diplomática** (pres. Victoria ABELLÁN HONRUBIA, Barcelona: Bosch, 2007)

TOULEMON, Robert, **La construction européenne** – Histoire, acquis, perspectives (Paris: LGF – De Fallois, 1994)

TOURME JOUANNET, Emmanuelle, **Le droit international libéral-providence: Une histoire du droit international** (Bruxelles: Bruylant / Ed. de l'Université de Bruxelles, 2011)

___, *À quoi sert le droit international ? Le droit international providence du XXIe siècle* (Revue belge de droit international, 2007/1, Bruxelles: Bruylant, p. 5-51)

___, **Emer de Vattel et l'émergence doctrinale du droit international classique** (Paris: Pedone, 1998).

TRUYOL Y SERRA, Antonio, **Histoire du droit international public** (Paris: Economica, 1995)

___, **L'expansion de la société internationale aux XIXe et XXe siècles** (RCADI, 1965, t. 116, p. 89-180)

___, **Genèse et structure de la société internationale** (RCADI, 1959, t. 96, p. 553--642)

TUCÍDIDES, **História da guerra do Peloponeso** (trad. do grego, intr. e notas Mário da Gama KURY: Brasília: Ed. UnB., © 1982, 3ª ed., 1987)

ULRICH, Johann August Heinrich, **Initia philosophiae iusti, seu iuris naturae, socialis et gentium** – Scholae suae scripsit I. A. H. ULRICH (Jena; apud viduam Io. Rud. Crockeri, 1783 – disponível on line: Initia_philosophiae_iusti... books.google.com.br)

U.S. Supreme Court, **Paquete Habana** (*The Paquete Habana, The Lola*, United States Supreme Court, 1900, 175 U.S. 677)

VALDEÓN, Julio; PÉREZ, Joseph; JULIÁ, Santos, **História de Espanha** (orig. publ. **Historia de España**, 2009, trad. Luís Felipe SARMENTO, Lisboa: Ed. 70, 2014)

VALLA, Lorenzo, **On the Donation of Constantine** (translated by G. W. BOWERSOCK, Cambridge, Ma./London: Harvard Univ. Press– The I Tatti Renaissance Library, 2007)

VALLADARES, Rafael, **A independência de Portugal** – guerra e restauração 1640--1680 (orig. publ. **La rebelión de Portugal 1640-1680**, 1998, trad. Pedro CARDIM, prefácio de J. Romero MAGALHÃES, Lisboa: A esfera dos livros, 2006)

VANINI, Lucilio Pompeo, **Amphitheatrum aeternae providentiae** divino-magicum, christiano-physicum, necnon astrologo-catholicum adversus veteres philosophos, atheos, epicureos, paripateticos et stoicos (Lyon: apud Viduam Antonii de Harsy, 1615)

___, **De admirandis naturae, reginae deaque mortalium arcanis** (Paris: Adrien Périer, 1616)

VARRÃO [M. Terenti VARRONIS], **De lingua latina** (with an English translation by Roland G. KENT, Cambridge, Ma. / Londres: Harvard UP, LCL 333, VARRO I – Books V-VII, 1st publ. 1938, reprinted 2006; LCL 334, VARRO II – Books VIII-X / Fragments, 1st publ. 1938, reprinted 2006)

VAZQUEZ DE MENCHACA, F., **Controversiarum illustrium aliarumque usu frequentium libri tres** – ou simplesmente, **Controversiae illustrae** (em dois tomos, sete edições, no século XVI, de Barcelona, 1563 a Genebra, 1599, b/c Veneza, Frankfurt e Lyon) – **Controversias ilustres y otras de más frecuente uso expuestas en tres libros** (trad. espanhola de Fidel RODRIGUEZ ALCALDE, Valladolid: Univ. de Valladolid, 1931-1934, 4 vols.)

VECCHIO, Giorgio Del, **La société des nations au point de vue de la philosophie du droit international** (RCADI, 1931, t. 38, p. 541-650)

VERDROSS, A. von, **Règles générales du droit international de la paix** (RCADI, 1929, t. 30, p. 271-518)

VERZIJL, J. H. W., **International law in historical perspective** (Leiden: Brill, 11 vols., 1968 a 1992)

VIAN, Giovanni Maria, **La donazione di Costantino** (Bologna: Il Mulino, 2004)

VICAT, Béat Philippe, **Traité du droit naturel & de l'application de ses principes au droit civil et au droit des gens** (Lausanne: chez Julien Henri Pott, 1782, os volumes 1 e 2 – disponíveis on line – Univ. de Lausanne, digitalizado em 2 out. 2008 – Traité_du_droit_naturel... books.google.com.br)

VILLEY, Michel, **La formation de la pensée juridique moderne** (Paris: PUF, 2003)

VITORIA et SUAREZ, **Contribution des théologiens au droit international moderne** (préface par James Brown SCOTT, introduction par Yves de la BRIÈRE, Paris: Pedone, 1939)

VITRIARIUS, Phil. Reinhard, **Institutiones iuris naturae et gentium** (Leyden, 1692; Halle, 1695; Leyden, 1704, 1711; Halle, 1718; Nuremberg, 1726)

VOLLENHOVEN, Cornelis van, **Les trois phases du droit des gens** (La Haye: M. Nijhoff, 1919 – on line: books.google.com.br >)

VOLTAIRE, **Le siècle de Louis XIV** (orig. publ. 1751, in **Oeuvres historiques**, édition présentée, établie et annotée par René POMEAU, Paris: Gallimard – Pleiade, ed. de 1957, impr. 2010)

___, *Du protestantisme et de la guerre des Cévennes* (in **Oeuvres historiques**, ed. cit., 2010, p. 1275-1280)

WAECHTER, **De modis tollendi pacta inter gentes** (Stuttgart 1780)

WANG Fuzhi, **Chunqiu jiashuo** (*Interprétation des 'Annales des printemps et des automnes' dans la tradition familiale,* de 1646, *juan 3*, in **Chuanshan yishu quanji**, ou Recueil complet des oeuvres encore existantes de Wang Fuzhi, 22 vols., Taipei: Zhongguo Chuanshan xuehui et Ziyou chubanshe, 1972, t. 7)

WARD, Robert, **An Enquiry into the foundations and history of the law of nations in Europe** – from the time of the Greeks and the Romans to the age of Grotius (orig. publ. London: A. Straham and W. Woodfall, 1795, 2 vols., reprinted Clark: The Lawbook Exchange, 2005)

WATSON, Peter, **The German Genius** – Europe's Third Renaissance, the Second Scientific Revolution and the Twentieth Century (orig. publ. 2010, Londres: Simon & Schuster, 2011)

WEBER, Eugen, **Une histoire de l'Europe** – Hommes, cultures et sociétés de la Renaissance à nos jours : tome II – des Lumières à nos jours (orig. publ. **A Modern History of Europe** – Men, cultures and societies from the Renaissance to the present, 1971, trad. Dominique GUIBERT e Philippe DELAMARE, Paris: Fayard, 1987)

WEHBERG, Hans, **La contribution des conférences de la paix de La Haye au progrès du droit international** (RCADI, 1931, t. 37, p. 527-669)

WERLHOF, Ioh., **Dissertatio de pactis liberarum gentium** (Helmst. 1693)

WESTLAKE, John, **Études sur les principes du droit international** (Paris: Castaigne-Thorin, 1895)

WIESAND, Ge. Steph., **De iure naturae et gentium libri II** (Leipzig, 1758)

WHITAKER Jr., Urban G., **Politics and Power**: a text in international law (New York: Harper & Row, 1964)

WOLFF, Christian, **Institutiones iuris naturae et gentium** – in quibus ex ipsa hominis natura continuo nexu omnes obligationes et jura omnia deducuntur ... (orig. publ. 1750, Halle: Officina Renheriana, 1754, on line https://books .google.com >)

___, **Grundsätze des Natur- und Völkerrechts** – worin alle Verbindlichkeiten und alle Rechte aus der Natur des Menschen in einem beständigen Zusammenhange hergeleitet werden (orig. publ. Halle, 1754; e 1769; wolff_grunds – on line: digitale--sammlung.de)

___, **Institutions du droit de la nature et des gens** (traduites du latin de Mr. de WOLFF, avec des notes par Elie LUZAC, tomes VI, Leiden: chez Elie Luzac, 1772)

WOLFF, Larry, **Inventing Eastern Europe** – the Map of Civilization on the Mind of the Enlightenment (Stanford: Stanford Univ. Press, 1994)

WOODWARD, E. L., **Uma história da Inglaterra** (orig. publ. **A History of England**, 1962, trad. Álvaro CABRAL, Rio de Janeiro: Zahar, 1964)

WOLFRUM, Rüdiger (general editor), **The Max Planck Encyclopedia of Public International Law** (Oxford: Univ. Press, 2012, 11 vols.)

WUNDT, Max, **Die deutsche Schulmetaphysik des 17. Jahrhunderts** (Tübingen: Mohr-Siebeck, 1939)

WYDENBRUGH, P. B. van, **Tractatus iurid. Datur sed nondum habetur ius gentium** (Göttingen, 1783)

YERASIMOS, Stéphane, **Constantinople** – De Byzance à Istanbul (orig. publ. 2000, Paris: Éd. Place des Victoires, 2010)

ZAPFE, Gottfr., **De foederibus** (Jena, 1660)

ZERI, Federico, **Renaissance et pseudo-Renaissance** (orig. publ. 1983, **Rinascimento e pseudo-Rinascimento**, trad. Christian PAOLONI, Paris: Payot, 2001)

ZÉTOLA, Bruno M., **Política externa e relações diplomáticas na Antiguidade tardia** (Curitiba: Ed. UFPR, 2012)

ZIEGLER, Karl-Heinz, **Völkerrechtsgeschichte** (Munique: Beck, 2ª ed., 2007)

ZIMMERMANN, Michel, **La crise de l'organisation internationale à la fin du Moyen Âge** (RCADI, 1933, t. 44, p. 315-438)

ZOLLER, Elizabeth, **La bonne foi en droit international public** (préface de Suzanne BASTID, Paris: Pedone, 1977)

ZOUCH, Richard [tb. ref. ZOUCHE, ZOUCHEI, ZOUCHAEI, ZOUCHAEUS], **Elementa jurisprudentiae** – definitionibus, regulis et sententiis selectioribus juris civilis illustrata; acesserunt Descriptiones juris et judicii sacri, militaris et maritimi (orig. publ. 1629, Hagae Comitis: Ex typographia Adriani Vlacq, MDCLXV)

___, **Iuris et iudicii fecialis** (ed. by T. E. HOLLAND, translation by J. L. BRIERLY, Washington: Carnegie Institution – Classics of International Law, 1911, 2 vols., vol. I – a reproduction of the first edition (1650), with introduction by T.E.H., list of errata and table of authors; vol. II – a translation of the text, XVI + 204 p., XVIII + 186 p.)

___, **The Dove, or passages of cosmography – a poem** (reprinted from the original edition of 1613, "with a memoir and notes, collected and arranged by Richard WALKER, B.D., a descendant", Oxford: H. Slatter, 1839)

___, **Elementa jurisprudentiae, definitionibus, regulis et sententiis selectoribus iuris civilis illustrata** (Oxon, 1629; Oxon, 1636; Lug. Bat., 1652; Amsterdam, 1681)

___, **Elementa jurisprudentiae** – definitionibus, regulis et sententiis selectioribus juris civilis illustrata; acesserunt Descriptiones juris et judicii sacri, militaris et maritimi (orig. publ. 1629, Hagae Comitis: Ex typographia Adriani Vlacq, MDCLXV)

___, **Descriptio juris et judicii feudalis, secundum consuetudines Mediolani et Normanniae, pro introductione ad Juris-prudentiam Anglicanam** (Oxf., 1634; Oxf., 1636)

___, **Descriptio juris et judicii temporalis, secundum consuetudines Feudales et Normannicas** (Oxf., 1636)

___, **Descriptio juris et judicii ecclesiastici, secundum canones et constitutiones Anglicanas** (Oxf., 1636)

___, **Descriptio juris et judicii sacri, ad quam leges, quae Religionem et piam causam respiciunt, referuntur** (Oxon., 1640; Lug. Bat. et Amstel., 1652)

___, **Descriptionis juris et judicii militaris, ad quam leges quae rem militarem et ordinem personarum respiciunt, referuntur** (Oxon., 1640)

___, **Descriptionis juris et judicii maritimi, ad quam leges quae navigationem et negotiationem maritimam respiciunt, referuntur** (Oxon., 1640)

___, **Descriptio juris et judicii sacris, militaris et maritimi** (Oxon., 1640; Lug. Bat. et Amstel., 1652)

___, **The jurisdiction of the Admiralty of England, asserted against sir E. COKE's *Articuli Admiraltis*, in the 22 d. chap. of his, juridction of Courts** (Londres, 1663)

___, **The jurisdiction of the Admiralty of England asserted** (Londres: printed for Tho. Basset, 1686)

___, **Cases and questions resolved in the civil law** (Oxf., 1652; tb. publ. em latim, Oxford, 1657 e Londres, 1717)

___, **Solutio quaestionis veteris et novae sive de legati delinquentis judice competente dissertatio in qua Hug. Grotii de ea re. sententia explicatur, expenditur et adseritur** (Oxf., 1657; ed. cum notis & animadversionibus Christiani HENELII, Colonia: Impensis Rupert Völckeri, 1669; tb. Londres, 1717)

___, **Iuris et iudicii fecialis sive iuris inter gentes et questionum de eodem explicatio qua quae ad pacem et bellum inter diversos principes aut populos spectant ex praecipuis. Historico jure peritis, exhibentur opera. R. Z. Authoris elementorum juris prudentiae** (orig. publ. Oxon, 1650; tb. publicada em Leiden, 1651 – Lugd. Batavorum: Philippum de Croy, MDCLI; Haia – Hagae Comit., 1659; e Mainz – Mogunt., 1661 – tb. com o título, **Juris et judicii fecialis sive juris inter gentes et quaestionum de eodem explicatio**)

___, **Eruditiones ingenuae specimena, scilicet artium, logicae, dialecticae etc.** (Oxford, 1657)

___, **Quaestionum iuris civilis centuria in decem classes distributa** (Oxford, 1660)

___, **Allgemeines Völkerrecht, wie auch allgemeines Urtheil und Ansprüche aller Völker** (Frankfurt, 1666)

___, **Eines vornehmen englischen Iurisconsulti Gedanken von dem Tractment eines Ministri und dessen Domestiquen, welche an dem Orthe, wo selbige in Gesandschaft sich befinden, etwas verbrochen**, wegen derer Solidité anjetzo in teutscher Sprache mitgetheilet und mit Neuern Anmerckungen auch einer Vorrede vermehret (Jena: Johannes Bielcken, 1717)

ZSCHACKWIZ, Johann Ehrenfried, **Einleitung zu denen vornehmsten Rechts-Ansprüchen, derer Gecrönten hohen Häupter und anderer Souverainen in Europa** (Frankfurt und Leipzig: Carl Friedrich Jungnicol, 1733, Erster Band)

ZUMTHOR, Paul, **A Holanda no tempo de Rembrandt** (orig. publ. **La vie quotidienne en Hollande au temps de Rembrandt**, 1959, trad. Maria Lúcia MACHADO, São Paulo: Companhia das Letras, 1989)